〔宋〕馬端臨 著
上海師範大學古籍研究所
華東師範大學古籍研究所 點校

文獻通考

第三册 職官

中華書局

卷四十七　職官考一

官制總序

伏犧氏以龍紀，故爲龍師名官。師，長也。龍紀其官長〔一〕，故爲龍師。春官爲青龍，夏官爲赤龍，秋官爲白龍，冬官爲黑龍，中官爲黃龍。張晏曰：「庖犧氏將興，神龍負圖而至，因以名師與官也。」共工氏以水紀，故爲水師水名。共工氏，以諸侯霸有九州者，以受水瑞，故水名官。神農氏以火紀，故爲火師火名。火德也，故爲炎帝。春官爲大火，夏官爲鶉火，秋官爲西火，冬官爲北火，中官爲中火也。神農有火星之瑞，因以名師與官也。黃帝雲師雲名。黃帝受命有雲瑞，故以雲紀事。春官爲青雲，夏官爲縉雲〔二〕，秋官爲白雲，冬官爲黑雲，中官爲黃雲也。黃帝有景雲之應，因以名師與官也。少皞摯之立也，鳳鳥適至，故鳥紀，爲鳥師而鳥名。鳳鳥氏，曆正也。鳳鳥知天時，故以爲曆正之官。玄鳥氏司分也，玄鳥，燕也，以春分來，秋分去。伯趙氏司至也，伯趙，伯勞也。以夏至鳴，冬至止。青鳥氏司啓也，青鳥，鶬鴳也。以立春鳴，立秋止。鴳音晏。丹鳥氏司閉也，丹鳥，鷩雉也。以立秋來，立冬去，入大水爲蜃。以上四鳥，皆曆正之屬官〔三〕。祝鳩氏司徒也，祝鳩，鷦鳩也。鷦鳩孝，故爲司徒，主教民。鴡鳩氏司馬也，鴡鳩，王鴡也。摯而有別，故爲司馬，主法制。鳲鳩氏司空也，鳲鳩，鴶鵴也。鳲鳩平均，故爲司空，平水土。鳲音尸，鴶音秸，鵴音菊。爽鳩氏司寇也，爽鳩，鷹也。摯，故爲司寇，主賊盜。鶻鳩氏司事也。鶻鳩，鶻鵃也。春來冬去，故爲司事。鶻音骨，鵃音陟交反。似山鵲而小，至春多聲。五鳩，鳩民者也。鳩，聚也。治民尚聚，故以鳩爲名。五雉爲五工正，五雉，雉有五種：

西方曰鷷雉，東方曰鶅雉，南方曰翟雉，北方曰鵗雉，伊洛之南曰翬雉。利器用，正度量，夷民者也。夷，平也。九扈爲九農正，扈，止也，止人使不淫放也。扈有九種，春扈鳻鶞，夏扈切玄，秋扈切藍，冬扈切黄，棘扈切丹，行扈唶唶，宵扈嘖嘖，桑扈切脂，老扈鴳鴳。以九扈爲九農之號，各隨其宜，以教民事者也。鶞音敕倫反。唶，子夜反。嘖，壯革反。自顓頊以來，不能紀遠，乃紀於近，爲民師而命以民事。德不能致遠瑞，始以民事命官。此郯子對魯昭公之辭。仲尼聞之，曰：「吾聞之：『天子失官，學在四夷。』」乃見於郯子而學之。又有五行之官，是謂五官。社稷五祀，是尊是奉。五官之君長能修其業者，死配食於五行之神，爲王者所尊奉。春官木正曰勾芒，正，官長也。取木生勾曲而有芒角。其祀重也。夏官火正曰祝融，祝融，明貌也。其祀黎也。秋官金正曰蓐收，秋物摧蓐而可收也。其祀該也。冬官水正曰玄冥，水，陰而幽冥。其祀修及熙焉。中官土正曰后土。土爲群物主，故稱后也。其祀勾龍焉。在家則祀中霤，在野則祀社。唐堯之代，命羲、和欽若昊天，曆象日月星辰，敬授人時。重、黎之後羲氏、和氏，世掌天地四時之官，故堯命之，使敬順昊天。昊天，言元氣廣大。星，四方中星。辰，日月所會。曆象其分節，敬記天時，以授人也。此舉其目，下別序之。分命羲仲宅嵎夷，曰暘谷，宅，居也。東表之地稱嵎夷。暘，明也。日出於谷而天下明，故稱暘谷。暘谷，嵎夷，一也。羲仲，居治東方之官。寅賓出日，平秩東作。寅，敬。賓，導。秩，序也。歲起於東而始就耕，謂之東作。東方之官，敬導出日，平均次序東作之事，以務農也。申命羲叔宅南交，申，重也。南交，言夏與春交，舉一隅以見之〔四〕。此居治南方之官。平秩南訛，敬致。訛，化也。掌夏之官，平序南方化育之事，敬行其教，以致其功。四時同之，亦舉一隅。分命和仲宅西，曰昧谷，昧，冥也。日入於谷而天下冥，故曰昧谷。昧谷曰西，則嵎夷東可知。此居治西方之官，掌秋天之政。寅餞納日，平秩西成。餞，送也。日出言導，日入言送，因事之宜。秋，西方萬物成，平序其政，助成物也。申命和叔宅朔方，曰幽都，平在朔易。北稱朔，亦稱方。言一方則三方見矣。北稱幽，則南稱明，從可知也。都，謂所聚也。易，謂歲改易於北方。平均在察其政，以順天常。上總言羲、和敬順昊天，此分別仲、叔各有所掌。允釐百工，庶績咸熙。允，信。釐，治。工，官。績，功。咸，皆。熙，廣也。言定四時成歲，曆以告時授事，則能治百官，衆功皆廣，嘆其善。內有百揆、四岳，四岳，分主四方諸侯者也。周禮正義曰：「四岳，四時之官，主四岳之事。」始羲、和之時，主四岳者謂之四伯。至其死，分岳事，置八伯，皆王官。其八伯，唯驩兜、共工、放齊、鯀四人而已，餘四人無文可知。故書傳云「惟元祀巡狩，四岳八伯」。堯始以羲、和爲六卿，春夏秋冬者，并掌方岳之事，是爲四岳。出則爲伯。其後稍死，分置八伯。以九州而言，八伯者據畿外八州也，畿內不置伯，以鄉遂之吏主之。四岳之外，更有百揆之官者。但堯初天官爲稷，至堯試舜天官之任，謂之百揆，舜又命禹爲百揆，皆天官也。外有州牧、侯伯。外置州牧十二及五國之長。

按：陶唐氏以前之官所治者，天事也。虞、夏以後之官所治者，民事也。太古法制簡略，不可得而詳知。然以經、傳所載考之〔五〕，則自伏羲以至帝堯，其所命之官，大率爲治曆明時而已。蓋太古洪荒，步占之法未立，天道幽遠，非有神聖之德者，不足以知之。而位天地、育萬物、定四時、成歲功，乃君相職業一大事。月令「其帝太皞，其神勾芒」。鄭氏注以爲此蒼精之君，木官之臣，自古以來著德立功是也。蓋此數聖人者，生則知四時之事，殁則爲四時之神。然太皞、炎帝、少皞、顓頊所曆者四時，而勾芒、祝融、蓐收、玄冥、后土，則顓頊之時始有此五人者並世而生，能任此五官之事。至帝堯時，則占中星之法，置閏餘之法，漸已著明，然其命官，猶以羲、和爲第一義。自是四子之後，世守其法，居其官。至舜攝政之時，雖以「在璿璣玉衡，以齊七政〔六〕」爲首事，然分命九官，則皆以治民，而未嘗及天事。蓋累聖相承，其法至堯而備，世官自足以掌之，不必別求賢哲之輔，以專其任也。三代官制，至周而尤詳。然觀成王所以命官，若三公、三孤，則僅有燮理陰陽、寅亮天地二語爲天事，而冢宰以下俱民事也，然尚承襲上古之官名。而所謂六官，則天官掌治，地官掌教，春官掌禮，夏官掌兵，秋官掌刑，冬官掌土，略不及天地四時之事。至於馮相氏、保章氏、挈壺氏，則不過三百六十屬吏之一。蓋至是，而治天事之官事冞易而秩冞卑矣。

虞舜有天下，以伯禹作司空，使宅百揆；禹代鯀爲崇伯，入爲天子司空，治洪水有成功，言可用之。棄作后稷〔七〕，播百穀；契作司徒，敷五教；布五常之教。皋繇作士，正五刑；士，理獄官。垂作共工，利器用；垂，臣名。共謂供其百工職事。伯益作虞，育草木鳥獸；虞，掌山澤之官。伯夷秩宗，典三禮；秩，序。宗，尊也。三禮，天、地、人之禮。伯夷，臣名，姜姓。夔典樂，教冑子，冑，長也。謂元子以下至卿大夫子弟，以歌詩蹈之舞之，教長國子中和祗庸孝友〔八〕。和人神；命夔，使勉之。龍作納言，出納帝命。納言，喉舌之官。聽下言納於上，受上言宣於下，必以信。蓋亦爲六官，以主天地四時也。崔靈恩曰：「自顓頊以來，命南正重司天，北正黎司地，故重、黎之後，世掌天地官，號曰羲、和。唐堯受之，乃置天地四時之官，命羲、和之後，使復舊職，而掌天地之事。又分命羲仲、羲叔、和仲、和叔，使主四時，爲六卿之任。及其末年，舜攝百揆，改地官爲司徒，秋官爲士，冬官爲司空，春官爲秩宗。故尚書曰乃命羲、和，欽若昊天，分命和仲、和叔等，使主四時之事。又云百姓不親，五品不遜，契爲司徒，敬敷五教。地官之事也。皋繇作士，五刑有服，秋官之任也。禹作司空，以平水土，冬官之職也。伯夷爲秩宗，典朕三禮，此春官之所司也。又周禮正義曰稷爲天官，羲、和爲夏官，共爲六官。夏后氏之制，亦置六卿。甘誓曰「乃召六卿」是也。其官名次，猶承虞制。禮記曰夏后氏官百，天子有三公、九卿、二十七大夫、八十一元士。殷制，天子建天官，先六太，曰太宰、太宗、太史、太祝、太士、太卜，典司六典。典，法也。此蓋殷時制也。周制，太宰爲天官，太宗曰宗伯，宗伯爲春官，太史以下屬焉；太士，以神仕者。天子之五官，曰司徒、司馬、司空、司士、司寇，典司五衆。衆，謂群臣也。此亦殷時制也。周制，司士屬司馬。太宰、司徒、宗伯、司馬、司寇、司空爲六官。天子之六府，曰司土、司木、司水、司草、司器、司貨，典司六職。府，主藏六物之税。此亦殷時制也。周制皆屬司徒。司土，土均也。司木，山虞也。司水，川衡也。司草，稻人也。司器，角人也。司貨，丱人也。丱音革猛反〔九〕。天子之六工，曰土工、金工、石工、木工、獸工、草工，典制六材。此亦殷時制也。周制皆屬司空。土工，陶旊也。金工，築、冶、鳧、㮚、鍛、桃也。石工，玉人、磬人也。木工，輪、輿、弓、廬、匠、車、梓也。獸工，函、鮑、韗、韋、裘也。唯草工職亡，蓋謂作萑葦之器。韗音吁援反。旊音方往反。五官致貢曰享。貢，功也。享，獻也。致其歲終之功於王，謂之獻也。太宰歲終則令百官府各正其治，受其會，聽其致事，而詔王廢置也。五官之長曰伯。謂爲三公也。周禮九命作伯。千里之内爲王畿，千里之外設方伯。五國以爲屬，屬有長。十國以爲連，連有帥。三十國以爲卒，卒有正。二百一十國以爲州，州有伯。屬、連、卒、州，猶聚也。伯、帥、正，亦長也。凡長，皆因賢侯爲之。殷之州長曰伯，虞、夏及周皆曰牧。八州八伯，五十六正，百六十八帥，三百三十六長。八伯各以其屬，屬於天子之老二人，分天下以爲左右，曰二伯。老，謂上公。周成王既黜殷命，參考殷官，制爲周禮，以作天地四時之名，謂之六卿。改太宰爲天官冢宰，太宗爲春官宗伯，司徒爲地官，司馬爲夏官，司寇爲秋官，司空爲冬官。立天官冢宰掌邦治，地官司徒掌邦教，春官宗伯掌邦禮，夏官司馬掌邦政，秋官司寇掌邦刑，冬官司空掌邦事，六官之職皆總屬於冢宰。故論語曰：「君薨，百官總己以聽於冢宰。」爾雅曰：「冢，大也。」冢宰則太宰，於百官無所不主。各有徒屬，周於百事。崔靈恩曰王者之興，須變人情，必有改官之禮，周禮所以興也。歲終，天子齋戒受諫，諫當有所改爲〔一〇〕。六卿以百官之成質於天子。質，猶平也，平其計要。百官齋戒受質，受平報也。然後休老勞農，享食之也。成歲事，斷計要也。制國用。自周衰，官失而百職亂，戰國並争，各有變易。秦兼天下，建皇帝之號，立百官之職，不師古。

始罷侯置守，太尉主五兵，丞相總百揆。又置御史大夫以貳於相。漢初因循而不革，隨時宜也，其後頗有所改。孟康注漢書曰：「大司馬、左右前後將軍、侍中、常侍、散騎、諸吏爲中朝，丞相以下至六百石爲外朝。」王莽篡立，慕從古官，而吏民弗安，亦多虐政，遂以亂亡。當更始之時，官爵皆群小賈豎。語曰：「竈下養，中郎將。爛羊胃，騎都尉。爛羊頭，關内侯。」光武中興，務從節約，并官省職，費減億計。後漢建武六年詔曰：「百姓遭難，户口耗少，而官吏尚繁。」於是司隸、州牧條奏，并省四百餘縣，吏職減損，十置其一。廢丞相與御史大夫，而以三司綜理衆務。洎於叔世，事歸臺閣，論道之官備員而已。魏與吴、蜀，多依漢制。晉氏繼及，大抵略同。山公啓事曰：「晉制，諸坐公事者，皆三年乃得叙用，其中多有好人，今逍遥無事〔一一〕。臣以爲略依左遷法，隨資才減之〔一二〕，亦足懲戒，而官不失其用。」詔善之。又傅玄奏曰：「諸官有病滿百日不差，宜令去職，優其禮秩。既差而復用。」太元六年〔一三〕，改制減費，損吏士職員凡七百人。時議省州郡縣半吏，以赴農功。荀勖議以爲：「省吏不如省官，省官不如省事，省事不如清心。昔蕭、曹相漢，載其清静，此清心也。漢文垂拱，幾致刑措，此省事也。光武并合吏員，縣官國邑纔置十一，此省官也。魏太和中，遣王人四出，減天下吏員；正始中亦并合郡縣，此省吏也。今必欲求之於本，則宜以省事爲先。設官分職，委事責成。量能授任，思不出位。若欲省官，竊謂九寺可并於尚書，蘭臺宜省付三府。」至東晉，桓温又表曰：「愚謂門下三省、祕書、著作，通可減半。古以九卿綜事，不專尚書。今事歸内臺，則九卿爲虚設，皆宜省并。若郊廟、籍田之屬，臨時權兼，事訖省矣。」爰及宋、齊，亦無改作。宋時新制〔一四〕，長吏以父母疾去官，禁錮三年。山陰令沈叔任父疾去職〔一五〕，御史中丞鄭鮮之上議曰：「所以爲其制者，涖官不久則奔競互生，故杜其欲速之情，以申考績之實耳。今省父母之疾〔一六〕，而加以罪名，損義疾理〔一七〕，莫此爲大。」詔從之。於是自二品以上父母没者〔一八〕，墳墓崩毁及疾病，放屬輒去〔一九〕，並不禁錮。官司有三臺、五省之號，三臺，蓋兩漢舊名。五省，謂尚書、中書、門下、祕書、集書省也。郡、縣有三歲爲滿之期。宋州、郡、縣居職，以三周爲小滿。梁武受終，多遵齊舊。然而定諸卿之位，分配四時〔二〇〕，說在列卿中。置戎秩之官百有餘號。武帝時，置百二十五號將軍，爲二十四班。陳遵梁制，不失舊物，陳依梁制，年未滿三十者不得入仕，唯經學生策試得第，諸州迎主簿〔二一〕，西曹左奏及經爲挽郎得仕〔二二〕。必有奇才、異行、殊勳，別降恩旨叙用者，不在常例。其官唯論清濁，從濁得微清，即勝於遷〔二三〕。後魏昭成之即王位，初置官司，分掌衆職。以燕鳳爲右長史〔二四〕，許謙爲郎中令〔二五〕。然而其制草創，名稱乖疏。皇始元年，道武平并州，始建臺省〔二六〕，置百官，封拜公侯、將軍、刺史、太守〔二七〕，尚書郎等官悉用文人。天興中，太史言天文錯亂，當改王易政，故官號數革。初，道武制官，皆擬遠古雲、鳥之義，諸曹走使謂之「鳧鴨」，取飛之迅疾也。以伺察者爲候官〔二八〕，謂之「白鷺」，取其延頸遠視。他皆類此。至孝文太和中，王肅來奔，爲制官品，百司位號，皆准南朝，改次職令，以爲永制。凡守令以六年爲滿，後經六年乃叙。又作考格，以之黜陟。又宣武帝行考陟之法，任事上中者，三年升一階散官；上第者，四載登一級。孝明以後，授受多濫。自明帝孝昌以後，天下多難，刺史、太守皆爲當部都督〔二九〕，雖無兵事，並立佐僚，所在頗爲煩擾。及東魏静帝時，齊神武作相，高隆之表請自非實在邊要、見有兵馬者，悉皆斷之。又時諸朝貴多假常侍，以取貂蟬之飾。隆之自表解侍中，并陳諸假侍服者，請亦罷之。又自軍國多事，冒竊官者不可勝數，隆之奏請撿括，得五萬餘人，而群小喧囂，隆之懼而止。北齊創業，亦遵後魏，臺省位號多類江東。以門下省掌獻納諫正，中書省管司王言，祕書省典司經籍，集書省掌從容諷議，中常侍省掌出入門閤，御史臺掌察糾彈劾〔三〇〕。後主臨御，爵禄犬馬。御馬及犬乃有儀同、郡君之號〔三一〕，籍以旃罽，食物十餘種。其宮婢、閹人、商人、胡户〔三二〕、雜户、歌舞人、見鬼人濫富貴者萬數。至末年，太宰、三師、大司馬、大將軍、三公等官，并增員而授，或二或三，不可稱數。後周之初，據關中，猶依魏制。及平江陵之後，別立憲章，酌周禮之文，建六官之職，其他官亦兼用秦、漢。他官，謂將軍、都督、刺史、太守之類。隋文帝踐極，百度伊始，復廢周官，還依漢、魏。其於庶僚，頗有損益，凡官以四考而代。又制：凡官以理去職，聽並執笏。至煬帝，意存稽古〔三三〕，多復舊章。百官不得計考增級，如有德行功能灼然顯著者，擢之。大業三年，始行新令，有三臺、五省、五監、十二衛、十六府。殿内、尚書、門下、内史、祕書，五省也。謁者、司隸、御史，三臺也。少府、長秋、國子、將作、都水，五監也。左右翊、左右驍、左右武、左右屯、左右禦、左右候，十二衛也。左右備身、左右監門等，凡十六府也。或是舊名，或是新置。諸省及左右衛、武候、領軍、監門府爲内官，自餘爲外官。於時天下繁富，四方無虞，衣冠文物爲盛矣。既而漸爲不道，百度方亂，號令日改，官名月易，圖籍散逸，不能詳備。唐職員多因隋制，雖小有變革，而大較不異。高祖制：文官遭父母喪者，聽去職。貞觀六年，大省内官，凡文武定員六百四十有二而已〔三四〕。顯慶元年，初制：「拜三師、三公、親王、尚書令、雍州牧、開府儀同三司、驃騎大將軍、左右僕射，並臨軒册授。太子三少、侍中、中書令、諸曹尚書、諸衛大將軍、特進、鎮軍輔國大將軍、光禄大夫、太子詹事、太常卿、都督及上州刺史在京者，朝堂受册。」又制：「文武官五品以上老及病不因罪解者，並聽同致仕例。」龍朔二年，又改京諸司及百官之名〔三五〕，改尚書省爲中臺，門下省爲東臺，中書省爲西臺，其餘官司悉改之。咸亨元年復舊。至於武太后，再易庶官，或從宜創號，改尚書省爲文昌臺，門下省爲鸞臺，中書省爲鳳閣，御史臺爲肅政臺，及諸寺衛等名。又置控鶴府官員。或參用古典。改六尚書爲天地四時之官。天授二年，凡舉人，無賢不肖，咸加擢拜，大置試官以處之。試官蓋起於此也。試者，未爲正命。凡正官，皆稱行、守。其階高而官卑者稱行，階卑而官高者稱守，官階同者並無行、守字。太后務收物情，其年二月，十道使舉人，并州石艾縣令王山耀等六十一人〔三六〕，並授拾遺、補闕；懷州録事參軍崔獻可等二十四人〔三七〕，並授侍御史；并州録事參軍徐昕等二十四人，並授著作郎；魏州内黄縣尉崔宣道等二十二人〔三八〕，並授衛佐、校書、御史等。故當時諺曰：「補闕連車載，拾遺平斗量，杷推侍御史〔三九〕，椀脱校書郎。」試官自此始也。於時擢人非次，刑網方密，雖驟歷榮貴，而敗輪繼軌。神功元年制曰：「自今本色出身，解天文者進轉官不得過太史令，音樂者不得過太樂、鼓吹署令，醫術者不得過尚藥奉御，陰陽卜筮者不得過太卜令，解造食者不得過司膳寺諸署令。」又制：「其有從勳官、品子、流外、國官、參佐、視品等出身者，自今不得任京清顯要等官。若累階應至三品者，不須進階〔四〇〕，每一階酬勳兩轉。如先有上柱國者，聽迴授朞以上親。必有異行奇材別立殊效者，不拘此例。」神龍初，官復舊號。凡武太后所改之官。二年三月，又置員外官二千餘人。國初舊有員外官，至此大增，加兼超授諸閣官爲員外官者，亦千餘人。中書令李嶠，初自地官尚書貶通州刺史，至是召拜吏部侍郎。嶠志欲曲行私惠，求名悦衆，冀得重居相位，乃奏請大置員外官，多引用勢家親識。至是，嶠又自覺銓衡失序，官員倍多，府庫由是減耗。於是遂有員外、員外官，其初但云員外。至永徽六年，以蔣孝璋爲尚藥奉御，員外特置，仍同正員。自是員外官復有同正員者。其加同正員者，唯不給職田耳，其禄俸賜與正官同。單言員外者，則禄俸減正官之半。檢校、試、攝、判、知之官。攝者，言敕攝，非州府版署之命。檢校者，云檢校某官。判官者，云判某官事。知者，云知某官事。皆是詔除，而非正命。逮乎景龍，官紀大紊，復有「斜封無坐處」之誦興焉。景龍中，有太平、安樂、長寧、宜城等諸公主，及上官氏與其母沛國夫人鄭氏〔四一〕，尚宮柴氏〔四二〕、賀婁氏，女巫隴西夫人趙氏，皆樹用親識，亦多猥濫。或出身臧獲，或由於屠販，多因賂貨，累居榮秩，咸能别於側門降墨敕斜封以授焉，故時人號爲「斜封官」。時既政出多門，遷除甚衆，自宰相至於内外員外官及左右臺御史，多者則數踰十倍，皆無廳事可以處之，故時人謂之「三無坐處」，謂宰相、御史及員外官也。先天以來，始懲其弊，玄宗御極，宰相姚元崇、宋璟兼吏部尚書，大革姦濫，十去其九。時有殿中侍御史崔涖、太子中允薛昭諷帝曰：「先朝所授斜封官，恩命已布，而姚元崇、宋璟等沮先帝之明，歸怨陛下，道路謗讟，天下稱冤。奈何與萬人爲仇敵，恐有非常之變。」上以爲然，乃下詔曰：「諸緣斜封别敕授官，先令停任，宜並量材叙用〔四三〕。」監察御史柳澤又上疏極言不可：「其斜封官得免罪戾，已沐恩私。旬月之内頻煩降旨，前敕令至冬處分，後敕又令替人却停，將何以止姦邪？將何以懲風俗？」至開元二十五年，刊定職次，著爲格令。此格皆武德、貞觀之舊制，永徽初已詳定之，至開元二十五年再删定焉。至二十八年，又省文武六品以下官三百餘員及諸流外、番官等。蓋尚書省以統會衆務，舉持繩目；門下省以侍從獻替，規駮非宜；中書省以獻納制册，敷揚宣勞；祕書省以監録圖書；殿中省以供修膳服；内侍省以承旨奉引；尚書、門下、中書、祕書、殿中、内侍，凡六省。御史臺以肅清僚庶；九寺，太常、光禄、衛尉、宗正、太僕、大理、鴻臚、司農、太府爲九寺。五監，少府、將作、國子、軍器、都水爲五監。以分理群司；六軍，左右羽林、左右龍武、左右神武爲六軍。十六衛，左右衛、左右驍衛、左右武、左右威、左右領軍、左右金吾、左右監門、左右千牛爲十六衛。以嚴其禁禦；一詹事府，二春坊，有左、右春坊，又有内坊，掌閤内諸事。三寺，家令寺、率更寺、太僕寺。十率，左右衛、左右司禦、左右清道、左右監門、左右内侍，凡十率府。俾乂儲宫；牧守、督護分臨畿服；京府置牧，餘府、州置都督、都護、太守。設官以經之，置使以緯之；按察、採訪等使以理州縣。節度、團練等使以督府軍事。租庸、轉運、鹽鐵、青苗、營田等使以毓財貨。其餘細務因事置使者，不可悉數。其轉運以下諸使，無適所治，廢置不常，故不别列於篇。自六品以下，率由選曹，居官者以五歲爲限。於是百司具舉，庶績咸理，亦一代之制焉。一歲爲一考，四考有替則爲滿。若無替，則五考而罷。六品以下，吏部注擬，謂之旨授。五品以上，則皆敕除。自至德之後，天下多難，甄才録效，制敕特拜，繁於吏部，於是兼試、員外郎倍多正員。至廣德以來，乃立制限，州縣、員外、兼試等官，各有定額。並云：額内溢於限者，不得視職。其有身帶京官冗職、資名清美兼州縣職者，云占闕焉，即如正員之例。官以三考而代，無替四考而罷，由是官有常序焉。

唐自太宗時已有員外置，其後又有特置同正員。至於檢校、兼、守、判、知之類，皆非本制。又有置使之名，或因事而置，事已則罷；或遂置而不廢，其名類繁多，莫能徧舉。肅、代以後，盜起兵興，府庫無蓄積，朝廷專以官爵賞功，諸將出征，皆給空名告身，自開府、特進、列卿、大將軍，下至中郎將，聽臨事注名。其後，又聽以信牒授人官爵，有至異姓王者。諸軍但以職任相統攝，不復計官資高下。及清渠之敗，復以官爵授散卒。由是官爵輕而貨重，大將軍告身一通纔易一醉。凡應募入軍者，一切衣金紫，至有朝士僮僕衣金紫，稱大官而執賤役者。名器之濫，至是而極。張巡在雍邱，纔領一縣千兵，而大將六人，官皆開府、特進。德宗避難於奉天，渾瑊之童奴曰黄岑〔四四〕，力戰，即封渤海郡王。至於僖、昭之世，遂有捉船郭使君〔四五〕、看馬李僕射之號。德宗幸梁州，在道，民有獻瓜果者，上欲試以散官，陸贄言：「軍興以來，財賦不足以供賜，而職官之賞興焉。方今之病，在於爵輕。設法貴之，猶恐不重。若又自棄，何以勸人？夫誘人之方，惟名與利。名近虚而於教爲重，利近實而於德爲輕。專實利而不濟之以虚，則耗匱而物力不給。專虚名而不副之以實，則誕慢而人情不趨。夫突銛鋒排患難者，則以是賞之。竭筋力展勤效者，又以是酬之。若獻瓜果者受試官，則彼人將曰：『吾以忘軀命獲官，而彼以獻瓜果得官，是乃國家以吾之軀命同之瓜果矣。』」

宋朝設官之制，名號品秩一切襲用唐舊。然三師、三公不常置，宰相不專用三省長官。中書、門下並列於外。又別置中書於禁中，是謂政事堂，與樞密院對掌大政。天下財賦，内庭諸中外筦庫，悉隸三司。中書省但掌册文、覆奏、考帳。門下省主乘輿八寶，朝會位版，流外較考，諸司附奏挾名而已。臺、省、寺、監，官無定員，無專職，悉皆出入分莅庶務。故三省、六曹、二十四司互以他官典領，雖有正官，非別敕不治本司事，事之所寄，十亡二三。故中書令、侍中、尚書令不與朝政，侍郎、給事不領省職，左右諫議無言責，而起居郎、起居舍人不執記事之筆。中書常闕舍人，門下罕除常侍。補闕、拾遺改爲司諫、正言，而非特旨供職，亦不任諫諍。至於僕射、尚書、丞郎、郎中、員外，居其官不知其職者，十常七八。祕書、殿中二省，名存實廢，惟内侍所掌猶髣髴故事。九寺、五監，尤爲空官。六統軍、十六衛，每遇大禮朝會，但遣官攝事，以備儀範。天聖中，始以環衛官補宗室子。東宮官不常置，公主無邑司。節度使不食本鎮租賦。藩府除授雖帶都督之名，而實不行都督之事。京府以及四方大鎮，皆有牧尹，而類非親王不除。諸路無觀察、採訪，而觀察、防禦、團練、刺史，特以爲右列叙遷之寵，雖有正任、遥領，大率不親本州之務。諸司使、副，有東班、西班，又有横班。横班之有職事者，獨閤門、客省、四方館略有典掌，其他悉無所領。此其大概也。至於官人授受之别，則有官、有職、有差遣。官以寓禄秩、叙位著，職以待文學之選，而差遣以治内外之事。其次又有階、有勳、有爵。故士人以登臺閣、陞禁從爲顯宦，而不以官之遲速爲榮滯；以差遣要劇爲貴途，而不以階、勳、爵邑有無爲輕重。時人爲之語曰：「寧登瀛，不爲卿；寧抱槧，不爲監。」虚名之不足砥礪天下也如此。自真宗、仁宗以來，議者多以正名爲請。咸平中，楊億首言：「文昌會府，有名無實，宜復其舊。」既而言者相繼，乞復二十四司之制。至和中，吴育亦言：「尚書省天下之大有司，而廢爲閒所，當漸復之。」然朝論異同，未遑釐正。神宗即位，慨然欲更其制。熙寧末，始命館閣校唐六典。元豐三年，以摹本賜群臣，乃置局中書，命翰林學士張璪等詳定。八月，下詔肇新官制，凡省、臺、寺、監領空名者，一切罷去，而易之以階。九月，詳定所上寄禄格〔四六〕。會明堂禮成，近臣遷秩，即用新制，而省、臺、寺、監之官，各還所職矣。五年，省、臺、寺、監法成。六年，尚書新省成，帝親臨幸，召六曹長貳以下，詢之職事，因戒敕焉。初，新階尚少，而轉行者易以混雜。及元祐初，於朝議大夫以上六階始分左、右〔四七〕。既又以流品無别，乃詔寄禄官悉分左、右，詞人爲左，餘人爲右。紹聖中罷之。崇寧初，以議者有請，自承直至將仕郎，凡换選人七階。大觀初，又增宣奉至奉直大夫五階〔四八〕。

政和末，自從政至迪功郎，又改選人三階，於是文階始備。而武階，亦詔易以新名，正使爲大夫，副使爲郎，而橫班十二階使、副亦然。故有郎居大夫之首者〔四九〕。繼又以新名未具，增置宣正履正大夫、郎，凡十二階〔五〇〕，通爲橫班，而文武官制益加詳矣。大抵自元祐以後，漸更元豐之制：二府不分班奏事，樞密加置簽書，徽省則既罷復建，户部則不領右曹，專典常平而總於其長，起居郎、舍人則通記起居而不分言動，館職則增置校勘黄本。凡此皆與元豐稍異也。其後，蔡京當國，率意自用，然動以繼志爲言。首更開封守臣爲尹牧，由是府分六曹，縣分六案。又内侍省職，悉倣機庭之號。已而修六尚局，建三衛郎〔五一〕。又更兩省之長爲左輔、右弼，易端揆之稱爲太宰、少宰。是時員既濫冗，名且紊雜，故官有視秩，甚者走馬承受陞擁使華，黄冠道流亦預朝品。元豐之制，至此大壞。及宣和末，王黼用事〔五二〕，方且追咎元祐紛更，乃請設局〔五三〕，以修官制格目爲名〔五四〕，書未成而邊事起矣〔五五〕。

官數

唐六十員，虞六十員，尚書云建官惟百。鄭玄云虞官六十，唐官未聞，堯、舜同道，或皆六十，並屬官而言，則皆有百。夏百二十員。尚書云夏、商官倍，則二百。鄭玄曰百二十。殷二百四十員，明堂位：二百。鄭玄曰二百四十。周六萬三千六百七十五員。内二千六百四十三人，外諸侯國官六萬一千三十二人。按禮記王制計之。商制同。

右杜氏通典所載唐、虞、夏、商之官員數，往往以傳聞異辭，故於注兩存之。至周之官數，則以爲出於禮記王制。今考之，其所謂外諸侯官六萬一千三十二人者，以王制云殷時天下諸侯國千七百七十三，內大國二百四十九，次國五百一，小國一千二十三。大國、次國則皆三卿、五下大夫、二十七上士。唯小國二卿，其大夫與士如大國、次國之數。大凡列國卿、大夫、士有六萬一千三十二人，其數是矣。獨所謂內官二千六百四十三人者，未知何據。謹按周家之官數，莫詳於周禮。今以周禮太宰以下及其屬，稽其員數之可考者，除冬官一篇已亡，無所稽據外，而五官所掌，其有命官而難考員數者，如山虞，每大山中士二人、中山下士六人、小山二人；川衡，每大川下士十二人之類是也。又有元無命官者，如酒人、漿人之爲奄，女御、女祝之爲女，方相氏之爲狂夫，蠻隸、罪隸之爲徒隸是也。若此之外，則其數未嘗不昭然可考。大概爲公者三人，爲卿者二十四人，六官六，六卿六，世婦六宮十二。中大夫共六十八人，下大夫共二百九十三人，上士共一千一百三十三人，中士共四千五百三十六人，下士共一萬九千二百零九人。自公而至下士，總計二萬五千二百六十六人。此則周禮所載內官可考之數也，與前數殊不脗合，今姑具載其目於後，以俟考訂之精詳者共評之。

周禮命官員數：

公

鄉老，每二鄉公一人。鄭注：王置六鄉，則公有三人。

卿

太宰一天官。　大司徒一地官。　鄉大夫每鄉卿一人注：六鄉則卿六人，各主一鄉之事，然總屬司徒，非六官兼鄉大夫也。地官。　大宗伯一春官。　世婦每宮卿二人注：王后六宮則十二人，疏謂此爲奄卿。春官。　大司馬一夏官。　大司寇一秋官。　司空一冬官已亡，不能知其官數員數。然司空之爲卿一人，不言可知也。

右卿共二十四人。

中大夫

小宰二　司會二右天官，共四人。　小司徒二　師氏一　州長，每州一，凡三十州，計三十人。遂大夫，每遂一人，六遂計六人　遂人二〔五六〕右地官，共四十一人。　小宗伯二　大司樂二　內史一右春官，共五人。　小司馬二　戎右二　大馭二　戎僕二　校人二　職方氏四右夏官，共十四人。　小司寇二　大行人二右秋官，共四人。

右中大夫共六十八人。

下大夫

宰夫四　太府二　司會四　內宰二右天官，共十二人。　鄉師四　黨正，每黨一人，凡一百五十黨，計一百五十人。　保氏一　司市二　司門二　遂師四〔五七〕　縣正，每縣一人，凡三十縣，計三十人。　廩人二右地官，共一百九十五人。　肆師四　世婦，每宮四人，六宮當二十四人。　冢人二　墓大夫二　樂師四　太師二　大卜二　太祝二　太史二　巾車二右春官，共四十八人〔五八〕。　軍司馬四　射人二　司士二　諸子二　虎賁氏二　太僕二　司甲二　司弓矢二　齊右二　齊僕二　職方氏八右夏官，共三十人。　士師四　小行人四右秋官，共八人。

右下大夫共二百九十三人。

上士

宰夫八　宮正二　膳夫二　醫師二　太府四　玉府二　司會八　司書二　職內二　職歲四　職幣二　內宰四　內小臣奄上士四鄭注：奄稱士者，異其賢愚。按：此必奄官之受爵命，如後來內侍省官之類；如酒人等，只稱奄幾人，則泛泛趨走之奄，與府史等也。右天官，共計四十六人〔五九〕。　鄉師八　族師，每族一，凡七百五十族，計七百五十人。　載師二　縣師二　師氏二　司市四　泉府四　司門四　司關二　掌節二　遂師八　鄙師，每鄙一人，凡一百五十鄙，計一百五十人。　土均二　稻人二　廩人四　舍人二右地官，共九百四十八人。　肆師八　天府一　職喪二　樂師八　小師四　卜師四　大祝四　喪祝二　太史四　內史四　外史四　巾車四〔六〇〕　都宗人二　家宗人二右春官，共五十三人。　輿司馬八　司勳二　掌固二　候人六　射人四　司右二　小臣四　繕人二　戎右二　道右二　道僕十二　田僕十二　校人

四　土方氏五右夏官，共六十七人。　鄉士八　職金二　司儀八　掌客二右秋官，共二十人。

右上士共一千一百三十三人。

中士

宰夫十六　宮正四　宮伯二　膳夫四　庖人四　內饔四　外饔四　獸人四　𩺰人二　食醫二　疾醫八　酒正四　宮人四　玉府四　內府二　外府二　司會十六　司書四　職內四　職歲八　職幣四　司裘二〔六一〕　內宰八　典婦功二右天官，共一百十八人。　鄉師十六　閭胥，每閭一，凡三千閭，計三千人。　封人四　鼓人六　牛人二　載師四　閭師二　縣師四　遺人二　均人二　保氏二　司諫二　司救二　司市八　質人二　廛人二　泉府八　司門八　司關四　掌節四　遂師十六　鄰長，每鄰一人，凡七百五十鄰，計七百五十人。　旅師四　委人二　土均四　稻人四　土訓二　誦訓二　迹人四　丱人二　囿人四　廩人八　舍人四　倉人四　司禄四右地官，共三千八百九十八人。　肆師十六　天府二　典瑞二　典命二　司服二　典祀二　世婦，每宮八人，六宮四十八人。　冢人四　墓大夫八　職喪四　大胥四　典同二　磬師四　鐘師四　笙師二　鎛師二　籥師四　籥章二　卜人八　龜人二　簭人二　占夢二　眂祲二　小祝八　喪祝四　司巫二　巫師二　小史八　馮相氏二〔六二〕　保章氏二　內史八　外史八　御史八　巾車八　典路二　車僕二　司常二　都宗人四　家宗人四右春官，共二百四人。　行司馬十六　馬質二　司險二　掌疆八

司士六　諸子四　虎賁氏十二　旅賁氏二　祭僕六　司甲八　司兵四　司弓矢八　槀人四　馭夫二十　職方氏十六　懷方氏八　合方氏八　訓方氏四　形方氏四　山師二　川師二　邍師四　匡人四　撢人四右夏官，共一百五十八人。　鄉士十六　遂士十二　縣士三十二　方士十六　訝士八　朝士六　司民六　司刑二　司圜六　司隸二　布憲二　司儀十六　環人四　掌訝八　掌交八　掌察四方八　都則一　都士二　家士二右秋官，共一百五十七人。

右中士共四千五百三十六人。

下士

太宰旅三十二　宮正八　宮伯四　膳夫八　庖人八　內饔八　外饔八　亨人四　甸師二　獸人八　䱷人四　鱉人四　腊人四　醫師四　瘍醫八〔六三〕　獸醫四　酒正八　凌人二　宮人八　掌舍四　幕人一　掌次四　太府八　司裘四　掌皮四　典婦功四　典絲二　典枲二　染人二　追師二　屨人二　夏采四右天官，一百七十九人。　司徒旅三十二　比長，每比一人，凡一萬五千比，計一萬五千人。　封人八　舞師二　牧人六　牛人四　充人二　遺人四　均人四　調人二　媒氏二　司市十六　質人四　廛人四　泉府十六　司門十六。又每門二人，王城十二門，計二十四人。　遂師旅三十二　里宰，每里一人，凡三千里，計三千人。　旅師八　稍人四　委人四　土均八　草人四　稻人八　土訓四　誦訓四　迹人八　卝人四　角人二　羽人二　掌葛二　掌染

草二　掌炭二　掌荼二　掌蜃二　囿人八　廩人十六　倉人八　司祿八　司稼八右地官，共一萬八千二百九十六人。　宗伯旅三十二　鬱人二　鬯人二　鷄人一　司尊彝二　司几筵二　典祀四　職喪八　樂師十六　小胥八　磬師八　鐘師八　笙師四　鎛師四　韎師二　旄人四　籥章四　鞮鞻氏四　典庸器四　司干二　卜人十六　菙氏二　占人八　小祝十六　喪祝八　甸祝二　詛祝二　小史十六　馮相氏四　保章氏四　内史十六　御史十六　巾車十六　典路四　車僕四　司常四右春官，共二百七十五人。　司馬旅三十二　司勳四　量人二　小子二　羊人二　司爟二　掌固八　司險四　候人十二　環人六　挈壺氏六　射人八　服不氏一〔六四〕　射鳥氏一　羅氏一　掌畜二　司士十二　司右四　旅賁氏十六　節服氏八　御僕十二　隸僕二　弁師二　司戈盾二　繕人四　馭夫四十〔六五〕　校人十六　趣馬一　巫馬二　牧師四　廋人二　土方氏十　山師四　川師四　邍師八右夏官，共二百四十六人。　司寇旅三十二　司剌二　司約二　司盟二　職金四　司厲二　犬人二　司圜十二　掌囚十二　掌戮二　司隸十二　布憲四　禁殺戮二　禁暴氏六〔六六〕　野廬氏六　蜡氏四　雍氏二　萍氏二　司寤氏二　司烜氏六　條狼氏六　修閭氏二　冥氏二〔六七〕　庶氏一　穴氏一　翨氏二　柞氏八　薙氏二　硩蔟氏一　翦氏一　赤友氏一　蟈氏一　壺涿氏一　庭氏一　銜枚氏二　伊耆氏一　行夫三十二　掌客四　掌貨賄十六　都則二　都士四　家士四右秋官，二百一十三人。

右下士共一萬九千二百零九人。

有命官，難考員數：

山虞，每大山中士四人〔六八〕，下士八人；中山下士六人，小山下士二人。族、黨、州、縣、鄉、酇、鄙、遂，皆有定數，可以推官數之多少，如云每遂中大夫一人，則六遂可知爲六人；族師每族上士一人，則七百五十族可知爲七百五十人之類。若山澤之名數，則注家不言其有幾，所以難考官數。 林衡，每大林麓下士十二人，中林麓如中山之虞，小林麓如小山之虞。 川衡，每大川下士十二人，中川下士四人，小川下士二人。 澤虞，每大澤、大藪中士四人，下士八人；中澤、中藪如中川，小澤、小藪如小川。 場人，每場下士二人。 司關，每關下士二人。 內宗，凡內女之有爵者。 外宗，凡外女之有爵者。 都司馬，每都上士二人、中士四人、下士八人。 象胥，每翟上士一人、中士二人、下士八人。 朝大夫，每國上士二人，下士四人。

無命官：

酒人奄。鄭注謂宦人，賈注謂不稱士則稱奄。亦府史之屬。 漿人奄。 籩人奄。 醢人奄。 醯人奄。 鹽人奄。 冪人奄。 閽人 寺人 內豎 九嬪 女御 女祝 女史 內司服奄。 縫人奄。 胥師 賈師 司虣 司稽 肆長 鄰長 舂人奄。 饎人奄。 稾人奄。 守祧奄。 瞽矇奄。 眡瞭 凡以神仕者 方相氏 園師 罪隸 蠻隸 閩隸 夷隸 貉隸

漢自丞相至佐史，凡十三萬二百八十五員。哀帝時數，兼諸府州郡胥吏。 後漢七千五百六十七員。 晉六千八百三十六員。 宋六千一百七十二員。 齊二千一百三員。 後魏七千七百六十四員。 北齊二千三百二十二員。並內官。 後周二千九百八十九員。並內官。 隋一萬二千五百七十六員。內官二千五百八十一，外郡縣

官九千九百九十五。唐一萬八千八百五員。內官二千六百二十，外郡縣官一萬六千一百八十五。

宋內外官員數：

元豐間，南豐曾鞏議經費，言景德官一萬餘員，皇祐二萬餘員，治平并幕職州縣官三千三百餘員，總二萬四千員。

朝野雜記：「祖宗時，內外文武官通一萬三千餘員。天聖中，兩制、兩省不及三十員，京朝官不及二千員，三班使臣不及四千員。慶曆中，兩制、兩省至五十員，京朝官二千七百餘員，流外銓選人僅萬計。乾道中，京朝官已三四千員，選人亦七八千員。紹熙二年，京朝官四千一百五十九員，合四選，凡三萬三千一十六員。慶元二年，京朝官如紹熙之數〔六九〕，選人增至一萬三千六百八十員，大使臣六千五百二十五員，小使臣一萬八千七十員，通四選，凡四萬二千有奇。蓋五年之間所增，至九千餘員〔七〇〕，可謂官冗矣。嘉泰元年春，左選京官以上三千一百三十三員，選人萬五千二百四員，大使臣以上六千八百五十四員，校尉以上萬二千六百十六員，通四選，共三萬七千八百餘員。是五年間所損，僅四千餘員〔七一〕，未知何故。」

校勘記

〔一〕龍紀其官長　「紀」原作「化」，據漢書卷一九上百官公卿表上應劭注改。

〔二〕夏官爲縉雲　「縉」原作「赤」，據漢書卷一九上百官公卿表上改。

〔三〕皆曆正之屬官　「官」字原脱，據通典卷一九職官一補。

〔四〕舉一隅以見之　「見」原作「明」，據尚書堯典改。

〔五〕然以經傳所載考之　「經」原作「輕」，據元本、慎本、局本改。

〔六〕以齊七政　「以」字原脱，據尚書舜典補。

〔七〕棄作后稷　「作」字原脱，據漢書卷一九上百官公卿表上補。

〔八〕教長國子中和祗庸孝友　「祗」原作「秖」，據慎本、馮本及通典卷一九職官一改。

〔九〕丱音革猛反　「革」，通典卷一九職官一作「華」。

〔一〇〕諫當有所改爲　「有所」二字原倒，據慎本、馮本及通典卷一九職官一乙正。

〔一一〕今逍遥無事　「令」，通典卷一九職官一作「令」。

〔一二〕隨資才減之　「才」原作「裁」，據通典卷一九職官一改。

〔一三〕太元六年　「太元」原作「泰元」，據通典卷一九職官一改。

〔一四〕宋時新制　「新制」二字原倒，據宋書卷六四鄭鮮之傳乙正。

〔一五〕山陰令沈叔任父疾去職　「沈叔任」原作「沈叔在」，據宋書卷六四鄭鮮之傳、通典卷一九職官一改。

〔一六〕今省父母之疾　「省」字原脱，據宋書卷六四鄭鮮之傳補。

〔一七〕損義疾理　「損」，宋書卷六四鄭鮮之傳作「悖」。

〔一八〕於是自二品以上父母没者　「父母没」原作「及爲祖父母後」，據宋書卷六四鄭鮮之傳删改。

〔一九〕放屬輒去　「放」，宋書卷六四鄭鮮之傳作「族」。

〔二〇〕分配四時　「分」，隋書卷二六百官志上作「各」。

〔二一〕諸州迎主簿　隋書卷二六百官志上「州」下有「光」字。

〔二二〕西曹左奏及經爲挽郎得仕　「左」，册府元龜卷六二九作「佐」。

〔二三〕即勝於遷　隋書卷二六百官志上「即」作「則」、「遷」作「轉」。

〔二四〕以燕鳳爲右長史　魏書卷一一三官氏志同，魏書卷二四燕鳳傳、北史卷二一燕鳳傳「右」皆作「左」。

〔二五〕許謙爲郎中令　「謙」原作「議」，據魏書卷二四許謙傳、卷一一三官氏志，北史卷二一許謙傳改。

〔二六〕始建臺省　「臺」，魏書卷一一三官氏志作「曹」。

〔二七〕封拜公侯將軍刺史太守　「拜」字原脱，據魏書卷一太祖紀、北史卷一魏本紀一補。

〔二八〕以伺察者爲候官　「者爲候官」原作「候宫禁」，據魏書卷一一三官氏志補改。

〔二九〕刺史太守皆爲當部都督　「都」字原脱，據北齊書卷一高隆之傳、北史卷五四高隆之傳補。

〔三〇〕御史臺掌察糾彈劾　「掌」字原脱，據隋書卷二七百官志中補。

〔三一〕御馬及犬乃有儀同郡君之號　「君」原作「公」，據北齊書卷八幼主紀、北史卷八齊本紀下改。

〔三二〕胡户　原作「胡人」，據北齊書卷八幼主紀、北史卷八齊本紀下改。

〔三三〕意存稽古　「意」原作「初」，據隋書卷二六百官志上改。

〔三四〕凡文武定員六百四十有二而已　通典卷一九職官一「二」作「三」。

〔三五〕又改京諸司及百官之名　「諸」字原脱，據舊唐書卷四高宗本紀上補。

〔三六〕并州石艾縣令王山耀等六十一人　通鑑卷二〇五長壽元年一月丁卯條考異引統紀「王山耀」作「王山齡」、「六十一」作「六十」。唐會要卷六七試及斜濫官「王山耀」作「王山輝」。

〔三七〕懷州録事參軍崔獻可等二十四人　「崔獻可」，通鑑卷二〇五長壽元年一月丁卯條考異引統紀、唐會要六七試及斜濫官作「霍獻可」。

〔三八〕魏州内黄縣尉崔宣道等二十二人　「二十二」，唐會要卷六七試及斜濫官作「二十三」。

〔三九〕杷推侍御史　「杷」原作「把」，據容齋隨筆卷一一張鷟譏武后濫官改。

〔四〇〕不須進階　「須」原作「得」，據唐會要卷六七伎術官改。

〔四一〕及上官氏與其母沛國夫人鄭氏　通典卷一九職官一「及」下有「皇后陸氏妹郕國夫人李氏妹崇國夫人並昭容」十九字，唐會要卷六七員外官「李氏」作「馮氏」，餘同上引通典。

〔四二〕尚宫柴氏　「尚宫」原作「上官」，據舊唐書卷五一后妃傳上、通鑑卷二〇九景龍二年條改。

〔四三〕宜並量材叙用　「宜」原作「官」，據通典卷一九職官一、唐會要卷六七員外官改。

〔四四〕渾瑊之童奴曰黄岑　「黄岑」，元本、慎本作「黄芩」，馮本及容齋三筆卷七冗濫除官作「黄芩」。

〔四五〕遂有捉船郭使君　「捉」原作「促」，據元本、慎本、馮本及容齋三筆卷七冗濫除官改。

〔四六〕詳定所上寄禄格　「上」下原衍「言」字，脱「格」字，據宋史卷一六一職官志一删補。

〔四七〕於朝議大夫以上六階始分左右　「以上」原舛在「六階」下，據宋會要職官五六之一七、石林燕語卷四乙正。

〔四八〕又增宣奉至奉直大夫五階　「五」原作「四」，按宋史卷一六九職官志九載，大觀新置宣奉大夫、正奉大夫、通奉大夫、中奉大夫、奉直大夫，據改。

〔四九〕故有郎居大夫之首者　「居」原作「官」，據宋史卷一六一職官志一改。

〔五〇〕凡十二階　「二」字原脱，據宋史卷一六九職官志九、宋大詔令集卷一六三改武選官名詔補。

〔五一〕建三衛郎　「衛」原作「衙」，據宋史卷一六一職官志一改。

〔五二〕及宣和末王黼用事　按宋會要職官五六之三一至三二載，委官參照官制格目事在政和二年，時王黼爲奉議郎、左司諫。

〔五三〕乃請設局　按宋會要職官五六之三一載，王黼奏疏「乞更不置局，止以參詳補完官制格目所爲名」。

〔五四〕以修官制格目爲名　按宋會要職官五六之三一至三二載，先以參詳補完官制格目所爲名，後改以「參照官制格目所」爲名。

〔五五〕書未成而邊事起矣　按宋會要職官五六之四一、玉海卷一一九官制門元祐修官制，並記政和三年參照官制格目修成。

〔五六〕遂人二　原舛在「小宗伯」上，據周禮地官司徒改。

〔五七〕遂師四　「四」原作「二」，據周禮地官司徒改。

〔五八〕共四十八人　按上文，當爲「共四十六人」。

〔五九〕共計四十六人　按上文，當爲「共計四十四人」。

〔六〇〕巾車四　「四」原作「二」，據周禮春官宗伯改。

〔六一〕司裘二　「裘」原作「喪」，據慎本、馮本、周禮天官冢宰改。

〔六二〕馮相氏二　「二」原作「一」，據元本、慎本、馮本、周禮春官宗伯改。

〔六三〕瘍醫八　「瘍」原作「瘍」，據元本、慎本、馮本及周禮天官冢宰改。

〔六四〕服不氏一　「不」原作「石」，據周禮夏官司馬改。

〔六五〕馭夫四十　「四十」原作「十四」，據周禮夏官司馬乙正。

〔六六〕禁暴氏六　「六」原作「二」，據周禮秋官司寇改。

〔六七〕冥氏二　「冥」原作「寘」，據周禮秋官司寇改。

〔六八〕每大山中士四人　「四」原作「二」，據周禮地官司徒改。

〔六九〕京朝官如紹熙之數　「熙」原作「興」，據朝野雜記甲集天聖至嘉泰四選人數改。

〔七〇〕至九千餘員　「至」原作「僅」，據朝野雜記甲集天聖至嘉泰四選人數改。

〔七一〕僅四千餘員　「四」原作「二」，據朝野雜記甲集天聖至嘉泰四選人數改。

卷四十八　職官考二

三公總序 四輔二大附

記曰：「虞、夏、商有師、保，有疑、丞，設四輔及三公，尚書大傳曰：「古者天子必有四鄰，前曰疑，後曰丞，左曰輔，右曰弼。天子有問無以對，責之疑；有志而不志，責之丞；可正而不正，責之輔；可揚而不揚，責之弼。其爵視卿，其禄視次國之君。」不必備，惟其人。語使能也。」故天子無爵，三公無官，參職天子，何官之稱？天文三台，以三公法焉。三台，星名。台，一作能。伊尹曰：「三公調陰陽，九卿通寒暑，大夫知人事，列士去其私。」周成王作周官，曰：「立太師、太傅、太保，兹惟三公，論道經邦，燮理陰陽。師，天子所師法。傅，傅相天子。保，保安天子於德義者。此惟三公之任，佐王論道，以經緯國事，和理陰陽。少師、少傅、少保曰三孤，此三官名曰三孤。孤，特也。言卑於公，尊於卿，特置此三人。貳公弘化，寅亮天地，弼予一人。」副貳三公，弘大道化，敬信天地之教，以輔我一人之治。則三太，周之三公也，故不以一職爲官名。公，八命也。九命則分陝爲二伯。又以三少爲孤卿，與六卿爲九焉。六卿，冢宰、司徒、宗伯、司馬、司寇、司空也。周禮正義曰：「按婚義云三公、九卿者，六卿并三孤而言九，其三公又下兼六卿。故傳云司徒公、司馬公、司空公，公各兼二卿。按顧命，太保領冢宰，畢公領司馬，毛公領司空，别有芮伯爲司徒，彤伯爲宗伯，衛侯爲司寇，則周時三公各兼一卿之職，與古異矣。」又周禮王畿有六卿，每二卿則公一人，蓋一公領二卿也。舜之於堯，伊尹於湯，周公、召公於周，是其任也。賈誼曰：「天子不喻於先聖之德〔一〕，不知君民之道，不見禮義之正，詩、書無宗，學業不法，太師之責也。古者齊太公職之。天子不惠於庶民，不禮於大臣，不中於折獄，無經於百官，不哀於喪，不敬於祭，不誠不信，太傅之責也。古者周公職之。天子處位不端，受業不敬，言語不叙，音聲不中，進退升降不以禮，俯仰周旋不以節，此太保之責也。古者燕召公職之。天子燕業反其學，左右之習詭其師，答諸侯〔二〕、遇大臣〔三〕，不知文雅之辭，此少師之責也。天子居處出入不以禮，衣服冠帶不以制，御器列側不以度〔四〕，采服從好不以章，忿悦不以義，與奪不以節，此少傅之責也。天子居處燕私〔五〕，安而易，樂而耽，飲食不時，醉飽不節，寢起早晏無常，玩好器弄無制，此少保之責也。」故周禮建外朝之法：左九棘，孤、卿、大夫位焉，群士在其後。右九棘，公、侯、伯、子、男位焉，群吏在其後。面三槐，三公位焉，州長衆庶在其後。樹棘以爲位者，取其赤心而外刺，象以赤心三刺也。槐，懷也，言懷來人於此，欲與之謀也。群吏，謂府史也。州長，鄉、遂之官。三公一命衮，若有加賜也，不過九命。三公八命矣，復加一命，則服衮龍，與王者之後同，多於此則賜也〔六〕，非命服也。虞、夏之制，天子有日月星辰。周禮曰：「諸公之服，自衮冕而下，如王之服。」春秋九命作伯，尊公曰宰，言於海内無不宰統焉。或説司馬主天，司徒主人，司空主土，是爲三公。韓詩外傳曰：「故陰陽不和，四時不節〔七〕，星辰失度，災變非常，則責之司馬。君臣不正，人道不和，國多盗賊，民怨其上，則責之司徒。山陵崩阤〔八〕，川谷不通，五穀不植，草木不茂，則責之司空。」漢初，唯有太傅、太尉，後加置太師、太保、大司徒、大司空。哀帝時，議以漢舊無司徒，故定三公之號曰大司馬、大司徒、大司空。史記曰公孫弘以春秋，白衣爲天子三公。漢初因秦，置丞相，而弘爲之，則丞相爲三公矣。王莽居攝，置四輔官。初，王舜爲左輔〔九〕，甄豐爲右弼，甄邯爲後承〔一〇〕。後又制以太師、太傅、國師、國將爲四輔，位上公；大司馬、大司徒、大司空爲三公。後漢唯有太傅一人，謂之上公。及有太尉、司徒、司空，光武初詔司徒、司空二府去「大」，無稱爵。而無師、保。董卓盗爲太師，非漢本制。太尉公主天，部太常、衛尉、光禄勳。司徒公主人，部太僕、鴻臚、廷尉。司空公主地，部宗正、少府、司農。而分部九卿，漢制，三公號稱「萬石」，其俸，月各三百五十斛。風俗通云三公一歲共食萬石也。蓋多以九卿爲之。若天地災變，則皆册免，自太尉徐防始焉。後漢本制，日食、星流及大雨雹等災變者，惟免太尉。自徐防爲太尉，凡天地災變，三公皆免。至魏黄初二年，始罷此制。漢制，三公不與盜賊，若領兵入見，皆交戟叉頸而前。使虎賁執刃夾之也〔一一〕。魏武爲司空，破張繡，入覲天子，亦行此制，汗流洽背，自此不復朝覲也。朝臣見三公皆拜，天子御座即起，在輿爲下。凡拜公，天子臨軒，六百石以上悉會，直事卿贊拜，御史授印綬，公三讓，然後受。至安帝時，三府任薄，選舉、誅賞一由尚書；其災眚變咎，則責免公台。靈帝臨朝，始遣使者就長安拜張温爲太尉。三公在外，自温始也。至獻帝建安十三年，乃罷三公官。魏初復置，與後漢同，有太傅、太尉、司徒、司空。然皆無事，不與朝政。高柔上疏云：「今公輔之臣，民所具瞻。而置之三事，不使知政，非朝廷崇用大臣之義、大臣獻可替否之謂也。」初封司空崔林爲安陽亭侯。三公封列侯，自林始也。林字德儒〔一二〕。裴松之曰：「漢封丞相邑〔一三〕，已爲荀悦所譏。魏封三公，其失同也。」黄初二年，又分三公户邑，封子弟各一人爲列侯。末年，增置太保。晉武帝即位之初，以安平王孚爲太宰，鄭冲爲太傅，王祥爲太保，義陽王子初爲太尉，何曾爲司徒，荀顗爲司空，石苞爲大司馬，陳騫爲大將軍，凡八公，同時並置，惟無丞相焉。時所謂「八公同辰，攀雲附翼」者也。遂以太傅、太保爲上公，論道經邦，燮理陰陽。無其人則闕，蓋居者甚寡。諸公，品第一，食俸日五斛。太康二年，又給絹，春百疋，秋二百疋，綿二百斤。元康元年，給菜田十頃，田騶十人。立夏以後不及田者，食俸一年。又給虎賁二十人，持班劍〔一四〕。給朝車駕安車黑耳〔一五〕。其太尉、司徒、司空，自漢歷魏，皆爲三公。及晉迄於江左，相承不改。上公、三公之制不改。前代三公册拜，皆設小會，所以崇宰輔之制也。自魏末廢而不行。至晉，拜石鑒字林伯。爲左光禄大夫〔一六〕，開府，領司徒，始有詔令會，遂以爲常。十六國姚泓僭號，受經於博士淳于岐。岐病，泓親省疾，拜於床下。自是公侯見師傅皆拜。宋皆有八公之官，而不言爲八公也。宋志曰：「三公黃閤，前史無其義〔一七〕。按禮記：『士韠與天子同，公侯、大夫則異。』鄭玄注云：『士賤，與君同，不嫌也。』夫朱門洞啓，當陽之正色也。三公之與天子禮秩相亞，故黃其閤以示謙，不敢斥天子。宜是漢舊制〔一八〕」。韠音畢。齊時三公，唯有太傅。梁有丞相、太宰、太傅、太保、大司馬、大將軍、太尉、司徒、司空、開府儀同三司等官；諸公及位從公開府者〔一九〕，亦置官屬。陳以丞相、太宰、太傅、太保、大司馬、大將軍並爲贈官。三公之制，開黃閤，廳事置鴟尾。後魏以太師、太傅、太保謂之三師，上公也；大司馬、大將軍，謂之二大；太尉、司徒、司空，謂之三公。北齊皆有三師、二大、三公之官，並置府。其府三門，當中門黃閤，設內屏。三師、二大置佐吏〔二〇〕，則同太尉府。後周置六卿之外，又改三師官謂之三公，兼置三孤以貳之。少師、少傅、少保。而以司徒爲地官，大司馬爲夏官，司空爲冬官，如姬周之制，無復太尉、三師之號。宣帝又置四輔官。以大冢宰越王盛爲大前疑，蜀國公尉遲迥爲大右弼，申國公李穆爲大左輔，隋國公楊堅爲大後丞。隋置三師，不主事，不置府僚，但與天子坐而論道。置太尉、司徒、司空以爲三公，參議國之大事，依北齊置府僚，無其人則闕。祭祀則太尉亞獻，司徒奉俎，司空行掃除。其位多曠，皆攝行事〔二一〕。尋省府及僚佐〔二二〕，置公則坐於尚書都省。朝之衆務，總歸於臺閣矣。煬帝即位，廢三師官。唐復置三師，以師範一人，儀刑四海。置三公，以經邦論道，燮理陰陽，祭祀則與隋制同。並無其人則闕。天寶以前，凡三師官，雖有其位，而無其人。太師、太傅、太保各一人，是爲三師。太尉、司徒、司空，是爲三公。親王拜者，不親事祭祀，闕則攝。不置官屬。五代時，多以畀藩鎮及贈官：羅紹威，太師。韓建，司徒。馬希範、張全義、安元信，並太師。馮行襲，太傅。

宋承唐制，以太師、太傅、太保爲三師，太尉、司徒、司空爲三公，爲宰相、親王、使相加官。其特拜者不預政事，赴上於尚書省。凡除授，則自司徒遷太保，自太傅遷太尉〔二三〕，檢校官亦如之〔二四〕。太尉舊在三師下，由唐以來，至宋朝加重，遂以太尉居太傅之上〔二五〕。若宰臣官至僕射致仕者，以在位久近，或已任司空、司徒，則拜太尉、太傅等官。若太師則爲異數，自趙普以開國元勳，文彥博以累朝耆德，方特拜焉。雖太傅王旦，司徒呂夷簡各任宰相二十年，止以太尉致仕。熙寧二年，富弼除守司空、兼侍中、平章事，辭司空、侍中，從之。三年，曾公亮除守司空、檢校太師、兼侍中，以兩朝定策之功辭相位也。六年，文彥博除守司徒、兼侍中。九年，彥博除守太保、兼侍中，辭太保，從之。元豐三年，曹佾爲檢校太師、守司徒、兼中書令。九月，詔檢校官除三公、三師外，並罷。宋朝檢校官一十九：三公三師六〔二六〕，左僕射至水部員外郎共十三。官制行，左僕射以下爲職事官，故罷。又以文彥博落兼侍中，除守太尉；富弼守司徒，皆録定策之功也。六年，彥博守太師致仕。八年，王安石守司空，曹佾守太保。元祐元年，文彥博落致仕，太師、平章軍國重事；呂公著守司空、同平章軍國重事。舊制，將相皆以階官守三師或三公。元豐改官制，文彥博常以河東節度使守太師，王安石以觀文殿大學士守司空。元祐初，彥博罷節度使，入爲平章軍國重事，即去「守」字。及公著爲司空，學士院草制，誤存「守」字，是日三省被旨貼麻改正。崇寧三年，蔡京授司空、行尚書左僕射。大觀元年，京爲太尉；二年，爲太師。政和二年，京落致仕，依前太師，三日一至都堂治事。九月，詔以太師、太傅、太保，古三公之官，今爲三師，古無此稱，合依三代爲三公，爲真相之任。司徒、司空，周六卿之官；太尉，秦主兵之任。皆非三公，並宜罷之。仍考周制，立三孤少師、少傅、少保，亦稱三少，爲次相之任。至是，京始以三公任真相。三公自祖宗以來，罕嘗備官。獨宣和末，三公至十八人，三少不計也。太師三人：蔡京、童貫、鄭紳。太傅四人：王黼、燕王俁、越王偲、鄆王楷。太保十一人：蔡攸、肅王樞至沂王㮙〔二七〕。渡江後，以用兵故，秦檜爲太師，張俊、韓世忠爲太傅，劉光世爲太保。乾道初，楊沂中、吴璘並爲太傅。紹興初，史浩爲太師，嗣秀王爲太保〔二八〕。蓋自紹興後，三公未嘗備官。

按：三公、三師官之濫授，莫甚於宣和以來，所授者皆非其人，固不待言，而名體尤有未正者。蓋鄆王、肅王輩爲之，是以子爲師傅也；童貫爲之，是以厮役爲師傅也。朝野雜記載嘉定初，皇子薨，討論贈典，吏部引元豐故事，欲贈太師、尚書令，而倪正父引王禹玉等議，以爲皇子以師傅名官，於義未安。然不知宣和時，皇子已有生爲師傅者矣。

舊檢校官十有九，元豐官制，惟存三師，後更定官稱，三孤亦置檢校，以待節度使之久次者。加至檢校少師者，文臣則遷開府儀同三司，武臣則遷太尉。此除授之序也。中興以後，惟劉光世嘗除檢校至三公。後或纔爲檢校三孤，不必序進，徑拜使相；若太尉，亦有自節度使超進，則又不必爲檢校官者，皆殊恩也。按朱熹曰：漢初，未見孔壁古文尚書中周官一篇説太師、傅、保爲三公，但見伏生口授牧誓、立政中所説司徒、司馬、司空，遂以爲三公而置之。豈知諸侯只三卿，故止有司徒、司馬、司空。惟天子方有三公、三孤、六卿。立政所紀，周是時方爲諸侯，乃侯國制度。周官所紀，在成王時，所以不同。公、孤以師道輔君，是爲加官。周公以太師兼冢宰，召公以太保兼宗伯，是以加官兼相職也。後世官職益紊，遂以公、孤官如加官、貼職之類，不復有師保之任、論道經邦之責矣。舊惟文臣有勳德者除，後世或以諸王子，或以武臣。既曰天子之子與武臣，豈可任師保之責邪？訛謬相承，不復釐正。且祖宗法，除公、孤必建節，加檢校太子少保、少師之類，然後除開府儀同三司，然後除公、孤。南渡，如張、韓、劉、岳諸武臣猶如此。今建節後，或徑除開府至三公、三孤矣。

太師

太師，古官。殷紂時，箕子爲之。周武王時太公，成王時周公，並爲太師。周公薨，畢公代之。秦及漢初並無，至平帝元始元年初置，以孔光居焉。金印紫綬，位在太傅上。太保次太傅。孔光爲太師，王莽爲太傅。光常稱疾，不敢與莽並〔二九〕。太后詔：「令太師無朝，賜靈壽杖。黄門令爲太師省中坐置几〔三〇〕。太師入省中用杖〔三一〕，賜食十七物〔三二〕。」十七物者，食具十七種物也〔三三〕。靈壽，木名。漢東京又廢。獻帝初，董卓爲太師，卓誅又廢。魏世不置。晉初置三公，上以景帝諱師，故置太宰以代太師之名，晉書曰惠帝太安元年〔三四〕，以齊王冏爲太師，當是撰述者之誤也。秩增三司。蜀李雄僭號，時范長生自西山乘素輿詣成都，雄拜長生爲天地太師，封西山侯。後魏、北齊、後周、隋、唐皆有之。天寶以前，唯以其官贈仲尼及長孫楨、武士彠〔三五〕、竇毅、韋元貞、張説、裴光廷而已。彠音憂縛反。五代以畀藩鎮及贈官。見三公總序。

宋制，見總序。自祖宗時，太師未嘗並除。紹聖初，始有文彦博、吴榮王顥。宣和中，蔡京、童貫、鄭紳。靖康初,燕王俣、越王偲。紹興初,秦檜、張俊〔三六〕。紹熙末,史浩、嗣秀王伯圭〔三七〕。建隆至紹熙,宰臣生拜太師者五,趙普、文彦博、蔡京、秦檜、史浩。惟蔡、秦二人以相臣特拜,其他皆還政加恩云。親王生拜太師者五人,楚王元佐、燕王元儼、吴王顥、燕王俣、越王偲,皆以父兄行而得之。紹熙中,嗣秀王伯圭以宗室特拜太師,蓋王於光宗爲親伯父,用優禮也。

太傅

太傅,古官。傅,傅之德義也。周成王時,畢公爲太傅。漢高后元年,初置太傅,金印紫綬。初用王陵,後省。八年復置,後省。哀帝元壽二年,復置,位在三公上。平帝以孔光爲之。後漢有太傅上公一人,掌以善道,無常職。光武以卓茂爲之,薨,省。明帝又以鄧禹爲之。鄧禹字仲華,以元功拜太傅,進見東向。又張禹字伯達,遷太傅,舍於宫,太官進食,五日一歸府;朝見特贊,與三公絶席。章帝以趙憙三世在位,爲國元老,乃以爲太傅。和帝即位幼弱,以鄧彪有高名,海内歸仁,徵爲太傅,百官總己以聽之,恩寵之異,莫與爲比。其後,每帝初即位,輒置太傅,録尚書事,薨則省。胡廣注曰:「猶古冢宰總己之義。」桓帝踐祚,已加元服,不復置傅,但令太尉胡廣、司徒趙戒領尚書事。至靈帝,復以陳蕃爲太傅,與廣參録尚書事。魏初置太傅,以鍾繇爲之。晉、宋,金章紫綬,進賢三梁冠,介幘,絳朝服,佩山玄玉。梁、後魏、北齊、後周及唐皆有。

宋制見總序。

太保

太保，古官。殷太甲時，伊尹爲太保。周成王時，召公爲太保。漢平帝元始元年，始用王舜爲之〔三八〕。光武中興，省。魏初不置，末年始置太保，以鄭冲爲之，冲字文和。位在三司上。晉武初踐祚，以王祥爲太保，進爵爲公，加置七官之職。太保，所以訓護人主，導以德義者也。汝南王亮爲太宰、録尚書事，與太保衛瓘對掌朝政。又衛瓘爲太保，以公就第，置長史、司馬、從事、中郎掾屬也。章綬佩服冠秩與太傅同。梁、後魏、北齊、後周、隋及唐皆有之。天寶已前，唯以其官贈竇季謀一人而已。宋制見總序。

太宰

太宰於殷爲六太，於周爲六卿，亦曰冢宰。周武王時，周公始居之，掌建邦之治。秦、漢、魏並不置。平帝加王莽號曰宰衡。晉初依周禮，備置三公。三公之職，太師居首，以景帝名師，故置太宰以代之，而以安平獻王孚居焉，增掾屬十人。蓋爲太師之互名，非周冢宰之任也。何曾爲太宰，朝會乘輿入朝，劍履上殿，如蕭何、田千秋、鍾繇故事。又安帝以太宰瑯琊王德文，不宜攖拂事務，以紆論道之重，可衮冕之服、緑盭綬，羽葆鼓吹〔三九〕。盭音戾。盭，緑也，以緑爲質。盭，草名也，出瑯琊平昌縣，似艾，可染綬，因以爲綬名。宋大明中，用江夏王義恭爲之，冠綬服秩悉與太傅同。至齊以爲贈。梁初有之。至陳又以爲贈，有事則權兼之。後魏初無，至孝莊時，以太尉上黨王天穆爲之，增置佐吏。北齊無聞。後周文帝又依周禮建六官，遂置天官大冢宰卿一人〔四〇〕，掌邦治，以建邦之六典，佐皇帝治邦國。自隋而無。

宋崇寧時〔四一〕，蔡京得政，乃言：「僕臣之賤，非宰相所宜稱。」於是改左僕射爲太宰，右僕射爲少宰。靖康末，詔宰臣依舊爲左、右僕射。

太尉

太尉，秦官。月令曰：「孟夏，太尉贊傑儁〔四二〕。」自上安下曰尉，故武官咸以爲號。漢因之。應劭漢官謂太尉爲周官，非也。鄭玄注月令亦曰秦官。金印紫綬，掌武事。漢文三年省。景帝三年復置，其尊與丞相等。丞相衛綰病免，上議置丞相、太尉。藉福説田蚡曰：「上以將軍爲丞相，必讓竇嬰。嬰爲相，將軍必爲太尉。太尉、相尊等耳，又有讓賢名。」蚡從之，皆如其謀。蚡音扶粉反。五年，又省。元狩四年，更名大司馬〔四三〕。大司馬説在本篇。後漢建武二十七年，復舊名爲太尉公。每帝初即位，多與太傅同録尚書事，府門無闕。論者云王莽以大司馬篡盜神器，故貶其闕。掌四方兵事功課，歲盡則奏其殿最而行賞罰；凡郊祀之事掌亞獻，大喪則告謚南郊；凡國有大造大疑，則與司徒、司空通而論之；國有過事，與二公通諫諍之。靈帝末，以劉虞爲大司馬，而太尉如故。自此則大司馬與太尉始並置矣。劉寵字祖榮，遷太尉，以日食免。又第五倫爲會稽太守，署鄭弘爲督郵〔四四〕，舉孝廉。及弘爲太尉，而倫爲司空，位在下。每朝見，弘曲躬自卑，帝知其故，遂置雲母屛風，分隔其間，由此以爲故事。又陳蕃拜太尉，臨朝嘆曰：「黄憲若在，不敢先佩印綬。」後坐辟召非其人，策罷。魏亦有之。王祥字休徵，爲太尉。司馬文王進爵爲王，祥與司徒何曾、司空荀顗並詣王。顗曰：「相王尊重，今可相率而拜〔四五〕。」祥曰：「相國勢位，誠爲尊貴，然要是魏之宰相。吾等魏之三公。公、王相去一階而已，班列大同。安有天子三公可輒拜人者邪？損魏朝之美，虧晉王之德，君子愛人以禮，吾不爲也。」及入，何曾、荀顗遂拜，祥獨長揖。文王謂祥曰：「今日然後知君見顧之重也。」

晉太尉，進賢三梁冠，介幘，絳朝服，金章紫綬，佩山玄玉；若郊廟，冕服、七旒、玄衣、纁裳、七章。宋制，武冠，山玄玉。齊制，九旒。後魏初，與大將軍不並置。正光之後，亦皆置焉。歷代唯後周無，其餘皆有，悉爲三公。

宋循歷代之制，以太尉與司徒、司空並爲三公。政和時罷之，復周制，以太師、太傅、太保爲三公，少師、少傅、少保爲三孤。以太尉本秦主兵官，定爲武階之首，正一品，在節度使之上。建炎三年，劉光世始以檢校太保除。自後，或以檢校三少、或以節度使不帶檢校皆徑進，太尉則進使相，是爲除授之序。依兩府恩數。

石林葉氏曰：「漢高祖元年，以蕭何爲丞相，周苛爲御史大夫。五年而後，始命盧綰爲太尉。綰王燕後，以命周勃。尋省。蓋是時高祖方自征伐，武事不以屬人，亦不必設官也。文帝元年，周勃遷右丞相，以薄昭爲車騎將軍，宋昌爲衛將軍，而不置太尉。蓋自代來，未敢以兵權委漢廷舊臣，故以其腹心分領之耳。自是虛太尉者二十六年。七國反，景帝以周亞夫擊之，始復以亞夫爲太尉，兵罷亦省。又十三年而武帝以命田蚡，一年復省。又二十一年，乃以大將軍衛青、驃騎將軍霍去病爲大司馬，各冠其將軍，即太尉也。蓋方有四夷之功故爾。自去病、青死又十九年，而霍光以奉車都尉爲大司馬、大將軍。以此考之，太尉官自高祖以來，有事則置，無事則省，不以爲常也。蓋漢雖設太尉總兵，而左右前後及因事置名以爲將軍者不一，豈固不欲以兵權屬一官邪？觀高祖命盧綰，武帝命衛、霍，非親即舊，其意可知矣。」

司徒

司徒，古官。少皞祝鳩氏爲司徒。司，主也。徒，衆也。堯時，舜爲司徒。舜攝帝位，命卨爲司徒。卨玄孫之子曰微，亦爲夏司徒。周時司徒爲地官，掌邦教。毛詩緇衣篇美鄭武公也。父子相繼爲周司徒，能善於其職。秦置丞相，省司徒。漢初因之。哀帝元壽二年，罷丞相，置大司徒。後漢大司徒主徒衆，教以禮義。凡國有大疑大事，與太尉同。蔡質漢儀曰：「司徒府與蒼龍闕對，厭於尊者，不敢號府。」應劭曰：「此不然。丞相舊位在長安時，府有四出門〔四六〕，隨時聽事。明帝本欲依之〔四七〕，迫於太尉、司空，但爲東西門耳。每國有大議，天子車駕親幸其殿〔四八〕。」建武二十七年，去「大」，爲司徒公。鄧禹爲大司徒，封侯，年二十四。靈帝賣官，廷尉崔烈入錢五百萬以買司徒。其拜日，天子亦臨軒，時人謂烈爲「銅臭」。建安末爲相國。魏黄初元年，改爲司徒。華歆字子魚，爲司徒，家無擔石之儲。詔曰：「司徒，國之儁老。今大官重膳，而司徒蔬食，甚無謂也。」特賜歆及妻、男等衣服。晉司徒與丞相通職，更置迭廢，未嘗並立；永嘉元年，始兩置焉。王衍爲司徒，東海王越爲丞相，始兩置也。陳騫爲司徒〔四九〕，仰理萬幾，俯澄邦教。又王戎字濬沖〔五〇〕，爲司徒，高選長史、西曹掾，委任責成，常得無爲。又蔡謨字道明，遷司徒，謨固讓曰：「若我作司徒，將爲後世哂，義不敢拜。」詔數十下，謨表章十餘上，陳以疾篤。帝臨軒，自旦至申，而徵不至。公卿以蔡公傲無人臣之禮，奏送謨廷尉。謨率子弟詣闕稽顙，詔免爲庶人。謨每嘆曰：「若使劉王喬得南渡，司徒之美選也。」王喬名疇，少有重名。宋制：司徒金章紫綬，進賢三梁冠，佩山玄玉。掌治民事；郊祀則省牲、視滌濯；大喪安梓宮；凡四方功課，歲盡則奏其殿最而行賞罰。亦與丞相並置。齊司徒之府，領天下州郡名數、户口簿籍。梁罷丞相，置司徒。歷代皆有。至後周，以司徒爲地官，謂之大司徒卿，掌邦教，職如周禮。隋及唐，復爲三公。

宋仍唐制，政和二年罷。詳見總序。

司空

司空，古官。孔安國曰：「司空，主空土以居人〔五一〕。」空，穴也。古者穿土爲穴，以居人。少皞鳲鳩氏爲司空。舜攝帝位，以禹爲司空。周禮正義曰：「禹自司空總百揆，乃分司空之職爲共工。」虞書曰「垂作共工，益作朕虞」是也。禼玄孫之子曰冥，亦爲夏司空。殷湯以咎單爲司空。周禮，司空爲冬官，掌邦事。秦無司空，置御史大夫。漢初因之。至成帝綏和元年，始更名御史大夫曰大司空。初改爲司空，議者又以縣、道官有獄司空，故復加爲大司空，亦所以別小大之文也。金印紫綬，禄比丞相。建平二年，復爲御史大夫。元壽二年，復爲大司空。何武字君卿〔五二〕，爲司空。事後母不篤，詔册免之。又彭宣字子佩，爲大司空。而王莽爲大司馬，專權。宣上書曰：「三公鼎足承君，一足不任，則覆亂矣〔五三〕。臣老病，願上印綬。」後漢初爲大司空，建武二十七年去「大」爲司空公。第五倫字伯魚，爲司空，奉公不撓，言議果決，以貞白稱〔五四〕。又張敏字伯達，爲司空。行大射禮，陪位頓仆，册免。又陳寵爲司空。府故事，以計吏至，時自公以下督屬籍〔五五〕，不通賓客，以防交關。寵去籍通客，以明無所不受，論者大之。荀氏家傳曰：「荀爽字慈明。董卓秉政，徵之，起巖穴，九十五日而爲司空，時號爲白衣登三公。」凡營城起邑、復溝洫、修墳防之事，則議其利，建其功；四方水土功課〔五六〕，歲盡則奏其殿最而行賞罰。凡國有大造大疑，諫諍，與太尉同。獻帝建安十三年，又罷司空，置御史大夫。御史大夫郄慮免〔五七〕，不復補。荀綽百官注曰〔五八〕：「獻帝置御史大夫，職如司空，不領侍御史。」魏初又置司空，冠綬及郊廟之服與太尉同。鄭袤字林叔，爲司空。天子臨軒，遣就第拜授。袤謂使曰：「魏以徐景山爲司空，徐公曰：『三公當上應天心〔五九〕，苟非其人，實傷和氣。』固辭，見許。」袤，莫候反。宋制，進賢三梁冠，佩山玄玉。掌治水土，祠祀掌掃除樂器，大喪掌將校復土。歷代皆有之。至後周爲冬官，謂之大司空卿。掌邦事，以五材九範之徒，佐皇帝，富邦國。大祭祀行灑掃，廟社四望則奉豕牲。隋及唐，復爲三公。天寶十三載，册拜楊國忠爲司空，其日雨土。

宋仍唐制，政和二年罷。

大司馬

大司馬，古官也，掌武事。司，主也。馬，武也。少皞有鴡鳩氏爲司馬。鴡音雎。堯時棄爲后稷，兼掌司馬。周官司馬爲夏官，掌邦政。項羽以曹咎、周殷並爲大司馬。楚大司馬景舍帥軍伐蔡〔六〇〕，蔡侯奉社稷而歸之。楚發其賞，舍辭曰：「發誡布令而敵退，是王威也。相攻而敵退，是將威也。戰而敵退，是衆威也。臣不宜以衆威受賞。」又司馬穰苴本姓田，齊威王以古司馬法而附穰苴，因號爲司馬穰苴。漢初不置。武帝元狩四年，初罷太尉，置大司馬，以冠將軍之號。冠者，加於其上爲一官也。霍光以大司馬、大將軍輔政。武帝又令大將軍、驃騎將軍皆有大司馬之號。宣帝地節三年，置大司馬，不冠將軍，亦無印綬、官屬。霍禹爲大司馬，冠小冠，無印綬。成帝綏和元年，初賜大司馬金印紫綬，置官屬，禄比丞相，去將軍。哀帝建平二年，復去大司馬印綬、官屬，冠將軍如故〔六一〕。元壽二年，復賜大司馬印綬，置官屬，去將軍，位在司徒上。漢律，丞相、大司馬、大將軍俸錢月六萬。始直云司馬〔六二〕，議者以漢有軍候、千人、司馬官，故加「大」。王莽居攝，以漢乃無小司徒，而定司馬、司空之號並加「大」〔六三〕。後漢光武建武二十七年，省大司馬，以太尉代之，故常與太尉迭置，不並列。吳漢爲大司馬，封舞陽侯。至靈帝末，始置焉。魏文帝黃初二年，復置大司馬，以曹仁居之，而太尉如故。則太尉、大司馬、大將軍各自爲官，位在三司上。吳有左、右大司馬。晉定令，亦在三司上。晉諸公贊曰：「義陽王爲太尉、大司馬，時父孚爲太宰〔六四〕。父子居上公，中代以來未之有也。」又汝南王亮爲大司馬，正旦大會，乘車入殿。又陳騫爲大司馬，賜衮冕之服。武冠，絳朝服，金章紫綬，佩山玄玉，與大將軍同。宋時，唯元嘉中用彭城王義康爲之，冠、玉與晉同。至齊以爲贈。梁時置官屬。陳以爲贈。後魏、北齊與大將軍爲二大，位居三師之下、三公之上。後周爲夏官，謂之大司馬卿。掌邦政，以建邦國之九法，佐皇帝，平邦國。大祭祀掌其宿衛，廟社則奉羊牲。自隋而無。

三孤

周成王立少師、少傅、少保，曰三孤，貳公弘化，寅亮天地，弼予一人。注：「孤，特也。言其卑於公，尊於卿。」

周禮孤卿特揖，其位東面，乘夏篆，謂五采畫轂，服希冕，執皮帛。又公之孤四命。注：「九命上公，得置孤一人。」春秋時，隨、楚皆有少師。

秦、漢而下省。後周置三孤，以貳三公。

宋沿唐制，置三師，以太尉、司徒、司空爲三公。至徽宗政和二年，詔：「司徒、司空〔六五〕，周六卿之官，非三公之任〔六六〕，乃今之六曹尚書是也。太尉秦官，居主兵之任，亦非三公。太尉、司徒、司空合罷〔六七〕。依周制，立三孤之官，乃次輔之任，或稱三少，爲次相之任。」餘見三公總序。

總叙三公三師以下官屬

三師、太師、太傅、太保，歷代多有之。一太、殷建官有六太，其一曰太宰。自周以後，亦常有之。餘五太則無。三公、太尉、司徒、司空，歷代有之。二大、大司馬、大將軍，歷代亦有之。諸位從公諸將軍及光禄大夫開府者，歷代亦時有之。官屬等。歷代有置有省，亦多同説，所以不更，各具本府，但依時代都言之。其大將軍，自具本篇。漢有三師，而不見官屬。以丞相爲公，置司直、長史。後改丞相爲司徒，則曰司徒司直、長史。具宰相篇。其太尉，後改爲大司馬。綏和初，始置長史一人，掾属二十四人，御屬一人，令史二十四人。改御史大夫爲大司空，置長史如中丞〔六八〕。具御史大夫篇。後漢初，唯置太傅，有長史一人，掾属十人，御屬一人。不知何曹。後置太師，董卓嘗居之，蓋自爲也，而不見官屬。太尉屬官有長史一人，署諸曹事；盧植禮注曰：「如周小宰。」掾史屬二十四人〔六九〕，分主二千石長吏遷除〔七〇〕、民户〔七一〕、祠祀、農桑、奏議、詞訟、郵驛、轉運、盜賊、罪法、兵、貨幣、鹽鐵、倉穀等事。黄閤主簿，省録衆事。掌閤下威儀〔七二〕。記室令史，掌上章表報〔七三〕。後漢末，陳琳、阮瑀皆爲曹公記室，軍國書檄皆所作。御屬。掌爲公御〔七四〕。司徒屬官有長史一人，掾屬三十一人，令史及御屬三十六人。正曰掾，副曰史。陳寵辟司徒鮑昱府。是時三府掾屬專尚交遊，以不肯親事爲高〔七五〕。寵獨勤心物務，轉爲辭曹，專掌天下獄訟。時司徒辭訟，久者數十年，事類溷錯，易爲輕重。寵爲昱撰辭訟比七卷，決事科條，皆以事相從。昱奏上之，其後公府奉以爲法。司空屬官，長史一人，掾屬二十九人，令史及御屬四十二人〔七六〕，正曰掾，副曰屬。漢舊注云〔七七〕：公府掾比古元士三命者也。或曰漢初掾史辟，皆上言之，故有秩，皆比命士；其所不言則爲百石屬。其後皆自辟除，故通爲百石云。其大司馬屬官，並同前漢。魏置太傅、太保，而不見官屬；太尉、司徒、司空，有長史、司馬、從事中郎、正行參軍；大司馬亦有正行參軍也。晉有太宰、太傅、太保。唯楊駿爲太傅，增祭酒爲四人，掾屬二十人，兵曹爲左、右也。楊駿輔政，引潘岳爲太傅主簿。太宰、太保官屬不見。太尉、司徒、司空，並有長史、司馬。太尉雖不加兵者，吏屬皆絳服。泰始三年〔七八〕，又置太尉軍參軍六人，騎司馬五人，官騎十人。而司徒加置左長史，掌差次九品〔七九〕，銓衡人倫，冠綬與丞相長史同。主簿、左右東西曹掾各一人，若有所循行者，增置掾屬十人。武帝時，司徒奏州郡農桑未有賞罰之制，宜遣掾屬循行。詔遂使司徒督察州郡播殖。若有所循者，增掾屬十人。又溫嶠請司徒置田曹掾〔八〇〕，州一人，勸課農桑。初，王渾字玄沖〔八一〕。遷司徒，仍加兵。渾以司徒文官，主吏不持兵，持兵乃吏屬絳衣〔八二〕，自以非是舊典，皆令皂服，論者美其謙而識禮〔八三〕。司空府加置導橋掾一人，餘略同後漢。咸寧初，詔以前太尉府爲大司馬府，增置祭酒二人，帳下司馬、官騎、大車、鼓吹。左右光禄、光禄三大夫開府者，皆爲位從公，品秩、俸賜、儀制與諸公同。加兵者，增置司馬一人，從事中郎二人。劉琨爲司空，以盧諶爲從事中郎。主簿、記室督各一人，舍人四人，兵、鎧、士曹，營軍、刺姦、帳下都督、外都督、令史各一人。主簿以下，令史以上，皆絳服。司馬給吏卒如長史，從事中郎給侍二人。主簿、記室督各給侍一人〔八四〕。其餘臨時增崇者，則褒加各因其時爲節文，不爲定制。其祭酒掾屬，白蓋小車七乘〔八五〕，軺車施耳後户，皂輪犢車各一乘。自祭酒以下，令史以上，皆皂零辟朝服。其爲持節都督者，增參軍爲六人，其餘如常加兵公制。孫楚字子荊，爲佐著作郎，參石苞驃騎軍事。楚既負其才氣，頗侮易苞。初至，揖曰：「天子命我參卿軍事。」初，參軍不敬府主。楚既輕苞，遂制施敬，自楚始也。宋有太傅、太保、太宰、太尉、司徒、司空、大司馬，諸府皆有長史一人，將軍一人。又各置司馬一人，而太傅不置。長史、掾屬，亦與後漢略同。自江左以來，諸公置長史、倉曹掾、户曹屬〔八六〕、東西閤祭酒各一人，主簿、舍人二人，御屬二人，令史無定員。領兵者置司馬一人，從事中郎二人，參軍無定員。加崇者，置左右長史、司馬、從事中郎四人，掾屬四人，則倉曹增置屬，户曹置掾。加崇，極於此也。其司徒府若無公，唯省舍人；其府常置，其職僚異於餘府，有左右長史、東西曹掾屬，餘則同矣。餘府有公即置，無則省。齊有太宰、大司馬，並爲贈官，無僚屬。太尉、司徒、司空是爲三公，特進位從公，諸開府儀同三司位從公，開府儀同如公。凡公督府，置佐〔八七〕：長史、司馬各一人〔八八〕，諮議參軍二人。諸曹有録事，功曹，記室，户曹，倉曹，中直兵，外兵，騎兵，長流，賊曹，城局，法曹，田曹，水曹，鎧曹，集曹，右户，十八曹。城局曹以上署正參軍〔八九〕，法曹以下署行參軍各一人。其行參軍無署者，爲長兼員〔九〇〕。其公府佐史〔九一〕，則從事中郎二人，倉曹掾、户曹屬、東西閤祭酒各一人，主簿、舍人、御屬二人。加崇者，則左右長史四人〔九二〕，中郎、掾屬並增數。其未及開府，則置府亦有佐史〔九三〕，其數有減。小府無長流，置禁防參軍。初，晉令公府長史著朝服，自宋大明以來著朱衣。齊王儉爲司徒左長史〔九四〕，請依晉令復舊制，不著朱衣，時議不許。又曰：「王秀之常云位至司徒左長史，可以知止足矣〔九五〕。」又陸慧曉爲司徒右長史，謝朏爲左長史，府公竟陵王子良謂王融曰：「我府二上佐，前代誰可比？」融曰：「兩賢同時〔九六〕，未有前例。」梁武受命之初，官班多同宋、齊之舊。有丞相、太宰、太傅、太保、大司馬、太尉、司徒、司空、開府儀同三司等官。諸公及位從公開府者置官屬，有長史、司馬、諮議參軍、掾屬、從事中郎、記室、建安王爲雍州刺史〔九七〕，表求管記，乃以江革爲征北記室參軍〔九八〕。革弟觀又爲行參軍兼記室〔九九〕。任昉曰：「文房之任，總卿兄弟。」故歷代皆爲文士之華選云。主簿、列曹參軍、行參軍、舍人等官。其司徒則有左、右二長史，褚球字仲寶，爲司徒左長史〔一〇〇〕。加貂。台佐加貂，自球始也。又增置左西掾一人，自餘僚佐同於二府。有公則置，無則省。而司徒無公，唯省舍人，餘官常置。開府儀同三司，位次三公，左右光禄大夫優者則加之，同三公〔一〇一〕，置官屬。陳三師、二大，並爲贈官，而無僚屬。其三公有府長史、司馬、諮議參軍、從事中郎、掾曹屬、主簿、祭酒、録事、記室、正參軍、板正參軍〔一〇二〕。後魏三師無官屬。後又置太宰，以元天穆爲之，增置佐史。三公及二大，並有長史，司馬，諮議參軍，從事中郎，掾屬，主簿，録事參軍，功曹，記室，户曹，中兵等參軍，諸曹行參軍，祭酒，參軍事，長兼行參軍，督護。其太尉、司徒與二大屬官階同，唯司空府官每降一階。北齊三師、二大、三公，各置長史，司馬，諮議參軍，從事中郎，掾屬，主簿，録事，功曹，記室、户曹、倉曹、中兵、外兵〔一〇三〕、騎兵、長流、城局、刑獄等參軍事，東西閤祭酒及參軍事，法、墨、田、水、鎧、集、士等曹行參軍，督護等員〔一〇四〕。司徒則加左、右長史。長史、主吏。司馬、主將。舍人，主閤内事。皆自秦官也。從事中郎、從事中郎，漢末官也。陳湯爲大將軍王鳳從事中郎，在主簿上，所掌、秩與長史同。掾屬、主諸曹事。主簿、所主與舍人同，祭酒所主亦同。令史，主諸曹文書。此皆自漢官也。陳湯爲大將軍王鳳從事中郎是也。御屬、參軍自後漢。孫堅參驃騎軍事是也。參軍所主與掾屬同。其儀同三司加開府者〔一〇五〕，亦置長史以下官屬，而減記室、倉、城局〔一〇六〕、田、水、鎧、士等七曹各一人。其品亦下三公府一階。其三師、二大佐史，則同太尉府也。後周以太師、太傅、太保爲三公，而不見僚屬。隋三師亦不見官屬，而三公依北齊置府僚。後省府及僚佐。置公則坐於尚書都省，朝之衆務總歸於臺閣。唐三師、三公，並無官屬。宋亦如之。

校勘記

〔一〕天子不喻於先聖之德　「先」原作「前」，據新書卷五傅職、後漢書百官志一注賈生語改。

〔二〕答諸侯　「答」原作「益」，據新書卷五傅職、後漢書百官志一注賈生語改。

〔三〕遇大臣　「遇」原作「過」，據新書卷五傅職、後漢書百官志一注賈生語改。

〔四〕御器列側不以度　「列」原作「倒」，據新書卷五傅職、後漢書百官志一注賈生語改。

〔五〕天子居處燕私　「處」字原脱，據新書卷五傅職、後漢書百官志一注賈生語補。

〔六〕多於此則賜也　「則」字原脱，據通典卷二〇職官二補。

〔七〕四時不節　「四」原作「日」，據韓詩外傳卷八、後漢書百官志一注引韓詩外傳改。

〔八〕山陵崩阤　「阤」原作「弛」，據韓詩外傳卷八、後漢書百官志一注引韓詩外傳改。

〔九〕王舜爲左輔　「王舜」原作「王莽」，據漢書卷九九上王莽傳上、通鑑卷三六居攝元年三月條改。

〔一〇〕甄邯爲後承　「後承」原作「右丞」，據漢書卷九九上王莽傳上、通鑑卷三六居攝元年三月條改。

〔一一〕使虎賁執刃夾之也　「夾」，通典卷二〇職官二作「扶」。

〔一二〕林字德儒　「德儒」原作「德孺」，據三國志卷二四崔林傳、通典卷二〇職官二改。

〔一三〕漢封丞相邑　「邑」字原脱，據三國志卷二四崔林傳裴松之注補。

〔一四〕持班劍　「持」原作「特」，據晉書卷二四職官志、通典卷二〇職官二改。

〔一五〕給朝車駕安車黑耳　晉書卷二四職官志作「給朝車駕駟安車黑耳駕三各一乘」。

〔一六〕拜石鑒字林伯爲左光禄大夫　「左」，晉書卷四四石鑒傳作「右」。

〔一七〕前史無其意　「其」原作「有」，據宋書卷一五禮志二改。

〔一八〕宜是漢舊制　宋書卷一五禮志二作「蓋是漢來制也」。

〔一九〕諸公及位從公開府者　「位」字原脱，據隋書卷二六百官志上補。

〔二〇〕三師二大置佐史　「史」，隋書卷二七百官志中作「吏」。

〔二一〕皆攝行事　「皆」字原脱，據隋書卷二八百官志下補。

〔二二〕尋省府及僚佐　「及」字原脱，據隋書卷二八百官志下補。

〔二三〕自太傅遷太尉　按宋會要職官一之一〇，其上有「太保遷太傅」，其下有「太尉遷太師」。

〔二四〕檢校官亦如之　「官」字原脱，據宋史卷一六六職官志一補，宋會要職官一之一〇作「者」。

〔二五〕遂以太尉居太傅之上　「遂」原作「加」，據宋史卷一六一職官志一改。

〔二六〕三公三師六　「六」原作「三」，據宋會要職官一之一改。

〔二七〕蔡攸肅王樞至沂王㰘　「沂王」原作「儀王」，據宋史卷二二徽宗紀四、卷二四六宗室三、十朝綱要卷一五改。

〔二八〕紹興初史浩爲太師嗣秀王爲太保　宋史卷三六光宗紀、宋會要職官一之七載史浩特授太師在淳熙十六年三月，宋史卷三九六史浩傳載「光宗御極進太師」。上引宋史、宋會要載嗣秀王爲太保在紹熙元年，宋史卷一六一職官志一作「紹熙初」。據此，下文「蓋自紹興後」當改「紹興」爲「紹熙」。

〔二九〕不敢與莽並　「莽並」二字原脱，據漢書卷八一孔光傳補。

〔三〇〕黄門令爲太師省中坐置几　初學記卷一一引應劭漢官儀「坐」上有「施」字，太平御覽卷二〇六職官部四所引亦同。

〔三一〕太師入省中用杖　「中」下原衍「坐」字，據漢書卷八一孔光傳删。

〔三二〕賜食十七物　「食」，漢書卷八一孔光傳作「餐」。

〔三三〕食具十七種物也　「食」原作「公」，據漢書卷八一孔光傳改。

〔三四〕晉書曰惠帝太安元年　「太安」原作「大安」，據晉書卷四惠帝紀改。

〔三五〕武士護　「士」字原脱，據新唐書卷四則天皇后紀、通典卷二〇職官二補。

〔三六〕紹興初秦檜張俊　按宋史卷三〇高宗紀、宋會要職官一之四載，秦檜除太師在淳熙。

〔三七〕紹熙末史浩嗣秀王伯圭　按宋史卷六三光宗紀、宋會要職官一之七載，史浩特授太師在淳熙十六年二月，伯圭則在紹熙三年六月。

〔三八〕始用王舜爲之　「王舜」原作「王莽」，據漢書卷一二平帝紀張晏注、宋書卷三九百官志上改。

〔三九〕羽葆鼓吹　「鼓吹」二字原脱，據通典卷二〇職官二、太平御覽卷二〇六職官部四、職官分紀卷二補。

〔四〇〕遂置天官大冢宰卿一人　「一人」原作「是」，據通典卷二〇職官二、職官分紀卷二補正。

〔四一〕宋崇寧時　按改太宰少宰事，宋史卷二一徽宗紀三載在政和二年九月癸未，卷一六一職官志一作「政和中」，宋會要職官一之三一作「政和二年九月二十九日」，梁谿漫志卷一宰輔沿革作「政和初」。

〔四二〕太尉贊傑儁　「傑儁」二字原倒，據禮記月令乙正。

〔四三〕更名大司馬　「更名」，漢書卷一九上百官公卿表上、宋書卷三九百官志上作「初置」。

〔四四〕署鄭弘爲督郵　「郵」原作「都」，據後漢書卷三三鄭弘傳、通典卷二〇職官二改。

〔四五〕今可相率而拜　晉書卷三三王祥傳、太平御覽卷二〇七職官部五、職官分紀卷二皆作「何侯既已盡敬便當拜也」。

〔四六〕府有四出門　「府」字原脱，據後漢書百官志一注引應劭語補。

〔四七〕明帝本欲依之　「明帝」下原衍「東京」二字，據後漢書百官志一注引應劭語删。

〔四八〕天子車駕親幸其殿　「殿」原作「府」，據後漢書百官志一注引應劭語改。

〔四九〕陳騫爲司徒　「陳騫」原作「陳壽」，按晉書卷八二陳壽傳載，陳壽僅官至治書侍御史，今據通典卷二〇職官二改。

〔五〇〕又王戎字濬冲　「濬冲」原作「濬仲」，據晉書卷四三王戎傳改。

〔五一〕主空土以居人　「空」原作「穿」，據通典卷二〇職官二改。

〔五二〕何武字君卿　「君卿」，漢書卷八六何武傳作「君公」。

〔五三〕則覆亂矣　漢書卷七一彭宣傳、職官分紀卷二〇作「覆亂美實」。

〔五四〕以貞白稱　「白」原作「自」，據後漢書卷四一第五倫傳、通典卷二〇職官二改。

〔五五〕以計吏至時自公以下督屬籍　「以計吏至時自公以下」原脱，據通典卷二〇職官二、職官分紀卷二〇補。

〔五六〕四方水土功課　「課」下原衍「歲課」二字，據後漢書百官志一删。

〔五七〕御史大夫郄慮免　「御史大夫」原脱，據後漢書卷九孝獻帝紀、後漢書百官志一之劉昭案語、三國志卷一魏武帝紀、宋書卷三九百官志上補。

〔五八〕荀綽百官注曰　「注」原作「志」，後漢書百官志一注有「荀綽百官表注」，隋書卷三三經籍志二有「荀綽百官表注十六卷」，故改。

〔五九〕三公當上應天心　「當」字原脱，據晉書卷四四鄭袤傳補。

〔六〇〕景舍帥軍伐蔡　「伐」原作「代」，據通典卷二〇職官二改。

〔六一〕冠將軍如故　「冠」字原脱，據漢書卷一九上百官公卿表上補。

〔六二〕始直云司馬　原作「始置時」，據宋書卷三九百官志上改補。

〔六三〕而定司馬司空之號並加大　宋書卷三九百官志上「司馬」下有「司徒」二字。

〔六四〕時父孚爲太宰　「孚」原作「子」，據晉書卷三七宗室傳、通典卷二〇職官二改。

〔六五〕司徒司空　「司徒」，宋會要職官一之二作「緣」。

〔六六〕非三公之任　「任」，宋會要職官一之二作「位」。

〔六七〕太尉司徒司空合罷　「合」原作「並」，據宋會要職官一之二改。

〔六八〕置長史如中丞　「如」原作「加」，據漢書卷一九上百官公卿表上改。

〔六九〕掾史屬二十四人　「史」原作「吏」，據元本、慎本、馮本、後漢書百官志一、通典卷二〇職官二改。

〔七〇〕分主二千石長吏遷除　「吏」原作「史」，據後漢書百官志一、宋書卷三九百官志上改。

〔七一〕民户　「民」上原衍「遷」字，據通典卷二〇職官二删。

〔七二〕掌閤下威儀　按後漢書百官志一載，「閤下令史主閤下威儀」。

〔七三〕掌上章表報　後漢書百官志一「報」下有「書記」二字。

〔七四〕掌爲公御　「御」原作「卿」，句下原衍「閤下威儀」四字，據後後書百官志一、宋書卷三九百官志上改删。

〔七五〕以不肯親事爲高　「親」，後漢書卷四六陳寵傳作「視」。

〔七六〕令史及御屬四十二人　「四」原作「三」，據後漢書百官志一改。

〔七七〕漢舊注云　「舊」原作「書」，據元本、馮本、後漢書百官志一改。

〔七八〕泰始三年　「泰始」原作「泰初」，據通典卷二〇職官二改。

〔七九〕掌差次九品　「掌」原作「長」，據通典卷二〇職官二改。

〔八〇〕又温嶠請司徒置田曹掾　「掾」原作「屬」，據晉書卷六七温嶠傳、通典卷二〇職官二改。

〔八一〕字玄冲　「玄冲」原作「元中」，據晉書卷四二王渾傳改。

〔八二〕持兵乃吏屬絳衣　「持兵乃」原作「及」，據晉書卷四二王渾傳補改。

〔八三〕論者美其謙而識禮　「禮」原作「理」，據晉書卷四二王渾傳改。

〔八四〕記室督各給侍一人　「督」上原衍「都」字，據晉書卷二四職官志删。

〔八五〕白蓋小車七乘　「乘」字原脱，據晉書卷二四職官志補。

〔八六〕倉曹掾户曹屬　原作「倉曹屬」，據宋書卷三九百官志上、通典卷二〇職官二補。

〔八七〕凡公督府置佐　「佐」原作「位」，據馮本、南齊書卷一六百官志、通典卷二〇職官二改。

〔八八〕長史司馬各一人　「各」字原脱，據南齊書卷一六百官志、通典卷二〇職官二補。

〔八九〕城局曹以上署正參軍　「城」字原脱，據册府元龜卷七一六補。

〔九〇〕爲長兼員　「長」字原脱，據南齊書卷一六百官志補。

〔九一〕其公府佐吏　「吏」，南齊書卷一六百官志作「史」。

〔九二〕則左右長史四人　「人」字原脱，據南齊書卷一六百官志補。

〔九三〕則置府亦有佐史　「府」字原脱，據南齊書卷一六百官志補。

〔九四〕齊王儉爲司徒左長史　「左」，南齊書二三王儉傳作「右」。

〔九五〕可以知止足矣　南齊書卷四六王秀之傳無「知」字。

〔九六〕兩賢同時　「時」原作「侍」，據南齊書卷四六陸慧曉傳改。

〔九七〕建安王爲雍州刺史　「刺史」二字原脱，據梁書卷三六江革傳、南史卷六〇江革傳補。

〔九八〕乃以江革爲征北記室參軍　「乃」字原脱，據元本、慎本、馮本補。

〔九九〕革弟觀又爲行參軍兼記室　「行」字原脱，據梁書卷三六江革傳、南史卷六〇江革傳補。

〔一〇〇〕爲司徒左長史　梁書卷四一褚球傳同，南史卷二八褚裕之傳「左」作「右」。

〔一〇一〕同三公　「同」原作「曰」，據隋書卷二六百官志上改。

〔一〇二〕板正參軍　「正」字原脱，據通典卷二〇職官二補。

〔一〇三〕外兵　原脱，據隋書卷二七百官志中補。

〔一〇四〕督護等員　隋書卷二七百官志中句上有「兼左户右户行參軍長兼行參軍參軍」十五字。

〔一〇五〕其儀同三司加開府者　「加」原作「如」，據隋書卷二七百官志中改。

〔一〇六〕城局　「局」原作「屬」，據隋書卷二七百官志中改。

卷四十九　職官考三

宰相

黃帝得六相而天地治，神明至。黃帝得蚩尤而明天道，得太常而察地理，得蒼龍而辨東方，得祝融而辨南方，得風后而辨西方，得后土而辨北方，謂之六相。虞舜臣堯，爲堯時臣。舉八愷，倉舒、隤敳、檮戭、大臨、尨降〔一〕、庭堅、仲容、叔達爲八愷，即垂、益、禹、皋陶之倫也。庭堅則皋陶字。隤，大回切〔二〕。敳，午來切〔三〕。使主后土，后土，地官也。以揆百事，莫不時敘，地平天成。揆，度。成，平也。舉八元，伯奮、仲堪、叔獻、季仲、伯虎、仲熊、叔豹、季貍爲八元。使布五教於四方，內平外成，內，諸夏。外，夷狄。謂之十六相。亦曰十六族。及殷成湯居亳，初置二相，以伊尹、仲虺爲之。伊尹號爲「阿衡」。阿，倚也。衡，平也。湯倚伊尹而取平，故以爲官名。仲虺，臣名，爲湯左相，以諸侯而相天子者也。左傳稱居薛，爲湯左相。武丁得傅說，爰立作相，王置諸其左右。武丁，殷之高宗也，使百官以所夢之形象經營，求之於野外，得賢相傅說於傅巖之谿，於是禮命立以爲佐相，使在左右也。周時，召公爲保，周公爲師，相成王，爲左右，亦其任也。秦悼武王二年，始置丞相官，以樗里疾、甘茂爲左、右丞相；茂爲左，疾爲右。莊襄王又以呂不韋爲丞相；及始皇立，尊不韋爲相國，則相國、丞相皆秦官。又漢官儀云，皆六國時官。金印紫綬，掌丞天子，助理萬機。秦初有左、右，荀悅曰：「秦本次國，命卿二人，是以置左、右丞相，無三公官也。」至二世，復有中丞相。二世時，右丞相去疾，左丞相斯。及斯被誅，乃以趙高爲中丞相，事無大小皆決之。漢高帝即位，一丞相，綠綬，高帝二年〔四〕，拜曹參爲假左丞相，即漢初丞相當有左右，今言一丞相，或漢書之誤。以蕭何爲之。及誅韓信，乃拜何爲相國。何薨，以曹參爲之。孝惠、高后置左、右丞相，文帝二年復置一丞相。丞相月俸錢六萬。初，陳平爲左丞相。及誅諸呂，文帝初立，平乃謝病以讓周勃，乃以勃爲右丞相，位第一；平爲左丞相，位第二。帝因朝問勃〔五〕：「天下一歲決獄幾何？」勃謝不知。問：「天下錢穀一歲出入幾何？」勃又不能對，汗出洽背。及問平，平曰：「有主者。宰相者，上佐天子理陰陽，順四時，下遂萬物之宜，外鎮撫四夷諸侯〔六〕，内親附百姓，使卿大夫各任其職。」上善之〔七〕。勃謝病，請免相，平專爲一丞相。成帝綏和元年，御史大夫何武建言：「古者民謹事約，國之輔佐，必得賢聖。然猶則天三光，備三公官，三光，日、月、星。各有分職。今末俗之弊，政事煩多，宰相之才不能及古，而今丞相獨兼三公之事，所以大化久未洽也。宜建三公官，定卿大夫之任，分職授政〔八〕，以考功效。」於是上拜曲陽侯王根爲大司馬，而何武自御史大夫改爲大司空，皆金印紫綬，比丞相，則三公俱爲宰相。漢御史大夫副丞相事，若今之同平章事及參知機務之類，所以漢書云薛、貢、韋、匡迭爲宰相。薛宣、韋賢、匡衡則是丞相，而貢禹但爲御史大夫。又蕭望之謂朱雲曰：「吾備位將相。」蓋蕭望之嘗任御史大夫及前將軍之職也。至孝哀帝建平二年正月，從朱博議，復罷大司空。大司空朱博奏曰：「帝王之道，不必相襲。高祖置御史大夫位次丞相〔九〕，典正法度，以職相參。歷載二百，天下安寧。今更爲大司空〔一〇〕，與丞相同位。故事，選郡國守相高第爲中二千石，選中二千石爲御史大夫〔一一〕，任職者爲丞相，位次有序，所以尊聖德〔一二〕，重國相也。今中二千石未更御史而爲丞相，非所以重國政也。今願罷大司空，以御史大夫爲百寮長〔一三〕。」哀帝從之。元壽二年，更名丞相爲大司徒。初，漢制常以列侯爲相，唯公孫弘布衣，數年登相位，武帝乃封爲平津侯，其後爲故事。至丞相而封，自弘始也。到光武絶不復侯，或自以際會援立見封〔一四〕。漢儀注曰：「御史大夫爲丞相，更春乃封，故先賜爵關内侯〔一五〕。」李奇曰：「以冬月非封候，故且先賜爵關内侯。」白事教令，稱曰君侯。亦謂丞相爲上相，陸賈謂陳平曰「足下位爲上相」是也。春秋之義，尊上公謂之宰，言海内無不統焉。故丞相進，天子御座爲起，在輿爲下；皇帝見丞相起，謁者贊稱曰：「皇帝爲丞相起。」起立乃坐，贊稱曰：「敬謝行禮。」皇帝在道，丞相某迎〔一六〕，謁者贊稱曰〔一七〕：「皇帝爲丞相下輿。」下立，乃升車也。丞相有病，皇帝法駕親至問疾，從西門入；丞相有疾，御史大夫三朝問起居，百寮亦然。後漢三公疾，令中黄門問疾。魏、晉即黄門郎，尤重者或侍中。及瘳視事，尚書令若光禄大夫賜以養牛、上尊酒。如淳曰：「律，稻米一斗，得酒一斗，爲上尊。丙吉爲丞相，尚寬大，好禮讓〔一八〕。掾吏有罪不稱職，與長休告，終無案驗〔一九〕。客或曰：「君侯爲漢相，姦吏成其私，然無所懲艾乎？」吉曰：「夫以三公之府，有按吏之名，吾竊陋焉。」因爲故事，公府不按吏，自吉始。韋賢爲丞相，年七十餘，乞罷歸私第。丞相致仕，自賢始也。有天地大變、天下大過，則以病聞。有天地大變、天下大過，皇帝使侍中持節，乘四白馬，賜上尊酒十斛、牛一頭，策告殃咎；使者去半道〔二〇〕，丞相即上病〔二一〕。使者還來白事〔二二〕，尚書以丞相不起病聞。若丞相不勝任，使者策書，駕駱馬，即時布衣步出府，免爲庶人。若丞相有他過，使者奉策書，駕騅騩馬，即時步出府，乘棧車牝馬歸田里思過。騩，京媚切。凡丞相府，門無闌，不設鈴鼓，言其大開無節限也。應劭曰：「丞相舊位在長安時，府有四出門，隨時聽事。」「國每有大議，天子車駕親幸。」後漢廢丞相及御史大夫，而以三公綜理衆務，則三公復爲宰相矣。前代丞相有倉頭字宜禄。至漢代，有所關白，則叩閤呼「宜禄」，遂以爲常。閤，古沓切〔二三〕。至於中年以後，事歸臺閣，則尚書官爲機衡之任。至獻帝建安十三年，復置丞相，而以曹公居之。又有相國。魏黄初元年，改爲司徒。吴有左、右丞相。而文帝復置中書監、令，並掌機密，自是中書多爲樞機之任。說在中書令篇。其後定制，置大丞相，第一品。後又有相國，齊王以司馬師爲之，晉景帝。高貴鄉公以司馬昭爲之。晉文帝。晉初並不置。武帝初，安平王孚爲太宰，鄭沖爲太傅，王祥爲太保，義陽王子初爲太尉，何曾爲司徒，荀顗爲司空，石苞爲司馬，陳騫爲大將軍，凡八公，同時並置，唯無丞相焉。至惠帝永康元年，改司徒爲丞相；永寧元年，罷丞相，復置司徒官；永昌元年，罷司徒并丞相，則與司徒不並置矣。丞相與司徒廢置非一。其後或有相國，或有丞相，省置無恒，而中書監、令常管機要，多爲宰相之任。自魏、晉以來，相國、丞相多非尋常人臣之職。晉趙王倫、梁王肜、成都王穎、南陽王保並爲之。元帝渡江，以王敦爲丞相，轉司徒，荀組爲太尉，以司徒官屬并丞相爲留府，敦不受。成帝以王導爲丞相，罷司徒府爲丞相府。導薨，罷丞相，復爲司徒府。相國、丞相皆衮冕，緑盭綬。盭音戾〔二四〕。宋孝武帝初，唯以南郡王義宣爲丞相，而司徒府如故。亦有相國。丞相，金章紫綬，進賢三梁冠，絳朝服，佩山玄玉，相國則緑盭綬也〔二五〕。齊丞相不用人，以爲贈官。梁罷相國，置丞相；罷丞相，置司徒。陳又置相國，位列丞相上，并丞相並爲贈官。按：自魏、晉以來，宰相但以他官參掌機密，或委知政事者則是矣，無有常官。其相國、丞相，或爲贈官，或則不置，自爲尊崇之位，多非人臣之職。其真爲宰相者，不必居此官。魏文帝以劉放、孫資爲中書監、令，並掌機密。晉武帝詔以荀勗爲中書監、侍中，毗贊朝政。張華爲中書令，侍中劉卞謂華曰：「公居阿衡之地。」東晉庾亮、庾冰相次爲中書監。先是王導輔政，以寬和得衆，庾亮以法裁飭，頗失人心。至冰，經綸時務，升擢後進，朝野注心，咸曰賢相。殷浩爲揚州刺史，參綜朝權。王敦爲大將軍、侍中，上表曰「臣備位宰輔」。謝安爲中書監，録尚書事。宋文帝初，徐羨之爲司空，録尚書事。後以江湛、王僧綽俱爲侍中，任以機密。後又以殷景仁爲侍中、左衛將軍，與侍中右衛將軍王華、侍中左衛將軍王曇首、侍中劉湛四人俱居門下，皆以風力局幹，冠冕一時，同昇之美〔二六〕，近代莫及。初，王弘爲江州刺史，加侍中，後徵輔政，以爲侍中、司徒，録尚書事。而弘弟曇首爲文帝所任，與華相持〔二七〕。華常謂己力用不盡，每嘆息云：「宰相頓有數人，天下何由得理？」湛母憂去職，後徵爲太子詹事，加給事中，與殷景仁並被任遇。湛常云：「今代宰相何難，此正可當我南陽郡漢代功曹耳。」沈演之爲侍中、右衛將軍〔二八〕，文帝謂之曰：「侍中領衛，俱爲優重〔二九〕，此蓋宰相便坐，卿其勉之。」齊王儉爲侍中、尚書令，常謂人曰：「江左風流宰相，惟有謝安。」蓋自況也。明帝顧命江祏兄弟及始安王遥光、尚書令徐孝嗣、領軍蕭坦之，更日貼敕，時呼爲「六貴」〔三〇〕，皆宰相也。梁何敬容初爲吏部尚書、侍中，時徐勉爲僕射參掌機事，以疾陳解，因舉敬容自代，故敬容遷爲僕射，掌選事，侍中如故。此並爲宰相。後敬容屢轉他官，而參掌如故。又王訓爲侍中，武帝問敬容曰：「褚彦回年幾爲宰相？」對曰：「少過三十。」帝曰：「今之王訓，無謝彦回。」彦回，宋明帝時爲侍中。又周捨卒後〔三一〕，朱异爲散騎常侍，代掌機密。北齊韓軌爲中書令，尋授司空，自以勳庸〔三二〕，歷登台鉉。按：此則或掌機密，或録尚書，或綜機權，或管朝政，或單侍中，或給事中，或受顧命，皆爲宰相也。然侍中職任機密之司，不必他名，亦多爲宰相。其侍中兼外官，若宋王弘；侍中兼内官，若沈演之，其例不少，則非宰相，蓋在當時委任而已。自晉、宋以來，宰相皆文義自逸〔三三〕，何敬容獨勤庶務，爲代所嗤鄙。姚察曰：「魏正始及晉之中朝，俗尚於玄虚，貴爲放誕。尚書丞郎以上，簿領文案，不復經懷，皆成於令史。逮乎江左，此道彌扇。唯卞壼以臺閣之務頗欲綜理，阮孚謂之曰：『卿常無閑暇，不乃勞乎？』宋代王敬弘身居端右，未嘗省牒，風流相尚，其流遂遠。睹白署空，是稱清貴；恪勤匪懈，終滯鄙俗。是使朝經廢於上，衆職隳於下，小人道長，抑此之由也。嗚呼！傷風敗俗，而使何敬容之識理見譏，薄俗者哉！」後魏舊制，有大將軍，不置太尉；有丞相，不置司徒。自正光以後，始俱置之〔三四〕，神瑞元年，置八大人官，總理萬機，時號「八公」。然而尤重門下官，多以侍中輔政，則侍中又爲樞密之任矣。說在侍中篇。北齊乾明中，置丞相；河清中分爲左、右〔三五〕，各置府僚。天統三年，以太宰段韶爲左丞相，太師賀拔仁爲右丞相。又斛律金、斛律光並由右丞相轉拜爲左丞相。然而爲宰相秉朝政者〔三六〕，亦多爲侍中。趙彦深〔三七〕、元文遥、和士開同爲宰相，皆兼侍中。後周大冢宰亦其任也，其後亦置左、右丞相。大象二年，以楊堅爲大丞相，遂罷左、右丞相官。隋有内史、納言，即中書令、侍中也。是爲宰相，亦有他官參與焉。柳述爲兵部尚書，參掌機事。又楊素爲右僕射，與高熲專掌朝政。

按：自後漢時，雖置三公，而事歸臺閣，尚書始爲機衡之任。然當時尚書，不過預聞國政，未嘗盡奪三公之權也。至魏、晉以來，中書、尚書之官始真爲宰相，而三公遂爲具員。其故何也？蓋漢之典事尚書、中書者，號爲天子之私人；及叔季之世，則姦雄之謀篡奪者，亦以其私人居是官。而所謂三公者，古有其官，雖鼎命將遷之時，大權一出於私門，然三公未容遽廢也，故必擇其老病不任事、依違不侵權者居之。東漢之末，曹公爲丞相，而三公則楊彪、趙温，尚書令、中書監則二荀、華歆、劉放、孫資之徒也。魏之末，司馬師、昭爲丞相，而三公則王祥、鄭冲，尚書令、中書監則賈充、荀勗、鍾會之徒也。蓋是時，凡任中書者，皆運籌帷幄、佐命移祚之人；凡任三公者，皆備員高位、畏權遠勢之人。而三公之失權任，中書之秉機要，自此判矣。至丞相一官，西漢廢於哀帝之時。東漢本不置丞相，建安特置之，以處曹操。魏本不置丞相，正始特置之，以處司馬師、昭。及晉則不置，正苻堅所謂「朕以龍驤建業」之說也。然東晉以至宋、齊、梁、陳、隋皆有之。夫中書監既爲宰相之任，則升其品秩可也；丞相既不爲宰相之任，而嘗爲擅代之階，則廢其名字可也。今觀魏以後之官品，中書監僅爲三品，而黄鉞大將軍、大丞相、諸大將軍則爲一品、二品。然此數官者，未嘗以授人，特宋、齊、梁、陳、隋將受禪則居之，此外則王敦、桓温、侯景亦嘗爲之。夫高官極品不以處輔佐之臣，而又存其名字，使亂臣賊子遞相承襲，以爲竊取大物之漸，非所以昭德塞違、明示百官也。

唐世宰相名尤不正。初，唐因隋制，以三省之長中書令、侍中、尚書令共議國政，此宰相職也。其後，以太宗嘗爲尚書令，臣下避不敢居其職，由是僕射爲尚書省長官，與侍中、中書令號爲宰相。其品位既崇，不欲輕以授人，故常以他官居宰相職，而假以他名。自太宗時，杜淹以吏部尚書參議朝政，魏徵以祕書監參預朝政。其後或曰參議得失、參知政事之類，其名非一，皆宰相職也。貞觀八年，僕射李靖以疾辭位，詔疾小瘳，三兩日一至中書門下平章事。而平章事之名，蓋始起於此。其後，李勣以太子詹事同中書門下三品，謂同侍中、中書令也。而同三品之名，蓋起於此。然二名不專用，而他官居職者，猶假他名如故。自高宗已後，爲宰相者必加同中書門下三品，雖品高者亦然，惟三公、三師、中書令則否。其後改易官名，而張文瓘以東臺侍郎同東西臺三品。同三品入銜，自文瓘始。永淳元年，以黄門侍郎郭待舉、兵部侍郎岑長倩等同中書門下平章事。平章事入銜，自待舉等始。自是以後，終唐之世不能改。初，三省長官議事於門下省之政事堂。其後，裴炎自侍中遷中書令，乃徙政事堂於中書省。開元中，張説爲相，又改政事堂號「中書門下」。列五房於其後，一曰吏房，二曰樞機房，三曰兵房，四曰户房，五曰刑禮房，分曹以主衆務焉。宰相事無不統，故不以一職名官。自開元以後，常以領他職，實欲重其事，而反輕宰相之體。故時方用兵，則爲節度使。時崇儒學，則爲大學士。時急財用，則爲鹽鐵轉運使；又其甚，則爲延資庫使。至於國史、太清宫之類，其名頗多，皆不足取。侍中、中書令是真宰相，其餘但加同中書門下三品及平章事、知政事、參知機務等名者皆是。自先天之前，其員頗多，景龍中至十餘人。開元以來，常以二人爲限，或多則三人。武太后聖曆三年四月敕：「同中書門下三品平章事賜會，並同中書門下三品例。」開元十年十一月敕：「自今以後，中書門下宜共食實封三百户。」二十二年十一月制：「宰相兼官者，並兩給俸禄。」天寶十五載之後，天下多難，勳賢並建，故備位者衆。然其秉鈞持衡，亦一二人而已。舊例〔三八〕，起居舍人及起居郎唯得對仗承旨，仗下之後謀議不得聞。武太后時，文昌右丞姚璹以爲帝王謨訓不可無紀，若不宣自宰相，史官無從而知。表請仗下所言軍國政要則宰相一人撰録，每月封送史館，謂之時政記。

自璹始也。

德宗時，常衮爲相，奏貶中書舍人崔祐甫爲潮州刺史。上以爲太重，貶祐甫河南少尹。初，肅宗之世，天下務殷，宰相常有數人更直決事，或休沐各歸私第，許直事者代署其名而奏之〔三九〕，自是踵爲故事。時郭子儀、朱泚雖以軍功爲宰相，皆不預朝政，衮獨居政事堂，代二人署名奏。祐甫既貶，二人表言其非罪，上問：「卿向言可貶，今云非罪，何也？」二人對：「初不知。」上初即位，以衮爲欺罔，大駭，乃貶衮爲潮州刺史，以祐甫爲門下侍郎、同平章事。

宋承唐制，以同平章事爲宰相之職，無常員；有二人，則分日知印。以丞郎以上至三師爲之。其上相爲昭文館大學士、監修國史，其次爲集賢殿大學士。或置三相，則昭文、集賢兩學士并監修國史，並除焉。國初，范質昭文學士，王溥監修國史，魏仁浦集賢學士，此三相例也。唐以來，三大館皆宰臣兼之。宋仍唐制。參知政事掌副宰相，毗大政，參庶務。其除授不宣制，不押班，不知印，不預奏事，不升政事堂，殿庭別設磚位於宰相後，及敕尾署銜降宰相一等。乾德二年，以趙普爲相，上欲爲普置副而難其名稱，問陶穀下丞相一等何官，穀引唐參知政事爲對。時薛居正爲樞密直學士，呂餘慶爲兵部侍郎，乃命二人以本官兼，不宣制押班。蓋未欲遽令與普齊也。史臣曰：「按唐參預朝政、參知政事等職，皆宰相任也。高宗嘗欲用郭待舉參知政事，復以其資淺，止令同承受平章事，則平章亞於參政矣。穀言失之。」至道元年，詔宰相與參政輪班知印，同升政事堂。二年，詔復如舊制。參政押敕齊銜、行並馬，自寇準始，至今不易。親王、樞密使、留守、節度使兼中書令、侍中、同平章事者，謂之使相。不預政事，不書敕，惟宣敕除授者，敕尾存其銜而已。乾德二年，范質等三相皆罷，以趙普同平章事，李崇矩爲樞密使。命下，無宰相書敕，使問翰林陶穀。穀謂：「自昔輔相未嘗虛位，唯唐太和中甘露事後數日無宰相〔四〇〕，時左僕射令狐楚等奉行制書。今尚書亦南省官〔四一〕，可以書敕〔四二〕。」竇儀曰：「穀所陳，非承平令典。今皇弟開封尹、同平章事，即宰相之任也，可書敕。」上從之。

神宗新官制，於三省置侍中、中書尚書二令，而不除人；而以尚書令之貳左、右僕射爲宰相；左僕射兼門下侍郎，以行侍中之職；右僕射兼中書侍郎，以行中書令之職；復別置中書門下侍郎、尚書左右丞，以代參知政事。中書揆而議之，門下審而覆之，尚書承而行之。獨中書取旨，而門下、尚書之官爲首相者，不復與朝廷議論。時王珪、蔡確俱爲宰相，確奏三省長官位高，恐不須設。遂以兩僕射行三省事，而確爲次相專政，珪不復預。

元祐初，司馬光乃請令三省合班奏事，分省治事。自紹興以後皆因之。時議者謂：「門下相凡事既同進呈，則不應自駁已行之命，是省審之職可廢也。」政和中，改左、右僕射爲太宰、少宰，仍兼兩省侍郎。靖康中，復爲左、右僕射焉。建炎三年，呂頤浩請參酌三省之制，舊尚書左僕射，今欲尚書左僕射、同中書門下平章事；舊尚書右僕射，今欲尚書右僕射、同中書門下平章事；門下、中書二侍郎，並改爲參知政事；廢尚書左、右丞。從之。至乾道八年，詔尚書左、右僕射可依漢制，改作左、右丞相。詳定敕令所言：「近承詔旨，改左、右僕射爲左、右丞相，令删去侍中、中書尚書令，以左、右丞相充。緣舊左、右僕射非三省長官，故爲從一品。今左、右丞相係充侍中、中書尚書令之位，即合爲正一品。」從之。丞相官以太中大夫以上充。參政以中大夫以上充，常除二員或一員。嘉泰三年，始除三員。故事，丞相謁告，參預不得進擬。惟丞相未除，則參預輪日當筆，多不踰年，少纔旬月。獨淳熙初，葉衡罷相，龔茂良行相事近三年，亦創見也。

按：以三省爲宰相之司存，以三省長官爲宰相之職任，其說肇於魏、晉以來，而其制定於唐。

然中書、尚書之名，始於漢。通典言漢武帝遊宴後庭，始令宦者典事尚書，謂之中書謁者〔四三〕。則中書、尚書只是一所。然考霍光傳，光薨，霍山以奉車都尉領尚書事。故事，諸上書者皆爲二封，署其一曰副，領尚書者先發之，所言不善，屏去不奏。魏相請去副封，以防壅蔽。而光夫人顯及禹、山、雲等言上書者益黠，盡奏封事，輒下中書令出取之，不關尚書。則其時中書、尚書似已分而爲二。蓋尚書在漢時乃御前管文書之所，故漢人上書言「昧死上言尚書」。如丞相、大將軍已下連名奏太后廢昌邑王，亦是尚書令讀奏。武帝雖令宦者典其事，然其末年以霍光出入禁闥謹慎，可屬大事，輔少主，則以光領之。光薨，而山繼領其事。蓋既以大臣之秉政者領之，則其事始在外庭矣。然則所謂上書者爲二封，意正本則徹中書而人主閲之，副封則徹尚書而大將軍閲之。自此始判而爲二，而有内外之分。此顯、禹所以有「中書令出取之，不關尚書」之説歟。霍氏既敗，張安世復以大司馬、車騎將軍領尚書事。史言安世職典樞機，謹慎周密，每定大政，已決，輒移病出，聞有詔令，乃驚，使使之丞相府問焉〔四四〕。蓋霍光領尚書之時，丞相乃蔡義、楊敞也；張安世領尚書時，丞相乃魏相、丙吉也。是時，尚書雖在外庭，以腹心重臣領之，然於宰相並無干預。此安世所以密議大政，及出詔令而佯爲不知，遣使問之丞相府。則丞相府，乃宣行尚書所議之政令耳，而尚書非丞相之司存也。漢丞相府有東曹、西曹，爲處掾屬、議政令之地，於尚書並無干預。至魏明帝，常卒至尚書門，陳矯爲尚書令，跪問欲何之，帝曰：「欲案行文書。」然則魏時尚書猶去禁中不遠。及唐初，始定制以三省爲宰相之司存，以三省長官爲宰相之職任。然省分爲三，各有所掌，而其官亦復不一。相職既尊，無所不統，則不容拘以一職，於是始有同中書門下三品、同平章事、參知機務、參預政事之名焉。諸名之中，所謂同平章事者，唐初雖以稱宰相，乃以處資淺之人，在參知政事之下。見前參政注。中世以後，則獨爲真宰相之官，至宋元豐以前皆然。然宰相者，總百官，弼天子，既不當儕之他官，而其上則不當復有貴官矣。自唐開元以來，郭子儀、李光弼相繼以平章事爲節度使，謂之使相。而宰相之職儕於他官，自此始。自宋元祐以後，文潞公、吕申公相繼以平章軍國重事序宰臣上。而宰相之上復有貴官，自此始。然郭、李以勳臣名將爲之，宜也。自此例一開，於是田承嗣、李希烈之徒，俱以節鎮帶同平章事者非一人；極而至於王建、馬殷、錢鏐之輩，蜂起盜地者，皆欲效之。蓋鄙他官而不爲，而必欲儕於宰相，以自附於郭、李。則唐中葉以後，所謂平章者如此。文、吕以碩德老臣爲之，宜也。自此例一開，於是蔡京、王黼相繼以太師總知三省事，三日一朝，赴都堂治事；以至於韓侂胄、賈似道，擅權專政之久者，皆欲效之。蓋卑宰相而不屑爲，而必求加於相，以自附於文、吕。則宋中葉以後，所謂平章者如此。蓋平章之始立名也，本非甚尊之官，及其久也，則强藩之竊地者爲之，權臣之擅政者爲之。蓋雖官極尊，而居之者多非其人矣。

宰相屬官

丞相司直。漢武帝元狩五年置〔四五〕，掌佐丞相舉不法，位在司隸校尉上。翟方進爲司直，旬歲間免兩司隸。旬歲猶言滿歲，若十日之一周。後漢罷丞相，光武以武帝故事，置司徒司直居司徒府，助司徒督録諸州郡所舉上奏，司直考察能否，以徵虛實。建武十一年省。獻帝建安八年，復置司直，不屬司徒，掌督中都官，不領諸州。九年，詔司直皆比司隸校尉，坐同席，在上，假傳置也。伏湛字惠公。光武以湛才任宰相，拜爲司直，行大司徒事。後無。石勒置都部從事，各部一州，秩二千石，准丞相司直。

丞相長史。漢文帝二年置，一丞相有兩長史。漢百官表云丞相有兩長史。而張湯傳云："殺臣者，三長史也。"顏師古云："兼有守者，非正員故耳。"蓋諸史之長也，職無不監。田仁爲丞相長史〔四六〕，上書言天下太守，皆下吏誅死。武帝悦，拜仁爲丞相司直，威振天下。介幘，進賢一梁冠，朱衣，銅印黄綬。劉屈氂爲左丞相，分丞相長史爲兩府，以待天下遠方之選。待得賢人，當拜爲右丞相。後漢建武中，省司直，有長史一。魏武爲丞相，置左、右長史而已〔四七〕。

丞相諸曹史。掾屬三十，御屬一。獻帝建安中，魏武爲丞相，置徵事二人。建安十五年，初置徵事二人，以邴原、王烈選補之。舊有東、西曹，自魏武大軍還鄴，乃省西曹。時毛玠爲東曹掾，與崔琰並典選舉。玠請謁不行〔四八〕，時人憚之。及議併省，咸欲省東曹，皆曰："舊西曹爲上，東次之，宜省東曹也。"魏武知其情，令曰："日出於東，月盛於西。凡人言方，亦復先東。"遂省西曹。及咸熙中，司馬昭爲相國，相國府置中衛、驍騎二將軍，左、右長史，司馬，從事中郎，主簿，舍人，參軍，參戰〔四九〕，東西曹及户、賊、金、兵、騎兵、車、鎧、水、集、法、奏、倉、戎、馬、媒等曹掾屬〔五〇〕，凡四十二人。晉元帝以鎮東大將軍爲丞相，丞相府置從事中郎，分掌諸曹；有録事中郎、度支中郎、三兵中郎；其參軍則有諮議參軍二人，主諷議事。江左初置軍諮祭酒，有録事、記室、東曹、西曹等十三曹，其後又置七曹。宋武帝爲相，合中兵、直兵，置一參軍曹，則猶二也。其小府不置長流參軍者，置禁防參軍。蜀丞相諸葛亮府有行參軍〔五一〕。晉太傅司馬越府又有行參軍、兼行參軍。後漸加長兼字。除拜則爲參軍事，府版則爲行參軍。晉末以來〔五二〕，參軍事、行參軍各有除版〔五三〕，行參軍下則長兼行參軍。又有參軍督護、東曹督護二督護，江左置。

尚書都司。隋置左、右司郎中各一人，掌都省之職。唐武德省，貞觀復置，掌副左、右丞所管諸司事。二十三曹呼左、右司爲都公。龍朔改爲左、右承務，咸亨中復爲左、右司郎中，武后又增員外郎一人。宋熙寧時，詔中書五房各置檢正二員，在堂後官之上。都檢正一員。在五房提點之上，皆士人爲。元豐五年，罷檢正職務，分歸中書舍人、給事中。左右司郎官：未改官制前，左右司郎中爲階官，無職掌。郎中各一人，員外郎各一人，凡四員；掌舉諸司之綱紀，號爲都司，亦曰左、右曹。元豐六年，都司置御史房〔五四〕，主行彈劾御史按察失職。建炎三年，以軍興多事，復置檢正二員，一員，吏、禮、兵；一員，户、刑、工〔五五〕。位序在左、右司上，四年罷。隆興元年〔五六〕，詔尚書省吏、兵房，三省、樞密院機速房，尚書省刑、户、工房，三省、樞密院看詳賞功房，尚書省禮房，令左、右司分房書擬；其中書門下諸房，令檢正書擬。又有詔左、右司郎中各差一員，減罷二員〔五七〕。左司書擬吏、户、禮、機速房，右司書兵、刑、工、賞功房文字。後以右司掌刑房事任爲劇，乃置二員。餘見尚書左右司郎中門。

校勘記

〔一〕尨降　「尨」原作「庬」，據元本、尚書舜典注疏、左傳文公十八年改。

〔二〕隤大回切　「大」原作「六」，據通典卷二一職官三改。左傳文公十八年注云「隤，徒回反」。

〔三〕 𢿱午來切 「午」原作「干」，據通典卷二一職官三改。左傳文公十八年注云「𢿱五才反，一音五回反，韋昭音瑰」。

〔四〕 高帝二年 「二」原作「元」，據漢書卷三九曹參傳、通典卷二一職官三改。

〔五〕 帝因朝問勃 「朝」字原脱，據通典卷二一職官三補。

〔六〕 外鎮撫四夷諸侯 「撫」字原脱，據史記卷五六陳丞相世家補。

〔七〕 上善之 通典卷二一職官三作「頃之」。

〔八〕 定卿大夫之任分職授政 「任」原作「位」，「授」原作「分」，據通典卷二一職官三改。

〔九〕 高祖置御史大夫位次丞相 「位」字原脱，據漢書卷八三朱博傳補。

〔一〇〕 今更爲大司空 「爲」字原脱，據漢書卷八三朱博傳、職官分紀卷三補。

〔一一〕 選中二千石爲御史大夫 「選中二千石」五字原脱，據漢書卷八三朱博傳補。

〔一二〕 所以尊聖德 「尊」原作「重」，據漢書卷八三朱博傳、通典卷二一職官三改。

〔一三〕 以御史大夫爲百寮長 「長」，漢書卷八三朱博傳、職官分紀卷三、卷一四作「率」。

〔一四〕 或自以際會援立見封 「援」，通典卷二一職官三作「授」。

〔一五〕 故先賜爵關内侯 「先」原作「且」，據漢書卷七一平當傳如淳注引漢儀注、通典卷二一職官三改。

〔一六〕 丞相某迎 後漢書卷四六陳忠傳注引漢舊儀無「某」字。

〔一七〕 謁者贊稱曰 「贊」字原脱，據後漢書卷四六陳忠傳注引漢舊儀補。

〔一八〕 好禮讓 「讓」原作「儀」，據漢書卷七四丙吉傳改。

〔一九〕與長休告終無案驗　「告終」二字原倒，據漢書卷七四丙吉傳、通典卷二一職官三乙正。

〔二〇〕使者去半道　「去」原作「居」，據漢書卷八四翟方進傳如淳注引漢儀注、通典卷二一職官三改。

〔二一〕丞相即上病　「即」原作「追」，據漢書卷八四翟方進傳如淳注引漢儀注改。

〔二二〕使者還來白事　漢書卷八四翟方進傳如淳注引漢儀注「來」作「未」。

〔二三〕閤古沓切　通典卷二一職官三作「闑魚列切」。按通典此句，應移至前文「門無闑」下。

〔二四〕盭音吏　「吏」，通典卷二一職官三作「隸」。

〔二五〕相國則緑盭綬也　「盭」原作「元」，據元本、慎本、馮本、通典卷二一職官三改。

〔二六〕同昇之美　「昇」原作「時」，據宋書卷六三殷景仁傳改。

〔二七〕與華相持　宋書卷六三王華傳、南史卷二三王華傳「持」作「埒」。

〔二八〕沈演之爲侍中右衛將軍　「右」字原脱，據宋書卷六三沈演之傳、南史卷三六沈演之傳改。

〔二九〕俱爲優重　宋書卷六三沈演之傳作「望實優顯」。此爲杜佑避父諱「望」、中宗諱「顯」而改，通考沿襲之。

〔三〇〕時呼爲六貴　按上文僅五人，據南齊書卷四二江祏傳，尚有散騎常侍、右衛將軍劉暄。

〔三一〕又周捨卒後　「捨卒」原作「舍本」，據梁書卷三八朱异傳、通典卷二一職官三改。

〔三二〕自以勳庸　「庸」字原脱，據北齊書卷一五韓軌傳、通典卷二一職官三補。

〔三三〕宰相皆文義自逸　「義」原作「武」，據梁書卷三七何敬容傳、南史卷三〇何敬容傳改。

〔三四〕始俱置之　「始俱」二字原倒，據通典卷二一職官三、職官分紀卷三乙正。

〔三五〕河清中分爲左右　原重「中」字，據隋書卷二七百官志中、職官分紀卷三删。

〔三六〕然而爲宰相秉朝政者　原重「而」字，據通典卷二一職官三刪。

〔三七〕趙彦深　「深」原作「琛」，據北齊書卷三八趙彦深傳、北史卷五五趙彦深傳改。

〔三八〕舊例　通典卷二一職官三作「舊制」。

〔三九〕許直事者代署其名而奏之　「許」原作「詔」，按舊唐書卷一一九崔祐甫傳載：「有詔旨出入非大事不欲歷抵諸第，許令直事者一人假署同列之名以進，遂爲故事」，新唐書卷一四二崔祐甫傳載：「非大詔命不待遍曉則聽直者代署以聞」，故據改。

〔四〇〕唯唐太和中甘露事後數日無宰相　「後」字原脱，據宋會要職官一之六八補。

〔四一〕今尚書亦南省官　「官」原作「長官」，據宋會要職官一之六八刪。

〔四二〕可以書敕　「可以」，宋會要職官一之六八作「似可」。

〔四三〕謂之中書謁者　「謂」原作「爲」，據元本、慎本、馮本改。

〔四四〕使使之丞相府問焉　漢書卷五九張安世傳「使使」作「使吏」，元本、慎本、馮本作「使史」。

〔四五〕漢武帝元狩五年置　「元狩」二字原脱，據漢書卷一九上百官公卿表上、通典卷二一職官三補。

〔四六〕田仁爲丞相長史　「丞」原作「宰」，據漢書卷三七田叔傳、通典卷二一職官三改。

〔四七〕置左右長史而已　「而已」二字原脱，據元本、慎本、馮本補。

〔四八〕玠請謁不行　「玠」字原脱，據三國志卷一二毛玠傳補。

〔四九〕參戰　原脱，據宋書卷三九百官志上補。

〔五〇〕東西曹及户賊金兵騎兵車鎧水集法奏倉戎馬媒等曹掾屬　「金」下原脱「兵」、「戎」原作「士」，據宋書卷三九百官志上補改。

〔五一〕蜀丞相諸葛亮府有行參軍　「府」字原脱，據宋書卷三九百官志上補。

〔五二〕晉末以來　「末」原作「宋」，據宋書卷三九百官志上改。

〔五三〕參軍事行參軍各有除版　「參軍事行參軍」原作「參軍」，據宋書卷三九百官志上補。

〔五四〕都司置御史房　「都」原作「諸」，據宋史卷一六一職官志一、宋會要職官四之一九改。

〔五五〕一員吏禮兵一員户刑工　「吏」字原脱，「禮」下原衍「刑」字，「工」字原脱，據宋史卷一六一職官志一補删。

〔五六〕隆興元年　宋史卷一六一職官志一作「紹興三十二年」，宋會要職官四之二四作「紹興三十二年未改元十一月四日」。

〔五七〕又有詔左右司郎中各差一員減罷二員　按宋史卷一六一職官志一、宋會要職官四之二四載，此詔在隆興元年。

卷五十　職官考四

門下省

門下省，後漢謂之侍中寺。嘉平六年，改侍中寺。晉志曰：「給事黄門侍郎，與侍中俱管門下衆事。」或謂之門下省。至齊，亦呼侍中爲門下，領給事黄門侍郎、公車太學太醫等令丞，及内外殿中監、内外驊騮厩、散騎常侍、給事中、奉朝請、駙馬都尉等官。梁門下省有侍中、給事黄門侍郎各四人〔一〕，掌侍從儐相，盡規獻納，糾正違闕，監合嘗御藥，封璽書〔二〕。後魏尤重。北齊門下省掌獻納諫正及司進御之職，有侍中、給事黄門侍郎各六人，統左右局、左右局掌朱華閣内諸事〔三〕。尚食、知御膳。尚藥、主御藥。尚衣、主御衣服。殿中，領殿中監，掌駕前奏引行事〔四〕，制諸修補〔五〕，東耕則進耒耜〔六〕。隋改爲殿内。凡六局。隋門下省有納言二人，給事黄門侍郎四人，煬帝減二人〔七〕。及散騎常侍、諫議大夫等官，並掌陪從朝直〔八〕，兼統六局。開皇三年，罷門下省員外散騎常侍員。煬帝即位，加給事員，廢常侍〔九〕、諫議等官。又改殿内省隸門下省。唐龍朔二年，改門下省爲東臺。咸亨初，復舊。至武太后臨朝，光宅初改爲鸞臺；神龍初復舊。聖曆三年四月敕：别敕賜物〔一〇〕，中書門下省官正三品准二品〔一一〕，四品准三品〔一二〕。開元七年八月，初敕中書門下厨雜料破用外有餘〔一三〕，宜分取〔一四〕。開元元年，改爲黄門省，五年復舊。有侍中二人，黄門侍郎二人，給事中四人，左散騎常侍二人〔一五〕，諫議大夫四人，典儀二人，起居郎、左補闕、左拾遺各二人，城門郎四人，符寶郎四人，弘文館校書二人，其餘小吏各有差。

宋制，門下省在正陽門外西面北廊，掌受天下之成事，審命令，駮正違失，受發通進奏狀，進請寶印。凡中書省畫黄、録黄，樞密院録白、畫旨，則留爲底。及尚書省六曹所上有法式事，皆奏覆審駮之。給事中讀，侍郎省，侍中審，進入被旨畫聞，則授之尚書省、樞密院。即有舛誤應舉駮者，大則論列，小則改正。凡文書自内降者，著之籍。章奏至，則受而通進，俟頒降，分送所隸官司。凡吏部擬六品以下職事官，則給事中校其仕歷、功狀，侍郎、侍中引驗審察〔一六〕，非其人則論奏。凡遷改爵秩、加叙勳封、四選擬注奏鈔之事，有舛誤，退送尚書省。覆刑部、大理寺所斷獄案，審其輕重枉直，不當罪，則以法駮正之。國初循舊制，以中書門下平章事爲宰相之職，復用兩制官一員判門下省事。官制行，始釐正焉。凡官十有一：侍中、侍郎、左散騎常侍各一人，給事中四人，左諫議大夫、起居郎、左司諫、左正言各一人。

元祐初，左僕射司馬光上言：「謹按西漢以丞相總百官，而九卿分治天下之事。光武中興，身親庶務，事歸臺閣，尚書始重，而西漢公卿稍以失職矣。及魏武佐漢，初建魏國，置祕書令典尚書奏事。文帝受禪，改祕書爲中書，有令，有監，而亦不廢尚書。然中書親近，而尚書疏外矣。東晉以來，天子以侍中常在左右，多與之議政事，不專任中書，於是又有門下，而中書權始分矣。降及南北朝，大體皆循此制。唐初，始合中書、門下之職，故有同中書門下三品、同中書門下平章事。其後又置政事堂。蓋以中書出詔令，門下掌封駮，日有爭論，紛紜不決，故使兩省先於政事堂議定，然後奏聞。開元中，張説奏改政事堂爲中書門下。自是相承，至於國朝，莫之能改。非不欲分也，理勢不可復分也。向日所謂中書者，乃中書門下政事堂也。唐末諸司使，皆内臣領之，樞密使參預朝政，始與宰相分權矣。降及五代，改用士人。樞密使皆天子腹心之臣，日與議軍國大事，其權重於宰相。太祖受命，以宰相專主文事，參知政事佐之；樞密使專掌武事，副使佐之。自是以來，百有餘年，官師相承，中外安帖。百司長官及諸路監司、諸州長吏，皆得專達，或申奏朝廷，或止申中書、樞密院。事大，則中書、樞密院進呈取旨，降敕劄宣命指揮；事小，則批狀直下本司、本路、本州、本人。故文書簡徑，事無留滯。神宗皇帝以唐自中葉以後，官職繁冗，名器紊亂，欲革而正之，誠爲至當。然但當據今日之事實，考前世之訛謬，删定重複，去其冗長，必有此事，乃置此官。不必一依唐之六典，分中書爲三省，令中書取旨，門下覆奏，尚書施行。凡内降文書，及諸處所上奏狀、申狀至門下、中書省者，大率皆送尚書省。尚書省下六曹，六曹付諸案勘當，檢尋文書，會問事節，近則寺監，遠則州縣，一切齊足，然後相度事理，定奪歸着，申尚書省。尚書省送中書取旨，中書既得旨，送門下省覆奏畫可，然後翻録下尚書省。尚書省復下六曹，方符下諸處。以此文字繁冗，行遣迂回，近者數月，遠者踰年，未能决絶。或四方急奏待報，或吏民詞訟求决，皆困於留滯。又本置門下省，欲以封駁中書省録黄、樞密院録白，恐有未當。若令舉職，則須日有駁正，争論紛紜，執政大臣遂成不叶。故自置門下省以來，駁議甚少。又門下不可得直取旨行，雖有駁議，必須却送中書取旨，中書或不捨前見，復行改易。又内批文字及諸處奏請，多降付三省同共進呈，則門下之官已經商量奏决，若後有駁正，則爲反復。近日中書文字有急速者，往往更不送門下省。然則門下一官殆爲虛設，徒使吏員倍多，文書繁冗，無益於是。臣等今衆共商量，欲乞依舊令中書、門下通同職業，以都堂爲政事堂；每有政事差除及臺諫官章奏，已有聖旨三省同進呈外，其餘並令中書、門下官同商議簽書施行。事大則進呈取旨，降敕劄；事小則直批狀指揮，一如舊日中書、門下故事。并兩省十二房吏人爲六房，同共點檢鈔狀，行遣文書。若有溢員，除揀選留住外，並特與減三年出職；不及三年應出職者，與減磨勘年限。若政事有差失，委給事中封駁；差除有不當，委中書舍人封還詞頭；又兩省諫官皆得論列，則號令之出，亦不爲不審矣。如此則政事歸一，吏員不冗，文書不繁，行遣徑直，於先帝所建之官並無所變更，但於職業微有修改，欲令於事務時宜差爲簡便耳。」

石林葉氏曰：「本朝沿習唐制〔一七〕，官制行〔一八〕，始用六典，別尚書、門下、中書爲三省，各以其省長官爲宰相，則侍中、中書、尚書令是也。既又以秩高不除，故以尚書令之貳左、右僕射爲宰相。而左僕射兼門下侍郎，以行侍中之職，右僕射兼中書侍郎，以行中書令之職，而別置侍郎以佐之，則三省互相兼矣。然左、右僕射既爲宰相，則凡命令進擬，未有不由之出者，而左、右僕射又爲之長，則出令之職自已身行，尚何省而覆之乎？方其進對，執政無不同，則所謂門下侍郎者亦預聞之矣，故批旨皆曰『三省同奉聖旨』。既以奉之，而又審之，亦無是理。門下省事，惟有給事中封駁而已，未有左僕射與門下侍郎自駁已奉之命者。則侍中、侍郎所謂省審者，殆成虛文也。元祐間，議者以詔令稽留，吏員冗多，徒爲重複，因有併廢門下省之意。後雖不行，然事有當奏禀，左相必批送中書；左相將上而右相有不同，往往或持之不上，或退送不受，左相無如之何，侍郎無所用力，事權多在中書。自中書侍郎遷門下侍郎，雖名進，其實皆未必樂也。」

致堂胡氏曰：「古者論一相而止。至成王時，雖以周公位冢宰，然亦與召公同相爲左右。此尚書之序，孔子之言也。何者？周公不敢自聖獨專相事，又將訓後世，爲人心不同而大賢難得，則參錯并用，猶驅車，猶植屋，兼取衆力，相輔相正，歸於無失而已矣。故自漢以來，或置左、右丞相，或並置三公，不拘一相之文。至唐而法意尤密，既有左、右僕射，又有侍中，中書、尚書兩令，左、右丞，及以官未及而人可用者參預朝政；而其大綱，則俾中書出令，門下審駁，分爲二省，而尚書受成，頒之有司。當貞觀之時，君明臣忠，朝希粃政，不數年坐致太平，其集材並用之效如此。諸葛武侯曰：『參署者，集衆思，廣忠益也。若難相違覆，曠闕損矣。違覆而得中，猶棄弊屩而獲珠玉也。』嗚呼！爲君如太宗，爲臣如武侯，公心望治，可爲後世法也。若棄數百年成規，合三省爲一，以一相專之，而官屬如故，略無可否，見姓署名，是中書、門下之名存，而基命駮正之實亡矣。豈非舞文便私之甚哉？」

按：温公所言，以三省同取旨爲是，蓋主於合也。致堂所言，以三省各振職爲是，蓋主於分也。其旨似異。蓋門下審覆之説始於唐，然唐以中書門下爲政事堂，則已合而爲一矣。但門下省之官，有給事中任出納王命之事，有散騎常侍、左右司諫任諫争闕失之事，皆所謂覆審。而貞觀時，太宗又命諫官隨宰相入閣議事，有失輒諫，則門下省無不舉職之官矣。坐廟堂者，商訂於造命之初，毋或擅權而好勝；居糾駮者，審察於出令之後，不憚糾過以弼違，則上下之間始無曠職，而三省之設不爲具文。固不必爲宰相者各據一省，顯分爾汝，然後謂之稱其職也。蓋元豐官制之行，王珪爲首相，蔡確爲次相。確奏乞以首相兼門下侍郎，次相兼中書侍郎，其實以唐制有中書造命之説，於是奏事取旨皆次相，而首相並不得預，蓋陰傾珪而奪之權。及温公爲門下侍郎，嘗懇確，欲數會議，各盡所見，而確終不許。此小人擅權之常態。於是門下省又以審覆駮正爲己任。若各逞私意以爲舉職，則爲中書長官者執造命之説，而必擯門下，使不得預取旨之權；門下長官者執審覆之説，而必駮中書已取旨之事。則兩省之分，所以使之自爲讐敵矣。其實兩省屬官既各有司封駮者，則都省共同奏事取旨施行，事有不當而後省留黄繳駮，乃不易之法。

侍中

侍中者，周公戒成王立政之篇所云「常伯」、「常任」以爲左右〔一九〕，即其任也。漢官曰：「選於侯伯，轉補衮闕。言其道可常尊，故曰常伯。」周禮有太僕，干寶注云若漢侍中〔二〇〕。秦爲侍中，晉志曰：「黄帝時，風后爲侍中。」此皆出於兵家及讖緯之文，不足徵也。劉昭釋太尉，其義詳矣。本丞相史也，使五人往來殿内東廂奏事，故謂之侍中。漢侍中爲加官。凡侍中、左右曹、諸吏、散騎、中常侍，皆爲加官，漢儀注：「諸吏給事中日上朝謁，平尚書奏事，分爲左、右曹。」所加或列侯、將軍、卿大夫、將、都尉、尚書、太醫、太官令至郎中，無員。將謂郎將以下也。自列侯以下至郎中，皆得有此加官。多至數十人。侍中、中常侍得入禁中，諸曹受尚書事，諸吏得舉法。漢侍中冠武弁大冠，亦曰「惠文冠」，加金璫，附蟬爲文，貂尾爲飾，侍中服則左貂，常侍服則右貂。金取堅剛，百鍊不耗〔二一〕。蟬取居高食潔。貂取内勁捍而外温潤〔二二〕。此本趙武靈王胡服之制，秦破趙得其冠，以賜侍中。便繁左右，與帝升降。舊用儒者，然貴子弟榮其觀好，至乃襁抱坐受寵位，貝帶脂粉、綺襦紈袴、鵕鸃冠，惠帝時，侍中鵕鸃冠，貝帶，傅脂粉。張辟彊年十五，桑弘羊年十三，並爲侍中。鵕，思俊切。鸃，魚奇切。鵕鸃似鳳皇，神鳥。直侍左右，分掌乘輿服物，下至褻器虎子之屬。蘇則與吉茂同隱於太白山，後則爲侍中。侍中舊親省起居，故謂之「執虎子」。茂見則，嘲曰：「仕進不止執虎子。」則笑曰：「誠不能效汝蹇蹇鹿車驅。」武帝時，孔安國爲侍中，以其儒者，特聽掌御唾壺，朝廷榮之。本有僕射一人，秦、漢以侍中功高者一人爲僕射。後漢光武改僕射爲祭酒，或置或否，而又屬少府〔二三〕，掌贊導衆事，顧問應對。桓帝末，侍中皇蟬參乘，問貂璫何法，不知所出；又問地震，云不爲灾。還宫，左遷議郎。法駕出，則多識者一人負國璽，操斬白蛇劍參乘；餘皆騎，在乘輿後。獻帝即位，初置六人贊法駕，則正直一人負璽陪乘。大駕出，則次直侍中護駕，正直侍中負璽參乘，不帶劍，餘皆騎從。殿内門下衆事，皆掌之。後選侍中，皆舊儒高德，學識淵懿，仰占俯視〔二四〕，切問近對，喻旨公卿，上殿稱制，秉笏陪見。舊在尚書令、僕射下，尚書上。司隸校尉見侍中，執板揖。侍中舊與中官俱止禁中，因武帝時侍中馬何羅挾刃謀逆，由是出禁外，有事乃召之，畢即出。王莽秉政，侍中復入，與中官共止禁中〔二五〕。章帝元和中，郭舉與後宫通，拔佩刀驚上，舉伏誅，侍中由是復出外。秦、漢無定員。蔡質漢儀曰：「員本八人。」漢官曰無員。侍中舍有八區，論者因言員本八人。其省門題「尚書寺」，此孝明帝治於東宫尚書模也。魏、晉以來置四人，別加官者則非數。王粲爲侍中，曹植集贈粲詩曰：「戴蟬珥貂，朱衣皓帶。入侍帷幄，出擁華蓋。」御登樓〔二六〕，與散騎常侍對扶〔二七〕，侍中居左，常侍居右，備切問近對，拾遺補闕。及江左興寧四年〔二八〕，桓温奏省二人，後復舊。晉武帝時，彭權爲侍中。帝問侍臣：「髦頭之義何也？」權曰：「秦紀云秦國有奇怪獸，觸山截波，無不崩潰，唯畏髦頭，故使持之以衛至尊也。」又褚翜字謀遠〔二九〕，爲侍中。蘇峻作亂，王師敗績，火及宮室，手抱天子登太極殿。峻兵入，叱翜令下，翜不動，曰：「蘇冠軍來覲至尊，軍人豈得逼侵宮禁！」於是兵士不敢上太極殿。峻執政，猶以爲侍中。時鍾雅亦爲侍中，謀奉天子出投義軍，事覺，爲峻所害。又王爽爲侍中，孝武崩，王國寶夜欲開門入爲遺詔。爽拒之曰：「皇帝晏駕，太子未至，輒入者斬！」國寶懼，乃止。侍中，漢代爲親近之職，魏、晉選用，稍增華重，而大意不異。晉任愷字元褒〔三〇〕，爲侍中，萬機大小，多管綜之。愷中正，以社稷爲己任，惡賈充之爲人〔三一〕，不欲令久執朝政〔三二〕。或爲充謀曰：「愷總門下樞要，得與上親接，宜啓令典選，使得漸疏，此一都令史事耳。九流難精，間隙易乘。」充因稱愷才能，宜在官人之職。即日以愷爲吏部尚書，由是侍覲轉稀。武冠，絳朝服，佩水蒼玉。舊遷列曹尚書，美遷中領護、吏部尚書。宋文帝元嘉中，王華、王曇首、殷景仁等並爲侍中，情任親密〔三三〕。王華等每與帝接膝共語，貂拂帝手，拔貂置案上，語畢，復手插之。孝武時，侍中何偃南郊陪乘，鑾輅過白門闔〔三四〕，偃將匐，帝反手接之曰：「朕反陪卿也。」又宋孝武代，選侍中四人，並以丰貌，王彧與謝莊爲一雙，阮韜與何偃爲一雙，常充兼假〔三五〕。又謝朏字敬冲〔三六〕，宋末爲侍中。及齊受禪之日，朏在直，百僚陪位。侍中當解帝璽，朏佯不知。傳詔曰：「解璽授齊王。」朏曰：「齊自應有侍中。」乃引枕卧。傳詔懼，使稱疾，朏曰：「我無疾，何可道〔三七〕。」遂朝服步出門，得車還宅。是日，遂以王儉爲侍中解璽。齊高祖曰：「我若誅之，彼遂成名〔三八〕。」乃廢於家。永明中，復爲侍中；至梁亦爲侍中。齊侍中，功高者稱侍中祭酒。其朝會，多以美姿容者兼官。欲以陸慧曉爲侍中，以形短小，乃止。永元三年，東昏南郊，不欲親朝士，以主璽陪乘，前代未嘗有。齊有主璽、主衣等官。梁侍中功高者在職一年，詔加侍中祭酒，與侍郎功高者一人對掌禁令〔三九〕，此頗爲宰相矣。王訓字懷範，遷侍中。既拜入見，武帝問何敬容曰：「褚彦回年幾爲宰相？」對曰：「少過三十。」上曰：「今之王訓，不謝彦回。」又曰：柳慶遠爲侍中，嘗失火，禁中驚懼。帝悉斂諸門鑰，問柳侍中何在。既至，悉付之。又王峻與謝覽約〔四〇〕，官至侍中，不復謀仕進。陳侍中亦如梁制。後魏置六人，加官在其數。宜都王穆壽、廣平公張黎並以侍中輔政。北齊侍中亦六人。後周初有御伯中大夫二人，掌出入侍從，屬天官府。保定四年，改御伯爲納言，斯侍中之職也。宣帝末，又別置侍中爲加官。隋又改侍中爲納言，置二人。煬帝大業十二年，又改納言爲侍内。隋氏諱「忠」，故凡「中」皆曰「内」。唐初爲納言。武德四年，改爲侍中，亦置二人。龍朔二年，改爲左相，咸亨元年復舊。光宅元年，又改爲納言。神龍元年，復爲侍中。開元元年，又改爲黄門監；五年，復爲侍中。天寶元年，改爲左相。至德初〔四一〕，復爲侍中。自隋至今，皆爲宰相。舊班正三品，大曆二年升爲從二品。按令文，掌侍從、負寶、獻替、贊相禮儀、審署奏抄、駁正違失、監封題、給驛券、監起居注，總判省事。

宋制，侍中掌佐天子議大政，審中外出納之事。大祭祀則版奏中嚴外辦，導輿輅，詔升降之節；皇帝齋則請就齋室。大朝會則承旨宣制，告成禮〔四二〕、祭祀亦如之。册后則奉寶以授司徒。以秩高罕除。自建隆至熙寧，真拜侍中纔五人，雖有他官兼領，而實不任其事。官制行，以左僕射兼門下侍郎行侍中職，別置侍郎以佐之。元豐寄禄爲開府儀同三司。

容齋隨筆論三省長官。見中書令門。

侍郎

門下侍郎。秦官有黄門侍郎，漢因之，劉向與子歆書曰：「今若年少得黄門侍郎，要處也。」與侍中俱管門下衆事，無員。郊廟則一人執蓋，臨軒朝會則一人執麾。凡禁門黄闥，故號黄門；其官給事於黄闥之内，故曰黄門侍郎。初，秦、漢别有給事黄門之職，揚雄爲給事黄門。後漢併爲一官，故有給事黄門侍郎。掌侍從左右，給事中使〔四三〕，關通中外；及諸王朝見於殿上，引王就座。無員，屬少府。又漢舊儀曰屬黄門令。日暮入對青瑣門拜，故謂之夕郎。宫闈簿曰：青瑣門在南宫。衛權注吴都賦曰〔四四〕：「青瑣，户邊青鏤也。」獻帝初即位，置侍中、給事黄門侍郎員各六人，出入禁中，近侍帷幄，省尚書事〔四五〕。後改給事黄門侍郎爲侍中侍郎，去給事黄門之號，旋復故。初，誅黄門後，侍中、侍郎出入禁闥，機事頗露。由是王允乃奏比尚書，不得出入，不通賓客，自此始。荀悦爲黄門侍郎。郭況以后弟，小心謙慎，年十六爲黄門侍郎。魏、晉以來，給事黄門侍郎並爲侍衛之官，員四人。山公啓事曰：「黄門侍郎和嶠最有才，可爲吏部郎。」詔曰：「欲令在左右，更求其次。」宋制，武冠，絳朝服，多以中書侍郎爲之。齊亦管知詔令，呼爲「小門下」。梁增品第，與侍中同掌侍從，儐相威儀，盡規獻納，糾正違闕，監合嘗御藥，封璽書。陳制亦然。後魏亦有。崔光爲黄門侍郎，未嘗留心文案，唯從容論議，參贊大政。北齊置六人，所掌與侍中同。後周天官府置御伯下大夫二人，武帝改爲納言下大夫。隋六人，屬門下省。至煬帝，減二人，而去給事之名。煬帝初嗣位，猶以張衡爲給事黄門侍郎。初，劉行本爲黄門侍郎，文帝嘗怒一郎，於殿前笞之。行本進諫，帝不顧。行本乃正當上前曰：「陛下不以臣不肖，置臣左右，豈得輕臣而不顧？」乃置笏於地而退。上謝之，而原所笞者。唐龍朔二年，改黄門侍郎爲東臺侍郎，咸亨元年復舊〔四六〕，光宅元年改爲鸞臺侍郎〔四七〕，神龍元年復舊，天寶元年改爲門下侍郎。至德中復舊。舊制正四品上〔四八〕。大曆三年〔四九〕，又改爲門下侍郎，升從三品〔五〇〕。員二人，掌侍從，署奏抄，駁正違失，通判省事；若侍中闕，則監封題，給驛券。

宋制，侍郎掌二侍中之職，省中外出納之事。大祭祀則前導輿輅，詔進止。大朝會則授表以奏祥瑞。册后則奉節及寶位。與知樞密院、同知樞密院、中書侍郎、尚書左右丞爲執政官。元豐官制行，以尚書左僕射兼，復置門下侍郎一員以代參知政事。中興後，宰相罷兼，復改門下侍郎爲參知政事。

按：以宰相而兼他官，本非令典，唐制所謂反輕宰相之體是也。然時方用兵則兼節度使，崇儒學則爲大學士，急財用則爲鹽鐵、轉運使。蓋以國家方重其事，而以宰相提綱，則下不敢以泛泛之司存視之，猶有説也。至於三省，則俱爲政本之地，無所不統，長官則宰相，所謂中書門下同平章事是也，佐官則參知政事是也。今元豐改官制，既以中書門下同平章事爲左、右僕射，參知政事爲中書門下侍郎、尚書左右丞矣，而復以左僕射兼門下侍郎，右僕射兼中書侍郎，則是既自有佐官，而復以長官兼之，贅尤甚矣。蓋神宗必欲復唐三省之職；而蔡確以有中書造命之説，己爲次相兼中書侍郎，王珪爲首相兼門下侍郎，實欲陰擯珪於門下，使不得與造命取旨之事，苟以便其專政之私，而不復顧體統名稱之不順也。

給事中

給事中，加官也。秦置，漢因之。所加或大夫、博士、議郎。掌顧問應對。位次中常侍、侍中、黄門，無員。漢官表曰「凡侍中、左右曹、諸吏、散騎、中常侍，皆加官」也。諸給事中，日上朝謁，平尚書奏事，分爲左右曹。以有事殿中，故曰給事中。漢東京省。魏代復置，或爲加官，或爲正員。晉無加官，亦無常員，在散騎常侍下、給事黄門侍郎上，武冠，絳朝服。宋、齊隸集書省。梁、陳亦掌獻納，省諸聞奏。後魏無員。北齊亦屬集書省，凡六十人〔五一〕。後周天官之屬，有給事中士六十人，掌理六經，給事左右。其後別置給事中，在六官之外。隋初無，至開皇六年，始詔吏部置給事郎。凡置八郎，説在爵命篇。煬帝乃移吏部給事郎爲門下之職，位次黄門下，置員四人，以省讀奏案。唐武德三年，改給事郎爲給事中，後定爲四員。龍朔二年，改爲東臺舍人，咸亨元年復舊。常侍從〔五二〕，讀署奏抄，駁正違失，分判省事；若侍中、侍郎並闕，則監封題，給驛券。前代雖有給事中之名，非今任也。今之給事中，蓋因古之名〔五三〕，用隋之職。

宋淳化四年，詔給事中，凡制敕有所不便，準故事封駁。九年，詔停給事中〔五四〕，始以封駁司隸銀臺。元豐官制行，給事中始正其職，而封駁司歸門下。又詔給事中許書畫黄，不書草，著爲令。元祐元年，門下、中書言後省修成，所有省、曹、寺、監條貫，以門下、中書後省爲名。從之。六年〔五五〕，詔駁正事赴執政稟議。給事中韓忠彦言：「朝廷之事，執政所行，職當封駁，則已與執政異，當求決於上，尚何稟議之有？」詔從之。紹聖四年，葉祖洽言：「兩省置給、舍，廟堂設施得以更相驗。今使舍人兼封駁，則給事職廢。」詔特旨書讀不回避，餘令互書。元符三年，曾肇言：「門下駁正中書違失。近給事中封駁中書録黄，令舍人書讀，隳壞官制。」宣和元年，張叔夜言：「命令之出，中書宣奉，門下審讀，尚書頒行；而密院被旨，亦録付門下省，神宗制也。今急速文字不經三省，諸房以空黄先次書讀，則審讀殆成虚設，乞立法禁。」從之。元豐寄禄爲通議大夫。建炎間，因舊制置門下後省，以給事中爲長官，四員爲額。紹興二年，韓世忠賞功文字，給事中賈安宅除工部侍郎，門下後省闕官，乃詔檢正李與權書讀。此事亦前所未有。

岳氏愧郯録曰：「唐李藩在瑣闥，以筆塗詔，謂之塗歸。國朝嚴重此制，銀臺既設封駁二字，亦許繳奏。元豐改官名，門下省則有給事中，中書省則有中書舍人。然中興以後，三省合爲一，均爲後省。封還或同銜，則曰未敢書讀書行，否則析之，其辭止此而已。珂按典故，元祐四年五月乙酉，權給事中梁燾繳蒲宗孟知虢州，及胡宗回、范鍔、孫升、杜天經等放罪罰金指揮，其駁文皆曰：『所有録黄，謹具封還，伏乞聖慈，特付中書省，别賜取旨施行。』語意乃與今異。以時考之，蓋官制既行，分省治事，謹審覆揆議之訓，故其制如此耳。然元祐之初，司馬文正光已嘗乞合三省，則是道揆雖一，職守仍分。至如合二府於一堂，列兩省於同局，則固不必爲是區别。斯亦南渡簡易之制也。」

散騎常侍

散騎常侍。自秦置散騎，又置中常侍。散騎騎並乘輿並音步浪切。騎而散從，無常職。後〔五六〕，中常侍得入禁中，皆無員。漢因之，並加官。說在侍中篇。散騎有常侍侍郎與侍中黄門侍郎。後漢中，初省散騎，而中常侍改用宦者。魏文帝黄初初，置散騎，合於中常侍，謂之散騎常侍。後用士人，始以孟達補之，久次者爲祭酒。孟達字子度，自蜀降魏。魏文帝善達之姿才容觀，以爲散騎常侍。散騎常侍掌規諫，不典事。貂璫插右，騎而散從。又有員外者，因曰員外散騎常侍。晉泰始中〔五七〕，令員外散騎常侍二人與散騎常侍通員直，因曰通直散騎常侍，亦武冠，右貂，金蟬，絳朝服，佩水蒼玉。山公啓事曰：「郄詵才志器局，當爲黄、散。」黄散謂黄門侍郎及散騎常侍。又曰：「散騎常侍闕，當取素行者補之。」遂舉郄詵。又阮孚字遥集，爲散騎常侍，嘗以金貂换酒，爲所司彈糾，帝宥之。又曰賈充爲常侍。後改常侍爲侍中，未詳其義。散騎常侍、黄門侍郎，共平尚書奏事。雖隸門下，而别爲一省。潘岳云寓直散騎省。

自魏至晉，共平尚書奏事。東晉乃罷之，而以中書職入散騎省，故散騎亦掌表詔焉。傅玄爲散騎常侍，與皇甫陶俱掌直諫。又華嶠字叔駿，加散騎常侍，班同中書。寺爲內臺，中書、散騎、著作，及理禮音律〔五八〕，天文數術，南省文章，門下撰集，皆典掌統之。宋置四人，屬集書省。齊散騎侍郎、通直散騎侍郎、員外散騎侍郎並爲集書省職〔五九〕，而散騎常侍爲東省官。其二衛、四軍、四校爲西省官〔六〇〕，說在將軍總叙篇。周盤龍自平北將軍爲散騎常侍，武帝戲之曰：「卿著貂蟬，何如兜鍪？」對曰：「此貂蟬從兜鍪中出耳。」散騎常侍、通直散騎常侍、員外散騎常侍舊爲顯職，與侍中通官。其通直、員外用衰老人士，故其官漸替。宋大明中，雖革選比侍中，而人情久習，終不見重。尋復如初。梁謂之散騎省，天監六年詔又革之。六年詔曰：「在昔晉初，仰惟盛化，常侍、侍中，並參帷幄〔六一〕，員外常侍，特爲清顯。可分門下二局，委散騎常侍、侍中，並侍帷幄〔六二〕。尚書案奏〔六三〕，分曹入集書。通直常侍，本爲顯爵，員外之選，宜參舊准人數，依正員格。」自是散騎視侍中，通直視中丞〔六四〕，員外視黄門郎，然而常侍終非華胄所悦。常侍亦四人，功高者一人爲祭酒，與侍中功高者一人對掌禁令，糾諸逋違。陳因梁制。後魏、北齊皆爲集書省。掌諷議左右，從容獻納，領諸散騎常侍、侍郎及諫議大夫、給事中等官，兼以出入王命，位在中書之右，魏高祖謂散騎常侍元景曰：「卿等自在集書，閣省逋墮，致使王言違滯，起居不修。」又宋弁爲散騎常侍，遷右衛將軍〔六五〕，領黄門。弁屢讓，高祖曰：「散騎位在中書之右，常侍者黄門之庶兄〔六六〕，領軍者二衛之假攝〔六七〕，不足空存推讓而棄大委任。」其資叙爲第三清。明亮爲常侍〔六八〕，加勇武將軍〔六九〕，進曰：「臣本官常侍，是第三清。今授勇武，其號至濁。」北齊常侍定限八員，如金紫光禄大夫。隋諸散騎官，並屬門下省。凡歷代散騎官，有郎騎常侍、漢書有之。顔師古曰：「官爲郎而常侍，以侍天子，故爲郎騎常侍。」散騎常侍、散騎侍郎、魏初，與散騎常侍同置。員外散騎常侍、魏末置。齊、梁用人卑雜。又朱异爲員外常侍、侍中、中領軍、中書舍人，四職並驅鹵簿，近代未之有也。又賀琛字國寶，遷員外散騎常侍。舊尚書南座，無貂，貂自琛始〔七〇〕。員外散騎侍郎，晉武帝置。晉代名家，身有國制者〔七一〕，起家多爲員外散騎侍郎。晉泰始十年〔七二〕，武帝使二人與散騎常侍通員直，故謂之通直散騎常侍。齊、梁微輕。北齊張景仁除通直散騎常侍，及奏，御筆點除「通直」字，遂爲正常侍。通直散騎常侍、按魏末散騎常侍，又有在員外者。通直散騎侍郎。初，晉武帝置員外散騎侍郎。及大興中，元帝使二人與散騎侍郎通直〔七三〕，故謂之通直散騎侍郎。按歷代常侍，或有員外者，或有通直者，故史傳中謂員外散騎侍郎或單謂之員外郎；謂通直散騎侍郎或單謂之通直郎；其非員外及通直者，或謂之正員散騎侍郎，或單謂之正員郎。唐貞觀二年制，諸散騎常侍皆爲散官，從三品。後悉省之。貞觀十七年，復置爲職事官，始以劉洎爲之。其後定制，置四員，屬門下，掌侍從規諫。顯慶二年，遷二員隸中書，遂分爲左、右。左屬門下，右屬中書。左散騎與侍中左貂，右散騎與中書令右貂，謂之八貂。龍朔二年，改左、右散騎常侍爲左、右侍極，咸亨元年復舊。

宋散騎常侍不常置，與諫議、起居、司諫、正言，皆附兩省班籍，通謂之兩省官。左散騎常侍隸門下省，右隸中書省，皆掌諫諍，虛不除人，亦爲檢校官。

石林葉氏曰：「元豐既新官制，四十年間，職事官未有不經除者。惟御史大夫、左右散騎常侍，至今未嘗除人。蓋兩官爲臺諫之長，非宰執所利，故無有啓之者。或云元豐末，黄安中爲中丞久次，神宗欲擢爲常侍，會寢疾不果。崇寧中，朱聖予爲中丞，嘗請除二官，竟不行。」

按：神宗之初行官制也，嘗諭輔臣，欲取新舊人兩用之，又曰：「御史大夫非司馬光不可。」蔡確進曰：「國是方定，願少遲之。」王珪亦助確，乃已。蓋臺諫之長，上意必欲取負天下重名如温公者居之，尤非小人之便，故遂終不除人也。

諫議大夫

秦署諫大夫〔七四〕，掌論議，無常員，多至數十人，屬郎中令。至漢武帝元狩五年，始更置之。劉輔以美才擢爲諫大夫〔七五〕。成帝欲立趙婕妤爲皇后，輔上書諫，書奏，收輔繫掖庭秘獄。又王褒、貢禹、王吉、匡衡、何武、夏侯勝、嚴助等並爲之。後漢增諫大夫爲諫議大夫，亦無常員。二漢並屬光禄勳。韋彪字孟達，上疏曰：「諫議之職，應用公直之士，通才謇正，有補益於朝者。今或從徵試輩爲之，不宜也。」自後則無聞矣。後魏亦曰諫議大夫。北齊有七人，屬集書省。後周地官府有保氏下大夫，規諫於天子，蓋比其任也。隋亦曰諫議大夫，置七人，屬門下省，煬帝廢之。唐武德五年復置，屬門下。王珪爲諫議大夫，嘗有諫論，太宗稱善，遂詔：「每宰相入内平章大計，必使諫官隨入，與聞政事。」龍朔二年，改諫議大夫爲正諫大夫。武后臨朝，垂拱二年六月置匭四區，共爲一室，列於朝堂。東方，春，色青，有能告以養人及勸農，可投書於青匭，銘之曰「延恩」；南方，夏，色赤，有能正諫、論時政之得失，可投書於丹匭，銘之曰「招諫」；西方，秋，色白，有能自陳抑屈，可投書於素匭，銘之曰「申冤」；北方，冬，色玄，有能謀智者，可投書於玄匭，銘之曰「通玄」。宜令正諫大夫、補闕、拾遺等一人充使知匭事。每日所有投書，至暮即進。天寶九載三月，改匭爲獻納。至德元年十月〔七六〕，復改爲匭。後又置諫議大夫，屬中書。延載元年，山人武什方拜正諫大夫平章事〔七七〕。開元以來廢正諫大夫，復以諫議大夫屬門下。凡四人，掌侍從規諫。至德元年九月制，諫議大夫論事，自今以後，不須令宰相先知。乾元二年四月，兩省諫官十日一上封事〔七八〕，直論得失，無假文書〔七九〕，冀成殿最，用存沮勸。大曆七年二月，其四員外，内供奉不得過正員數。貞元四年五月，分爲左、右各四員，其右諫議隸中書省。

宋承五代之弊，官失其守，官、職、差遣總以定俸入而不親職〔八〇〕。諫議大夫、司諫、正言，皆須別降敕，許赴諫院供職，方爲諫官，亦有領他職而不與諫諍。其由他官領者，帶知諫院，以兩省官充。掌供奉諫諍。凡朝廷闕失，大則廷議，小則上封。明道初，陳執中爲諫官，屢請置院，於是以門下省爲諫院，徙舊省於左掖之西〔八一〕。司馬光有題名記。真宗天禧元年，詔兩省置諫官六員，不兼職務。後復兼職如故。

詔曰：「朕大庇烝民，隆興至治。彌綸闕失〔八二〕，交屬於庶僚；寤寐思規〔八三〕，屢頒於明詔。雖曾虛佇，未協翹思。夫惟諫諍之臣，迨於風憲之列〔八四〕。倘因循而自默〔八五〕，則獻納以曷觀？況朕躬覽萬機，日披封奏〔八六〕，詳延百執，素靡漏言。舉職徇公，有何所避？保身箝口，詎至於斯。將戒慢官，先申誕告〔八七〕，仍旌優異〔八八〕，以勸傾輸。自今兩省置諫官六員；御史臺中丞、知雜、推直外，置御史六員〔八九〕，並不兼領職務，每月添支錢十五貫〔九〇〕，三年內不得差出。其或詔令乖當〔九一〕、官曹涉私，措置失宜、刑賞踰制、賦斂繁暴、獄犴稽留〔九二〕，並令諫官奏論，憲臣彈舉。每月須一員奏事，或有急務，亦許非時入對。雖言有過當，必示曲全。若事難顯行，即令留內。但不得潛爲朋附，故作中傷。其諫官仍於諫院或兩省內選擇。廳事量置什器〔九三〕。候及三年，或屢有章疏，實能裨益，特越常例，別與升遷。苟或職業無聞，公言罔睹，移授散秩，仍遣監臨。載念古賢，不忘忠諫，雖逢暴怒，尚靡諂辭。今則冲人渴聞，讜論開懷，而待好爵。斯靡是爲不諱之朝，豈有犯顏之慮？黜陟之典，斷在於必行；語默之端，亟從於自擇，更資宰府宣布周行。」

慶曆初〔九四〕，詔除諫官毋得用見任輔臣所薦之人。元豐寄祿爲大中大夫，始正名左、右諫議大夫爲諫垣之長，專言責焉。左隸門下，右隸中書，同掌規諫。凡朝政闕失，大臣至百官任非其人，皆得諫正。靖康元年，詔宰執毋得薦舉臺諫，當出親擢，立爲定制。建炎三年，詔諫議大夫不隸兩省，別置局於後省之側，許與兩省官相見議事。以登聞檢、鼓院專隸焉。又詔臺諫言事官〔九五〕，係非時上殿，不合在輪對條具之數。紹興三年，曾統言：「本朝多以諫議兼記注，且聽直前奏事。元豐始不任諫列，然亦許直前。頃者權臣用事，言路壅塞。」詔依元豐舊制。

容齋隨筆論諫官與臺官舊不相見事。見御史臺門。

紹興間，致堂胡氏寄政府書曰：「古者人臣皆得進諫於其君。後世專設一職，既已乖謬；居是職者又多以立異爲心，撓亂政事，人君難於盡從，故員多不備，難於盡廢，故姑設一二人，比諸餼羊。惟臺官亦然。方祖宗時，充臺諫之選者皆天下望士，或中外踐更已久，無所不知，故能有補。後世乃以新進利口爲之，宜其觀望喋喋而莫可遏也。然事有隨時，官與世建。方漢光武、唐太宗馬上經營之日，與齊小白、秦符堅專任一相以成霸業之時，未嘗聞有臺諫官喋喋於其旁，誠以三軍五兵之運，伐人制勝之謀，不可以告人，亦非人所能與故也。及夫平定之後，法制既立，則必設置臺臣，使糾違犯；開通諫諍，以補闕失，時勢當然耳。今宜以給事中兼諫大夫，中書舍人兼司諫，左、右史兼正言，政事下省，便可救正。諫員既廣，院額可廢，而御史臺只合彈擊官邪與夫壞敗已成憲度者。至於政事得失，專責大臣與諫者。若夫四方訴訟，自有州縣、監司、臺省節次；又不得直，則有登聞檢、鼓兩院存焉。憲臺亦非受訟之所也。如此，則治有體統，朝廷增重，國勢不摇，可以言治。」

按：以立異爲心，以利口爲能，此諫官之所以使人厭也。況處多事之時，運籌决勝，其機貴密，其發貴果，尤不宜使好異利口者喋喋其間。然欲遂從而廢其官，則過矣。昔司馬温公言，凡擇言事官，當以三事爲先，第一不愛富貴，次則重惜名節，次則曉知治體。此乃名言。誠使爲諫官皆得如此之人，何至如致堂所言哉？

起居

起居，周官有左、右史，記其言、事，蓋今起居之本。動則左史書之，言則右史書之。左史記言，右史記事。漢武帝有禁中起居注〔九六〕。後漢馬皇后撰明帝起居注，則漢起居注似在宮中，爲女史之任。又王莽時，置柱下五史，秩如御史，聽事侍傍，記其言行，此又起居之職。自魏至晉，起居注則著作掌之。其後起居，皆近侍之臣録記也，録其言行與其勳伐。歷代有其職而無其官。後魏始置其起居令史〔九七〕，每行幸、宴會，則在御左右，記録帝言及宴賓客訓答。後又別置修起居注二人，以他官領之。北齊有起居省。後周有外史，掌書王言及動作之事，以爲國志，即起居之職；又有著作二人，掌綴國録，則起居注、著作之任自此而分也。至隋初，以吏部散官及校書、正字有叙述之才者掌起居之職，以納言統之。至煬帝，以爲古有内史、外史，今著作如外史矣，宜置起居官以掌其内，乃於内史省置起居舍人二員，次内史舍人下。庾自直、崔祖濬〔九八〕、虞世南〔九九〕、蔡允恭等皆爲此職。唐貞觀二年省起居舍人，移其職於門下，置起居郎二人。顯慶中，復於中書省置起居舍人，遂與起居郎分掌左右。龍朔二年〔一〇〇〕，改爲左、右史，郎爲左史，舍人爲右史。咸亨元年復舊。天授元年，又爲左、右史，神龍初復舊。每皇帝御殿，則對立於殿，左郎，右舍人矣。有命則臨陛俯聽，退而書之，以爲起居注。凡册命、啓奏、封拜、薨免，悉載之，史館得之以撰述焉。令狐德棻、吕才、蕭鈞、褚遂良、上官儀、李安期、顧胤、高智周、張大素、凌季友等並以起居，皆有名之賢者〔一〇一〕。

宋沿唐制，起居郎隸門下，起居舍人隸中書，號小兩省官，皆爲虛名，不典本省事。而典職者自號修起居注，凡二人，多以館閣官兼掌，更番侍立於崇政殿〔一〇二〕；又從行幸，以備記録。國初，院在皇城外，但關敕送史館而不譔集。淳化五年，史館修撰張佖上書，請依故事，復左右史之職爲起居注。乃詔從，置院於禁中，命起居舍人史館修撰梁周翰、祕書丞直昭文館李宗諤掌起居郎、舍人事，通撰注記。凡宣徽、客省、四方館、閤門、御前忠佐引見司制置，進貢、辭謝、游幸、宴會、賜賚、恩澤之事，五日一報；翰林麻制、德音、詔書、敕榜該沿革制置者，門下中書省封册告命，進奏院四方官吏風俗善惡之奏〔一〇三〕，禮賓院諸蕃職貢宴勞賜賚之事，並十日一報；吏部文官除拜選調沿革〔一〇四〕，兵部武臣除授，司封封建，考功謚議行狀，户部土貢旌表、州縣廢置，刑部法令沿革，禮部奏賀祥瑞、貢舉品式，祠部祭祀畫日道釋條制，太常雅樂沿革〔一〇五〕，禮院禮儀制撰〔一〇六〕，司天風雲氣候祥異證驗，宗正皇屬封建出降，宗廟祭享制度〔一〇七〕，並月終而報；鹽鐵金穀增耗、度支經費出納、户部版圖升降，咸季終而報〔一〇八〕，每季譔集以送史館〔一〇九〕。是歲，令審刑院奏覆有所諭旨可垂戒者，並録送院。熙寧初〔一一〇〕，詔諫官兼修注者，因後殿侍立，許奏事。元豐中，兼修注王存乞復起居郎、舍人之職，使得盡聞，明天子德音，退而書之。神宗亦謂：「人臣奏對有頗僻、讒慝者，若左右有史官書之，則無所肆其姦矣。」故事，左右史雖日侍立〔一一一〕，而欲奏事必稟中書俟旨。存因對及之。乃詔雖不兼諫職者，亦許直前奏事。五年，官制行，罷修注，而郎、舍人始專其職。四朝志。起居郎、舍人掌記天子言、動。御正殿則俟於門廡外，便殿則侍立，行幸則從，大朝會則對立於殿下螭首之側。凡朝廷命令赦宥、禮樂法度損益因革、賞罰勸懲、群臣進對、文武臣除授，及祭祀燕享、臨幸引見之事，四時氣候、四方符瑞、户口增減、州縣廢置，皆書以授著作官。六年，詔左、右史分記言、動。元祐元年，仍詔不分。七年詔：「邇英閣講罷，續有留身奏事者，許侍立。」紹聖元年，中丞黃履言所奏或干機密，難令旁立，乃止。會要。隆興元年，胡銓奏記注之失有四：一、人主不當觀史〔一二二〕；國朝梁周翰以起居注每月進御。慶曆中，歐陽修乞更不進本，仁宗從之。今望遵仁宗所行之訓。二、立非其地；國朝，記注之臣立於座後〔一二三〕。歐陽修謂當視人主言動而書〔一二四〕，乃立於前。修罷復故。今乃立於殿之東南隅，言動不聞。乞復歐陽修之制。三、前殿不立；國朝古制，前後殿皆侍立。而前殿不立，又左右司分日而立，無言動之異。欲乞於前後殿皆分日侍立。四、奏不直前。臣欲直前奏事，閤門以不預牒却之；嘗預牒矣，又以無班爲詞。是雖有直前名，而無可奏之時矣。乞左、右史奏事直前，不必預牒及有無班次爲拘也。詔前殿依後殿侍立，餘並依舊制。淳熙間，羅春伯點。自户部員外郎除右史，避曾祖諱，以太常少卿兼侍立修注官。其後，兩史或闕，則降旨以某人權侍立官，蓋自此始。元豐寄禄起居舍人爲朝散郎。

拾遺補闕

補闕、拾遺。武太后垂拱中置補闕、拾遺二官，以掌供奉、諷諫。天授二年，各增置，通前爲五員〔一二五〕。三年〔一二六〕，舉人無賢愚咸加擢用，高者試鳳閣侍郎〔一二七〕、給事中，次或試員外郎、侍御史、補闕、拾遺、校書郎，當時頗爲濫雜，著於謠誦。謠曰：「補闕連車載，拾遺平斗量，杷推侍御史，椀脱校書郎〔一二八〕。」自開元以來，尤爲清選。左、右補闕各二人，内供奉者各一人，左、右拾遺亦然。兩省補闕、拾遺凡十二人。左屬門下，右屬中書。

宋端拱初，改左、右補闕爲左、右司諫，左、右拾遺爲左、右正言。是時，太宗欲令諫官修職，故詔改其官。後亦有兼他官不供諫職者。真宗天禧初，詔兩省置諫官，不兼職；用劉燁、魯宗道爲左、右正言〔二九〕。元豐肇新官制，左、右司諫各一人，正七品；左、右正言各一人，從七品，同掌規諫諷諭。凡朝廷有闕失，大事則廷諍，小事則論奏，分隸兩省。寄禄左右司諫爲朝奉郎，左右正言爲承議郎。中興初，詔不隸兩省，紹興二年復。淳熙十五年，兵部侍郎林栗奏言：「諫諍之官尚有闕員，居其位者往往分行御史之職。至於箴規闕失，寂無聞焉。願依唐制，置拾遺、補闕左右各一員，專掌諫諍，不許糾彈。」從之。以許深父〔三〇〕、薛象先充其職，班著在監察御史之上。光宗立，復省。

典儀

典儀二人，唐置。周禮秋官有司儀上士八人、中士十六人，蓋此典儀之任。齊職儀云：「東宮殿中將軍屬官有導客局，置典儀録事一人，掌朝會之事。」梁有典儀之職，未詳何曹之官，掌唱警唱奏之事，朱服武冠。陳亦有之。後魏置典儀監，史闕其員及所掌。唐初，隸門下省。初用人皆輕，至貞觀李義府爲之〔三一〕，是後常用士人領贊者，以知贊唱之節及殿庭版位之次。

城門郎

周禮地官有司門下大夫二人〔三二〕、上士四人，並城門郎之任。初，漢置城門校尉員一人，掌城門屯兵，有司馬及丞各一人，十二城門候各一人，出從緹騎百二十人，緹，徒兮切。蓋兼監門將軍之職。魏因之。晉制，銀章青綬，絳朝服，武冠，佩水蒼玉。元帝省之。宋、齊俱以衛尉掌宮城屯兵及管鑰之事。梁、陳二代依秦、漢，以光禄卿等掌宮殿門户，亦無城門之職。後魏置城門校尉。北齊衛尉寺統城門寺，置城門校尉二人，掌宮殿城門并諸倉庫管鑰之事。後周地官府置宮門中士一人、下士一人，掌皇城十二門之禁令〔一二三〕，蓋並在其任。隋氏門下省統城門局，校尉二人；煬帝大業三年，又隸殿中省；十二年，又減一人；後又改校尉爲城門郎，置四人，又隸門下省。唐因之。

符寶郎

周官有典瑞，掌節二官，掌瑞、節之事。瑞，節，信也。典瑞屬春官，掌節屬地官。秦、漢有符節令、丞，領符璽郎。昭帝幼冲，霍光秉政。殿中夜驚，光召求符璽，符璽郎不肯授。光奪之，郎按劒對曰：「臣頭可得，璽不可得也！」光壯之，增秩二等。文帝二年，初與郡守爲銅虎符、竹使符之制，又皆屬焉。應劭曰：「銅虎符第一至第五，國家當發兵，遣使者至郡合符，符合乃聽受之。竹使符者，以竹箭五枚，長五寸，鐫刻篆書第一至第五。」顔師古曰：「符，與郡守各分其半，右則留京師，左以與之。」後漢有符節令，兩梁冠，位次御史中丞，別爲一臺，而符節令一人爲臺率，掌符節之事，屬少府。魏與後漢同。晉泰始九年〔一二四〕，省并蘭臺，置符節御史掌其事。宋與晉〔一二五〕。齊蘭臺有主璽令史，以治書侍御史領之。梁、陳御史臺亦有符節令史。後魏御史臺領符節令，符節令領符璽郎中。北齊有符節署，餘與後魏同。符節令一人，符璽郎中四人。後周有主璽下士，掌國璽之藏。隋初有符璽局，置監二人，屬門下省，煬帝改監爲郎。唐因之。長壽三年，改爲符寶郎〔二六〕，神龍初復爲符璽郎，開元初復爲符寶郎。天寶五載六月敕：「玉璽既爲寶，宜爲寶書〔二七〕。」十載正月，改傳國寶爲承天大寶〔二八〕。其符節並納於宫中，有行從則請之。郎掌諸進符寶，出納旛節也。

弘文館

唐武德初置修文館，後改名弘文館。神龍初，改爲昭文，二年又却爲修文，尋又爲昭文。開元七年，又詔弘文焉。儀鳳中，以館中多圖籍，未詳正，委學士校理。自垂拱以來，多大臣兼領。館中有四部書。自貞觀初褚亮檢校館務，學士號爲「館主」，因爲故事。每令給事中一人判館事。校書二人，學生三十人。宋改爲昭文館。以「弘」犯宣祖諱。大學士一人，以宰相充。學士、直學士不常置。直館以京朝官充。掌經史子集四庫圖籍修寫、校讎之事。判官一人，以兩省五品以上充。

校勘記

〔一〕梁門下省有侍中給事黄門侍郎各四人　「各」字原脱，據隋書卷二六百官志上補。

〔二〕封璽書　「書」原作「事」，據隋書卷二六百官志上、通典卷二一職官三改。

〔三〕左右局掌朱華閤内諸事　「朱」原作「承」，據隋書卷二七百官志中改。

〔四〕掌駕前奏引行事　「掌」原作「察」，據隋書卷二七百官志中改。

〔五〕制諸修補　「諸」，隋書卷二七百官志中作「請」。

〔六〕東耕則進耒耜　「耒耜」原作「耜事」，據隋書卷二七百官志中改。

〔七〕煬帝減二人　「減」字原脱，「二」原作「三」，據通典卷二一職官三補改。

〔八〕並掌陪從朝直　「陪」，隋書卷二八百官志下作「部」。

〔九〕廢常侍　「常」原作「帝」，據元本、慎本、馮本、通典卷二一職官三改。

〔一〇〕別敕賜物　唐會要卷五四中書省無「別敕」二字。

〔一一〕中書門下省官正三品准二品　「准」原作「唯」，據唐會要卷五四中書省、通典卷二一職官三改。

〔一二〕四品准三品　「准」字原脱，「三」原作「五」，唐會要卷五四中書省補改。

〔一三〕初敕中書門下厨雜料破用外有餘　「雜」原作「新」，「有餘」二字原倒，據唐會要卷五四中書省改正。

〔一四〕宜分取　「宜」，慎本作「官」。「取」，唐會要卷五四中書省作「收」。

〔一五〕左散騎常侍二人　「常侍」二字原脱，據舊唐書卷四三職官志二、新唐書卷四七百官志二、通典卷二一職官三補。

〔一六〕侍郎侍中引驗審察　「審」下原衍「實」，據宋史卷一六一職官志一、宋會要職官二之二刪。

〔一七〕本朝沿習唐制　「習」原作「集」，據石林燕語卷三改。

〔一八〕官制行　「行」字原脱，據元本、慎本、馮本、石林燕語卷三補。

〔一九〕周公戒成王立政之篇所云常伯常任以爲左右　下「常」字原脱，據尚書立政補。

〔二〇〕干寶注云若漢侍中　「漢」字原脱，據後漢書百官志三注引干寶注補。

〔二一〕百鍊不耗　後漢書輿服志下注引應劭漢官、初學記卷一二引董巴輿服志同。職官分紀卷六引應劭漢官儀「耗」作「撓」。

〔二二〕貂取内勁捍而外温潤　原「内」「外」互倒，據後漢書輿服志下注引應劭漢官、初學記卷一二引董巴輿服志、職官分紀卷六引應劭漢官儀乙正。

〔二三〕而又屬少府　「又」原作「文」，據通典卷二一職官三改。

〔二四〕仰占俯視　後漢書百官志三注引蔡質漢儀同。通典卷二一職官三「占」作「瞻」。

〔二五〕與中官共止禁中　「共」字原脱，據後漢書百官志三注引蔡質漢儀、宋書卷三九百官志上補。上引漢儀無「禁中」二字。

〔二六〕御登樓　「御」下原衍「駕」字，據晉書卷二四職官志删。

〔二七〕與散騎常侍對扶　「對扶」二字原脱，據晉書卷二四職官志補。

〔二八〕及江左興寧四年　晉書卷二四職官志、通典卷二一職官三同。按興寧只三年，疑有誤。

〔二九〕又褚翜字謀遠　「翜」原作「翼」，據晉書卷七七褚翜傳改。

〔三〇〕晉任愷字元褒　「元褒」原作「元衷」，據晉書卷四五任愷傳改。

〔三一〕惡賈充之爲人　「充」原作「克」，據元本、慎本、晉書卷四五任愷傳、通典卷二一職官三改。下「賈充」同。

〔三二〕不欲令久執朝政　「令」字原脱，據晉書卷四五任愷傳補。

〔三三〕情任親密　通典卷二一職官三、太平御覽卷六八八、職官分紀卷六同，南齊書卷一六百官志「任」作「在」。

〔三四〕鑾輅過白門闥　「闥」原作「闕」，據南齊書卷一六百官志、通典卷二一職官三、職官分紀卷六改。

〔三五〕常充兼假　「充」原作「克」，據元本、慎本改。

〔三六〕又謝朏字敬冲　「敬冲」原作「敬仲」，據梁書卷一五謝朏傳、南史卷二〇謝朏傳改。

〔三七〕何可道　通典卷二一職官三同。梁書卷一五謝朏傳、南史卷二〇謝朏傳、職官分紀卷六「可」作「所」。

〔三八〕彼遂成名　「彼」，通典卷二一職官三作「今」。

〔三九〕與侍郎功高者一人對掌禁令　「侍郎」上原衍「散騎」二字，據隋書卷二六百官志上删。

〔四〇〕又王峻與謝覽約　「覽」原作「瀹」，據梁書卷二一王峻傳、南史卷二四王峻傳改。

〔四一〕至德初　通典卷二一職官三同。舊唐書卷四二職官志一載：「至德二載十二月敕，近日所改百司額及郡名並官名，一切依故事。於是侍中、中書令，兵、吏部等並仍舊。」唐會要卷五一侍中載：「至德二載十二月十五日，改爲侍中。」

〔四二〕告成禮　「告」下原衍「命」字，據宋史卷一六一職官志一删。

〔四三〕給事中使　後漢書百官志無「使」字。

〔四四〕衛權注吴都賦曰　「衛權」原作「衛瓘」，晉書卷九二左思傳校記載：「嚴可均全晉文注：左思傳有陳留衛瓘，乃衛權之誤。按魏志衛臻傳裴松之注云，臻孫權，晉尚書郎，作左思吴都賦叙及注。今據改。」今從之。

〔四五〕省尚書事　「省」字原脱，據後漢書百官志三注引獻帝起居注補。

〔四六〕咸亨元年復舊　「咸亨」原作「咸通」，咸亨乃唐高宗年號，通典避肅宗諱，改「亨」爲「通」，今改回。

〔四七〕光宅元年改爲鸞臺侍郎　通典卷二一職官三同。舊唐書卷四二職官志一、唐會要卷五四門下省、門下侍郎載，光宅元年九月，改門下省爲鸞臺；垂拱元年二月，改黄門侍郎爲鸞臺侍郎。新唐書卷四七百官志二載：垂拱元年，改門下省曰鸞臺；垂拱元年曰鸞臺侍郎。

〔四八〕舊制正四品上　「上」原作「至」，據通典卷二一職官三改。舊唐書卷四三職官志二亦曰門下侍郎「舊班正四品上」。

〔四九〕大曆三年　通典卷二一職官三同，舊唐書卷四三職官志二、唐會要卷五四門下侍郎「三」作「二」。

〔五〇〕升從三品　通典卷二一職官三同，舊唐書卷四三職官志一、唐會要卷五四門下侍郎「從」作「正」。

〔五一〕凡六十人　「六十」，隋書卷二七百官志中作「六」。

〔五二〕常侍從　按新唐書卷四七百官志二曰「掌侍左右，分判省事，察弘文館繕寫讎校之課」，唐六典卷八曰「掌侍奉左右，分判省事」，疑「常」爲「掌」之誤。

〔五三〕蓋因古之名　「古」，通典卷二一職官三作「秦」。

〔五四〕九年詔停給事中　按淳化無九年，長編卷三四淳化四年九月乙巳條載「以給事中封駁隸通進銀臺司」，疑「年」爲「月」之誤。

〔五五〕六年　按宋史卷一六一職官志一載爲元豐六年。宋史卷三一二韓琦傳載，韓忠彦爲給事中在神宗行官制時，宋會要亦見忠彦於元豐六年爲給事中。疑此爲元豐之六年，而非承上文之元祐六年。

〔五六〕散騎騎並乘輿後　原脱一「騎」字，據漢書卷一九上百官公卿表上補。晉書卷二四職官志作「散騎騎從乘輿車後」，宋書卷四〇百官志下作「散騎並乘輿車後」，初學記卷一二作「散騎從傍乘輿車後」。

〔五七〕晉泰始中　「泰始」原作「太始」，據通典卷二一職官三改。

〔五八〕及理禮音律　晉書卷四四華表傳「理」作「治」，通典避高宗諱改。「音」疑作「考」。

〔五九〕齊散騎侍郎通直散騎侍郎員外散騎侍郎並爲集書省職　「集」原作「直」，據元本、愼本、馮本、通典卷二一職官三改。

〔六〇〕其二衛四軍四校爲西省官　「四校」，通典卷二一職官三、卷二八職官一〇作「五校」。

〔六一〕並參帷幄　「參」，隋書卷二六百官志上作「奏」。

〔六二〕委散騎常侍侍中並侍帷幄　隋書卷二六百官志上作「委散騎常侍」，通典卷二一職官三下「侍」字作「參」。

〔六三〕尚書案奏　「尚」字原脱，據隋書卷二六百官志上補。

〔六四〕自是散騎視侍中通直視中丞　「侍中」與「中丞」原互舛，據隋書卷二六百官志上乙正。

〔六五〕遷右衛將軍　「衛」字原脱，據魏書卷六三宋弁傳、北史卷二六宋隱傳補。

〔六六〕常侍者黄門之庶兄　北史卷二六宋隱傳同，魏書卷六三宋弁傳「庶兄」作「粗冗」。

〔六七〕領軍者二衛之假攝　「者」原作「侍」，據魏書卷六三宋弁傳、北史卷二六宋隱傳改。

〔六八〕明亮爲常侍　「明亮」原作「明毫」，據魏書卷八八良吏傳、北史卷八六循吏傳改。

〔六九〕加勇武將軍　「勇武」原倒，據魏書卷八八良吏傳、北史卷八六循吏傳乙正。下「今授勇武」同。

〔七〇〕貂自琛始　「貂」字原脱，據梁書卷三八賀琛傳、南史卷六二賀琛傳補。

〔七一〕身有國制者　「者」原作「若」，據通典卷二一職官三改。

〔七二〕晉泰始十年　「泰始」原作「太始」，據通典卷二一職官三改。

〔七三〕元帝使一人與散騎侍郎通直　「一」，宋書卷四〇百官志下作「二」。

〔七四〕秦署諫大夫　「諫」下原衍「議」字，據漢書卷一九上百官公卿表上刪。

〔七五〕劉輔以美才擢爲諫大夫　「諫」下原衍「議」字，據漢書卷一九上百官公卿表上、卷七七劉輔傳刪。

〔七六〕至德元年十月　新唐書卷四七百官志二、唐會要卷五五匭同，舊唐書卷四三職官志二作「乾元元年」。

〔七七〕山人武什方拜正諫大夫平章事　「武什方」原作「武付方」，據新唐書卷四則天皇后紀、通典卷二一職官三改。

〔七八〕兩省諫官十日一上封事　「一上」原作「正」，據通典卷二一職官三、太平御覽卷二二三職官部二一、唐會要卷五五諫議大夫改。

〔七九〕無假文書　「書」，通典卷二一職官三、唐會要卷五五諫議大夫作「言」。

〔八〇〕官職差遣纔以定俸入而不親職　按玉海卷一六八載，「官、職、差遣離而爲三之官，今之官，用以定俸入，不親職事」。宋史卷一六一職官一亦曰「官以寓禄秩、叙位著，職以待文學之選，而別爲差遣以治内外之事」。通考刪節不當。

〔八一〕徙舊省於左掖之西　合璧事類後集卷二四同，宋會要職官三之五二、玉海卷一六八「左」作「右」。

〔八二〕彌綸闕失　「失」，宋會要職官三之五一作「政」。

〔八三〕寤寐思規　「思」原作「忠」，據宋會要職官三之五一改。

〔八四〕迨於風憲之列　宋會要職官三之五一作「本朝還嘉謀而矯狂風憲之任，亦需遵直指而繩衍，既列清班，宜傾亮節」。

〔八五〕倘因循而自默　宋會要職官三之五一作「儻緘默而自肆」。

〔八六〕日披封奏　「日」，宋會要職官三之五一作「親」。

〔八七〕先申誕告　「先」原作「用」，據宋會要職官三之五一改。

〔八八〕仍旌優異　「旌」原作「加」，據宋會要職官三之五一改。

〔八九〕置御史六員　宋會要職官三之五一「御史」作「侍御史」，「史」下有「以下」二字。

〔九〇〕每月添支錢十五貫　「十五貫」，宋會要職官三之五一作「五十千」。

〔九一〕其或詔令乖當　「乖當」，宋會要職官三之五一作「不允」。

〔九二〕賦斂繁暴獄犴稽留　宋會要職官三之五一作「誅求無節冤濫未伸」。

〔九三〕廳事量置什器　宋會要職官三之五一「什器」下有「衹應」二字。

〔九四〕慶曆初　宋史卷一一仁宗本紀三、長編卷一五一八月戊未條、宋會要職官三之五二皆作「慶曆四年八月」。

〔九五〕又詔臺諫言事官　按宋史卷二七高宗本紀四、宋會要職官三之五六，此詔在紹興二年六月。

〔九六〕漢武帝有禁中起居注　「注」字原脱，據唐六典卷八補。下「起居注」同。

〔九七〕後魏始置其起居令史　唐六典卷八「居」下有「注」字。

〔九八〕崔祖濬　原作「崔濬祖」，據隋書卷七七隱逸傳乙正。

〔九九〕虞世南　「世」字原脱，據隋書卷七六文學傳補。

〔一〇〇〕龍朔二年　「二」原作「三」，據唐六典卷八改。舊唐書卷四高宗本紀上載龍朔二年「二月甲子，改京諸司及百官名」。新唐書卷三高宗本紀亦載龍朔二年甲子「大易官名」。

〔一〇一〕皆有名之賢者　通典卷二一職官三無「之」字，「賢」作「實」。

〔一〇二〕更番侍立於崇政殿　宋會要職官二之一〇作「常日則更番遞直於崇政延和二殿」。

〔一〇三〕進奏院四方官吏風俗善惡之奏　宋會要職官二之一一「惡」與「之」間有「祥瑞孝子順孫義夫節婦殊異」。

〔一〇四〕吏部文官除拜選調沿革　「選調」，宋會要職官二之一一作「銓選」。

〔一〇五〕太常雅樂沿革　「雅」，宋會要職官二之一一作「部」。

〔一〇六〕禮院禮儀制撰　宋會要職官二之一一無「禮院」，「撰」下有「吉凶儀注」。

〔一〇七〕宗廟祭享制度　宋會要職官二之一二，其下有「大理寺刑律起請」句。

〔一〇八〕咸季終而報　「季」原作「歲」，據宋會要職官二之一二改。

〔一〇九〕每季撰集以送史館　宋會要職官二之一二，句上有「內外臣僚上章利害調采可賞事理可行者中書具章表封下」二十四字。

〔一一〇〕熙寧初　按宋會要職官二之一三載，熙寧四年「詔諫官兼修起居注者，因後殿侍立，亦許奏事」。

〔一一一〕左右史雖日侍立　「史」字原脱，據宋史卷一六一職官志一補。

〔一一二〕人主不當觀史　宋會要職官二之一九作「進史不當」。

〔一一三〕記注之臣立於座後　宋會要職官二之一九作「天子坐朝記注官立於御坐之後」。

〔一一四〕歐陽修謂當視人主言動而書　「視」字原脱，宋會要職官二之一九作「當視人君言色舉動而書」，故據以補。

〔一一五〕各增置通前爲五員　舊唐書卷四三職官志二作「加置三員通前五員」。

〔一一六〕三年　通典卷二一職官三同，新唐書卷四五選舉志下作「長安三年」。

〔一一七〕高者試鳳閣侍郎　通典卷二一職官三同，新唐書卷四五選舉志下「侍郎」作「舍人」。

〔一一八〕椀脱校書郎　「椀」，通典卷二一職官三、唐會要卷六七試及斜濫官作「腕」。

〔一一九〕用劉燁魯宗道爲左右正言　按宋史卷二八六魯宗道傳載，「首擢宗道與劉燁爲右正言」；長編卷八九天禧元年四月乙酉條載，「著作郎劉燁爲右正言」；五月條載「祕書丞譙人魯宗道爲右正言」，「左」字待考。

〔一二〇〕以許深父　「許深父」宋史卷三九四許及之傳作「許深甫」。宋會要職官三之五九作「許及之」。按許及之字深甫。「甫」「父」通。

〔一二一〕至貞觀李義府爲之　「李義府」原作「李義甫」，據新唐書卷二二三姦臣傳上、通典卷二一職官三、唐會要卷五六符寶郎改。

〔一二二〕周禮地官有司門下大夫二人　「二」原作「一」，據周禮地官司徒、通典卷二一職官三改。

〔一二三〕後周地官府置宮門中士一人下士一人掌皇城十二門之禁令　「中」原作「上」，據通典卷三九後周官品正二命條、唐六典卷八改。按唐六典所引宮門中士、下士所掌，乃皇城（疑即宮門）五門之禁令，掌皇城十二門之禁令者實爲城門中士、下士。

〔一二四〕晉泰始九年　「泰始」原作「太始」，「九」原作「元」，據晉書卷二四職官志、宋書卷四〇百官志下改。

〔一二五〕宋與晉　疑下脱「同」。

〔一二六〕長壽三年改爲符寶郎　「長壽」原作「長慶」，按舊唐書卷四三職官志二載，天后惡「璽」字，改爲「寶」，唐會要卷五六符寶郎作「延載元年」；又按舊唐書卷六則天皇后本紀，長壽三年五月改元延載，新唐書卷四則天皇后本紀曰長壽三年五月甲午改元延載，可知延載元年與長壽三年在同一年，故據以改。

〔一二七〕宜爲寶書　「寶」原作「璽」，據唐會要卷五六符寶郎改。

〔一二八〕改傳國寶爲承天大寶　唐會要卷五六符寶郎作「復改爲傳國寶後又改爲承天寶」。

卷五十一　職官考五

中書省

中書之官舊矣，謂之中書省，自魏、晉始焉。梁、陳時，凡國之政事，並由中書省。省有中書舍人五人，領主書十人〔一〕，書吏二百人，書吏不足，并取助書。分掌二十一局事，各當尚書諸曹，並爲上司，總國内機要，而尚書唯聽受而已。被委此官，多擅威勢。後魏亦謂之西臺。宣武帝謂中書監崔光曰：「卿是朕西臺大臣。」北齊中書省管司王言，并司進御之樂及清商、龜兹諸部伶官。隋初，改爲内史省，置令二人，侍郎四人，煬帝減侍郎二人。舍人八人，煬帝減去四人。通事舍人十六人。煬帝加起居舍人，而改通事舍人爲謁者臺職。唐武德三年，復中書省。龍朔二年，改爲西臺，咸亨初復舊。光宅元年，改爲鳳閣，凡中書官，隨署名改。神龍初復舊。開元元年，改爲紫微省，五年復舊。時謂尚書省爲南省，門下中書爲北省；亦謂門下省爲左省，中書爲右省，或通謂之兩省。令二人，侍郎二人，舍人六人，右散騎常侍、起居舍人、右補闕、右拾遺各二人，通事舍人十六人，其餘小吏各有差。

宋制，中書省在左掖門外西面北廊，掌進擬庶務，宣奉命令，行臺諫章疏、群臣奏請興創改革，及中外無法式事應取旨者。凡除省、臺、寺、監長貳以下，及侍從、職事官、外任監司、節鎮、知州軍、通判，武臣遥郡、横行以上除授，皆掌之。凡命令之體有七：曰册書，立后妃，封親王、皇子、大長公主，拜三師、三公、三省長官，則用之。曰制書，處分軍國大事，頒赦宥德音，命尚書左右僕射、開府儀同三司、節度使，凡告廷除授則用之。曰誥命，應文武官遷改職秩、内外命婦除授及封叙、贈典，應合命詞則用之。曰詔書，賜待制、大卿監、中大夫、觀察使以上則用之。曰敕書，賜少卿監、中散大夫、防禦使以下則用之。曰御札，布告登封、郊祀、宗祀及大號令則用之。曰敕榜，賜酺及戒勵百官、曉諭軍民則用之。皆承制畫旨以授門下省。令宣之，侍郎奉之，舍人行之。留其所得旨爲底：大事奏禀得旨者爲「畫黄」，小事擬進得旨者爲「録黄」。凡事干因革損益，而非法式所載者，論定而上之。諸司傳宣、特旨，承報審覆，然後行下。設官十有一：令、侍郎、右散騎常侍各一人，舍人四人，右諫議大夫、起居舍人、右司諫、右正言各一人。分房八：曰吏房，曰户房，曰兵禮房，曰刑房，曰工房，曰主事房〔二〕，曰班簿房，曰制敕庫房。元祐以後，析兵、禮爲二，增催驅、點檢，分房十有一；又改主事房爲開拆。

中書令

舜攝位，命龍作納言，出入帝命。周官内史掌王之八柄：爵、禄、廢、置、生、殺、予、奪，「執國法及國令之貳，以考政事」。蓋今中書之任。其所置中書之名，因漢武帝遊宴後庭，始以宦者典事尚書，謂之中書謁者，置令、僕射。不言謁者，省文也。元帝時，令弘恭、僕射石顯秉勢用事，權傾内外。蕭望之以爲中書政本，宜以賢明之選，更置士人，自武帝改用宦者掌出入奏事，非舊制也。成帝建始四年，改中書謁者令曰中謁者令，更以士人爲之，皆屬少府。漢東京省中謁者令官。時有中官謁者令，非其職也。魏武帝爲魏王，置祕書令，典尚書奏事，又其任也。文帝黄初初，改爲中書令，又置監，以祕書左丞劉放爲中書監，右丞孫資爲中書令，並掌機密。中書監、令始於此也〔三〕。及明帝時，中書監、令號爲專任，其權重矣。時中護軍蔣濟上疏諫曰：「夫大臣太重者國危，左右太親者身蔽，古之至戒。威權在下，則衆心慢上，勢之常也。今外所言，輒云中書，實握事要，日在目前，倘因疲倦之間有所割制，衆臣見其能推移於事，即亦迴附向之〔四〕。請分任衆官，不使聖明之朝有專吏之名也。」晉因之，置監、令一人，始皆同車，後乃異焉。初，監、令常同車入朝。及和嶠爲令，荀勖爲監，嶠意抗，鄙荀巧佞，以意氣加之，專車而坐。自此，監、令乃使異車。魏、晉以來，中書監、令掌贊詔命，記會時事，典作文書。司馬景王命中書令虞松作表，再呈不可意〔五〕，松竭思不能改正，鍾會視其草，爲定五字，松大悦服。又荀勖爲中書監，使子組草詔。傅祇爲監，病風，又使息暢爲啟。華廙爲監，時成事多不洩〔六〕，廙啟武帝，召授子薈草詔。前後相承，以子弟管之，自此始也。又王獻之爲中書令，啟瑯琊王爲中書監，表曰：「中書職掌詔命，非輕才所能獨任。自晉建國，嘗命宰相參領。中興以來，益重其任，故能王言彌徽，德音四塞者也。」又後魏孝文時，蠕蠕有國喪，帝遣高閭爲書與之，不叙凶事。時孝文謂曰：「卿爲中書監，職典文辭，若情思不至，應謝所任。」又曰崔光爲中書令，敕光爲詔，逡巡不作。薈，烏隊切。廙，余力切。蠕，如兖切。以其地在樞近，多承寵任，是以人固其位〔七〕，謂之「鳳凰池」焉。荀勖守中書監、侍中，參贊朝政。及遷尚書令，勖久在中書，專管機事，失之甚愠。人有賀者，勖怒曰：「奪我鳳凰池，諸公何賀焉！」晉制，銅印墨綬，進賢兩梁冠，絳朝服，佩水蒼玉，乘軺車。吴紀亮爲尚書令，其子隲爲中書令，每朝會，吴主以屏風隔其坐。晉書曰張華爲監，裴楷爲令，共掌機密。又王洽字敬和〔八〕，爲中書令，時年二十九。後洽子珉又爲中書令，時謂爲奕世令德。東晉常併其職入散騎省，尋復置之。宋冠佩印綬與晉同。梁中書監、令清貴華重，大臣多領之。其令舊遷吏部尚書，才地俱美者爲之。陳因梁制。後魏亦有監、令。高允字伯恭，爲中書令，文帝重之，不名，呼爲「令公」。北齊因魏制。後周置内史中大夫二人，掌王言，亦其任也。隋初，改中書爲内史，置監、令各一人，尋廢監，置令二人。煬帝大業十二年，又改内史爲内書，後復爲内史〔九〕。唐武德初，爲内史令。常有敕而中書門下不時宣行，高祖責其遲由。内史令蕭瑀曰：「臣大業之日，見内史宣敕或前後相乖者，百司行之，不知何所承用。所謂易雖在前，難必在後。臣在中書日久，備見其事。今皇基初構〔一〇〕，事涉安危，若遠方有疑，恐失機會。比每受一敕〔一一〕，臣必審勘，使與前敕不相乖背者，始敢宣行。遲晚之愆，實由於此。」上善之。三年，改爲中書令，亦置二人。龍朔二年，改爲右相。咸亨元年復舊。光宅二年，又爲内史。神龍元年，復舊中書令。開元元年，改爲紫微令；五年，復爲中書令。天寶元年，改爲右相。至德初，復爲中書令。自隋至今，皆爲宰相。舊班正三品，大曆二年升爲從二品〔一二〕。按令文，掌侍從獻替，制敕册命，敷奏文表，授册，監起居注，總判省事。

宋制，掌佐天子議大政，授所行命令而宣之。祀大神祇則升壇，饗宗廟則升阼階相禮。臨軒册命則讀册。建儲則升殿宣制，持册及璽綬以授太子〔一三〕。大朝會，則詣御座前進方鎮表及祥瑞〔一四〕。國朝未嘗真拜，以他官兼領者不與政事，然止曹佾〔一五〕，餘皆贈官。官制行，以右僕射兼中書侍郎行令之職，別置侍郎以佐之。元豐寄禄爲開府儀同三司。

容齋洪氏隨筆曰：「中書、尚書令在西漢時爲少府官屬，與太官、湯官、上林諸令品秩略等；侍中但爲加官。在東漢亦屬少府，而秩稍增。尚書令爲千石，然銅印墨綬，雖居機要，而去公卿甚遠，至或出爲縣令。魏、晉以來，浸以華重。唐初遂爲三省長官，居真宰相之任，猶列三品，大曆中乃升正二品。入國朝，其位益尊，叙班至在太師之上，然只以爲親王及使相兼官，無單拜者。見任宰相帶侍中者才五人，范魯公質、趙韓王普〔一六〕、丁晉公謂、馮魏公拯、韓魏王琦〔一七〕。尚書令又最貴，除宗王外，不以假人，趙韓王、韓魏王始贈真令。韓王官止司徒，及贈尚令，乃詔自今更不加贈，蓋不欲以三師之官贅其稱也。政和初，蔡京改侍中、中書令爲左輔、右弼，而不置尚書令，以爲太宗皇帝曾任此官。殊不知乃唐之太宗爲之，故郭子儀不敢拜，非本朝也。」

又曰：「紹熙五年十二月二十二日，宣麻制除嗣秀王伯圭兼中書令。此官久不除，學士大夫多不知本末，至或疑爲當入都堂治事。邸報至外郡，尤所不曉。邁考之典故，侍中、中書令爲兩省長官，自唐以來居真宰相之位，而中令在侍中上。肅宗以後，始以處大將，故郭子儀、僕固懷恩、朱泚、李晟、韓弘皆爲之。其在京，則入政事堂，然不預國事。懿、僖、昭之時，員寖多，率由平章事遷兼侍中，繼兼中書令，又遷守中書令，三者均稱使相，皆大敕繫銜而下書使字。五代尤多。國朝創業之初，尚仍舊貫，於是吴越國王錢俶、天雄節度符彦卿、雄武王景、武寧郭從義、保大武行德、成德郭崇、昭義李筠、淮南李重進、永興李洪義、鳳翔王彦超、定難李彝興、荆南高保融、武平周行逢、武寧王晏、武勝侯章、歸義曹元忠十五人同時兼中書令〔一八〕。太宗朝唯除石守信，而趙普以故相拜。真宗但以處親王。嘉祐末，除宗室東平王允弼、襄陽王允良。元豐中，除曹佾，與允弼、允良相去十七八年，爵秩固存。沈括筆談謂有司以佾新命，言自來不曾有活中書令請俸則例，蓋妄也。官制行，改三使相並爲開府儀同三司。元祐以後不復有之，雖崇、觀、政、宣輕用名器，且改爲左輔、右弼，然蔡京三爲公相亦不敢居。乾道中，詔於録黄及告命内除去侍中、中書令，遂廢此官。今當先降指揮復置，則於事體尤愜當也。嗣王終不敢當，於是寢前命，而賜贊拜不名。」

侍郎

漢置中書，領尚書事，有丞、郎。魏黄初初，中書既置監、令，又置通事郎，魏志曰：「掌詔草，即漢尚書郎之位。」次黄門郎。黄門郎已署事過，通事乃署名；已署奏以入，爲帝省讀書可。後改通事郎爲中書侍郎。明帝詔舉中書郎，謂盧毓曰：「得人與否，在盧生耳。」又魏末，張華遷長史兼中書郎〔一九〕，朝議表奏多見施用。晉置四員。及江左初，又改爲通事郎，尋復爲中書侍郎。其職副掌王言，更入直省五日，從駕則正直從、次直守。張華兼中書郎，從駕征鍾會，掌書疏表檄。嵇含爲中書郎，書檄雲集，含初不立草。宋中書侍郎，進賢一梁冠，介幘，絳朝服，用散騎常侍爲之。齊、梁皆四人。梁以功高者一人主省内事。陳因之。後魏、北齊置四員。隋初爲内史侍郎，亦四員。煬帝減二員，改爲内書侍郎。唐初爲内史侍郎。武德三年，改爲中書侍郎。龍朔以後，隨省改號，而侍郎之名不易。舊制正四品〔二〇〕，至大曆二年升從三品〔二一〕。員二人，掌侍從獻替、制敕册命、敷奏文表、通判省事。

宋制，侍郎掌貳令之職，參議大政，授所宣詔旨而奉行之〔二二〕。官制行，以尚書右僕射兼，又別置侍郎以代參知政事。建炎初，復改侍郎爲參政。

舍人

中書舍人。魏置中書通事舍人，或曰舍人、通事，各爲一職。魏明帝時，有通事劉泰。晉江左乃合之，謂之通事舍人。武冠，絳朝服。掌呈奏案章。後省之，而以中書侍郎一人直西省，即侍郎兼其職而掌其詔命。宋初，又置中書通事舍人四員，入直閤内〔二三〕，出宣詔命。凡有陳奏，皆舍人持入，參決於中，自是則中書侍郎之任輕矣。齊永明初〔二四〕，中書通事舍人四員，各住一省，時謂之「四户」，權傾天下，茹法亮久爲中書通事舍人，後出爲大司農。中書勢利之職，法亮戀之，垂涕而去。又熒惑入太微〔二五〕，太尉王儉謂武帝曰：「天文乖誤〔二六〕，此由四户。」帝納之而不改。與給事中爲一流。梁用人殊重，簡以才能，不限資地，多以他官兼領。後除「通事」字，直曰中書舍人，專掌詔誥，兼呈奏之事。裴子野以中書侍郎、鴻臚卿兼中書通事舍人〔二七〕，別敕知詔誥。自是詔誥之任，舍人專之。魏、晉以來，詔誥並中書令及侍郎掌之，説在中書令篇。陳置五人。後魏有舍人省，而不言其員。北齊舍人省掌署敕行下，宣旨勞問，領舍人十人。後周有小史上士二人，此其任也，屬春官。隋内史舍人八員，專掌詔誥。煬帝減四人，後改爲内書舍人。唐初爲内史舍人，至武德三年，改爲中書舍人，置六員。龍朔以後，隨省改號，而舍人之名不易。專掌詔誥、侍從、署敕、宣旨、勞問，授納訴訟，敷奏文表，分判省事。自永淳以來，天下文章道盛，臺閣髦彦無不以文章達。故中書舍人爲文士之極任，朝廷之盛選，諸官莫比焉。按：後漢章、和以後，尚書爲機衡之任。尚書郎含香握蘭，直宿於建禮門，太官供膳，奏事明光殿，下筆爲詔誥，出語爲誥令。曹公爲魏王，置祕書令典尚書奏事，則祕書之職近密，尚書之職疏遠。魏文帝初，改祕書爲中書，自後歷代相沿，並管樞密。而後漢尚書郎，非今之尚書郎，乃中書舍人也。武太后臨朝，天授元年，壽春郡王成器兄弟五人初出閤〔二八〕，同日受册，有司撰儀注，忘載册文。及百僚在列，方知闕禮，宰臣相顧失色。中書舍人王勮〔二九〕，立召小吏五人，各令執筆，口授分寫同時，須臾俱畢，詞理典贍，時人嘆服。景龍四年六月二日，初定内難，唯中書舍人蘇頲在太極殿後，文詔填委，動以萬計，手操口對，無毫氂差誤。主書韓禮、談子陽轉書詔草，屢謂頲曰：「乞公少遲，禮等書不及，恐手腕將廢。」故事，舍人六員，各押尚書省一行，天下衆務無不關决。開元二年十一月〔三〇〕，紫微令姚崇奏：「紫微舍人六員，無一頭商量事〔三一〕，諸舍人同押連署狀進説。凡事有是非，理均與奪，人心既異，所見不同者，望請别作商量，連狀同進〔三二〕。若狀語交互，恐煩聖思。臣既是官長，望於兩狀復略言二理優劣〔三三〕，奏聽進止，則人各盡能，官無留事。」敕曰「可」。因是舍人唯知撰制，不復分知機務。既文書填委，遂令書録委之堂後人〔三四〕，其權勢傾動天下，姚竟因主書趙誨贓犯所累罷相。姚誠多才，而隳政擅權，以成斯弊，可哀也。

宋初，中書舍人爲所遷官，實不任職，復置知制誥及直舍人院。故事，入西閣，皆中書詔試制誥三篇。惟梁周翰不召試而授，其後楊億、陳堯佐、歐陽修亦如此例。富弼爲知制誥，封還劉從愿妻封遂國夫人詞頭。唐制唯給事中得封還詔書。中書舍人繳詞，自弼始。元豐五年〔三五〕，詔中書舍人印爲中書後省之印。曾鞏、陸佃並試中書舍人，自是始正官名，遂以中書舍人判後省之事。分案五：曰上案，掌册禮及朝會所行事；曰下案，掌受付文書；曰制誥案，掌書記制詞，及試吏校其功過〔三六〕；曰諫官案，掌受諸司關報文書；曰記注案，掌録記注。其雜務則隨所分案掌之。元祐初，以蘇軾直舍人院，有司言：「自官制行，舍人院廢，今爲中書後省。」於是改爲權中書舍人，遂爲故事。後詔舍人各簽諸房文字，其命詞則輪日分草。中興置中書後省，以中書舍人爲長官，六員爲額〔三七〕，常除二員，一員領吏房左選及兵、工房〔三八〕，一員領吏房右選及禮、刑房〔三九〕。嘉泰四年，李季章壁〔四〇〕。以宗正少卿權中書舍人，而「中」字犯祖諱，季章辭，有旨權以直舍人院繫銜，乃受命，不知舍人院廢已久矣。蓋大臣失於討論也。

紹興初，詔：「中書、門下兩省已併爲中書門下省，其兩省合送給、舍文字，今後更不分送，並送給事中、中書舍人。」其後又詔以他官兼攝者稱權直，資淺者爲直舍人院。

石林葉氏曰：「國初循唐舊制，凡命官、遷除、磨勘、移易差遣，中書皆命詞給告，不勝其繁。元豐官制行，始命階官、職事官、選人入品者給告，無品官者但給黄牒而已。元祐末，猶以爲多，復命内外差遣及職事官本等内改易或再任者，亦止給黄牒。紹聖中，朱服爲舍人，以爲監司、郡守初除不給告，禮太薄，乃詔：『待制以上知州及帥臣、監司初除、再任，並出告；尚書侍郎、兩省、御史臺官外餘官并監司本等内改易者，仍給黄牒。』後復行之不同。元符初，中書省復檢舉如前令。」

容齋洪氏隨筆曰：「中書舍人所承詞頭，自唐至本朝，皆只就省中起草付吏，逮於告命之成，皆未嘗越日，故其職爲難。其以敏捷稱者，如韋承慶下筆輒成，未嘗起草；陸扆初無思慮，揮翰如飛；顔蕘草制數十，無妨談笑；鄭畋動無滯思，同僚閣筆；劉敞臨出局，倚馬一揮九制，皆見書於史策。其遲鈍窘擾者，如陸餘慶至晚不能裁一言，和𡾊閉户精思、徧討群籍，與夫『斲窗舍人』、『紫微失却張君房』之類，蓋以必欲速成故也。周廣順初，中書舍人劉濤責授少府少監、分司西京，坐遣男頊代草制詞也。頊時爲監察御史，亦責復州司户。自南渡以來，典故散失，每除書之下，先以省劄授之，而續給告，以是遷延稽滯。段拂居官時〔四一〕，纔還家即掩關謝客，畏其促詞命也。先公使虜歸，除徽猷閣直學士。時劉才邵當制，日於漏舍囑之，至先公出知饒州，幾將一月，猶未受告。其他倩諉朋舊，俾之假手者多矣，故膺此選者不覺其難，殊與昔異。」

通事舍人

昔堯試舜〔四二〕，賓於四門，蓋今任也。秦置謁者。漢因之。掌儐贊受事，員七十人，選孝廉年未五十，威容嚴恪能儐贊者爲之。燕太子使荊軻劫始皇，變起兩楹之間，其後謁者持匕首刺腋。漢高帝偃武修文〔四三〕，故易之以版。有僕射，冠高山冠。言其矜莊賓遠，故以高山爲號。終軍爲謁者，使行郡國，建節出東關。關吏識之，曰：「此棄繻生。」後漢謁者僕射爲謁者臺率〔四四〕，主謁者〔四五〕。銅印青綬。天子出，掌奉引。謁者僕射見尚書令，對揖無敬。謁者見，執版拜。謁者三十人。漢官儀又曰三十五人。謁者初上官，稱曰灌謁者，滿歲稱給事。胡廣云：「灌者，明、章二帝服勤園陵，謁者灌柏，後遂假茲名焉。」馬融曰：「灌者，習所職也。」應奉曰：「高帝承秦，禮儀多闕，灌嬰服事七年，號大謁者。後人掌之，以姓灌章列於漢書也。」雷義爲灌謁者，使持節督郡國，行風俗，太守令長坐者凡七十人〔四六〕。和帝代，陳郡何熙爲謁者僕射，贊拜殿中，音動左右。然則又掌唱贊。漢舊儀曰：「謁者缺，選郎中美鬚眉、大音者以補之。功次當選欲留增秩者，許之。」二漢隸光祿勳。後漢又有黎陽謁者。光武以幽、并兵騎定天下，故於黎陽立營，以謁者監之。兵騎千人，復除甚重。謁者任輕，多放情態，順帝改用府掾有清名威重者〔四七〕，遷超牧守焉。魏置僕射，掌大拜授及百官班次，統謁者十人。及晉武，省僕射，以謁者并蘭臺。江左復置僕射，後又省。宋武帝大明中，復置僕射一人，職與魏同，亦領謁者十人，掌小拜授及百官報章。齊因之。梁謁者臺，僕射一人〔四八〕，掌朝覲賓饗之事；屬官謁者十人，掌奉詔出使拜假，朝會擯贊〔四九〕；功高者一人爲假史，掌差次謁者。陳亦有之。後魏、北齊謁者臺，掌凡諸吉凶公事，導相禮儀。僕射二人，謁者三十人。隋煬帝增置謁者、司隸二臺，並御史爲三臺。謁者臺有大夫一人，掌受詔勞問、出使慰撫、持節策受〔五〇〕，及受冤枉而申奏之；駕出，對御史引駕，領議郎以下官。屬官有丞、主簿、録事等。尋詔門下、内史、御史、司隸、謁者五司監受表，以爲恒式，不復專謁者矣。初，魏置中書通事舍人官，其後歷代皆有，然非今任。隋初罷謁者，仍置通事舍人十六員，丞旨宣傳。開皇三年，又增爲二十四員〔五一〕。及煬帝置謁者臺，乃改通事舍人爲謁者臺職，謂之通事謁者，置二十人。又於建國門外置四方館，以待四方使者，隸鴻臚寺。煬帝置四方館，東曰東夷使者，南曰南蠻使者，西曰西戎使者，北曰北狄使者，各一人，掌其方國、互市事。唐廢謁者臺，復以其地爲四方館，改通事謁者爲通事舍人，掌通奏、引納、辭見、承旨宣勞，皆以善辭令者爲之。隸四方館，而又屬中書省。

集賢殿

集賢殿書院，唐開元中置。漢、魏以來，祕書省有其職。梁武帝於文德殿内列藏衆書。北齊有文林館學士，後周有麟趾殿學士，皆掌著述。隋平陳之後，寫書正副二本，藏於宫中。煬帝於東都觀文殿東西廂貯書。自漢延熹至隋、唐，皆祕書掌圖籍，而禁中之書時或有焉〔五二〕。初，開元五年十一月，於乾元殿東廊下寫四部書，仍令祕書監馬懷素、右散騎常侍褚無量總其事，七年於麗正殿安置〔五三〕，爲修書使。至十三年〔五四〕，學士張説等宴於集仙殿，於是改殿名集賢，改修書使爲集賢殿書院學士。五品以上爲學士，每以宰相爲學士者知院事。初，燕國公張説爲中書令知院事〔五五〕，以右常侍徐堅副之〔五六〕。自爾常以近密官爲副，兼判院。直學士，六品以下爲之。侍講學士，開元初，褚無量、馬懷素侍講禁中爲侍讀，其後康子元等爲侍講學士。修撰官、校理官同直學士〔五七〕。

宋爲集賢院，大學士一人，以宰相充；學士以給諫、卿監以上充〔五八〕；直學士不常置，修撰以朝官充；直院、校理以京官以上充，皆無常員。掌同昭文館。凡昭文、史館、集賢，謂之三館，皆以兩省五品以上官一人判。

史官

史官，肇自黄帝有之，自後顯著〔五九〕。夏太史終古、商太史高勢。周則曰太史、小史、内史、外史。而諸侯之國，亦置其官。又春秋、國語引周志及鄭書，似當時記事，各有其職。秦有太史令胡母敬。至漢武始置太史公，以司馬談爲之。卒，其子遷嗣。卒後，宣帝以其官爲令，行太史公文書。其修撰之職，以他官領之，於是太史之官唯知占候而已。自漢以前，職在太史；具太史局〔六〇〕。當王莽時，改置柱下五史，記疏言行，蓋效古「動則左史書之，言則右史書之」。自後漢以後至於有隋，中間唯魏明太和中史職隸中書，其餘悉多隸祕書。唐武德初，因隋舊制，史官屬祕書省著作局；至貞觀三年閏十二月〔六一〕，移史館於門下省北，宰相監修，自是著作局始罷史職。及大明宫初成，置史館於門下省之南，其修撰史事以他官兼領，或卑品而有才者亦直焉。開元二十五年，宰臣李林甫監史，以中書地切樞密，記事者宜其附近，史館諫議大夫尹愔遂奏移於中書省北〔六二〕，其地本尚藥局内藥院。

致堂胡氏曰：「古者史官，世掌其職，大臣不與，天子不觀，故得直筆，取信於後世。其次則如貞觀之制，史官日隨仗入，隨事記之，猶爲近古。自李義府、許敬宗不許史官聞仗後事，以行其私，姚璹乃建令宰相撰時政記，意欲迷眩千古。今韋執誼又奏令史官撰日曆〔六三〕。日曆云者，猶起草也，將加是正而潤色焉耳。苟數人者誠無私意，何用爲是紛紛？以其請建之紛紛，則其誣上行私之心欲蓋而益彰矣。夫天下有公是非，不爲言語文字可以變移白黑，淆亂忠邪，故義府、敬宗、執誼之惡，至于今不泯。有志於垂名竹帛者，自修而已矣。」

宋制，監修國史一人，以宰相爲之。修撰、直館、檢討無常員，修撰以朝官充，直館、檢討以京官以上充，掌修日曆及典司圖籍之事。凡國史，別置院於宣徽北院之東以藏之，謂之編修院。東京記云編修俗呼爲史院。天聖修真宗史，欲重其任，降敕宰相爲提舉，參知政事、樞密副使爲修史，其同修史則以殿閣學士以上爲之，編修官以三館、祕閣校理以上及京官，史畢即停。續會要。元豐改官制，日曆隸國史案。每修前朝國史、實録，則別置國史、實録院，國史院以首相提舉〔六四〕，翰林學士以上爲修國史，餘侍從官爲同修國史，庶官爲編修官。實録院提舉官如國史，從官爲修撰，餘官爲檢討〔六五〕。麟臺故事。元祐復置國史院，隸門下省，明年又置國史院修撰，兼知院事。紹聖復以國史院歸祕書省。宰輔三館題名。中興即祕書省復建史館，以修神宗、哲宗兩朝實録，選本省官兼檢討、校勘，以侍從官充修撰。紹興五年，又移史館於省之側，別爲一所，以增重其事。至九年，修徽宗實録〔六六〕，乃即史館開實録院；明年，以未修正史，詔罷史館，併爲實録院〔六七〕。紹興初，實録、國史皆寓史館。後罷史館，遇修實録，即置實録院；遇修國史，即置修國史院〔六八〕。著作局唯修纂日曆。中興會要。宰相監修，但提大綱。檢討官搜閲、校對。惟修撰實專史職，只據所送到時政記、唐長壽中，姚璹請仗下所言，宰相撰録，號「時政記」，自璹始。五代以來，中書、樞密院皆致時政記。樞密院，直學士編修。太平興國八年，蘇易簡爲参政，自是中書皆参政編録，唯吕蒙正嘗以宰相領其事。端拱以後，樞密院事皆送中書，同修爲一書；及王欽若、陳堯叟始乞别撰，不關中書，直送史館。起居注，事見左右史門。銓次其事，排以日月，謂之日曆。聖朝職略。紹興二十八年〔六九〕，詔置修國史院，修神、哲、徽宗三朝正史。又有提舉修敕令，天聖、慶曆、嘉祐、熙寧編敘及元符敕令格式，各差宰臣提舉，詳定官以侍從之通法令者充。史館又有校勘、檢閲、校正、編校等官，或以布衣之該洽者爲之。

玉牒所提舉、監修，亦以宰相爲之。見宗正司。

歐陽修論史館日曆奏：「臣伏以史者，國家之典法也。自君臣善惡功過與其百事之廢置，可以垂勸戒示後世者，皆得直書而不隱。故自前世有國者，莫不以史職爲重。伏見國朝之史，以宰相監修、學士修撰，又以兩府之臣撰時政記〔七〇〕。選三館之士當升擢者，乃命修起居注。如此，不爲不重矣。然近年以來，員具而職廢。其所撰述，簡略遺漏，百不存一，至於事關大體者，皆没而不書。此實史官之罪，而臣之責也。然其弊在於修撰之官惟據諸司供報，而不敢書所見聞故也。今時政記，雖是兩府臣僚修纂，然聖君言動有所宣諭，臣下奏議事關得失者，皆不紀録，惟書除目、辭見之類。至於起居注亦然，與諸司供報文字無異。修撰官只據此銓次，繫以日月，謂之日曆而已。是以朝廷之事，史官雖欲書而不得書也。自古人君皆不自閲史，今撰述既成，必録本進呈，則事有諱避，史官雖欲書而又不敢書也。加以日曆、時政記、起居注例皆承前，積滯相因，故纂録者常務追修累年前事〔七一〕，而歲月既遠，遺失莫存。至於事在目今，可以詳於見聞者，又以追修積滯，不暇及之。若不革其弊，則前後相因，史官永無舉職之時，使聖朝典法遂成廢墜。臣竊見趙元昊自初叛至復稱臣始終一宗事節，皆不曾書；亦聞修撰官甚欲紀述，以纂修後時，追求莫得故也。其於他事，又可知焉。臣今欲乞特詔修時政記、起居注之臣，並以德音宣諭、臣下奏對之語書之。其修撰官，不得依前只據諸司供報編次除目、辭見，並須考驗事實。其除某官者以某功，如狄青等破儂智高，文彦博破王則之類；其貶某職者坐某罪，如昨來麟州守將及并州龐籍緣白草平事，近日孫沔所坐之類。事有文據及迹狀分明，皆備書之，所以使聖朝賞罰之典可以勸善懲惡，昭示後世。若大臣用情，朝廷賞罰不當者，亦得書以爲警戒。此國家置史之本意也。至於他大事，並許史院據所聞見書之〔七二〕。如聞見未詳者，直牒諸處會問。及臣寮公議異同〔七三〕，朝廷裁置處分，並書之。以上事節，並令修撰官逐時旋據所得録爲章卷，標題月分〔七四〕，於史院躬親入櫃封鎖，候諸司供報齊足，修爲日曆。仍乞每至歲終，命監修宰相親至史院點檢。修撰官紀録事迹，内有不勤其事，隳官失職者，奏行責罰。其時政記、起居注、日曆等，除今日以前積滯者不住追修外〔七五〕，截自今後，並令次月供報，如稍有遲滯，許修撰官自至中書、樞密院催請。其諸司供報拖延，及史院有所會問，諸處不畫時報應，致妨修纂者，其當行手分，並許史院牒開封府勾追嚴斷。其日曆、時政記、起居注，並乞更不進本，所貴少修史職，上存聖朝典法。此乃臣之職事，不敢不言。」

容齋洪氏隨筆曰：「國朝熙寧以前，祕書省無著作局，故置史館，設修撰、直館之職。元豐官制行，有祕書官，則其職歸於監、少及著作郎、佐矣。而紹興中復置史館修撰、檢討，是與本省爲二也。宗正寺修玉牒官亦然，官制既行，其職歸於卿、丞矣。而紹興中復差侍從爲修牒，又以他官兼檢討，是與本寺爲二也。然則今有户部，可別置三司，有吏、刑部，可別置審官、審刑院矣。又玉牒舊制，每十年一進，謂甲子歲進書，則甲戌、甲申歲復然。今乃從建隆以來再行補修，每及十年則一進，以故不過三二年輒一行賞。書局僭賞，此最甚焉。」

建炎以來朝野雜記曰：「自真廟以來，史館無專官。神宗嘗欲付曾子固以五朝史事，乃命爲史館修撰，使專典領。其後子固所草具，不當神宗意，書不克成。孝宗時修五朝史，而列傳久未畢，遂召李仁父、洪景盧踵爲之，皆奉京祠不兼他職者〔七六〕，數年而史始畢。蓋自開院至成書，凡二十有八年，秉筆者五十有餘人。時景盧請通修九朝正史，上許之。景盧復言：『制作之事已經先正名臣之手，是非褒貶皆有據依，乞命後來史官無或輒將成書擅行删改。』然書未就而景盧去國。淳熙末修高宗實録，以他官兼之，至紹熙末年而工未及半。陳君舉直學士院，建請以右文殿、祕閣二修撰并舊史館校勘三等爲史官，自校勘供職稍遷祕閣修撰，又遷右文殿修撰，在院三五年，如有勞績，就遷次對，庶幾有專官之效，無冷局之嫌。然亦不克行。明年但增檢討官三員，限一年畢〔七七〕。其後又七年而高録始成。時當修高宗正史、孝宗光宗實録，朝論覺無專官〔七八〕，始外召傅景仁、陸務觀爲在京宫觀，免奉朝請，令修史。於是務觀還政久矣，乃落致仕，以爲同修國史兼實録院同修撰焉。」

尚書省

昔堯試舜於大麓，領録天下事，似其任也。周之司會，又其職焉。鄭玄注周禮云〔七九〕：司會若今尚書。秦時，少府遣吏四人在殿中主發書〔八〇〕，故謂之尚書。尚猶主也。漢承秦置。及武帝遊宴後庭，始用宦者主中書，以司馬遷爲之。中間遂罷其官，以爲中書之職。至成帝建始四年，罷中書宦者，又置尚書五人，一人爲僕射，四人分爲四曹，通掌圖書、祕記、章奏之事，及封奏宣示内外而已，其任猶輕。至後漢則爲優重，出納王命，敷奏萬機，蓋政令之所由宣，選舉之所由定，罪賞之所由正。斯乃文昌天府，衆務淵藪，内外所折衷，遠近所稟仰。故李固云：「陛下之有尚書，猶天之有北斗。斗爲天喉舌，尚書亦爲陛下喉舌。斗斟酌元氣，運平四時，尚書出納王命，賦政四海。」賦，布也。令及左丞總領綱紀，無所不統。僕射及右丞，分掌廩假錢穀。隋志曰：「令統領之，僕射副令，又與尚書分領諸曹。」漢初，尚書雖有曹名，不以爲號。及靈帝以侍中梁鵠爲選部尚書，於是始見曹名，總謂之尚書臺，亦謂之中臺。吴諸葛恪既定山越，孫權使尚書僕射薛綜勞軍，曰：「故遣中臺近官，迎致犒賜之。」大事，八座連名，而有不合，得建異議。自順帝永建元年，初令三公、尚書入奏事。其八座，具歷代尚書中。二漢皆屬少府。蔡質漢儀曰：「凡三公、列卿、將、大夫、五營校尉行複道中，遇尚書令、僕射、左右丞郎、御史中丞、侍御史，皆引車先相迴避〔八一〕，衛士傳不得迕臺官〔八二〕，臺官過，乃得去。」至晉、宋以來，尚書官上朝及下，禁斷行人，猶其制也。魏置中書省，有監、令，遂掌機衡之任，而尚書之權漸減矣。晉以後，所掌略同。八座、丞、郎初拜，並集都省交禮〔八三〕；遷職〔八四〕，又解交，本漢制也。至於晉、宋，唯八座解交，丞、郎不復解交也。梁陸杲遷尚書殿中曹郎〔八五〕，拜日，八座、丞、郎並到上省交禮。而呆至晚，不及時刻，坐免官。宋曰尚書寺，居建禮門內，亦曰尚書省，令若闕〔八六〕，則左僕射爲省主。亦謂之內臺。每八座以下入寺，門生隨入者各有差，不得雜以人士。凡尚書官，大罪則免，小罪則遣出；遣出者百日無代人，聽還本職。宋顧琛爲庫部郎，以宗人顧碩頭寄尚書張茂度門名〔八七〕，而與碩頭同席坐〔八八〕，琛坐此遣出。又宋志曰〔八九〕：「今朝士詣三公，尚書丞郎詣令、僕射，尚書丞郎並門外下車履〔九〇〕，度門閾，乃納履也。」其令及二僕射出行分道之制，與中丞同。令、僕各給威儀十八人。說在御史大夫篇。自晉以後，八座及郎中多不奏事。梁天監元年，詔曰：「自禮闈陵替，歷茲永久，郎署備員，無取職事。糠粃文案，貴尚虛閑。空有趨墀之名，了無握蘭之實。曹郎可依昔奏事。」自是始奏事矣。又詔：「尚書中有疑事，先於朝堂參議，然後啓聞。」舊尚書官不以爲贈，唯朱异卒，特贈右僕射，武帝寵之故也。故周捨問劉杳〔九一〕：「尚書官著紫荷橐〔九二〕，相傳云挈囊，竟何所出？」答曰：「張安世傳云〔九三〕：『持橐簪筆〔九四〕，事武帝數十年。』注云：橐，囊也〔九五〕。近臣簪筆〔九六〕，以待顧問。」自魏、晉重中書之官，居喉舌之任，則尚書之職稍以疏遠。至梁、陳，舉國機要悉在中書，獻納之任又歸門下，而尚書但聽命受事而已。後魏天興元年，置八部大夫於皇城四方、四維〔九七〕，面置一人，以擬八座，謂之八國常侍〔九八〕，各有屬官。分尚書三十六曹及諸外置〔九九〕，令大夫主之。崔玄伯通署三十六曹，如令、僕統事。四年，又復尚書三十六曹。天賜元年〔一〇〇〕，復罷尚書三十六曹，別置武歸、修勤二職，分主省務。武歸比郎中，修勤比令史。至神䴥元年，始置僕射、左右丞及諸曹尚書十餘人，各居別寺。舊例，尚書簿，諸曹須，即出借。任城王澄爲尚書時〔一〇一〕，公車署以理冤事重〔一〇二〕，奏請真案〔一〇三〕。澄執奏，以爲：「尚書政本，特宜遠慎，故凡所奏事〔一〇四〕，閣道通之〔一〇五〕，蓋以祕要之切，防其宣露。寧有古制所重，今反輕之？宜盡寫其事意〔一〇六〕，以付公車〔一〇七〕。」詔從之。北齊尚書省亦有録、令、僕射，總理六尚書事，謂之都省〔一〇八〕，亦謂之北省。後濟南王以太子監國〔一〇九〕，立大都督府，與尚書省分理衆事，仍開府置佐。顯祖特崇此官，以趙郡王守侍中〔一一〇〕，攝大都督府長史。後周無尚書。隋及唐皆有，其制略同，凡尚書省事無不總。龍朔二年，改尚書省爲中臺；咸亨初，復舊。光宅元年，改爲文昌臺。垂拱元年，又改爲都臺〔一一一〕。長安三年，又改爲中臺。神龍初，復爲尚書省。亦謂之南省。都堂居中，左右分司。舊尚書令有大廳，當省之中，今謂之都堂。都堂之東，有吏部、户部、禮部三行，每行四司，左司統之。都堂之西，有兵部、刑部、工部三行，每行四司，右司統之。凡二十四司，分曹共理，而天下之事盡矣。故事，叔父兄弟不許同省爲郎官，格令不載，亦無正敕。貞觀二年十一月，韋叔謙除刑部員外郎〔一一二〕；三年四月，韋季武除主爵郎中；其年七月，韋叔諧除庫部郎中，太宗謂曰：「知卿兄弟並在尚書省，故授卿此官，欲成一家之美。無辭，稍屈階資。」其後同省者甚多。近日非特恩除拜〔一一三〕，即須相迴避，當以准令。同司曹判及勾檢之官〔一一四〕，不得用大功以上親；若制敕授者，即申所司，從早改擬，遂同省别司亦罷也。左、右僕射各一人。總統省事。左丞一人，掌轄吏部、户部、禮部十二司事。右丞一人，掌轄兵部、刑部、工部十二司事。左、右司郎中各一人，員外郎各一人，各掌付左右丞所管諸司事。尚書六人，吏、户、禮、兵、刑、工六部各一人。侍郎九人，吏部、户部、兵部各二人，餘各一人。郎中二十八人，吏部、户部、兵部、刑部各二人，餘各一人，并左、右司則三十人。員外郎二十九人，吏、户、兵、刑四部及司勳各二人，餘司各一人，并左、右司共三十一人。都事六人。以下各有差。

五代時，尚書都省在興國坊，今梁太祖舊第。

宋太平興國中，徙於利仁坊孟昶舊第，頗爲宏麗〔一一五〕，中設都堂、左右丞、左右司、郎中員外郎廳〔一一六〕，東西廊分設尚書侍郎廳事二，郎中員外廳事六。掌施行制命〔一一七〕，舉省内綱紀程式，受付六曹文書，聽内外辭訴，奏御史失職，考百官府之治〔一一八〕，以詔廢置、賞罰。曰吏部，曰户部，曰禮部，曰兵部，曰刑部，曰工部，皆隸焉。凡天下之務，六曹所不能與奪者，總而决之；應取裁者，隨所隸送中書省、樞密院。事有成法，則六曹准式具鈔，令、僕射、丞檢察簽書，送門下省畫聞。審察吏部注擬文武官及封爵承襲、賜勳定賞之事。朝廷有疑事，則集百官議其可否。凡更改申明敕令格式、一司條法，則議定以奏覆，太常、考功謚議亦如之。季終，具賞罰勸懲事付進奏院，頒行於天下。大祭祀則誓戒執事官。設官九：尚書令、左右僕射、左右丞、左右司郎中、員外郎各一人。分房十：曰吏房，曰户房，曰禮房，曰兵房，曰刑房，曰工房，各視其名而行六曹諸司所上之事；曰開拆房，主受遣文書；曰都知雜房，主行進制敕目〔一一九〕、班簿具員，考察都事以下功過遷補；曰催驅房，主考督文牘稽違；曰制敕庫房，主編檢敕、令、格、式，簡納架閣文書。紹聖元年〔一二〇〕，詔在京官司所受傳宣、内降〔一二一〕，隨事申尚書省或樞密院覆奏。又詔尚書都省彈奏六察御史〔一二二〕，糾不當者。

石林葉氏曰：「元豐既新官制，建尚書省於外，而中書、門下省，樞密、學士院，設於禁中，規模極雄麗。其照壁屏下，悉用重布，不紙糊。尚書省及六曹皆書周官。兩省及後省，樞密、學士院，皆郭熙一手畫，中間甚有傑然可觀者，而學士院畫春江曉景爲尤工。後兩省除官未嘗足，多有空閑處，看守老卒以其下有布，往往竊毁盗取。徐擇之爲給事中，時有竊其半屏者，欲付有司，會竊處有刃痕，議者以禁廷經由，株連所及多，遂止。然因是毁者寖多，亦可惜也。」

録尚書

漢武帝時，左右曹諸吏分平尚書奏事，知樞要者始領尚書事。張安世以車騎將軍、霍光以大將軍、王鳳以大司馬、師丹以左將軍，並領尚書事。張安世領尚書事，職典樞機，以謹慎周密自著。每言大政〔一二三〕，已決，輒移病出。聞有詔命，乃驚，使吏之丞相府問焉。每朝廷大臣莫知與議也〔一二四〕。又孔光字子夏，領尚書，凡典樞機十餘年，守法度，修故事〔一二五〕，不希旨苟合〔一二六〕。或問温室、省中樹皆何木也，光答以他語，其謹密如此。後漢章帝以太傅趙憙、太尉牟融並録尚書事。尚書有「録」名，蓋自憙、融始，亦西京領尚書之任，唐、虞大麓之職也。和帝時，太尉鄧彪爲太傅録尚書事〔一二七〕，猶古冢宰總己之義，薨輒罷之〔一二八〕。自魏、晉以後，亦公卿權重者爲之，職無不總。蜀蔣琬字公琰，爲録尚書事。晉宗室會稽王道子及世子元顯並録尚書事，時道子爲「東録」，元顯爲「西録」。晉康帝時，何充讓録表曰：「咸康中〔一二九〕，分置三録，王導録其一，荀崧、陸曄各録一條事〔一三〇〕。」晉江右有四録，則四人參録也。江右張華、江左庾亮並經關上書七條。凡重號將軍、刺史皆得命曹授用〔一三一〕，唯不得施陳及加節〔一三二〕。宋孝武孝建中，不欲威權外假，省録；大明末復置。此後或置或省。齊世，録尚書及尚書令並總領尚書臺二十曹，爲内臺主，行遇諸王以下皆禁駐，號爲「録公」。齊明帝爲宣城王，録尚書。廢帝昭業思燕魚，太官以無「録公」命，不與〔一三三〕。高帝崩，遺詔以褚彦回録尚書事。江左以來，無單爲録者，有司擬立優策，王儉議宜有策書，乃從之。王儉議以爲：「見居本官，別拜録，推理應有策書，而舊事不載。中朝以來，三公、王侯則優策並設，官品第二〔一三四〕，策而不優。優者，褒美；策者，兼明委寄。尚書職居天官，政化之本，故尚書令品雖第三，拜必有策。録尚書品秩不見，而總任彌重，前代多與本官同拜，故不別有策。即事緣情不容均之。凡僚宜有策書，用申重寄，既異王侯，不假優文。」從之。北齊録尚書一人，位在令上，掌與令同，俱不糾察。自隋而無。

尚書令

秦置尚書令。尚，主也。漢因之。銅印青綬。武帝用宦者，更爲中書謁者令。成帝去中書謁者令官，更以士人爲尚書令。時弘恭、石顯相繼爲中書令，專權邪僻。前將軍蕭望之領尚書事，建言以爲：「尚書百官之本，國家樞機，宜以通明公正處之。武帝遊宴後庭，故用宦者，非古制也。宜罷中書宦官。」後漢衆務悉歸尚書，三公但受成事而已。尚書令主贊奏事，總領紀綱，無所不統，與司隸校尉、御史中丞朝會皆專席而坐，京師號曰「三獨坐」。故公爲令、僕射者，朝會不陛奏事。天子封禪，則尚書令奉玉牒檢兼藏封之禮。後漢光武以侯霸爲尚書令，每春帝下寬大之詔〔一三五〕，奉四時之令〔一三六〕，皆霸所建也。郭伋還尚書令，處職機密，數納忠諫。陳忠爲尚書令，前後所奏，悉條於南宮閣上，以爲故事。鄭弘爲尚書令，亦著於南宮，以爲故事。郭賀字喬卿，爲尚書令，百姓歌之曰：「厥德仁明郭喬卿，忠政朝廷上下平。」又左雄字伯豪，爲尚書令。自雄任尚書令〔一三七〕，天下不敢謬選，十餘年間稱爲得人；自雄掌納言，多所正肅〔一三八〕。沈勳字異徵，詣南宮，賜酒，拜尚書令；持節臨辟雍，名冠百僚。荀彧字文若，爲尚書令，居中持重，焚毀故案〔一三九〕，奇策密謀不得盡聞；又舉荀攸可以代己。後攸爲尚書令，亦推賢進士。魏武帝曰：「二荀令之論人，久而益信，没世不忘。」魏、晉印綬與漢同，冠進賢兩梁，納言幘，五時朝服，佩水蒼玉。受拜則策命之，以在端右故也。薨，於朝堂發哀。陳矯字季弼，爲尚書令。魏明帝卒至尚書門，矯跪問曰：「陛下欲何之？」帝曰：「欲案行文書耳。」矯曰：「此臣職分，非陛下所宜臨也。若臣不稱職，則請就黜。」帝慚而迴。又晉樂廣爲尚書令，無當時稱，爲後人所思。又太熙元年詔曰：「夫總百揆之得失，管王政之開塞者，端右之職也。是以自漢代以來，慎選其人。議郎王戎可爲尚書令。」又衛瓘字伯玉，拜尚書令，性嚴憚，以法御下，視尚書若參佐，尚書郎若掾屬〔一四〇〕。又熊遠啟曰〔一四一〕：「伏見吏部以太尉荀組爲尚書令，復領荆州牧。自三代以來，未聞以納言之官而出領牧伯者。」王彪之字叔虎，爲尚書令，與謝安共掌朝政。安每稱曰：「朝之大事，衆不能決者，諮之王公，無不立判〔一四二〕。」魏、晉以下，任總機衡，事無大小，咸歸令、僕。宋孝建元年，詔曰：「尚書，百官之元本，庶績之樞機。丞、郎、列曹，局司有任。自頃事無巨細〔一四三〕，悉歸令、僕，非所以群能濟業也〔一四四〕。可更明體制〔一四五〕，責厥成也。」齊、梁舊用左僕射美遷司空。謝朏字敬冲〔一四六〕，徵爲司徒、尚書令，朏辭脚疾不堪朝謁，仍角巾肩輿〔一四七〕，詣雲龍門謝。既見，乘小車就席。梁、陳並有之。後魏、北齊掌彈糾見事，與御史中丞更相廉察。隋亦總領衆務。唐尚書令朝服鷩冕，八旒七章，三梁冠。武德初，太宗爲秦王時嘗居之，其後人臣莫敢當，故自龍朔三年制廢尚書令〔一四八〕。至廣德中，郭子儀勳業既盛，乃特拜焉。子儀以文皇帝故，讓不敢受。令在唐爲正二品，朱梁置爲正一品。

宋淳化三年，升在三師上。掌佐天子議大政，奉所出命令而行之。其屬有六曹，凡庶務皆會而決之。凡官府之紀綱程式，無不總焉。大事三省通議，則同執政官合班；小事尚書省獨議，則同僕射、丞分班輪奏。若事由中書、門下而有失當應奏者，亦如之。與三公、三師、侍中、中書令俱以册拜。自建隆以來不除，惟親王元佐、元儼以使相兼領，不與政〔一四九〕。政和二年，詔：「尚書令，太宗皇帝曾任，今宰相之官已多，不須置。」然是時説者以謂爲令者唐太宗也，熙陵未嘗任此，蓋時相蔡京不學之過。宣和七年詔復置令〔一五〇〕，亦虚設而已。

容齋隨筆論三省長官。見中書令門。

僕射

僕射，秦官。漢因之，自侍中、尚書、博士、郎皆有之。古者重武官，有主射以督課。古者重武官，以善射者掌事〔一五一〕，故曰僕射。僕射者，僕役於射也。一云僕，主也。軍屯吏、騶、宰、永巷宮人皆有，取其領事之號。凡此諸官，皆有僕射，隨所領之事以號也。若軍屯吏則曰軍屯僕射，永巷則曰永巷僕射。成帝建始元年，初置尚書五人，以一人爲僕射，主封門，掌授廩假錢穀。鄭崇字子游，爲尚書僕射，數直諫諍。每見，曳革履，上笑曰：「我識鄭尚書履聲。」後漢尚書僕射一人，署尚書事，令不在，則奏下衆事，印綬與令同。自漢以下，章服並與令同。獻帝建安四年，以執金吾榮邵爲左僕射〔一五二〕，衛臻爲右僕射。僕射分置左右〔一五三〕，蓋自此始。經魏至晉，迄於江左〔一五四〕，省置無恒。置二，則爲左、右僕射；或不兩置，但曰尚書僕射。令闕，則左爲省主；若左、右並闕，則置尚書僕射以主左事，置祠部尚書以掌右事，則尚書僕射、祠部尚書不恒置矣。若無令，則左僕射爲省主，與令同。若左、右並闕，則直置僕射，在其中間，總左、右事。宋尚書僕射勝右減左，右居二者之間〔一五五〕。僕射職爲執法，置二則爲左、右執法〔一五六〕，又與尚書分領諸曹，兼掌彈舉。齊左、右僕射行則分道。左僕射領殿中、主客二曹，掌諸曹、郊廟、園陵、車駕行幸、朝議〔一五七〕、臺內非違、文官舉補滿叙疾假事。其諸吉慶、瑞應、衆賀、災異、賊發〔一五八〕、衆變、臨軒策命〔一五九〕、改號格制〔一六〇〕、莅官銓選〔一六一〕，凡諸除署、論功、封爵、貶黜〔一六二〕、八議〔一六三〕、疑讞通關案，則左僕射主，右僕射次經之。右僕射領祠部、儀曹。掌諸曹庫藏穀帛，文武廩給，諸軍資差量人役百工，死病亡叛討捕，考剔非違，租布税調，理船車兵器。其祠部郊廟，喪贈，儀曹儀典禮學，武官除署，移并城邑〔一六四〕、人户復除，家宅田地興工創架運寫，拘慮刑獄聽訟〔一六五〕，百工免遣〔一六六〕，通關及案奏事，則右僕射主，左僕射次經之。黄案，左僕射上署，右僕射次署。凡僕射掌朝軌，尚書掌讞奏〔一六七〕，都丞任在彈違。諸詳讞事，應須命議相值者〔一六八〕，皆郎先立意。應奏黄案及關事，以立意官爲議主。凡辭訴有慢命者，曹掾咨如舊〔一六九〕。若或命有咨〔一七〇〕，則以其主意者爲議主〔一七一〕。齊、梁舊制，右僕射遷左僕射，左僕射美遷令，其僕射處於中。陳亦然。後魏二僕射，左居上，右居下。令、僕、中丞騶唱而入宮門，至於馬道〔一七二〕。及郭祚爲僕射〔一七三〕，以爲非盡敬之宜，乃奏請：御在太極，騶唱至止車門；御在朝堂，止司馬門。騶唱不入宮，自此始也。又尒朱仲遠爲行臺僕射〔一七四〕，請准朝式，在軍鳴騶，廢帝笑而許之，其肆情如此。北齊僕射職爲執法，置二則爲左、右僕射，皆與令同，左糾彈而右不糾彈。隋文帝開皇三年，詔：「左、右僕射從二品。左掌判吏部、禮部、兵部三尚書，御史糾不當者，兼糾彈之。右掌判都官、度支、工部三尚書，又知用度。餘並依舊。」楊素爲右僕射，與高熲專掌朝政。後文帝漸疏忌素，詔曰：「僕射，國之宰輔，不可躬親細務，但三五日一度向省，評論大事。」外示崇重〔一七五〕，實奪其權也。終仁壽之末，不復通判省事〔一七六〕。唐左、右二僕射因前代，本副尚書令。自尚書令廢闕，二僕射則爲宰相。故太宗謂房玄齡、杜如晦曰：「公爲僕射，當洞開耳目，訪求才賢，是謂宰相洪益之道。今以決辭聽訟不暇，豈助朕求賢之意？」乃令尚書細務悉委於兩丞，其冤濫大故當奏聞者，則關於僕射。及貞觀末，除拜僕射，必加「同中書門下平章事」及「參知機務」等名，方爲宰相，不然則否。然爲僕射者，亦無不加焉。至開元以來，則罕有加者。自開元以來，始有單爲僕射不兼宰相者。初，龍朔二年，改左、右僕射爲左右匡政〔一七七〕。咸亨元年〔一七八〕，復舊，官品第四。上元三年閏五月制：尚書省頒下諸州府〔一七九〕，並宜用黄紙。武太后改二僕射爲文昌左、右相，進階爲從三品，尋復本階。神龍初，復爲左、右僕射。二年九月，敕門下及都省，宜曰別録制敕，每三月一進〔一八〇〕。開元元年，改爲左、右丞相，從二品。

統理衆務，舉持綱目，總判省事，二年四月，敕：「在京有訴寃者，並於尚書省陳牒所司爲理。若稽延致有屈滯者，委左丞及御史臺訪察聞奏。如未經尚書省，不得輒於三司越訴。」御史糾不當者，兼得彈之。至天寶元年，復舊。

議曰：「按僕射秦官，其任則微〔一八一〕，其職甚細。東漢以後，雖委任漸重，職司會府，而非百寮師長之職也。又按丞相亦秦官，秦氏每群臣上表，皆云丞相臣某爲首。漢之宗臣蕭何爲丞相。漢儀，丞相進，天子御座爲起，在輿爲下；有疾，法駕至第問。得戮二千石，申屠嘉欲斬内史鼂錯是也。霍光受顧託之重，當伊、周之地，廢昌邑王，上表太后，『丞相臣敞』爲首，『大司馬、大將軍臣光』次之。其尊崇如此。中間嘗置左、右丞相，亦嘗改爲相國，亦爲大司徒。大抵漢之丞相，是爲三公，於天下無所不統。後漢亦以三公爲宰相，則司徒本西漢丞相也。後或爲丞相，或爲相國，或爲大丞相，雖互爲之名，其實一也。曹公、司馬師昭、趙王倫、王敦、王導、劉義宣、齊高帝、梁武帝、爾朱榮、侯景、陳武帝、齊獻武、隋文帝皆爲之。歷代多非尋常人臣之職，亦爲贈官〔一八二〕。然自秦以降，實居百寮之長。今尚書令總領衆務，舉持綱目，僕射貳之，誠爲崇重。且非統國政，宰天下之任，宜侍中、中書令。如直以尊崇則太師，不然上公、太尉始可師長命百僚也。龍朔中、天寶初，嘗改侍中、中書令爲左右相，遠協伊尹、仲虺爲左右相，周公、召公相成王爲左右之義，斯誠允當。或謂尚書令〔一八三〕、僕射、録尚書之職，是官之師長。按前代録尚書霍光、張安世、王鳳、趙憙、牟融、鄧彪、張禹、李固、王導、褚彦回、齊明帝之徒，或是丞相，或是三公，或是大將軍、大司馬兼之，皆秉朝政，猶古冢宰，百官總己，實宰輔也，其時别自有令、僕。今僕射雖嘗改爲丞相，名同而職異，品秩又未崇極，上有三師、三公、尚書令七人，豈得比前代丞相受任也？其襲舊名無實者，若今刺史皆云使持節，按前代使持節，得戮二千石；其王公以下封國，皆南面臣人，分茅建社；其開府儀同三司，則禮數班秩皆如三公，置府辟吏。今並豈有其實乎〔一八四〕？此例甚衆，不能遍舉。安有僕射因改丞相之名，都無丞相之實，而爲百僚師長也？又與丞、郎絶禮，若不隔品致敬，則諸司長官與隔品寮屬，其可絶禮乎？斯不然矣。

宋制，左、右僕射掌佐天子議大政，貳令之職，與三省長官皆爲宰相之任。元豐官制行，不置侍中、中書令，以左僕射兼門下侍郎，右僕射兼中書侍郎，行侍中、中書令職事，寄禄爲特進。政和中，詔曰：「昔神考訓迪厥官，有司不能奉承。仰惟前代以僕臣之賤，充宰相之任。可改左僕射爲太宰，右僕射爲少宰。」靖康元年，詔依元豐舊制〔一八五〕，復爲左、右僕射〔一八六〕。乾道八年，詔左、右僕射依漢制，改爲左、右丞相。

左右丞

秦置尚書丞一人〔一八七〕，屬少府。漢因之，至成帝建始四年，置丞四人。及後漢光武，始減其二，唯置左、右丞，佐令、僕之事，臺中紀綱無所不統。左丞主吏民章報及騶伯史〔一八八〕。黄香字文彊，拜左丞〔一八九〕，功滿當遷，和帝留，增秩，後拜尚書，遷僕射。右丞與僕射皆掌授廩假錢穀，又假署印綬及紙筆墨諸財用庫藏。楊喬爲右丞，行值太常辛柔，柔不避車，喬奏柔不敬，下廷尉。左、右丞闕，以次夕郎補之，三歲爲刺史。漢御史中丞、侍御史行複道中，遇尚書及丞、郎，避車執板住揖〔一九〇〕，丞、郎坐車舉手禮之，車過遠，乃去。尚書言左、右丞〔一九一〕，敢告知如詔書律令。郎見左、右丞，對揖無敬，稱曰左、右君。丞、郎見尚書，執板揖〔一九二〕，稱曰「明時」〔一九三〕。郎見令、僕，執板拜〔一九四〕，朝賀對揖〔一九五〕。魏、晉左右丞，銅印青黑綬，進賢一梁冠，介幘，絳朝服。左丞主臺内禁令、寢廟祠祀、朝儀禮制、選用署吏〔一九六〕、急假兼糾彈之事〔一九七〕。傅咸答辛曠詩序曰：「尚書左丞，彈八座以下，居萬機之會，乃皇朝之司直，天臺之管轄。」又郄詵爲左丞，奏推吏部尚書崔洪。洪曰：「我舉郄丞，而還奏我，此挽弓自射之謂。」右丞掌臺内庫藏、廬舍，凡諸器用之物及刑獄兵器，督録遠道文書章表奏事。宋因之，而右丞亦主錢穀，虞玩之字茂瑤，宋元徽中爲右丞。齊高帝參政，與玩之書曰：「今漕藏有闕，吾賢居右丞，已覺金粟可積矣。」皆銅印黄綬。齊左丞掌寢廟郊祀〔一九八〕、吉慶瑞應、災異、立作格制、諸案彈、選用除置〔一九九〕、吏補滿除遣。任遐爲左丞〔二〇〇〕，奏御史中丞陸澄不糾事，請免其官。視中書郎遷黄門郎。右丞掌兵士百工補役死叛考代、年老疾病解遣〔二〇一〕，其内外諸庫藏穀帛，刑辠創業争訟〔二〇二〕，田地船乘，禀拘兵工死叛〔二〇三〕，考剔討捕，差分百役，兵器，諸營署人領，州郡租布，民户移徙，州郡縣併帖，城邑人户割屬，刺史二千石令長丞尉被收及免贈，文武諸犯削官事。白案則右丞上署，左丞次署。黄案則左丞上署，右丞次署。諸立格制及詳讞大事，郊廟朝廷儀體，亦左丞上署，右丞次署。梁皆銅印黄綬，一梁冠。左丞掌臺内分職儀、禁令、報人章，督録近道文書章表奏事，糾諸不法。凡諸尚書文書詣中書省者〔二〇四〕，密事皆以契刀囊盛之〔二〇五〕，封以左丞印〔二〇六〕。劉洽字義瓘，爲左丞，準繩不避貴戚，尚書省賄賂莫敢通。右丞掌臺内藏及廬舍，凡諸器用之物，督録遠道文書章表之事〔二〇七〕。陳因之。後魏、北齊左丞爲上階，右丞爲下階。北齊左丞掌吏部等十七曹，吏部、考功、主爵、殿中、儀曹、三公、祠部、主客、左右中兵、左右外兵、都官、二千石、度支、左右户。并糾彈見事；又主管轄臺中違失，並糾駁之。崔昂除左丞，兼度支尚書。左丞兼尚書，近代未有，唯昂爲冠首，朝野榮之。右丞掌駕部等十一曹，駕部、虞曹、屯田、起部、都兵〔二〇八〕、比部、水部、膳部、倉部、金部、庫部。亦管轄臺中，唯不彈糾，餘悉與左同。隋左、右丞掌分尚書諸司糾駁。元壽字長壽，爲尚書左丞。蕭摩訶妻患將死，奏令其子向江南收家產。壽奏劾之曰：「摩訶遠念資財，近忘匹好，令其子捨危惙之母，爲聚斂之行。御史韓微之等見而不彈〔二〇九〕，請付大理。臣忝居左轄，無容寢默。」唐因隋制。龍朔二年，改爲左、右肅機，咸亨元年復舊〔二一〇〕。左丞掌管轄諸司，糾正省內，勾吏部、户部、禮部等十二司，通判都省事。右丞掌管兵部、刑部、工部等十二司，餘與左丞同。

宋制，左、右丞掌參議大政，通治省事，以貳令、僕射之職。僕射輪日當筆，遇假故，則以丞權當筆、知印。大祭祀酌獻，薦饌進熟，則受爵酒以授僕射。舊班六曹尚書下，官制行，升其秩爲執政官。元豐五年五月，詔左右僕射、丞合治省事。是月，御史言：「左、右丞蒲宗孟、王安禮於都堂下馬，違法犯分。」安禮争論帝前，以謂今左、右丞爲執政官，不應又有厚薄。左、右丞於都堂上下馬，自此始。元祐元年，詔：「本省應受御札事大者，送中書省取旨。事小急速，止本省行訖奏知，仍關報中書門下。其未便者，聽執奏。」又六曹擬鈔，左、右丞簽書，僕射書檢〔二一一〕。又事有條例不至大者，六曹長官專決，非六曹所能決者申省。常程及訟牒，止付左、右丞。初，藝祖既因唐制置宰相，復用翰林學士陶穀之言，命薛居正、沈義倫爲參知政事〔二一二〕，以爲宰相趙普之貳。官制行，罷參知政事，以門下中書侍郎、尚書左右丞爲執政。時章惇以前參知政事除門下侍郎，張璪以參知政事除中書侍郎，蒲宗孟、王安禮自翰林學士除尚書左、右丞云。元豐寄禄爲光禄大夫。建炎三年，詔中書、門下二侍郎並復改爲參知政事，廢尚書左、右丞。

左右司郎中員外郎

隋煬帝三年，於尚書都省初置左、右司郎二人，品同諸曹郎，從五品，掌都省之職。唐貞觀二年，改爲郎中。龍朔二年，改爲左右丞務〔二三〕。咸亨元年復舊〔二四〕。令掌副左、右丞所管諸司事，省署鈔目〔二五〕，勘稽失，知省内宿直，判都省事。若右司不在，則左併行之；左司不在，右亦如之。員外郎，武后永昌元年置，與郎中分掌曹務。神龍元年省，二年復置。

宋制，左司郎中、右司郎中、左司員外郎、右司員外郎各一人，掌受付六曹之事，而舉正文書之稽失，分治省事：左司治吏、户、禮、奏鈔、班簿房，右司治兵、刑、工、案鈔房，而開拆、制敕、御史、元豐六年，都司置御史房，主行彈糾御史案察失職。催驅、封樁、印房則通治之〔二六〕，有稽滯，則以期限舉催。初，於都司置吏設案，而議者謂臺郎宰掾不當自爲官司，遂隨省房分治所領之事，惟置手分〔二七〕、書奏各四人，主行校定省吏都事以下功過及遷補之事。元豐七年〔二八〕，都司御史房置簿，以書御史六察官糾劾之多寡當否爲殿最〔二九〕，歲終取旨陞黜。紹聖元年，詔都司以歲終點檢六曹稽違最多者〔三〇〕，具郎官姓名上省取旨。二年，詔御史臺察六曹稽緩違失者，送左司籍記〔三一〕。宣和二年，左司員外郎王蕃奏：「都司以彌綸省闥爲職，事無不預。今宰、丞入省，諸房文字填委，次第呈覆，自朝至於日中，或昏暮僅絶，其勢不暇一一檢閲細故，而省吏往禀宰丞請筆〔三二〕，以草檢，令承從官齎赴郎官廳落日押字。謂宜遵守元豐及崇寧舊法，諸房各具簽貼，先都事、次點檢、次郎官押訖〔三三〕，赴宰丞請筆行下〔三四〕。」於是詔曰：「先帝肇正三省，詔給、舍〔三五〕、都司以贊省務。今都司寖以曠官，緣省吏强悍，敢肆侵侮。自今違法事，其左右司官勿書，具事舉劾〔三六〕，情重者竄責。」元豐寄禄爲朝議大夫。

校勘記

〔一〕領主書十人　「書」，隋書卷二六百官志上作「事」。

〔二〕曰主事房　宋史卷一六一職官志一同。宋會要職官三之五、三之一六「主」作「生」；三之二六又有「主事房」。

〔三〕中書監令始於此也　「令」字原脱，據晉書卷二四職官志、通典卷二一職官三補。

〔四〕即亦迴附向之　「迴附」，三國志卷一四蔣濟傳作「因時而」。

〔五〕再呈不可意　「呈」原作「至」，據三國志卷二八鍾會傳裴注引世語、初學記卷一一引郭頒魏晉世語改。

〔六〕時成事多不洩　「成」，通典卷二一職官三作「戎」。

〔七〕是以人固其位　「固」原作「因」，據通典卷二一職官三改。

〔八〕又王洽字敬和　「敬和」原作「敬弘」，據晉書卷六五王洽傳改。

〔九〕後復爲内史　通典卷二一職官三「史」下有「令」字。

〔一〇〕今皇基初構　「皇基」原作「黄閤」，據舊唐書卷六三蕭瑀傳改。唐會要卷五四中書省作「皇階」。

〔一一〕比每受一敕　「比」原作「此」，據舊唐書卷六三蕭瑀傳、通典卷二一、唐會要卷五四中書省改。

〔一二〕大曆二年升爲從二品　「從」，舊唐書卷四三職官志二作「正」。

〔一三〕持册及璽綬以授太子　「持册」二字原脱，據宋史卷一六一職官志一、宋會要職官三之六補。

〔一四〕則詣御座前進方鎮表及祥瑞　「進」，宋史卷一六一職官志一、宋會要職官三之六作「奏」。

〔一五〕然止曹佾　按容齋三筆卷一二兼中書令載，以他官兼中書令者，不止曹佾。

〔一六〕趙韓王普　「趙韓王」原作「趙韓公」，據元本、慎本、馮本、容齋隨筆卷一二三省長官改。下同。

〔一七〕韓魏王琦　「韓魏王」原作「韓魏公」，據容齋隨筆卷一二三省長官改。下同。

〔一八〕按此句所述共十六人，疑文中「十五人」當作「十六人」。

〔一九〕張華遷長史兼中書郎　「長」原作「掌」，據元本、慎本、馮本、晉書卷三六張華傳改。「史」字原脱，據上引張華傳補。

〔二〇〕舊制正四品　通典卷二一職官三「品」下有「上」字。

〔二一〕至大曆二年升從三品　通典卷二一職官三同，舊唐書卷四三職官志二、唐會要卷五四中書侍郎「從」作「正」。

〔二二〕授所宣詔旨而奉行之　「奉行」，宋史卷一六一職官志一、宋會要職官三之六無「行」字。

〔二三〕入直閤内　「閤」原作「門」，據通典卷二一職官三改，宋書卷四〇百官志下亦曰「舍人直閤内」。

〔二四〕齊永明初　「永明」原作「永平」，據初學記卷一一引蕭景暢齊書改。

〔二五〕又熒惑入太微　唐六典卷九同，初學記卷一一「太微」作「紫微」。

〔二六〕天文乖誤　「誤」，初學記卷一一、唐六典卷九作「迕」。

〔二七〕裴子野以中書侍郎鴻臚卿兼中書通事舍人　「兼」上原衍「掌」字，據梁書卷三〇裴子野傳、初學記卷一一删。

〔二八〕壽春郡王成器兄弟五人初出閤　「成器」原作「盛器」，據舊唐書卷一九〇文苑傳上、册府元龜卷五五一、唐會要卷五五中書舍人改。

〔二九〕中書舍人王勮　「王勮」原作「王勃」，據舊唐書卷一九〇文苑傳、册府元龜卷五五一、唐會要卷五五中書舍人改。

〔三〇〕開元二年十一月　「十一」，唐會要卷五五中書舍人作「十二」。

〔三一〕無一頭商量事　通典卷二一職官三同，唐會要卷五五中書舍人「無一頭」作「每一人」。

〔三二〕連狀同進　通典卷二一職官三同，唐會要卷五五中書舍人「狀」作「本狀」。

〔三三〕望於兩狀復略言二理優劣　通典卷二一職官三同，唐會要卷五五中書舍人「復」作「後」。

〔三四〕遂令書録委之堂後人　「人」原作「又」，據通典卷二一職官三改。

〔三五〕元豐五年　「五」，宋會要職官三之一五作「四」。

〔三六〕及試吏校其功過　宋史卷一六一職官志一同，宋會要職官三之一五「其」作「定録事以下」。

〔三七〕六員爲額　「爲額」二字原脱，據宋會要職官一之七八補。

〔三八〕一員領吏房左選及兵工房　「左選」二字原脱，據宋會要職官一之七八補。

〔三九〕一員領吏房右選及禮刑房　下「房」字，宋會要職官一之七八作「上下房」。

〔四〇〕壁　原作「璧」，據宋史卷三九八李壁傳改。

〔四一〕段拂居官時　「段」原作「殿」，據容齋三筆卷四外制之難改。

〔四二〕昔堯試舜　通典卷二一職官三「試」下有「命」字。

〔四三〕漢高帝偃武修文　「修」，後漢書百官志二注引荀綽百官志表注作「行」。

〔四四〕後漢謁者僕射爲謁者臺率　「率」原作「士」，據後漢書百官志二改。

〔四五〕主謁者　「謁者」原脱，據後漢書卷四和帝紀李賢注引續漢書、後漢書百官志二補。

〔四六〕太守令長坐者凡七十人　「坐」原作「留」，據後漢書卷八一獨行傳改。

〔四七〕順帝改用府掾有清名威重者　後漢書百官志一注引應劭漢官儀，「府掾」上有「公解」二字。

〔四八〕僕射一人　「一人」原脱，據隋書卷二六百官志上補。

〔四九〕朝會擯贊　「擯」原作「賓」，據隋書卷二六百官志上改。

〔五〇〕持節策受　「策」，隋書卷二八百官志下作「察」。

〔五一〕又增爲二十四員　「二」，唐六典卷九作「三」。

〔五二〕而禁中之書時或有焉　「禁」原作「掌」，據舊唐書卷四三職官志二、通典卷二一職官志三改。

〔五三〕七年於麗正殿安置　「七年」二字原脱，據舊唐書卷四三職官志二、唐六典卷九補。

〔五四〕至十三年　「十三」原作「十二」，據舊唐書卷四三職官志二、唐六典卷九改。

〔五五〕燕國公張説爲中書令知院事　「事」原作「制」，據舊唐書卷四三職官志二、卷九七張説傳改。職官分紀卷一五引韋述集賢記注亦曰「説知院事」。

〔五六〕以右常侍徐堅副之　唐六典卷九同，舊唐書卷四三職官志二、卷一〇二徐堅傳、新唐書卷一九九儒學傳中，「右」皆作「左」。

〔五七〕修撰官校理官同直學士　「同」原作「司」，據唐六典卷九改。

〔五八〕學士以給諫卿監以上充　「諫」原作「監」，據麟臺故事卷四官聯改。

〔五九〕自後顯著　「著」原作「者」，據元本、慎本、馮本、通典卷二一職官三改。

〔六〇〕具太史局　「具」原作「直」，據元本、慎本、馮本、通典卷二一職官三改。

〔六一〕至貞觀三年閏十二月　「閏」原作「間」，據通典卷二一職官三、唐會要卷六三史館移置改。

〔六二〕史館諫議大夫尹愔遂奏移於中書省北　「尹愔」原作「尹焙」，據新唐書卷四七百官志二、卷二〇〇儒學傳下、通典卷二一職官三改。上引新唐書百官志「史館」作「史館修撰」，唐會要卷六三史館移置作「史官」。

〔六三〕今韋執誼又奏令史官撰日曆　「令」原作「令」，據元本、慎本、馮本、讀史管見卷二四韋執誼奏令史官撰日曆改。

〔六四〕國史院以首相提舉　「國史院」三字原脱，據麟臺故事卷四官聯補。

〔六五〕餘官爲檢討　「餘」原作「除」，據麟臺故事卷四官聯改。

〔六六〕至九年修徽宗實録　宋史卷二九高宗本紀六同。按南宋館閣録卷四曰紹興七年詔史館編修徽宗皇帝實録，中興聖政卷二二、直齋書録解題卷四、玉海卷四八書所載亦同。又按宋會要職官一八之六〇載紹興「九年二月二十二日，詔史館見修徽宗實録，以實録院爲名」。似是紹興七年修徽宗實録，九年以實録院爲名。

〔六七〕詔罷史館併爲實録院　宋史卷一六四職官志四「併」上有「官吏」二字，「爲」作「歸」。

〔六八〕即置修國史院　宋會要職官一八之五三、一八之六〇無「修」字。

〔六九〕紹興二十八年　「二」字原脱，據宋史卷一六四職官志四、宋會要職官一八之五三補。

〔七〇〕又以兩府之臣撰時政記　「以」原作「有」，「記」字原脱，據歐陽文忠公文集卷一〇八論史館日曆狀改補。

〔七一〕故纂録者常務追修累年前事　「者」字原脱，據歐陽文忠公文集卷一〇八論史館日曆狀補。

〔七二〕並許史院據所聞見書之　「院」原作「所」，據歐陽文忠公文集卷一〇八論史館日曆狀改。

〔七三〕及臣寮公議異同　「公議」原作「奏」，據歐陽文忠公文集卷一〇八論史館日曆改。

〔七四〕標題月分　「月」原作「日」，據歐陽文忠公文集卷一〇八論史館日曆狀改。

〔七五〕除今日以前積滯者不住追修外　「住」原作「往」，據歐陽文忠公文集卷一〇論史館日曆狀改。

〔七六〕皆奉京祠不兼他職者　「祠」原作「朝」，據朝野雜記甲集卷一〇史館專官改。

〔七七〕限一年畢　宋會要職官一八之七三同，朝野雜記甲集卷一〇史館專官作「一半」。

〔七八〕朝論覺無專官　「覺」原作「竟」，據朝野雜記甲集卷一〇史館專官改。

〔七九〕鄭玄注周禮云　「云」原作「大」，據通典卷二二職官四改。

〔八〇〕少府遣吏四人在殿中主發書　「發」原作「法」，據宋書卷三九百官志上、通典卷二二職官四改。

〔八一〕皆引車先相迴避　「引」，後漢書百官志三注引蔡質漢儀作「避」。

〔八二〕衛士傳不得迕臺官　「迕」原作「避」，據後漢書百官志三注引蔡質漢儀改。

〔八三〕並集都省交禮　「省」，宋書卷三九百官志上作「坐」。

〔八四〕遷職　宋書卷三九百官志上無「職」字。

〔八五〕梁陸杲遷尚書殿中曹郎　「陸杲」原作「陸果」，據梁書卷二六陸杲傳改。下同。

〔八六〕令若闕　「若」原作「右」，據通典卷二二職官四改。

〔八七〕以宗人顧碩頭寄尚書張茂度門名　「頭」字原脱，據元本、慎本、宋書卷八一顧琛傳補，下同。「宗人」原脱，

「門」原作「聞」，據上引顧琛傳補改。

〔八八〕而與碩頭同席坐　「而與碩頭」原作「而碩與」，據宋書卷八一顧琛傳補改。

〔八九〕又宋志曰　「志」原作「制」，據通典卷二三職官四、太平御覽卷二一二職官部一〇改。

〔九〇〕尚書丞郎並門外下車履　「外」原作「下」，據元本、慎本、馮本、通典卷二三職官四、太平御覽卷二一二職官部一〇改。

〔九一〕故周捨問劉杳　「故」原作「考」，據通典卷二二職官四改。

〔九二〕尚書官著紫荷橐　「橐」字原脱，據梁書卷五〇文學傳下、南史卷四九劉懷珍傳補。

〔九三〕張安世傳云　按下文及注，不見於漢書張安世傳，而見於趙充國傳，此處似應作「趙充國傳云」。

〔九四〕持橐簪筆　「持」字原脱，「橐」原作「囊」，據漢書卷六九趙充國傳、梁書卷五〇文學傳下、南史卷四九劉懷珍傳補改。

〔九五〕橐囊也　「橐囊」原倒，據漢書卷六九趙充國傳張晏注、梁書卷五〇文學傳下、南史卷四九劉懷珍傳乙正。

〔九六〕近臣簪筆　漢書卷六九趙充國傳張晏注「簪筆」作「負橐簪筆」。

〔九七〕置八部大夫於皇城四方四維　「夫」原作「人」，據魏書卷一一三官氏志改。

〔九八〕謂之八國常侍　「常侍」二字原脱，據魏書卷一一三官氏志補。

〔九九〕分尚書三十六曹及諸外置　按魏書卷一一三官氏志「置」作「署」。

〔一〇〇〕天賜元年　「元」，魏書卷一一三官氏志作「二」。

〔一〇一〕任城王澄爲尚書時　「任」原作「蘭」，據元本、慎本、馮本、魏書卷一九中景穆十二王傳中改。

〔一〇二〕公車署以理冤事重　「重」字原脱，據魏書卷一九中景穆十二王傳中補。

〔一〇三〕奏請真案　「真」原作「宜」，據魏書卷一九中景穆十二王傳中改。

〔一〇四〕故凡所奏事　「所奏」原倒，據魏書卷一九中景穆十二王傳中乙正。

〔一〇五〕閤道通之　「閤」原作「間」，據魏書卷一九中景穆十二王傳中改。

〔一〇六〕宜盡寫其事意　「盡」，魏書卷一九中景穆十二王傳中作「繕」。

〔一〇七〕以付公車　「車」原作「重」，據魏書卷一九中景穆十二王傳中改。

〔一〇八〕謂之都省　「省」原作「督」，據隋書卷二七百官志中、通典卷二二職官四改。

〔一〇九〕後濟南王以太子監國　「南」原作「北」，北齊書卷一三趙郡王琛傳、北史卷五一齊宗室諸王傳上皆曰「濟南以太子監國，因立大都督府，與尚書省分理衆事，仍開府置佐」。故據改。

〔一一〇〕以趙郡王守侍中　「趙郡王」原作「隨王」，按北齊無封隨王者。北齊書卷一三趙郡王琛傳、北史卷五一齊宗室諸王傳上載：「顯祖特崇其選，乃除叡侍中，攝大都督府長史。」北齊書卷四文宣紀載天保元年封高叡爲趙郡王。故據以改。

〔一一一〕垂拱元年又改爲都臺　其下原衍「咸通初復舊」五字。「咸通」乃避唐肅宗諱，改「亨」爲「通」，咸亨是唐高宗年號，早於武后垂拱十餘年，顯然不可能「復舊」。

〔一一二〕韋叔謙除刑部員外郎　「韋叔謙」原作「韋叔謹」，據新唐書卷一一八韋叔謙傳、唐會要卷五七尚書省改。「郎」字原脱，據上引唐會要補。

〔一一三〕近日非特恩除拜　「特」字原脱，據唐會要卷五七尚書省、職官分紀卷八所引通典補。

〔一一四〕同司曹判及勾檢之官　「勾」原作「公」，據通典卷二三職官四改。

〔一一五〕頗爲宏麗　宋會要職官四之一作「頗宏敞」。

〔一一六〕左右丞左右司郎中員外郎廳　「丞」與「司」原互舛，據宋會要職官四之一乙正。

〔一一七〕掌施行制命　「制」原作「判」，據宋史卷一六一職官志一改。

〔一一八〕考百官府之治　宋史卷一六一職官志一「官」下有「庶」字，「治」下有「否」字。

〔一一九〕主行進制敕目　「目」原作「自」，據宋史卷一六一職官志一、宋會要職官四之四改。

〔一二〇〕紹聖元年　「元」原作「二」，據宋史卷一六一職官志一、宋會要職官四之一二改。

〔一二一〕詔在京官司所受傳宣内降　宋史卷一六一職官志一同，宋會要職官四之一二「降」下有「及内中須索及常行應奉」。

〔一二二〕又詔尚書都省彈奏六察御史　「察」原作「曹」，據元本、慎本、馮本、宋史卷一六一職官志一改。按長編卷三二一元豐四年十二月丁卯條、宋會要職官四之六，此事繫於元豐四年十二月。

〔一二三〕每言大政　元本、慎本、馮本、太平御覽卷二一〇職官部八同，漢書卷五九張安世傳「言」作「定」。

〔一二四〕每朝廷大臣莫知與議也　「每」，漢書卷五九張安世傳、太平御覽卷二一〇職官部八作「自」。

〔一二五〕修故事　「故」原作「政」，據漢書卷八一孔光傳改。

〔一二六〕不希旨苟合　「旨」字原脱，據漢書卷八一孔光傳補。

〔一二七〕太尉鄧彪爲太傅録尚書事　「録」字原脱，據後漢書卷四四鄧彪傳、通典卷二二職官四補。

〔一二八〕猶古冢宰總己之義薨輒罷之　通典卷二二職官四句上有「位在三公上，漢制遂以爲常。每少帝立，則置太傅録尚書事」。

〔二九〕咸康中　「咸康」原作「成康」，據宋書卷三九百官志上改。

〔三〇〕荀崧陸曄各録二條事　「二」，宋書卷三九百官志上作「六」，通典卷二二職官四作「一」。

〔三一〕凡重號將軍刺史皆得命曹授用　「授」原作「受」，據宋書卷三九百官志上、通典卷二二職官四改。

〔三二〕唯不得施陳及加節　「陳」，宋書卷三九百官志上作「除」。

〔三三〕廢帝昭業思蒸魚太官以無録公命不與　按南齊書卷五海陵王紀與通鑑卷一三九建武元年十月條載，此乃海陵王蕭昭文事，非鬱林王昭業事。

〔三四〕官品第二　「二」原作「一」，據元本、慎本、馮本、通典卷二二職官四改。

〔三五〕每春帝下寬大之詔　後漢書卷二六侯霸傳無「帝」字，通典卷二二職官四「帝」作「常」。

〔三六〕奉四時之令　「令」原作「命」，據後漢書卷二六侯霸傳改。

〔三七〕自雄任尚書令　「任」原作「在」，據慎本改。

〔三八〕多所正肅　「正」，後漢書卷六一左雄傳作「匡」。

〔三九〕焚毁故案　太平御覽卷二一〇職官部八「焚」前有「臨薨皆」三字。

〔四〇〕尚書郎若掾屬　「若」原作「中」，據晉書卷三六衛瓘傳、通典卷二二職官四、太平御覽卷二一〇職官部八改。

〔四一〕又熊遠啟曰　「啟」原作「起」，據通典卷二二職官四、太平御覽卷二一〇職官部八改。

〔四二〕無不立判　通典卷二二職官四作「無不得判之」。

〔四三〕自頃事無巨細　「頃」原作「須」，據通典卷二二職官四改。

〔一四四〕非所以群能濟業也　「群」原作「詔」，據宋書卷六孝武帝紀改。

〔一四五〕可更明體制　「可更」原倒，據宋書卷六孝武帝紀乙正。

〔一四六〕謝朏字敬冲　「冲」原作「仲」，據梁書卷一五謝朏傳、南史卷二〇謝弘微傳、太平御覽卷二一〇職官部八改。

〔一四七〕仍角巾肩輿　「肩」原作「自」，據梁書卷一五謝朏傳、南史卷二〇謝弘微傳改。

〔一四八〕故自龍朔三年制廢尚書令　通典卷二二職官四同，新唐書卷四六百官志一、唐會要卷五七尚書令「三」作「二」。

〔一四九〕不與政　宋史卷一六一職官志一「政」作「政事」，宋會要職官四之五「政」下有「不置廳事之所」六字。

〔一五〇〕宣和七年詔復置令　「詔」原作「設」，據宋史卷一六一職官志一改。

〔一五一〕以善射者掌事　「善」原作「僕」，據元本、慎本、馮本、宋書卷三九百官志上、通典卷二二職官四改。

〔一五二〕以執金吾榮邵爲左僕射　「榮邵」，元本、慎本、馮本、後漢書百官志三劉昭案語、通典卷二二職官四同，晉書卷二四職官志、宋書卷三九百官志上作「榮郃」。

〔一五三〕僕射分置左右　「僕射」原作「侍者」，據晉書卷二四職官志改。

〔一五四〕迄於江左　「迄」字原脱，據晉書卷二四百官志補。

〔一五五〕右居二者之間　唐六典卷一作「望居二者之間」，乃杜佑避家諱改，通考沿襲通典。

〔一五六〕置二則爲左右執法　「法」字原脱，據唐六典卷一補。

〔一五七〕掌諸曹郊廟園陵車駕行幸朝議　「掌」字原脱，據通典卷二二職官四補。「朝」原作「明」，據南齊書卷一六百官志、上引通典改。

〔一五八〕賊發　「賊」原作「屢」，據南齊書卷一六百官志、通典卷二二職官四改。

〔一五九〕臨軒策命　通典卷二二職官四同，南齊書卷一六百官志「策命」作「崇拜」。

〔一六〇〕改號格制　「號」原作「若」，據南齊書卷一六百官志、通典卷二二職官四改。

〔一六一〕莅官銓選　「莅」原作「位」，據南齊書卷一六百官志、通典卷二二職官四改。

〔一六二〕論功封爵貶黜　「黜」原作「出」，據南齊書卷一六百官志、通典卷二二職官四改。上引南齊書、通典「論功」作「功論」。

〔一六三〕八議　「八」原作「入」，據南齊書卷一六百官志、通典卷二二職官四改。

〔一六四〕移并城邑　「并」原作「非」，據馮本、通典卷二二職官四改。

〔一六五〕拘慮刑獄聽訟　「拘」原作「物」，據通典卷二二職官四改。

〔一六六〕百工免遣　「工」原作「不」，據通典卷二二職官四改。

〔一六七〕尚書掌讞奏　「讞」原作「獻」，據南齊書卷一六百官志改。

〔一六八〕應須命議相值者　「命」原作「部」，據南齊書卷一六百官志、通典卷二二職官四改。

〔一六九〕曹掾咨如舊　南齊書卷一六百官志「掾」作「緣」，其校記引張元濟校勘記曰：「案前數行有諸曹緣常及外詳讞事云云，則緣字不誤。」

〔一七〇〕若或命有咨　南齊書卷一六百官志無「或」字。

〔一七一〕則以其主意者爲議主　「主意」，南齊書卷一六百官志作「立意」。

〔一七二〕至於馬道　「馬」，太平御覽卷二一一職官部九作「馳」。

〔一七三〕及郭祚爲僕射　「郭祚」原作「郭秋」，據魏書卷六四郭祚傳、通典卷二二職官四、太平御覽卷二一一職官部九改。

〔一七四〕又尒朱仲遠爲行臺僕射　「尒」字原脱，據魏書卷七五尒朱仲遠傳、北史卷四八尒朱榮傳補。

〔一七五〕外示崇重　「外」字原脱，據隋書卷四八楊素傳補。

〔一七六〕不復通判省事　「判」字原脱，據隋書卷四八楊素傳補。

〔一七七〕改左右僕射爲左右匡政　「匡」原作「立」，據舊唐書卷四三職官志二、新唐書卷四六百官志一、通典卷二二職官四、唐會要卷五七左右僕射改。

〔一七八〕咸亨元年　「咸亨」原作「咸通」，據通典卷二二職官四、唐會要卷五七左右僕射改。

〔一七九〕尚書省頒下諸州府　「尚」原作「中」，據通典卷二二職官四、唐會要卷五七尚書省改。

〔一八〇〕每三月一進　「每」原作「自」，據通典卷二二職官四改。

〔一八一〕其任則微　「任」，通典卷二二職官四作「名」。

〔一八二〕亦爲贈官　通典卷二二職官四「亦」下有「多」字。

〔一八三〕或謂尚書令　「謂」原作「爲」，據通典卷二二職官四改。

〔一八四〕今並豈有其實乎　「並」字原脱，據通典卷二二職官四補。

〔一八五〕詔依元豐舊制　「元豐舊」三字原脱，據宋史卷一六一職官志一補。

〔一八六〕復爲左右僕射　「左右」二字原脱，據宋史卷一六一職官志一補。

〔一八七〕秦置尚書丞一人　「一」，通典卷二二職官四作「二」。

〔一八八〕左丞主吏民章報及騶伯史　「報」原作「服」，據後漢書百官志三改。

〔一八九〕拜左丞　「拜」原作「部」，據後漢書卷八〇上文苑傳上、初學記卷一一引續漢書改。下「後拜尚書」同。

〔一九〇〕避車執板住揖　「住」字原脱，據後漢書百官志注引蔡質漢儀補。「揖」原作「楫」，據上引漢儀、通典卷二二職官四改。

〔一九一〕尚書言左右丞　「右」字原脱，據後漢書百官志注引蔡質漢儀補。

〔一九二〕執板揖　「揖」原作「楫」，據後漢書百官志注引蔡質漢儀改。又上引漢儀「揖」上有「對」字。

〔一九三〕稱曰明時　「時」原作「侍」，據元本、慎本、馮本、通典卷二二職官四改。

〔一九四〕執板拜　「拜」原作「楫」，據後漢書百官志注引蔡質漢儀、通典卷二二職官四改。

〔一九五〕朝賀對揖　「朝賀」原作「稱曰」，據後漢書百官志注引蔡質漢儀、通典卷二二職官四改。

〔一九六〕選用署吏　「署」原作「置」，據晉書卷二四職官志改。

〔一九七〕急假兼糾彈之事　通典卷二二職官四同。晉書卷二四職官志校勘記曰：「御覽二一三引晉書百官表注、職官分紀八引本志作『給假』。」

〔一九八〕齊左丞掌寢廟郊祀　「左」下原衍「右」字，「掌」字原脱，據南齊書卷一六百官志删補。上引百官志「寢廟」作「宗廟」，「郊祀」作「郊祠」。

〔一九九〕選用除置　「選」字原脱，據南齊書卷一六百官志補。

〔二〇〇〕任遐爲左丞　「左」原作「右」，據南齊書卷三九陸澄傳、南史卷四八陸澄傳改。

〔二〇一〕右丞掌兵士百工補役死叛考代年老疾病解遣　「右」原作「左」，據南齊書卷一六百官志改。

〔二〇二〕刑辠創業争訟　「辠」原作「刻」，「業」原作「架」，據南齊書卷一六百官志改。

〔二〇三〕稟拘兵工死叛　「稟拘」二字原脱，據南齊書卷一六百官志補。

〔二〇四〕凡諸尚書文書詣中書省者　「文書」原作「文」，據隋書卷二六百官志上補。

〔二〇五〕密事皆以契刀囊盛之　「契刀」，隋書卷二六百官志上作「挈」，職官分紀卷八引隋百官志作「契」。

〔二〇六〕封以左丞印　「左丞」原作「丞相」，據隋書卷二六百官志上、職官分紀卷八引隋百官志改。

〔二〇七〕督録遠道文書章表之事　「督」字原脱，據隋書卷二六百官志上、職官分紀引隋百官志補。

〔二〇八〕都兵　原作「兵部」，據隋書卷二七百官志中改。

〔二〇九〕御史韓微之等見而不彈　隋書卷六三元壽傳同。北史卷七五元壽傳「微」作「徵」。

〔二一〇〕咸亨元年復舊　「咸亨」原作「咸通」，據舊唐書卷四三職官志二、通典卷二二職官四、唐會要卷五八左右丞改。

〔二一一〕僕射書檢　「書」，宋會要職官一之二五作「押」。

〔二一二〕命薛居正沈義倫爲參知政事　「沈義倫」，宋史卷一六一職官志一、宋會要職官一之六八作「吕餘慶」。長編卷五乾德二年四月乙丑條亦載「以樞密直學士、兵部侍郎薛居正、吕餘慶並本官參知政事」。

〔二一三〕改爲左右丞務　「右」字原脱，「丞」原作「成」，據舊唐書卷四三職官志二、唐會要卷五八左右司郎中補改。

〔二一四〕咸亨元年復舊　「咸亨」原作「咸通」，據舊唐書卷四三職官志二、通典卷二二職官四、唐會要卷五八左右司郎中改。

〔二一五〕省署鈔目　「署」原作「置」，據通典卷二二職官四、太平御覽卷二一三職官部一一改。

〔二一六〕印房則通治之　宋會要職官四之一九、合璧事類後集卷一八「印」上有「知雜」二字。

〔二一七〕惟置手分　「手」原作「守」，據宋史卷一六一職官志一、宋會要職官四之一九改。

〔二一八〕元豐七年　「七」原作「元」，據宋史卷一六一職官志一、宋會要職官四之二〇改。

〔二一九〕以書御史六察官糾劾之多寡當否爲殿最　「察」原作「曹」，宋史卷一六一職官志一、宋會要職官四之二〇同。按宋會要職官四之一九載，都司御史房「主行彈糾御史察按失職並六察殿最簿」，此「曹」當爲「察」，今據改。

〔二二〇〕詔都司以歲終點檢六曹稽違最多者　「都」原作「諸」，據宋史卷一六一職官志一改。

〔二二一〕送左司籍記　宋史卷一六一職官志一同。按宋會要職官四之二一載，「尚書左右司言都省催驅房，御史臺有點檢六曹措置乖謬、行違失當、迂枉並注滯三十日已上事件，限五日關送左右司上簿。從之」。疑「左」下脱「右」字。

〔二二二〕而省吏往稟宰丞請筆　「往」，宋史卷一六一職官志一作「徑」。

〔二二三〕先都事次點檢次郎官押訖　「次點檢」，宋史卷一六一職官志一作「自點檢」。按合璧事類後集卷一八載，「請依元豐、崇寧舊法，諸司各具簽貼，先都事、次點檢、次郎官押訖」。

〔二二四〕赴宰丞請筆行下　「丞」原作「臣」，據元本、慎本、馮本、宋史卷一六一職官志一改。「筆」原作「肇」，據上引宋史改。

〔二二五〕詔給舍　「舍」原作「今」，據元本、慎本、馮本、宋史卷一六一職官志一改。

〔二二六〕具事舉劾　「具」原作「其」，據宋史卷一六一職官志一、合璧事類後集卷一八改。

卷五十二　職官考六

歷代尚書 八座附

秦尚書四人。不分曹名。漢成帝初置尚書五人，其一人爲僕射，四人分爲四曹：尚書曹名，自此而有。常侍曹，主公卿。二千石曹，主郡國二千石。民曹，主凡吏民上書〔一〕。以「人」字改焉。自後歷代曹部皆同。客曹。主外國夷狄。後又置三公曹，主斷獄。是爲五曹。後漢尚書五曹六人，其三公曹尚書二人，掌天下歲盡集課州郡。吏曹，掌選舉、齋祠。後漢志謂之常侍曹，亦謂之選部。二千石曹，掌中都官、水火、盜賊、辭訟、罪法，亦謂之賊曹。民曹，掌繕理、功作、鹽池、苑囿。客曹。掌羌胡朝賀〔二〕，法駕出則護駕。後漢光武分二千石曹及客曹爲南主客、北主客二曹。兩梁冠，納言幘。或說有六曹。按後志云分客曹爲二，是六天曹也〔三〕。又晉志云以前漢五曹更加中都官曹，爲六曹也。按應劭漢官云，「二千石曹主中都官事〔四〕」，則不應更有中都官曹也。今依劭說，爲五曹六人。魏朗字叔英〔五〕，入爲尚書〔六〕，再升紫微，謇諤禁省，爲百僚所服。又張陵字處沖〔七〕，爲尚書。歲朝，梁冀帶劍入省，陵叱令奪劍，劾冀，詔以歲俸贖罪。又鄭均字仲虞，爲尚書，淡泊無爲，以病罷還第，賜尚書祿，號爲「白衣尚書」。魏有吏部、左民、客曹、五兵、度支，凡五尚書。晉初有吏部、三公、客曹、駕部、屯田、度支六曹。無五兵。太康有吏部、殿中、五兵、田曹、度支、左民，爲六曹尚書。無駕部、三公、客曹。及渡江，有吏部、祠部、五兵、左民、度支五尚書。皆銅印黑綬，進賢兩梁冠，納言幘，絳朝服，佩水蒼玉；乘軺車，皂輪，執笏負荷，加侍官者，武冠、左貂金蟬。宋有吏部、祠部、度支、左民、左民尚書統左民及駕部二曹〔八〕。都官、五兵六尚書。尚書納言幘，進賢兩梁冠，佩水蒼玉。齊、梁與宋同，侯景改梁五兵爲七兵尚書。又職官録曰：「齊尚書品服悉與今同。」亦別有起部，而不常置也。陳與梁同。後魏初有殿中、掌殿內兵馬、倉庫。樂部、掌伎樂及角使五百。駕部、掌牛馬驢騾。南部、掌南邊州郡。北部掌北邊州郡。五尚書。其後亦有吏部、初曰選部。兵部、都官、度支、七兵、祠部、民曹等尚書，又有金部、庫部、虞曹、儀曹、右民、宰官、元禔爲宰官尚書。都牧、元禎爲都牧尚書。牧曹、右曹、太倉、太官、祈曹、神都、儀同曹等尚書。自金部以下，但有尚書之名，而不詳職事。北齊有吏部、殿中、殿中統殿中曹，主駕行百官留守名賬、宮殿禁衛，及儀曹、三公、駕部四曹。祠部、五兵、都官、度支六尚書。後周無尚書。隋有吏、禮、兵、刑、户、工六部尚書。唐尚書與隋同。龍朔二年，改尚書爲太常伯，咸亨初復舊〔九〕。歷代吏部尚書及侍郎品秩，悉高於諸曹。

八座，後漢以六曹尚書并令、僕二人謂之八座。魏以五曹尚書，二僕射、一令爲八座。宋、齊八座與魏同。晉、梁、陳不言八座之數。隋以六尚書、左右僕射及令爲八座。唐與隋同。凡歷代尚書，有五曹則兼以二僕射、一令爲八座；有六曹則以左、右僕射爲一座，兼令共爲八座；若有六曹而左、右僕射並闕，則以尚書僕射及令爲八座；若尚書唯有五曹，又無左、右僕射，則不備矣。

宋制，判省事一人，以諸司三品以上充，總轄二十四司及集議定謚、文武官封贈、注甲發付選人、出雪投狀之事。令史三人，驅使官三人，散官一人。至和中，宣徽南院使吴育言：「國家總覽萬機〔一〇〕，唯在綱要，小大之務，各有攸司。若朝廷職舉而事簡，則坐制天下，不勞而治矣。今尚書都省是其本也〔一一〕。自唐末五代，因循苟且，雜置他局，事無本末，不相維持，使天子之大有司廢爲閑所。凡細瑣之務，動干朝廷〔一二〕，遂至君相焦勞，日不暇給，如百川浩蕩而不治其本源，萬目開張而不得其綱領〔一三〕，雖欲盡力，其勢莫可以正也。臣前判尚書都省，見其官司局次燦然具存。其如有大論議，當下衆官雜定，以質所長，而久廢不舉。今惟定謚時一會都堂，是存其小而廢其大者，深足惜也。竊謂久廢之職，豈能一日盡正其名謂〔一四〕，當隨宜講舊而漸復之；且於諸學士中分命知六曹尚書事〔一五〕；其舍人、待制、大兩省官，即知左右丞、諸行侍郎事〔一六〕；其餘館職或有名望朝士即知郎中、員外事；仍於舊相或前任兩府重臣中除一兩人判都省，然後各使檢詳典故，度其可行者奏復之。其次諸司、寺、監從而舉之。至於金穀之計，見屬三司者，亦無相妨，並且依舊。事不驚俗，體皆有宜。歲年之間，此制一定，有所責成，則高拱無爲之治可以馴致矣。」論者嘉之，然以因襲既久，難於驟革，其論卒不行。

容齋洪氏隨筆曰：「祖宗朝，曾爲執政，其後入朝爲他官者甚多，自元豐改官制後，但爲尚書。曾孝寬自簽書樞密去位，復拜吏部尚書。韓忠彥自知樞密院出藩，以吏書召。李清臣、蒲宗孟、王存皆嘗爲左丞，而清臣、存復拜吏書，宗孟兵書。先是，元祐六年，清臣除目下，爲給事中范祖禹封還，朝廷未決；繼又進擬宗孟兵部、右丞，蘇轍言：『不如且止。』左僕射呂大防於簾前奏：『諸部久闕尚書，見在人皆資淺未可用，又不可闕官，須至用前執政。』轍曰：『尚書闕官已數年，何嘗闕事？』遂已。胡宗愈嘗爲右丞，召拜禮書、吏書。自崇寧以來，乃不復然。」

岳氏愧郯録曰：「今世爲尚書者，『尚』字皆從平聲，都省之名亦然。珂嘗竊疑其義有所未解，考之宋書百官志，而後知其訛。志之言曰：『尚書，古官也。舜攝帝位，命龍作納言，即其任也。周官司會，鄭玄云若今尚書矣。秦世少府遣吏四人，在殿中主發書，故謂之尚書。尚猶主也。漢初有尚冠、尚衣、尚食、尚浴、尚席、尚書，謂之六尚。戰國時已有尚衣、尚冠之屬矣。秦時有尚書令、尚書僕射、尚書丞。』然則尚書之稱，尚書從去聲，而非平聲，亦既明甚。第鄭康成注周禮司會曰，司會周官之長，若今尚書。唐陸德明釋其音曰常，雖有此據，了不知其義之所由取。此殆今世襲稱之始也。徽宗朝復殿中省，有六尚。今内省品秩〔一七〕，猶有尚官等稱謂，益無可疑云。」

歷代郎官

尚書郎〔一八〕，漢置四人，分掌尚書事：一人主匈奴單于營部，一人主羌夷吏民，一人主戶口墾田，一人主財帛委輸。後漢尚書侍郎三十六人，後漢志曰：「尚書六曹侍郎三十六人，一曹六人也。」主作文書起草〔一九〕。取孝廉年未五十，先試箋奏，選有吏能者爲之。從三署詣臺試〔二〇〕，初上臺稱守尚書郎中，滿歲稱尚書郎，三歲稱侍郎，五歲遷大縣。其遷爲縣令，縣令秩滿自占縣，詔書賜錢三萬，與三臺租錢，餘官則否。吏部典劇，多超遷者。鄭弘爲僕射〔二一〕，奏以臺職任尊而賞薄，人無樂者。請使郎補二千石〔二二〕，自此始也。八座受成事，決於郎，下筆爲詔策，出言爲詔命。後漢尚書陳忠上疏曰：「尚書出納帝命，爲王喉舌之官。臣等既愚闇，諸郎多文俗吏，鮮有雅才，每爲詔文，宣示内外，轉相求請。」其入直，官供青縑白綾被，或以錦緤爲之〔二三〕；緤，私列反。緤，繫也。給帳帷、茵褥、通中枕；太官供食物，湯官供餅餌及五熟果實之屬。五日一美食，下天子一等。給尚書郎侍史一人〔二四〕，女侍史二人〔二五〕，皆選端正妖麗，執香爐、香囊護衣服，奏事明光殿，因得侍省中〔二六〕。省中皆以胡粉塗壁，畫古賢烈士〔二七〕。以丹朱漆地，故謂之丹墀。尚書郎口含雞舌香，以其奏事答對，欲使氣息芬芳也。奏事則與黃門侍郎對揖，黃門侍郎稱已聞，乃出。丞、郎月賜赤管大筆一雙，隃麋墨一丸〔二八〕。馮豹爲尚書郎，每奏事未報，常俯伏省閤下，或從昏至明。天子默使持被覆之，不驚也。日暮，諸郎下，豹每獨在後，帝嘉之。隃麋今汧陽縣，出墨。魏自黄初改祕書爲中書，置通事郎掌詔草，即今中書舍人之任。而尚書郎有二十三人，有殿中、吏部、駕部、金部、虞曹、比部、南主客、祠部、度支、庫部、農部、水部、儀曹、三公、倉部、民曹、二千石、中兵、外兵、別兵、都兵、考功、定課〔二九〕。非復漢時職任。青龍二年，尚書令陳矯奏置都官、騎兵，合凡二十五郎。每一郎缺，自試諸孝廉能給文案者五人〔三〇〕，謹封奏其姓名以補之。魏韓宣爲尚書郎，常以職事當受罰〔三一〕，已背縛，束杖未行，文帝輦過，聞而解之〔三二〕。晉尚書郎選極清美，號爲大臣之副。武帝時有三十四曹；加魏直事、屯田、起部、左士、右士；其民曹、中兵、外兵，分爲左、右，主客又分爲左、右、南、北；無農部、定課、考功，凡三十四曹。後又置運曹，爲三十五曹。置郎中二十三人，更相統攝。晉魏舒爲尚書郎〔三三〕，時欲沙汰郎官，非其才者罷之。舒曰：「吾即其人也。」襆被而出，同僚無清論者咸有愧色。或爲三十六曹。當五王之難，其都官、中騎、三曹郎晝出督戰，夜還理事。東晉有十五曹。殿中、祠部、吏部、儀曹、三公、比部、金部、度支、都官、左民、起部〔三四〕、倉部、庫部、中兵、外兵。自過江之後，官資少減。王坦之，選曹將擬爲尚書郎，坦之聞，曰：「自過江，尚書郎正用第二人，何得以此見擬！」其子國寶好傾側，婦父謝安惡之，除尚書郎。國寶以爲中興膏腴之族，唯作吏部，不作餘曹郎，辭不拜。又宋江智淵改尚書庫部郎，時高流官序不爲臺郎，智淵門孤援寡，此選意不悦〔三五〕，固辭不拜。梁王筠除尚書殿中郎。王氏過江以來，未有居郎署者。或勸不就，筠曰：「陸平原東南之秀，王文度獨步江東。吾得比蹤昔人，何所多恨。」乃忻然就職。桓玄僭位，改都官郎爲賊曹。宋高祖時，有十九曹。元嘉以後，有二十曹郎。三公、比部主法制，度支主算，都官主軍事、刑獄，其餘曹所掌各如其名。宋武帝初，加置騎兵、主客、起部、水部四曹，并東晉舊十五曹合爲十九曹。元嘉十八年增删定曹郎，即魏世之定科郎也。三十年又置功論郎；後又省騎兵，故爲二十曹。齊依元嘉制，其拜吏部郎，亦有表讓之禮。齊謝朓遷尚書吏部郎〔三六〕，上表三讓。中書疑朓官未及讓，以問沈約。約曰：「宋元嘉中，范曄讓吏部，朱循之讓黃門〔三七〕，蔡興宗讓中書，並三表詔答，其事宛然。近代小官不讓，遂成常俗，恐此有乖讓意。王藍田、劉安西並貴重，初自不讓，今豈可慕此不讓邪？孫興公、孔顗並讓記室，今豈可三署皆讓邪？謝吏部今授超階，讓別有意，豈關官之大小邪？」梁加三曹爲二十三曹。殿中、虞曹、屯田。其郎中舊用員外郎、正主簿、正佐有才地者爲之，遷通直郎。天監三年，復置侍郎，視通直郎，郎中遷爲之。梁到洽爲尚書殿中郎，洽兄弟群從遞居此職，時人榮之。又殿中郎缺，武帝曰：「此曹舊用文學，且居鴈行之首〔三八〕，宜詳擇其人。」乃以張緬爲之。陳有二十一曹。後魏三十六曹。至西魏改爲十二部。北齊有二十八曹。吏部、考功、主爵、殿中、儀曹、三公、祠部、駕部、主客、虞曹、屯田、起部、左中兵、右中兵、左外兵、右外兵、都兵、都官、二千石、比部、水部、膳部、度支、倉部、左民、右民、金部、庫部。其吏部、三公各二人，餘並一人，凡三十郎中。後魏、北齊唯置郎中。隋初，尚書有六曹、二十四司，凡領三十六侍郎。吏部、司勳、主客、膳部、兵部、職方、都官、司門、度支、户部、比部、刑部等侍郎各二人，主爵、考功、禮部、祠部、駕部、庫部、金部、倉部、工部、屯田、虞部、水部侍郎各一人。分司官曹務，直禁省，如漢之制。至開皇六年〔三九〕，二十四司又各置員外郎一人，以司其曹之籍賬，侍郎闕則攝其曹事〔四〇〕。今尚書員外郎，其置自此始。以前歷代皆謂之尚書郎，各以曹名爲稱首，或謂之侍郎，皆無員外之號。前代史傳及職官要録或有言員外郎者，蓋謂員外散騎侍郎耳，非尚書之職；前代所言郎官上應列宿，蓋謂三署郎，非今所謂尚書郎中也。煬帝即位，以尚書六曹各置侍郎一人，以貳尚書之職。今之侍郎，其置自此始也。或有曹加二人者。夫侍郎之名舊矣。漢凡諸郎皆掌更直，執戟宿衛諸殿門，以侍衛之故，通謂之侍郎。故武帝時，東方朔爲郎，當時謂之「官不過侍郎，位不過執戟」是也。歷代尚書亦有侍郎。隋初尚書諸曹、二十四司諸郎，皆謂之侍郎，通若今之郎官耳，非今六部侍郎之任。自漢以來，尚書侍郎悉然。改諸司侍郎但曰郎。則今郎中之職。又改吏部爲選部郎，禮部爲儀曹郎〔四一〕，兵部爲兵曹郎，刑部爲憲曹郎〔四二〕，工部爲起曹郎，以異六侍郎之名。廢諸司員外郎，而每司增置一曹郎，各爲二員。都司置左、右司郎中各一人〔四三〕，品同諸曹郎，掌都省之職。尋又每減一郎，置承務郎一人，同開皇員外郎之職。唐改隋諸司郎爲郎中，每曹又復置員外郎。武德六年廢六司侍郎，貞觀二年復舊。今尚書省有左、右司郎中各一人〔四四〕，分掌尚書六曹事。其諸曹諸司郎中總三十人，員外郎總三十一人，通謂之郎官〔四五〕，尤重其選。其職任名數，各列在六曹之後。凡郎中章服，皆玄冕五旒，衣無章，裳刺黻一章，兩梁冠。凡員外郎章服，並爵弁玄纓簪，尊者衣纁裳，一梁冠。

行臺省

行臺自魏、晉有之。昔魏末晉文帝討諸葛誕，散騎常侍裴秀、尚書僕射陳泰、黄門侍郎鍾會等以行臺從。至晉永嘉四年，東海王越帥衆許昌，以行臺自隨是也。越請討石勒，表以行臺隨軍。及後魏，謂之尚書大行臺，别置官屬。後魏道武帝置中山行臺，以秦王儀爲尚書令以鎮之。孝武永熙三年〔四六〕，以宇文泰爲大行臺，以蘇綽爲行臺度支尚書〔四七〕。北齊行臺兼統民事，自辛術始焉。武定八年，辛術爲東南道行臺。東徐州刺史郭志殺郡守。文宣聞之，敕術曰：「江淮初附，百姓難向京師，留卿爲行臺，亦欲理邊民冤枉，監理牧守。自今以後，所統十餘州地諸有犯法者，刺史先啟聽報，以下先理後表。」齊代行臺兼總民事，自術始也。其官置令、僕射，其尚書丞、郎皆隨時權制。江左無行臺，唯梁末以侯景爲河南王大行臺，承制如鄧禹故事。隋謂之行臺省，有尚書令、僕射左右任置。各一人，主事四人；有考功、兼吏部、主爵、司勳。

禮部、兼祠部、主客。膳部、兵部、兼職方。駕部、庫部、刑部、兼都官、司門。度支、兼倉部。金部、工部、屯田兼水部、虞部。侍郎各一人。每行臺置食貨、農圃、武器、百工監副監〔四八〕，各置丞、食貨四人，農圃一人〔四九〕，武器二人，百工四人。録事等員。食貨、農圃、百工等各二人，武器一人。蓋隨其所管之道，置於外州，以行尚書事。開皇八年將伐陳，則置淮南行臺省於壽春〔五〇〕；九年已平陳，則廢淮南行臺省。唐初亦置行臺。武德四年詔陝東道大行臺尚書省，自令、僕至郎中、主事，品秩皆與京師同，而員數差少；山東行臺及總管諸州並隸焉；其益州、襄州、山東、淮南、河北等道，令、僕以下，各降京師一等，員數又減焉。行臺尚書令得承制補。其秦王、齊王府官之外，各置左、右六護軍府，及左右親事帳内府，貞觀以後廢。其後諸道各置採訪等使，每使有判官二人，兼判尚書六行事，亦行臺之遺制。

致堂胡氏曰：「由朝廷制藩屏，以藩屏臨州縣，以州縣治百姓，如挈裘而振其領。政出於一，則禀承者無二三之惑。今唐全有四海，置郵以傳命，雖萬里之遠，不逾時月而至矣。而建二三行臺於外，使大臣承制補署〔五一〕，是政出於朝廷，又出於行臺，夫豈國無異政之體哉！」

按：行臺省之名，雖始於魏、晉之間，然兩漢初興，高祖所以委蕭何，世祖所以命鄧禹，其權任蓋亦類此。唐天寶以後，以盜賊陷兩京，夷狄侵畿甸，則或以大元帥、副元帥命親王、勳臣爲之，然但可任專征之責，而他事則禀朝旨，則亦未嘗備行臺省之事也。至其末年，方鎮擅地請節，於是或以侍中、中書令、同平章事、王爵命之，如錢鏐、馬殷、王審知之徒，蓋名爲奉正朔，而實自爲一朝廷矣。然則行臺省之名，苟非創造之初，土宇未一，以此任帷幄腹心之臣，則必衰微之後，法制已隳，以此處分裂割據之輩。至若承平之時，則不宜有此名也。建炎時，張魏公以樞密使宣撫川、陜，趙忠簡謂之曰：「元樞新立大功，出當川、陜，半天下之責。自兵事外，悉當奏稟。」蓋大臣在外，忌權太重也。及魏公得罪，謫詞言：「假便宜行事之制，忘人臣無將之嫌。肖内閣以招賢，擬尚方而鑄印。」然則承制之事，易以惹謗，忠簡之言固篤論也。

吏部尚書 侍郎 郎中 員外郎 司封郎中 員外郎 司勳郎中 員外郎 考功郎中 員外郎 官誥院附

周禮天官，太宰掌建邦之六典，以佐王理邦國。變冢言太者，進退異名也。百官總焉，則謂之冢宰；列職於王，則謂之太宰。宰，主也。建，立也。邦，理王所居之邦國。佐，猶助也。周公居攝，而作六典之職，以佐王理邦國。漢成帝初，分尚書置四曹，蓋因事設員，以司其務，非擬於古制也。至光武乃分爲六曹。迄於魏、晉，或五或六，亦隨宜施制，無有常典。自宋、齊以來，多定爲六曹，稍似周禮。至隋六部，其制益明。唐武太后遂以吏部爲天官，户部爲地官，禮部爲春官，兵部爲夏官，刑部爲秋官，工部爲冬官，以承周六官之制。若參詳古今，徵考職任，則天官太宰當爲尚書令，非吏部之任；今吏部之始，宜出於夏官之司士云。又夏官之屬有司士下大夫二人，掌群臣之版，古書版爲班；班書或爲版。版，名籍也。歲登下其損益之數，謂用功過黜陟者。辨其年歲與其貴賤，年數多少，知其老少。周知邦國都家縣鄙之數、卿大夫士庶子之數，以詔王理，告王所當進退。以德詔爵，有賢者之德，乃詔以爵。以功詔禄，理有功勳，後告以禄。以能詔事〔五二〕，以久奠食〔五三〕。能者事成乃食之。王制曰：「論定然後官之，任官然後爵之，位定然後禄之。」奠音定。漢成帝初置尚書，有常侍曹主公卿事。後漢改爲吏曹，主選舉、祠祀。後又爲選部。靈帝以梁鵠爲選部尚書。魏改選部爲吏部，主選事。陳群爲尚書，延康元年，群始建九品官人之法，拜吏部尚書。晉與魏同。山濤爲吏部尚書，用人皆先密啟，然後公奏，舉無遺才，凡所題目，終始如其言。唯用陸亮，尋以賄敗。啟事曰：「臣欲以郄詵爲温令〔五四〕。」詔可。尋又啟曰：「訪聞詵喪母不時葬，遂於所居屋後假葬，有異同之議，請更選之。」詔曰：「君爲管人倫之職，此輩應爲清議與，不便當裁處之。」劉聰僭號，省吏部，置左、右選曹。石勒時，又置左、右執法郎，典定士族，副選舉之任。宋時吏部尚書領吏部、删定、三公、比部四曹。孝武不欲威權在下，大明二年，分吏部尚書，置二人，以輕其任，而省五兵，後還置一吏部尚書。順帝昇明元年，又置五兵尚書〔五五〕。晉、宋以來，吏部尚書資位尤重。蔡廓爲吏部尚書，曰：「我不能爲徐羨之署紙尾。」遂不就。選案黄紙〔五六〕，録尚書與吏部連名〔五七〕，故云「署紙尾」。梁、陳亦然。後魏、北齊吏部統吏部、掌褒崇選補。考功、主爵三曹。自洛陽遷鄴已後，掌大選知名者數四。文襄帝少年高明，所蔽也疏；袁淑德沈密謹厚，所傷者細；楊愔風流辨給，取士失於浮華。唯辛術爲尚書，性尚貞明，擢士以才、以器，循名責實，新舊參舉，管庫必擢，門閥不遺。前後銓衡，術最爲折衷，甚爲當時所稱。後周有吏部中大夫一人，掌群臣及諸子之簿，辨其貴賤與其年歲，歲登下其損益之數，依六勳之賞，頒禄之差。小吏部下大夫一人，掌貳吏部之事。領司勳上士等官，屬大司馬。隋吏部統吏部、主爵、司勳、考功四曹。牛弘爲吏部尚書，其選舉先德行而後文才，所進用多稱職。吏部侍郎高孝基，鑒賞機悟，清慎絶倫，然爽俊有餘，迹似輕薄，時宰多以此疑之，唯弘深識其真，推心委任。隋之選舉，於斯爲最。自後周以降，選無清濁，及盧愷攝吏部，與薛道衡、陸彦師等甄别士流，故涉黨同之譖。唐龍朔二年，改吏部尚書爲司列太常伯，咸亨初復舊。光宅元年，改吏部爲天官，神龍元年復舊。天寶十一載，改爲文部。至德初復舊。掌文官選舉，總判吏部、司封、司勳、考功四曹事。舊令班在侍中、中書令上，開元令移在侍中、中書令下。尚書六曹，吏部、兵部爲前行，户、刑爲中行，禮、工爲後行，其官屬自後行遷入二部者以爲美。自魏、晉以來，凡吏部官屬，悉高於諸曹，其遷舉皆尚書主之。自隋置侍郎貳尚書之事，則六品以下銓補，多以歸之。唐自貞觀以前，尚書掌五品選事。貞觀二十二年二月，民部侍郎盧承慶兼檢校兵部侍郎〔五八〕，仍知五品選事。承慶辭曰：「五品選事，職在尚書，臣今掌之，便是越局。」太宗不許，曰：「朕今信卿，卿何不自信也？」由是言之，即尚書兼知五品選事明矣。至景龍中，尚書掌七品以上選，侍郎掌八品以上選〔五九〕。至景雲元年，宋璟爲尚書，始通其選而分掌之，因爲常例。開元以前，諸司之官兼知政事者，午前議政於朝堂，午後理務於本司。自開元以來，宰相員少，資地崇高，又以兵、吏尚書權位尤美，而宰臣多兼領之，但從容衡軸，不自銓綜，其選試之任皆侍郎專之，尚書通署而已，遂爲故事。或分領其事，則列爲三銓，四年六月敕，其員外郎、御史并餘供奉官，直進名敕授。自此不在吏部。尚書掌其一，侍郎分其二。尚書所掌，謂之尚書銓。侍郎所掌，其一爲中銓，其一爲東銓，各有印。

侍郎二人。隋煬帝置，說在歷代郎中篇。凡六司侍郎，皆貳尚書之事。吏部初置一員，總章元年加一員〔六〇〕。龍朔二年改爲司列少常伯，咸亨元年復舊〔六一〕。分掌選部流内六品以下官，是爲銓衡之任。凡初仕進者，無不仰屬焉。當選集之際，勢傾天下，列曹之中，資位尤重。初，隋世高孝基爲吏部侍郎，房玄齡、杜如晦與選，孝基特加賞異，後以爲知人。唐文皇帝永徽時〔六二〕，馬載〔六三〕、裴行儉爲吏部侍郎，貞觀以來最爲稱職。崔玄暐爲之，介然自守，絶於請謁，爲執政者所忌，轉文昌左丞，選司令史乃設齋自慶，武后聞之，復拜爲天官侍郎。

郎中二人，漢、魏以來，尚書屬或有侍郎，或有郎中；或曰尚書郎，或曰某曹郎；或則兩置，或爲互名，雖稱號不同，其職一也，皆今郎中之任。山公啟事曰：「吏部郎主選舉，宜得能整風俗、理人倫者。」又曰：「吏部郎以碎事日夜相接，非但當正己而已，乃當能正人，不容穢雜也。」乃以議郎杜默爲之〔六四〕。又陸慧曉字叔明，爲吏部郎。吏部都令史歷政以來，咨執選事。慧曉任己獨行，未嘗與語。帝遣左右以事誚問之〔六五〕，慧曉曰：「六十之年，不復能諂都令史爲吏部郎也。」然自過江，吏部郎不復典大選。又職官録曰：「梁吏部郎，舊視中丞，遷侍中。」又陳吏部郎中，秩六百石。後魏孝文帝欲創革舊制，選置百官〔六六〕，謂群臣曰：「爲朕舉一吏部郎，給卿三日假。」尋曰：「朕已得之矣。」乃徵崔亮爲之。亮字敬儒，自參選事，垂將十年〔六七〕，廉謹明決。尚書曰：「非崔郎中，選事不辦。」隋初，諸曹郎皆謂之侍郎。煬帝三年，置六司侍郎，後遂改諸曹侍郎但曰郎。其吏部郎改爲選部郎。唐初復爲選部郎中，武德五年改爲吏部郎中，龍朔二年改爲司列大夫，咸亨元年復舊〔六八〕。掌選補流外官，謂之小銓；并掌文官名簿、朝集、禄賜、假使〔六九〕，并文官告身，分判曹事。

員外郎二人。 隋開皇六年，置吏部員外郎一人。煬帝三年，改爲選部承務郎。唐武德三年復舊。加置一人，一員判廢置，一員判南曹，起於總章二年，司列少常伯李敬玄奏置。未置以前，銓中自勘責。故事，兩員轉廳，至建中元年，侍郎邵説奏，各挾闕替。南曹郎王鍔以後，遂不轉廳。貞元十一年閏八月，侍郎杜黄裳奏請准舊例轉廳〔七〇〕。初，武太后延載元年〔七一〕，又加一員，聖曆二年八月省。開元十二年四月，敕兵、吏各專定兩人判南曹〔七二〕，尋却一人判；貞元元年九月，又以兩人判；至十二年閏八月，又却一人判。

司封郎中一人。 左傳曰：「晉文公作執秩以正其官〔七三〕。」注云執秩，主爵秩之官。漢尚書有封秩之任〔七四〕，而無其官。故後漢書曰：「馮勤字偉伯，光武以爲郎中，給事尚書，使典諸侯封事。勤量功次輕重，國土遠近，地勢豐薄，不相踰越，莫不厭伏焉。自是封爵之制，非勤不定。」晉尚書有左、右主客曹。北齊河清中，改爲主爵〔七五〕，置郎中一人，屬吏部，主封爵之事。隋初，爲主爵侍郎，煬帝改爲主爵郎。武德初，爲主爵郎中。龍朔二年，改爲司封大夫，咸亨元年復舊。光宅元年，改爲司封郎中，掌封爵皇之枝族及諸親、内外命婦告身及道士、女冠等。天寶八載十一月，敕道士、女冠籍每十載一造，永爲常式。至德二年十一月，敕道士、女冠等宜依前，屬司封曹。

員外郎一人。 隋文帝置，煬帝改爲主爵承務郎。武德初，爲主爵員外郎。其後，曹改而官不易。

司勳郎中一人。 周禮夏官有司勳上士，掌六鄉賞地之法〔七六〕。歷代無聞。至後周，吏部有司勳上士一人，掌六勳之賞，以等其功，如古之主爵。隋文帝置司勳侍郎，煬帝改爲司勳郎。龍朔二年，改爲司勳大夫，咸亨初復故〔七七〕。掌校定勳績、論官賞勳、官告身等事。

員外郎二人。 隋文帝置，煬帝改爲司勳承務郎。至武德初，乃改爲司勳員外郎。

考功郎中一人。漢元帝時〔七八〕，京房作考功課吏之法，然其職不在尚書。至光武，改尚書三公曹主歲書考課，課諸州郡。魏尚書有考功、定課二曹。宋元嘉三十年〔七九〕，又置功論郎，並其任也。例在吏部郎中。後魏考功郎掌考第、孝秀。北齊考功郎中亦掌考第及孝秀貢士〔八〇〕。隋文帝置考功侍郎，煬帝改爲考功郎。武德初復爲考功郎中，龍朔二年改考功爲司績，咸亨初復舊〔八一〕。掌考察内外百官及功臣家傳、碑、頌、誄、謚等事。

員外郎一人。隋文帝置，煬帝改爲考功承務郎。武德初，復爲考功員外郎。其後，曹改而官不易。武德舊令，考功郎中監試貢舉人。貞觀以來，乃以員外郎專掌貢舉省郎之殊美者。至開元二十四年，移貢舉於禮部，而考功員外郎分判事而已。

宋朝典選之職，自分爲四：文選二，曰審官東院，太平興國六年，命郭贄考京朝官課。淳化三年〔八二〕，置磨勘京朝官院，又以興國中所置差遣院併入，號磨勘差遣院，亦名考課院。淳化四年，以考課京朝官院爲審官院。而涑水記聞云太宗患中書權太重，向敏中時爲諫官，請分中書吏房置審官院，刑房置審刑院。熙寧間置審官西院，以主武選，於是改審官院爲審官東院焉。曰流内銓；實録：淳化四年，以幕職州縣考課院歸流内銓，命翰林學士蘇易簡領其事。自後命近臣主之。武選二，曰審官西院，涑水記聞云：王介甫與韓子華合謀，欲沮文潞公，且奪其權。一日發中旨置審官西院，樞密初不知也。曰三班院。實録：淳化三年詔置三班院，以崇儀副使蔚進掌之。先是，供奉官等悉隸宣徽院。至是，別置三班院以考殿最，自後多命近臣以主之。元豐定制，以審官東院爲尚書左選，審官西院爲尚書右選，流内銓爲侍郎左選，三班院爲侍郎右選。道鄉集蘇丞相行狀：「唐制，文選掌於吏部，武選則兵部主之。」掌文武官選授、勳封、考課之政令。文臣寄禄官自朝議大夫、職事官自大理正以下非中書省敕授者，歸尚書左選；武臣陞朝官自皇城使、職事官自金吾街仗司以下非樞密院宣授者〔八三〕，歸尚書右選；自初仕至州縣幕職官，歸侍郎左選；自借差、監當至供奉官、軍使，歸侍郎右選。

凡分職爲三，封爵、贈官之事則司封主之，賜功定賞之事則司勳主之〔八四〕，官資、課最、名謚之事則考功主之。凡應注擬、升移、敘復、蔭補及酬賞、封贈者，隨所分隸校勘法例，團甲以上尚書省，即法例可否不決應取裁者，亦如之。若中散大夫、閤門使以上，則列遷敘之狀上中書省、樞密院，得畫給告身〔八五〕，則通書尚書侍郎及所隸郎官。續會要。尚書左、右選凡十五案，左選：掌闕案、知闕案、六品案、七品案、八品案、九品、知雜上案下案，甲庫案。右選：流擬案〔八六〕，大使臣案，小使臣案，甲庫案，掌注案，知雜案，告身案。侍郎左右選凡十五案，左選：注擬、知闕案，補闕案，參軍上案、下案，主簿上案、下案，縣尉上案、下案，入宮案，甲庫案，格式案，過院案。右選：注擬上案、下案，供奉官案，殿直案，甲庫案，掌法案，知一案。而四選密矣。尚書：從二品，掌文武之選事而奉行其制命。凡天下員闕，具注諸籍，月取其應選者，揭而書之，集官注擬，考其閥閱以定可否。凡選授、封爵、功賞、課最之事，皆所隸郎官驗實而後判成焉。若有疑不能決，則稟議於尚書省〔八七〕，即應論奏，與郎官同上殿〔八八〕。侍郎：從三品，掌文臣未改秩者〔八九〕。凡始命或有殿負〔九〇〕，皆試而後選。若應遷格則團甲〔九一〕，同郎官引見於便殿，稟奏改官。右選，掌武臣未陞朝者。凡初仕而試不中等〔九二〕，及已入官而未應選者，皆勿注正闕。若選路分都監、將官、閤門祇候、都總管司承受，皆以名上樞密院。視朝入閤，則執文武班簿對立。官制行〔九三〕，尚書、侍郎同治曹事，奏事則同班；惟吏部分領四選〔九四〕，有所論奏，則各以選事同所隸郎官上殿。元豐寄禄，吏部尚書爲金紫光禄大夫，六部侍郎爲正議大夫。南渡初，諸曹尚書、侍郎互置，惟吏部備官。紹興八年，依元祐制，六曹皆置權尚書，以處未應資格之人。建炎四年，六曹置權侍郎，如元祐制，滿二年爲真，補外者除待制，未滿除修撰。舊制，吏部除侍郎二員，分典左、右選，總稱吏部侍郎，間命官兼攝，惟稱左選侍郎或右選而已。紹熙三年，謝深甫、張叔椿兼攝，始有侍左侍郎、侍右侍郎之稱。既而自林大中、沈揆擢貳尚書，則「侍左」、「侍右」徑入除目，相承不改。郎中：主管尚書左、右選〔九五〕；及侍郎左、右選各一員，參掌選事而分治之。凡郎官，並用知縣資序以上充，未及者爲員外郎。元豐寄禄爲朝請大夫。建炎四年，詔權攝、添差郎官並罷。初進擬，第云吏部郎官；及擬告身細銜，始具言吏部尚書郎中或員外郎，主管尚書某選，主管侍郎某選。紹興間〔九六〕，吕希常以監六部門兼權侍右侍郎〔九七〕。李端民正除尚右郎官，既而何俌、楊倓、費行之除吏部郎官，皆有侍左、侍右、尚左、尚右之稱。自此相承不改。乾道元年，詔：「今後非曾任監司、守臣〔九八〕，不除郎官，著爲令。」自是館學、寺監丞，拘礙資格，遷除不行。郎曹闕員，但得兼攝，旋即外補；間有不次擢用者，則自二著躐升二史，以至從列。其自外召至爲郎，則資級已高，曾不數月，即序進卿、少〔九九〕，而郎有正員者益少矣。司封：判司事一人，初以無職事朝官充。凡封爵之制，一出於中書，本司但掌定謚先期戒本部赴集而已。元豐官制行，始實行本司事，掌封爵、叙贈、奏蔭、承襲之事。寄禄爲朝請大夫。司勳：掌勳賞事。凡勳十有二級。自上柱國至武騎尉。自從七品推而上之至正三品，三歲一遷，必因其除授以加之。凡賞有格，若事應賞，從所隸之司考實以報，審核以上尚書省。寄禄爲朝請大夫。隆興初，詔省併司勳郎中〔一〇〇〕，以司封郎中兼領。考功：判司事一人，以帶職朝官或無職事朝官充。凡考課之法分隸他司，或以他司專領，本司但掌覆太常擬謚及幕府州縣官流外較考之事。元豐官制行，郎中、員外郎始實行本司事。續會要。初除蔡峋、蔡京。職略。掌文武遷叙、磨勘、資任、考課之政令。凡命官，隨所隸選，以其職事具注於曆〔一〇一〕，給之於其屬州若司，歲書其功過，應升遷選授者，驗曆按法而叙進之；有負殿，則正其罪罰。以七事考監司。以四善、三最考守令。凡改服色者，以年勞計之。應謚者，覆太常所定行狀，報尚書省官集議以聞。凡立碑碣名額之事掌之。舊置考課院，其定殿最皆有考辭〔一〇二〕，元豐悉罷。分案十有七〔一〇三〕。五品案、六品案、七品案、八品案、九品案、職官案、參軍案、令丞案、主簿案、縣尉案、使副案、供奉官案、資任案、校定案、法案、知雜案。元祐三年，詔：「知州課法，吏部上其事於尚書省，送中書省收旨。縣令以下，本部專行。」官告院：主管官二員〔一〇四〕。舊制，掌吏、兵、勳、封官告，以給妃嬪、王公、文武品官、内外命婦及封贈者。四選皆用吏部印〔一〇五〕，惟蕃官用兵部印。凡綾紙幅數褾軸名色〔一〇六〕，皆視其品之高下，應奏鈔畫聞者給之〔一〇七〕。大觀併歸尚書省，政和仍歸吏部。差主管官。

户部尚書 侍郎　郎中　員外郎　度支郎中　員外郎　金部郎中　員外郎　倉部郎中　員外郎

周禮地官大司徒之職，掌建邦之土地之圖，與其人民之數。按今户部之職與地官之任，雖亦頗同，若徵其承受，考其沿襲，則户部合出於度支。度支，主計算之官也。算計之任，本出於周禮天官之司會云。又太宰之屬有司會，以九貢之法，致邦國之財用；以九賦之法，令田野之財用；以九功之法，令民職之財用；以九式之法，均節邦之財用；掌國之官府郊野縣都之百物財用，凡在書契版圖者之貳，以逆群吏之治，而聽其會計。逆謂受而鈎考之，可知得失多少。漢置尚書郎四人，其一人主財帛委輸。至魏文帝置度支尚書寺，專掌軍國支計。吴有户部，吴孫休初即位，户部尚書階下讀奏〔一〇八〕。而晉有度支，晉當陽侯杜元凱爲度支尚書，内以利民，外以救邊，備物置用，以濟當時之益者五十餘條。又張華爲度支尚書，量計運漕〔一〇九〕，決定廟算〔一一〇〕。皆主算計也〔一一一〕。宋、齊度支尚書領度支、金部、倉部、起部四曹。梁亦有之。後魏度支亦掌支計。崔亮爲度支尚書，經營費用，歲減億計。北齊度支統度支、掌計會，凡軍國損益、供糧廩等事。倉部、左户、左户掌天下計帳、户口。右户、掌天下公私田宅租課。金部、庫部六曹。後周置大司徒卿一人，如周禮之制，其屬有民部中大夫二人，掌承司徒教，以籍帳之法，贊計人民之衆寡。隋初有度支尚書，則并後周民部職。漢成帝初置尚書〔一一二〕，有民曹，主凡吏民上書，悉經此曹主之。後漢光武改民曹主繕修、工作、鹽池、苑囿。魏置左民尚書。晉惠帝又加置右民尚書。至於宋、齊、梁、陳皆有左民尚書。而後魏有左民、右民等尚書，多領工役〔一一三〕，非今户部之例。而梁、陳兼掌户籍，此則略同。自周、隋有民部，始當今户部之職。開皇三年，改度支爲民部，統度支、民部、金部、倉部四曹，國家修隋志，謂之户部，蓋以廟諱故也。文帝時〔一一四〕，韋冲爲民部尚書〔一一五〕。又武德二年，隋民部尚書蕭瑀爲相府司録。唐永徽初，復改民部爲户部，廟諱故也。太宗在位，詔官號人名及公私文籍有「世」「民」兩字不相連者〔一一六〕，並不諱；至高宗始諱之〔一一七〕。顯慶元年，改户部爲度支。龍朔二年，改度支尚書爲司元太常伯。咸亨元年，復爲户部尚書。初，户部居禮部之後，武太后改置天地四時之官，以户部爲地官，由是遂居禮部前。神龍元年，復改地官爲户部，總判户部、度支、金部、倉部事。

侍郎二人。蓋周官小司徒中大夫頗同其任〔一一八〕。後周依周官。今侍郎，則隋煬帝置民部侍郎。唐因之，後改曰户部。龍朔二年，改爲司元少常伯。咸亨元年，復爲户部侍郎。他時曹名或改，而官號不易。舊制一員，長安四年加一員，神龍元年減，二年復加。

郎中二人。漢尚書郎一人，主户口、墾田。吴時張温爲尚書户曹郎。魏有民曹郎。晉分爲左、右民曹。宋、齊以下，或爲左民，或爲左户。後魏有户部郎。北齊有左、右民曹。例在户部郎中篇〔一一九〕。隋初爲户部侍郎，煬帝除「侍」字，隋末改爲民部郎。武德初，爲民部郎中。龍朔二年，改郎中爲大夫，咸亨元年復舊〔二〇〕。他時曹名或改，而官號不易。掌户口、籍帳、賦役、孝義、優復、蠲免、婚姻、繼嗣、百官、衆庶、園宅、口分、永業等。建中三年正月，户部侍郎判度支杜佑奏：「天寶以前，户部事繁，所以郎中、員外各二人判署。自兵興以後，户部事簡，度支事繁，唯郎中員外各一人。請迴輟郎中、員外各一人，分判度支案，待天下之兵革已息，却歸本曹。」奉敕依。

員外郎二人。隋文帝置，煬帝改爲承務郎。武德三年，復爲員外郎。

度支郎中一人。漢初，張蒼善算，以列侯主計，居相府領郡國上計者，謂之計相，殆今度支之任。魏尚書有度支。歷代度支具尚書中。隋初爲度支侍郎，煬帝除「侍」字。武德加「中」字。龍朔二年，改度支爲司度，咸亨元年復舊。掌支使國用。開元二十四年三月，户部尚書、同中書門下三品李林甫奏：「租庸、丁防、和糴、雜支〔二一〕、春綵、稅草諸色旨符，每年一造〔二二〕。據州府及諸司計，紙當五十萬張，仍差百司抄寫，事甚勞煩。條目既多，詳檢難過〔二三〕，緣無定額，支稅不常，亦因此涉情，兼長姦僞。臣今與採訪使及朝集使商量，有不穩便於人、非當上所出者，隨意沿革〔二四〕，務從允便。即人知定准，政有常文，編成五卷，以爲常行旨符〔二五〕，省司每年但據應支物數進書頒行〔二六〕，每州不過一兩紙，仍附驛送。」敕依。至德以後，戎事費多。乾元二年十二月〔二七〕，吕諲爲兵部侍郎、平章事，充勾當度支使。上元元年五月，劉晏爲户部侍郎、勾當度支使〔二八〕。元年建子月，元載爲户部侍郎、勾當度支使。寶應元年正月，劉晏爲户部侍郎、勾當度支使。貞元二年十二月〔二九〕，韓滉以宰相加度支使。五年二月〔三〇〕，竇參爲中書侍郎、平章事、度支使。自後雖無，亦有他官判，或云權判，亦云專判。

員外郎一人。改置與户部員外郎同。

金部郎中一人。周官有職金〔三一〕，掌金、玉、錫、石、丹青之戒令〔三二〕。魏尚書有金部郎，其後歷代多有之。北齊金部主才量尺度、内外諸庫藏文帳。隋盧昌衡字子均，祖孝徵薦爲尚書金部郎，每謂人曰：「吾用盧子均爲尚書郎，自謂無愧幽冥矣〔三三〕。」隋初爲金部侍郎，煬帝除「侍」字。武德中加「中」字。龍朔二年，改金部爲司珍，咸亨初復舊。天寶中，改爲司金，至德初復舊。掌庫藏金寶貨物、權衡度量等事。自開元二年置鑄錢使，皆以他官爲之。

員外郎一人。改置與户部員外郎同。

倉部郎中一人。周官有倉人，主藏九穀。又有廩人，主藏九穀之數，賙賜稍食。魏尚書有倉部郎，後魏有太倉尚書，亦其任也。故後魏書曰：「李訢爲太倉尚書，攝南部事，令千里之外户別轉運，詣倉輸之。所在委積，延停歲月，大爲困弊。」歷代多有倉部曹，皆掌倉廩之事。後周有地官屬司倉下大夫。隋初爲倉部侍郎，煬帝除「侍」字。武德中加「中」字。龍朔二年改倉部爲司庾，咸亨初復舊。天寶中，改爲司儲，至德初復舊。掌諸倉廩之事。開元二十六年以後置出納使，皆以他官爲之。訢音許斤切。

員外郎一人。改置與户部員外郎同。

宋制，户部判部事一人，以兩制以上充。凡户口、田産、錢穀、食貨之政令，皆歸於三司。三司謂鹽鐵、户部、度支也。本曹但受天下之土貢，元會陳於庭而已。熙寧中，以知樞密院陳升之、參知政事王安石制置三司條例，建官設屬，取三司條例看詳，具所行事付之〔一三四〕。三年，罷歸中書。以常平、免役、農田、水利新法歸司農，以胄案歸軍器監，修造歸將作監，推勘公事歸大理寺，帳司、理欠司歸比部，衙司歸都官，坑冶歸虞部，而三司之權始分矣。元豐官制行，罷三司歸户部左、右曹，而三司之名始泯矣。舊三司使即今尚書，副使即今侍郎，權發遣副使即今權侍郎，三司判官、推官及判子司官即今郎中、員外郎之任也。建炎兵興，嘗以知樞密院張慤提領措置户部財用，後進中書侍郎，仍兼之。五年〔一三五〕，復以參知政事孟庾提領措置。後罷，專委户部長貳。左曹分案三：曰户口，掌諸路州軍縣户口升降，民間立户分財，科差人丁，典賣屋業〔一三六〕，陳告户絶，索取妻男之訟。曰農田，掌農田及田訟務限，奏豐稔，驗水旱蟲蝗，勸課農桑，請佃地土，令佐任滿賞罰，繳奏諸州雨雪，檢案災傷逃絶人户。曰檢法，掌凡本部檢法之事。設案有三：曰二税，掌受納、驅磨、隱匿、支移、折變。曰房地，掌州縣樓店務房廊課利，僧道免丁錢及土貢獻物〔一三七〕。曰課利，掌諸州軍酒課利，比較增虧知、通等職位姓名，人户買撲鹽場、酒務祖額酒息，賣田投納牙契。外有開拆、知雜司。右曹分案有六：曰常平，掌常平、農田水利及義倉賑濟，户絶田産，居養鰥、寡、孤、獨之事。曰免役，曰坊場，曰平準，各隨其名而任其事。曰檢法。曰知雜。紹興二年，韓肖胄言：「財賦舊悉隸三司，今户部正有上供之目。諸路窠名，户部不能悉知，漕司不能悉問，失一窠名則所入亦失矣。願詔諸路漕司，括州郡出入可併罷者，立定籍，使漕司總諸州，户部總諸路，則出入無陷矣。」淳熙中，詔以左藏南庫撥隸户部。侍郎：掌治左、右曹職事。元豐官制，户部侍郎一人。中興初，只除長貳各一員，或止除尚書若侍郎一員〔一三八〕。紹興四年，詔户部侍郎通治左、右曹〔一三九〕，自此相承不改。郎中：左曹、右曹。掌分曹治事。建炎三年詔省併郎曹，惟户部五司以職事煩劇不併，仍各置一員。淳熙九年〔一四〇〕，詔户部郎官兼主管左藏南庫，初置主管。度支郎中參掌周知軍國財用〔一四一〕，會其出入之數，凡上供有額，封樁有數，科買有期，皆掌之。有所漕運，則計程而給其直。凡内外支供及俸給、驛券，賞賜衣服、錢帛，先期擬度，時而予之。金部：掌金帛貨寶之入，以待邦用。以年額拘催受給。建炎元年，詔常平司見管山澤、坑冶，並依舊撥隸金部。三年，詔罷太府寺，隸金部。倉部：掌倉芻粟出納之事。建炎三年，罷司農寺歸倉部。紹興四年，復置司農寺。

禮部尚書 侍郎　郎中　員外郎　祠部郎中　員外郎　膳部郎中　員外郎　主客郎中　員外郎

唐、虞之時，秩宗典三禮。周禮春官大宗伯，掌建邦之天神、人鬼、地祇之禮。後漢尚書吏曹兼掌齋祀，亦其職也。魏尚書有祠部曹。及晉江左有祠部尚書，掌廟祧之禮。常與右僕射通職，不常置，以右僕射攝之。歷代皆與右僕射通職。宋祠部尚書領祠部、儀曹二曹。齊、梁、陳皆有祠部尚書。後魏爲儀曹尚書。北齊祠部尚書統祠部、掌祠祀、醫藥、死喪贈賻。主客、虞曹、屯田、起部五曹。又有儀曹主吉凶禮制，屬殿中尚書。後周置春官卿，又有禮部，而不言職事；後改禮部爲宗伯。又春官之屬有典命，掌內外九族之差及玉器衣服之令〔一四二〕、沙門道士之法。後改典命爲大司禮，俄改大司禮復爲禮部，謂之禮部大夫。後周盧愷爲禮部大夫〔一四三〕，充聘陳使〔一四四〕。至隋置禮部尚書，統禮部、祠部、主客、膳部四曹，蓋因後周禮部之名，兼前代祠部、儀曹之職。唐龍朔二年，改禮部尚書爲司禮太常伯，咸亨元年復舊。光宅元年，改禮部爲春官，神龍元年復舊。總判祠部、禮部、膳部、主客事。

侍郎一人。周官春官小宗伯中大夫，頗同今任。後周依周官。今侍郎則隋煬帝置，唐因之。龍朔二年，改爲司禮少常伯，咸亨元年復舊。他時曹名或改，而官守不易〔一四五〕。掌策試、貢舉及齋郎，弘、崇、國子生等事。舊制，考功員外郎掌貢舉。開元二十三年，考功員外郎李昂爲進士李權所詆，朝議以考功位輕，不足以臨多士。至二十四年，遂以禮部侍郎掌焉。開元、天寶之中，昇平既久，群士務進，天下髦彥皆其取舍，故勢傾當時，資與吏部侍郎等同。

郎中一人。周官春官肆師下大夫，亦頗同今任。魏尚書有儀曹郎，掌吉凶禮制。歷代多有，例在吏部篇。宋、齊儀曹屬祠部。梁書曰：「武帝謂徐勉云：『今帝業初構，須一人通藝、解朝儀者〔一四六〕，爲尚書儀曹郎。』勉曰：『孔休源識具清通〔一四七〕，詳練故事〔一四八〕，自晉、宋起居注，略誦上口。』遂拜爲儀曹郎。」後周依周官。隋初爲禮部侍郎，煬帝除「侍」字，又改爲儀曹郎。武德初〔一四九〕，改爲禮部郎中。龍朔二年，改爲司禮大夫，咸亨初復舊，其後曹改而官不易。掌禮樂、學校、儀式、制度、衣冠、符印、表疏、册命、祥瑞、鋪設、喪葬、贈賻及宮人等。

員外郎一人。周禮肆師上士，後周依焉。至隋文帝置禮部員外郎，煬帝改爲儀曹承務郎，武德三年復舊。其後曹改而官不易。

祠部郎中一人。魏尚書有祠部郎，歷代皆有，主禮制。後魏裴修爲中大夫，兼祠部曹。祠部曹主禮樂，每有疑議，修斟酌故實〔一五〇〕，咸有條貫。後周有典祠中大夫。隋初爲侍郎，煬帝除「侍」字，武德中加「中」字。龍朔二年改爲司禋大夫，咸亨元年復舊。延載元年五月制：「天下僧尼隸祠部，不須屬司賓〔一五一〕。」開元二十年正月制〔一五二〕，僧尼隸祠部。天寶十一載〔一五三〕，改祠部爲職祠，至德初復舊。掌祠祀、天文、漏刻、國忌、廟諱、卜祝、醫藥等，及僧尼簿籍。自天寶六載及至德三年，常置祠祭使〔一五四〕，以他官爲之。

員外郎一人。改置與户部員外郎同。

膳部郎中一人。膳部於周官即膳夫、凌人二職也。晉尚書有左士、右士曹。後魏都官尚書管左士郎〔一五五〕。北齊改左士爲膳部郎，掌侍官百司禮食餚饌，屬都官尚書。後周有膳部大夫一人，亦掌飲食，屬大冢宰。隋膳部屬祠部，初置侍郎，煬帝除「侍」字。武德中加「中」字，龍朔二年改爲司膳大夫，咸亨初復舊。天寶十一載，又改膳部爲司膳，至德初復舊。掌飲膳、藏冰及食料。

員外郎一人。改置與户部員外郎同。

主客郎中一人。漢成帝初置尚書，有客曹，主外國、夷狄，後光武分改爲南主客、北主客二曹。至魏，亦爲南主客事〔一五六〕。晉氏分爲左、右、南、北四主客，或單爲客曹〔一五七〕。宋、齊、梁、陳單有主客〔一五八〕。後魏吏部管南主客，祠部管左主客。北齊改左主客爲主爵，南主客爲主客。隋初爲侍郎，煬帝除「侍」字，尋又改爲司藩郎〔一五九〕。武德初〔一六〇〕，改爲主客郎中。龍朔二年，又改主客爲司藩，咸亨元年復舊。掌二王後及諸藩朝聘。

員外郎一人。改置與户部員外郎同。

宋禮部判部事二人，以兩制及帶職朝官以上充〔一六一〕。凡禮儀之事，悉歸於太常禮院，而貢舉之政領於知貢舉官。本曹但掌制科舉人，補奏太廟郊社齋郎、室長、掌座，都省集議，百官謝賀表章，諸州申舉祥瑞，出納内外牌印之事，而兼領貢院。官制行，始正其職。凡天地、宗廟、陵園之祀，后妃、親王、將相封册之命，皇子加封，公主降嫁，稽其儀，以詔上下而舉行之。朝廷慶會宴樂，宗室冠、婚、喪、祭，蕃使去來宴賜，與夫經筵、史館賜書修書之禮，例皆同奉常講求參酌，而定其儀節。三歲貢舉，學校試補諸生，皆總其政。旌節章服之頒，祥瑞表奏之進，凡關於禮樂者，皆掌之。建炎三年，詔鴻臚、光禄寺併歸於禮部，太常、國子監亦隸之焉〔一六二〕。分案五：曰禮樂，曰貢舉，曰宗正奉使帳，曰封册表〔一六三〕，曰檢法。各隨其名而治其事。侍郎：貳尚書之事。南渡，諸曹長貳互置。紹興七年，禮部置侍郎二員。隆興初，詔尚書不常置，禮部侍郎置一員。郎中：參領禮樂、祭祀、朝會、宴享、學校、貢舉之事〔一六四〕。有所損益，則審訂以次咨決。凡慶賀若謝，掌撰表文。與祠部、主客、膳部並列爲四。建炎四年〔一六五〕，併省郎曹，禮部領主客，祠部領膳部。隆興初，復詔禮部、祠部一員兼領，自是併行四司之事矣。祠部：掌諸州宫觀僧尼、道士、童行，住持教門事務，祠祭奉安祈禱，神廟加封賜額並屬之。醫官磨勘、醫生試補，校其事而予奪之。主客：掌諸蕃朝貢、宴設、賜予之事。膳部：掌祠寺奏告牲牢、禮料及宴設酒食果實之事〔一六六〕，收冰、藏冰，賜米以時無闕事。御厨翰林司牛羊司隸焉。

兵部尚書 侍郎　郎中　員外郎　職方郎中　員外郎　駕部郎中　員外郎　庫部郎中　員外郎

周禮夏官大司馬之職，以九伐之法正邦國，制軍詰禁，以糾邦國；領校人、牧師、職方、司兵之屬，即今兵部之任也。魏置五兵尚書。周官有司兵，掌五兵、五盾，各辨其物與其等，以待軍事。五兵之名，當出於此。鄭司農云五兵者，戈、殳、戟、酋矛、夷矛也。五兵謂中兵、外兵、騎兵、別兵、都兵也。晉初無，太康中乃有五兵尚書，而又分中兵、外兵各爲左、右。按：晉雖分中兵、外兵爲左、右，與舊五兵爲七曹，然尚書唯置五兵而已，無七兵尚書之名，至後魏始有七兵尚書耳。今諸家著述或謂晉太康中置七兵尚書，誤矣。宋五兵尚書唯領中兵、外兵二曹，餘則無矣。齊、梁、陳皆有之。後魏爲七兵尚書。北齊爲五兵，統左中兵、掌諸都督告身、諸宿衛官〔一六七〕。右中兵、掌畿内丁帳事、諸兵力士〔一六八〕。左外兵、掌河南及潼關以東諸州丁帳〔一六九〕，及發召諸兵〔一七〇〕。右外兵、掌河北及潼關以西諸州，所典與左外兵同。都兵掌鼓吹、大樂、部小兵等事〔一七一〕。五曹。後周置大司馬，其屬又有兵部中大夫、小兵部下大夫，其職並闕。至隋有兵部尚書，統兵部、職方、駕部、庫部四曹，蓋因後周兵部之名，兼前代五兵之職。唐龍朔二年，改兵部尚書爲司戎太常伯，咸亨元年復舊。光宅元年，改爲夏官，神龍元年復舊。天寶十一載，改爲武部〔一七二〕。至德初復舊。掌武官選舉，總判兵部、職方、駕部、庫部事。其分領選舉，亦爲三銓，制如吏部。尚書所掌，謂之尚書銓〔一七三〕。侍郎所掌，其一爲中銓，其一爲西銓〔一七四〕，各有印。

侍郎二人。煬帝置，唐因之。龍朔二年，改爲司戎少常伯，咸亨元年復舊。他時曹名或改，而官不易。舊制一員，總章元年加一員〔一七五〕。掌武職、武勳官、三衛及兵士以上簿書，朝集、祿賜、假告、使差、發配〔一七六〕，親士帳内考覈，及給武職告身。

郎中一人。歷代兵部曹皆有郎〔一七七〕，具尚書中。或單爲郎，或置郎中，例在吏部郎中篇。隋初爲兵部侍郎，煬帝除「侍」字，改爲兵部曹郎。武德三年，改爲兵部郎中。龍朔二年，改爲司戎大夫，咸亨元年復舊。掌與侍郎同。

員外郎二人。隋文帝置兵部員外郎，煬帝改爲兵曹承務郎。武德三年復舊，其後曹改而官不易。

職方郎中一人。周禮夏官有職方氏，掌天下之圖，辨九州之國。歷代無聞。至後周依周官。隋初有職方侍郎，煬帝除「侍」字。

武德中加「中」字，龍朔二年改爲司城大夫，咸亨元年復舊。掌地圖、城隍、鎮戍、烽候、防人路程遠近，歸化首渠〔一七八〕。

員外郎一人。周官夏官職方上士。後周依周官。隋改置與户部員外郎同。

駕部郎中一人。周禮夏官之屬有輿司馬；又有校人，主馬之官；又有牧師掌牧放〔一七九〕；又有巾車掌公車之政及王之五輅，此皆駕部之本也。魏、晉尚書有駕部郎。宋時駕部屬左民尚書。齊亦有之。後魏與北齊並曰駕部郎中。後周有駕部中大夫，屬夏官。隋初爲駕部侍郎，屬兵部。及辛公義爲駕部侍郎〔一八〇〕，勾檢馬牧，所獲十餘萬匹。文帝喜曰：「唯我公義，奉國罄心〔一八一〕。」煬帝除「侍」字。武德二年〔一八二〕，加「中」字。龍朔二年，改爲司輿大夫。咸亨初復舊。天寶中改駕部爲司駕，至德初復舊。掌輿輦、車乘〔一八三〕、郵驛、廄牧，司牛馬驢騾闌遺離畜〔一八四〕。開元十八年閏六月敕：「比來給傳使人，爲無傳馬〔一八五〕，事頗勞煩。自今以後，應乘傳者，宜給紙券。」二十三年十月敕：「新給都督、刺史并關三官、州上佐，並給驛發遣。」二十八年六月，敕有陸驛處得置水驛。自二十年以後，常置館驛使〔一八六〕，以他官爲之。

員外郎一人。周官有輿上士，後周有小駕上士，蓋其任也。至隋，置與户部同。

庫部郎中一人。周官有司甲，掌戈盾弓矢之長，各辨其物，以待軍事。魏尚書有庫部郎，晉因之。宋庫部主兵仗。文帝宴，會有荒服外歸化人，帝問尚書庫部郎顧琛曰：「庫中仗有幾許？」琛詭對曰〔一八七〕：「有十萬人仗。」舊武庫仗多祕不言〔一八八〕，帝既問，失言，及琛詭對，善之。歷代或有或闕。後魏、北齊庫部屬度支尚書，掌凡戎仗器用。後周有武藏中大夫。隋屬兵部，初爲庫部侍郎，煬帝除「侍」字。武德中，加「中」字。龍朔二年，改爲司庫大夫，咸亨初復舊。天寶十一載，又改庫部爲司庫，至德初復舊。掌軍器、儀仗、鹵簿法式及乘具等。

員外郎一人。周官有司兵中士。後周有小武藏下大夫。隋改置與户部同。

宋兵部判部事一人。凡籍武官軍師卒戍之政令〔一八九〕，悉歸於樞密院，其選授小者又歸三班。本曹但掌三駕儀仗、鹵簿字圖〔一九〇〕，釋奠武成王廟及武舉事〔一九一〕，歲終以義勇、弓箭手、寨户之數上於朝〔一九二〕。元豐更制，惟民兵、馬政權隸樞密院，武官銓選并歸吏部。五年詔：「應緣義勇保甲事並隸樞密院，其餘民兵悉隸兵部。」以什伍之法教民爲兵，以選舉之法試武士，以鹵簿字圖分布儀衛，以郡縣之圖周知地域。凡厢軍、蕃兵剩員及金吾街仗司人兵，稽其數而振飭其藝。大將出征，告捷於廟，破賊露布以聞〔一九三〕。臣僚之家宣借兵級，與夫蕃夷屬户授官、封襲之事，皆掌之。建炎三年，併衛尉寺隸焉。分案十：曰賞功，曰民兵衛，曰厢兵，曰人從看詳，曰帳籍告身，曰武舉，曰蕃官，曰開拆〔一九四〕，曰知雜，曰檢法。

侍郎：南渡後，長貳互置，續置侍郎二員〔一九五〕，隆興常置一員。郎中：建炎三年，詔兵部兼職方，駕部兼庫部。隆興初，詔駕部、兵部郎官共一員兼領，自是四司合爲一矣。厥後間或並置，若從軍或將命於外，則假以爲寵。職方：掌天下地圖，以周知方域之廣及城隍堡塞烽候之事，蕃夷歸朝内附之事。駕部：掌輦路、車乘、厩牧、雜畜、乘具、傳驛之政令，辨其出入之數。建炎三年，詔併太僕寺隸焉。太僕有騏驥、車輅二院。左、右騏驥院監官二員，以武臣充。掌司國馬，總教駿四指揮之衆，以養餵諸馬。每一指揮百人爲額。車輅院掌供乘輿、法物。庫部：掌軍器、儀仗鹵簿法式、隨軍防城什物，及凡供帳之事。

洪氏容齋隨筆曰：「唐因隋制，尚書置六曹。吏部、兵部分掌銓選，文屬吏部，武屬兵部。自三品以上官册授，五品以上制授，六品以下敕授，皆委尚書省奏擬。兩部各列三銓。曰尚書銓，尚書主之。曰東銓，曰西銓，侍郎二人主之。吏居左，兵居右，是爲前行，故兵部班級在户、刑、禮之上。睿宗初政，以宋璟爲吏部尚書，李乂、盧從原爲侍郎；姚元之爲兵部尚書，陸象先、盧懷慎爲侍郎〔一九六〕。六人皆名臣，二選稱治。其後用人不能悉得賢，然兵部爲甚。其變而爲三班流外銓，不知自何時。元豐官制行，一切更改，凡選事，無論文武，悉以付吏部。蘇東坡當元祐中拜兵書，謝表云：『恭惟先帝復六卿之名，本欲後人識三代之舊。古今殊制，閑劇異宜。武選隸於天官，兵政總於樞輔〔一九七〕，故司馬之職獨省文書。』蓋紀其實也。今本曹所掌，惟諸州廂軍名籍，及每大禮則書寫蕃官加恩告。雖有所轄司局，如金吾街仗司、騏驥車輅象院、法物庫、儀鸞司，不過每季郎官一往耳。名存實亡，一至於是！」

刑部尚書

侍郎　郎中　員外郎　都官郎中　員外郎　比部郎中　員外郎　司門郎中　員外郎

唐、虞之時，士官以正五刑；周禮秋官大司寇，掌建邦之三典〔一九八〕，以佐王刑邦國，蓋其任也。漢成帝時，尚書初置二千石曹主郡國二千石，又置三公曹主斷獄。後漢光武改三公曹主歲盡考課諸州郡政；二千石曹掌中都官、水火、盜賊、辭訟、罪法〔一九九〕，亦謂之賊曹，重於諸曹。華譚集尚書二曹論曰：「劉道真問薛令長在吳何作？答曰：『爲吏部尚書。』問曰：『吳待吏部，何如餘曹？』答曰：『並通高選，吏部特一時之俊。』劉曰：『晉、魏以來俱爾，獨謂漢氏重賊曹爲是，吳、晉重吏部爲非。』薛君曰：『八座秩同班等，其選並清，宜同一揆。若人才或多或少，選例難精。如不得已，吏部職掌人物，人物難明。謂吳、晉爲得。君何是古而非今？』劉難曰：『今吏部非爲能刊虛名、舉沉朴者，故録以成人，位處三署，聽曹探鄉論而用之耳，無煩乎聰明。賊曹職典刑獄，刑獄難精，是以欲重之。』答曰：『今之賊曹，不能聽聲觀色以別真僞，縣不能斷讞之尚書也。夫在獄者率小人，在朝者率君子。小人易檢，君子難精，俱不得已，吏部宜重，賊曹宜輕也。』」魏青龍二年，置尚書都官郎，佐督軍事。晉復以三公尚書掌刑獄。宋三公、比部皆主法制；又置都官尚書主軍事、刑獄，領都官、水部、庫部、功論四曹。齊、梁、陳並有都官尚書。後魏亦有都官尚書。北齊都官統都官、掌畿内非違得失〔二〇〇〕。二千石、掌畿外得失〔二〇一〕。比部、水部、膳部五曹；又有三公曹，掌諸曹囚帳，斷罪，赦日建金鷄等事〔二〇二〕，又掌五時讀時令。屬殿中尚書。後周有秋官大司寇卿，掌刑邦國；其屬官又有刑部中大夫，掌五刑之法。隋初有都官尚書。開皇三年，改都官爲刑部尚書，統都官、刑部、比部、司門四曹，亦因後周之名。唐因之。龍朔二年，改刑部尚書爲司刑太常伯，咸亨元年復舊。武太后改刑部爲秋官，神龍初復舊。天寶中改爲憲部，至德初復舊。總判刑部、都官、比部、司門事。

侍郎一人。周官小司寇中大夫，蓋今任也。後周依周官。至隋煬帝置刑部侍郎，唐因之。龍朔二年改爲司刑少常伯，咸亨元年復舊。他時曹名或改而官號不易。掌律令，定刑名，案復大理及諸州應奏之事。

郎中二人。周官大司寇屬官有士師下大夫，蓋今任也。漢尚書有三公曹，後漢有二千石曹，魏有都官曹，皆掌刑法獄訟之事。歷代沿革具尚書中。或爲侍郎，或置郎中，例在吏部郎中篇。後周有小刑部下大夫，屬秋官府。隋初置刑部侍郎，煬帝除「侍」字，又改爲憲部郎。武德三年，改爲刑部郎中。龍朔二年，改爲司刑大夫，咸亨元年復舊。與侍郎同。

員外郎二人。隋文帝置刑部員外郎，煬帝改爲憲部承務郎。武德三年，改爲刑部員外郎。其後曹改而官不易。

都官郎中一人。漢司隸校尉屬官有都官從事，掌中都官不法事。後漢又改尚書二千石曹，掌中都官、水火、盜賊。魏青龍二年，始置尚書都官郎，佐督軍事。晉、宋尚書都官兼主刑獄。歷代事具尚書中，其官例在吏部郎中注。後周則曰司厲。隋初爲都官侍郎，掌簿録，配役，官私奴婢，良賤訴競，俘囚等事。煬帝除「侍」字，置員外二人。武德三年，加「中」字，減一人。龍朔二年，改爲司僕大夫，咸亨元年復舊。掌簿斂，配役，官奴婢簿籍，良賤及部曲、客女，俘囚之事。

員外郎一人。周官曰司厲下士，蓋並今任也。後周依焉。隋改置與户部同。

比部郎中一人。魏尚書有比部曹，晉因之。宋時比部主法制。齊、梁、陳皆有比部曹，後魏亦然。北齊掌詔書、律令、勾檢等事。後周曰計部中大夫，蓋其任也。隋初爲比部侍郎，煬帝除「侍」字。武德中，加「中」字。龍朔二年，改爲司計大夫，咸亨元年復舊。天寶十一載，又改比部爲司計，至德初復舊。掌內外諸司公廨，及公私債負、徒役課程〔二〇三〕、贓物帳，及勾用度物。

員外郎一人。改置與戶部員外郎同。

司門郎中一人。周禮地官有司門下大夫，掌授管鍵啓閉。歷代多闕，至後周依周官。隋初有司門侍郎，煬帝除「侍」字。武德三年，加「中」字。龍朔二年，改爲司門大夫，咸亨元年復舊。掌門籍、關橋及道路、過所闌遺物事。

員外郎一人。周官有司門上士，後周依焉。後改置與戶部同。

宋刑部判部事二人，以御史知雜以上或朝官充。淳化二年，以刑部覆大辟案，增置審刑院。知院事一人，以郎官以上至兩省充。詳議官以京朝官充。掌詳讞大理所斷案牘而奏之。治所在右掖門。凡四方以刑獄來上，則讞於審刑院。大中祥符二年，置糾察在京刑獄司。糾察官二人，以兩制以上充。詳正駮奏在京刑禁徒以上罪者。元豐三年，併歸刑部〔二〇四〕。五年，官制行，刑部始專其官。　侍郎：舊制，定奪、審復、除雪、叙復、移放，尚書專領之。若制勘、體量、奏讞、糾察、録問，長貳通治之。中興，長貳互置。隆興常置一員。淳熙依崇寧專法，奏獄及法令事，請大理寺官赴部共議。　郎中：二人，分左右廳，掌詳覆、叙雪之事。建炎時，郎中二員，職無分異。紹興時，詔依元豐舊法，分廳治事，左以詳覆，右以叙雪，使官各有守，人各有見，參而任之。　都官：掌在京百司吏職補換更替；或以功過展減磨勘，則依條制行之；諸路州軍編配羈管等人，置冊以記其在亡。建炎三年，詔比部兼司門。隆興初，詔都官、比部共置一員〔二〇五〕。自此都官兼比部司門之事。　比部：掌勾稽文帳，周知百司給費之多寡。凡諸倉場庫務收支，各隨所隸，以時具帳籍申上，比部驅磨審覆而會計其數。諸受文曆，每季終取索審覈事，故住支及贓罰欠債負則追索填納，無隱昧則勾銷除破。　司門：掌門關、津梁、道路之禁令；凡所過官吏、軍民、商販出入，稽其詐僞。

工部尚書 侍郎　郎中　員外郎　屯田郎中　員外郎　虞部郎中　員外郎　水部郎中　員外郎　軍器所　文思院

周禮冬官，其屬有考工，掌百工之事，曰國有六職，百工是其一焉。漢成帝初置尚書，有民曹，主凡吏民上書。後漢光武改民曹主繕修、功作、鹽池、園苑。魏置左民尚書，亦領其職。晉、宋以來，有起部尚書而不常置。每營宗廟宫室則權置之，事畢則省，以其事分屬都官、左民二尚書。北齊起郎亦掌工造，屬祠部尚書。後周有冬官大司空卿，掌五材九範之法；其屬工部中大夫二人，承司之事，掌百工之籍，而理其禁令。至隋乃有工部尚書，統工部、屯田二曹，蓋因後周工部之名，兼前代起部之職。唐龍朔二年，改工部尚書爲司平太常伯，咸亨元年復舊。武太后改工部爲冬官，神龍初復舊。總判工部、屯田、虞部、水部事。

侍郎一人。隋煬帝改置工部侍郎，唐因之。龍朔二年，改爲司平少常伯，咸亨元年復舊。他時曹名或改而官不易。掌興造、工匠、諸公廨屋宇、五行，并紙筆墨等事。

郎中一人。晉尚書有起部曹。歷代皆有，具尚書中。隋初爲工部侍郎，煬帝除「侍」字，又改爲起部郎。武德三年，改爲工部郎中。龍朔二年，改爲司平大夫，咸亨元年復舊。其後曹名改而官不易，所掌與侍郎同。

員外郎一人。隋文帝置工部員外郎，煬帝改爲起部承務郎。武德三年，復爲工部員外郎。其後曹改而官不易。

屯田郎中一人。漢成帝置尚書郎兩人〔二〇六〕，其一人掌户口、墾田，蓋尚書屯田郎之始也。至魏，尚書有農部郎，又其職也。至晉始有屯田尚書；及太康中，謂之田曹，後復爲屯田。江左及宋、齊則左民郎中兼知屯田事。梁、陳則曰侍郎。後魏、北齊並爲屯田郎。隋初爲屯田侍郎，兼以掌儀式之事〔二〇七〕，故隋書曰柳彧爲屯田侍郎〔二〇八〕。煬帝除「侍」字。武德三年，加「中」字。龍朔二年，改爲司田大夫，咸亨元年復舊。掌屯田、官田、諸司公廨、官人職分賜田及官園宅等。

員外郎一人。改置與户部員外郎同。

虞部郎中一人。虞部蓋古虞人之遺職。至魏，尚書有虞曹郎中，晉因之。梁、陳曰侍郎。後魏、北齊虞曹掌地圖、山川，近遠園囿、田獵、雜味等〔二〇九〕，並屬虞部尚書。後周有虞部下大夫〔二一〇〕，掌山澤草木鳥獸而阜蕃之，又有小虞部，並屬大司馬。隋初爲虞部侍郎，屬工部，煬帝除「侍」字。武德中加「中」字，龍朔二年改爲司虞大夫，咸亨元年復舊，天寶十一載又改虞部爲司虞，至德初復舊。掌京城街巷、種植、山澤、苑囿、草木、薪炭供須、田獵等事〔二一一〕。

員外郎一人。隋置曹〔二一二〕，與户部員外郎同。龍朔以後，曹名改而官不易。

水部郎中一人。周禮夏官有司險〔二一三〕，掌設國之五溝、五塗而達其道路，蓋其職也。魏尚書有水部郎。歷代或置或否。後魏、北齊有水部，屬都官尚書，亦掌舟船、津梁之事。後周有司水大夫。隋初爲水部侍郎，屬工部，煬帝除「侍」字。武德三年，加「中」字。龍朔二年，改爲司川大夫，咸亨元年復舊。天寶中，改水部爲司水，至德初復舊。掌川瀆、津堰、船艫、浮橋、溝渠、漁捕、運漕、水碾磑等事。

員外郎一人。後周小司水上士。隋改曹，與户部員外郎同。龍朔二年以後，曹名改而官不易。

宋制，工部判部事一人，以兩制以上充。凡城池土木工役，皆隸三司修造案，本曹無所掌。元豐官制行，尚書工部掌天下城池、宮室、舟車、器械、符印、錢寶之事，百工、山澤、溝洫、屯田之政令。是時，尚書猶未除人。紹興三年，并少府監歸工部，以文思院屬焉。建炎并省將作、少府、軍器監並歸工部。是時，營繕未遑，惟戎器方急。紹興二年，詔於行在別置作院一所，專打造器甲，令工部長貳專一提點，郎官逐旬點檢。少府監既歸工部，文思院上下界監官並從本部辟差。又詔御前軍器所隸工部，自是營造稍廣。辛臣議：「户部以給財爲務，工部以辦事爲能，誠非一體。欲令户部兼領其事。」上雖然之，卒未能合。隆興以後，宫室、器甲之造寖稀，且各分職掌，而起部之務益簡，特提其綱要焉。分案六：曰工作，曰營造，曰材料，曰兵匠，曰檢法，曰知雜。舊又專立一案〔二四〕，以御前軍器案爲名。侍郎：南渡初，長貳互置，隆興詔各置一員。郎中：舊制，凡製作、營繕、計置、採伐材物，按程式以授有司，則郎中、員外郎參掌之。建炎三年，詔工部郎官兼虞部，屯田郎官兼水部。隆興元年，詔工部、屯田共一員兼領。自此四司合爲一矣。屯田：掌凡屯田、營田、職田、學田、官莊、稻田、塘濼、堤堰之事。虞部：掌凡山澤、苑囿、畋獵，取伐木石、薪炭、藥物之屬，屏絶猛獸、毒藥，及茶礬場、鹽池井、金銀銅鐵鉛錫坑冶廢置收採之事。水部：掌凡川瀆、河渠、津梁、舟楫、漕運、水碾磑。凡堤防疏瀹之政令，皆掌之。軍器所：隸工部。提點官二員，紹興三十二年，詔於邊臣内差。提轄、監造官各二員，幹辦、受給、監門官各一員。掌鳩工聚材、製造戎器之政令。舊就軍器監置，別差提舉官，以内侍領之。紹興中，改隸工部，罷提舉官，日輪工部郎官、軍器監官前去本所點檢監視，後復以中人典領。工部侍郎黄中以爲言，請復隸屬。從之。三十二年，孝宗即位，有旨增置提點官，以内省都知李綽爲之，改稱提舉，免隸工部。後以御史張震力争，復隸工部。後改隸步軍司，尋復舊。紹熙元年，減省員額，如上制。文思院：隸工部。提轄官一員，監官三員。內一員文臣京朝官充。監門官一員。掌金銀犀玉工巧及綵繒、裝鈿之飾。凡儀物、器仗、權量、輿服所以供尚方、給百司者，於是出焉。沿革附見榷貨務、都茶場提轄官。

六部監門

六部監門官一員，掌司鑰。紹興二年置。選陞朝文臣有才力人充，仍令六部踏逐奏差。序位、請給依寺、監丞，郎官有闕得兼之。初從吏部尚書沈與求之請也。

主管架閣庫

掌儲藏帳籍文案以備用。擇選人有時望者爲之。舊有管幹架閣庫官，宣和罷之，紹興十五年復置，吏、户部各差一員，禮、兵部共差一員，刑、工部共差一員，以主管尚書某部架閣庫爲名，從大理寺丞周楙之請也。嘉定八年，又置三省、樞密院架閣官。

三省樞密院監門官

舊以小使臣爲之。嘉定六年，諫官鄭景紹言：「部門以京朝官，則省門事體尤重。」遂亦命京朝官曾作縣通判資序人爲之。

校勘記

〔一〕主凡吏民上書　後漢書百官志一無「民」字。

〔二〕掌羌胡朝賀　「朝」字原脱，據晉書卷二四職官志、通典卷二二職官四補。

〔三〕是六天曹也　「天」字疑衍。

〔四〕二千石曹主中都官事　「曹」字原脱，據應劭漢官、通典卷二二職官四補。

〔五〕魏郎字叔英　「叔英」，後漢書卷六七黨錮列傳、職官分紀卷九作「少英」，馮本、初學記卷一一引謝承後漢書作「仲英」。

〔六〕入爲尚書　「入」原作「又」，據後漢書卷六七黨錮列傳、初學記卷一一引謝承後漢書、通典卷二二職官四改。

〔七〕又張陵字處冲　「處冲」原作「處仲」，據後漢書卷三六張霸傳改。

〔八〕左民尚書統左民及駕部二曹　下「左」字原作「右」，據宋書卷三九百官志上、通典卷二二職官四改。

〔九〕咸亨初復舊　「咸亨」原作「咸通」，據通典卷二二職官四、唐會要卷五七尚書省改。

〔一〇〕國家總覽萬機　「覽」，長编卷一八一至和二年十一月乙丑條作「挈」。

〔一一〕今尚書都省是其本也　長编卷一八一至和二年十一月乙丑條無「都」字。

〔一二〕動干朝廷　「干」原作「十」，據元本、慎本、馮本、局本、長编卷一八一至和二年十一月乙丑條改。

〔一三〕萬目開張而不得其綱領　「綱」，長编卷一八一至和二年十一月乙丑條作「條」。

〔一四〕豈能一日盡正其名謂　「日」原作「人」，據長编卷一八一至和二年十一月乙丑條改。

〔一五〕且於諸學士中分命知六曹尚書事　「曹」原作「行」，據長編卷一八一至和二年十一月乙丑條改。上引長編句首有「請」字。

〔一六〕即知左右丞諸行侍郎事　「諸行侍郎」原作「郎中員外」，據長編卷一八一至和二年十一月乙丑條改。

〔一七〕今内省品秩　「内」下原衍「官」字，據元本、慎本、馮本、愧郯録卷四尚書之名删。

〔一八〕尚書郎　其上原衍「郎官謂之」四字，據通典卷二二職官四删。

〔一九〕主作文書起草　「起」字原脱，據後漢書百官志三、晉書卷二四職官志、唐六典卷一、初學記卷一一引漢官儀補。

〔二〇〕從三署詣臺試　「詣」原作「諸」，據晉書卷二四職官志、初學記卷一一引蔡質漢官典職改。

〔二一〕鄭弘爲僕射　按後漢書卷三八鄭弘傳載，建初「初」爲尚書令。「舊制，尚書郎限滿補縣令史丞尉。弘奏以爲臺職雖尊，而酬賞甚薄，至于開選，多無樂者，……帝從其議」。則鄭弘上此奏時爲尚書令。

〔二二〕請使郎補二千石　「請使」原作「諸吏」，據後漢書卷三三鄭弘傳、職官分紀卷八引謝承後漢書改。「二千石」，謝承後漢書同，而上引鄭弘傳及本卷下文引鄭弘語作「千石」。

〔二三〕或以錦絝爲之　「錦絝」，宋書卷三九百官志上作「綿絝」，唐六典卷一作「錦被」。

〔二四〕給尚書郎侍史一人　「史」原作「使」，據元本、慎本、馮本、職官分紀卷八引漢官典職改。宋書卷三九百官志上無「郎」字，「侍史」作「伯使」。

〔二五〕女侍史二人　「史」原作「使」，據元本、慎本、馮本、職官分紀卷八引漢官典職改。宋書卷三九百官志上無「史」字。

〔二六〕因得侍省中　「因得侍」、「中」原脱，據職官分紀卷八引漢官典職補。

〔二七〕畫古賢烈士　「士」原作「女」，據宋書卷三九百官志上、職官分紀卷八引漢官典職改。

〔二八〕隃麋墨一丸　「丸」原作「笏」，據宋書卷三九百官志上、通典卷二二職官四改。

〔二九〕定課　晉書卷二四職官志同，宋書卷三九百官志上「課」作「科」。

〔三〇〕自試諸孝廉能給文案者五人　「給」，通典卷二二職官四作「結」。

〔三一〕常以職事當受罰　「常」，三國志卷二三裴潛傳注引魏略作「嘗」。「嘗」「常」通，此處作「嘗」解。

〔三二〕聞而解之　「解」原作「赦」，據通典卷二二職官四改。

〔三三〕晉魏舒爲尚書郎　「郎」原作「即」，據元本、慎本、馮本、局本、晉書卷四一魏舒傳、職官分紀卷八、通典卷二二職官四改。

〔三四〕起部　「起」原作「騎」，據晉書卷二四職官志改。

〔三五〕此選意不悦　宋書卷五七江智淵傳、南史卷三六江夷傳、通典卷二二職官四皆作「獨有此選意甚不悦」。

〔三六〕齊謝朓遷尚書吏部郎　「謝朓」原作「謝眺」，據南齊書卷四一謝朓傳、通典卷二二職官四改。

〔三七〕朱循之讓黄門　「朱循之」，南齊書卷四一謝朓傳、宋書卷七六朱脩之傳作「朱脩之」。按史籍中「脩」「循」多混用。

〔三八〕且居鴈行之首　「鴈」，梁書卷三三張緬傳作「鵷」。

〔三九〕至開皇六年　「六」原作「三」，據隋書卷二八百官志下、唐六典卷一改。

〔四〇〕侍郎闕則攝其曹事　「攝」，隋書卷二八百官志下作「釐」。

〔四一〕禮部爲儀曹郎　「曹」原作「部」，據隋書卷二八百官志下、通典卷二三職官四改。

〔四二〕刑部爲憲曹郎　通典卷二三職官四同。隋書卷二八百官志下「曹」作「部」。下「起曹郎」作「起部郎」。

〔四三〕都司置左右司郎中各一人　隋書卷二八百官志下作「都司郎各一人品同曹郎掌都事之職」，則疑衍「中」字。

〔四四〕今尚書省有左右司郎中各一人　通典卷二二職官四句下有「員外郎各一人」。按舊唐書卷四三職官二、唐六典卷一、唐會要卷五八左右司員外郎載，永昌元年置左右司員外郎。

〔四五〕通謂之郎官　「官」原作「中」，據通典卷二二職官四改。

〔四六〕孝武永熙三年　「孝武」原作「孝文」，按永熙爲北魏孝武帝年號。永熙三年，進授太祖（宇文泰）「兼尚書僕射、關西大行臺」，見周書卷一文帝紀上。

〔四七〕以蘇綽爲行臺度支尚書　按周書卷二三蘇綽傳載，蘇綽任大行臺度支尚書在大統十年，北史卷六三蘇綽傳作「大統十一年」。

〔四八〕每行臺置食貨農圃武器百工監副監　後「監」字原脱，據隋書卷二八百官志下補。

〔四九〕農圃一人　「一」，隋書卷二八百官志下作「六」。

〔五〇〕則置淮南行臺省於壽春　「臺」字原脱，據隋書卷二高祖紀下補。

〔五一〕使大臣承制補署　「署」原作「置」，據讀書管見卷一六改。

〔五二〕以能詔事　「事」原作「言」，據周禮夏官司馬下、通典卷二三職官五改。

〔五三〕以久奠食　「食」原作「事」，據周禮夏官司馬下改。

〔五四〕臣欲以郄詵爲温令　「郄詵」原作「郄生」，據通典卷二三職官五及下文「訪聞詵喪母不時葬」改。

〔五五〕又置五兵尚書　「兵」下原衍「二」字，據宋書卷三九百官志上删。

〔五六〕選案黄紙　「案」原作「按」，據宋書卷五七蔡廓傳、南史卷二九蔡廓傳、通典卷二三職官五改。

〔五七〕録尚書與吏部連名　「録」下原衍「事」字，據宋書卷五七蔡廓傳、南史卷二九蔡廓傳删。

〔五八〕民部侍郎盧承慶兼檢校兵部侍郎　「民」原作「文」，據舊唐書卷八一盧承慶傳、新唐書卷一〇六盧承慶傳、唐會要卷五八吏部尚書改。

〔五九〕尚書掌七品以上選侍郎掌八品以上選　通典卷二三職官五「八品以上」作「八品以下」，餘同。新唐書卷四五選舉志下載：「初尚書銓掌七品以上選，侍郎掌八品以下選。」唐會要卷七四論選事載：「尚書銓掌六品七品選，侍郎銓掌八品選。」

〔六〇〕總章元年加一員　「一」原作「二」，據舊唐書卷四三職官志二、唐六典卷二、通典卷二三職官五、唐會要卷五八吏部侍郎改。

〔六一〕咸亨元年復舊　「咸亨」原作「咸通」，據舊唐書卷四三職官志二、唐六典卷二、通典卷二三職官五、唐會要卷五八吏部侍郎改。

〔六二〕唐文皇帝永徽時　按文皇帝是太宗李世民謚號，永徽乃高宗李治年號，故此句誤，又按舊唐書卷七四馬周傳曰：「子載咸亨中累遷吏部侍郎」，新唐書卷一〇八裴行儉傳曰：「遷吏部侍郎，與李敬玄、馬載同典選，有能名，時號『裴馬』。」可知此句應爲「唐高宗咸亨時」。

〔六三〕馬載　原作「馬戴」，據舊唐書卷七四馬周傳、新唐書卷九八馬周傳、卷一〇八裴行儉傳改。

〔六四〕乃以議郎杜默爲之　「杜默」，職官分紀卷九作「杜典」。

〔六五〕帝遣左右以事誚問之　「誚」原作「請」，據南齊書卷四六陸慧曉傳、通典卷二三職官五、太平御覽卷二一六職官部一四改。

〔六六〕選置百官　「置」原作「制」，據魏書卷六六崔亮傳、北史卷四四崔亮傳改。

〔六七〕垂將十年　「十」原作「二十」，據魏書卷六六崔亮傳改。

〔六八〕咸亨元年復舊　「咸亨」原作「咸通」，據舊唐書卷四三職官志二、通典卷二三職官五改。

〔六九〕并掌文官名簿朝集禄賜假使　「禄」原作「録」，據元本、慎本、新唐書卷四六百官志一、通典卷二三職官五改。

〔七〇〕侍郎杜黄裳奏請准舊例轉廳　「請准」二字原脱，據唐會要卷五八吏部員外郎補。

〔七一〕武太后延載元年　唐會要卷五八吏部員外郎同，通典卷二三職官五「延載」作「載初」。

〔七二〕敕兵吏各專定兩人判南曹　「專」原作「事」，據通典卷二三職官五、唐會要卷五八吏部員外郎改。

〔七三〕晉文公作執秩以正其官　「作」字原脱，據左傳僖公二十七年、昭公二十九年補。

〔七四〕漢尚書有封秩之任　「秩」，通典卷二三職官五作「爵」。

〔七五〕改爲主爵　「爵」原作「封」，據通典卷二三職官五改。按隋書卷二七百官志中亦稱北齊「吏部統吏部考功主爵三曹」。職官分紀卷九曰「北齊置主爵郎中一人」。

〔七六〕掌六鄉賞地之法　「鄉」原作「卿」，據周禮夏官司勳、通典卷二三職官五改。

〔七七〕咸亨初復故　「咸亨」原作「咸通」，據舊唐書卷四三職官志二、通典二三職官五改。

〔七八〕漢元帝時　「元」原作「文」，按京房作考功課吏法事在漢元帝時，見漢書卷七五京房傳，今據改。

〔七九〕宋元嘉三十年　「十」字原脱，據宋書卷三九百官志上補。

〔八〇〕北齊考功郎中亦掌考第及孝秀貢士　「考」原作「課」，據隋書卷二七百官志中、通典卷二三職官五改。

〔八一〕咸亨初復舊　「咸亨」原作「咸通」，據舊唐書卷四三職官志二、通典卷二三職官五、唐會要卷五八考功郎中改。

〔八二〕淳化三年　「三」原作「二」，據宋史卷一六三職官志三、宋會要職官一一之一、長編卷三三淳化三年十月條改。

〔八三〕武臣陞朝官自皇城使職事官自金吾街仗司以下非樞密院宣授者　「街」原作「衛」，據宋會要選舉二三之一改。

〔八四〕賜功定賞之事則司勳主之　「賞」原作「省」，據宋會要選舉二三之一改。上引宋會要「功」作「勳」。

〔八五〕得畫給告身　「畫」原作「盡」，據宋史卷一五八選舉志四、宋會要選舉二三之一改。

〔八六〕流擬案　「流」疑爲「注」之誤。

〔八七〕則稟議於尚書省　宋史卷一六三職官志三句上有「小事則申請大事」七字。

〔八八〕與郎官同上殿　「上殿」，宋史卷一六三職官志三作「請對」。

〔八九〕掌文臣未改秩者　「秩」，宋史卷一六三職官志三作「官」。

〔九〇〕凡始命或有殿負　「或有殿負」，宋史卷一六三職官志三作「而未應參部者」。

〔九一〕若應遷格則團甲　宋史卷一六三職官志三無「遷」與「團甲」字，「則」下有「具歲月歷任功罪及所舉官員數」十三字。

〔九二〕凡初仕而試不中等　「初仕」原作「所任」，據宋史卷一六三職官志三改。

〔九三〕官制行　「行」字原脱，據宋史卷一六三職官志三補。

〔九四〕惟吏部分領四選　「部」原作「選」，據宋史卷一六一職官志一改。

〔九五〕主管尚書左右選　按宋會要職官八之一載，吏部尚書「其屬則有侍郎二人，分左右選；尚書左選郎中一人，尚書右選郎中一人，侍郎左選郎中一人，侍郎右選郎中一人」。合璧事類後集卷二七載元豐官制行，「置吏部郎中四人。尚書選二人，侍郎選各一人，參掌選事而分治之」。

〔九六〕紹興間　宋史卷一六三職官志三作「紹興八年」。

〔九七〕呂希常以監六部門兼權侍右侍郎　「侍郎」，宋史卷一六三職官志三作「郎官」。

〔九八〕今後非曾任監司守臣　「今」原作「令」，據元本、慎本、馮本、宋史卷一六三職官志三改。

〔九九〕即序進卿少　「即」，宋史卷一六三職官志三作「必」。

〔一〇〇〕詔省併司勳郎中　「郎中」，宋會要職官一〇之七作「郎官」。下文「以司封郎中兼領」，宋史卷一六三職官志三及上引宋會要「郎中」亦作「郎官」。

〔一〇一〕以其職事具注於曆　「具」原作「且」，據馮本、宋會要職官一〇之二〇、合璧事類後集卷二七改。

〔一〇二〕其定殿最皆有考辭　「辭」原作「辟」，據宋史卷一六三職官志三、宋會要職官一〇之二〇改。

〔一〇三〕分案十有七　宋史卷一六三職官志三、宋會要職官一〇之二〇同。下文小字注僅十六案，疑有脱漏。

〔一〇四〕主管官二員　「二」，宋史卷一六三職官志三作「一」，而注曰「舊制，提舉一人以知制誥充，判院一人以帶職京朝官充」。宋會要職官一一之六〇亦叙國初「以朝官一員主判，中書舍人一員提舉」。

〔一〇五〕四選皆用吏部印　宋史卷一六三職官志三句上有「官制行」三字。

〔一〇六〕凡綾紙幅數褾軸名色　「褾」原作「標」，據宋史卷一六三職官志三改。

〔一〇七〕應奏鈔畫聞者給之　「畫」原作「劃」，據宋史卷一六三職官志三改。

〔一〇八〕户部尚書階下讀奏　「讀」，三國志卷四八孫休傳作「讚」。

〔一〇九〕量計運漕　「量計」原作「運司」，據晉書卷三六張華傳、通典卷二三職官五改。
〔一一〇〕決定廟算　「廟」原作「妙」，據元本、慎本、馮本、晉書卷三六張華傳、通典卷二三職官志五改。
〔一一一〕皆主算計也　通典卷二三職官五删「計」字。
〔一一二〕漢成帝初置尚書　「漢成帝」原作「漢武帝」，據後漢書百官志三、通典卷二三職官五改。
〔一一三〕多領工役　「役」，通典卷二三職官五作「官」。
〔一一四〕文帝時　「文帝」原作「煬帝」，按隋書卷四七韋冲傳曰「仁壽中，高祖爲豫章王暕納冲女爲妃，征拜民部尚書」，仁壽乃文帝年號，故據改。
〔一一五〕韋冲爲民部尚書　「韋冲」原作「韋中」，據隋書卷四七韋冲傳改。
〔一一六〕詔官號人名及公私文籍有世民兩字不相連者　「號人」二字原脱，據唐會要卷二三諱補。
〔一一七〕至高宗始諱之　「高宗」原作「玄宗」，據通典卷二三職官五改。又永徽乃唐高宗年號。
〔一一八〕蓋周官小司徒中大夫頗同其任　「中」原作「建」，「頗」原作「職」，據通典卷二三職官五改。
〔一一九〕例在户部郎中篇　「例」、「户」原作「同」、「吏」，據通典卷二三職官五改。
〔一二〇〕咸亨元年復舊　「咸亨」原作「咸通」，據通典卷二三職官五改。
〔一二一〕雜支　原脱，據通典卷二三職官五、唐會要卷五九度支員外郎補。
〔一二二〕每年一造　通典卷二三職官五、唐會要卷五九度支員外郎句上有「承前」二字。
〔一二三〕詳檢難過　唐會要卷五九度支員外郎「詳」作「計」、「過」作「遍」，「過」、「遍」義同。
〔一二四〕隨意沿革　「意」，唐會要卷五九度支員外郎作「事」。

〔一二五〕以爲常行旨符　「常」原作「長」，「旨符」原作「首冠」，據唐會要卷五九度支員外郎改。

〔一二六〕省司每年但據應支物數進書頒行　「省」下原衍「事」字，「據」原作「收」，「進書」原脱，據唐會要卷五九度支員外郎删補。

〔一二七〕乾元二年十二月　「乾元」二字原脱，據唐會要卷五九度支使補，舊唐書卷一八五下良吏傳下曰吕諲乾元二年「十月起復，授本官兼充度支使」。新唐書卷一四〇吕諲傳作乾元二年「三月，復召知門下省事兼判度支」。

〔一二八〕勾當度支使　「使」原作「事」，據通典卷二三職官五、唐會要卷五九度支使改。

〔一二九〕貞元二年十二月　「貞元」、「十」字原脱，據舊唐書卷一二德宗本紀上、卷一二九韓滉傳改。唐會要卷五九度支使作「貞元元年二月」。

〔一三〇〕五年二月　「年」、「月」原作「月」、「日」，據册府元龜卷四八三、唐會要卷五九度支使改。

〔一三一〕周官有職金　「職金」原倒，據周禮秋官職金乙正。

〔一三二〕掌金玉錫石丹青之戒令　「戒」字原脱，據周禮秋官職金補。

〔一三三〕自謂無愧幽冥矣　局本同。北史卷三〇盧玄傳、太平御覽卷二一七職官部一五、職官分紀卷九「冥」作「明」。

〔一三四〕具所行事付之　「具」字原脱，據宋史卷一六三職官志三、宋會要食貨五六之一〇補。上引宋會要「所」作「可」，似是。

〔一三五〕五年　按宋史卷二八高宗本紀、繫年要録卷八六載，以孟庾提領措置財用事在紹興五年。此處失書紀年。

〔一三六〕典賣屋業　「典」原作「興」，據宋史卷一六三職官志三、宋會要食貨五六之四〇改。

〔一三七〕僧道免丁錢及土貢獻物　宋史卷一六三職官志三同，宋會要食貨五六之四〇句上有「人户侵占官地裁減房地錢催促」十三字，「獻物」作「獻財」。

〔一三八〕或止除尚書若侍郎一員　「或」原作「若」，據宋史卷一六三職官志三改。

〔一三九〕詔户部侍郎通治左右曹　宋史卷一六三職官志三、宋會要食貨五六之四二「郎」下有「二員」二字。

〔一四〇〕淳熙九年　按宋會要食貨五六之六一載，「淳熙十年八月二十八日詔左藏庫可撥隸户部，九月四日詔差户部郎中勾昌泰爲左藏南庫主管」。與通考不合。

〔一四一〕度支郎中參掌周知軍國財用　「參」字原脱，按：宋史卷一六三職官志三載「參掌計度軍國之用」，群書考索後集卷八載「參掌計度天下之經費」，故據以補。

〔一四二〕掌内外九族之差及玉器衣服之令　「玉」原作「主」，據通典卷二三職官五改。

〔一四三〕後周盧愷爲禮部大夫　「盧愷」原作「盧凱」，據北史卷三〇盧柔傳、周書卷三二盧柔傳、通典卷二三職官五改。上引周書「大夫」作「下大夫」。

〔一四四〕充聘陳使　北史卷三〇盧柔傳、周書卷三二盧柔傳「使」作「副使」。

〔一四五〕而官守不易　「守」，通典卷二三職官五作「號」。

〔一四六〕須一人通藝解朝儀者　「通」，梁書卷三六孔休源傳、南史卷六〇孔休源傳、通典卷二三職官五、職官分紀卷一〇作「有」。

〔一四七〕孔休源識具清通　梁書卷三六孔休遠傳、通典卷二三職官五同，南史卷六〇孔休遠傳、職官分紀卷一〇「具」作「見」。

〔一四八〕詳練故事　「故」原作「政」，據元本、慎本、馮本、南史卷六〇孔休遠傳、通典卷二三職官五、職官分紀卷一〇改。梁書卷三六孔休遠傳作「諳練故實」。

〔一四九〕武德初　「武德」原作「武帝」，據舊唐書卷四三職官志二、唐會要卷五九禮部郎中改。

〔一五〇〕修斟酌故實　「修」下原衍「撰」字，據魏書卷四五裴駿傳刪。

〔一五一〕不須屬司賓　「賓」原作「賨」，據馮本、通典卷二三職官五、唐會要卷五九祠部員外郎改。

〔一五二〕開元二十年正月制　舊唐書卷九玄宗本紀下、唐會要卷五九祠部員外郎皆作開元二十五年正月「僧尼令祠部檢校」，疑此處脱「五」字。

〔一五三〕天寶十一載　通典卷二三職官五校記曰「天寶」乃「清人擅增者」。

〔一五四〕常置祠祭使　「祭」原作「部」，據唐會要卷五九祠部員外郎改。

〔一五五〕後魏都官尚書管左士郎　「都」原作「部」，據馮本、通典卷二三職官五改。

〔一五六〕亦爲南主客事　唐六典卷四、通典卷二三職官五無「事」字。

〔一五七〕或單爲客曹　「曹」原作「會」，據馮本、通典卷二三職官五改。

〔一五八〕宋齊梁陳單有主客　「宋」原作「客」，據馮本、通典卷二三職官五改。

〔一五九〕尋又改爲司藩郎　「藩」原作「籍」，據隋書卷二八百官志下、舊唐書卷四四職官志三、唐六典卷四改。

〔一六〇〕武德初　「初」原作「功」，據元本、慎本、馮本、局本、通典卷二三職官五改。

〔一六一〕以兩制及帶職朝官以上充　群書考索後集卷八引續會要同，宋會要職官一三之一無「以上」二字。

〔一六二〕太常國子監亦隸之焉　按宋史卷一六四職官志四載，「建炎初，併省冗職，惟太常、大理不能罷」。宋會要職官二二之一八載，「中興併省寺監，獨存太常」。通考似應删「太常」二字。

〔一六三〕曰封册表　宋史卷一六三職官志三「表」下有「奏」字，宋會要職官一三之一「表」下有「奏寶印」三字。

〔一六四〕參領禮樂祭祀朝會宴享學校貢舉之事　「領」原作「預」，據宋史卷一六三職官志三改。群書考索後集卷八亦曰「尚書掌禮樂祭享貢舉之政令，而侍郎爲之貳，郎中、員外郎參領之」。

〔一六五〕建炎四年　「四」，宋史卷一六三職官志三、宋會要職官一三之六作「三」。

〔一六六〕掌祠寺奏告牲牢禮料及宴設酒食果實之事　疑「寺」爲「祭」之誤。宋會要職官一三之四三有「掌祠祭奏告禮料……掌宴設賜宴設酒食果實」等。

〔一六七〕掌諸都督告身諸宿衛官　「都」，隋書卷二七百官志中作「郡」。

〔一六八〕掌畿内丁帳事諸兵力士　「畿」原作「幾」，據局本、隋書卷二七百官志中改。上引隋書「事」作「事力」，「諸兵力士」作「蕃兵等事」。

〔一六九〕掌河南及潼關以東諸州丁帳　「州」原作「部」，據隋書卷二七百官志中改。

〔一七〇〕及發召諸兵　「諸」，隋書卷二七百官志中作「征」。

〔一七一〕掌鼓吹大樂部小兵等事　通典卷二三職官五同。隋書卷二七百官志中「部小兵」作「雜户」。

〔一七二〕改爲武部　「部」原作「官」，據唐會要卷五九兵部尚書、新唐書卷四六百官志一改。

〔一七三〕謂之尚書銓　「尚」原作「兩」，「銓」字原脱，據舊唐書卷四三百官志二、通典卷二三職官五改補。

〔一七四〕其一爲中銓其一爲西銓　通典卷二三職官五同。舊唐書卷四三職官志二載吏部「尚書爲尚書銓，侍郎二人分爲中銓、東銓」。又載兵部「尚書爲中銓，侍郎分東西」。

〔一七五〕總章元年加一員　唐六典卷五、通典卷二三職官五同，唐會要卷五九兵部侍郎「元」作「二」。

〔一七六〕朝集禄賜假告使差發配　「告」字原脱，據新唐書卷四六百官志一補。

〔一七七〕歷代兵部曹皆有郎　「郎」原作「部」，據通典卷二三職官志五改。

〔一七八〕歸化首渠　「歸」原作「親」，據通典卷二三職官五改。

〔一七九〕又有牧師掌牧放　「師」原作「司」，據元本、慎本、馮本、通典卷二三職官五改。

〔一八〇〕及辛公義爲駕部侍郎　「及」，通典卷二三職官五作「隋」。

〔一八一〕奉國罄心　「罄心」原作「忠」，據隋書卷七三循吏傳、北史卷八六循吏傳改補。通典卷二三職官五作「竭忠」，職官分紀卷一〇作「竭心」。

〔一八二〕武德二年　「二」，唐六典卷五、通典卷二三職官五作「三」。

〔一八三〕車乘　「車」原作「專」，據元本、慎本、馮本、舊唐書卷四三職官志二、新唐書卷四六百官志一改。

〔一八四〕司牛馬驢騾闌遺離畜　「離」，通典卷二三職官五作「雜」。

〔一八五〕爲無傳馬　「無」原作「先」，據唐會要卷六一館驛使改。

〔一八六〕常置館驛使　「使」字原脱，據通典卷二三職官五補。

〔一八七〕琛詭對曰　「詭」原作「跪」，據宋書卷八一顧琛傳、通典卷二三職官五改。下「及琛詭對」同。

〔一八八〕舊武庫仗多祕不言　「舊」字原脱，據宋書卷八一顧琛傳、通典卷二三職官五、職官分紀卷一〇補。

〔一八九〕凡籍武官軍師卒戍之政令　「戍」原作「戎」，據宋會要職官一四之一、群書考索後集卷八引兩朝國史志改。上引宋會要、群書考索「凡」下有「兵」、「武官」下有「選授」字。

〔一九〇〕本曹但掌三駕儀仗鹵簿字圖　宋史卷一六三職官志三無「字」，餘同。群書考索後集卷八引兩朝國史志同。

宋會要職官一四之一「三」作「車」，餘同。

〔一九一〕釋奠武成王廟及武舉事　宋史卷一六三職官志三、宋會要職官一四之一、群書考索後集卷八句首有「春秋」二字。

〔一九二〕歲終以義勇弓箭手寨户之數上於朝　「弓」原作「兵」，「户」原作「兵」，據宋會要職官一四之一、群書考索後集卷八引兩朝國史志改。宋史卷一六三職官志三「勇」作「軍」，餘同。

〔一九三〕告捷於廟破賊露布以聞　宋會要職官一四之二作「露布奏捷必告於廟」。

〔一九四〕曰開拆　「拆」原作「折」，據宋史卷一六三職官志三、宋會要職官一四之一改。

〔一九五〕續置侍郎二員　「置」字原脱，據宋史卷一六三職官志三補。

〔一九六〕陸象先盧懷慎爲侍郎　「盧懷慎」原作「盧懷謹」，據容齋隨筆續筆卷一一兵部名存改。

〔一九七〕兵政總於樞輔　「輔」原作「府」，據元本、慎本、馮本、容齋隨筆續筆卷一一兵部名存改。

〔一九八〕掌建邦之三典　「建」字原脱，據周禮秋官大司寇補。

〔一九九〕二千石曹掌中都官水火盗賊辭訟罪法　晉書卷二四職官志載後漢制曰「二千石曹主辭訟事，中都官曹主水火盗賊事」，又曰後漢光武以三公曹、吏部曹、民曹、客曹、二千石曹、中都官曹合爲六曹。後漢書百官志三曰吏曹、民曹、南主客、北主客，又分二千石曹，凡六曹。與通考所載光武之制不同。下「都官郎中」注亦然。

〔二〇〇〕掌畿内非違得失　「違」原作「爲」，據隋書卷二七百官志中、通典卷二三職官五改。

〔二〇一〕掌畿外得失　「外」原作「内」，據隋書卷二七百官志中、通典卷二三職官五改。

〔二〇二〕赦日建金鷄等事　「事」原作「處」，據隋書卷二七百官志中、通典卷二三職官五改。

〔二〇三〕及公私債負徒役課程　「課」原作「公」，據新唐書卷四六百官志一、太平御覽卷二一八職官部一六改。

〔二〇四〕元豐三年併歸刑部　按宋會要職官一五之一載，元豐改官制，舊審刑院、糾察在京刑獄司併歸刑部。群書考索後集卷八亦曰審刑院、糾察在京刑獄司於元豐三年併歸刑部，可知併歸刑部者乃審刑院和糾察在京刑獄司。

〔二〇五〕詔都官比部共置一員　「共」原作「各」，據宋史卷一六三職官志三改。

〔二〇六〕漢成帝置尚書郎兩人　「兩」，通典卷二三職官五作「四」。

〔二〇七〕兼以掌儀式之事　「式」原作「武」，據通典卷二三職官五改。

〔二〇八〕故隋書曰柳彧爲屯田侍郎　「柳彧」原作「補或」，據通典卷二三職官五改。

〔二〇九〕雜味等　「味」原作「木」，據隋書卷二七百官志中改。

〔二一〇〕後周有虞部下大夫　唐六典卷七、通典卷二三職官五「夫」下有「一人」二字。

〔二一一〕薪炭供須田獵等事　「須」，舊唐書卷四三職官志二、新唐書卷四六百官志一作「頓」。「田獵」原作「四稅」，據上引兩唐書及通典卷二三職官五改。

〔二一二〕隋置曹　通典卷二三職官五作「隋初置」。

〔二一三〕周禮夏官有司險　「險」原作「檢」，據周禮夏官司險改。

〔二一四〕舊又專立一案　宋史卷一六三職官志三無「舊」字。

卷五十三　職官考七

御史臺

御史之名，周官有之，蓋掌贊書而授法令，非今任也。王有命，則贊爲之辭，寫其理之法令，命來受者即授之。戰國時亦有御史，秦、趙澠池之會〔一〕，各命書其事。又淳于髡謂齊王曰「御史在後〔二〕」，則皆記事之職也。至秦、漢爲糾察之任。秦以御史監郡。漢初，叔孫通新定禮儀，以「御史執法，舉不如儀者輒引而去」是也。所居之署，漢謂之御史府，亦謂之御史大夫寺，漢御史大夫寺在大司馬門内〔三〕，無塾，其門署用梓板，不臒色，題曰御史大夫寺。亦謂之憲臺。成帝時，御史府吏舍百餘區，井水皆竭；又其府中列柏樹，常有野烏數千棲宿其上，晨去暮來，號曰「朝夕烏」，烏去不來者數月，長老異之。後果廢御史大夫爲大司空，是其徵也。後漢以來，謂之御史臺，亦謂之蘭臺寺。顔師古曰：「官曹通名爲寺。」後漢趙岐本名嘉，以生於御史臺，因字臺卿。又應劭官儀曰：「廷尉案責上御史臺。」又謝靈運晉書曰：「漢尚書爲中臺，御史爲憲臺，謁者爲外臺，是謂三臺。」後漢蔡邕以侍御史轉持書御史，遷尚書，三日之間周歷三臺〔四〕。梁及後魏、北齊或謂之南臺。北齊王高澄用崔暹爲御史中尉，宋遊道爲尚書左丞，謂之曰：「卿一人處南臺，一人處北省，當使天下肅然。」後魏之制，有公事，百官朝會，名簿自尚書令、僕以下悉送南臺。後魏臨洮王舉哀，兼尚書左僕射元順不肯送名〔五〕，又不送簿，中尉舉彈之。順奏曰：「尚書百揆之本，令、僕納言之責〔六〕，不宜下隸中尉，送名御史。」詔許之。後元子思爲御史中尉，朔朝，臺移尚書索應朝名帳，尚書郎裴獻伯移注云〔七〕：「按蔡氏漢儀，御史中尉逢臺郎於複道，中尉下避執板〔八〕，郎中車上舉手禮之。以此而言，明非敵體。」子思奏曰：「臣按漢書，御史中丞爲獨坐；又按魏書曰，崔琰既爲中丞，百寮震恐，則中丞不揖省郎亦已久矣，憲臺不屬都坐亦非今日。又按孝文帝職令，朝會失時則御史彈之。若不送名，到否何驗？獻伯等亂常變紀，請付法。」詔曰：「國異政，不可據以古事。檢孝文帝舊格以聞〔九〕。」尋從子思奏。後周曰司憲，屬秋官府。隋及唐皆曰御史臺。龍朔二年改爲憲臺，咸亨元年復舊。門北闢，主陰殺也。按北齊楊楞伽鄴都故事云：「御史臺在宮闕西南，其門北開，取冬殺之義。」斯事久矣。今東都臺門所以不北向者，蓋欲變古之制，或建造者不習故事耳。龍朔中，改司經局爲桂坊〔一〇〕，置司直，爲東宮之憲府，亦開北門，以象御史臺，其例明矣。或云，隋初移長安城，造御史臺時，以兵部尚書李圓通檢校御史大夫〔一一〕，欲於尚書省近，故開北門。此說則非也。故御史爲風霜之任，彈糾不法，百僚震恐，官之雄峻，莫之比焉。舊制但聞風彈事，提綱而已。舊例，御史臺不受訴訟，有通辭狀者，立於臺門候御史，御史徑往門外收採之〔一二〕，可彈者，略其姓名，皆云「風聞訪知」。永徽中，崔義玄爲大夫，始定受事御史，人知一日，劾狀題告人姓名或訴訟之事。其鞫案，禁繫則委之大理。貞觀末，御史中丞李乾祐以囚自大理來往，滋其姦故；又按事入法，多爲大理所反，乃奏於臺中置東、西二獄，以自繫劾。開元中，大夫崔隱甫復奏罷之。其後罕有聞風彈舉之事，多受辭訟，推覆理盡，然後彈之。將有彈奏，則先牒監門禁止，勿許其入。按宋書云「二臺劾奏，符光禄加禁止，不得入殿省」，是其先例。光禄主殿門。武太后時，改御史臺爲肅政臺，凡置左、右肅政二臺，別置大夫、中丞各一人，侍御史、殿中、監察各二十人，又置肅政臺使六人〔一三〕，受俸於本官〔一四〕，略與御史同。尋罷之。左以察朝廷，右以澄郡縣。時議以右多名流，左多寒刻，其遷登南省者，右殆倍焉，以其不陵朝貴故也。二臺迭相糾正，而左加敬憚。神龍以後〔一五〕，去肅政之名，但爲左、右御史臺。初置兩臺，每年春、秋發使，春曰風俗，秋曰廉察。令地官尚書韋秋質爲條例，删定爲四十八條，以察州縣。載初以後〔一六〕，奉敕乃巡，不每年出使也。睿宗即位，詔二臺並察京師。資位既等，競爲彈糾，百僚被察，殆不堪命。太極元年，以尚書省悉隸左臺。月餘，右臺復請分綰尚書西行事〔一七〕。左臺大夫竇懷貞乃表請依貞觀故事，遂廢右臺，而本御史臺官復舊，廢臺之官並隸焉。其左臺本御史臺也，又别置右臺。右臺地即今太僕寺是也，本隋長秋監地，武太后改爲司宫臺，移於街北，遂以其地置右臺。右臺既廢，以其地爲御史臺使院。開元八年，移太僕寺於此。大夫一人，中丞二人，侍御史四人，殿中侍御史六人，監察御史十人，主簿一人。内供奉裹行者，各如正員之半。太宗朝始有裹行之名，高宗時方置内供奉及裹行官，皆非正官也。開元初，又置御史裹使及侍御史裹使、殿中裹使、監察裹使等官，並無定員，義與裹行同〔一八〕。穆思泰、元光謙、吕太一、翟章並爲裹使，尋省。建中三年九月，御史臺請置推官二人，常與本推御史同推覆。奉敕依。其屬有三院：一曰臺院，侍御史隸焉；二曰殿院，殿中侍御史隸焉；三曰察院，監察御史隸焉。凡冤而無告者，三司詰之。三司，謂御史大夫、中書、門下也。大事奏裁，小事專達。凡有彈劾，御史以白大夫，大事以方幅，小事署名而已。有制覆囚，則與刑部尚書平閱。行幸，乘輅車爲導。朝會，則率其屬正百官之班序。

宋仍唐制，有三院。大夫無正員，止爲兼官。中丞除正員外或帶他官者，尚書則曰某官兼御史中丞，丞、郎則曰御史中丞兼某官，給事中、諫議則曰某官權御史中丞事。次有知雜御史一員，副中丞判臺事。三院多出外任，風憲之職用他官領之。太平興國三年，以張巽爲監察御史，正名舉職自此始也。唐制，御史不專言職。至天禧中，始置言事御史。唐朝有御史裹行。至景祐中始置，以處御史之官卑者。

唐儀，臺案有六監司。元豐三年，李定請復六察，於是以御史專領六察。元豐三年，御史臺言：「請以吏部及審官東西院、三班院隸吏察〔一九〕，户部、三司及司農寺隸户察，刑部、大理寺、審刑院隸刑察，兵部、武學隸兵察，禮祠部、太常寺隸禮察，少府、將作等隸工察。」從之。其後大正官名，不除大夫，檢校官帶憲銜者亦除去。自國初至元豐中，檢校官多帶憲銜，有檢校御史大夫者，至是亦罷之。以中丞爲長，知雜御史爲侍御史，言事官爲殿中侍御史，六察官爲監察御史。舊以中丞兼理檢使〔二〇〕，殿中侍御史兼左、右巡使，左、右巡使分糾不如法者，文官違失，右巡主之；武官違失，左巡主之。監察御史兼監祭使〔二一〕，至是使名悉罷。

容齋洪氏隨筆曰：「嘉祐六年，司馬公以修起居注同知諫院，上章乞立宗室爲繼嗣。對畢，詣中書，略爲宰相韓公言其旨。韓公攝饗明堂，殿中侍御史陳洙監祭，公問洙：『聞殿院與司馬舍人甚熟。』洙答以『頃年曾同爲直講』。又問：『近日曾聞其上殿言何事？』洙答以『彼此臺諫官不相往來，不知言何事』。此一項，温公私記之甚詳。然則國朝故實，臺諫官元不相見。故趙清獻公爲御史，論陳恭公，而范蜀公以諫官與之争。元豐中，又不許兩省官相往來，鮮于子駿乞罷此禁。元祐中，諫官劉器之、梁況之等論蔡新州，而御史中丞以下皆以無章疏罷黜。靖康時，諫議大夫馮澥論時政失當，爲侍御史李光所駁。今兩者合爲一府，居同門，出同幕，與故事異。」

又曰：「臺、諫不相見，已書於續筆中，其分職不同，各自有故實。元豐中，趙彥若爲諫議大夫，論大臣不以道德承聖化，而專任小數，與群有司校計短長，失具瞻體。因言門下侍郎章子厚、左丞王安禮不宜處位。神宗以彥若侵御史論事，左轉祕書監。蓋許其論議，而責其彈擊爲非也。元祐初，孫覺爲諫議大夫，是時諫官、御史論事有分限，毋得越職。覺請申唐六典及天禧詔書，凡發令造事之未便，皆得奏陳。然國史所載，御史掌糾察官邪，肅正紀綱，諫官掌規諫諷諭，凡朝政闕失，大臣至百官任非其人，三省至百司事有失當，皆得諫正，則蓋許之矣。唐人朝制，大率重諫官而薄御史。中丞温造道遇左補闕李虞，恚不避，捕從者笞辱。左拾遺舒元褒等建言：『故事，供奉官惟宰相外無屈避。造棄蔑典禮，辱天子侍臣。遺、補雖卑，侍臣也；中丞雖高，法吏也。侍臣見陵，法吏自恣，請得論罪。』乃詔臺官、供奉官共道路，聽先後行，相值則揖。然則居此二雄職者，在唐日，了不相謀云。」

中興前〔二一〕，又有三京留司御史臺，管勾臺事各一人，以朝官以上充。掌拜表行香，糾舉違失。

石林葉氏曰：「兩京留臺皆有公宇，亦榜曰御史臺〔二二〕。舊爲前執政重臣休老養疾之地，故例不事事。皇祐間，吳正肅公爲西京留臺，獨舉其職。時張堯佐以宣徽使知河南府，郡政不當，有訴於臺者，正肅即爲移文詰之。堯佐皇恐奉行，不敢異。其後司馬温公熙寧、元豐間相繼爲者十七年，雖不甚預府事，然亦守其法令甚嚴，如國忌行香等，班列有不肅，亦必繩治。自創置宮觀後，重臣不復爲，率用常調庶官，比宮觀給使請俸差優爾。朝廷既但以此爲恩，故來者奔走府廷，殆與屬吏無異矣。」

御史大夫

御史大夫，秦官。侍御史之率，故稱大夫。漢因之，位上卿，銀印青綬，掌副丞相。故事，選郡守相高第爲御史大夫，任職者爲丞相。漢舊儀：「拜御史大夫爲丞相，左右前後將軍贊，五官中郎將授印。拜御史大夫，二千石贊，左右郎將授印。」成帝綏和元年，更名大司空。成帝欲修璧雍，通三公官，故改御史大夫爲大司空。金印紫綬，秩比丞相。御史大夫月俸四萬。哀帝建平二年，朱博奏請罷大司空，以御史大夫爲百僚帥〔二四〕，帝從之，遂復爲御史大夫，皆宰相之任。事具宰相篇。元壽二年，復爲大司空。凡爲御史大夫，而丞相次也，其心冀幸丞相物故，物，無也。故，事也。言無所復能於事。或乃陰私相毀害，欲代之。見史記。又曰：鄭弘爲大夫，守之數年不得。匡衡居之，未滿歲而丞相死〔二五〕，即代之。後漢初，廢御史大夫。更始至長安，以隗囂爲御史大夫。中元元年〔二六〕，光武東巡泰山，以張純視御史大夫，從封禪，禮畢罷。至建安十三年，罷三公官，始復置之，以郗慮居焉，華歆亦爲之。不領中丞，置長史一人。魏黃初二年，又改御史大夫爲司空，末年復有大夫。而吴有左、右焉。晉書曰「魏以司空何曾爲晉國丞相，以王沈爲御史大夫〔二七〕」是也。吴孫休以丁密、孟宗爲左、右御史大夫。晉初省之。此皆爲三公，非今御史大夫也。今御史大夫，即漢以來御史中丞是也。後代或置大夫，皆中丞之互名，非漢日大夫之任〔二八〕。惟劉聰僭號，置御史大夫亞於三公，頗似漢制也。

唐制，大夫一人，正三品，其屬有三院。見御史臺門。大事奏裁，小事專達。凡有彈劾，御史以白大夫，大事以方幅，小事署名而已。韋思謙爲御史大夫，性謇諤，顏色莊重不可犯，見王公未嘗屈禮。或以爲譏，答曰：「耳目官固當特立，鵰鶚鷹鸇豈衆禽之偶？奈何屈而狎之！」御史大夫李承嘉嘗召諸御史責曰：「近日御史言事不白大夫，禮乎？」蕭至忠曰：「故事，臺官無長官。御史，人君耳目，比肩事主，得自彈事。若先白大夫而許，則彈大夫者，不知白誰也！」

宋不除大夫，以中丞爲臺長。自國初至元豐中，檢校官多帶憲銜〔二九〕，有檢校御史大夫者。官制行，並除去。元豐更官制，神宗欲以司馬光爲之，宰相蔡確、王珪以爲不可，遂止，卒不除人。

石林葉氏論。見散騎。

中丞

初，漢御史大夫有兩丞，一曰御史丞，一曰中丞，亦謂中丞爲御史中執法。漢高帝詔徵賢良〔三〇〕，御史大夫下相國，相國下諸侯王，御史中執法下郡守〔三一〕。晉灼曰：中執法乃中丞也。中丞在殿中蘭臺，掌圖籍祕書，漢中丞有石室，以藏祕書、圖讖之屬。以其居殿中，故曰中丞。外督部刺史，內領侍御史十五員，受公卿奏事，舉劾案章，蓋居殿中察舉非法也。及御史大夫轉爲大司空，而中丞出外爲御史臺率，即今之御史大夫任也。自此以後，並如今御史大夫也。周官小宰之職，掌建邦之宮刑，以理王宮之政令，凡宮之糾禁，又其任也。周禮「小宰」〔三二〕，註曰若今御史中丞。初，御史大夫更名大司空，置長史〔三三〕，而中丞官職如故。武帝時，以中丞督司隸，司隸督丞相，丞相督司直，司直督刺史，刺史督二千石下至黑綬〔三四〕。漢中丞，故二千石爲之，或選侍御史高第執憲中司，出爲二千石。哀帝元壽二年，御史中丞更名御史長史。至後漢光武，復改爲中丞。兩梁冠，銅印青綬。與尚書令、司隸校尉，朝會皆專席而坐，京師號爲「三獨坐」，言其尊也。凡中丞以下，並文官，屬少府。以下謂侍御、侍書等官。魏初改中丞爲宮正，舉鮑勛爲之，百僚嚴憚。陳群及司馬宣王舉勛爲之。後復爲中丞。晉亦因漢，以中丞爲臺主，與司隸分督百僚。自皇太子以下，無所不糾。初不得糾尚書，後亦糾之。晉傅咸奏云：「司隸、中丞得糾太子，而不得糾尚書，臣所未譬。」朝廷無以易之。又劉暾字長升〔三五〕，兼中丞，奏免尚書僕射等十餘人，朝廷嘉之，遂以即真。晉元帝即尊號，省司直，置中丞，皇太子以下悉得糾劾之。中丞專糾行馬內，司隸專糾行馬外，雖制如是，然亦更奏衆官，實無其限。王恬字元愉，爲中丞。簡文初即位，未解嚴，大司馬桓温屯中堂〔三六〕，夜吹警角。恬奏劾温大不敬，請理罪。明日，桓温見奏事，嘆曰：「此兒乃敢彈我，真可畏也〔三七〕。」宋中丞一人，每月二十五日繞行宮垣白壁。漢志：「執金吾每月三繞行宮城〔三八〕。」疑是省金吾〔三九〕，以此事併中丞也〔四〇〕。銅印墨綬，進賢兩梁冠，佩水蒼玉，介幘，絳朝服。職官録：兼青綬〔四一〕。孝武帝孝建二年制，中丞與尚書令分道，雖丞、郎下朝相值，亦得斷之，餘內外衆官皆受停駐。宋文帝元嘉十三年，有司奏：「御史中丞劉式之議〔四二〕：『每至出行，未知制與何官分道。舊科法唯稱中丞專道，傳詔荷信，詔喚衆官〔四三〕，應詔者得行，制令無分別他官之文。皇太子不宜與衆同例，中丞應與分道。揚州刺史、丹陽尹、建康令並是京輦土地之主，或檢校非違，或赴救水火，事應神速，不宜稽駐，並合分道〔四四〕。又尋六門則爲行馬之內，且禁衞非違，並由二衞及領軍，未詳京尹、建康令門內之從及公事〔四五〕，亦得與中丞分道與否？』其六門內，既非郡縣部界即不合依門外也〔四六〕。」齊中丞職無不察，專道而行，騶輻禁呵，加以聲色，武將相逢，輒致侵犯，若有鹵簿，至相毆擊。齊沈冲與兄淵、淡三人並歷中丞。至梁國初建，又置御史大夫。天監元年，復曰中丞。中丞一人，掌督司百僚。皇太子以下〔四七〕，其在宮門行馬內違法者皆糾彈之；雖在行馬外而監司不糾，亦得奏之。專道而行，逢尚書丞、郎，亦得停駐。其尚書令、僕、御史中丞，各給威儀十人。其八人武冠絳鞲，音溝。執青儀囊，題云「宜官告」〔四八〕，以受辭訟；一人緗衣，執鞭杖，依行列行；七人唱呼入殿，引喤至階；一人執儀囊，不喤。自齊、梁皆謂中丞爲南司。梁江淹字文通，爲中丞。齊明帝曰：「今君爲南司，足以肅震百寮也。」淹乃彈中書令謝朏等，以久疾不預山陵公事〔四九〕。又奏收梁、益二州刺史臧賄，付廷尉理罪。臨海、永嘉二太守及諸郡二千石、大縣長官等多被劾理，内外肅然。明帝曰：「君可謂近世獨步〔五〇〕。」舊制，僕射、中丞坐位東、西相向。元日大會，張緒爲中丞，兄纘爲僕射〔五一〕，及百司就列，兄弟並道騶分趨兩塗〔五二〕，前代未有，時人榮之。喤音横。

陳因梁制。陳徐陵爲中丞，奏彈司空安成王頊〔五三〕，導從南臺官屬，列奏案而入〔五四〕，陳主爲斂容正坐。陵進讀奏，時安成王在殿上侍立，陵命殿中侍御史引下，遂劾免之。江左中丞雖亦一時髦彦，然膏粱名士猶不樂。王球從弟僧朗除御史中丞，球謂曰：「汝爲此官，不復成膏粱矣。」齊王僧虔遷御史中丞。甲族由來多不居憲職〔五五〕，王氏分枝居烏衣者，爲官微減〔五六〕，僧虔爲此官，乃曰：「此是烏衣諸郎坐處，我亦可試爲耳。」後魏爲御史中尉，督司百寮。其出入，千步清道，與皇太子分路，王公百辟咸使遜避，其餘百僚下馬弛車止路傍，其違緩者，以棒棒之〔五七〕。其後，洛陽令得與分道。元志爲洛陽令，與中尉李彪爭路，俱入見。彪曰：「御史中尉辟承華羽蓋〔五八〕，駐論道劍鼓，安有洛陽令與臣抗衡？」志曰：「臣神州縣主〔五九〕，普天之下，誰非編民？豈有俯同衆官，趨避中尉！」孝文遂令分路。自東魏徙鄴，無復此制。北齊武成以其子琅琊王儼兼爲御史中丞，欲雄寵之，復興舊制。儼出北宫，凡京畿之步騎，領軍之官屬，中丞之威儀，司徒之鹵簿，莫不畢備。時儼總領四職。武成觀之，遣中使馳馬趣仗〔六〇〕，不得入。自言奉敕，赤棒應聲碎其鞍，馬騰人顛，觀者傾京邑。北齊高恭之字道穆，爲御史中丞。帝姊壽陽公主行犯清路，執以赤棒，卒呵之，不止。道穆令卒棒破其車，主泣訴於帝，帝不責穆，謂之曰：「家姊行路相犯，極以爲愧。」後周有司憲中大夫二人，掌司寇之法，辨國之五禁，亦其任也。及隋以國諱，改中丞爲大夫。唐因隋，亦曰大夫。龍朔二年，改爲大司憲，咸亨初復舊。武太后改置左、右肅政臺，御史大夫各一人，太極初復舊。掌肅清風俗，彈糾内外，總判臺事。自周、隋以來，無儀衛之重令，行出道路，以私騎匹馬從之而已。故事，侍御史以下與大夫抗禮。光宅元年九月，韋思謙除右肅政大夫〔六一〕，遂坐受拜。或以爲言〔六二〕，謙曰：「國家班列，自有等差，難以姑息〔六三〕。」其後，大夫又與之抗禮〔六四〕。至開元十八年，有敕申明隔品致敬〔六五〕，其禮由之不改。至二十四年六月，李適之爲大夫，又坐受拜。其後又與之抗禮〔六六〕，至今不改。故事，大夫與監察競爲官政，略無承稟。至開元十四年，崔隱甫爲大夫，一切督責之，事無大小，悉令咨決；稍有忤意〔六七〕，列其罪，前後貶黜者過半，群僚側目。上嘗謂曰：「卿爲大夫，深副朕委。」唐中丞二人，正四品〔六八〕，貳大夫，掌糾正百官罪惡。

宋承唐制，無大夫，以中丞爲臺長，無正員，以兩省給、諫權。自中丞以下，掌糾繩内外百官姦慝，肅清朝廷綱紀。大事廷辨，小事奏彈。凡除中丞而官未至者，自正言而上，皆除右諫議大夫權。熙寧初，言者以爲躐等，乃詔以本官職兼權。熙寧五年，以知雜侍御史鄧綰爲中丞，初除諫議大夫，王安石言：「礙近制〔六九〕，除待制或可。」乃以綰爲龍圖閣待制權御史中丞。中丞不遷諫議大夫，自綰始。九年，鄧潤甫自正言知制誥爲中丞，以宰相屬官不可長憲府，於是復還右諫議大夫權。元豐五年，以承議郎徐禧爲知制誥權中丞。禧言：「中丞糾彈之官，赴舍人院行詞，疑若未安。」會官制行，罷知制誥，禧乃以本官試中丞。中丞職任雄峻，南渡初除官最多，隆興後被擢者少。淳熙十年，黄洽復爲之。又三年，再命蔣繼周。時施師點在政府，有咄咄逼人之疑。嘉定六年，除章良能。初，王賓以中丞兼侍講。紹興十二年，万俟卨又以中丞兼侍讀，由是言路始兼經筵。祖宗時，臺諫例不兼講讀，蓋以宰執間侍經筵，避嫌也。神宗命呂正獻，亦止命時赴講筵。中興後，兼者三人〔七〇〕，皆出上意。紹興時，万俟卨、羅汝楫以中丞、諫議兼〔七一〕，蓋以秦檜之弟若孫相繼爲説書，便於傳導。檜死，遂罷兼。慶元後，臺丞、諫長暨副端、正言、司諫以上，無不預經筵者。舊臺令，兩院御史每上、下半年分詣三省、樞密院，取索諸房文字點檢，監察御史輪詣尚書六曹按察。凡奉行稽違、付受差失，咸得糾彈。渡江後，稍闕不舉。紹興三年，因御史臺主簿陳祖禮有言，始復其舊。

容齋洪氏隨筆論中丞、學士遷除。見翰林學士門。

持書侍御史

御史中丞，舊持書侍御史也。初，漢宣帝元鳳中，感路温舒尚德緩刑之言，季秋後請讞。時帝幸宣室齋居而決事，令侍御史二人持書。持書御史起於此也。後因别置，冠法冠，有印綬，與符節郎共平廷尉奏事，罪當輕重。後漢亦二人，銅印青綬，選明法律者爲之。蔡質漢儀曰：「選御史高第者補之。」凡天下諸讞疑事，掌以法律當其是非。自桓帝之後，無所平理，苟充其位而已。魏置持書執法掌奏劾，而持書侍御史掌律令，二官俱置。宋志曰：「魏置御史八人，有持書曹掌度支運，課第曹掌考課〔七二〕，不知餘復何曹。」晉置四人，泰始四年〔七三〕，又置黄沙獄持書侍御史一人，秩與中丞同，掌詔獄，及廷尉不當者皆理之。後并河南〔七四〕，遂省黄沙持書侍御史。及太康中，又省持書侍御史二員〔七五〕。魏、晉以來，持書侍御史分掌侍御史所掌諸曹，若尚書二丞。宋代掌舉劾。齊、梁並同，皆統侍御史。自宋、齊以來，此官不重，自郎官轉持書者謂之南奔。梁謝幾卿自尚書三公郎爲持書侍御史〔七六〕，「頗失志，多陳疾，臺事略不復理」是也。梁天監初，始重其選，車前依尚書二丞給三騶，執盛印青囊，舊事糾彈官印綬在前故也。後魏掌糾禁内朝會失時、服章違錯，饗宴會見，悉所監之。北齊亦有焉。後周有司憲上士二人。亦其任也。隋又爲持書侍御史，臺中簿領悉以主之。至唐永徽初高宗即位，以國諱故，改持書侍御史爲御史中丞。龍朔二年，改爲司憲大夫。咸亨元年，復爲中丞，二人。亦時有内供奉〔七七〕，本有一人，聖曆中加一人，尋省，先天中復置。職副大夫，通判臺事。開元二十一年三月〔七八〕，置京畿都採訪處置使，以中丞爲之。

侍御史

侍御史，於周爲柱下史，老聃嘗爲之。及秦時，張蒼爲御史，主柱下方書，亦其任也。又云蒼爲柱下御史，明習天下圖書計籍〔七九〕。見史記。如淳曰：「方，板也，謂書事在板上也〔八〇〕。秦以上置柱下史，蒼爲御史，主柱下事。或曰主四方文書也。」又職官録曰：「秦改御史爲柱下史。」一名柱後史，謂以鐵爲柱，言其審固不撓也。一云冠法冠，一名柱後惠文，以鐵爲柱也。法冠者，秦事云：「始皇滅楚，以其君冠賜御史，亦名獬豸冠。獬豸，獸名，一角，以觸不直也，故執法者冠之。」亦爲侍御史。漢因之，凡置十五員。又漢舊儀曰：「漢御史員四十五人，皆六百石。其十五人衣絳〔八一〕，給事殿中，爲侍御史，宿廬在石渠門外，二人尚璽，四人持書給事，二人侍前，中丞一人領。餘三十人留寺〔八二〕，理百官事。」侍御史，御史大夫自調更告入歸官，比丞相掾史，史白録〔八三〕。白録，著録而已。惠帝初，遣御史監三輔郡，其後又置監御史。漢官儀曰：「侍御史出督州郡盜賊、運漕軍糧〔八四〕，言督軍糧侍御史。至後漢，復有護漕都尉官，建武七年省。」晉太元六年，又置督運御史官。其舉郡國孝廉，第四科云「有能按章覆問，文中御史」。嚴延年遷侍御史，劾霍光專廢立。武帝時，侍御史又有繡衣直指者，出討姦猾，理大獄，而不常置。直指而行，無苟私也。衣以繡者，尊寵之也。江充拜直指繡衣使，督三輔盜賊，禁察踰侈。時近臣多奢僭，充皆舉劾，請没入車馬，令身侍北軍擊匈奴。奏可。貴戚皇恐，見上叩頭，願得入錢贖罪。又王賀字翁孺，武帝時爲繡衣御史，逐捕群盜，皆縱而不誅。暴勝之亦爲之。至後漢譙玄爲繡衣御史，持節分行天下，觀覽風俗，所至專行誅賞。沈約云繡衣御史，光武省，順帝復置，魏罷之。後漢亦有侍御史員，察舉非法，受公卿群吏奏事〔八五〕，有違失舉劾之。凡郊廟之祀及大朝會、大封拜〔八六〕，則一人監威儀〔八七〕，有違失則劾奏。以公府掾屬高第補之，或故牧守、議郎、郎中爲之，唯德所在。初上稱守，滿歲拜真，出劇爲刺史、二千石〔八八〕，平遷補縣令。見中丞，執板揖。順帝復絶他選，專用宰士，有三闕，三府各一，舉劾案章，事無大小，尚書受成而已，威烈赫奕，莫之敢犯。真御史守中丞、持書，服其冠紱，上事言守，關移稱真。又按二漢侍御史所掌凡有五曹：一曰令曹，掌律令。二曰印曹，掌刻印。三曰供曹，掌齋祀〔八九〕。四曰尉馬曹，掌厩馬。五曰乘曹。掌車駕。豹尾之内，便爲禁省。後漢桓典爲侍御史，執政無所避，常乘驄馬，京都畏之，爲之語曰：「行行且止，避驄馬御史。」又張綱爲侍御史，順帝漢安時〔九〇〕，遣八使按行風俗，唯綱最年少官卑，餘皆宿儒重位，同日受命，各之所部。綱獨埋其車輪於洛陽都亭〔九一〕，曰：「豺狼當道，安問狐狸！」遂奏大將軍梁冀兄弟罪惡。又陳翔字子麟，拜侍御史。正旦朝賀，大將軍梁冀威儀不整，翔奏請收冀理罪，時人奇之。又楊秉字叔節，拜侍御史，京師咸稱其有宰相之才。魏置御史八人。當大會殿中，御史簪白筆，側陛而坐，帝問左右：「此何官？何主？」辛毗曰：「此謂御史，舊時簪筆以奏不法。何當如今者〔九二〕，直備位，但眊筆耳。」晉時侍御史九人，頗用郡守爲之。山公啓事曰：「舊侍御史頗用郡守，今散二千石有才能尚少者可用不？」詔使八座詳之。眊音餌。品同持書，而有十三曹。十三曹者，謂吏曹、課第曹、直事曹、印曹、中都督曹、外都督曹、媒曹、符節曹、水曹、中壘曹、營軍曹、法曹、算曹。及江左初，省課第曹，置庫曹，掌厩牧牛馬市租。後分庫曹，置内左庫〔九三〕、外左庫二曹。宋代多併諸曹，凡十御史焉。自漢以來，皆朝服、法冠。晉武庫失火，尚書郭彰與侍御史劉暾典知脩復。彰以后親輕傲，以功程之聞呵暾曰〔九四〕：「我不能截卿角邪？」以御史著法冠，有兩角故也。暾厲色曰：「天子法冠，而欲截角！」命紙筆奏之。暾音他昆反。齊有十人，梁、陳皆九人，居曹糾察不法。至後魏，御史甚重，必以對策高第者補之。侍御史與殿中侍御史，晝則外臺受事，夜則番直内臺。

御史舊式，不隨臺主簡代。延昌中，王顯有寵於宣武，爲御史中尉，始請革選。此後踵其事，每一中尉，則更簡代御史〔九五〕。北齊設有八人，亦重其選。後周有司憲中士，則亦其任也。隋置侍御史八人。自開皇之前，猶踵後魏革選；自開皇之後，始自吏部選用，不由臺主，仍依舊入直禁中。大業中，始罷御史直宿臺内，文簿皆持書主之，侍御史但侍從糾察而已，由是資位少減焉。唐自貞觀初以法理天下，尤重憲官，故御史復爲雄要。貞觀十一年，吴王恪好畋獵，損居人田苗，侍御史柳範奏彈之。太宗因謂侍臣曰：「權萬紀事我兒，不能匡正，其罪合死。」範進曰：「房玄齡事陛下，猶不能諫止畋獵，豈可獨坐萬紀乎？」其將除拜，皆吏部與臺長官、宰相議定，然後依選例補奏。其内詔别拜者，不在其限。麟德以來，用人尤重，選授之命不由銓管。及李義府掌大選，寵任既重，始得補之。自義府之後，無出於吏部者。侍御史凡四員，本二員，顯慶中加二員。韋仁約曰：「御史銜命出使，不能動摇山嶽、震攝州縣，誠曠職耳！」内供奉二員，侍御史内供奉與殿中御史内供奉、監察御史裏行，其制並同，皆無職田、庶僕。臺例，占闕者得職田、庶僕；無闕可占，則歲兩時請地子於太倉，每月受俸及庶僕於太府。掌糾察内外，受制出使，分判臺事；又分直朝堂，與給事中、中書舍人同受表理冤訟，迭知一日，謂之「三司受事」。其事有大者，則詔下尚書、刑部、御史臺、大理寺同按之，亦謂此爲「三司推事」。後漢永平中〔九六〕，侍御史寒朗共三府按楚獄，亦今三司之例〔九七〕。武太后時，刑獄滋章，凡二臺御史多苛刻無恩，以誅暴爲事，猜阻傾奪，更相陵構，此其爲弊也。神龍以來稍革之，其後名流謹選，侔於貞觀、永徽矣。侍御史之職有四，謂推、推者，掌推鞫也。彈、掌彈舉。公廨、知公廨事。雜事，臺事悉總判之。定殿中、監察以下職事及進名、改轉，臺内之事悉主之，號爲「臺端」，他人稱之曰「端公」。其知雜事者，謂之「雜端」，最爲雄劇。食坐之南設横榻，謂之「南床」，殿中、監察不得坐。亦謂之「痴床」，言處其上者皆驕傲自得，使人如痴，是故謂之「痴床」。凡侍御史之例，不出累月則遷登南省，故號爲「南床」。百日察其行步出入〔九八〕，揖讓去就，殿中以下皆稟而隨之，先後虧失者有罰。其太極以前二臺朝列之制，侍御史與殿中隨仗入，分居兩行。東行在侍中、黄門侍郎、給事中後，起居郎、常侍、正諫議大夫、御史中丞下。西行在中書令、侍郎、舍人後，起居舍人、常侍、諫議大夫、御史中丞大夫下。承詔者各五日，有旨召御史，不呼名，則承詔者出。承詔御史舊在西，開元初制在東〔九九〕。侍御史或闕，則假殿中承之。自至德以來，諸道使府參佐，多以省郎及御史爲之，謂之「外臺」，則皆檢校、裏行及内供奉，或兼或攝。諸使官亦然。故事，御史臺不受訟，有訴可聞者，略其姓名，託以風聞。其後，御史疾惡者少，通狀壅絶。開元十四年，乃定授事御史一人知其日劾狀，題告事人姓名。其後，宰相以御史權重，建議彈奏先白中丞、大夫，復通狀中書門下，然後得奏。自是御史之任輕矣。建中元年，以侍御史分掌公廨、推、彈，自是雜端之任輕矣〔一〇〇〕。元和八年，命四推御史受事，周而復始，罷東西分日之限。舊御史遭長官於塗，皆免帽降乘，長官戢轡，辭而止焉。乾封中，王立本爲侍御史〔一〇一〕，意氣頗高，塗逢長官，端揖而已。自是諸人或降而立，或一足至地，或側鞍弛鐙，輕重無常。開元以來，但舉鞭聳揖而已。

宋仍唐制，侍御史貳中丞，隸臺院。天禧中，置言事御史，後久不除。慶曆五年復置。今御史臺中丞廳之南有諫官御史廳〔一〇二〕，蓋御史得兼諫職也。

殿中侍御史

殿中侍御史。魏蘭臺遣二御史居殿中察非法，即殿中侍御史之始也。晉置四人，江左多置二人。

宋徐爰自殿中侍御史轉南臺侍御史。梁有四人，掌殿内禁衛内事。後魏、北齊有之。隋初改曰殿内侍御史，置十二人，至煬帝省。唐置六員，初有二員，貞觀二十二年增二員，開元中加二員。内供奉三員。初掌駕出於鹵簿内糾察非違，餘同侍御史，唯不判事。咸亨以前〔一〇三〕，遷轉及職事與侍御史相亞。自開元初以來，權歸侍御史，而遷轉猶同。兼知庫藏出納及宫門内事，分知左、右巡〔一〇四〕，京畿諸州諸衛兵禁隸焉，彈舉違失，號爲「副端」。閤門之外，百僚班序有離立失列、言囂而不肅者，則糾罰之。其正冬大會，則戴玄豸，乘馬加飾，大夫、中丞加金勒珂佩。具服上殿，供奉左右。或闕，則吏部以他官攝之。其郊祀、巡幸，大備鹵簿，出入由旌門者，監其隊伍。初，武太后時，有殿中裏行及員外殿中御史官，或有起家爲之而即真者。神龍以來，無監察則有裏行。

宋制，殿中侍御史二人，正七品。掌言事，分糾大朝會及朔望、六參官班序。舊制，侍御史兼知雜事，殿中侍御史兼左、右巡使，監察御史兼祭使〔一〇五〕。官卑而入殿中、監察御史者，謂之裏行。元豐八年，詔殿中侍御史兼察事，監察御史兼言事。

石林葉氏曰：「唐三院御史，謂侍御史與殿中侍御史、監察御史也。侍御史所居曰臺院，殿中曰殿院，監察曰察院，此其公宇之號，非官稱也。侍御史自稱端公，知雜事則稱雜端，而殿中、監察稱曰侍御。近世殿院、察院乃以名其官，蓋失之矣。而侍御史復不稱臺院，止曰侍御，端公、雜端但私以相號，而不見於通稱，各從其所沿襲而已。」

監察侍御史

監察御史。初，秦以御史監理諸郡，謂之監御史〔一〇六〕。漢時罷其名。至晉太元中，始置檢校御史，以吴混之爲之〔一〇七〕，掌行馬外事，晉志云：「古司隸官知行馬外事。晉過江，罷司隸官，故置檢校御史，專掌行馬外事。」亦蘭臺之職也。又有禁防御史。宋、齊以來無聞焉。後魏太和末亦置此官，宿直外臺，不得入宿內省。北齊置檢校御史十二人，後周司憲旅下士八人，蓋亦其職也。隋開皇二年，改檢校御史爲監察御史，凡十二人。煬帝增置十六員，掌出使檢校。唐置監察御史十員，初有四員，貞觀二十二年加二員，顯慶中加二員，開元中加二員。裏行五員，掌內外糾察，並監祭祀及監諸軍、出使等。監察御史職知朝堂，正門無籍，非因奏事，不得入至殿庭。在棲鳳閣南〔一〇八〕，視殿中侍御史以上從觀象門出〔一〇九〕，若從天降。至開元七年三月敕，並令隨仗入閤。隋末亦遣御史監軍。垂拱三年十一月〔一一〇〕，鳳閣侍郎韋方質奏言：「舊制有御史監軍，今未差遣，恐虧失節度。」武太后曰：「將出師，君授之以斧鉞，閫外之事皆使裁之。始聞比來御史監軍〔一一一〕，乃有控制，軍中大小之事皆須承稟，非所以委專征也。以卑制尊，理便不可〔一一二〕。」不許。罪人當笞於朝者，亦監之。分爲左、右巡，糾察違失。以承天、朱雀街爲界，每月一代。將晦，即巡刑部、大理、東西徒坊、金吾及縣獄。若蒐狩，則監圍，察斷絶失禽者，量宜劾奏。景龍三年，監察御史崔琬彈奏宰相宗楚客、紀處訥等驕恣跋扈，請收劾之。舊制，大臣有被御史彈者，皆俯僂趨出，待罪朝堂。今楚客等瞋目作色，稱以忠鯁被誣。中宗令琬與楚客約爲兄弟，時人竊號爲「和事天子」。開元初，革以殿中掌左、右巡，監察或權掌之，非本任也。職務繁雜，百司畏懼，其選拜多自京畿縣尉。京畿即赤縣也。又有監察御史裏行者，太宗置，自馬周始焉。始馬周以布衣，有詔令於監察御史裏行，遂以爲名。後高宗時，王立本自忻州定襄縣尉爲之。凡裏行，皆受俸於本官，多復本官者。自王大賓後，罷本官俸，方有即真者。武太后時，復有員外監察、試監察，或有起家爲之而即真者。又有臺使八人，俸亦於本官請，餘並同監察。時人呼爲六相。吏部式其試監察。神龍以來無復員外及試，但有裏行。凡諸内供奉及裏行，其員數各居正官之半，惟俸禄有差，職事與正同。唐監察御史後增至十五人，正八品下。掌分察百寮，巡按州縣，獄訟、軍戎、祭祀、營作、太府出納皆莅焉；知朝堂左右厢及百司綱目。凡十道巡按，以判官二人爲佐，務繁則有支使。其一察官人善惡；其二察户口流散，籍帳隱没，賦役不均〔一二三〕；其三察農桑不勤，倉庫減耗；其四察妖猾盗賊，不事生業，爲私蠹害；其五察德行孝弟，茂才異等〔一二四〕，藏器晦迹應時用者；其六察黠吏豪宗兼并縱暴，貧弱冤苦不能自申者。凡戰伐大克獲，則數俘馘，審功賞，然後奏之。屯田、鑄錢，嶺南、黔府選補，亦視功過糾察。决囚徒，則與中書舍人、金吾將軍莅之。國忌齋，則與殿中侍御史分察寺觀。莅宴射、習射及大祠、中祠，視不如儀者以聞。初，開元中，兼巡傳驛，至二十五年，以監察御史檢校兩京館驛。大曆十四年，兩京以御史一人知館驛〔一二五〕，號館驛使。監察御史分察尚書省六司，繇下第一人爲始，出使亦然。興元元年，以第一人察吏部、禮部，兼監祭使〔一二六〕；第二人察兵部、工部，兼館驛使；第三人察户部、刑部，歲終議殿最。元和中，以新人不出使，無以觀能否，乃命專察尚書省，號曰六察官。開元十九年，以監察御史二人莅太倉、左藏庫。三院御史，皆初領繁劇外府推事。其後，以殿中侍御史上一人爲監太倉使，第二人爲監左藏庫使。凡諸使下三院御史内供奉，其班居正臺監察御史之上。

宋初，御史多出外任，風憲之職以他官領之。太平興國三年，詔本司自薦屬官，俾正名舉職。天禧元年，詔別置御史六員，不兼他職，月須一員奏事，專任彈舉，有急務聽非時入對。以殿中丞劉平爲監察御史，用新詔也。嘉祐四年，中丞韓絳請置裏行，從之。熙寧三年，除秀州軍事判官李定權監察御史裏行〔一一七〕，用選人爲御史自定始也。宋敏求繳詞頭，云：「去歲驟用京官，今又幕職官便昇朝著峻，處糾繩之地，臣恐未厭衆議。」元豐五年〔一一八〕，詔祕書、殿中、內侍省不隸六察，如有違慢，委言事御史彈奏。七年，大正官名，以言事官爲殿中侍御史，六察官爲監察御史，掌吏戶禮兵刑工之事、在京百司，而察其謬誤。八年，詔監察御史兼言事，殿中侍御史兼察事。徽宗時，如辟雍大成府等學、太官局、翰林儀鸞司、東西上閤門、客省引進、四方館，皆不隸臺察。崇寧間，大臣欲其便己，而南臺御史亦有不言事者。自大觀臣僚申請，而殿中六尚、辟雍大成府等學、太官局、翰林儀鸞司皆隸六察。自余應求有言，而東西上閤門、客省引進、四方館復隸御史。自胡舜陟申請，而本臺始增入御史言事之文。乾道二年，詔：「自今非曾經兩任縣令，不得除監察御史，著爲條令。」慶元二年，侍御史黃黼言：「御史臺有三院，其一爲監察御史，高宗時嘗置六員，孝宗嘗置三員。今分察之任止二人，乞增置一員。」從之。以後常置二員〔一一九〕。

容齋洪氏隨筆曰：「御史許風聞論事，相承有此言，而不究所從來。以予考之，蓋自晉、宋以下如此〔一二〇〕。齊沈約爲御史中丞，奏彈王源，曰『風聞東海王源』。蘇冕會要云：『故事，御史臺無受詞訟之例，有詞狀在門，御史採狀有可彈者，即略其姓名，皆云風聞訪知。其後疾惡公方者少，遞相推倚，通狀人頗壅滯。開元十四年，始定受事御史，人知一日，劾狀遂題告事人名，乖自古風聞之義。』然則向之所行，今日之短卷是也。二字本見尉佗傳。」

又曰：「唐元和中，御史中丞王播奏：『監察御史舊例，在任二十五月轉准具員不加，今請仍舊。其殿中侍御史舊十二月轉具員加至十八月，今請減至十五月。侍御史舊十月轉加至十三月，今請減至十二月。』從之。按唐世臺官，雖職在抨彈，然進退從違皆出宰相，不若今之雄緊。觀其遷敘定限可知矣。國朝未改官制之前，任監察滿四年而轉殿中，又四年轉侍御史，四年解臺職，始轉司封員外郎。元豐五年以後，陞沉迥别矣。」

主簿

主簿。漢有御史主簿，張忠爲御史大夫，署孫寶爲主簿。自魏、晉以來無聞。至隋大業三年，御史臺始置主簿二人。隋兼置録事員二人。至唐置一員，掌付事勾稽，省署抄目，監印，給紙筆。其俸禄與殿中御史同。武德末，杜淹爲大夫，以吏部主事林懷信爲之。貞觀中，自張弘濟爲此官之後，遂爲美職。管轄臺中雜務、公廨、厨庫，檢督令史、奴婢，配勳、散官職事。每食，則執黄卷，書其譴罰。録事以下小吏，各有差。

宋御史臺置推直官二人，專治獄事。凡推直有四推，曰臺一推，臺二推，殿一推，殿二推。主簿一人，掌受事發辰，勾檢稽失，兼簿書錢穀之事。元豐官制行，定員分職，裏行、推直悉罷。檢法官掌檢詳法律，元祐三年，改爲主簿；紹聖三年，董敦逸奏復置。主簿掌勾稽簿書，各一人。紹興初，詔檢法、主簿特令殿中侍御史奏辟。紹熙中，侍御史林大中以論事不合去，所奏辟檢法官李謙、主簿彭龜年亦乞同罷。嘉定元年，劉渠除檢法官〔三〕，范之柔除主簿，以後二職皆闕。

校勘記

〔一〕秦趙澠池之會　「趙」字原脱，據通典卷二四職官六補。

〔二〕御史在後　「後」原作「前」，據史記卷一二六滑稽列傳改。

〔三〕漢御史大夫寺在大司馬門内　初學記卷一二、太平御覽卷二二五引衛宏漢舊儀無「大」字。

〔四〕三日之間周歷三臺　「歷」原作「遷」，據後漢書卷六〇下蔡邕傳改。

〔五〕兼尚書左僕射元順不肯送名　「兼」下原衍「上」字，據魏書一四神元平文諸帝子孫列傳、北史卷一五魏宗室傳删。上引魏書、北史「送名」作「與名」。

〔六〕令僕納言之貴　「貴」原作「責」，據魏書卷一四神元平文諸帝子孫列傳、北史卷一五魏宗室傳改。

〔七〕尚書郎裴獻伯移注云　魏書卷一四神元平文諸帝子孫列傳、北史卷一五魏宗室傳「郎」下有「中」字，「移」作「復」。

〔八〕中尉下避執板　「避」，魏書卷一四神元平文諸帝子孫列傳、北史卷一五魏宗室傳作「車」。

〔九〕檢孝文帝舊格以聞　魏書卷一四神元平文諸帝子孫列傳、北史卷一五魏宗室傳作「付司檢高祖舊格，推處得失以聞」。通考删「推處得失」，文義不確。

〔一〇〕改司經局爲桂坊　「桂」原作「柱」，據新唐書卷四九上百官志上、通典二四職官六、唐會要卷六七左春坊改。

〔一一〕以兵部尚書李圓通檢校御史大夫　「李圓通」原作「李員通」，據隋書卷六四李圓通傳、唐會要卷六〇御史臺改。

〔一二〕御史徑往門外收採之　「徑」原作「竟」，據通典卷二四職官六改。又上引通典「之」作「知」，且屬下。

〔一三〕又置肅政臺使六人　通典卷二四職官六同，新唐書卷四八百官志三、唐會要卷六〇監察御史「六人」作「八人」。

〔一四〕受俸於本官　「官」原作「臺」，據通典卷二四職官六、唐會要卷六〇御史臺改。

〔一五〕神龍以後　「神龍」原作「龍朔」，據舊唐書卷四四職官志三、新唐書卷四八百官志三、唐六典卷一三、唐會要卷六〇御史臺改。

〔一六〕載初以後　「載初」原作「延載」，據通典卷二四職官六、唐會要卷六〇御史臺改。

〔一七〕月餘右臺復請分綰尚書西行事　「月餘右臺」四字原脱，據通典卷二四職官六補。

〔一八〕義與裏行同　「義」原作「議」，據通典卷二四職官六改。

〔一九〕請以吏部及審官東西院三班院隸吏察　「三」原作「二」，據宋會要職官一七之九改。

〔二〇〕舊以中丞兼理檢使　「理檢」二字原倒，據宋史卷一六四職官志四、宋會要職官一七之三乙正。

〔二一〕監察御史兼監祭使　「祭」原作「察」，據宋會要職官一七之三改。

〔二二〕中興前　「前」原作「後」。按宋史卷一六四職官四作「中興後不置」，據改。

〔二三〕亦榜曰御史臺　「亦」原作「其」，據石林燕語卷四改。

〔二四〕以御史大夫爲百僚帥　「帥」原作「師」，據漢書卷八三朱博傳、太平御覽卷二二五職官部二三改。

〔二五〕未滿歲而丞相死　「歲」字原脱，據史記卷九六張丞相列傳補。

〔二六〕中元元年　「中元」原作「建元」，據後漢書卷一下光武帝紀下、卷三五張純傳改。

〔二七〕以王沈爲御史大夫　「王沈」原作「王沉」，據局本、通典卷二四職官六改。

〔二八〕非漢日大夫之任　「日」，通典卷二四職官六作「舊」。

〔二九〕檢校官多帶憲銜　「銜」原作「許」，據宋史卷一六四職官志四改。

〔三〇〕漢高帝詔徵賢良　「徵」原作「敕」，據通典卷二四職官六改。

〔三一〕御史中執法下郡守　「下郡守」三字原脱，據漢書卷一下高帝紀下補。

〔三二〕周禮小宰　「小宰」原作「少宰」，據周禮天官小宰改。

〔三三〕置長史　「史」原作「吏」，據通典卷二四職官六改。按後漢書百官志三注引魏志曰「建安置御史大夫，不領中丞，置長史一人」。

〔三四〕以中丞督司隸司隸督丞相丞相督司直司直督刺史刺史督二千石下至黑綬　北堂書鈔設官部引漢舊儀同。太平御覽卷二二五職官部二三作「御史中丞督司隸司隸督司直司直督刺史刺史督二千石以下」。

〔三五〕又劉暾字長升　「長升」原作「長叔」，據晉書卷四三劉暾傳、太平御覽卷二二六職官部二四改。

〔三六〕大司馬桓温屯中堂　「堂」原作「臺」，據元本、慎本、馮本、初學記卷一二、太平御覽卷二二六職官部二四引晉中興書改。

〔三七〕此兒乃敢彈我真可畏也　「此」字原脱，「畏也」原作「尚」，據初學記卷一二、太平御覽卷二二六職官部二四引晉中興書、職官分記卷一四補改。

〔三八〕執金吾每月三繞行宫城　「三」原作「一日」，據後漢書百官志四、宋書卷四〇百官志下删改。上引後漢書「宫城」作「宫外」。

〔三九〕疑是省金吾　「疑」原作「宜」，據宋書卷四〇百官志下改。

〔四〇〕以此事併中丞也　「以」字原脱，據宋書卷四〇百官志下補。

〔四一〕兼青綬　「兼」下原衍「云」字，據元本删。

〔四二〕御史中丞劉式之議　「議」原作「儀」，據通典卷二四職官六改。

〔四三〕傳詔荷信詔喚衆官　「荷信詔喚」四字原脱，據宋書卷一五禮志二補。

〔四四〕並合分道　通典卷二四職官六同，宋書卷一五禮志二「並」作「亦」。

〔四五〕未詳京尹建康令門内之從及公事　通典卷二四職官六同，宋書卷一五禮志二「從」作「徒」。

〔四六〕既非郡縣部界即不合依門外也　通典卷二四職官六同，宋書卷一五禮志二「郡」作「州郡」、「即」作「則」。

〔四七〕皇太子以下　「以下」二字原脱，據隋書卷二六百官志上補。

〔四八〕題云宜官告　職官分紀引隋書百官志同，而隋書卷二六百官志上「告」作「吉」。

〔四九〕以久疾不預山陵公事　「久」，南史卷五九江淹傳、梁書卷三四江淹傳、太平御覽卷二二六職官部二四作「托」。

〔五〇〕君可謂近世獨步　「步」原作「出」，據南史卷五九江淹傳、梁書卷三四江淹傳、太平御覽卷二二六職官部二四、職官分紀卷一四改。

〔五一〕兄纘爲僕射　「纘」原作「績」，據梁書卷三四張緬傳、南史卷五六張弘策傳改。

〔五二〕兄弟並道騶分趨兩塗　南史卷五六張弘策傳「趨」作「騶」，餘同。梁書卷三四張緬傳無「並」字，「塗」作「陛」。

〔五三〕奏彈司空安成王頊　「成」原作「城」，據南史卷六二徐陵傳、陳書卷五宣帝紀、卷二六徐陵傳、太平御覽卷二二六職官部二四改。下同。

〔五四〕列奏案而入　「列」，陳書卷二六徐陵傳作「引」。

〔五五〕甲族由來多不居憲職　「職」，南齊書卷三三王僧虔傳、南史卷二二王曇首傳作「臺」。

〔五六〕爲官微減　「爲官」，南齊書卷三三王僧虔傳、南史卷二二王曇首傳作「位宦」。

〔五七〕以棒棒之　「以」，北齊書卷一二武成十二王傳、北史卷五二齊宗室諸王傳下作「赤」。

〔五八〕御史中尉辟承華羽蓋　「承」原作「乘」，據魏書卷一四神元平文諸帝子孫傳、北史卷一五魏諸宗室傳改。又「羽」，上引魏書作「車」。

〔五九〕臣神州縣主　「州」，魏書卷一四神元平文諸帝子孫傳、北史卷一五魏諸宗室傳作「鄉」。

〔六〇〕遣中使馳馬趣仗　「使」，北齊書卷一二武成十二王傳、北史卷五二齊宗室諸王傳下作「貴」。

〔六一〕韋思謙除右肅政大夫　「右」原作「左」，據舊唐書卷八八韋思謙傳、新唐書卷一一六韋思謙傳、唐會要卷六〇御史大夫改。

〔六二〕或以爲言　「爲」字原脱，據唐會要卷六〇御史大夫補。

〔六三〕自有等差難以姑息　「等差」原倒，據唐會要卷六〇御史大夫乙正。上引唐會要「難以」作「奈何」。

〔六四〕大夫又與之抗禮　「大夫」，唐會要卷六〇御史大夫作「監察」。

〔六五〕有敕申明隔品致敬　「致」原作「政」，據局本、唐會要卷六〇御史大夫、通典卷二四職官六改。

〔六六〕其後又與之抗禮　「又」原作「有」，據唐會要卷六〇御史大夫改。

〔六七〕稍有忤意　「意」原作「竟」，據唐會要卷六〇御史大夫、通典卷二四職官六、太平御覽卷二二五職官部二三改。

〔六八〕正四品　舊唐書卷四四職官志三、新唐書卷四八百官志三「品」下有「下」字。

〔六九〕礙近制　「礙」原作「疑」，據宋史卷一六四職官志四改。

〔七〇〕中興後兼者三人　按此三人指王賓、王綯、徐俯，見朝野雜記乙集卷一三祖宗時臺諫不兼經筵，此處不書姓名，易與下文万俟卨、羅汝楫混淆。

〔七一〕万俟卨羅汝楫以中丞諫議兼　「羅汝楫」原作「羅楫」，據宋史卷一六四職官四改。

〔七二〕有持書曹掌度支運課第曹掌考課　「掌度支運課第曹」七字原脱，據宋書卷四〇百官志下補。

〔七三〕泰始四年　「泰始」原作「太始」，據通典卷二四職官六改。

〔七四〕後并河南　「河南」原作「江南」，據晉書卷二四職官志、職官分紀卷一四改。按併江南乃於太康元年始，見晉書卷三武帝紀。

〔七五〕又省持書侍御史二員　「侍」字原脱，據晉書卷二四職官志補。

〔七六〕謝幾卿自尚書三公郎爲持書侍御史　「幾」原作「畿」，「公」下原衍「侍」字，據梁書卷五〇文學傳下、南史卷一九謝幾卿傳改删。

〔七七〕亦時有内供奉　「亦」原作「一」，據通典卷二四職官六改。

〔七八〕開元二十一年三月　通典卷二四職官六同。唐會要卷六〇御史中丞「二十一」作「二十二」。

〔七九〕明習天下圖書計籍　「計」下原衍「史」字，據史記卷九六張丞相列傳删。

〔八〇〕謂書事在板上也　「書」字原脱，據史記卷九六張丞相列傳補。

〔八一〕其十五人衣絳　「衣絳」原作「依」，據漢舊儀卷上、太平御覽卷二二七職官部二五改補。

〔八二〕餘三十人留寺　「餘」原作「録」，「三」原作「二」，據漢舊儀卷上、太平御覽卷二二七職官部二五改。元本、慎本、馮本「餘」字不誤。

〔八三〕比丞相掾史史白録　孫星衍校集漢舊儀卷上「史」不重叠。

〔八四〕侍御史出督州郡盜賊運漕軍糧　「盜賊」，元本、慎本、馮本作「税賦」。

〔八五〕受公卿群吏奏事　「群」原作「郡」，據後漢書百官志三、太平御覽卷二二七職官部二五引續漢書百官志改。

〔八六〕凡郊廟之祀及大朝會大封拜　「祀」，後漢書百官志三、北堂書鈔卷六二作「祠」。

〔八七〕則一人監威儀　「一」，後漢書百官志三、北堂書鈔卷六二作「二」。

〔八八〕出劇爲刺史二千石　通典卷二四職官六同。後漢書百官志三注引蔡質漢儀「出」下有「治」字，蓋通典避唐高宗諱而省，通考沿襲之。

〔八九〕掌齋祀　「祀」原作「記」，據晉書卷二四職官志、通典卷二四職官六改。

〔九〇〕順帝漢安時　原作「安帝時」，按遣八使按行風俗在順帝漢安元年，見後漢書卷六孝順孝冲孝質帝紀，據改。

〔九一〕綱獨埋其車輪於洛陽都亭　「埋」原作「理」，據元本、慎本、馮本、後漢書卷五六張皓傳、太平御覽卷二二七職官部二五、職官分紀卷一四改。

〔九二〕何當如今者　通典卷二四職官六、職官分紀卷一四無「何」字。

〔九三〕置內左庫　「內」字原脱，據晉書卷二四職官志補。

〔九四〕以功程之聞呵噉曰　「聞」原作「間」，據通典卷二四職官六改。

〔九五〕則更簡代御史　「簡」，隋書卷二八百官志下作「置」。

〔九六〕後漢永平中　「永平」原作「永安」，據後漢書卷四一寒朗傳改。

〔九七〕亦今三司之例　「今」原作「令」，據通典卷二四職官六改。

〔九八〕百日察其行步出入　「步」，通典卷二四職官六作「止」。

〔九九〕開元初制在東　「制」上原衍「仍」，據元本、慎本、馮本删。

〔一〇〇〕自是雜端之任輕矣　「任」原作「議」，據新唐書卷四八百官志三改。

〔一〇一〕王立本爲侍御史　「王立本」，通典卷二四職官六作「王本立」。按舊唐書卷四四職官志三載「龍朔元年，以王本立爲監察裏行也」，唐會要卷六〇監察御史載「忻州定襄縣尉王本立爲監察御史裏行」。

〔一〇二〕今御史臺中丞廳之南有諫官御史廳　「之南有諫官御史廳」八字原脱，據職官分紀卷一四補。

〔一〇三〕咸亨以前　「咸亨」原作「咸通」，據通典卷二四職官六改。

〔一〇四〕分知左右巡　「分」原舛在「巡」下，據新唐書卷四八百官志三乙正。

〔一〇五〕監察御史兼祭使　「祭」原作「察」，宋會要職官一七之三載，「監察御史兼監祭使」，據改。

〔一〇六〕謂之監御使　「御」原作「察」，據漢書卷一九上百官公卿表上改。

〔一〇七〕以吴混之爲之　職官分紀卷一四引徐邈晉紀同，晉書卷二四職官志作「吴琨」。

〔一〇八〕在棲鳳閣南　「棲」原作「西」，「閣」原作「闕」，據唐會要卷六〇監察御史改。

〔一〇九〕視殿中侍御史以上從觀象門出　「視」原作「侍」，據通典卷二四職官六改。唐會要卷六〇監察御史作「望」。

〔一一〇〕垂拱三年十一月　「十一」，唐會要卷六二雜録作「十二」。

〔一一一〕始聞比來御史監軍　通典卷二四職官六同。唐會要卷六二雜録「始」作「如」。

〔一一二〕理便不可　通典卷二四職官六同。唐會要卷六二雜録「理」作「禮」。

〔一一三〕賦役不均　「賦役」原脱，據新唐書卷四八百官志三補。

〔一一四〕茂材異等　「等」原作「數」，據新唐書卷四八百官志三、職官分紀卷一四改。

〔一一五〕兩京以御史一人知館驛　「館」字原脱，據新唐書卷四八百官志三補。

〔一一六〕兼監祭使　「祭」原作「察」，據新唐書卷四八百官志三改。

〔一一七〕除秀州軍事判官李定權監察御史裏行　「判」原作「推」，據宋史卷一五神宗紀二、卷三二九李定傳改。

〔一一八〕元豐五年　「元豐」二字原脱，據皇宋十朝綱要卷一〇、宋會要職官一七之一一補。

〔一一九〕以後常置二員　「二」，宋史卷一六四職官志四作「三」。

〔一二〇〕蓋自晉宋以下如此　「此」原作「北」，據容齋四筆卷一一御史風聞改。

〔一二一〕劉渠除檢法官　「劉渠」，宋史卷一六四職官志四作「劉榘」。

卷五十四　職官考八

學士院

學士之職，本以文學言語被顧問，出入侍從，因得參謀議、納諫諍，其禮尤寵。而翰林院者，待詔之所也。唐制乘輿所在，必有文辭、經學之士，下至卜、醫、技術之流，皆直於別院，以備宴見。而文書詔令，則中書舍人掌之。自太宗時，名儒學士時召以草制，然猶未有名號。乾封以後，始召文士元萬頃、范履冰等草諸文辭，常於北門候進止，時人謂之「北門學士」。中宗之世，上官昭容專其事。玄宗初置翰林待詔，以張説、陸堅、張九齡等爲之，掌四方表疏批答、應和文章。既而又以中書務劇，文書多壅滯，乃選文學之士，號「翰林供奉」，與集賢院學士分掌制詔書敕。開元二十六年，又改翰林供奉爲學士，別置學士院，專掌內命。凡拜免將相、號令征伐，皆用白麻。其後選用益重，而禮遇益親，至號爲「內相」，又以爲天子私人。元充其職者無定員，自諸曹尚書下至校書郎，皆得與選。入院一歲則遷知制誥，未知制誥者不作文書。班次各以其官，內宴則居宰相之下、一品之上。憲宗時，又置學士承旨。唐之學士，弘文、集賢分隸中書、門下省，而翰林學士獨無所屬。

致堂胡氏曰：「國家陟降多士，當出於中書。中書有私徇，小則詰責，大則黜削可也，不當疑其專而分其權。翰林初置，人才與雜流並處。其後雜流不入，職清而地禁，專以處忠賢、文章之士，然有天子私人之目，内相之稱，則非王政設官之體矣。王者無私，豈云私人？相無不統，豈云内相？是與大臣自設形迹爲異同也。進退輔弼，既與之謀，安知無請託之嫌？小人處之，附下罔上，安知無賣主之事？故君道公而已矣。或曰：文章之用至衆，中書、門下之職至重，勢有不能兼也〔一〕，故必委之翰林，不可廢也。曰自太宗、高宗時尚未有此，不聞乏事，武氏聚華藻輕薄之人於北門，而中宗以宫婢主文柄，是何足法者！不必遠稽兩漢、上法三王，直取則於貞觀，則於所損益可知矣。」

石林葉氏曰：「唐翰林院在銀臺之北。乾封以後，劉禕之、元萬頃之徒，時宣召草制其間，因名北門學士。今學士院在樞密院之後，腹背相倚，不可南向，故以其西廊西向爲院之正門，而後門北向，與集英相直，因榜曰『北門』。兩省、樞密院皆無後門，惟學士院有之。學士朝退入院，與禁中宣命往來，皆行北門，而正門行者無幾，不特取其便事，亦以存故事也。」

又曰：「唐翰林院本内供奉藝能、技術雜居之所，以辭臣侍書詔其間〔二〕，乃藝能之一爾。開元以前，猶未有學士之稱，或曰翰林待詔，或曰翰林供奉，如李太白猶稱供奉。自張垍爲學士，始别建學士院於翰林院之南，則與翰林院分而爲二，然猶冒翰林之名。蓋唐有弘文館學士、麗正殿學士，故此特以『翰林』别之，其後遂以名官，訖不可改。然院名至今但云學士，而不冠以『翰林』，則亦自唐以來沿襲之舊也。」

容齋洪氏隨筆曰：「白樂天渭村退居寄錢翰林詩叙翰苑之親近云：『曉從朝興慶，春陪宴柏梁。分庭皆命婦，對院即儲皇。貴主冠浮動，親王轡鬧裝。金鈿相照耀，朱紫間熒煌。毬簇桃花騎，歌巡竹葉觴。

窪銀中貴帶，昂黛内人妝。賜禊東城下，須酺曲水傍。鏄罍分聖酒，妓樂借仙倡。』蓋唐世宫禁與外庭不至相隔絶，故杜子美詩：『户外昭容紫袖垂，雙瞻御坐引朝儀。』又云：『舍人退食收封事，宫女開函近御筵。』而學士獨稱内相，至於與命婦分庭，見貴主冠服、内人黛粧，假仙倡以佐酒，他司無此也。」

晉天福五年，詔翰林學士院公事宜並歸中書舍人，自是，舍人晝直者當中書制，夜直者當内制。至開運元年，復詔翰林學士與中書舍人分爲兩制，各置五員〔三〕。

宋翰林學士掌内制制、誥、赦、敕、國書及宫禁所用之文辭。凡后妃、親王、公主、宰相、節度使除拜，則學士草詞，授待詔書訖以進。赦降德音，則先進草。大詔命及外國書，則具本稟奏得晝亦如之。凡拜宰相或事重者，宣召面諭旨，則給筆札書所得旨。稟奏歸院，具辭以進；餘遣内侍授中書省。熟狀亦如之。若已晝旨而有未盡〔四〕，則論奏貼正。乘輿行幸，則侍從以備顧問，有所獻納則請對或奏對。凡初命爲學士，皆遣使就第宣詔旨召入院。淳化二年，以翰林學士賈黄中、蘇易簡同知京朝官考課，李沆權判吏部流内銓。故事，學士掌内庭書詔指揮、邊事曉達機謀。天子機事密命在焉，不當豫外司公事，蓋防纖微間或漏省中語，故學士院常在金鑾殿側，號爲深嚴。自國朝太祖以來，藉其才用，始令判三銓及知太常禮院事。天聖元年，詔學士遇隻日至晚出宿，蓋故事以雙日鎖院，隻日降麻也。隆興改元，詔學士及經筵官内宿，稍復祖宗故事。

石林葉氏曰：「學士院正廳曰玉堂，蓋道家之名。初，李肇翰林志末言〔五〕：『居翰苑者，皆謂凌玉清，溯紫霄，豈止於登瀛洲哉！』亦曰登玉堂焉。』自是，遂以玉堂爲學士院之稱而不爲榜。太宗時，蘇易簡爲學士，上嘗語曰：『玉堂之設，但虚傳其説，終未有正名。』乃以紅羅飛白『玉堂之署』

四字賜之。易簡即扃鐍置堂上，每學士上事，始得一開視，最爲翰林盛事。紹聖間，蔡魯公爲承旨，始奏乞摹就杭州刻榜揭之，以避英廟諱，去下二字，止曰玉堂云。」

沈氏筆談曰：「學士院玉堂，太宗皇帝曾親幸，至今唯學士上日許正坐，他日皆不敢獨坐。故事，堂中設視草臺，每草制則具衣冠據臺而坐，今不復如此，但存空臺而已。玉堂東承旨閣子窗格上有火燃處。太宗嘗夜幸玉堂，蘇易簡爲學士，已寢遽起，無燭具衣冠，宮嬪自窗格引燭入照之，至今不欲更易，以爲玉堂一盛事。」

洪氏容齋隨筆曰：「翰苑故事，今廢棄無餘。惟學士入朝，猶有朱衣院吏雙引至朝堂而止；及景靈宮行香，則引至立班處。公文至三省不用申狀，但尺紙直書其事，右語云：『諮報尚書省，伏候裁旨〔六〕，月日押。』謂之諮報。此兩事僅存。」

翰林學士承旨

唐憲宗時始置。凡白麻制誥，皆內庭代言，命輔臣、除節將、恤災患、討不廷則用之，宰臣於正衙受付通事舍人。若命相之書，則通事舍人、承旨皆宣讀訖，始下有司。乾寧二年，陸扆以翰林學士承旨拜中書侍郎、平章事。後唐天成三年敕：「今後翰林學士入院，並以先後爲定。惟承旨一員，出自朕意，不計官資先後，在學士之上，仍編入翰林志。」

宋承旨不常置，以學士久次者爲之。

翰林學士 直院 權直

唐玄宗開元二十六年置。初以中書務繁，乃選文學之士號翰林供奉，與集賢學士分掌制誥書命，至是改供奉爲學士，别建學士院專掌内命，以張垍、劉光謙首居之，而集賢所掌於是罷息。自後給事中張淑、中書舍人張漸、竇華等相繼而入焉。其後有韓雄〔七〕、閻伯璵、孟匡朝、陳兼、蔣鎮、李白等。在舊翰林中，但假其名而無所職。至德已後，軍國務殷，其入直者，並以文辭共掌詔敕。自此北翰林院始有學士之名〔八〕。其後又置東翰林院於金鑾殿之西，隨上之所在而遷，取其便穩。大抵召入者一二人，或三四人，或五六人，出於所命，蓋不言數。亦有以鴻生碩學、經術優長，訪問質疑，上之所禮者，頗列其中。初，自德宗建置以來，秩序未正，延覲之際，各超本列。暨貞元元年九月，始别敕令，明預班列，與諸司官知制誥例同。故事，中書以黄、白二麻爲綸命重輕之辨。近者所出猶得用黄麻，其白麻皆在此院。自非國之重事拜授，於德音赦宥者，則不得由於斯矣。興元元年，翰林學士陸贄奏：「學士私臣，玄宗初待詔内庭，止於應和詩賦文章而已。詔誥所出，本中書舍人之職，軍興之際，促迫應務，權令學士代之。今朝野乂寧，合歸職分。其命將相制詔，請付中書行遣。」物議是之。敬宗以翰林學士崇重，不可褻狎，欲别置東頭學士，以備曲宴賦詩，事未行而帝崩。梁開平三年，改思政殿爲金鑾殿，置大學士一員〔九〕，以敬翔爲之。前朝因金鑾坡以爲門名，與翰林院相接，故爲學士者稱「金鑾」以美之。今以「金鑾」爲名，非典也。後唐同光初，又置護鑾書制學士，以趙鳳爲之。長興元年，翰林學士劉昫奏〔一〇〕：「舊例，學士入院，除中書舍人即不試，餘官皆先試麻制、批答、詩賦各一道〔一〕，號曰五題。後來雖有召試之名，無考校之實。欲請今後召試新學士，權停詩賦，祇試麻制、批答共三道，内賜題目，定字數，付本院召試。」從之。晉天福五年，廢翰林學士院，其公事並歸中書舍人。開運元年，復學士院。周顯德五年詔：「今後當直、下直學士，並宜令逐日起居，其當直學士仍赴晚朝。舊制，翰林學士與常參官，五日一度起居。世宗欲朝夕賜見，訪以時事，故有是詔。」

宋翰林學士無定員。凡他官入院未除學士，謂之直院。學士俱闕，他官暫行文書，謂之權直。凡奏事用榜子，關白三省、樞密院用諮報，不名。凡初命爲學士，皆遣使就第宣詔旨召入院。上日，敕設會從官，侑以樂。元豐中，始命佩魚，自蒲宗孟始也。凡執政議事，則繫鞋，蓋與侍從異禮也。政和三年，强淵明請以前後所被旨及案例，修爲本院敕令格式。五年，御書「摛文堂」榜賜學士院。靖康元年，吴幵等奏：「大禮鎖院，麻三道以上，係雙宣學士宿直分撰，乞依故事。」從之。承旨不常置，以學士久次者爲之。闕員，則以他官兼直院或權直。自國初至行官制，百司事失其實，多所釐正，獨學士院承唐舊典，遵而不改。乾道九年，崔敦詩初以祕書省正字兼翰林權直〔二〕。淳熙五年，敦詩再入院，議者以翰林乃應奉之所，非專掌制誥之地，更爲學士院權直。後復爲翰林權直，然亦互除二員。紹興間嘗除權與正官至三人。

洪氏容齋隨筆曰：「治平以前，謂翰林學士及知制誥爲兩制〔三〕。自翰林罷補外者，得端明殿學士，謂之换職。熙寧之後，乃始爲龍圖。紹興以來，愈不及矣。修起居注者序遷知制誥，其次及辭不爲者乃爲待制。趙康靖、馮文簡、曾魯公、司馬公、吕正獻公是也。學士闕則次補，或爲宰相所不樂者，猶得侍讀學士，劉原甫是也。在職未久而外除者爲樞密直學士，韓魏公是也。亦爲龍圖直學士，歐陽公是也。後來褒擢者僅得待制，王時亨是也。餘以善去者，集英修撰而止耳。」

又曰：「淳熙十四年九月，予以雜學士除翰林學士，蔣世修以諫議大夫除御史中丞。時施聖與在政府，語同列云：『此二官不常置，今咄咄逼人，吾輩當自點檢〔一四〕。』蓋謂其必大用也。已而皆不然。因考紹興中所除者，不暇縷述，姑從壽皇聖帝以後至於紹熙五年，枚數之，爲學士者九人：仲兄文安公、史魏公、伯兄文惠公、劉忠肅、王日嚴、王魯公、周益公及予，其後李獻之也。二兄、史、劉、王、周皆擢執政，日嚴以耆老拜端明致仕，惟予出補郡，獻之遂踵武。爲中丞者六人：辛企李、姚令則、黄德潤、蔣世修、謝昌國、何自然也。辛、姚、黄皆執政，惟蔣補郡云。」

按：唐之所謂翰林學士，只取文學之人，隨其官之崇卑，入院者皆爲學士，延覲之際則各隨其元官立班，而所謂學士，未嘗有一定之品秩也。故其尊貴親遇者號稱内相，可以朝夕召對，參議政事，或一遷而爲宰相。而其孤遠新進者，或起自初階，或元無出身，至試令草麻制，甚者或試以詩賦，如試進士之法，其人皆呼學士。自唐至五代皆然。至宋則始定制，資淺者爲直院，暫行者爲權直。於是真爲翰林學士者，職始顯貴，可以比肩臺長，舉武政路矣。

翰林侍讀學士 侍讀　兼侍讀

唐玄宗開元三年，始命馬懷素、褚無量更日侍讀。上謂宰相曰：「朕每讀書有所疑滯，無從質問。可選儒學之士，使入内侍讀，待以師傅之禮。」十三年，置集賢院侍讀學士、侍讀直學士。

宋太宗始用著作佐郎吕文仲爲侍讀。真宗咸平二年，以楊徽之、夏侯嶠爲翰林侍讀學士，邢昺爲翰林侍講學士，始建學士之職。其後，馮元爲翰林侍讀，不帶學士〔一五〕。又有馬宗元爲侍講，高若訥爲侍讀，不加別名，但供職而已。天禧三年，張知白爲刑部侍郎，充翰林侍讀學士〔一六〕、知天雄軍府。侍讀學士外使，自知白始。元豐官制，廢翰林侍讀、侍講學士不置，但爲兼官，然必侍從以上乃得兼之，其秩卑資淺則爲説書。歲春二月至端午日，秋八月至長至日，遇隻日入侍邇英閣，輪官講讀〔一七〕。元祐七年，復增學士之號，元符元年省。建炎元年，詔特差侍從官四員充講讀官，遇萬機之暇，令三省取旨，就内殿講讀。宫觀兼侍讀：元豐八年五月，資政殿大學士吕公著兼侍讀，提舉中太乙宫兼集禧觀公事。七月，韓維兼侍讀，提舉中太乙宫。元祐元年，端明殿學士范鎮落致仕〔一八〕，提舉中太乙宫兼集禧觀公事、兼侍讀，不赴。六年，馮京兼侍讀，充太乙宫使，未幾乞致仕，不允，仍免經筵進讀。中興以來〔一九〕，如王大資、朱丞相、勝非。張大資、浚。謝參政、克家。趙觀文、鼎。万俟資政，卨。並以萬壽觀使兼侍讀。隆興元年，張大資燾。以萬壽，湯大觀思退。以醴泉，並兼侍讀。乾道五年，劉敷制章。以佑神兼侍讀。臺諫兼侍讀：自慶曆以來，臺丞多兼侍讀，諫長未有兼者。紹興十二年春，万俟中丞、卨。羅諫議汝楫〔二〇〕。始並兼講讀〔二一〕。自後，每除言路，必兼經筵矣。

石林葉氏曰：「國初，侍讀官初無定職，但從講官入侍而已。宋宣獻、夏文莊爲侍讀學士，始請日讀唐書一傳，仍參釋義理，後遂爲定制。」

又曰：「國朝經筵講讀官舊皆坐，乾興後始立，蓋仁宗時年尚幼，坐讀不相聞，故起立，欲其近爾，後遂爲故事。熙寧初，吕申公、王荆公爲翰林學士，吴冲卿知諫院，皆兼侍講，始建議，以爲六經言先王之道，講者當賜坐，因請復行故事。下太常禮院詳定。當時韓持國、刁景純、胡完夫爲判院〔三三〕，是申公等言〔三三〕。蘇子容、龔鼎臣、周孟陽及禮官王汾、劉攽、韓忠彦以爲講讀官日侍，蓋侍天子，非師道也。且講、讀官一等，侍讀仍班侍講上，今侍講坐而侍讀立，不應爲二。申公等議遂格。今講、讀官初入，皆坐賜茶，唯當講時起就案立，講畢復就坐，賜湯而退。侍讀亦如之。蓋乾興之制也。」

翰林侍講學士 侍講 兼侍講

漢顯宗時，張酺數侍講於御前。張酺侍靈帝，以楊賜有重名，舉賜侍講於華光殿中。又詔劉寬拜大中大夫，侍講華光殿。雖有侍講之號，而未以名官。至唐開元十三年始置。詳見侍讀門。

宋咸平二年，國子祭酒邢昺爲侍講學士。其後又有馬宗元爲侍講，不加別名，但供職而已。景德四年，以翰林侍講學士邢昺知曹州。侍講學士外使，自昺始。元豐以後官制。見侍讀門。故事，自兩省、臺端以上並兼侍講。元祐中，司馬公休以著作佐郎兼侍講，時朝議以文正公之賢，故特有是命。朝野雜記。紹興五年，范元長以宗卿、朱子發以祕少並兼，蓋殊命也。乾道六年，張敬夫始復以吏部員外郎兼。蓋中興後，庶官兼侍講者惟此三人〔三四〕。若紹興二十五年張扶以祭酒，隆興二年王宣子佐以檢正，乾道七年林景度以宗卿入經筵，亦兼侍講者。蓋扶本以言路兼説書，就陞其秩。宣子時攝版曹，景度嘗爲右史，且有敬夫舊例，故稍優之，皆有以也。熙寧元年，龔鼎臣、蘇頌、劉攽等議不當坐講疏，朝廷班制以侍講居侍讀下。會要。臺諫兼侍講：慶曆二年，召御史中丞賈昌朝侍講邇英閣。故事，臺丞無在經筵者，上以昌朝長於講説，特召之。仁宗實録。神宗用呂正獻，亦止命時赴講筵，去學士職。中興後，王尚書賓爲御史中丞，建請復開經筵，遂命兼侍講。自後十五年間，繼之者惟王唐公、徐師川二人，皆上意也。紹興十二年春，万俟中丞卨、羅諫議汝楫並兼講讀。紹興二十五年春，董殿院〔二五〕、王正言珉。並兼侍講。非臺丞、諫長而以侍講爲稱，又自此始。其後，猶或兼說書，臺官自尹穡，隆興二年五月；諫官自詹元宗〔二六〕，乾道九年十二月。後並以侍講爲稱，不復兼說書矣。朝野雜記。修注兼侍講：自朱子發後，修注官多得兼侍講。嘉泰二年八月，林伯玉自殿中侍御史兼侍講，除起居郎；其年閏十二月，鄧伯允自右正言兼侍講，除起居舍人；伯玉改兼權刑侍，伯允改兼史編實討〔二七〕，非故典也。開禧元年八月，婁彥開自言路徙奉常，兼權中書舍人，亦以史院易經筵，遂爲定例。三年十月，朱仲文自司諫改奉常，兼講如故，意者以其兼權史侍故也。十一月，王簡卿知諫院爲左史〔二八〕，仍兼崇政殿說書，言者猶以爲不可，罷之。嘉定元年，黄伯庸自右正言兼侍講，除起居舍人，兼如舊〔二九〕，合故典矣〔三〇〕。自渡江以後，惟王樞密綸以右史兼說書，其他無此。宮觀兼侍講：國初自元豐以來〔三一〕，多以宮觀兼侍讀。乾道七年，寶文閣待制胡銓除提舉佑神觀兼侍講。是日，以宰執進呈，虞允文奏曰：「胡銓早歲一節甚高，謂當闊略，録其氣節，不宜令遽去朝廷。」上曰：「銓固非他人比，且除在京宮觀，留侍經筵。」故有是命。

崇政殿說書 兼說書　經筵附

古無此官，宋朝仁宗景祐元年正月，命賈昌朝、趙希言、王宗道、楊安國並爲崇政殿說書，日輪二員祇候。初，侍講學士孫奭年老乞外，因薦昌朝等。至是，特置此職以命之。慶曆二年，以趙師民預講官，復爲崇政殿説書，蓋秩卑資淺則爲説書，不兼侍講。元祐間，程正叔以布衣爲之。然范淳夫乃以著作佐郎兼侍講；司馬公休又嘗以著作佐郎兼侍講，前此未有也。趙師明家塾記。崇寧中，初除説書二人，皆以隱逸起，蔡崇、呂瓘仍遂其性，詔以士服隨班朝謁入侍。渡江後，尹彦明初以祕書兼之，中間王龜齡、范至能皆以郎官兼，亦殊命也。朝野雜記。近事，侍從以上兼經筵則曰侍講，庶官則曰崇政殿説書，故左史兼亦曰侍講，如程敦厚、趙衛是也。周益公集。臺諫兼説書：紹興十二年春，万俟中丞卨。羅諫議汝檝。並兼講讀。蓋秦楚材、梓是時已兼説書，便於傳道，自後伯陽繼之，每除言路，必與經筵矣，檜死罷兼。自二十五年十月至三十二年，臺丞、諫長兼經筵者止三人。慶元後，臺丞、諫長暨副端、正言、司諫已上，無不預經筵者。正言兼説書，自端明巫伋始。副端兼説書，自端明余堯弼始。察官兼説書，自少卿陳夔始。朝野雜記。修注兼説書，自朱子發始〔三二〕，修注官多得兼侍講。開禧三年十一月，王簡卿知諫院爲左史，仍兼崇政殿説書，言者以爲不可，罷之。

吴氏能改齋漫録曰：「王荆公所作賈魏公神道碑云：『景祐元年，積官至尚書都官員外郎。乃始置崇政殿説書，而以公爲之。』然予按傅簡公嘉話云〔三三〕：『太祖少親戎事，性好藝文。即位未幾，召山人郭無爲於崇政殿講書。至今講官所領階銜，猶曰崇政殿説書云。』據傅簡公所言，則崇政殿説書不始於仁宗景祐元年矣。豈中嘗罷之，而至是再建邪？」

右翰苑經筵，在近代爲至清要顯美之官，而杜岐公通典叙職官獨闕焉。蓋學士、講讀之官皆始於唐開元之時，講、讀隸集賢殿，故通典於集賢學士條下附載。而翰林學士，唐史志以爲獨無所隸。然自開元建學士院之後，居之者多名流，至號内相，乃略不叙述，則爲闕事矣。古人有一事必有一官曹，雖歷代沿革不同，而所掌之事則一也，故通典所載唐所置之官而前代無之者，則叙其所掌之事，以通於前代。如通事舍人，唐所制也，而其事則秦、漢以來謁者之任也；集賢殿書院，唐置也，而其事則漢、魏以來祕書省之職也。然則翰林學士之官，獨不可通之於前代乎？蓋以言語文字被顧問，以翰墨技藝侍中、待詔，則漢武帝所以處鄒、枚、嚴、徐，靈帝所以招鴻都文學之類是也。至於出入禁闥，特被親遇，參謀軍國，號稱内相，則漢、魏以來侍中、領尚書事、祕書監、中書監之類是也。若代言典誥之任，則武帝所以命司馬相如，歷代所以置中書舍人是也。但學士院之官，所職叢雜不一，而其位亦高卑不等，唐多以他官兼之。中世以後，則所掌者制詔而已。至宋，則又以唐所置集賢殿講、讀之官隸之。元豐官制既行，而講、讀始去翰林之名，自爲經筵之官矣。故以經筵附見學士院之後，存其舊也。

總學士〔三四〕

宋朝殿學士有觀文殿大學士、學士，資政殿大學士、學士，端明殿學士。殿學士資望極峻，無吏守，無典掌，惟出入侍從、備顧問而已。觀文殿大學士，非曾爲宰相不除。觀文殿學士、資政殿大學士及學士，並以寵輔臣之去位者。端明殿學士，惟學士久次者始除，近歲以待簽樞云。

觀文殿大學士 學士

宋朝觀文殿即舊日延恩殿也。慶曆七年，以文明殿學士稱呼同真宗謚號，乃改名紫宸殿。後又以紫宸殿非人臣所可稱呼，乃以延恩殿更名觀文殿。皇祐元年，詔：「置觀文殿大學士，寵待舊相，今後須曾任宰相乃得除授。」時賈昌朝由使相、右僕射、觀文殿大學士判尚書都省。觀文殿置大學士自昌朝始。三年，詔班在觀文殿學士之前、六尚書之上。自是曾任宰相者，出必爲大學士。熙寧中，韓絳宣撫陝西、河東，得罪，罷守本官。四年，用明堂赦，授觀文殿學士。宰相不爲大學士，自絳始。中興後，非宰相而除者，自紹興二十年秦熺始。熺知樞密院、郊祀大禮使〔三五〕。禮成，以學士遷，且視儀揆路，非典故也。乾道四年，汪徹舊以樞密使爲學士遷。九年，王炎以樞密使爲西川安撫使除。至慶元間，趙彥逾自工部尚書爲端明殿學士，直以序遷至焉。曾爲宰相而不爲大學士者，自紹興元年范宗尹始。

觀文殿乃隋煬帝殿名〔三六〕。宋初，爲文明殿學士。慶曆七年，宋庠言：「文明殿學士稱呼同真宗謚號，兼禁中無此殿額，其學士理自當罷。乞擇見今正朝或祕殿，以名學士易之〔三七〕。」乃詔改爲紫宸殿學士，以參知政事丁度爲之。時學士多以殿名爲官稱，丁遂稱曰「丁紫宸」。八年，御史何郯以紫宸不可爲官稱，於是改延恩殿爲觀文殿，歐陽公云：「觀文乃隋煬殿名，理宜避之，蓋當時不知。然則朝廷之士，不可以無學也〔三八〕。」即殿名置學士，呂氏家塾廣記云：「觀文殿學士位資政殿學士上，蓋初置觀文殿學士職時已有爲大資政者，故於上加此美職。朝廷亦知不當以學士壓大學士，但常有人充此二職者，故久而不能革正，可因無人爲此二職時正之也。」以丁度爲之。自後非曾任執政者弗除。熙寧中，王韶以熙河功；元豐中王陶以宮僚，未歷二府亦除是職，蓋異恩也。韶猶兼端明殿、龍圖學士云。

資政殿大學士學士

國朝資政殿在龍圖閣之東序。景德二年，王欽若罷參政，真宗特置資政殿學士以寵之，在翰林學士下。欽若不悦，訴於上曰：「臣向自翰林學士拜參知政事，今無罪而罷，班反在下，是貶也。」真宗特改置大學士以處之。十二月，復以欽若爲資政殿大學士，班在文明殿學士之下、翰林學士承旨之上。資政殿置大學士，自欽若始。自冀公班翰林承旨上，一時以爲殊寵。祥符初，向文簡公以前宰相再入爲東京留守〔三九〕，復加此職。自是訖天聖末，二十餘年不以除人。明道元年，李文定公知河陽召還，始再命之。景祐四年，王沂公罷相復除。三十年間除三人，而皆前宰相也。宋宣獻公罷參知政事，仁宗眷之厚，因加此職。自冀公後，非宰相而除者，惟宣獻一人而已。康定二年，右正言梁適請遵先朝故事，定以員數。於是詔大學士置二員，學士三員。紹興十年，鄭億年歸自僞庭，除資政殿，二年加大學士，許出入如二府儀。億年未嘗秉政。十五年，秦熺自翰林學士承旨爲資政，詔立班、恩數同執政。十六年，秦檜兄梓以端明卒於湖州〔四〇〕，進大資致仕，恤典同參政。是後，從臣自端明視政府而序進者，遂爲常矣。

端明殿學士

端明殿即西京正衙殿也。後唐天成元年，明宗即位之初，四方書奏命樞密使安重誨進讀，懵於文義。孔循獻議，始置端明殿學士，命馮道、趙鳳俱以翰林學士充，班在翰林學士上。後有轉改，止於翰林學士內選任。初如三館例，職在官下。趙鳳轉侍郎，諷任圜特移職在官上，後遂爲故事。晉天福五年廢，開運元年復。

宋朝太宗時，程侍郎羽爲之，後隨殿名改爲文明殿學士〔四一〕。慶曆中，改文明爲紫宸，後改紫宸爲觀文。其改置本末，見觀文殿學士門。明道二年，改承明殿爲端明殿，復置端明殿學士，以翰林侍讀學士宋綬爲之，詔略曰：「方獎拔於名儒，特增新於近職，俾參顧問，益廣謀猷。」在翰林學士之下。自明道訖元豐，無前執政爲之者，僅以待學士之久次者〔四二〕。元豐中，以前執政爲之，自曾孝寬始；孝寬前爲簽書樞密院。以見任執政爲之，自王安禮始。安禮自尚書左丞爲之，知江寧。並見續會要。政和中，嘗改爲延康殿。建炎二年，都省言延康殿學士〔四三〕，舊係端明殿學士，詔依舊。近拜簽樞者多領焉〔四四〕。

總閣學士直學士

宋朝庶官之外，別加職名，所以厲行義、文學之士。高以備顧問，其次與論議，典校讎。得之爲榮，選擇尤精。元豐中，修三省、寺、監之制，其職並罷。滿歲補外，然後加恩兼職。直龍圖閣，省郎、寺監長貳補外，或領監司、帥臣，則除之。待制、雜學士，給、諫以上補外，則除之。係一時恩旨，非有必得之理。劉忠肅公奏議又言：「待制、學士，祖宗以來，極天下之選，不爲定員。今不考治行，不察流品，幸而給、諫以上則計日得之。乞依元豐官制施行。」元祐二年，詔增復館職及職事官並許帶職，尚書二年加直學士，中丞、侍郎、給舍、諫議通及一年加待制。紹聖二年〔四五〕，詔職事官罷帶職，非職事之官仍舊。中興後，學士率以授中司、列曹尚書、翰林學士之補外者，權尚書、給諫、侍郎則帶直學士、待制。

總待制

唐永徽中，命弘文館學士一人，日待制於武德殿西門。文明元年，詔京官五品以上清官，日一人待制於章善、明福門。先天末，又命朝集使六品以上二人，隨仗待制。永泰時，勳臣罷節制，無職事，皆待制於集賢門，凡十三人，特給餐錢，以優其禮。崔祐甫爲相，建議文官六品以上更直待制。其後著令，正衙待制官日二人〔四六〕，備顧問，仍有公廨。永泰元年，敕裴冕等並集賢待制，此始有待制之所，然則蓋唐設官也。

宋朝景德元年，置龍圖閣待制，以杜鎬、戚綸充，並依舊充職。祥符二年，詔班視知制誥，列其下。元祐令，從四品。掌侍從，備顧問，有所獻納則請到或奏對。劉摯言待制、學士之選太濫。見學士門。王巖叟亦言：「待制，祖宗之時，其選最精，出入朝廷纔一、二人。今立法無定員，將一年，待制滿朝，必有車載斗量之謠。」

龍圖閣 學士　直學士　待制

宋朝大中祥符中，建龍圖閣〔四七〕。在會慶殿西偏，北連禁中〔四八〕，閣東曰資政殿，西曰述古殿。閣上以奉太宗御書、御製文集及典籍、圖畫、寶瑞之物，及宗正寺所進屬籍、世譜。有學士、直學士、待制、直閣學士。學士，大中祥符三年置〔四九〕，以杜鎬爲之，班在樞密直學士之上。六年，詔結銜在本官之上。

直學士，景德四年置，以杜鎬爲之，班在樞密直學士之下。祥符六年，詔結銜在本官之上。

待制，景德元年置，以杜鎬、戚綸爲之，並依舊充職。四年，詔班在知制誥之下，並赴内殿起居。自改官制，爲學士初復之職，或知制誥平出除之。

天章閣 學士 直學士 待制

宋朝天禧四年初，建天章閣。在會慶殿之西，龍圖閣之北。明年，仁宗即位，修天章閣工畢，奉真宗御製安於天章閣〔五〇〕。東曰群玉殿，西曰蘂珠殿，北曰壽昌殿，南曰延康殿〔五一〕。内以桃花文石爲流杯之所。以在位受天書祥符，改曰天章〔五二〕，取爲章於天之義。天聖八年置待制。慶曆七年又置學士、直學士。又有侍講。學士，慶曆七年初置，在龍圖閣學士之下。學士罕以命人，迄仁宗世，纔王摯一人。官制舊典云天章閣只除待制，不除學士，難稱呼也。秦堪自顯謨閣進直天章閣，以稱呼非便辭，詔改龍圖。自是天章不爲帶職。

直學士，慶曆七年初置天章閣直學士，在龍圖閣直學士之下。

待制，天聖八年初置，寓直於祕閣，與龍圖遞宿，尋命范諷、鞠詠充職。中興後，圖籍、符瑞、寶玩之物，若國史、宗正寺所進屬籍，獨藏於天章閣，祖宗御容、潛邸旌節亦安奉焉。

寶文閣 學士 直學士 待制

宋朝寶文閣在天章閣之東西序〔五三〕，群玉、蘂珠殿之北，即舊日壽昌閣，慶曆改曰寶文。嘉祐八年，英宗即位，詔以仁宗御書、御集藏於寶文閣，命王珪撰記立石〔五四〕。治平四年，神宗即位，始置學士、直學士、待制，恩賜如龍圖。英宗御書附於閣。會要、宏詞編題。其學士，治平四年初置，以呂公著兼。

直學士，治平四年初置，以邵必爲之。

待制，治平四年初置。

顯謨閣 學士　直學士　待制

宋朝元符元年，曾布、鄧洵仁各申請建閣。詔翰林學士、中書舍人撰閣名五以聞，續建閣藏神宗御集〔五五〕，以「顯謨」爲名。神宗大新政事，故以丕顯文三謨爲名。徽宗建中靖國元年，詔以顯謨閣爲熙明閣，仍置學士、直學士、待制。續奉旨，仍以「顯謨」爲額。此據周益公宏詞編題。而續會要云復顯謨舊名年月無考。按次年已詔顯謨閣學士、直學士如三閣故事，復名顯謨則恐在此年矣。崇寧元年，詔顯謨閣學士、直學士、待制如三閣故事，序位在寶文閣學士、直學士、待制之下。學士、直學士、待制，並建中靖國元年置。

徽猷閣 學士　直學士　待制

大觀二年初，建徽猷閣，以藏哲宗御集，置學士、直學士、待制。

敷文閣 學士　直學士　待制

紹興十年置。藏徽宗聖製，置學士等官。

焕章閣 學士　直學士　待制

淳熙間建。藏高宗御製。學士等官，並十五年置。

華文閣 學士　直學士　待制

慶元二年置。藏孝宗御製，置學士等官。

寶謨閣 學士　直學士　待制

嘉泰二年置。藏光宗御製，置學士等官。

寶章閣 學士　直學士　待制

寶慶二年置。藏寧宗御製，置學士等官。

總閣職

宋朝祖宗以來重之，有集賢殿修撰、後改右文殿。直龍圖閣、直祕閣三等。政和四年，二浙、福建諸路監司、郡守，往往交通内官，多以應奉有勞遷職，遂有未嘗朝覲天子，因忽爲待制班從官者，蔡京不樂。六年，因增其目，置修撰，與舊爲三等，曰集英殿修撰、右文殿修撰、祕閣修撰。直閣與舊爲六等，曰直龍圖閣、天章、寶文、顯謨、徽猷、祕閣。朝廷除授，自此密矣。舊貼職無雜壓，至是因增置，乃定爲雜壓。蔡攸國史外補。紹興十年，置直敷文閣。淳熙十五年，置直煥章閣。淳熙令自集撰至直祕閣爲貼職。中興後，直閣爲庶官任藩閫、監司者貼職，各隨高下而等差之。

集英殿修撰

唐張昌齡爲北門修撰，孫逖爲集賢院修撰。修撰之名始於唐。

宋政和六年，置集英殿修撰，其增置來歷見貼職門。中興後，以寵六曹權侍郎之補外者，下待制一等。

右文殿修撰

唐有集賢院修撰。

宋朝元祐元年，貼職許内外官帶。五年九月，詔復置集賢院學士。紹聖二年四月，詔職事官罷帶職，易集賢院學士爲集賢殿修撰〔五六〕。政和六年四月御筆：「集賢殿無此名〔五七〕，祕書省殿以右文殿爲名。見任集賢殿修撰並改作右文殿修撰。」其職次於集英殿修撰〔五八〕，爲貼職之高等。

祕閣修撰

政和六年置。見貼職門。貼職修撰，以待館閣之資深者，仍多由直龍圖閣遷焉。

直龍圖閣 直天章閣以下附

祥符九年，以馮元爲太子中允、直龍圖閣，直閣之名始此。凡除館職之久次者，必選直龍圖閣，皆爲擢待制之基也。

直天章閣　直寶文閣　直顯謨閣　直徽猷閣並政和六年置。直敷文閣紹興十年置。直煥章閣淳熙十五年置。直華文閣慶元二年置。直寶謨閣嘉泰二年置。直寶章閣寶慶二年置。

直祕閣

宋朝以史館、昭文館、集賢院爲三館，皆寓崇文院。太宗端拱元年，詔就崇文院中堂建祕閣，擇三館真本書籍萬餘卷及内出古畫、墨迹藏其中，以右司諫、直史館宋泌爲直祕閣。直館、直院則謂之館職，以他官兼者謂之貼職。元豐以前，凡狀元、制科一任還，即試詩、賦各一而入，否則用大臣薦而試，謂之入館。官制行，廢崇文院爲祕書省〔五九〕，建祕閣於中，自監少至正字列爲職事官。罷直館、直院之名，獨以直祕閣爲貼職之首〔六〇〕，皆不試而除，蓋特以爲恩數而已。石林燕語。又：「故事，外官除館職，如祕閣校理、直祕閣者，必先移書在省職事官〔六一〕，叙同寮之好，乃即館設盛會燕之。自崇寧以來，外官除館職既多〔六二〕，此禮寖廢。」

容齋洪氏隨筆曰：「國朝館閣之選，皆天下英俊，然必試而後命。一經此職，遂爲名流。其高者曰集賢殿修撰、史館修撰，直龍圖閣、直昭文館、史館、集賢院、祕閣；次曰集賢、祕閣校理，官卑者曰館閣校勘、史館檢討，均謂之館職。記注官缺，必於此取之。非經修注，未有直除知制誥者。官至員外郎則任子〔六三〕，中外皆稱爲學士。及元豐官制行，凡帶職者，皆遷一官而罷之，而置祕書省官，大抵與職事官等，反爲留滯。政和以後，增修撰、直閣貼職爲九等，於是才能治辦之吏、貴遊乳臭之子車載斗量，其名益輕。南渡以來，初除校書、正字，往往召試，雖曰館職不輕畀〔六四〕，然其遷叙反不若寺監之徑捷，至推排爲郎，即失其故步，混然無別矣。」

又曰：「宋朝儒館仍唐制，有四：曰昭文館，曰史館，曰集賢院，曰祕閣。率以上相領昭文大學士，其次監修國史，其次領集賢。若只兩相，則首廳兼國史。惟祕閣最低，故但以兩制判之。四局各置直官，均謂之館職，皆稱學士。其下則爲校理、檢討、校勘，地望清切，非名流不得處。范景仁爲館閣校勘，當遷校理。宰相龐籍言：『范鎮有異才，恬於進取。』乃除直祕閣。司馬公作詩賀之曰：『延閣屹中天，積書雲漢連。神宗重其選，謂太宗也。國士比爲仙。玉檻勾陳上，丹梯北斗邊。帝容膽日角，宸翰照星躔。職秩曾無貴，光華在得賢。』其重如此。自熙寧以來，或頗用賞勞。元豐官制行，不置昭文、集賢，以史館入著作局，而直祕閣只爲貼職。至崇寧、政、宣，以處大臣子弟姻戚，其濫及於錢穀文俗吏，士大夫不復貴重。然除此職者，必詣館下拜閣，乃具盛筵，邀見在三館者宴集。秋日暴書宴，皆得預席；若餘日則不許至。隨筆有館職名存一則云。」

按：學士、待制二官始於唐，皆以處清望儒臣，俾備顧問。其初，既無專職，亦無定員。宋因其制，而以三館爲儲才之地，故職名猶多。元豐新官制，其職名之元不附麗於三省、寺監者，皆從廢革；然除昭文、集賢二學士，元麗中書、門下省外。獨翰林學士一官，在唐已無所係屬，而最爲清要，故不可廢。而諸學士、待制則以其爲三館清流，未欲遽廢，故以爲朝臣補外加恩之官。蓋有同於階官，而初無職掌矣。龍圖閣爲儲祖宗制作之所，故其官視三館。自後列聖相承，代代有宸奎之閣，而建官亦如之。於是學士、直學士、待制、直閣之官，始不可勝計矣，野處譏其濫及俗吏童騃。然職名既多，自不容不濫施也。又所謂學士、直閣者，尊卑不同，故難概稱，如觀文爲宰相，資政爲執政，端明爲簽書，龍圖以下爲尚書，然皆學士也。直龍圖、煥章等閣爲藩閫、監司之貼職，直祕閣則卑於諸閣，然皆直閣也。於是舍學士、直閣之名，而就以所掌殿閣呼之，遂有丁紫宸、秦天章之稱。則以爲名稱非便，而改以他殿閣。然所謂端明、龍圖、顯謨、敷文、煥章之類，亦俱非人臣之稱謂，流傳既久，曰某端明，曰某龍圖，不覺其非宜耳。昭文、集賢元隸兩省，既已敘其事於各門，殿閣學士、待制與翰林學士元皆無所附隸，故叙殿閣於翰林之後。

校勘記

〔一〕勢有不能兼也　「能」原作「得」，據讀書管見卷二改。

〔二〕以辭臣侍書詔其間　「侍」原作「特」，據石林燕語卷七改。

〔三〕各置五員　「五」，群書考索後集卷七引五代職官志作「六」。

〔四〕若已畫旨而有未盡　「而有未盡」，宋史卷一六二職官志二作「而未盡及舛誤」。

〔五〕李肇翰林志末言　「言」原作「年」，據石林燕語卷七改。

〔六〕伏候裁旨　「伏」原作「狀」，據容齋隨筆卷九翰苑故事改。

〔七〕其後有韓雄　唐會要卷五七翰林院同。新唐書卷二〇三文藝傳下、職官分紀卷一五引翰林故事「雄」作「翃」。

〔八〕自此北翰林院始有學士之名　「有」原作「無」，據唐會要卷五七翰林院改。又上引唐會要無「北」字。

〔九〕置大學士一員　舊五代史卷一四九職官志載：「至乾化元年五月置大學士一員。」此處失書「乾化元年」。

〔一〇〕翰林學士劉昫奏　「劉昫」原作「劉煦」，據元本、馮本、五代會要卷一三翰林院改。按劉昫在唐莊宗時爲翰林學士，明宗長興中爲端明殿學士，見舊五代史卷八九劉昫傳、新五代史卷五四劉昫傳。

〔一一〕餘官皆先試麻制批答詩賦各一道　五代會要卷一三翰林院「制」下有「答蕃」二字。

〔一二〕崔敦詩初以祕書省正字兼翰林權直　「崔敦詩」原作「崔惇詩」，據宋史卷一六二職官志二、宋會要職官六之五六、朝野雜記乙集卷一三翰林權直改。下同。

〔一三〕謂翰林學士及知制誥爲兩制　「誥」原作「詔」，據容齋四筆卷一二詞臣益輕改。

〔一四〕吾輩當自點檢　「當」原作「皆」，據容齋三筆卷九學士中丞改。

〔一五〕馮元爲翰林侍讀不帶學士　宋會要職官六之五六「侍讀」作「侍講」。宋史卷二九四馮元傳載仁宗即位，「爲直學士兼侍講」，明道二年復召爲「翰林侍講學士」。涑水紀聞卷四載馮元與孫奭天聖初「皆爲侍讀學士」。

〔一六〕充翰林侍讀學士　「侍讀」二字原脱，據宋史卷一六二職官志二、宋會要職官六之五七補。

〔一七〕輪官講讀　「官」原作「班」，據元本、慎本、馮本、宋史卷一六二職官志二、宋會要職官六之五八改。

〔一八〕端明殿學士范鎮落致仕　「落」字原脱，據宋會要職官六之五八補。宋史卷三三七范鎮傳亦曰哲宗立，「拜端明殿學士起，提舉中太一宫兼侍讀」。

〔一九〕中興以來　「以」字原脱，據元本、慎本、馮本、宋史卷一六二職官志二補。

〔二〇〕汝檝　「汝」字原脱，據宋史卷一六二職官志二、朝野雜記乙集卷一三祖宗時臺諫不兼經筵補。下同。

〔二一〕始並兼講讀　「講」原作「侍」，據朝野雜記乙集卷一三祖宗時臺諫不兼經筵改。繫年要録卷一四四紹興十二年三月庚子亦載「御史中丞万俟卨兼侍講，左諫議大夫羅汝檝兼侍讀」。

〔二二〕當時韓持國刁景純胡完夫爲判院　「時」字原脱，據石林燕語卷一補。

〔二三〕是申公等言　「是」原作「自」，據石林燕語卷一改。

〔二四〕庶官兼侍講者惟此三人　「三」原作「二」，據宋史卷一六二職官志二、朝野雜記乙集卷一三庶官兼侍講改。

〔二五〕董殿院　朝野雜記乙集卷一三非臺丞諫長而兼侍講「院」下有小字注文「德元」。

〔二六〕諫官自詹元宗　「詹元宗」，宋會要職官六之六二作「詹亢宗」。

〔二七〕伯允改兼史編實討　朝野雜記乙集卷一三修注官以史院易經筵非故典「編實」作「院檢」。「編實」乃指國史院編修官、實録院檢討官。

〔二八〕王簡卿知諫院爲左史　宋史卷一六二職官志二同，朝野雜記乙集卷一三修注官以史院易經筵非故典「知」作「去」，下通考崇政殿説書條內文同。

〔二九〕兼如舊　「如」原作「知」，據朝野雜記乙集卷一三修注官以史院易經筵非故典改。

〔三〇〕合故典矣　「合」原作「今」，據朝野雜記乙集卷一三修注官以史院易經筵非故典改。

〔三一〕國初自元豐以來　合璧事類後集卷二三「初」作「朝」是。

〔三二〕自朱子發始　「始」字原脱，據宋史卷一六二職官志二補。

〔三三〕然予按傅簡公嘉話云　「嘉」原作「佳」，據能改齋漫録卷四崇政殿説書改。

〔三四〕總學士　按此下所叙僅殿學士，而無閣學士與翰林學士等，疑「總」下脱「殿」字。

〔三五〕熺知樞密院郊祀大禮使　宋史卷一六二職官志二同，中興禮書卷二二吉禮二二郊祀五使無「樞密院」、「大」字，「禮」下有「儀」字。

〔三六〕觀文殿乃隋煬帝殿名　「乃」字原脱，據元本補。

〔三七〕以名學士易之　「易之」二字原脱，據元本、慎本、馮本、宋史卷一六二職官志二補。

〔三八〕然則朝廷之士不可以無學也　「士」原作「上」，據歸田録卷一改。

〔三九〕向文簡公以前宰相再入爲東京留守　「京」原作「宮」，據宋史卷一六二職官志二改。

〔四〇〕秦檜兄梓以端明卒於湖州　「兄」原作「弟」，按宋史卷三八六金安節傳載：「秦檜兄梓知台州」；中興兩朝聖政卷一建炎元年六月己卯載：「秦梓充樞密院編修官。梓，檜兄也。」故據改。又繫年要録卷一五五紹興十六年二月癸丑曰「秦梓移知湖州，未上，卒於建康」，與通考異。

〔四一〕程侍郎羽爲之後隨殿名改爲文明殿學士　按長編卷二一太平興國五年正月庚寅條載「以禮部侍郎程羽爲文明殿學士」，宋會要職官七之六載「太平興國五年正月，以禮部侍郎程羽充文明殿學士」，似未先授端明殿學士。

〔四二〕僅以待學士之久次者　「僅」原作「近來」，據宋史卷一六二職官志二改。

〔四三〕都省言延康殿学士　「延康殿」，原作「延寧殿」，據宋史卷一六二職官志二、宋會要職官七之九改。

〔四四〕近拜簽樞者多領焉　「近」，宋史卷一六二職官志二作「後」。

〔四五〕紹聖二年　「二」原作「三」，據宋史卷一八哲宗本紀二、長編卷三七三元祐元年三月乙酉條注文改。

〔四六〕正衙待制官日二人　「衙」字原脱，據新唐書卷四七百官志二補。

〔四七〕宋朝大中祥符中建龍圖閣　按長編卷五〇咸平四年十月丁亥條載「幸龍圖閣，召近臣觀太宗御書及古今名畫」。宋會要職官七之一三亦同。存疑待考。

〔四八〕北連禁中　宋會要職官七之一三同。愧郯録卷一四九閣「北」作「比」。

〔四九〕學士大中祥符三年置　「學士」原脱，據宋史卷一六二職官志二、宋會要職官七之一四補。

〔五〇〕奉真宗御製安於天章閣　「奉」原作「奏」，按宋史卷一六二職官志二載，「修天章閣畢，以奉安真宗御製」，職官分紀卷一五載，「奉真宗御集御書自玉清昭應宮安於天章閣」。據改。

〔五一〕南曰延康殿　按職官分紀卷一五載，天章閣「東曰群玉殿，西曰蕊珠殿，北曰壽昌殿。壽昌東曰嘉德殿，西曰延康殿」。楓窗小牘上載「天章閣下有群玉、蕊珠二殿。有寶文閣，閣東西有嘉德、延康二殿」。宋會要職官七之一〇載「東曰群玉殿，西曰蕊珠殿，北曰壽昌殿，東曰嘉德殿，西曰延康殿」。

〔五二〕改曰天章　按長編卷九六天禧四年十一月己亥條載，「命宰相都大管勾新修天章閣」；宋史卷八真宗本紀三載，天禧四年十一月甲戌，「丁謂等請作天章閣奉安御集」，則始稱即以「天章」爲名，「改」似應作「故」。

〔五三〕宋朝寶文閣在天章閣之東西序　宋會要職官七之一七同，玉海卷一六三無「東」字。

〔五四〕命王珪撰記立石　「石」原作「名」，據宋史卷一六二職官志二、宋會要職官七之一七改。

〔五五〕續建閣藏神宗御集　宋史卷一六二職官志二「續」作「遂」，義長。

〔五六〕易集賢院學士爲集賢殿修撰　「殿」字原作「院」，據宋會要職官一八之八、職官分紀卷一五改。

〔五七〕集贤殿無此名　「殿」原作「院」，據宋會要職官一八之七八改。

〔五八〕其職次於集英殿修撰　「修」字原脱，據宋史卷一六二職官志二補。

〔五九〕廢崇文院爲祕書省　「省」原作「監」，據石林燕語卷二改。

〔六〇〕獨以直祕閣爲貼職之首　「之首」二字原脱，據石林燕語卷六補。

〔六一〕必先移書在省職事官　「職事官」原作「執事」，據石林燕語卷六改補。

〔六二〕外官除館職既多　「職」字原脱，據石林燕語卷六補。

〔六三〕官至員外郎則任子　「子」原作「之」，據元本、慎本、馮本、容齋隨筆卷一六館職名存改。

〔六四〕雖曰館職不輕畀　「輕畀」原作「卑」，據容齋隨筆卷一六館職名存補改。

卷五十五　職官考九

諸卿 少卿

夏制九卿，記曰：「夏后氏官百，天子有三公、九卿也。」亦有六卿。殷、周皆然。殷亦九卿。伊尹曰：「三公調陰陽，九卿通寒暑。」周之九卿，即少師、少傅、少保、冢宰、司徒、宗伯、司馬、司寇、司空。三代諸卿〔一〕，雖名號不同，然其官職相沿，與周不異。說在歷代官制篇。漢以太常、光祿勳、衛尉、太僕、廷尉、大鴻臚、宗正、大司農、少府，謂之九寺大卿。後漢九卿而分屬三司，太常、光祿勳、衛尉三卿並太尉所部，太僕、廷尉、大鴻臚三卿並司徒所部，宗正、大司農、少府三卿並司空所部。多進爲三公，各有署曹掾史，隨事爲員。九卿有疾，使者臨問，加賜錢布。尚書令陳忠常欲褒崇大臣，故奏建此禮。魏九卿與漢同。九卿名數與漢同。晉以太常等九卿即漢九卿。兼將作大匠，太后三卿、大長秋皆爲列卿，各置丞、功曹、主簿、五官等員。太康四年，增九卿禮秩。元帝以賀循爲太常，而散騎常侍如故。循以九卿舊不加官，惟拜太常而已。宋、齊及梁初，皆因舊制。宋卿尹皆銀章青綬，進賢兩梁冠，佩水蒼玉，衛尉則武冠〔二〕。晉服制，以九卿皆文冠，乃進賢兩梁冠，非舊也。梁武帝天監七年，以太常爲太常卿〔三〕，加置宗正卿，以大司農爲司農卿，三卿是爲春卿。加置太府卿，以少府爲少府卿，加置太僕卿，三卿是爲夏卿。以衛尉爲衛尉卿，廷尉爲廷尉卿，將作大匠爲大匠卿，三卿是爲秋卿。以光祿勳爲光祿卿，大鴻臚爲鴻臚卿，都水使者爲大舟卿〔四〕，三卿是爲冬卿。凡十二卿，皆置丞及功曹、主簿。後魏又以太常、光禄勳、衛尉謂之三卿，太僕、廷尉、大鴻臚、宗正、大司農、少府爲六卿，各有少卿。太和十五年，初置少卿，官掌同大卿〔五〕。北齊以太常、光禄、衛尉、宗正、太僕、大理、鴻臚、司農、太府是爲九寺，晉荀勖曰：「九寺可併於尚書。」後魏亦有三府九寺，則九卿稱寺久矣，然通其名〔六〕，不連官號。其官寺連稱，自北齊始也。置卿、少卿、丞各一人，各有功曹、五官、主簿、録事等員。

隋九寺與北齊同。自昔三代以上，分置六卿，至周明備〔七〕。至秦及漢，雖事不師古，猶制度未繁。後漢有三公、九卿，而尚書之任又益重矣。魏、晉以降，職制日增。後周依周禮置六官，而年代短促，人情相習已久，不能革其視聽。故隋氏復廢六官，多依北齊之制。官職重設，庶務煩滯，加六尚書似周之六卿；又更別立寺、監，則户部與太府分地官司徒職事，禮部與太常分春官宗伯職事，刑部與大理分秋官司寇職事〔八〕，工部與將作分冬官司空職事。自餘百司之任，多類於斯。欲求理要，實在簡省。煬帝降光禄以下八寺卿階品於太常，而少卿各加置二人。始開皇中，諸司署惟典掌受納。至煬帝，署令爲判首，取二卿同判，丞惟知檢局〔九〕。令闕，丞判。唐九寺與北齊同，卿各一人，少卿各二人，丞以下有差。龍朔二年，改九寺之名，凡卿皆加正。若太常卿爲奉常正卿，他皆如此。後各復舊。

宋初，雖有九卿，皆以爲命官之品秩而無職事。元豐正名，始有職掌。中興初，併省冗職，除太常寺、大理寺不罷外，宗正以太常兼，而衛尉併兵部，太僕併駕部〔一〇〕，太府、司農併户部，光禄、鴻臚併禮部。紹興復置宗正、太府、司農，餘遂廢。

太常卿 少卿 丞 主簿 博士 太祝 奉禮郎 協律郎 兩京郊社署 太樂署 鼓吹署 太醫署 太卜署 廩犧署 汾祠署

今太常者，亦唐虞伯夷爲秩宗兼夔典樂之任也。周時曰宗伯，爲春官，掌邦禮。秦改曰奉常。漢初曰太常，欲令國家盛大常存，故稱太常。顏師古曰：「太常者，王之旌也，畫日月焉。王者有大事，則建以行，禮官主奉持之，故曰奉常，後改爲太，尊大之義也。」惠帝更名奉常。景帝六年，更名太常。惠帝時，叔孫通爲奉常〔一一〕。定宗廟儀法及定漢儀法，皆叔孫通所著論也。王莽改太常卿爲秩宗。後漢秩與漢同。每祭祀前，奏其禮儀；及行事，贊天子。每選試博士，奏其能否。大射、養老、大喪，皆奏其儀。每月前晦，察行陵廟。助祭則平冕七旒。漢舊常以列侯忠敬孝慎者居之，後漢不必侯也。舊制，陵縣悉屬，歲舉孝廉，後漢則否。建安中爲奉常。魏黄初元年改爲太常。魏、晉皆銀章青綬，進賢兩梁冠，絳朝服，佩水蒼玉。宋、齊皆有之。舊用列曹尚書好遷選曹尚書領護〔一二〕。梁視金紫光禄大夫，陳因之。後魏爲上卿，兼置小卿官。周禮有小宗伯、中大夫二人，即其任。北齊曰太常寺，置卿及少卿、丞各一人。掌陵廟、群祀、禮樂、儀制、天文、術數、衣冠之屬。後周建六官，置大宗伯卿一人，掌邦禮，以佐皇帝和邦國。是爲春官。隋曰太常，與北齊同。煬帝加置少卿二人，唐因之。龍朔二年，改太常爲奉常，少卿、丞隨寺名改，光禄以下諸寺准此〔一三〕。咸亨元年復舊。光宅元年，改太常爲司禮，神龍初復舊。卿一人，掌禮儀祭祀，總判寺事。少卿二人，通判。餘寺少卿職並同。太常少卿本一員，神龍中加一員。領丞二人〔一四〕，主簿二人，博士四人，太祝六人〔一五〕，奉禮郎、協律郎各二人；齋郎五百五十二人；其餘小吏各有差。郊社〔一六〕、太公廟、大樂、鼓吹、太醫、太卜、廩犧等署，各有令。其郊社及太公廟，兩京皆有。

宋初，太常寺皆以禁林之長主判，續會要云：「皆以兩制充〔一七〕。」而禮院自有判院、同判院。祥符中，祥瑞繁縟，別建禮儀院，輔臣主判，而知制誥爲知院。天禧末罷知院，天聖中省禮儀院。而寺與禮院事，舊不相兼。康定元年，置判寺、同判寺，並兼禮儀事。元豐正名，始專其職焉。卿掌禮樂、郊廟、社稷、壇壝、陵寢之事。禮之名有五：吉、賓、軍、嘉、凶。皆掌其制度儀式。祭祀有大祠，有中祠，有小祠。其犧牲、幣玉、酒醴〔一八〕、薦獻、器服，各辨其等〔一九〕；掌樂律、樂舞、樂章。凡親祠及四孟月朝獻景靈宮，郊祀告享太廟〔二〇〕，掌贊相禮儀升降之節；及朝會、燕享、上壽、封册之儀。若禮樂有損益，及祀典、神祇、爵號與封襲、繼嗣之事當考定者〔二一〕，擬上於禮部。凡太醫政令，以時頒行。元祐詔太常寺置長貳，餘寺、監長貳並互置。中興併省寺、監，獨存太常；又命太常兼宗正。紹興復。隆興元年，詔光禄寺併歸太常寺兼領。掌社稷及武成王廟諸壇齋官習樂之事〔二二〕。丞一員罷。卿舊不除人。紹興二十五年，除張扶，執政以爲言，遂改宗正，復言之，乃除祭酒。開禧間，忽除陳讜，俄亦改祕書監。少卿，元祐初除吕純禮，御史論門蔭得官不可任奉常，於是外補。建炎初，并省冗職，詔太常少卿一員兼宗正少卿〔二三〕。國初，太常少卿、博士、寺丞俱爲寄禄官，少卿後來爲朝議大夫，博士承議郎〔二四〕，丞奉議郎。

丞，秦置，一人。漢多以博士、議郎爲之。後漢凡諸丞皆掌行禮及祭祀小事，總署曹事，舉廟中非法。皆銅印墨綬，進賢兩梁冠。職官要録曰：「晉、宋九卿丞皆進賢一梁冠，介幘，皁衣，銅印黄綬。齊、梁墨綬。歷代皆有。韋弘爲太常丞，父賢以弘當嗣，太常職掌陵廟，煩劇多過，敕弘自免。及賢疾篤〔二五〕，弘坐廟事繫獄。梁舊用員外郎遷尚書郎，天監七年改視尚書郎。陳因之。後魏、北齊亦有之。隋有二人，唐因之，分判寺事。餘寺丞職並同。

宋皇祐中，詔特差近上知禮官一員兼丞事。建炎三年省，紹興復置。

主簿，漢有之，漢鹵簿之制，太常駕四馬，主簿前車八乘。魏、晉亦有焉。梁天監七年，十二卿各置主簿一人。陳因之。北齊有功曹、五官主簿二人。歷代諸主簿多說在列卿篇〔二六〕。唐置二人，掌付事勾稽，省署抄目，監印，給紙筆等事。餘寺主簿並同職。

宋皇祐中，宋祁乞增置一員，勾檢在寺文書及掌出納，遂除胡瑗。後省不置。元豐正名，初除王子奇〔二七〕。建炎三年省，紹興十年復置。

容齋洪氏隨筆曰：「自元豐官制行，九寺、五監各置主簿，專以掌勾考簿書爲職，他不得預。紹聖初，韓粹彥爲光禄主簿，自言今輒預寺事，非先帝意也，請如元豐詔書。從之。如玉牒修書，主簿不預，見於王定國舊録〔二八〕。予猶及見紹興中太府寺公狀文移，惟卿、丞繫銜，後來掌故之吏昧於典章，遂一切與丞等。今百官庶府皆戾官制，非特此一事也。」

博士，魏官也，魏文帝初置，晉因之。掌引導乘輿，王公以下應追謚者，則博士議定之。秦有博士數十人。兩漢太常屬官皆有博士，掌以五經教子弟，則今國子博士是也。說在本篇。端委佩玉。朝之大典，必於詢度。歷代皆有。隋有四人。唐因之。甚爲清選，資位與補闕同。掌撰五禮儀注，導引乘輿，贊相祭祀，定誄謚及守祧廟，開閉墖室及祥瑞之事。

宋祥符中置博士二員，後四員。元豐正名，初除何洵直。博士掌講定五禮儀式，有改革則據經審議。凡於法應謚，考其行狀，撰定謚文。有祠事則監視儀物，掌凡贊道之事。中興省丞、簿，而太常博士如故。紹興九年，諫議大夫曾統言祖宗朝太常博士四員，今見一員。詔添置一員〔二九〕。隆興元年，從王太寶等議，併省博士一員。

太祝，殷官，與太宰等官爲六太。周官，太祝下大夫二人、上士四人，掌六祝之辭，以祈福祥。秦、漢有太祝令、丞。後漢亦曰太祝令、丞。晉、宋、齊、梁、陳、後魏、北齊皆因之。後周依周官。至隋置太祝署，太祝令、丞。煬帝罷署，太祝八人。唐初有七人，後增爲九人，開元二十三年減置三人。掌讀祝文，出納神主。

宋太祝、奉禮郎掌奉祭祀〔三〇〕，闕則承奏蔭京官十六以上未掌事者充〔三一〕。郊社令掌坐〔三二〕。齋郎無員數。富韓公之父貧甚，客呂文穆門下。一日，白公曰：「某兒子十許歲，欲令入書院，事廷評、太祝。」李文靖公爲相，治第隘甚，或以爲公言，曰：「居第當傳子孫。此爲宰相廳事誠隘，爲太祝、奉禮廳事已寬矣。」蓋三官皆宰相子弟初蔭之官也。

奉禮郎，漢大鴻臚有理禮郎四十七人〔三三〕。晉理禮郎四人，屬大行令。後魏理禮郎四人。北齊有奉禮郎三十人，屬鴻臚寺之司儀署。後周有理禮中士、下士各一人。隋有奉禮郎十六人，屬太常寺。煬帝減至六人。唐初有理禮郎四員，掌設板位，執儀行事。至永徽二年，以廟諱，改爲奉禮郎。開元二十三年，減二員。奉禮本名理禮。國家撰五代史志，至永徽七年乃成，於時此官已改，故隋書百官志謂北齊及隋時理禮皆爲奉禮。奉禮之名雖見於前史，其改始自永徽。

宋奉禮郎品秩見前。掌奉幣帛授初獻官，大禮則設親祠板位，大祀掌讀册、授搏黍以嘏告，飲福則進爵，酌酒受其虛爵。

協律郎，漢曰協律都尉，李延年爲之。武帝以李延年善新聲，故爲此官。後漢亦有之。魏杜夔亦爲之。魏武平荊州，初得杜夔，知音識舊樂〔三四〕，故爲此官。晉改爲協律校尉。後魏有協律郎，又有協律中郎。北齊及隋協律郎皆二人。唐因之。掌舉麾節樂，調和律呂，監試樂人典課。

宋協律郎，朝宴、親郊則遣官攝事。崇寧後，協律郎隸大晟府。又有按協聲律、製撰文字、運譜等官，以京朝官、選人或白衣士人通樂律者爲之〔三五〕。

兩京郊社署。周官有典祀，掌以時祭祀。秦、漢有太祝令、丞，屬奉常。景帝改爲祠祀，武帝更曰廟祀。後漢祠祀屬少府。魏、晉有太祝令、丞。宋曰明堂令、丞，掌祀五帝之事。齊有太祝及明堂二令。梁有明堂、太社二令〔三六〕，並屬太常。北齊太廟令兼領郊祀、崇虛二丞。郊祀掌五郊群神，崇虛掌五嶽四瀆神。後周有司郊上士、中士，司社中士、下士。隋太常寺置郊社署，令、丞各一人。唐因之。掌郊祀、明堂、祠祀、祈禱及茅土、衣冠等事。

宋嘉祐元年，置郊社局令〔三七〕，命石祖元爲之。熙寧元年，郊社局令張伯世言局有郊社名而不主四郊之事〔三八〕，於是始主四郊壇壝之事。按唐六典，兩京郊社局令各一人，掌五郊、社稷、明堂之位，然則郊社令通管五郊之事。乞自今兼令，勾當四郊壇壝之事，使得巡視提舉。所貴官正其名，郊兆常潔〔三九〕。從之。郊社令掌巡視四郊及社稷之壇壝，掌凡掃除之事；祭社則省牲。渡江初闕，紹興十九年始除韓彥直爲太社令，請給並依五監主簿例。

太樂署。周官有大司樂，掌成均之法，亦謂之樂尹，以樂舞教國子。左傳楚鐘建爲樂尹，即大司樂也。秦、漢奉常屬官有太樂令及丞，又少府屬官并有樂府令、丞。後漢永平三年，改太樂爲大予樂令。掌伎樂人，凡國祭饗，掌諸奏樂〔四〇〕。盧植禮注云：「大予令如古大胥。」漢太樂律：卑者之子，不得舞宗廟之酎。除吏二千石到六百石及關内侯到五大夫子，取適子高五尺以上、年十二到三十、顏色和順、身體循禮者爲舞人〔四一〕。魏復曰太樂令、丞。晉亦有之。齊銅印墨綬，進賢一梁冠，絳朝服。齊太樂及諸陵令，永明末置，用二品、三品勳。置主簿，六曹〔四二〕、六品保舉。梁、陳因之。後魏置太樂博士。北齊曰太樂令、丞。後周有大司樂，掌成均之法，後改爲樂部，有上士、中士。隋有太樂令、丞各一人。唐因之。掌習音樂、樂人簿籍。

宋制，太樂局令一人，丞一人，樂正二人，副使正二人〔四三〕。掌車駕郊祀及御殿、御樓、大祠登歌。徽宗時置大晟府，以大司樂爲長，典樂爲貳。次曰太樂令，秩比丞。次曰主簿，曰協律郎。又有按協聲律、製撰文字、運譜等官，以京朝官、選人或白衣士人通樂律者爲之。又以武臣監府門及大樂法物庫，以侍從及内省近侍官提舉。所典六案，曰大樂，曰鼓吹，曰宴樂，曰法物〔四四〕，曰知雜，曰掌法。國朝禮、樂掌於奉常〔四五〕。崇寧初，置局議大樂；樂成，置府建官以司之，禮、樂始分爲二。四年，詔曰：「迺者得隱逸之士於草茅之賤，獲英莖之器於受命之邦，適時之宜。以身爲度，鑄鼎以起律，因律以制器。宜賜樂名曰大晟〔四六〕，府舊樂勿用。」五年二月，因省冗員，併之禮官；九月，復舊。大觀四年，以官徒廪給繁厚，省樂令一員〔四七〕、監官二員，吏禄並視太常格。宣和二年，詔以大晟府近歲添置冗濫徼幸，並罷〔四八〕。

鼓吹署。周禮有鼓人，掌六鼓四金之音。後漢有承華令，典黄門鼓吹，屬少府。晉置鼓吹令、丞，屬太常。元帝省太樂并鼓吹，哀帝復省鼓吹而存太樂。梁有鼓吹令、丞，又有清商署。北齊鼓吹令、丞及清商署，並屬太常。隋有鼓吹、清商二令、丞，至煬帝罷清商署。唐鼓吹署令、丞各一人，所掌頗與太樂同。

宋鼓吹局令一人，丞一人，崇寧後隸大晟府。詳見太樂署。

太醫署。周官有醫師上士、下士，掌醫之政令。秦、兩漢有太醫令、丞，亦主醫藥，屬少府。後漢又有藥丞〔四九〕，有醫工長。魏因之。晉銅印墨綬，進賢一梁冠，絳朝服，而屬宗正。過江省宗正而屬門下省。宋、齊隸侍中，梁、陳因之。後魏有太醫博士、助教。北齊又曰太醫令、丞。後周太醫下大夫。隋太醫署令二人。唐因之，主醫藥。凡領醫、針灸、按摩、咒禁，各有博士。五代時有翰林醫官使。

宋制，翰林醫官院使、副各二人，並領院事，以尚藥奉御充，或有加諸司使者。直院四人，尚藥奉御六人，醫官、醫學祗候無定員。舊制，翰林醫官使四人、副使二人、直院七人。尚藥奉御七人、醫官三十人、醫學四十人、祗候醫人十二人，其員猥多。寶元二年，始立使副、直院、尚藥奉御定員。醫官、醫學無班位，以服色爲差，加同正官至尚藥奉御者，或加檢校官；其直院，則奉御及同正官皆爲之，多自醫官特獎而授。掌供奉醫藥及承詔視療衆疾之事。典二人〔五〇〕。徽宗時置翰林院勾當官一員，以內侍省押班都知充〔五一〕。總天文、書藝、圖畫、醫官四局。崇寧元年，詔醫官有勞轉皇城使實及五年以上〔五二〕，方許除遙郡刺史；又七年以上除遙郡團練使〔五三〕，又十年以上方許除遙郡防禦使。醫官有和安、成和、成安、成全大夫，舊爲軍器庫使。保和大夫，舊爲西綾錦使。保安大夫，舊爲榷易使。翰林良醫，舊爲翰林醫官使。和安、成和、成安、成全郎，舊爲軍器庫副使。保和郎，舊爲西綾錦副使。保安郎，舊爲榷易副使。翰林醫正，舊爲翰林醫官副使。翰林醫官，翰林醫效，翰林醫痊，翰林醫愈，翰林醫證，翰林醫診，翰林醫候，翰林醫學。舊諸司使、副有醫官使及副使，蓋自太醫丞、直院轉。醫官副使叙遷年格一同武官，但爲東班使額耳。謂自法酒庫以上至皇城使。政和初，既易武階，而醫官之名亦遂易焉，凡十有四階〔五四〕，立和安大夫視榷易使以上，翰林良醫視醫官使，其和安郎以下視東副使，若醫官副使，則以醫正易之。官制舊典云：「此名皆大臣所撰，無所稽據。傳曰登高能賦，可以爲大夫。今乃以雜流爲之，可見當時大臣之不學也。」舊額和安大夫至良醫二十員，紹興二年五員。和安郎至醫官，元額三十員，紹興二年四員。醫效元額七員，紹興二員。醫痊元額十員，今一員。醫愈至祇候、大方脉，元額百五十員〔五五〕，紹興十五員而已。

太卜署。殷官太卜爲六太。周官太卜掌三兆之法。秦、漢有太卜令。後漢并於太史，自後無聞。後魏有太卜博士〔五六〕。北齊有太卜局丞。後周有太卜大夫、小卜上士、龜占中士。隋曰太卜令、丞，各一人〔五七〕。唐因之。

宋以太卜隸司天臺，然不置專官。

廩犧署。周禮有牧人，掌牧六牲，以供祭祀。秦、漢內史、左馮翊屬官有廩犧令、丞〔五八〕，並掌犧牲鴈鶩，後屬大司農。後漢河南尹屬官有廩犧丞。魏、晉、宋、齊、梁、陳、後魏、北齊、隋皆有之。唐令、丞各一人，掌犧牲、粢盛之事。

汾祠署、齊太公廟署，並有令、丞各一人，唐開元中置。

宋廩犧屬光禄寺，有牛羊司、牛羊供應所〔五九〕，掌供大中小祀牲牷及太官宴享膳饈之用〔六〇〕。監官三人，以諸司使、副及三班使臣充。監棧圈三人，以三班使臣充。

光禄卿 少卿 丞 主簿 太官署 珍饈署 良醖署 掌醢署

秦有郎中令，主郎内諸官，故曰郎中令。掌宮殿掖門户，漢因之。石建爲郎中令，奏事，事已下〔六一〕，建省讀，驚曰：「書『馬』者與尾而五，今乃不足一，獲譴死矣！」其謹慎如此。至武帝太初元年，更名光禄勳。應劭曰：「光，明也。禄，爵也。勳，功也。」如淳曰：「勳之言閽也。閽，古主門之官。光禄主宫門故也〔六二〕。」張安世爲光禄勳。郎有醉，小便殿上，主事行法。安世曰：「何以知其不覆水也？」其隱人過失如此。王莽時，乃改光禄勳爲司中。後漢曰光禄勳，所掌同。典三署郎更直執戟宿衛〔六三〕，考其德行而進退之。漢東京三署郎有德應四科者，歲舉茂才二人，四行二人。及三署郎罷省，光禄勳猶依舊舉四行衣冠子弟以充之。郊祀之事，掌三獻。光禄勳居禁中。如宋之殿中御史。有獄在殿門外，謂之光禄外部。兩漢自光禄、大中、中散、諫議等大夫，及謁者僕射、羽林郎、郎中、侍郎，五官、武賁〔六四〕、左右等中郎將，奉車、駙馬二都尉〔六五〕，車、户、騎三將〔六六〕，如淳曰：「主車曰車郎，主户衛曰户郎。」並屬光禄勳。後漢張湛字子孝，拜光禄勳。光武臨朝，或有惰容，湛輒陳諫其失。又杜林字伯山，爲光禄勳，内供奉宿衛，外總三署，周密敬慎，選舉稱平。郎有好學者，輒見誘進，朝夕滿堂，士以此高而慕附。又荀爽爲光禄勳，視事三日，册拜司空。建安末，復改光禄勳爲郎中令。魏黄初元年，復爲光禄勳。東晉哀帝興寧二年，省光禄勳，併司徒，孝武寧康元年復置。自魏、晉以後，無復三署郎，而光禄不復居禁中，唯外官朝會則以名到焉〔六七〕。二臺奏劾，則符光禄加禁止，解禁止亦如之。禁入殿省，光禄主殿門故也。其宫殿門户，至宋文猶屬焉。梁除「勳」字，謂之光禄卿。卿舊視列曹尚書，天監中視中庶子，職與漢同。後魏又置少卿。北齊曰光禄寺，置卿、少卿，兼掌諸膳食、帳幕。隋文帝開皇三年，廢光禄寺入司農，十二年復置。初有卿及少卿各一人，煬帝加置二少卿。唯取漢代舊名，而其職則别。唐龍朔二年，改光禄寺爲司宰寺，咸亨初復舊。光宅元年爲司膳，神龍初復舊。卿一人，掌終獻行事；少卿二人，領太官、珍羞、良醖、掌醢等四署，署各有令、丞。

丞，漢二人，多以博士、議郎爲之。後漢一人，魏、晉因之。銅印黄綬。梁、陳視員外郎。其員外説在通直散騎常侍郎中。後魏、北齊並有之。隋有三人。唐置二人。

主簿，漢置。晉、宋、齊、梁、陳並有之。北齊曰功曹、五官主簿。隋二人，唐因之。

宋光禄寺判寺事一人，以朝官以上充。古者其屬有太官、珍羞、良醖、掌醢四局，今分隸御厨、法酒庫〔六八〕。古者祭祀則省牲鑊濯溉，三公攝祭爲終獻，今並以他官攝。本寺但掌供祠祭酒醴、果實、醢醢、菹、薪炭及點饌進胙之事。卿、少卿、丞爲寄禄官，卿後來爲中奉大夫〔六九〕，少卿朝議大夫〔七〇〕，丞宣義郎。元豐官制行，置卿、少卿、丞、主簿各一人。元祐三年，詔長貳互置。政和六年，監察御史王桓等言〔七一〕：「祭祀牲牢之具掌於光禄〔七二〕，而寺官未嘗臨視。請大祠以長貳，朔祭及中祠以丞、簿監視宰割，禮畢頒胙。有故及小祠，聽以其屬攝〔七三〕。」從之。中興後廢光禄，併入禮部。

太官署令、丞，於周官爲膳夫、庖人、外饔中士下士，蓋其任也。秦爲太官令、丞，屬少府，兩漢因之。桓帝延熹元年，使太官令得補二千石。魏亦屬少府。晉屬光禄勳。宋、齊屬侍中。梁門下省領太官，陳因之。後魏分太官爲尚食、中尚食知御膳，隸門下省；而太官掌百官之饌，屬光禄卿。北齊因之。後周有典庖中士、内膳中士。隋如北齊。唐因之，各一人。

宋朝隸御厨，勾當官五人，以朝官并諸司使副、内侍都知押班充。掌供御之膳饈，及内外饔餼割烹煎和素膳之事。元祐初罷太官令，二年復置。崇寧二年置尚食局，太官令惟掌祠事。

珍饈署令、丞，於周官有籩人〔七四〕，掌四籩之實，蓋其任也。後漢少府屬官有甘丞，主膳具。晉太官令有餳官、果官吏各二人。自後無聞。北齊餚藏令屬光禄寺。後周有餚藏中士、下士。隋如北齊。唐因之。長安中改爲珍饈，神龍初復舊。開元初又改之，有令、丞各一人。

宋珍饈署隸御厨，有供備庫，太平興國二年，改爲内物料庫。有使及副使。掌供尚食及内外膳饈米麵、飴蜜、棗豆、百品之料。監官二人，以三班及内侍充。監門一人，以三班充。外物料庫，掌給皇城外諸宫院油鹽米麵之品〔七五〕。監官二人，以三班内侍充。

良醖署令、丞，於周官有酒正中士、下士，掌酒之政令。後漢湯官丞主酒，屬少府。晉有酒丞一人。齊食官局有酒吏。梁曰酒庫丞。北齊有清漳令、丞主酒。後周如古周之制。隋曰良醖署，令、丞各一人。唐因之。

宋良醖署屬御厨。有内酒坊使，掌造法糯酒、糯酒〔七六〕、常料之三等酒，以供邦國之用。監官三人、監門二人，以三班内侍充。都麴院掌造麴，以給内酒坊之用，及出鬻而收其直。監官二人，以京朝官及諸司使副、内侍充。法酒庫掌造供御及祠祭。周太祖平河中，得酒工王思善造法麴，因立法酒庫置之。凡祭祀，供五齊三酒，以實罇罍。監官二人，以朝臣及三班使臣、内侍充。

掌醢署令、丞，於周官有醢人，掌四豆之實。自後無聞。至齊，諸公府有釀食典軍二人。後周有掌醢中士、下士。隋曰掌醢署，令、丞各一人。唐因之。

宋屬御厨。有油醋庫監官一人，以京朝官充。掌造油醯醎，以供邦國膳饈内外之用。

衛尉卿 丞 主簿 武庫令丞 武器令丞 守宫署 公車司馬令 左右都候附

衛尉，秦官，掌門衛屯兵，漢因之。漢舊儀曰：「衛尉寺在宫内。」胡廣云主宫闕之門内衛士〔七七〕，於周垣下爲區廬。區廬者〔七八〕，若今之仗宿屋〔七九〕。景帝初，更名中大夫令，後元年復爲衛尉。又有長樂、建章、甘泉衛尉，皆掌其宫，其職略同，而不常置。顔師古曰：「各隨所掌之宫以爲官名。」後漢有衛尉卿一人，職與漢同。晉銀章青綬，五時朝服，武冠〔八〇〕，佩水蒼玉，掌冶鑄，領冶令〔八一〕。户五千三百五十〔八二〕。冶在江北，而江南唯有梅根及冶塘二冶，皆屬揚州，不屬衛尉。晉江左不置衛尉。宋孝武復置。南齊掌宫城管鑰。後漢張衡西京賦曰：「衛尉入屯，以警夜巡〔八三〕。」南齊宫城諸却敵樓上本施鼓，持夜者以應更唱，高帝以鼓多驚眠〔八四〕，遂改以鐵磬。梁衛尉卿位視侍中，職與漢同。卿每月、丞每旬行宫徼，糾察不法。陳因之。後魏亦有之。北齊爲衛尉寺，有卿及少卿各一人。隋文帝開皇三年〔八五〕，廢衛尉寺入太常及尚書省，十三年復置。掌軍器、儀仗、帳幕之事，而以監門衛掌宫門屯兵。唐因之。龍朔二年，改衛尉爲司衛，咸亨初復舊。光宅元年，又改爲司衛〔八六〕，神龍初復舊。卿一人、少卿二人，初少卿一人，太極元年加一人〔八七〕。領武庫、武器、守宫三署，署各有令。

丞，秦、漢多以博士、議郎爲之。後漢一人，魏、晉並同。宋孝武增置一人。梁亦有之。後魏、北齊並有。隋因之。唐置二人。

主簿一人。漢衛尉駕四馬，主簿前車以乘〔八八〕。晉有衛尉主簿二人，宋、齊、梁、陳因之。北齊、隋亦有二人，唐因之。

宋衛尉寺，判寺事一人，以郎官以上充。凡武庫武器，並歸内庫及軍器庫，以他官及内侍典領；守宫歸儀鸞司，本寺無所掌。卿、少卿、丞皆爲寄禄官，卿後來爲中奉大夫，少卿奉直大夫，寺丞宣義郎。元豐官制行，置卿、少卿、丞、主簿各一人。卿掌儀衛、兵械、甲冑之政令，少卿爲之貳，丞參領之。凡内外作坊輸納兵器，則辨其名數，驗其良窳以歸於武庫，不如式者罰之。時其曝凉而封籍其數。若進御及頒給，則按籍而出之。每季委官檢視，歲終上計帳於兵部。掌凡幄帟之事，大禮設帷宫，張大次、小次，陳鹵簿儀仗。長貳晝夜巡徼，察其不如儀者。押仗官則前期稟差。凡仗衛，供羽儀、節鉞、金鼓、棨戟，朝會亦如之。宴享賓客，供幕帟、茵席，視其敝者移少府、軍器監修焉。分案四，置吏十。元祐三年，詔長貳互置。所隷官司十有三：内弓箭庫，南外庫，軍器衣甲庫，軍器弓槍之庫，軍器弩、劍、箭庫，掌藏兵仗、器械、甲冑，以備軍國之用。儀鸞司，掌供幕帟供帳之事。軍器什物庫、宣德樓什物庫〔八九〕，掌收貯什物，給用則按籍而頒之。左右金吾街司〔九〇〕、六軍儀仗司，掌清道、徼巡、排列，奉引儀仗，以肅禁衛。凡儀物以時修飾，選募人兵而校其遷補之事。政和五年〔九一〕，詔金吾衛、仗司依格差武翼大夫以上〔九二〕。中興後廢衛尉，并入兵部〔九三〕。

武庫令、丞，於周官司甲、司弓矢等下大夫，司戈盾等中士、下士，蓋其任也。兩漢曰武庫令，屬執金吾。後漢又有考工令、丞，屬太僕，主造兵器，成，付武庫令。魏、晉因之。晉後屬衛尉。宋、齊武庫令、丞屬尚書庫部。梁、陳屬衞尉卿。北齊亦有。後周如周官。隋如北齊。唐因之，各一人。天寶六載四月，敕改儀制令，廟社門、宮門，每門各二十戟〔九四〕，東宮每門各十八戟，一品門十六戟，嗣王、郡王若上柱國帶職事二品、散官光禄大夫以上、鎮國大將軍以上各同職事品及京兆河南太原府大都督、大都護門十四戟，上柱國帶職事三品〔九五〕、上護軍帶職事二品若中都督、上都護門十二戟〔九六〕，國公及上護軍帶職事三品若下都督、諸州門各十戟〔九七〕，並官給。貞元五年十二月，中書門下奏：「應請列戟官，准儀制令，正一品、開府儀同三司、嗣王、郡王并勳官上柱國、柱國等帶職事三品以上，並許列戟。准天寶六載四月敕文『加散官光禄大夫、鎮國大將軍以上，各同職事品』。近日散、試官便帶高階者衆〔九八〕，恐須商量者。伏請准舊制令本文，取帶三品以上正員職事爲定。」敕旨依。

武器署令、丞。隋行臺尚書省有武器監令。唐永徽中，始置各一人。掌祭祀及朝會、巡幸及公卿婚葬鹵簿之事。

宋武庫、武器並歸内庫及軍器庫，以他官及内侍典領〔九九〕。軍器凡四庫，勾當官並二人。衣甲、弓槍、弩劒三庫，悉以諸司使、副及内侍充，什物庫以三班使臣充。掌禁兵器鎧甲、供軍什器儲偫之物，辨其出納。

守宮署。漢有守宮令、丞，掌御紙筆墨及諸財用并封泥之事，屬少府。晉及北齊屬光禄勳。北齊守宮令掌張設之事。梁、陳屬大匠卿。隋屬衞尉寺。唐置令一人，掌諸鋪設帳幕、氊褥、床薦、几席之事。

廣德二年二月敕文：「京兆府諸司諸使幕士丁匠總八萬四千五百人數内，宜月支二千九百四十四人，仍令河東、關内諸州府據户口分配，不得偏出京兆府，餘八萬一千一百一十四人並停。」

宋守宮署歸儀鸞司。儀鸞司勾當官四人〔一〇〇〕，以諸司使、副及内侍充〔一〇一〕。掌奉乘輿親祠郊廟、朝會、巡幸、宴饗及内庭供帳之事。凡三庫，一曰金銀器皿、帟幕什物，二曰香燭，三曰氊油、床椅、鐵器、雜物。監門二人，以三班使臣充。

公車司馬令，秦屬衛尉，漢因之。掌殿司馬門，夜徼宫中，天下上章、四方貢獻及闕下凡所徵召公車者，皆總領之。漢張釋之爲公車令，時太子與梁王共車入朝〔一〇二〕，不下司馬門，釋之遂劾其不敬。文帝免冠謝太后，太后詔赦之，然後得入宫也。後漢有丞一人。丞選曉諱，掌知非法；尉主闕門兵禁，戒非常。胡廣曰：「諸門部各陳屯夾道，其旁設兵〔一〇三〕，以示威武，交戟以遮妄出入者〔一〇四〕。」晉江左以來，直曰公車令。宋以後屬侍中。隋有公車署，置令、丞。唐無。

左、右都候，周禮司寤氏有夜士。干寶注曰：「今都候之屬。」後漢各一人，主劒戟士，徼循宫及天子有所收考。宫中諸有劾奏罪〔一〇五〕，左都候執戟戲車，縛送付詔獄，在官大小〔一〇六〕，各付所屬。見尚書令、僕射、尚書，皆執版拜，見郎對揖。屬衛尉。後無。

宗正卿 少卿　丞　主簿　崇玄署　諸陵署　太廟令

周官小宗伯掌三族之別，以辨其親疏。秦置宗正，掌親屬。漢因之，更以叙九族。平帝元始四年，更名宗伯〔一〇七〕；五年，又於郡國置宗師，以糾皇室親族世氏，致教訓焉，選有德義者爲之。有冤失職者，宗師得因郵亭上書宗伯，請以聞。為書付郵亭，令送至宗伯。常以正月賜宗伯帛十匹。王莽併宗伯於秩宗。後漢曰宗正，卿一人，掌序録王國嫡庶之次，及諸皇室親屬遠近，郡國歲因計上皇族名籍。若有犯法當髡以上，先上諸宗正，宗正以聞，乃報决。胡廣曰：「宗正又歲一理諸王世譜，差叙秩第。」髡，曰昆切〔一〇八〕。兩漢皆以皇族為之，不以他族。楚元王子郢客〔一〇九〕、劉辟彊〔一一〇〕、劉德等迭為此官。又後漢書曰：「劉軼字君文〔一一一〕，梁孝王之胤〔一一二〕，為宗正，卒官，遂世掌焉。」魏亦然。晉兼以庶姓。山公啓事曰：「羊祜忠篤寬厚，然不長理劇，宗正卿缺，不審可轉作否？」咸寧三年，又置宗師，以扶風王亮為之，使皇室戚屬奉率德義，所有施行，必令諮之。梁王肜亦為宗師。東晉省之，屬太常。桓溫奏省。宋、齊不置宗正。梁天監七年復置之，視列曹尚書，主皇室外戚之籍，以皇族為之。陳因之。後魏有宗正卿、少卿。北齊亦然。後周有宗師中大夫，掌皇族，定世系，辨昭穆，訓以孝悌。屬大冢宰。隋如北齊之制。唐龍朔二年，改為司宗，咸亨元年復舊。光宅元年，改為司屬，神龍初復舊。卿一人，少卿二人，初，少卿一人，太極元年加置一人〔一一三〕。掌皇族、外戚簿籍及邑司名帳，領崇玄署及諸陵、太廟。開元二十五年制，宗正等寺官屬，皆以皇族為之。

宋宗正寺，判寺事二人，以宗姓兩制以上充，闕則以宗姓朝官以上知丞事。掌奉宗廟諸陵薦享之事，司皇族之籍。大宗正司知司事二人〔一一四〕，以皇親團練、觀察使以上充。掌敦睦皇族，教導宗子，受其陳請辯訟之事，及糾過失而達之朝廷。景祐三年始置司，以皇兄寧江軍節度使濮王知大宗正事，皇侄彰化軍節度觀察留後守節同知大宗正事。修玉牒官無定員。掌修皇帝玉牒，序宗派，紀族屬，歲撰宗子名以進。舊隸宗正寺。景祐中，言者以玉牒與國史相通，後以史官兼。又有睦親、廣親宅都大管勾三人，以內侍充。元豐六年，詔宗正寺長、貳不專用國姓，蓋自有大宗正司以統皇族也。中興後，卿一人，不常置；少卿一人，以太常兼〔一一五〕。三年〔一一六〕，復置少卿一員。嘉定九年，詔以宗學改隸宗正寺，自此寺官又預考校之事。大宗正司知及同知官各一人，丞二人，官屬有記室一人。熙寧三年，始以異姓朝臣二員知丞事，置局於睦親、廣親宅。是歲，省管勾睦親、廣親及提舉郡、縣主等宅官，以其事歸宗正〔一一七〕。崇寧元年〔一一八〕，置南外宗正司在南京，西外宗正司在西京，各置敦宗院。中興後，以位高屬尊者爲判大宗正事，其知及同知如舊制〔一一九〕，以宗室團練以上有德望者充。又置知大宗正丞一員，以文臣充〔一二〇〕，掌糾合宗室而檢防之，訓飭之。凡南班宗室磨勘、遷轉、襲封、請給，核其當否；嫁娶房奩、分析財產，酌厚薄多寡而訂其議。凡宗室除合該賜名外，皆大宗正定名而後報宗正寺。其餘遷授官資、支給錢米，考核以詔予奪。其不率教者，以法拘之，歲久知悔，則除其過名。分按六，署吏十有二〔一二一〕。又有南外宗正司、西外宗正司以處宗室之在外者。各仍舊制，設敦宗院〔一二二〕，皆設知宗，仍以所在通判職官兼丞、簿，其糾合、檢防、訓飭如大宗正司。西、南外兩司闕知宗，間令大宗正司選擇保明而後授之。又各置教授以課其行藝。初，建炎南幸，先徙宗室於江、淮，於是大宗正司移江寧，南外移鎮江，西外移揚州。其後屢徙，後西外止於福，南外止於泉；又有紹興府宗正司，蓋初隨其所寓而分管轄之。乾道七年，嘗欲移紹興府宗正司於蜀，不果，後歸併行在。嘉定間，用臣僚言，乞凡除授知宗，須擇老成更練之人。詔知宗、宗丞照百司例〔一二三〕，每日入局所，以示增重宗盟之意。

玉牒所，淳化六年始設局置官〔一二四〕，倣唐制也。詔以皇宋玉牒爲名〔一二五〕，建玉牒殿宇新寺〔一二六〕。大中祥符九年〔一二七〕，以知制誥劉筠、夏竦爲修玉牒官，自後置一員或二員。朱勝非秀水閑居録：「本朝國書嚴奉寶藏，未有如玉牒者用金花紅羅標黄金軸。至神宗朝，以軸大難於披閱，詔爲黄金梵夾，又以黄金爲匣，鎖鑰皆金也。進呈畢，安奉於宗正寺玉牒殿，士大夫罕有知其制度者。予頃在朝廷，因宗正丞謝汲自本寺事論及玉牒，問宰執諸公制度，趙元鼎曰：『不過刻如玉册耳。』予曰：『國家宗支之蕃，自古無之。每朝爲一牒，宗室官稱名行，女與其夫皆録之，以玉刊，不其難乎？』」又中興繫年録注：每朝爲一牒，乃載人主系序及歷年行事，如帝紀而差詳，其後附以皇后事迹，親王、宗室子女則有宗藩慶系録、仙源類譜、仙源積慶圖三書詳焉，非同爲一牒也。玉牒則奉安於玉牒殿，類譜則安於屬籍堂。勝非亦少誤。景祐元年，宗正寺修玉牒官李淑申請，詔以編修院廳西閣子充修纂玉牒之所。李淑言：「前修玉牒官馮允亦是兼編修會要〔一二八〕，蓋緣國史、玉牒事節須要照會，所以只就編修院修纂。」熙寧三年，玉牒所於舊三班院置局〔一二九〕，後徙編修院。皇帝玉牒，十年一進，修玉牒官並以學士典領。自元豐行官制，分隸宗正寺官。六年，詔：「宗正寺修玉牒，照用日曆所文字，並指定所書事，令本所節録。」元符二年，宗正寺丞陳覺民乞將先帝玉牒内聖政，令本寺修玉牒官抄寫，封送國史院。從之。紹興十二年，襲舊制始建〔一三〇〕，以宰臣一人提舉。修玉牒官一人，以侍從兼，凡宗正卿、少而下，悉與修纂。二十九年，詔玉牒所併入宗正寺，更不置修玉牒官、檢討官，以本寺少卿及丞同領編修事；詔玉牒所宰臣提舉依舊，修書官一員同宗正卿、丞，修纂更不置檢討官。紹興三十二年，詔尚書左僕射陳康伯提舉編修玉牒。後或以參知政事、簽書樞密院事兼權提舉。乾道元年，錢端禮以參政兼權，蔣芾以簽樞兼權，見玉牒所題名記。故事，玉牒以首相領之，自後相府有闕，則以首參兼領，仍帶「權」字。淳熙十五年，王丞相淮去位，周益公以右揆兼領；時敕令所纔罷，而首參仲至無兼局，益公乃奏乞以仲至權提舉玉牒。宰相在位，而執政權領寶訓玉曆，自此始也。

丞，漢亦用皇族。後漢一人。劉茂字子衞，爲宗正丞。歷代皆有之。隋有二人。唐因之。

宋初爲寄祿官，後改爲奉議郎。元豐正官名，詔宗正寺除長貳外，自今後更不專差國姓。以楊畏、趙君錫爲之。建炎三年罷，紹興五年復置。

主簿，梁置。陳、北齊、隋皆有。唐因之，置一人。

宋天禧時，以衞尉丞兼。元豐正名，初除楊完。建炎三年罷，紹興十年復置。

崇玄署。令，一人。初，後魏天興二年置仙人博士，掌煮煉百藥。北齊置昭玄等寺，掌諸佛教，有大統一人，都維那三人，兼置功曹、主簿等員，以管諸州縣沙門之法。後周置司寂上士、中士，掌法門之政；又置司玄中士、下士，掌道門之政。隋初置崇玄署令、丞，至煬帝改郡縣佛寺爲道場，置道場監一人；改觀爲玄壇，監一人。唐復置崇玄署，初又每寺觀各置監一人，屬鴻臚，貞觀中省。開元中，以崇玄署隸宗正寺。掌觀及道士、女冠簿籍齋醮之事。令一人，正八品下；丞一人，正九品下，有府二人，史三人，典事六人，掌固二人，崇玄學博士一人，學生百人。隋以署隸鴻臚，又有道場、玄壇。唐置諸寺觀監，隸鴻臚寺，每寺觀有監一人。貞觀中，廢寺觀監。上元二年，置漆園監，尋廢。開元二十五年，置崇玄學於玄元皇帝廟。天寶元年，兩京置博士、助教各一員，學生百人，每祠享，以學生代齋郎。二載，改崇玄學曰崇玄館〔一三一〕，博士曰學士，助教曰直學士；置大學士二人〔一三二〕，以宰相爲之，領兩京玄元宮及道院；改天下崇玄學爲通道學，博士曰道德博士，未幾而罷。寶應、永泰間，學生存者無幾。大曆三年，復增至百人。初，天下僧、尼、道士、女冠皆隸鴻臚寺，武后延載元年，以僧、尼隸祠部。開元二十四年，道士、女冠隸宗正寺。天寶二載，以道士隸司封。貞元四年，崇玄館罷大學士，後復置左右街大功德使〔一三三〕、東都功德使，總僧、尼之籍及功役。元和二年，以道士、女冠隸左右街功德使〔一三四〕。會昌二年，以僧、尼隸主客，太清宫置玄元館，亦有學士，至六年廢，而僧、尼復隸兩街功德使。

宋自真宗興崇道教，置玉清昭應宫、景靈宫、會靈觀使，以宰相爲之；副使、判官、都監及集禧觀、醴泉觀、東西太一宫提舉，則以兩省、兩制、丞、郎及防禦、諸司使副爲之。掌奉齋醮之事。又有譯經潤文使，亦以宰相爲之。熙寧以後，增置祠禄之官，以尊老優賢，而時相欲以宫觀之禄，處不奉行新法之人，遂無限員，亦無職事，而釋老之事則如歷代，領之祠部郎官，又屬鴻臚寺。至徽宗時，以道教改隸祕書省，置道階自六字先生至額外鑒義，品秩比視中大夫至將仕郎，凡二十六等。又置道學，升貢及三歲大比法同科舉，應天下神霄玉清萬壽宫、天慶觀知及副知，將來有闕，並以學校登科人充，其餘宫觀亦依此令。禮部署名籍差注如吏部法。以蔡攸通行提舉道録院。中興後，道釋教門事仍歸祠部。

按：崇玄署一官，唐創之。以司道教而必屬之宗正司者，蓋唐以老氏爲始祖，則崇其教者，亦以爲尊祖宗之事也。杜氏通典所載，凡唐所創之官而前代所無者，則必叙其所掌之事，以通之於前代。如崇玄一官，前代無之，然興崇二教而爲之建立官司，則非始於唐也，故必叙後魏所置仙人博士，北齊所置昭玄寺之類。以先之愚，又嘗欲以宋所創之官而通之於唐。如崇玄署，宋雖無其官，然亦嘗興崇道教，爲之置立官司，張皇而推獎之矣，故以真、徽兩廟所置玉清、景靈宫使、副及都提舉道録院等事附見焉。然唐則專主以一官，而其品秩稍卑。宋雖不專置官，而常以宰相貴官兼之。但天寶間所置崇玄館大學士二人，以宰相爲之，則又景靈、玉清宫使、譯經使所取法也。

諸陵園寢官，漢置，屬太常。長陵令秩二千石，爲高祖陵也，故尊其秩。元帝永光元年，分諸陵邑屬三輔。史記曰司馬相如爲孝文園令。後漢每陵園令各一人，掌按行掃除，丞及校長各一人。校長主戒盜賊。晉、宋皆曰令。而梁初爲監，後亦改爲令。梁以下皆有之。唐每陵令、丞各一人，初屬太常；開元二十五年，並屬宗正寺。

宋以宗正寺知丞事，掌奉宗廟諸陵薦享之事。

諸廟寢園令、長、丞，漢置。宋志曰漢西京曰長，東京曰令。晉有太廟令。宋太廟令領齋郎二十四人。齊、梁以下皆有。後魏有太常齋郎。漢書曰田千秋爲高廟寢郎。舊屬太常。唐開元二十五年二月敕：「宗廟所奉，尊敬之極，因以名署，情所未安。宜令禮官詳擇所宜奏聞。」至五月，太常少卿韋縚奏曰：「謹詳經典，兼尋令式，宗廟享薦，皆主奉常，別置署司，事非稽古。其太廟署請廢省，本司專奉其事。」許之。二十五年敕：「宗正設官，實司屬籍。而陵寢崇敬，宗廟惟嚴，割隸太常，殊乖本系奉先之旨，深所未妥。自今以後，諸廟署並隸宗正寺。」

宋以宗正寺知丞事，掌奉宗廟諸陵薦享之事。室長、齋郎無常數，廟直官一人。太廟、后廟、宮闈令三人，以入内内侍充。元豐後，太廟令屬宗正寺，掌宗廟薦新、七祀及功臣從享之禮。品秩與太社、籍田令同。

校勘記

〔一〕三代諸卿　「三」原作「二」，據通典卷二五職官七改。

〔二〕衛尉則武冠　「冠」原作「官」，據宋書卷一八禮志五、通典卷二五職官七改。

〔三〕以太常爲太常卿　「爲太常」三字原脱，據隋書卷二六百官志上補。

〔四〕都水使者爲大舟卿　「大」，隋書卷二六百官志上作「太」。

〔五〕官掌同大卿　「掌」原作「常」，據通典卷二五職官七改。

〔六〕然通其名　「其」原作「異」，據通典卷二五職官七改。

〔七〕至周明備　通典卷二五職官七作「比周百事」。

〔八〕刑部與大理分秋官司寇職事　「司寇」二字原脱，據通典卷二五職官七補。

〔九〕丞惟知檢局　「檢局」，隋書卷二八百官志下作「勾檢」。

〔一〇〕而衛尉併兵部太僕併駕部　「併兵部」原舛在「太僕」下，「併駕部」三字原脱，據群書考索後集卷九引中興會要、宋史卷一六二職官志二補正。

〔一一〕惠帝時叔孫通爲奉常　通典卷二五職官七同。史記卷九九叔孫通傳「奉」作「太」。按上文惠帝更名奉常，景帝六年更名太常，則通典、通考是。

〔一二〕舊用列曹尚書好遷選曹尚書領護　「好」，唐六典卷一四作「如」。

〔一三〕少卿丞隨寺名改光禄以下諸寺准此　「名改」、「下諸寺准此」七字原脱，據通典卷二五職官七補。

〔一四〕領丞一人　按舊唐書卷四四職官志三、新唐書卷四八百官志三載：「丞二人。」

〔一五〕太祝六人　「六」原作「二」，據舊唐書卷四四職官志三、新唐書卷四八百官志三、唐會要卷六五太常寺改。

〔一六〕郊社　原作「郊祀」，據舊唐書卷四四職官志三、通典卷二五職官七改。

〔一七〕皆以兩制充　群書考索後集卷九引續會要同，宋會要職官二二之一八「充」作「統」。

〔一八〕其犧牲幣玉酒醴　「醴」字原脱，據宋史卷一六四職官志四補。

〔一九〕各辨其等　「各」原作「名」，據宋史卷一六四職官志四、群書考索後集卷九改。

〔二〇〕郊祀告享太廟　「告享」二字原脱。據宋史卷一六四職官志四補。

〔二一〕及祀典神祇爵號與封襲繼嗣之事當考定者　「當」原作「常」，據宋史卷一六四職官志四、群書考索後集卷九引四朝志改。

〔二二〕掌社稷及武成王廟諸壇齋官習樂之事　「官」，宋會要職官二二之一七作「宫」。

〔二三〕詔太常少卿一員兼宗正少卿　宋會要職官二二之一八繫此事於建炎三年。

〔二四〕博士承議郎　「承」原作「丞」，據元本、慎本、馮本、宋史卷一六九職官志九改。

〔二五〕及賢疾篤　通典卷二五職官七、職官分紀卷一八句上有「懷嫌不去官」五字，通考删去，不當。

〔二六〕歷代諸主簿多説在列卿篇　「卿」原作「職」，據通典卷二五職官七改。

〔二七〕初除王子奇　「王子奇」，群書考索後集卷九引職略作「王子琦」。

〔二八〕見於王定國舊録　「舊」原作「雜」，據容齋四筆卷一一寺監主簿改。

〔二九〕詔添置一員　「詔」字原脱，據群書考索後集卷九引中興會要補。

〔三〇〕宋太祝奉禮郎掌奉祭祀　下「奉」原作「奏」，據宋會要職官二二之一七改。

〔三一〕闕則承奏蔭京官十六以上未掌事者充　「承奏」似應正作「奏承」。

〔三二〕郊社令掌坐　「令」字原脱，據宋會要職官二二之一七補。

〔三三〕漢大鴻臚有理禮郎四十七人　「理」，後漢書百官志二、職官分紀一八引後漢書百官志皆作「治」，乃通典避唐高宗李治諱改，通考沿襲之。下「理禮郎」同。

〔三四〕知音識舊樂　「樂」字原脱，據通典卷二五職官七、太平御覽卷二二九職官部二七補。

〔三五〕選人或白衣士人通樂律者爲之　上「人」字原作「又」，據元本、慎本、馮本、宋史卷一六四職官志四、宋會要職官二二之二五改。

〔三六〕梁有明堂太社二令　按隋書卷二六百官志上載，梁太常「統明堂、二廟、太史、太祝」等令丞。唐六典卷一四亦載「梁太常卿統明堂、太祝等令丞」。

〔三七〕置郊社局令　「局」字原脱，據宋會要職官二二之三四補。

〔三八〕郊社局令張伯世言局有郊社名而不主四郊之事　下一「局」字原作「合」，據宋會要職官二二之三四、合璧事類後集卷三三改。

〔三九〕郊兆常潔　「常」，宋會要職官二二之三四作「完」。

〔四〇〕掌諸奏樂　「諸」，後漢書百官志二、職官分紀卷一八引續漢書作「請」。元本、慎本、馮本「奏」作「祭」。

〔四一〕身體循禮者爲舞人　「循禮」，後漢書百官志二注引盧植禮注作「修治」，通典卷二五職官七「禮」作「理」。

〔四二〕六曹　「六」原作「户」，據元本、慎本、馮本改。

〔四三〕副使正二人　按宋會要職官二二之二六有「副樂正」，而無「副使正」，疑「使」爲「樂」之誤。

〔四四〕曰法物　「物」原作「樂」，據宋史卷一六四職官志四、宋會要職官二二之二五改。

〔四五〕國朝禮樂掌於奉常　「國」原作「京」，據宋史卷一六四職官志四改。

〔四六〕宜賜樂名曰大晟　「宜」原作「親」，據宋會要職官二二之二五改。

〔四七〕省樂令一員　「省」字原脱，據宋史卷一六四職官志四、宋會要職官二二之二六補。

〔四八〕詔以大晟府近歲添置冗濫徼幸並罷　宋史卷一六四職官志四同。按宋會要職官二二之二六載宣和二年七月十六日詔：「大晟府近歲添置按協聲律及製撰，殊爲冗濫；白身滿歲即補迪功郎，徼幸爲甚，可並罷。在任者依省罷法。」據此，通考似應補「按協聲律及製撰」七字。

〔四九〕後漢又有藥丞　「藥」原作「醫」，據通典卷二五職官七改。按後漢書百官志三載「藥丞、方丞各一人」。

〔五〇〕典二人　按宋會要職官二二之三五載，有「典學二人」，疑「典」下脱「學」字。

〔五一〕徽宗時置翰林院勾當官一員以内侍省押班都知充　按宋會要職官三六之九五將此事繫於神宗正史職官志内。

〔五二〕詔醫官有勞轉皇城使實及五年以上　「以上」二字原脱，據宋會要職官三六之一〇〇補。

〔五三〕又七年以上除遥郡團練使　「以上」、「使」字原脱，據宋會要職官三六之一〇〇補。

〔五四〕凡十有四階　「四」原作「九」，據元本、慎本、馮本、宋史卷一六九職官志九、宋會要職官二二之三九、職源撮要醫官條改。

〔五五〕醫愈至祗候大方脉元額百五十員　宋會要職官三六之一〇三「脉」下有「兼風科」三字。

〔五六〕後魏有太卜博士　「太」字原脱，據魏書卷一一三官氏志、通典卷二五職官七補。

〔五七〕各一人　「各」字原脱，據隋書卷二八百官志下補。

〔五八〕秦漢内史左馮翊屬官有廩犧令丞　「屬官有」三字原脱，據漢書卷一九上百官公卿表上、唐六典卷一四補。

〔五九〕有牛羊司牛羊供應所　下「牛羊」二字原脱，據宋史卷一六四職官志四、宋會要職官二一之一補。

〔六〇〕掌供大中小祀牲牷及太官宴享膳饈之用　「供」字原脱，據宋史卷一六四職官志四、宋會要職官二一之二補。

〔六一〕奏事事已下　通典卷二五職官七同。漢書卷四六石建傳、太平御覽卷二二九職官部二七作「奏事下」。

〔六二〕光禄主宫門故也　「宫」原作「官」，據馮本、漢書卷一九上百官公卿表上如淳注改。

〔六三〕典三署郎更直執戟宿衛　後漢書百官志二光禄勳本注「三署」作「謁署」，「衛」下有「門户」二字。

〔六四〕武賁　「武」，漢書卷一九上百官公卿表上、後漢書百官志二作「虎」，通典避李虎諱改，通考沿襲之。

〔六五〕奉車駙馬二都尉　「駙」原作「附」，據後漢書百官志二、通典卷二五職官七改。

〔六六〕車户騎三將　「車」原作「軍」，據漢書卷一九上百官公卿表上、通典卷二五職官七改。

〔六七〕唯外官朝會則以名到焉　宋書卷三九百官志上同，職官分紀卷一八所引宋百官志「到」作「列」。

〔六八〕令分隸御厨法酒庫　「令」原作「令」，據元本、慎本、馮本、宋會要職官二一之一改。

〔六九〕卿後來爲中奉大夫　按宋史卷一六九職官志九載，光禄卿爲中散大夫。宋會要職官五六之五亦曰「自官制行，以舊少卿、監爲朝議大夫，諸卿、監爲中散大夫」。而職源撮要寄禄官條曰元祐寄禄官皆分左右，「大觀初改左中散大夫爲中奉大夫，其右中散大夫去右字爲中散大夫」。存疑待考。

〔七〇〕少卿朝議大夫　「議」原作「儀」，據宋史卷一六九職官志九、宋會要職官五六之五改。

〔七一〕監察御史王桓等言　宋史卷一六九職官志九、宋會要職官二一之六皆無「等」。

〔七二〕祭祀牲牢之具掌於光禄　「牲牢」，宋史卷一六四職官四、宋會要職官二一之六皆作「牢醴」。

〔七三〕聽以其屬攝　宋史卷一六四職官四同。宋會要職官二一之六作「聽宫闈令或太祝、奉禮攝」，而宫闈令、太祝、奉禮郎皆非光禄寺屬官。

〔七四〕於周官有籩人　「於」、「有」二字原脱，據元本、慎本、馮本、通典卷二五職官七補。

〔七五〕掌給皇城外諸宫院油鹽米麵之品　宋史卷一六四職官志四作「掌收儲米鹽雜物以待膳食之用，凡有司須給者取具焉」。宋會要職官二一之三曰「頒給油鹽米麵則歸外物料庫。哲宗正史職官志云掌收儲米鹽雜物，以待膳食之須，凡百司須給者取具焉」。

〔七六〕糯酒　原脱，據宋會要職官二一之四補。

〔七七〕胡廣云主宫闕之門内衛士　「門」字原脱，「士」原作「寺」，據漢書卷一九上百官公卿表上師古注引胡廣語補改。

〔七八〕區廬者　「區廬」二字原涉上而脱，據漢書卷一九上百官公卿表上師古注引胡廣語補。

〔七九〕若今之仗宿屋　漢書卷一九上百官公卿表上師古注引胡廣語同。元本、慎本、馮本「仗」作「伏」，太平御覽卷二三〇職官部二八引胡廣語亦同。

〔八〇〕武冠　「冠」原作「官」，據通典卷二五職官七改。

〔八一〕領冶令　「令」原作「金」，據宋書卷三九百官志上、職官分紀卷一九所引宋百官志改。又上引宋書及通典卷二五職官七「令」下有「三十九」。

〔八二〕户五千三百五十　「户」原作「凡領」，據宋書卷三九百官志上、職官分紀卷一九所引宋百官志删改。

〔八三〕以警夜巡　文選卷二西京賦作「警夜巡晝」。

〔八四〕以鼓多驚眠　「驚」原作「警」，據南齊書卷一六百官志改。

〔八五〕隋文帝開皇三年　「皇」原作「元」，據通典卷二五職官七改。

〔八六〕光宅元年又改爲司衛　「司衛」原作「衛尉」，據舊唐書卷四四職官志三、新唐書卷四八百官志三、唐會要卷六五衛尉寺、通典卷二五職官七改。

〔八七〕太極元年加一人　唐會要卷六五衛尉寺「太極元年」作「景雲二年十一月四日」。

〔八八〕主簿前車以乘　通典卷二五職官七同。唐六典卷一六、職官分紀卷一九「以」作「八」。

〔八九〕宣德樓什物庫　按宋會要職官二二之一「樓」作「門」，又句下有「大禮板木庫」。

〔九〇〕左右金吾街司　「街」原作「衛」，據元本、慎本、宋史卷一六四職官志四改。宋會要職官二二之一「街」下有「仗」字，上引宋史「司」下有「左右金吾仗司」，疑通考脱書「左右金吾仗司」。

〔九一〕政和五年　宋會要職官二二之四「五」作「七」。

〔九二〕詔金吾衛仗司依格差武翼大夫以上　「翼」原作「冀」，據宋會要職官二二之四改。「衛」疑爲「街」之誤。

〔九三〕并入兵部　「兵」原作「工」，據宋會要職官二二之四改。

〔九四〕每門各二十戟　通典卷二五職官七、唐會要卷三二戟同，唐六典卷四、新唐書卷四八百官志三「二十」作「二十四」。

〔九五〕上柱國帶職事三品　通典卷二五職官七同，唐會要卷三二戟「帶」上有「柱國」二字。

〔九六〕上都護門十二戟　通典卷二五職官七同，唐會要卷三二戟「上」前有「上州」二字。新唐書卷四八百官志三「上州」在「護」下。

〔九七〕諸州門各十戟　通典卷二五職官七同。唐會要卷三二戟「諸」作「中下」，新唐書卷四八百官志三「諸」作「中州下州」。

〔九八〕近日散試官便帶高階者衆　通典卷二五職官七同，唐會要卷三二載「便」作「使」。

〔九九〕以他官及内侍典領　「侍」原作「時」，據元本、慎本、馮本改。

〔一〇〇〕儀鸞司勾當官四人　「四」，宋會要職官二二之五作「五」。

〔一〇一〕以諸司使副及内侍充　宋會要職官二二之五「諸」上有「京朝官」三字。

〔一〇二〕時太子與梁王共車入朝　「時」下原衍「景帝」二字，「太子」原舛在「與」下，據史記卷一〇二張釋之傳、漢書卷五〇張釋之傳刪正。

〔一〇三〕其旁設兵　「設」，後漢書百官志二注引胡廣語作「當」。

〔一〇四〕交戟以遮妄出入者　「交」下原衍「節」字，「妄」原作「誤」，「者」原作「也」，據後漢書百官志二注引胡廣語刪改。

〔一〇五〕宮中諸有劾奏罪　「劾」原作「詔」，據後漢書百官志二注引蔡質漢儀、通典卷二五職官七改。

〔一〇六〕在官大小　「官」原作「宮」，據馮本、後漢書百官志二注引蔡質漢儀改。

〔一〇七〕更名宗伯　「伯」原作「正」，據漢書卷一九上百官公卿表上、通典卷二五職官七改。

〔一〇八〕曰昆切　集韵平聲二作「枯昆切」。通典卷二五職官七作「口昆切」。

〔一〇九〕楚元王子郢客　「郢客」原作「鄙吝」，據漢書卷三六楚元王傳改。

〔一一〇〕劉辟疆　漢書卷三六楚元王傳作「劉辟彊」，「彊」通「疆」。

〔一一一〕劉軼字君文　「軼」原作「軫」，按後漢書卷七九上劉昆傳曰「子軼字君文」，「建初中稍遷宗正」，故據改。

〔一一二〕梁孝王之胤　「胤」原作「允」，據後漢書卷七九上劉昆傳、通典卷二五職官七改。

〔一一三〕太極元年加置一人　唐會要卷六五宗正寺「太極元年」作「景雲二年十一月四日」。

〔一一四〕大宗正司知司事二人　按宋史卷一六四職官志四、宋會要職官二〇之一七載元豐官制，乃指「知及同知官各一人」。

〔一一五〕少卿一人以太常兼　按宋會要職官二二之一〇載，此事見於建炎三年四月十三日詔。

〔一一六〕三年　按宋會要職官二〇之一一，復置少卿一員事見於「建炎三年十二月九日詔」，通考失書紀年「建炎」。

〔一一七〕以其事歸宗正　宋史卷一六四職官志四同，宋會要職官二〇之一「其」作「歸大宗正司」。

〔一一八〕崇寧元年　「元」原作「三」，據宋史卷一九徽宗本紀一、宋會要職官二〇之三三至三四改。

〔一一九〕其知及同知如舊制　「其知及同知」五字原脱，據宋史卷一六四職官志四補。

〔一二〇〕以文臣充　「臣」原作「人」，據宋史卷一六四職官志四改。

〔一二一〕分按六署吏十有二　宋會要職官二〇之一七引神宗正史職官志作「分案五設吏十有一」。

〔一二二〕設敦宗院　「敦」原作「厚」，據慎本、宋史卷一六四職官志四改。

〔一二三〕詔知宗宗丞照百司例　宋史卷一六四職官志四「知宗宗丞」作「知宗正丞」。

〔一二四〕淳化六年始設局置官　按宋會要職官二〇之五五載，太宗至道初，詔刑部郎中張洎與駕部郎中史官修撰梁周翰同編皇屬籍，未成，張洎卒，止周翰領其事。真宗咸平初，詔於宗正寺建屬籍樓，又詔督修玉牒。周翰又奏宗正卿趙安易同領其事，遂於祕閣廳編纂之，玉海卷五一亦同。又淳化止於五年，通考作「淳化六年」，疑誤。

〔一二五〕詔以皇宋玉牒爲名　長編卷八〇大中祥符六年正月辛酉條載：「詔宗正寺以皇屬籍爲皇宋玉牒，從判寺趙世長等之請。」宋會要職官二〇之五五載「詔以皇宋玉牒爲名」在大中祥符六年。

〔一二六〕建玉牒殿宇新寺　按宋會要職官二〇之五五載，大中祥符「八年，建玉牒殿、屬籍堂於新寺」。玉海卷五一載：「先是咸平二年正月甲申，徙宗正寺於延和坊，建樓以藏。舊在闕前廡下，以湫隘徙之。祥符八年二月乙卯，詔鹽鐵副使段燁擇地營建，徙於副善坊，建殿堂於寺。九月庚午二十三日，賜殿名曰玉牒殿，堂曰屬籍堂。」可知建玉牒殿在大中祥符八年。

〔一二七〕大中祥符九年　「大中祥符」四字原脱，據宋史卷一六四職官志四、宋會要職官二〇之五五、長編卷八六大中祥符九年三月癸亥條補。

〔一二八〕前修玉牒官馮允亦是兼編修會要　宋會要職官二〇之五六「馮允」作「馮元」。按宋史卷二九四馮元傳，馮元曾任史館修撰。

〔一二九〕玉牒所於舊三班院置局　「所」、「舊」原脱，據宋會要職官二〇之五六補。

〔一三〇〕紹興十二年襲舊制始建　按宋史卷一六四職官志四載，「紹興十二年始建玉牒所」，通考似應補「玉牒所」三字。

〔一三一〕改崇玄學曰崇玄館　下「玄」字原作「賢」，據新唐書卷四八百官志三、唐會要卷六四崇玄館改。

〔一三二〕置大學士二人　「二」，新唐書卷四八百官志三作「一」。

〔一三三〕後復置左右街大功德使　「街」原作「衙」，據新唐書卷四八百官志三改。下「左右街功德使」、「兩街功德使」同。

〔一三四〕以道士女冠隸左右街功德使　「冠」原作「官」，按上文「天下僧尼道士女冠皆隸鴻臚寺及「道士女冠隸宗正寺」改。

卷五十六　職官考十

太僕卿 少卿　丞　主簿　乘黃署　典廄署　典牧署　車府署　諸牧監

周官有太僕下大夫，掌正王之服位，出入王之大命，似今太僕之職。一云周穆王置太僕正，以伯冏爲之，冏，俱永切。掌輿馬。秦因之。在周官則校人掌馬，巾車掌車，及置太僕，兼其任也。漢初，夏侯嬰常爲之。漢書曰夏侯嬰爲沛公太僕，常奉車，自高帝至文帝，常爲太僕。又石慶爲太僕，御出，上問車中幾馬，慶以策數馬畢，曰：「六馬。」領五監，龍馬、閑駒、橐泉、騊駼、承華五監，各有長、丞。六廄各有令。或曰，六廄謂未央、承華、騊駼、龍馬、輅軨、大廄也，馬皆萬匹。武帝承文、景蓄積，海內殷富，廄馬有四十萬匹。時匈奴數寇邊，遣衛青、霍去病發十萬騎，并負私從馬〔一〕，凡十四萬匹，窮追，大破匈奴。漢馬死者十餘萬匹。匈奴雖病遠去，而漢亦馬少，無以復往。王莽改太僕爲太御。後漢太僕與漢同，亦掌車馬，天子每出，奏駕上鹵簿用，大駕則執馭〔二〕。初，漢西京置六廄，東京約省，唯置一廄。魏因之。晉初有之，銀章青綬，五時朝服，進賢兩梁冠，佩水蒼玉，領典牧、乘黃、驊騮、龍馬等廄令。自元帝過江之後，或置或省，故驊騮廄爲門下之職。晉、宋以來不常置，郊祀則權置太僕執轡，事畢則省。齊亦然。梁太僕卿位視黃門侍郎，統南牧、左右牧、龍廄、內外廄〔三〕。陳因之。後魏兼置少卿。太武帝平統萬赫連昌，定隴右禿髮、沮渠等，河西水草善，乃以爲牧地，六畜滋息，馬三百餘萬匹，駝駞將半之，牛則無數。孝文帝遷洛陽之後，復以河陽爲牧場，恒置戎馬十萬匹，以擬京師軍警之備。每歲自河西徙牧於并州，漸南，欲其習水土而無死傷也，而河西之牧滋甚。北齊太僕寺統驊騮、左右龍、左右牝、乘黄、車府署，卿及少卿各一人。後周如古周。隋如北齊，煬帝加署少卿一人。唐龍朔二年，改太僕爲司馭，咸亨初復舊。光宅元年改爲司僕，神龍初復舊。卿一人，掌馭五輅。少卿本一員，景雲元年加一員，領乘黄、典廄、典牧、車府等四署。署各有令。天下監牧置八使、五十六監。貞觀初，僅有牧牝三千匹，從赤岸澤徙之隴右。十五年，始令太僕卿張萬歲勾當群牧〔四〕。至麟德，四十年間馬至七十萬六千匹。置八使，領六監。初置四十八監，跨隴、渭、秦、原四州之地，猶爲隘狹，更析八監，布於河曲。其時天下以一縑易一馬。儀鳳三年，少卿李思文檢校隴右諸牧監，方稱使。爾後或戎狄外侵，或牧圉乖散，洎乎垂拱，漸耗大半〔五〕。開元初，牧馬二十四萬匹，十三年加至四十五萬匹；初有牛三萬五千頭，是年有五萬頭；初有羊十一萬二千口，是年亦二十萬六千口，盛於垂拱。

丞，秦、漢有二人，後漢一人，漢書張敞字子高〔六〕，爲太僕丞。魏、晉因之。東晉或省或置。梁有丞，陳因之。後魏、北齊丞一人。隋三人，唐因之。

主簿，梁置一人，北齊亦一人，隋二人，唐因之。

宋太僕寺，判寺事一人，以朝官以上充。凡邦國廄牧、車輿之政令，分隸群牧司〔七〕、騏驥院諸坊監，本寺但掌天子五輅、屬車，后妃、王公車輅，給大、中、小祀牛羊。元豐改官制，置卿、少卿、丞、主簿各一人。卿掌車輅、廄牧馬政之令，少卿爲之貳，丞參預之。元祐二年〔八〕，詔：「外監事，令本寺依群牧司舊法施行。應内外馬事專隸太僕，直達樞密院，更不經尚書省及駕部〔九〕。」三年，詔省主簿一員。所隸官司十：車輅院，掌乘輅法物、輦。左右騏驥院〔一〇〕，左右天駟監，掌養國馬。鞍轡庫，掌御馬鞍轡，及給賜臣下。

養象所，養馴象。駞坊，車營、致遠務，掌分養雜畜。上下監。掌治療病馬。元豐末，廢畿内牧馬監。元祐初，置左右天廄坊，聽民間承佃牧地。紹聖初，置孳生監。中興後，廢太僕，併入兵部。

乘黄署。後漢太僕有未央廄令。魏改爲乘黄廄。乘黄，古之神馬，因以爲名。乘黄亦名飛黄，背有角，日行萬里。淮南子云天下有道，飛黄伏皁。一云神黄，獸名，龍翼馬身，黄帝乘而仙。晉以下因之。宋屬太常。銅印墨綬〔一一〕，進賢一梁冠，絳朝服。歷代皆有，悉掌乘輿。唐令、丞各一人，掌乘輿車輅。

典廄署。周官有校人、圉師、趣馬，掌十二閑之馬。漢西京太僕有龍馬長，東京有未央廄令，掌乘輿及宫中之馬。魏爲驊騮廄。晉有驊騮、龍馬二廄。自宋以後，分驊騮廄屬門下。梁太僕有龍廄及内外等廄，陳因之。北齊有驊騮、左右龍等署。後周有左右廄，各上士一人。隋如北齊。唐改龍廄爲典廄署，令二人，丞四人，掌在廄繫飼馬牛及雜畜事。

典牧署。周官牧師下士四人，掌牧馬而頒之。秦、漢邊郡置六牧師令〔一二〕。説在諸牧監篇。魏、晉以下因之。隋有典牧、牛羊等署，各置令、丞。唐有乘黄等四署，令、丞各四人，掌外牧及造酥酪脯腊之事。

車府署。秦有車府令，以趙高爲之。歷代皆有。漢、魏屬太僕。宋、齊以後屬尚書駕部，北齊以下又屬太僕。唐置令、丞各一人，掌王公以下車輅。

諸牧監。漢太僕有牧師諸苑三十六所，在北邊、西邊，以郎爲苑監官。魏置牧官都尉，晉因之。自後無聞。北齊有左右牝牡、駝、牛、羊等署令。後周曰典牝典牡上士、中士，又有典駝、典羊、典牛中士。隋曰典牧署、牛羊署令丞。唐初因之，分曰牧監，置監、副監、丞、主簿。武太后聖曆二年正月，置控鶴府，監一員，從三品；丞一員，從六品；主簿一員，從七品；控鶴左右各二十員，從五品下。以張易之爲控鶴監，統左控鶴，出入供奉。以麟臺監張昌宗統右控鶴，内供奉。久視元年六月，改控鶴監爲天驥府；其月二十五日，又改爲奉宸大夫，前改爲天驥者宜内供奉。員半千以奉宸之職，古無其事，又授斯任者率多輕薄，非朝廷進德之選〔一三〕，上疏請罷之，由是忤旨。其年四月敕：「奉宸令一員，從三品；奉宸侍郎一員，從四品上；奉宸大夫十員，左、右各五品上〔一四〕；奉宸驂乘十員，左右各五、從六品上；奉宸主簿一員，從七品上。凡二十四員，以應二十四氣。控鶴、奉宸之名，歷代不設，既以車馬名職，遂附此篇。

宋有群牧司制置使、景德四年置〔一五〕。使、副使、都監、判官。制置使一人，以樞密使、副爲之。明道二年罷，未幾復置。使一人，以兩省以上充。使舊一員。皇祐初，以翰林學士、吏部郎中梁適爲同群牧使。時彭乘已爲使，適員外置也。副使一人，以内侍都知充〔一六〕。都監二人，以諸司使充〔一七〕。判官二人，以京朝官充。掌内外廄牧之事，周知國馬之政，而察其登耗。凡受宣詔、文牒，則以時下於院、監。大事則制置使同簽，小事則專遣其副使。都監不備置，判官、都監每歲更出諸州巡坊監，點印國馬之蕃息者。左右騏驥院勾當官各三人，以諸司使、副及内侍充。掌牧養國馬，以供乘輿及頒賜王公群臣、蕃夷國信給騎、軍廄置之用。天駟左、右四監，監官各一人。左、右天廄坊，監官各一人。牧養上、下監官各一人，並以三班使臣充。乳酪院，以勾當左騏驥官兼，掌供尚食乳餅酥酪之事。藥蜜庫，監官二人，以京朝官充，掌受糖蜜藥物，以供馬醫之用。估馬司〔一八〕，勾當官三人，以内侍押班、諸司使副充，掌閲諸州所市馬，平其直。車營、致遠務，監官三人，以京朝官、諸司使副充，掌養飼驢、牛，以駕車乘。駝坊，監官二人，以三班使臣充，掌牧養橐駝。皮剥所，監官二人，以三班使臣充，掌割剥馬牛諸畜之死者。

大理卿 少卿 正 丞 主簿 獄丞 司直 評事 監

今大理者，亦舜攝帝位，皋繇作士，正五刑，周秋官之任。秦爲廷尉，漢因之。掌刑辟，凡獄必質之朝廷，與衆共之義也。兵獄同制，故曰廷尉。此應劭注也。顔師古曰：「廷，平也。理獄貴平，故以爲號。」景帝中六年更名大理〔一九〕，武帝建元四年復爲廷尉，哀帝元壽二年復爲大理〔二〇〕。後漢廷尉卿，凡郡國讞疑，讞，質。皆處當以報。楊賜爲廷尉，乃嘆曰：「昔『三后成功，惟殷於民』，而皋繇不與焉。」蓋吝之也，遂以世非法家固辭。漢官儀曰：「光武時有疑獄，見廷尉曹史張禹，所問輒對，處當詳理，於是策免廷尉，以禹代之。雖越次而授，亦足以勵其臣節。」以世家爲之〔二一〕，而郭氏尤盛。郭躬爲廷尉。躬家世掌法，務在寬平，乃條諸重文可從輕者四十一事奏之〔二二〕，事皆施行，著之於令。建安中，復爲大理。鍾繇以大理爲相國。魏黄初元年，改爲廷尉。鍾毓字稚叔，爲廷尉。聽君父亡没，臣子得爲理謗；及士爲侯，其妻不復改嫁，毓所制也〔二三〕。歷代皆爲廷尉。梁國初建曰大理，天監元年復改爲廷尉。舊用黄門，後視祕書監。有正、監、平三人。元會，廷尉三官與建康三官，皆法冠玄衣朝服，以監東、西中華門，手執方木，長三尺、方一寸〔二四〕，謂之「執方」。天監元年，詔建康獄依廷尉三官，置正、監、平，革選士流，視給事中〔二五〕，以尚書郎出爲之；冠服〔二六〕，廷尉三官同。陳因之。後魏亦曰廷尉。北齊曰大理寺，置卿、少卿各一人。後周有刑部中大夫，掌五刑之法，附萬人之罪，屬大司寇，亦其任也。今刑部侍郎之任。隋初與北齊同，文帝時議置六卿，將除大理，盧思道奏曰：「省有駕部，寺留大僕；省有刑部，寺除大理，斯則重畜産而賤刑名也。」至煬帝加置少卿二人。唐龍朔二年，改大理爲詳刑，咸亨元年復舊。光宅元年改爲司刑，神龍元年復舊。卿一人，掌鞫獄，定刑名，決諸疑讞。

少卿二人，永徽六年，初置少卿一人，神龍元年又加一員。正二人，丞六人，主簿二人，司直六人，評事十二人。

正。秦置廷尉正，漢因之。後漢一人。魏、晉謂正、監、平爲廷尉三官。晉廷尉三官通視南臺持書，舊尚書郎下遷。梁制，服獬豸冠，介幘，皁衣，銅印墨綬〔二七〕。其後皆有。隋開皇三年增爲四員，煬帝增爲六員。唐二人，通判寺事。龍朔二年，改爲詳刑大夫，咸亨初復舊。

丞。自晉武咸寧中，曹志上表，請廷尉置丞。宋、齊、梁並因之，後魏亦然。北齊曰大理丞，一人。隋初二人，至煬帝改爲勾檢官，增爲十六人〔二八〕，分判獄事。唐又曰丞，置六人。杜景佺、徐有功並爲司刑丞，與來俊臣、侯思止同制獄〔二九〕，人稱之曰：「遇徐、杜必生，遇來、侯必死。」

主簿，自魏、晉、宋、齊、梁、陳皆有。唐置二人。

獄丞。晉有左、右丞各一人，宋、齊因之。梁、陳置二人，後魏、北齊亦然。隋有獄掾八人。唐曰丞，有四人。

司直，後魏永安二年〔三〇〕，置司直十人，御史中尉高穆所奏置。視五品，隸廷尉。位在正、監上，不署曹事，唯覆理御史檢劾事。漢武已置司直，屬丞相府，非此司直。北齊、隋因之。隋初置十人，煬帝置十六人。唐置六人。掌承制出使推覆，若寺有疑獄則參議之。

評事。漢宣帝地節三年，初於廷尉置左、右平，員四人。宣帝詔曰：「今遣廷吏與郡鞫獄，任輕禄薄，其爲置正平，員四人，其務平之。」涿郡太守鄭昌上言曰：「聖王立法明刑者，非以爲理救衰亂之起也。今明主躬垂明聽，不置廷平，獄將自正。若開後嗣，不若删定律令。律令定，愚民知所避就，姦吏無所弄法。今不正其本，而置廷平，以理其末，代衰聽惑〔三一〕，則廷平將摇權而爲亂首也〔三一〕。」宣帝始置左、右平，而三輔決録注云「何比干，漢武帝爲廷尉右平」，謬矣。後漢光武省右平，唯有左平一人，掌平決詔獄，冠法冠。魏、晉以來無左、右，而直謂之「廷尉平」。後魏、北齊及隋，廷尉平各一人。開皇三年罷。至煬帝乃置評事四十八人，掌與司直同，其後官廢。唐貞觀二十二年，褚遂良議重法官，復奏置評事十員，掌出使推覆。後加二人爲十二員。

監。秦置廷尉監。漢有左、右監，邴吉字少卿，爲廷尉監。光武省右監，唯有左監一人。魏、晉以來無左、右，而直云廷尉監。隋開皇三年，罷大理監。

宋大理寺，以朝官一員或二員判寺事，一員兼少卿事。建隆二年，以工部尚書竇儀判寺事。故事，臺省長官兼判公事，得言判某官事，如晉朝尚書左丞崔祝兼判太常卿事是也。若止言寺事，則其屬丞、正並可行之。竇儀兼判太常寺，又判大理寺事，皆新例也。凡獄訟之事，隨官司決劾，不復聽訊〔三三〕，但掌斷天下奏獄，送審刑院詳讞，同書以上於朝。熙寧九年，神宗謂國初廢大理獄非是，以問孫洙，洙對合旨。於是下詔〔三四〕：「以京師官寺，凡有獄皆繫開封府司録司及左、右軍巡三院，囚逮猥多，難於隔訊，又暑多瘐死，因緣留滯，動涉歲時。稽參故事，宜屬理官，可復置大理獄。天下奏案，刑部、審刑院詳斷。置卿一、少卿二、丞四。」始命崔台符知卿事，蹇周輔、楊汲爲少卿，各舉丞及檢法官。凡官屬依御史臺例，謁有禁。官制行，左斷刑，右治獄，各五案〔三五〕。左廳斷刑，曰詳刑、詳讞、宣黄、分簿、奏表。右廳治獄，曰左推、右推、寺案、知雜、檢法〔三六〕。元祐間，因鮮于侁所請，廢大理獄，後復。卿掌折獄、詳刑、鞫獄之事。凡職務分左右：天下奏劾命官、將校，及大辟囚以下以疑請讞者，隸左斷刑，則司直、評事詳斷，丞議之，正審之；若在京百司事當推治，或特旨委勘及係官之物應追究者，隸右治獄，則丞專推鞫。蓋少卿分領其事，而卿總焉。建炎三年併省寺監，而大理如故，省卿，而斷刑、治獄少卿各一員。寺正，神宗復置大理獄後置寺正。元豐五年，刑部乞分評事、司直與正爲斷司，丞與長貳爲議司，凡斷案，先上正看詳當否，論難改正，然後過議司覆議。建炎併省，斷刑治獄寺正各一員〔三七〕。寺丞，國初爲寄禄官，視後來宣教郎。神宗正官名，置獄丞四員，命卿、少舉官。元豐五年，命莫君陳等九人爲大理寺丞，始自朝廷差官也。舊制，斷刑寺丞六員，建炎三年減三員，治獄寺丞減二員。司直，元豐時命程嗣先等四人爲之。建炎三年〔三八〕，詔斷刑司直兼治獄司直，其治獄司直罷。評事，國初爲京官寄禄，視後來承事郎。元豐正官名，命張仲穎等十二人爲評事。隆興二年，詔評事以八員爲額，以雷、霆、號、令、星、斗、文、章爲號。

鴻臚卿 少卿　丞　主簿　典客署　司儀署

周官大行人，掌大賓客之禮。周禮又有象胥，干寶注云：「若晉鴻臚也。」秦官有典客，掌諸侯及歸義蠻夷。史記曰：「韓信亡楚歸漢，爲連敖。」徐廣注云：「連敖，典客。」漢改爲鴻臚。應劭曰：「郊廟行禮，贊導九賓。鴻，聲也；臚，傳也。所以傳聲贊導，故曰鴻臚。」景帝中二年令〔三九〕：諸侯王薨，列侯初封及之國，大鴻臚奏謚、誄、策；應劭曰：「皇帝延王諸侯〔四〇〕，賓王諸侯〔四一〕，皆屬大鴻臚。故其薨，奏其行迹，賜與謚及哀策誄文〔四二〕。」列侯薨及諸侯、太傅初除之官，大行奏謚、誄、策。周禮有大行人、小行人，主謚官，故以名之。臣瓚曰：「大行是官名，掌九儀之制，以賓諸侯者。」顏師古曰：「事之尊重者遣大鴻臚，而輕賤者遣大行人。」中六年〔四三〕，改大鴻臚爲大行令。武帝太初元年，更名大鴻臚，又更名其屬官行人爲大行令。其屬官又有郡邸長、丞，主諸郡之邸在京師者。至後漢省，但令郎理郡邸。秦時又有典屬國官，掌蠻夷降者。漢因之，成帝河平元年省之，併大鴻臚。王莽改曰典樂。後漢大鴻臚卿一人。諸王入朝，當郊迎，典其禮儀及郡國上計，餘職與漢同。凡皇子拜王，贊授印綬；及拜諸侯、諸侯嗣子及四方夷狄封者，臺下鴻臚召拜之；王薨，則使使弔之及拜王嗣〔四四〕。魏及晉初皆有之。自東晉至於宋、齊，有事則權置兼官，畢則省。梁除「大」字，但曰鴻臚卿，位視尚書左丞，常導護贊拜。職官録曰：「舊視散騎常侍，天監中視中丞、吏部。」後魏曰大鴻臚。北齊曰鴻臚寺，有卿、少卿各一人，亦掌蕃客朝及吉凶弔祭。後周司寇有蕃部中大夫，掌諸侯朝覲之叙；有賓部中大夫，掌大賓客之儀。隋文帝開皇三年，廢鴻臚寺入太常，十二年復置。領典客、司儀、崇玄三署。至煬帝置少卿二人。唐龍朔二年，改鴻臚爲同文〔四五〕，咸亨初復舊。光宅初改爲司賓，神龍初復舊。卿一人，掌賓客、凶儀之事，及册諸蕃。少卿本一員，景雲二年加一員。領典客、司儀二署。著各有令。

丞。秦曰典客丞，漢爲鴻臚丞，蕭望之爲之。魏、晉亦然。梁、陳、後魏、北齊皆有之。後周曰賓部上士。隋如北齊。唐因之，有二人。

主簿一人。

典客署。周官有掌客上士、中士，秦官有典客，漢改爲鴻臚。鴻臚屬官有大行令、丞。本名行人，武帝改爲大行令、丞。魏改大行令爲客館令。晉改爲典客。宋分置南、北客館令。齊、梁、陳皆有客館令、丞。後魏初曰典客監，太和中置主客令。北齊有典客署。後周置東南西北四掌客上士、下士。隋初又曰典客署，置令、丞。煬帝改爲典蕃署。唐爲典客署，置令、丞各一人，掌二王後、蕃客辭見宴接送迎及在國夷狄。

司儀署。周官有司儀上士、中士。漢大鴻臚有理禮郎，自後無聞。後魏置司儀官。北齊置署令、丞。後周置上士等員。隋如北齊。唐因之，置令、丞各一人，掌凶事儀式及喪葬之事。

宋鴻臚寺判寺事一人，以朝官以上充。凡四夷朝貢、宴享、送迎之事，分隸往來國信所〔四六〕、都亭懷遠驛、禮賓院。本寺但掌祭祀、朝會、前資致仕、蕃客進奉位〔四七〕，享拜周六廟三陵；公主、妃主以下喪葬，差官監護〔四八〕，給其所用鹵簿；文武官薨卒之事〔四九〕。往來國信所管勾官二人，以都知、押班充。掌大遼使介交聘之事。都亭驛監官一人。西驛管勾官二人，以諸司使、副以下至三班使臣充。掌河西蕃部貢奉之事。禮賓院監官二人，以閤門祇候以上及三班使臣充。掌蕃夷貢朝、互市之事。懷遠驛監官二人，以監外物料庫官兼。掌西南蕃、交州、龜茲、占城、注輦、大石、于闐、甘、沙、宗哥等貢奉之事。元豐官制行，置卿、少卿、丞、主簿各一人。卿掌四夷朝貢、宴勞、給賜、送迎之事，及國之凶儀、中都祠廟、道釋帳籍除附之禁令。少卿爲之貳，丞參領之〔五〇〕。所隸官屬十有二：中泰一宫、建隆觀等各置提點所，掌殿宇齋宫器用儀物陳設、錢幣之事。在京寺務司及提點所，掌諸寺葺治之事。傳法院，掌譯經潤文。左、右街僧録司，掌寺院僧尼帳籍及僧官補授之事〔五一〕。同文館及管勾所，掌高麗使命。都亭西驛、懷遠驛、禮賓院所掌見前。中興後廢鴻臚，併入禮部。

司農卿 少卿 丞 主簿 上林署 太倉署 鈎盾署 導官署 苑總監 諸倉監 司竹監 温泉湯監 諸屯監 驥粟都尉等官

典農中郎將等官 籍田令

少皞氏以九鳸爲九農正。鳸，鳥也。鳸有九種，以爲農號，各隨其宜，以教人事。舜攝帝位，命棄爲后稷。周則爲太府下大夫。秦爲理粟内史，掌穀貨。漢景帝更名大農令，武帝太初元年更名大司農。掌九穀六畜之供膳羞者，見宋志。漢書曰主穀貨。凡郡國諸倉、農監、都水六十五官皆屬焉。毋將崇字君房，爲執金吾。上發武庫兵送董賢及乳母，崇以爲：「武庫兵器，天下公用，繕修造作，皆度大司農錢。自乘輿不以給供養，勞賜一出少府，蓋不以本藏給末用，不以人力供私費也。」王莽改曰羲和，後改爲納言。後漢大司農掌諸錢穀金帛，劉據爲大司農，以職事被譴，靈帝召詣尚書〔五二〕，傳呼促步，將加捶撻〔五三〕。尚書令左雄奏曰：「九卿位亞三公，行有佩玉之節，動有庠序之儀。孝明永平始加撻罰〔五四〕，非古典也。」帝從之。九卿於此始免捶扑。郡國四時上月旦見錢穀簿，其逋未畢，各具别之。邊郡諸官請調度者，皆爲給報〔五五〕，損多益寡，取相給足。初，郡國鹽官、鐵官並屬司農，中興皆屬郡縣。建安中爲大農。魏黄初元年，又改爲司農。晉初因之。渡江，哀帝末，省司農并都水，孝武復置。宋、齊皆有之。梁司農卿位視散騎常侍，主農功倉廩。陳因之。後魏曰大司農。北齊曰司農寺，有卿、少卿各一人，掌倉市薪米〔五六〕，園池果實。後周有司農上士一人，掌三農、九穀、稼穡之政令，屬大司徒。隋初與北齊同，煬帝置少卿二人。唐龍朔二年，改司農爲司稼，咸亨初復舊。卿一人，少卿二人，掌東耕供進耒耜及邦國倉儲之事，領上林、太倉、鈎盾、導官四署。署各有令、丞。

丞。秦曰理粟内史丞，有二人。漢爲大司農丞，亦二人，或謂之中丞。耿壽昌爲大司農中丞，奏設常平倉給北邊，省轉漕。又桑弘羊爲大司農中丞，管諸計會事〔五七〕。平帝又置大司農部丞十三人，人部一州，勸農桑。後漢司農丞一人、部丞一人，部丞主帑藏。魏、晉因之。銅印黄綬，宋、齊以來墨綬。進賢一梁冠，介幘皁衣。後魏、北齊皆有司農丞。隋置五人。唐六人。

主簿，晉太康中置，自後無聞。梁、陳又有。北齊亦然。唐因之。

宋司農寺判寺事二人，以兩制或朝官以上充。熙寧二年，立常平斂散法。三年，詔以新法付司農寺〔五八〕，而農田水利、免役、保甲等法悉自司農講行。以呂惠卿、鄧綰判寺，胡宗愈、曾布同判。元豐官制行，寺、監不治外事，遂循唐典，正其職秩，司農舊職悉歸户部右曹。司農掌倉儲委積之政令，總苑囿庫務之事而謹其出納。京都官吏禄廩，諸路歲運至京師，悉掌焉。凡苑囿行幸排比及薦享進御、頒賜植藏之物，與造麴蘖、給薪炭，皆戒有司以時辦具。天子親耕籍田，則奉耒耜。所隸官屬凡五十，倉二十有五。續會要總倉作二十四。草場十有二，續會要作十。排岸司四，園苑四。建炎三年，詔罷司農寺。紹興四年，復置司農寺，卿、少各特置一員。　丞，熙寧新法行，呂惠卿請始置司農寺丞一員。五年，增置丞四員，仍與簿輪出，按察逐州保甲〔五九〕。又置勾當公事官，以葉康直等四人爲之〔六〇〕。九年，以勾當公事官所至輒用喜怒，罷之。元豐四年，止留丞一員，餘並罷。中興後，置丞二員。　主簿，治平中已置。熙寧新法行，詔增一員，後置六員。元豐四年，罷三員。建炎罷，紹興復置。

上林署，漢水衡都尉之職。説在都水篇。後漢曰上林苑令、丞，主苑中禽獸。頗有人居〔六一〕，皆主之。

魏、晉因之。江左無聞。宋初復置，隸尚書殿中曹〔六二〕。齊因之。梁、陳屬司農。北齊及隋亦然。唐因之，有令二人、丞四人，掌諸苑囿、池沼、種植、蔬果、藏冰之事。

宋四園苑提舉官，無常員，以三司判官、内侍都知、諸司使以上充。東曰宜春，南曰玉津，西曰瓊林，北曰瑞聖。監官各二人，以諸司使、副或内侍、三班使臣充。又有西京宮苑司勾當官一人。元豐後，四園苑屬司農。

太倉署。周官有廩人下大夫、上士，秦官有太倉令、丞。漢因之，屬大司農。後漢令主受郡國傳漕穀。其滎陽敖倉官，中興後屬河南尹。歷代並有之。晉江左以來，又有東倉、石頭倉丞各一人。北齊亦然。後周曰司倉下大夫。隋有令二人、丞六人。唐有令三人、丞二人，掌倉廩出納。

宋諸倉，京城有船般倉、税倉、中倉。總二十五名監官，每界二人，以京朝官及三班使臣充。元豐後，二十五倉屬司農。官吏軍兵禄食，凡綱運受納及封樁支用，月具報數，以報司農。中興後，又有豐儲倉。初，紹興以上供米餘數樁管別廩，以爲水旱之助，後益增廣收糴，置監官二員，監門官一員。淳熙間，命右司爲之提領，後以屬檢正。非奉朝廷指揮，不許支撥。凡外州軍起到樁管米〔六三〕，從司農寺差官盤量，據納到數報本所樁管。

鈎盾署〔六四〕。漢鈎盾令，宦者，典諸近園苑遊觀之事〔六五〕，屬少府。後漢亦有之。晉大鴻臚屬官有鈎盾令，自後無聞。北齊如晉制。隋如北齊，令三人，丞十二人。唐因之，令二人，丞四人，掌薪炭、鵝鴨、藪澤之物。天寶五載九月，侍御史楊釗充木炭使，自後相循，或以京尹，或以户部侍郎充。

導官署。導，擇。周有舂人，秦、漢有令、丞，屬少府。漢東京令、丞主舂御米，及作乾糒，音備。屬大司農。歷代皆有。唐置令二人，丞四人，掌舂碾米麪油燭之事。

苑總監，自隋而置，東、西、南、北各有監及副監。唐因之，兼有丞、主簿等官，以掌苑内宫館、園池之事。

諸倉監。後漢河南尹屬官有滎陽穀倉長、丞。梁司農有左、中、右三部倉丞，陳因之。隋諸倉各有監官，唐因之。掌倉廪出納。

司竹監。漢有司竹長、丞。魏、晉河南淇園竹，各置官守之。後魏有司竹都尉。隋曰司竹監。唐因之，有監、副監、丞，掌植養園竹之事。

温泉湯監、令，唐置，掌湯院宇，修整器物，以備供奉。

諸屯監。隋置諸屯監及副監，畿内者隸司農，自外者隸諸州。唐因之，置監及丞，掌營種屯田，勾當功課、畜産等事。

騪粟都尉，騪音搜，索也。漢武帝軍官，不常置。又有治粟都尉、均輸令，漢有之，後漢省。

斡官長，漢有之。如淳曰：「斡音管，或作幹。主均輸之事〔六六〕，所謂斡鹽鐵也〔六七〕。」晉灼曰：「箭幹之官長也〔六八〕。均輸自有令。」師古曰：「如説讀爲幹，持貨財之事〔六九〕，非箭幹也。」初，斡官屬少府，中屬主爵，後屬司農〔七〇〕。

典農中郎將，典農都尉，典農校尉，並曹公置。晉泰始二年〔七一〕，罷農官爲郡縣，後復有之。隋煬帝罷典農官。

勸農謁者，梁武帝天監九年置，視殿中御史，自騣粟以下，盡屬司農。唐無之。

籍田令，周爲甸師。漢文帝感賈誼之言，始開籍田，置令、丞，掌耕國廟社稷之田。春始東耕於籍田，祠先農，大賜三輔二百里孝弟力田、三老帛種。百穀收萬斛，立爲籍田館，穀皆以給祭天地、宗廟、群臣之祀。東漢及魏闕。晉武復置，江左省。宋元嘉中又置。

宋掌帝籍耕耨、出納之事，五穀、蔬果、藏冰以待用。元豐三年，詔籍田令隸太常寺。渡江初闕，紹興十五年，初除康與之爲籍田令。三十一年，詔籍田司權罷，官吏並罷。後復置。

太府卿 少卿　丞　主簿　諸市署　平準署　左右藏署　常平署

周官有太府下大夫，掌貢賦之貳，受其貨賄之入，頒其貨賄於受藏之府。歷代不置，然其職在司農、少府。至梁天監七年，置太府卿，位視宗正，掌金帛、府帑及關津、市肆。陳因之。後魏太和中，改少府爲太府卿，兼有少卿，掌財物庫藏。王顯謂楊固曰：「吾作太府卿，庫藏充實。」固曰：「減百官之禄，及贓贖悉入京藏，以此充府，未足爲多。且『有聚斂之臣，寧有盜臣』。」北齊曰太府寺，亦有卿、少卿各一人，又兼掌造器物。後周有太府中大夫，掌貢賦貨賄，以供國用，屬大冢宰。隋初與北齊同，所掌左右藏及尚方、司染、甄官等署。煬帝置少卿二人，又分太府寺置少府監，管尚方、織染等署，而太府但管京都市及平準、左右藏〔七二〕。唐龍朔二年，改太府爲外府，咸亨元年復舊。光宅元年改爲司府，神龍元年復舊。卿一人，少卿二人，龍朔元年置少卿二人，分監兩都事，太極元年又加一人。領兩京諸市、平準、左右藏、常平等九署〔七三〕。署各有令、丞。

丞，於周官爲太府上士之任，自後無聞。梁太府丞一人，陳因之。後魏、北齊各一人。後周曰太府上士。隋又曰府丞。唐因之，有四人。

主簿，亦周官太府下士之任，自後無聞。梁置一人，陳因之。後魏亦然。隋置四人。唐因之，減一人。

宋太府寺判寺事一人，以兩制或帶職朝官充。凡財貨廩藏貿易、四方貢賦、百官俸給〔七四〕，皆隸三司，本寺但掌供祠祭香、幣、帨巾、神位席〔七五〕，及造斗、秤、升、尺而已。元豐改制，始正職掌。四朝志：「此據續會要。而題名乃云：『國初省部寺監，惟以寄禄，寺則光禄、太常、宗正、衛尉、司農、大理，或以卿，或以貳，或以丞，各寓一階，別設主判之官以典事。惟太府則否，其職悉入三司諸案，故主判之任罕置。』與會要或異，當考。」卿掌財貨出納、貿易之事。凡貢賦之輸於京師者，至則別而受之，供君之用；及待邊費，則歸於内藏，供國之用；及待經費，則歸於左藏。應禄賜，以法給曆，從有司檢察，書其名數，鈎覆而後給焉。供奉之物，則承旨以進，審奏得畫，乃聽除之。若須畿内軍衣，則前期進樣，定其頒日。將校部營兵支請，月具數以聞。凡賈商之賦，小賈則門征之，大賈則輸於務。貨之不售，平其價鬻於平準，乘時賒貸以濟民用；若質取於官，則給用多寡各從其抵。歲以香、茶、鹽鈔，募人入豆穀實邊。即京都闕用物〔七六〕，預報度支。凡課入，以盈虧定課最〔七七〕，行賞罰。大祭祀、晨祼則卿置幣〔七八〕，奠玉則入陳玉帛。元祐三年，詔太府寺置長、貳，餘寺監長、貳互置。建炎三年，詔罷太府寺，撥隸金部，獨以一丞治鹺茗之質劑。凡省五年，而後復置卿、少各一員。丞，元豐改制置二人，元符中增一員。崇寧中置藥局，添丞一員，宣和中省一員。紹興置二員，參預寺事。主簿〔七九〕，元豐置二人，建炎罷，紹興復置。太府寺所隸官司二十有五：左藏東西庫。南北兩庫。掌受四方財賦之入，以待經費。内藏庫。受歲計之餘積，以待非常之用。奉宸庫。掌內庭金玉、珠寶、良貨。祗候庫。掌受錢帛雜物，以備傳詔頒給、賜予。元豐庫。神宗置。布庫。茶庫。雜物庫。糧料院。掌以法式批支諸司、諸軍之廩禄。審計司。掌審受給之數，驅磨當否。商税務〔八〇〕。收京城商税。汴河上下鎖、蔡河上下鎖。掌收舟船木筏之征。都提舉市易司。掌提點貿易貨物。雜買務。雜賣場市易上界。掌斂市不售、貨滯於民用者，貿易平價。市易下界。掌飛錢給券，以通邊糴〔八一〕。榷貨務。掌折博斛斗、金銀之屬〔八二〕。交引庫。掌給印出納交引錢鈔之事〔八三〕。抵當所。掌以官錢聽民質取，濟其緩急。和濟惠民局。掌合藥出賣，以濟民疾苦。店宅務。掌管官屋邸店。石炭場。掌受納出賣石炭。香藥庫。中興後，惟有糧料院、審計司、編估局、打套局、二局係揀選市舶香藥、雜物。交引庫、祗候庫、左藏東西庫、和濟惠民局、寄樁庫。

諸市署。周官有司市下大夫，掌市之理。漢京兆尹屬官有長安市長、丞。後漢則河南尹屬官雒陽市長、丞。魏、晉因之。東晉則丹陽尹管之。宋、齊因之。梁始隸太府，陳因之。後魏有京邑市令。北齊則司州牧領東西市令、丞。後周司市下大夫。隋初，京市令、丞屬司農，煬帝改隸太府。唐因之。每市令一人，丞二人。

平準署。周官有質人中士、下士〔八四〕，主平定物價。秦置平準令，漢因之。掌知物價及主練染作彩色。趙廣漢，州舉茂才，爲平準令。後漢平準令、丞隸大司農。熹平四年〔八五〕，改平準爲中準，使宦者爲之，列於內署，自是諸署悉以閹人爲令、丞。魏少府屬官有平準令〔八六〕。宋唯掌染。順帝即位，以帝諱「準」，故曰染署。齊又曰平準，屬少府。梁、陳則曰平水令、丞。北齊平準屬司農。後周曰平準中士、下士。

隋初如北齊，煬帝改隸太府。唐因之。令二人，丞四人，掌官市易。

左、右藏署。周官有職幣上士、中士，掌邦財之幣；又外府中士主泉藏；有玉府掌王之金玉兵器之藏；內府中士主貨賄，藏在內也；職內上士主泉貨所入，蓋其任也。後漢少府屬官有中藏府令、丞〔八七〕，魏因之。晉有左、右藏令，屬少府。晉江東置御史掌庫曹，後分庫曹曰外左庫、內左庫。至宋省外左庫，而內左庫直曰左庫。齊、梁、陳曰右藏。北齊曰左、右藏令，屬太府寺。後周曰外府上士、中士。隋如北齊。唐因之，置左藏署令三人，掌庫藏錢、布帛、雜綵。右藏署令二人。掌銅鐵、毛角、玩弄之物，金玉、珠寶、香、畫、彩色、諸方貢獻雜物。

常平署。漢宣帝時，耿壽昌請於邊郡皆築倉，穀賤時增價而糴，貴時減價而糶，名曰常平倉。常平之名，起於此也。後漢明帝置常滿倉。晉又曰常平倉，自後無聞。梁亦曰常平倉而不糴、糶。陳因之。後魏太和中，雖不名曰常平，亦各令官司糴貯，儉則出糶。隋曰常平倉。唐武德中，置常平監官，以均天下之貨。市肆騰踊則減價而出，田穡豐羨則增糴而收，觸類長之。後省監，置常平署令一人〔八八〕，掌倉糧管鑰、出納、糴糶。凡天下倉廩，和糴者爲常平倉，正租爲正倉，地子爲義倉。

祕書監 少監 丞 郎 校書郎 正字 著作郎 佐郎 正字 太史局令、丞

周官太史掌建邦之六典，又有外史掌四方之志、三皇五帝之書。漢氏圖籍所在，有石渠、石室、延閣、廣內，貯之於外府。又有御史中丞居殿中，掌蘭臺祕書及麒麟、天祿二閣，藏之於內禁。後漢圖書在

東觀，桓帝延熹二年，始置祕書監一人，掌典圖書、古今文字考合同異，屬太常。以其掌圖書祕記，故曰祕書。後省。魏武帝又置祕書令，典尚書奏事。即中書令之任。文帝黄初初，乃置中書令典尚書奏事，而祕書改令爲監，掌藝文圖籍之事。初屬少府，後乃不屬。自王肅爲監，乃不屬。其蘭臺亦藏書籍，而御史掌之。魏薛夏云蘭臺爲外臺，祕書爲内閣。晉武帝以祕書併入中書省，其祕書著作之局不廢。惠帝永平中，復别置祕書監，并統著作局，掌三閣圖書。自是祕書之府始居於外。其監，銅印墨綬，進賢兩梁冠，絳朝服，佩水蒼玉。宋與晉同。梁曰祕書省。任昉字彦昇，爲祕書監。自齊永元以來，祕閣四部篇卷紛雜，昉手自讎校，由是篇目定焉。陳因之。後魏亦有之。後周祕書監亦領著作，監掌國史。説在祕書丞注。隋祕書省領著作、太史二曹。煬帝增置少監一人，後又改監、少監並爲令。唐武德初，復改爲監。龍朔二年，改祕書省爲蘭臺，改監爲太史，少監爲侍郎，咸亨初復舊。天授初，改祕書監爲麟臺，神龍初復舊。掌經籍圖書，監國史，領著作、太史二局。太極元年，增祕書少監爲二員，通判省事。其後國史、太史分爲别曹，而祕書省但主書寫勘校而已。漢初，御史中丞掌蘭臺祕書圖籍之事，至魏、晉，其制猶存。故歷代營都邑，置府寺，必以祕書省及御史臺爲鄰。雖非要劇，然好學君子亦求爲之。魏徵後爲祕書監，奏引學者校定四部書，自是祕府圖籍燦然畢備。

丞。魏武帝置祕書令及丞一人，典尚書奏事。後文帝黄初中，欲以何禎爲祕書丞〔八九〕，而祕書先自有丞，乃以禎爲祕書右丞。其後遂有左、右二丞。劉放爲左丞，孫資爲右丞。後省。晉復置祕書丞，銅印墨綬，進賢一梁冠，絳朝服。嵇紹、司馬彪、傅暢、王謐等並爲此官。宋爲黄綬，餘與晉同。齊、梁尤重。陳、隋印綬與齊同。歷代皆有。後周柳蚪爲祕書丞，時祕書雖領著作，不參史事，因蚪爲丞，始命監掌焉。唐龍朔二年，改爲蘭臺大夫，咸亨初復舊。掌府事，勾稽省署抄目。

祕書郎。後漢馬融字季長。爲祕書郎，詣東觀典校書。及魏武建國，又置祕書郎，嘗以劉劭爲之[九〇]，出乘鹿車。王肅表曰：「臣以爲祕書職於三臺爲近密，中書郎在尚書丞、郎上，祕書丞、郎宜次尚書郎下，不然則宜次侍御史下。祕書丞、郎俱四百石，遷宜比尚書郎，出亦宜爲郡，此陛下崇儒術之盛旨也。尚書郎、侍御史皆乘犢車，而祕書丞、郎獨乘鹿車，不得朝服，又恐非陛下轉臺郎以爲祕書丞、郎之本意也。」晉祕書郎掌中外三閣經書，校閱脱誤。進賢一梁冠，絳朝服，亦謂之郎中。武帝分祕書圖籍爲甲乙丙丁四部，使祕書郎中四人各掌其一。宋、齊祕書郎皆四員，尤爲美職，皆爲甲族起家之選，待次入補，其居職，例十月便遷[九一]。宋王敬弘子恢之召爲祕書郎，敬弘爲求奉朝請[九二]，與恢之書曰：「祕書日有限，故有競，朝請無限，故無競，吾欲使汝處無競之地。」文帝許之。梁亦然。張纘字伯緒，爲祕書郎，固求不遷，欲徧觀閣内圖籍。自齊、梁之末，多以貴遊子弟爲之，無其才實。當時諺曰：「上車不落則著作，體中何如則祕書。」歷代皆有。北齊又謂之郎中。隋除「中」字，亦四員。唐亦四員，分掌四部經籍圖書，分判校寫功程事。龍朔中，改爲蘭臺郎，咸亨初復舊。開元二十八年，減一員。

宋太平興國二年，始建崇文院、昭文館、史館、集賢院，皆總爲崇文院。及端拱初建祕閣，擇三館書籍真本并内出古畫墨迹等藏之。亦在崇文院中。淳化元年，詔祕閣次三館，祕書省仍隸京百司。時祕書雖有監、少監、丞、郎，校書郎、正字、著作郎、佐，皆以爲寄禄官，常帶出入。祕監即今中大夫也。郎官至祕書監，有特令供職者，有以他官兼領者，有以判祕閣官兼判者。至道中，宋白以翰林學士承旨兼祕書監[九三]。淳化中，李至自前執政以禮部侍郎兼祕書監。祥符九年，楊億以祕書監判祕閣、兼祕書省事。見麟臺故事。凡邦國經籍圖書，悉歸祕閣，而祕書所掌，常祭祀祝版而已。元豐正名，以崇文院爲祕書省。既罷館職，麟臺故事云，國初，三館直館至校勘〔九四〕，通謂之館職，必試而命，不試而命者皆異恩。盡以三館職事歸祕書省，置祕書省職事官，自監、少至正字，不領他局。初除龍圖閣學士王勝之爲祕書監，時寄禄官爲正議大夫，蓋裕陵欲重此選，又勝之雅有文學故也。監掌書籍圖史〔九五〕、天文曆數之事。屬有五，著作、佐郎、祕書、校書、祕書正字，各以職隸於長貳。惟日曆非編修官不預。元祐中，復置集賢院校理〔九六〕。自校理而上，職有六等，隨官資除授，或領内、外職任，不必專在館中。紹聖初，罷之。宣和初，改元豐之制，增定爲十八員，以放唐登瀛之數。政和五年，詔祕書省殿以右文爲名，改集賢殿修撰爲右文殿修撰。建炎三年罷，紹興元年復置。舊祕書省建於禁中，至是權寓臨安府法惠寺。十四年，創新省於天井巷之左。少監游操援政和故事，乞置提舉官，遂以授禮部侍郎秦禧。後又以孟忠厚爲醴泉觀使提舉，月過局如宰執。五年，立定十八員爲額，太史局文德殿鐘漏所隸焉。隆興元年，詔監、少、丞外，以七員爲額。二年，詔依祖宗舊法，更不立額。丞：淳化六年，詔祕書監、丞仍舊，惟無定員及不專職，分莅中外之任。寄禄官後爲奉議郎。元豐後，掌參領書籍、國史、天文曆數之事。郎：國初爲寄禄官；後亦奉議郎。元豐後掌校寫分貯集賢院、史館、昭文館、祕閣經籍圖書，則祕書郎主之。元祐四年，祕書郎並除陞朝知縣已上資序人，任滿除集賢校理。紹興初，罷校理。

祕書省校書郎。漢之蘭臺及後漢東觀皆藏書之室，亦著述之所，多當時文學之士，使讎校於其中，故有校書之職。初，漢成帝時，已命光禄大夫劉向於天禄閣校經傳、諸子、詩賦，步兵校尉任宏校兵書，太史令尹咸校數術，太醫令李柱國校方伎〔九七〕。後以諸大夫揚雄等亦典校於其中。後於蘭臺置令史十八人，秩百石，屬御史中丞。又選他官入東觀，皆令典校祕書，或撰述傳記。後漢明帝以班固爲蘭臺令史，撰光武本紀及諸傳記；又以傅毅爲蘭臺令史，與班固、賈逵等共典校書。蓋有校書之任而未爲官也，故以郎居其任，則謂之校書郎；以郎中居其任，則謂之校書郎中。當時重其職，故學者稱東觀爲老氏藏室、道家蓬萊山焉。至魏始置祕書校書郎。晉、宋以下無聞。至後魏有祕書校書郎，北齊亦有校書郎。後周有校書郎下士十二人，屬春官之外史。隋校書郎十二人，煬帝初減二人，尋更增爲四十人。唐置八人，掌讎校典籍，爲文士起家之良選。其弘文、崇文館，著作、司經局，並有校書之官，皆爲美職，而祕書省爲最。

祕書正字，後漢桓帝初置祕書監，掌圖書古今文字考合同異。其後監、令掌圖籍之紀，監述作之事，不復專文字之任矣。今之正字，蓋令、監之遺職，校書之通制。歷代無聞。齊集書省有正書。北齊祕書省有正字。隋置四人〔九八〕。唐因之。掌刊正文字，其官資輕重與校書郎同。貞元八年，割校書四員、正字兩員隸集賢殿。

宋初爲寄祿官。後改承務郎。元豐後，校書郎四人，正字二人，掌校讎典籍，刊正訛謬，各以其職隸於長貳。元祐初，立試中人除館職法，選人除正字，京官除校書郎。建炎初罷，紹興復置，必召試學士院而後命之。

著作郎。漢東京圖書悉在東觀，故使名儒碩學入直東觀，撰述國史，謂之著作東觀，皆以他官領焉。蓋有著作之任，而未爲官員也。蘭臺令史班固、傅毅，睢陽令陳宗〔九九〕，長陵令尹敏，司隸從事孟異及楊彪等〔一〇〇〕，著作東觀。魏明帝太和中，始置著作郎官，隸中書省，專掌國史。衛覬字伯儒，以侍中、尚書典著作。晉元康二年，詔曰：「著作舊屬中書，而祕書既典文籍〔一〇一〕，宜改中書著作爲祕書著作。」於是改隸祕書。後別自置省，謂之著作省。而猶隸祕書。著作郎一人，謂之大著作，專掌史任。進賢兩梁冠，介幘，絳朝服。宋、齊與晉同。梁制，一梁冠而無印綬。以上並大著作。魏氏又置佐著作郎，亦屬中書。晉佐著作郎八人，進賢一梁冠，絳朝服，祕書監自調補之。太元四年詔：「祕書無監，使吏部選佐著作郎，有監復舊。」又閻纂集云〔一〇二〕：鄒湛謂祕書監華嶠曰〔一〇三〕：「閻纂可佐著作。」嶠曰：「此職閑重，勢貴多爭〔一〇四〕，不暇求才。」按此，則大著作亦監自調也〔一〇五〕。晉制，佐著作郎始到職，必撰名臣傳一人。宋初，以國朝始建，未有合撰者，其制遂廢矣。宋、齊以來，遂遷「佐」於下，謂之著作佐郎，亦掌國史，集注起居。梁初，周捨、裴子野皆以他官領其職，冠制與大著作同〔一〇六〕。陳氏爲令、僕子起家之選。後魏有著作郎、佐郎。北齊有著作郎、佐郎各二人。後周有著作上士二人、中士四人，掌綴國録，屬春官之外史。隋於祕書省署著作曹〔一〇七〕，著作郎二人，佐郎八人。煬帝加佐郎爲十二人。唐爲著作局，置著作郎二人、佐郎四人，開元二十六年，減佐郎二員。亦屬祕書省。自宋以後，國史悉屬祕書。龍朔二年，改著作郎爲司文郎中，佐郎爲司文郎，咸亨初復舊。初，著作郎掌修國史及製碑頌之屬，分判局事，佐郎貳之，徒有撰史之名而實無其任，其任盡在史館矣。其屬官有校書郎二人。後魏著作省置校書郎。北齊著作亦置校書郎二人。隋亦同，掌讎校書籍，若本局無書，兼校本省典籍。

正字，二人。隋著作曹置正字二人，唐減一人，掌同校書。

宋舊爲寄禄官，郎後爲奉議郎，佐郎後爲宣教郎。元豐正名，掌修纂日曆、祭祀祝辭，則著作郎佐之。初除林希爲大著，豐稷爲小著，皆一時選。日曆所隸祕書省，著作郎、著作佐郎掌。以宰相時政記〔一〇八〕、左右史起居注所書會集修撰，爲一代之典。舊於門下省置編修院，專掌國史、實録，修纂日曆。官制行，屬祕書省國史案。國史詳見中書省。

太史局令。昔少皞以鳥名官，其鳳鳥氏爲曆正。至顓頊，命南正重以司天，北正黎以司地。唐、虞之際，羲氏、和氏紹重、黎之後，代序天地。夏有太史終古者，當桀之暴，知其將亡，乃執其圖法而奔於殷。殷太史高勢見紂之亂，載其圖法出奔於周。周官太史掌建邦之六典，正歲年以序事，頒告朔於邦國。魯昭公二年，晉韓宣子聘魯，觀書於太史氏，見易象與魯春秋，曰：「周禮盡在魯矣。」又有馮相氏視天文之次序，保章氏掌天文之變。當周宣王時，太史官失其守，而爲司馬氏，司馬氏世典周史。惠、襄之間，司馬氏適晉，周惠王、襄王有子頹、叔帶之難，故司馬氏奔晉。晉中軍隨會奔秦，而司馬氏入梁〔一〇九〕。晉太史屠黍見晉之亂，以其圖法歸周。秦爲太史令。胡母敬之爲太史令，作博學七章。漢武置太史公，以司馬談爲之，位在丞相上，天下計書先上太史，副上丞相。談卒，其子遷嗣之。遷死後，宣帝以其官爲令，行太史公文書而已。瓚曰：「百官表無太史公。茂陵中書司馬談以太史丞爲太史令也。」張壽王亦爲太史令。」後漢太史令掌天時、星曆；凡歲將終，奏新年曆；凡國祭祀、喪、娶之事，掌奏良日及時節禁忌；國有瑞應、災異，則掌記之。張衡字平子，爲太史令，造渾天儀，鑄銅爲之。秦、漢以來，太史之任，蓋併周之太史、馮相、保章三職。自漢、晉、宋、齊，並屬太常，銅印墨綬，進賢一梁冠，絳朝服。梁、陳亦同。後魏、北齊皆如晉、宋。隋曰太史曹，置令、丞各二人，而屬祕書省。煬帝又改曹爲監，有令。唐初改監爲局，置令。龍朔二年，改太史局爲祕書閣局〔一一〇〕，改令爲郎中、丞爲祕書閣郎。咸亨初復舊。初屬祕書省，久視元年改爲渾天監，不隸麟臺，改令爲監，置一人，其年又改爲渾儀監。長安二年，復爲太史局，又隸麟臺，其監復爲太史局令〔一一〕，置二人。景龍二年，復改局爲監，而令名不易，不隸祕書。開元二年，復改令爲監，改一員爲少監。十四年，復爲太史局，置令二人，復隸祕書。後又改局爲監。乾元元年，又改其局爲司天臺。掌天文曆數，風雲氣色，有異則密封以奏。其次小吏有司曆〔一二〕、保章正、靈臺郎、挈壺正等，官各有差。

丞二人。司馬彪續漢志云太史有丞一人。魏以下歷代皆同。隋置二人，煬帝減一人。唐初不置丞，久視初改爲渾儀監，始置丞二人。長安二年又省，景龍二年復置。

宋有司天監、天文院、鐘鼓院。元豐正官制，以太史局隸祕書省，掌測驗天文，考定曆法。凡日月、星辰、風雲、氣候、祥眚之事，日具所占以聞。歲頒曆於天下，則預造進呈。祭祀、冠、昏及典禮〔一三〕，則選所用日。其官有令，有正，有春官、夏官、中官、秋官、冬官正，有丞，有直長，有靈臺郎，有保章正〔一四〕。其判局及同判，則選五官正以上業優考深者充。保章正五年、直長至令十年一遷，惟靈臺郎試中乃遷〔一五〕，而挈壺正無遷法。其別局有天文院、測驗渾儀刻漏所，掌渾儀臺晝夜測驗辰象。鐘鼓院：掌文德殿鐘鼓樓刻漏進牌之事。印曆所：掌雕印曆書。算學：元豐七年，詔四選命官通算學者，許於吏部就試，其合格者，上等除博士，中次爲學諭。元祐元年初，議者謂：「本監雖准朝旨造算學，元未興工，其試選學官，亦未有應格。竊慮徒有煩費，乞罷修建。」崇寧三年，遂將元豐算學條制修成敕令。五年，罷算學，令附於國子監。十一月，從薛昂請，復置算學。大觀三年，太常寺考究，以黃帝爲先師，自常先、力牧至周王朴已上從祀〔一六〕，凡七十人。四年，以算學生併入太史局。宣和二年，詔並罷官吏。

校勘記

〔一〕并負私從馬　漢書卷九四上匈奴傳上「負私」作「私負」。

〔二〕大駕則執馭　後漢書百官志二同，初學記卷一二引續漢書曰：「大駕則奉，小駕則馭。」

〔三〕統南牧左右牧龍廐内外廐　隋書卷二六百官志上「南」下有「馬」字，「内外廐」下有「丞」字。

〔四〕始令太僕卿張萬歲勾當群牧　「卿」，唐會要卷六六群牧使作「少卿」。

〔五〕漸耗大半　「漸」，通典卷二五職官七作「潛」。

〔六〕張敞字子高　「敞」原作「敬」，據漢書卷七六張敞傳改。

〔七〕分隸群牧司　「分」上原衍「令」字，據宋史卷一六四職官志四删。

〔八〕元祐二年　按長編卷三八七元祐元年九月壬戌條載：「詔内外馬事並隸太僕寺，直達尚書省，更不經由駕部。」長編卷三九三元祐元年十二月戊戌條載：「詔應緣内外馬事，舊係群牧司管勾者，專隸太僕寺，直達樞密院，更不經由尚書省及駕部，餘並依官制。」宋會要職官二三之一七載哲宗元祐元年十二月十四日詔，「直達」作「直隸」，餘皆同上引長編三九三。

〔九〕應内外馬事專隸太僕直達樞密院更不經尚書省及駕部　「事」原作「車」，「省」字原脱，據長編卷三九三、宋會要職官二三之一七改補。

〔一〇〕左右騏驥院　「左右」二字原脱，據宋史卷一六四職官志四、宋會要職官二三之二補。

〔一一〕銅印墨綬　按唐六典卷一七載「齊品第七，秩四百石，銅印墨綬，進賢一梁冠」，疑此處失書「齊」字。

〔一二〕秦漢邊郡置六牧師令　漢書卷一九上百官公卿表上「師」下有「苑」字。

〔一三〕非朝廷進德之選　「德」字原脱,「之」原作「止」,據舊唐書卷一九文苑傳中補改。

〔一四〕左右各五品上　「品」字原脱,據元本、慎本、馮本、通典卷二五職官七補。

〔一五〕景德四年置　按長編卷四七咸平三年九月庚寅條載「始置群牧司,命樞密直學士陳堯叟爲制置使」,宋會要職官二三之五亦作「咸平三年九月」,與通考異。

〔一六〕以内侍都知充　宋史卷一六四職官志四「以」下有「閤門以上及」五字。

〔一七〕以諸司使充　宋史卷一六四職官志四「使」下有「以上」二字。

〔一八〕估馬司　「估」原作「佑」,據宋會要兵二一之一八改。

〔一九〕景帝中六年更名大理　「中」下原衍「元」字,據漢書卷一九上百官公卿表上、太平御覽卷二三一職官部二九删。

〔二〇〕哀帝元壽二年復爲大理　「二」原作「初」,據漢書卷一九上百官公卿表上、通典卷二五職官七、職官分紀卷一九改。

〔二一〕以世家爲之　通典卷二五職官七句首有「皆」字。

〔二二〕乃條諸重文可從輕者四十一事奏之　「四」字原脱,據後漢書卷四六郭躬傳、通典卷二五職官七、職官分紀卷一九補。

〔二三〕聽君父亡没臣子得爲理謗及士爲侯其妻不復改嫁毓所制也　三國志卷一三鍾毓傳「亡」作「已」、「改」作「配」、「制」作「創」。

〔二四〕長三尺方一寸　「方」字原脱，據隋書卷二六百官志上、太平御覽卷二三一職官部二九、職官分紀卷一九補。

〔二五〕視給事中　「中」字原脱，據通典卷二五職官七補。

〔二六〕冠服　「冠」原作「官」，據通典卷二五職官七改。

〔二七〕銅印墨綬　「印」下原衍「用」字，據通典卷二五職官七删。

〔二八〕增爲十六人　隋書卷二八百官志下、職官分紀卷一九引隋百官志，皆作「增正員爲六人」。

〔二九〕與來俊臣侯思止同制獄　「侯思止」原作「侯思正」，據舊唐書卷九〇杜景佺傳、太平御覽卷二三一職官部二九改。

〔三〇〕後魏永安二年　「二」，唐六典卷一八、職官分紀卷一九引六典，皆作「三」。

〔三一〕代衰聽惑　太平御覽卷二三一職官部二九「聽惑」作「德怠」，職官分紀卷一九「代」作「政」，「聽惑」亦作「德怠」。

〔三二〕則廷平將摇權而爲亂首也　「摇」，職官分紀卷一九作「招」。

〔三三〕不復聽訊　「訊」原作「信」，據宋史卷一六五職官志五改。宋會要職官二四之一作「計」。上引宋史、宋會要「不」上有「本寺」，義全。

〔三四〕於是下詔　按長編卷二九五元豐元年十二月戊午條載：「先是，上以國初廢大理獄非是以問孫洙，洙對合旨。於是中書言：『今請復置大理獄，應三司及寺、監等公事，除本司公人杖笞罪非追究者隨處裁決，餘並送大理獄結斷。其應奏者並天下奏案，並令刑部、審刑院詳斷。大理寺置卿一人，少卿二人，丞四人。』從之。」宋會要職官二四之六所載亦同，又曰大理獄「作於元年十二月之戊辰，訖於二年正月之甲申」。可知下詔在元豐元年。

〔三五〕左斷刑右治獄各五案　群書考索後集卷九同。按宋史卷一六五職官志五載，左斷刑分案三，曰磨勘，曰宣黄，曰分簿；右治獄分案有四，曰左右寺案，曰驅磨，曰檢法，曰知雜。

〔三六〕檢法　原作「檢治」，據宋史卷一六五職官志五、宋會要職官二四之二、群書考索後集卷九改。

〔三七〕斷刑治獄寺正各一員　「刑」字原脱，據宋會要職官二四之一五補。

〔三八〕建炎三年　「三」原作「元」，據宋會要職官二四之一五、群書考索後集卷九引中興會要改。

〔三九〕景帝中二年令　「中」字原脱，據漢書卷五景帝紀補。

〔四〇〕皇帝延王諸侯　「延」原作「建」，「王」原在「侯」下，據漢書卷五景帝紀應劭注改正。

〔四一〕賓王諸侯　原倒作「賓諸侯王」，據漢書卷五景帝紀應劭注乙正。

〔四二〕賜與謚及哀策誄文　「文」原作「之」，據漢書卷五景帝紀應劭注改。

〔四三〕中六年　「中」上原衍「建」字，據漢書卷一九上百官公卿表上、通典卷二六職官八、太平御覽卷二三二職官部三〇删。

〔四四〕則使使弔之及拜王嗣　後漢書百官志二少一「使」字。

〔四五〕改鴻臚爲同文　「同」原作「司」，據舊唐書卷四四職官志三、新唐書卷四八百官志三、唐六典卷一八、職官分紀卷二〇改。

〔四六〕分隷往來國信所　「往來」二字原脱，據宋史卷一六五職官志五、宋會要職官二五之一補。

〔四七〕蕃客進奉位　宋會要職官二五之一作「蕃客進奉官僧道耆壽陪位」。

〔四八〕差官監護　「差」原作「羌」，據馮本、宋會要職官二五之一改。

〔四九〕文武官薨卒之事　宋會要職官二五之一「卒」下有「賻贈」二字。

〔五〇〕丞參領之　「丞」原作「卿」，據宋史卷一六五職官志五改。

〔五一〕掌寺院僧尼帳籍及僧官補授之事　「尼」原作「寺」，據宋史卷一六五職官志五、宋會要職官二五之五改。

〔五二〕靈帝召詣尚書　「詣」原作「諸」，據元本、慎本、馮本、後漢書卷六一左雄傳改。

〔五三〕將加捶撻　後漢書卷六一左雄傳作「又加以捶撲」。

〔五四〕始加撻罰　「撻」，通典卷二六職官八作「撲」。

〔五五〕皆爲給報　後漢書百官志三「給報」作「報給」。

〔五六〕掌倉市薪米　「米」，隋書卷二七百官志中作「菜」。

〔五七〕管諸計會事　漢書卷二四下食貨志下「計會」作「會計」。

〔五八〕詔以新法付司農寺　群書考索後集卷九引續會要同。宋史卷一六五職官志五引詔文作「以常平新法付司農寺」。

〔五九〕按察逐州保甲　「州」原作「年」，據群書考索後集卷九改。

〔六〇〕以葉康直等四人爲之　宋史卷一六五職官志五、宋會要職官二六之八，皆將此事繫於熙寧六年。

〔六一〕頗有人居　後漢書百官志三「人」作「民」，通典卷二六職官八同通考，當是通典避唐太宗李世民諱改，通考沿襲之。

〔六二〕宋初復置隸尚書殿中曹　宋書卷三九百官志上「宋初」作「宋世祖大明三年」，「曹」下有「及少府」三字。

〔六三〕凡外州軍起到樁管米　「米」原作「未」，據宋史卷一六五職官志五、宋會要職官二六之二一改。又上引宋會要

「米」下有「及糴到米」四字。

〔六四〕鈎盾署　「盾」原作「屯」，據通典卷二六職官八改。

〔六五〕典諸近園苑遊觀之事　後漢書百官志三「近」下有「池」字、「事」作「處」。

〔六六〕主均輸之事　漢書卷一九上百官公卿表上如淳注句首有「斡注也」三字。

〔六七〕所謂斡鹽鐵也　漢書卷一九上百官公卿表上如淳注「鐵」與「也」間有「而榷酒酤」四字。

〔六八〕箭斡之官長也　漢書卷一九上百官公卿表上晉灼注句首有「此竹」二字。

〔六九〕如説讀爲斡持貨財之事　漢書卷一九上百官公卿表上師古注作「如説近是也。縱作幹讀，當以幹持財貨之事耳」。

〔七〇〕後屬司農　通典卷二六職官八「司」上有「大」字。

〔七一〕晉泰始二年　「泰始」原作「太始」，據通典卷二六職官八改。

〔七二〕而太府但管京都市及平準左右藏　隋書卷二八百官志下「市」下有「五署」二字。

〔七三〕領兩京諸市平準左右藏常平等九署　元本、慎本、馮本、通典卷二六職官八同。「九署」，舊唐書卷四四百官志三、唐六典卷二〇作「八署」，新唐書卷四八百官志三作「七署」。

〔七四〕百官俸給　「給」原作「秩」，據宋史卷一六五職官志五改。

〔七五〕本寺但掌供祠祭香幣帨巾神位席　「供」字原脱，據宋史卷一六五職官志五、宋會要職官二七之一補。

〔七六〕即京都闕用物　「闕」原作「關」，據宋史卷一六五職官志五、宋會要職官二七之二、群書考索後集卷九改。

〔七七〕以盈虧定課最　宋史卷一六五職官志五、群書考索後集卷九同。宋會要職官二七之二「課」作「殿」。

〔七八〕大祭祀晨祼則卿置幣　「晨」字原脱，據宋史卷一六五職官志五、宋會要職官二七之二補。按宋會要禮一四之三載大、中祠，「凡玉幣，少府供玉，太府供幣」；一七之六九載「太府卿帥其屬陳幣於篚幣倉，少府監帥其屬入陳禮神之玉，置於聖像前」，則通考似誤。

〔七九〕主簿　「主」字原脱，據宋史卷一六五職官志五、宋會要職官二七之二補。

〔八〇〕商税務　按其全稱爲「都商税務」，見宋史卷一六五職官志五、宋會要職官二七之三。

〔八一〕以通邊糴　「邊」原作「官」，據宋史卷一六五職官志五、宋會要職官二七之三改。

〔八二〕掌折博斛斗金銀之屬　「斗」字原脱，據宋史卷一六五職官志五補。上引宋史「銀」作「帛」。

〔八三〕掌給印出納交引錢鈔之事　「交」字原脱，據慎本、馮本、宋史卷一六五職官志五、宋會要職官二七之三補。

〔八四〕周官有質人中士下士　「質」原作「貨」，據周官地官改。

〔八五〕熹平四年　「熹」原作「嘉」，據後漢書卷八靈帝紀改。

〔八六〕魏少府屬官有平準令　按晉書卷二四職官志、宋書卷三九百官志上皆未見魏少府屬官有平準令。唐六典卷二〇曰「魏氏闕文，晉少府屬官有平準令」；上引晉書職官志記晉制曰少府統平準等令，疑「魏」爲「晉」。

〔八七〕後漢少府屬官有中藏府令丞　「後」字原脱，按漢書卷一九上百官公卿表上無中藏府令丞，後漢書百官志有；唐六典卷二〇亦曰「後漢少府屬官有中藏府令丞各一人」，據補。

〔八八〕置常平署令一人　「置」原作「署」，據通典卷二六職官八改。

〔八九〕欲以何禎爲祕書丞　「何禎」原作「何楨」，據晉書卷二四職官志改。何禎明帝時爲祕書丞，見三國志卷二一劉劭傳裴注引廬江何氏家傳。下同。

〔九〇〕嘗以劉劭爲之　「劉劭」原作「劉邵」，據三國志卷二一劉劭傳、職官分紀卷一六改。

〔九一〕例十月便遷　「十月」，通典卷二六職官八作「十日」，梁書卷三四張緬傳作「數十百日」。

〔九二〕敬弘爲求奉朝請　「爲求」原倒，據宋書卷六六王敬弘傳乙正。

〔九三〕宋白以翰林學士承旨兼祕書監　「宋白」原作「末」，據麟臺故事卷一上改。

〔九四〕三館直館至校勘　「至」原作「直」，據麟臺故事卷一上改。

〔九五〕監掌書籍圖史　宋會要職官一八之一、群書考索後集卷一〇「圖」作「國」。宋史卷一六四職官志四曰「監掌古今經籍圖書、國史實録」。

〔九六〕元祐中復置集賢院校理　宋史卷一六四職官志四「中」作「初」，「置」下有「直」字。

〔九七〕太醫令李柱國校方伎　「太醫令」，漢書卷三〇藝文志作「侍醫」，職官分紀卷一六作「太醫監」。

〔九八〕隋置四人　隋書卷二八百官志下作「校書郎、正字各二人」。

〔九九〕睢陽令陳宗　「睢」原作「洛」、「宗」原作「崇」，據後漢書卷四〇上班彪傳改。職官分紀卷一六作「崇」，然誤「睢」作「洛」。

〔一〇〇〕司隸從事孟異及楊彪等　「從事」原作「校尉」、「孟異」原作「孟冀」，據後漢書卷四〇上班彪傳改。

〔一〇一〕而祕書既典文籍　「而」原作「令」，據晉書卷二四職官志、唐六典卷一〇、初學記卷一一、太平御覽卷二三四職官部三二改。

〔一〇二〕又閻纂集云　「閻纂」，晉書卷四八閻纘傳作「閻纘」，「纂」是「纘」之假借字。「集」疑是「傳」之誤。

〔一〇三〕鄒湛謂祕書監華嶠曰　「華嶠」原作「和嶠」，據晉書卷四四華嶠傳、卷四八閻纘傳改。

〔一〇四〕此職閑重勢貴多爭　晉書卷四八閻纘傳「重」上有「廩」字，「勢貴」作「貴勢」。

〔一〇五〕則大著作亦監自調也　「亦」原作「祕」，據通典卷二六職官八改。

〔一〇六〕冠制與大著作同　「冠」原作「官」，據通典卷二六職官八改。

〔一〇七〕隋於祕書省署著作曹　「署」，通典卷二六職官八作「置」。

〔一〇八〕以宰相時政記　宋史卷一六四職官志四「相」作「執」，似是。

〔一〇九〕而司馬氏入梁　史記卷一三〇太史公自序、漢書卷六二司馬遷傳「梁」作「少梁」。

〔一一〇〕改太史局爲祕書閣局　下「局」字原脱，據新唐書卷四七百官志二補。舊唐書卷四三職官志二「祕書閣局」作「祕閣局」，通典卷二六職官八無下「局」字。

〔一一一〕其監復爲太史局令　「爲」字原脱，據通典卷二六職官八補。

〔一一二〕其次小吏有司曆　「吏」原作「史」，據元本、慎本、馮本、通典卷二六職官八、太平御覽卷二三五職官部三三改。

〔一一三〕祭祀冠昏及典禮　按宋會要職官一八之八二引神宗正史職官志作「凡祀冠昏喪葬」。

〔一一四〕有保章正　按職官分紀卷一七引元祐官品令、慶元條法事類卷四官品令皆載有「挈壺正」，合璧事類後集卷五一載「本朝司天監有挈壺正，元豐改太史局官，唯挈壺正如故」，疑通考漏「挈壺正」。

〔一一五〕惟靈臺郎試中乃遷　「惟」原作「爲」，據宋史卷一六四職官志四、宋會要職官三一之三改。

〔一一六〕自常先力牧至周王朴已上從祀　「王」字原脱，據宋史卷一六四職官志四補。

卷五十七　職官考十一

殿中監少監　丞　尚食、尚藥、尚衣、尚舍、尚乘、尚輦等局奉御、直長

魏置殿中監官，晉、宋並同。齊有内、外殿中監各八人，梁、陳因之，其資品極下。後魏亦有殿中監。北齊有殿中局，置監四人，屬門下省，掌駕前奉引。隋改爲殿内局，置監二人。大業三年，分門下、太僕二司，取殿内監名，以爲殿内省，有監、少監、丞各一人。掌諸供奉，領尚食、尚藥、尚衣、尚食即舊御府。尚舍、即舊殿中局。尚乘、領左右六閑及諸閑。尚輦等六局。漢儀注曰：「省中有五尚，即尚食、尚冠、尚衣、尚帳、尚席。」或曰：「秦置六尚，謂尚冠、尚衣、尚食、尚沐、尚席、尚書，若今殿中之任。」每局各置奉御二人以總之，置直長以貳之，屬門下省。唐改爲殿中省，加置少監二人，丞亦二人，其官局職任，一如隋制，爲一司，不屬門下。龍朔二年，改殿中省爲中御府，改監爲中御大監、少監，改丞爲中御大夫，改尚食爲奉膳，尚藥爲奉醫，尚衣爲奉冕，尚舍爲奉扆，尚乘爲奉駕，尚輦爲奉輦，凡奉御皆改爲大夫。咸亨初復舊。

丞，隋置一人，唐加一人。

尚食局奉御。始秦置六尚，有尚食焉。如淳曰：「謂掌天子之物曰尚。」後漢以後，并其職於太官、湯官。北齊門下省又有尚食局，置典御二人。後周有内膳上士、中士，凡進食，先嘗之。隋分屬殿内，改典御爲奉

御，有二人，唐因之。龍朔二年，改爲奉膳大夫，咸亨初復舊。直長，隋置六人，唐因之，減置五人。

尚藥局奉御，自梁、陳以後，皆太醫兼其職。北齊門下省有典御二人。隋如北齊之制，後改爲奉御而屬殿内。唐因之。龍朔二年，改爲奉醫大夫，咸亨初復舊。直長，隋置四人，唐因之。

尚衣局奉御。周官有司服中士，掌王之服，辨其名物。戰國有尚衣、尚冠之職。秦、漢有御府令、丞，掌供御服，而屬少府。後漢又掌宦者，典官婢作中衣服。魏因之。晉屬光禄勳，江東省。宋大明中，改尚方曰左、右御府，各置令、丞一人。後廢帝初，省御府，置中署，隸右尚方，其後又置。初，宋氏用三品勳位，明帝改用二品，準南臺御史，掌金銀綵帛，凡諸造作以供奉及妃主六宮。梁、陳其職隸在尚方。後魏有掌服郎。北齊門下省統主衣局，都統、子統各二人。後周有司服上士二人，中士二人。隋分屬殿内省，其後又改爲尚衣局，置奉御二人。唐因之。龍朔二年〔一〕，改爲奉冕大夫，咸亨元年復舊。直長，隋置八人。唐因之，減二人。

尚舍局奉御。周禮有掌舍，掌行所解止之處，帷幕幄帟之事〔二〕。漢少府屬官有守宮令、丞，掌宮殿陳設。魏殿中監掌帳設監護之事。晉、宋以下，其職並在殿中監。隋煬帝置殿内監，改殿内局爲尚舍局，置奉御二人。唐因之。龍朔二年，改爲奉扆大夫，咸亨元年復舊。直長，隋置八人。唐因之，而減二人。

尚乘局奉御。自秦、漢以來，其職皆在太僕。北齊太僕驊騮署有奉御十人〔三〕，管十二閑馬。隋煬帝取之〔四〕，置尚乘局，署奉御二人。唐因之，增置奉御四人。龍朔二年，改爲奉駕大夫，咸亨元年復舊。尚乘奉御掌六閑馬，一曰飛黃閑，二曰吉良閑，三曰龍媒閑，四曰騊駼閑，五曰駃騠閑，六曰天苑閑。開元中減二人，先是別置閑廄使〔五〕，因隸焉，猶屬殿中。武太后萬歲通天二年〔六〕，置仗内閑廄，令殿中丞袁懷哲檢校。至聖曆二年〔七〕，改爲少監閑廄使，自後他官相循爲之。直長，隋置十四人，唐減四人。

尚輦奉御〔八〕。周官小司徒中大夫，掌六畜車輦；又宗伯巾車下大夫，掌王后之五輅、輦車，組輓有翣羽蓋。古謂人牽爲輦。春秋宋萬以乘車輦其母。秦始皇乃去其輪而輿之，漢代遂爲人君之乘。漢、魏、晉並太僕屬官，車府令掌之。東晉省太僕，遂隸尚書駕部。宋、齊、梁、陳車府，乘黃令、丞掌之。後魏、北齊則乘黃、車府令兼掌之。後周則司車輅主之。隋又乘黃、車府令丞掌之。煬帝置殿内省尚輦局，奉御二人。唐因之，龍朔二年，改爲奉輦大夫，咸亨元年復舊。直長，四人，隋置。唐因之。

宋制，殿中省判省事一人，以無職事朝官充。舊有六尚之局，名別而事存〔九〕。今尚食歸御厨，尚藥歸醫官院，尚衣歸尚衣庫，尚舍歸儀鑾司，尚乘歸騏驥院，内鞍轡庫、尚輦歸輦院，皆不領於本省。元豐正官制，置監、少監、丞各一人。監掌供奉天子玉食、醫藥、服御幄帟〔一〇〕、輿輦、舍次之政令，少監爲之貳。凡總六局，曰尚食，掌膳羞之事；曰尚藥，掌和劑診候之事；曰尚醞，掌酒醴之事；曰尚衣，掌衣服冠冕之事；曰尚舍，掌次舍幄帟之事；曰尚輦，掌乘輿之事。六尚各有典御二人，奉御六人或四人〔一一〕，監門二人或一人。又尚食有膳工，尚藥有醫師，尚醞有酒工，尚衣有衣徒，尚舍有幕士，尚輦有正供等官，皆分隸其局。又置提舉六尚局及管幹官一員。舊殿中省判省事一人，以無職事朝官充。雖有六尚局，名別而事存。凡官隨局而移，不領於本省。所掌唯郊祀，元日、冬至天子御殿，及禘祫后廟、神主赴太廟，供其繖扇。而殿中監視祕書監，爲寄禄官而已。元豐中，神宗欲復建此官，而度禁中未有其地，但詔御輦院不隸省、寺，令專達焉。初，權太府卿林顏因按内藏庫，見乘輿服御雜貯百物中〔一二〕，乃乞復殿中省六尚，以嚴奉至尊。於是徽宗乃出先朝所度殿中省圖，命三省行之；而其法皆左正言姚祐所裁定，歲崇寧二年也。三年，蔡京上修成殿中省六尚局供奉庫務敕令格式、看詳，凡六十卷，仍冠以「崇寧」爲名。政和元年，殿中省高伸上編定六尚供奉式〔一三〕。靖康元年，詔六尚局並依祖宗法。又詔：「六尚局既罷，格内歲貢品物萬數，尚爲民害，非祖宗舊制，其並除之。」

少府監 少監　丞　主簿　中尚、左尚、右尚、織染、掌冶等五署〔一四〕　暴室等丞

少府，秦官。漢因之，是爲九卿。掌山海池澤之税，以給供養。應劭曰：「山海池澤之税，名曰禁錢，以給私養，自别爲藏。少者，小也，故稱少府。」顏師古曰：「大司農供軍國之用，少府以養天子也。」天子曰少府，諸侯曰私府。漢時官有私府長〔一五〕，掌禁錢。後光武改屬司農也。王莽曰共工。後漢少府卿一人，掌中服御之諸物，衣服寶貨珍膳之屬。朝賀則給璧。後漢東平王蒼爲驃騎，正月朔朝〔一六〕，蒼當入賀。故事，少府給璧。時陰就爲少府，貴傲不奉法，漏將盡，而求璧不得。蒼掾朱暉遥見少府主簿持璧，乃往紿曰：「試請睹之。」既得而馳奉之，就復以他璧朝。紿，徒改反。凡中書謁者、尚書令僕、侍中、中常侍〔一七〕、黄門、御史中丞以下皆屬焉。晉制，銀章青綬，五時朝服，進賢兩梁冠，絳朝服，佩水蒼玉。哀帝末，省併丹陽尹，孝武復置。宋少府領左右尚方、御府、東冶、南冶、平準等令丞。齊又加領左、右銀鍛署〔一八〕。梁少府爲夏卿，位視尚書左、右丞〔一九〕。陳因之。後魏少府謂之六卿，以少府、宗正、太僕、廷尉、司

農、鴻臚爲六卿。至孝文太和中，易制官品，遂改少府爲太府。北齊無少府，其尚方等署皆隸太府。至隋煬帝大業五年，又分太府爲少府監，置監及少監，復領尚方、織染等署，後又改監、少監並爲令。唐武德初置軍器監，廢少府監。貞觀元年五月〔二〇〕，分太府中尚方、織染坊、掌冶坊署〔二一〕，置少府監。龍朔二年，改爲内府監，咸亨元年復舊。光宅元年，改爲尚方監，神龍元年復舊。監一人，總判。少監二人，通判。初少監一人，太極元年加一人。領中尚、左尚、右尚、織染、掌冶等五署。開元十年五月，於北都置軍器監，至二十六年五月廢。

丞，漢有六人，後漢省五而有一丞，其後歷代皆一人。山公啟事曰：「中郎衛昱，往爲少府丞，具有損益〔二二〕。」唐置四人。

主簿，晉置二人，自後歷代一人，唐有二人。

中尚署，周官爲玉府。秦置尚方令，漢因之。後漢主作手工作〔二三〕，御刀劍、玩好器物及寶玉作器。宦者蔡倫爲尚方令，監作祕劍及諸器械，莫不精工堅密，爲後代法。兩漢又有考工令，主作兵器，其職稍同。考工令作兵器，兵器成則傳執金吾入武庫；及主織綵諸雜工〔二四〕。初屬少府，中屬主爵，光武時屬太僕。漢末，分尚方爲中、左、右三尚，魏、晉因之。自過江，唯置一尚方，哀帝以隸丹陽尹。宋武帝踐祚，以相府作部配臺，謂之左尚方，而本署謂之右尚方，並掌造軍器。又以相府細作配臺，即其名置令一人，隸門下。孝武大明中，改曰御府。御府，二漢已有之，典官婢作褻衣服補浣之事〔二五〕，魏、晉猶置其職，江左乃省焉。後廢帝初，省御府，置中署，隸右尚方。則漢之考工令如宋之尚方令，尚方令如宋中署矣。齊署左、右尚方令各一人。梁有中、左、右尚方。北齊亦有三尚方，隸太府。隋煬帝分隸少府。唐省「方」字，有中、左、右三尚署，令、丞各一人。中署掌宫内營造雜作，左署掌車輦、繖扇、膠漆、畫鏤等作，右署掌皮毛膠墨雜作，席薦等事。開元以後，別置中尚使以監之。

織染署令一人。周禮天官典絲，掌受文織絲組焉，染人掌染綫帛。秦置平準令。韋昭辨釋名曰〔二六〕：「平準令主染色，染有均平之法〔二七〕，故準而則之。」漢因之，及主物價、練染。初，少府屬官有東織、西織，成帝省東織，更名西織爲織室。北齊中尚方領涇州雍州絲局、定州紬綾局丞〔二八〕。後周有司織下大夫。隋有司織、司染二署，煬帝合爲織染一署，令掌織紝組綬、綾錦、冠幘并染色等。唐因之，有令、丞。

掌冶署。秦及漢郡國有鐵官。諸郡國出鐵者，置鐵官長、丞。晉冶令掌工徒鼓鑄，隸衛尉。江左以來，省衛尉，始隸少府。宋有東冶、南冶，各置令、丞，東冶令、丞各一人，南冶令、丞各一人。而屬少府。齊因之。江南諸郡縣有鐵者，或置冶令，或置冶丞，多是吴所置。梁、陳有東、西冶。東冶重，西冶輕，其西冶即宋、齊之南冶。北齊諸冶屬太府。後周有冶工、鐵工中士。隋有掌冶署令、丞。唐於京師置冶署，有令、丞各一人，掌造鑄金銀銅鐵、塗飾琉璃玉作等事。

暴室丞。後漢暴室丞，宦者也。主中婦人病疾者就此室理之，其皇后、貴人有罪，亦就此室。屬少府。其後無之。海丞。漢平帝置少府海丞一人，掌海税。後無。果丞。與海丞同置，掌諸果實。後無。

宋少府監判監事一人，以朝官充。凡天子器玩、后妃服飾、雕文錯彩工巧之事，分隸於文思院、後苑造作所。本監但掌造門戟、神衣、旌節，郊廟諸壇祭玉、法物，鑄牌印朱記，百官拜表、案褥之事。諸州鑄錢監，並屬少府，監官各一人，以京朝官及三班使臣充。元豐正官制，置監、少監、丞、主簿各一人，掌百工伎巧之政令。所隸官屬五：文思院掌造金銀、犀玉工巧之物，金綵、繪素裝鈿之飾，以供輿輦、册寶、法物及凡器服之用；監官文臣一員、武臣二員〔二九〕。綾錦院掌織紝錦繡，以供乘輿及凡服飾之用；監官三人，以京朝官諸司使副及内侍充。染院掌染絲枲幣帛；監官二人，以京朝官及内侍充。裁造院掌裁造服飾；監官二人，以京朝官及内侍充。文繡院掌纂繡，以供乘輿服御及賓客祭祀之用。建炎初，以將作、少府監併歸工部；紹興三年復置將作監，少府事總焉。寄禄官少府監後爲中散大夫。

將作監

監〔三〇〕　丞　主簿　左校、右校、甄官、中校等署令〔三一〕　東園主章令

今將作，亦少皞氏以五雉爲五工正，以利器用；雉有五種，故曰五雉。唐虞共工、周官考工之官，蓋其職也。秦有將作少府，掌治宮室。漢景帝中元六年，更名將作大匠。後漢位次河南尹，中元二年省，以謁者領之。章帝建初元年，復置。初以任隗爲之，掌修作宗廟、路寢、宮室、陵園木土之功，并樹桐梓之類列於道側。後漢志注曰：「古列樹以表道〔三二〕。」魏、晉因之。江左至宋、齊，皆有事則置，無事則省。而梁改爲大匠卿，陳因之，後魏亦有之。北齊有將作寺，其官曰大匠。兼領功曹、主簿、長史、司馬等官屬。後周有匠師中大夫，掌城郭宮室之制；又有司木中大夫，掌木工之政令。隋與北齊同；至開皇二十年，改寺爲監，大匠爲大監，初加置副監。煬帝改大監、少監爲大匠、少匠，五年又改爲大監、少監，十三年又改大令、少令。唐復皆爲匠。龍朔二年，改將作爲繕工監，大匠、少匠隨監名改。咸亨元年復舊。光宅元年改爲營繕監，神龍元年復舊。大匠一人，總判。少匠二人。通判。初一人，太極元年加置一人。天寶中，改大匠爲大監，少匠爲少

監，領左校、右校、甄官、中校四署。

丞，漢有二人，後漢一人。魏、晉因之。東晉以後，有事則置，無事則省。梁又置一人，陳因之。後魏有之。北齊四人。後周有匠師中士。隋二人。唐四人。

主簿，晉置。自後與丞同。隋二人，唐因之。

左、右校署。秦及漢初有左、右、前、後、中五校令，後唯置左、右校令。後漢因之，掌左、右工徒。魏并左校、右校於材官。晉左、右校屬少府。宋以後，並有左校令、丞。北齊亦有之。隋左右校令、丞屬將作。唐因之。左校署令、丞二人〔三三〕，掌營構木作、採材等事。右校署令、丞二人〔三四〕。掌營土作、瓦泥，并燒石灰、厠溷等事。

甄官署令、丞一人〔三五〕。後漢有前、後、中甄官令，屬將作。晉有甄官署，掌磚瓦之事。宋、齊、北齊、隋悉有之。唐因之，掌營磚石瓷瓦。

中校署令，秦、漢有，自後無。唐置令、丞各一人〔三六〕，掌舟車、雜兵仗、廐牧。

東園主章令，漢有之，武帝更名木工。如淳曰：「章謂大材也〔三七〕。舊將作大匠主材吏名章曹掾〔三八〕。」顏師古曰〔三九〕：「今所謂木鍾者，蓋章聲之轉耳〔四〇〕。東園主章掌大材〔四一〕，以供東園匠。」東園匠，官名，主作陵内器物，屬少府。唐無。

宋將作監判監事一人，以朝官以上充。凡土木匠工之政，隸三司修造案，本監但掌祠祀供省牲牌、鎮石、炷香、焚版幣之事〔四二〕。元豐正官名，置監、少監各一人，丞、主簿各一人，掌宮室、城郭、舟車營繕之事。凡出納籍帳，歲受而會之，上於工部。所隸官屬十：　修内司，掌宮城、太廟繕修之事；監官二人，以朝官及内侍充。　東西八作司，掌京城内外繕修之事，勾當官各三人，以京朝官、諸司使副充〔四三〕。　竹木務，掌受諸路水運材植，抽算商販竹〔四四〕，以給營造〔四五〕；勾當官一人，以京朝官充。　事材場，掌計度材物〔四六〕，前期樸斲，以給營造；監官二人，以京朝官、三班使臣充。　麥麴場，掌受京畿諸縣夏租麴，以給圬墁；監官一人，以三班使臣充。　窑務，掌陶土爲磚瓦，以給繕營及缾缶之用；監官三人，諸司使、副充。　丹粉所，掌燒變丹粉，以供繪飾；監官一人，内侍充。　作坊物料庫，掌儲積材物〔四七〕，以備給用；監官三人，以京朝官及内侍三班使臣充。　退材場，掌受京城内外退棄材木，掄其長短曲直，中度者以給營造，餘備薪爨〔四八〕；監官一人，以京朝官充。　簾箔場〔四九〕，掌抽算竹木蒲葦〔五〇〕，以供簾箔之用；監官二人，以京朝官充。　建炎初〔五一〕，與少府俱併歸工部。　紹興三年，置將作監，少府事總焉。　隆興初，宫室無所營繕，職務簡省，百工器用屬之文思院上、下界，隸工部，本監惟置丞一員，餘官虚而不除。　乾道以後，人才盛多，監、少、丞、簿無闕，凡臺省久次與郡邑之有聲者，悉借徑於此，號爲儲才之地，而營繕之事，多俾府尹、畿漕分任其責。寄禄官將作監丞後爲宣義郎〔五二〕，主簿後爲承務郎。

國子監

祭酒　司業　丞　主簿　國子博士　助教　太學、廣文、四門、律學、書學、算學等博士　武學、宗學附

孫卿在齊爲三老，稱祭酒。胡廣曰：「凡官名祭酒，皆一位之元長。古者賓得主人饌〔五三〕，則老者一人舉酒以祭地。」故以祭酒爲稱。漢之侍中、魏之散騎常侍，功高者並爲祭酒，用其義也。公府有祭酒，亦因其名。　漢吴王濞年老不朝，爲劉氏祭酒，則祭酒之名久矣。王莽以安車駟馬迎夏侯勝爲講學祭酒，勝推而不受。　又漢置博士，至東京凡十四人，而聰明有

威重者一人爲祭酒，謂之博士祭酒。蓋本曰僕射，中興轉爲祭酒。魏因之。晉武帝咸寧四年，初立國子學，置國子祭酒一人。永嘉中，又置儒林祭酒，以杜夷爲之。國子，周之舊名，周官有師氏之職，即魏國子祭酒。周禮師氏以三德、三行教國子，又有保氏而養國子以道，教之六藝也。晉介幘皂朝服，進賢兩梁冠，佩水蒼玉。舊視侍中，列曹尚書。劉毅、嵇紹並爲此官。又袁瓌字山甫，爲國子祭酒。時屢經喪亂，禮教陵遲，瓌上疏求立學徒，帝從之。國學之興，自瓌始也。又裴頠爲祭酒時，奏立太學，起講堂，築門闕〔五四〕，刻石以寫五經也。宋代若不置學〔五五〕，則助教唯置一人，而祭酒、博士常置也。明帝泰始六年〔五六〕，以國學廢，初置總明觀祭酒一人，有玄、儒、文、史四科，科置學士各十人。齊高帝建元四年，有司奏置國學，祭酒准諸曹尚書，博士准中書郎，助教准南臺御史，選經學爲先，若其人難備，給事中以還明經者以本位領。其後國諱廢學〔五七〕。永明三年立學，尚書令王儉領祭酒。學既建，乃省總明觀。八年，國子博士何胤單爲祭酒，疑所服，陸澄等皆不能據，遂以玄服臨試，月餘日，博議定，乃服朱衣。齊、梁號爲國師，陳、後魏亦曰國子祭酒。其初定中原，先立太學，置五經博士。北齊國子寺有祭酒一人。隋開皇十三年，國子寺罷隸太常，凡國學諸官，自漢已下，並屬太常，至隋始革之。又改寺爲學。仁壽元年，罷國子學，唯立太學一所，省國子祭酒、博士，置太學博士總知學事。煬帝即位，改國子學爲國子監，依舊置祭酒。唐因之。龍朔元年，東都亦置。龍朔二年，改爲司成館，又改祭酒爲大司成。咸亨初復舊。光宅元年，改國子監爲成均監，神龍元年復舊。領國子學、學生三百人。太學、學生五百人。四門、學生五百人，俊士八百人。律學、學生五十人。書學、學生三十人。算學。學生三十人。凡六學生徒二千二百一十人。每學各置博士以總學事，及有助教等員。天寶九載，又於國子監置廣文館，領學生爲進士業者。置博士、助教各一人，其品秩並與太學同。置祭酒一人，掌監學之政；皇太子受業，則執經講說，皆以儒學優重者爲之。天寶九載，置廣文館學生進士。

國子司業。煬帝大業三年，於國子監初置司業一人。禮曰：「樂正司業，父師司成」，因以爲名。唐置二人，副貳祭酒，通判監事。龍朔二年，改爲少司成，咸亨初復舊。凡祭酒、司業，皆儒重之官，非其人不居。

丞，隋置三人，唐一人。

主簿，北齊置。隋一人，唐因之。

宋國子監判監事二人，以兩制或帶職朝官充，凡監事皆總之。直講八人，以京官、選人充，掌以經術教授諸生。丞一人，以京朝官或選人充，掌錢穀出納之事。主簿一人，以京官或選人充，掌文簿以勾考其出納。監生無定員。元豐正官名，置祭酒、司業、丞、簿各一人，太學博士十人，舊係直講。正、録各五人，武學博士二人，律學博士、正各一人〔五八〕。祭酒掌國子、太學、武學、律學、小學之政令，司業爲之貳，丞參預監事。凡諸生之隸於太學者，立三舍法。見學校門。崇寧立辟廱，置大司成一人爲師儒之首，總辟廱、太學之政令，位諸曹侍郎上。宣和罷。中興初〔五九〕，併國子監歸禮部。紹興三年，置國子監；十二年，置祭酒〔六〇〕；十三年，始復建太學。隆興併省司業，不與祭酒並除。乾道七年，乃並除如故。

國子博士。班固云，按六國時〔六一〕，往往有博士，掌通古今。又曰：博士，秦官，漢因之。漢博士多至數十人，冠兩梁。文帝時，博士朝服玄端，章甫冠。武帝建元五年，初置五經博士。宣帝、成帝之代，五經家法稍增，置博士一人。博士選有三科，高第爲尚書，次爲刺史，其不通政事，以久次補諸侯太傅。於時孔光爲博士，數使録冤獄，行風俗，以高第爲尚書。叔孫通爲博士，初制漢禮。又賈誼年二十餘，文帝召爲博士，年最少。每有詔議下，諸老生未能言，誼盡爲對之，人人各如其意。後漢博士凡十四人，易：施、孟、梁丘、京氏〔六二〕；尚書：歐陽、大小夏侯；詩：齊、魯、韓氏；禮：大、小戴；春秋：嚴、顔，各一博士。華嶠漢書曰〔六三〕：「初，欲立左氏傳博士，范昇以爲左氏淺末，不宜立。陳元聞之，乃詣闕上疏争之，更相辯對，凡十餘上，帝卒立左氏學。」掌以五經教子弟，國有疑事，掌承問對。舊時從議郎爲博士，其通叡異藝，入平尚書，出部刺史、諸侯守相，久次轉諫議大夫。中興，高第爲侍中、小郡若都尉。博士限年五十。其督郵版狀曰：「生事愛敬，喪没如禮。理易、尚書、孝經、論語，兼崇載籍，窮微闡奥，師事某官，經明受謝。見授門徒尚五十人以上。正席謝坐〔六四〕，三郡三人〔六五〕，隱居樂道，不求聞達。身無金痍痼疾，三十六屬，不與妖惡交通。王侯賜賞，行應四科，經任博士。」下言某官某甲保舉。順帝諱「保」，故稱「守」。安帝以博士多非其人，詔命三公、將軍、中二千石舉博士各一人，務得經明行高，卓爾茂異。是時群僚承風，凡所旌貢〔六六〕，綽有餘裕。後旋復故，遂用陵遲。初，平帝元始四年，改博士爲博士師。後漢兼而存之，並擇儒者。桓榮、魯恭、戴憑等並爲博士。魏及西晉朝，博士置十九人。武帝咸寧四年，初立國子學，置國子博士一人，皆取履行清淳、通明典義〔六七〕，若散騎常侍、中書侍郎、太子中庶子以上，乃得召試。元帝時，荀崧上疏曰：「昔咸寧、太康、永嘉之中，侍中、常侍、黄門通洽古今、行爲世表者領國子博士。」宋、齊諸博士皆皂朝服，進賢兩梁冠，佩水蒼玉。梁國學有博士二人；天監四年，置五經博士各一人。魏、晉、宋、齊並不置五經博士，至此始置焉。舊國子學生限以貴賤，武帝欲招來後進，五館生皆引寒門儁才，不限人數。陳因之。後魏、北齊並有之。隋仁壽元年，省國子博士；大業三年，復置一人。唐增置二人。龍朔二年改爲司成宣業，咸亨初復舊。諸州府亦有經學博士一人。

助教。晉咸寧四年，初立國子學，置助教十五人，以教生徒。江左及宋，並十人。宋制，易、尚書、毛詩、禮記、周禮、儀禮、左傳、公羊、穀梁各爲一經，論語、孝經爲一經，合十經，助教分掌。宋、齊並同。梁國子助教，舊視南臺御史，品服與博士同。陳因之。後魏亦有。北齊置十人。隋置四人。唐國子學助教三人〔六八〕，諸府、州、縣各有助教職員。府、州二人，縣一人，學生各有差。

太學博士。晉江左增置國子博士十六人，謂之太學博士，品服同國子博士。梁置太學博士八人。陳因之。後魏亦然。北齊國子寺有太學博士十人。後周置太學博士下大夫六人。隋初置太學博士五人；仁壽元年，罷國子，唯立太學，置博士五人；大業三年，減置二人。唐因之。助教，後魏置。北齊亦有之，置二十人。後周曰太學助教上士。隋又曰太學助教，五人；大業三年，減三人。唐因之。

廣文館博士一人，助教一人，並以文士爲之，唐天寶九載置。

四門博士。後魏書劉芳表：「去太和二十年〔六九〕，立四門博士，於四門置學。按禮記曰『天子設四學』，鄭玄注『同四郊之虞庠也』〔七〇〕。今以其遼遠，故置於四門。請移與太學同處。」從之。北齊二十人。隋五人。唐三人。助教，北齊國子寺有二十人，隋初則五人，唐因之。直講四人，唐初置，無員數，長安四年始定爲四員。大成二十人〔七一〕，唐置，取貢舉及第人，簡聰明者試書，日誦得一千言，并日試策所習業等十條通七，然後補充，仍散官，祿俸賜會同直官例給。武太后長安中省，而置直講，定爲四員。

律學博士，晉置，屬廷尉。衛覬奏請置律學博士〔七二〕，轉相教授。東晉以下因之。梁曰胄子律博士，屬廷尉。陳亦有律博士。後魏、北齊並有之。隋大理寺官屬有律博士八人。唐因之，而置一人，移屬國學。助教一人，位從九品上。

書學博士，唐置三人〔七三〕，又置典學二人。

算學博士，唐置二人，又置典學二人。

宋國子監無博士，有直講八人，元豐改爲太學博士〔七四〕。元豐定制，亦無國子博士。大觀元年，乃置國子博士四員，國子正、録各二員〔七五〕，與太學官分掌教導。中興後，置國子博士二員。太學博士：元豐改直講爲之。紹聖元年令太學博士、正、録，令國子監長貳薦舉，召試而後除。紹興十二年，置太學博士三員。國子正、録：大觀初置，掌行學規，糾不如規者罰之。紹興十三年，詔正、録各置一員。太學正、録：仁宗朝，胡瑗掌太學，其正、録第補諸生。熙寧末興三舍，始選官爲正、録，如學官之制。正、録各五人，掌行學規，不如規者糾罰之。元祐四年〔七六〕，罷命官正、録，以上舍、内舍生充〔七七〕，後復置命官學正二員。紹聖悉如元豐舊制。紹興十二年，復各置一員。書庫官：淳化五年，判國子學李至言〔七八〕：「監中印書，亦主掌錢物，凡有公文，其所司止以印書錢物所爲名，稍爲近俗。今乞改爲國子監書庫官。」從之。書庫監官以京朝官充，掌印經史群書，以備朝廷宣索賜予之用；及出鬻而收其直，以上於官。元豐三年省。中興後，併國子監入禮部。紹興十三年，乃復置一員，三十一年罷。隆興初〔七九〕，詔主簿兼書庫〔八〇〕。乾道七年，復置一員。

武學。唐開元間，始置太公尚父廟，以留侯張良配，中春、中秋、上戊祭之，牲、樂如文宣王，仍以古名將十人爲十哲配享。貞元元年，尊太公爲武成王，詔考定可配享者，列古今名將六十四人圖形焉。

宋慶曆三年，詔置武學於武成王廟，以阮逸爲教授。八月，罷武學，以議者言「古名將如諸葛亮、羊祜、杜預等，豈專學孫、吴」故也。熙寧五年，樞密院言：「古者出師，受成於學，文武弛張，其道一也。乞復置武學。」詔於武成王廟置學。紹興十六年，詔修建武學。武博、武諭，掌以兵書、弓馬、武藝誘誨學者〔八一〕。元豐官制行，以博士代教授。紹興二十六年，詔武學博士、學諭各置一員，内博士於文臣有出身或武舉出身曾預高選充；其學諭差武學人，後又除文臣之有出身者。

宗學。漢平帝詔：「朕惟宗室皆高帝子孫，令置宗師，以糾教之。」明、章二帝友愛子弟，幼者率留京師，訓導以禮。唐高宗詔宗室子孫就祕書外省，别爲小學。

宋元祐六年〔八二〕，宗室令鑠乞建宗學，詔從之。既而中輟，建中靖國元年復置。崇寧初，立月書季考法。南渡初，建學。嘉定更新置四齋，後再增三齋。宗學博士，舊諸王宫大小學教授也。至道元年，太宗將爲皇侄等置師傅，執政謂環衛之官非親王比〔八三〕，當有降，乃以教授爲名。咸平初，遂命諸王府官分兼南、北宅教授。南宫者，太祖、太宗諸王之子孫處之，所謂睦親宅也。崇寧五年，又改稱某王宫宗子博士，位國子博士之上。靖康之亂，宗學遂廢。紹興四年，始復置諸王宫大小學教授一員，隆興省其一。嘉定九年十二月，始復置宗學，改教授爲博士，又置宗學諭一員，並隸宗正寺，在太常博士之下。諭在國子正之上，俸給、賞典依國子博士及正體例〔八四〕。於是宗室疏遠者皆得就學，而彬彬可觀矣。旋有旨，復存諸王宫大小學教授一員。

軍器監 丞 主簿 甲坊署 弩坊署

後周武帝四年，初置軍器監。唐武德初置軍器監。貞觀元年，罷軍器大監，置少監，後省之，以其地隸少府監，爲甲弩坊。開元初，復以其地置軍器使；至三年，以使爲監，更置少監一員、丞二員、主簿一員、録事一員，及弩坊等署；十一年，悉罷之，復隸少府，爲甲弩坊；十六年，移其名於北都，置軍器監。亦嘗以太原尹兼領之。天寶六載，復於舊所置軍器監，監一人，領甲坊、弩坊兩署。

丞、主簿各一人，唐置。

甲坊署令、丞。周禮考工記曰「函人爲甲」。隋少府有甲鎧署。唐改焉。

弩坊署令、丞。周禮司弓矢掌四弩。隋有弓弩署。唐改焉。

宋軍器，初領於三司胄案，官無專職。熙寧六年，廢胄案，乃按唐令置監，擇從官總判。元豐正名，分案五，所隸官屬四：東、西作坊，掌造兵器、旗幟、戎帳什物〔八五〕，辨其名色〔八六〕，監官二人，以京朝官及三班使臣充。作坊物料庫，掌收鐵錫、羽箭、油漆之類。皮角場，掌收皮革、筋骨，以供作坊之用，置官與東西作坊同。建炎併歸工部，紹興復置長貳各一員。隆興初，詔軍器所已隸工部，本監惟置丞一員。乾道後置監、少監及簿。淳熙初，詔戎器非進入，毋輒出所，由是呈驗寖省。嘉定以後，事最稀簡，特爲儲才之所。

都水使者 丞　主簿　舟檝署　河渠署

虞舜命益作虞，以掌山澤。周官有林衡、川衡二官，掌林麓、川澤之禁。漢武帝元鼎二年，初置水衡都尉，應劭曰〔八七〕：「山林之官曰衡。掌諸池苑，故稱水衡。」張晏曰：「主都水及上林苑〔八八〕，故曰水衡。主諸官，故曰都。有卒徒武事，故曰尉。」師古曰〔八九〕：「衡，平也，主平其稅也。」掌上林苑，漢趙充國以中郎爲水衡都尉，主船官也。蓋主上林離宮燕休之處。王莽改曰予虞。後漢光武省之，併其職於少府。每立秋貙劉之日，輒暫置水衡都尉，貙劉，將祭大獵之名。貙，敕俱反。事訖省。初，秦、漢又有都水長丞〔九〇〕，主陂池灌溉，保守河渠，自太常、少府及三輔等，皆有其官。漢武帝以都水官多，乃置左、右使者以領之。劉向爲左都水使者是也。又續漢百官志曰劉向領三輔都水。至漢哀帝省使者官。至東京，凡都水皆罷之，併置河隄謁者。漢之水衡都尉，本主上林苑，魏世主天下水軍舟船、器械。晉武帝省水衡，置都水臺，有使者一人，掌舟航及運部，而河隄是爲都水官屬。元康中，復有水衡都尉。元康百官名及晉起居注曰：「陳慎、戴熊俱以都水使者領水衡都尉。」懷帝永嘉六年，胡賊入洛陽，都水使者奚濬先出督運得免。江左省河隄。諸公贊曰：「陳勰字太和，有巧思，爲都水使者。」洛陽記曰：「千金隄，勰所置〔九一〕。」宋都水使者，銅印墨綬，進賢兩梁冠，與御史中丞同。孝武帝初，省都水臺，罷都水使者，置水衡令，孝建元年復置。齊有都水臺使者一人。梁初與齊同；天監七年，改都水使者爲大舟卿，位視中書郎，列卿之最末者，主舟航河隄。陳因之。後魏初，皆有水衡都尉及河隄謁者、都水使者官；至永平二年，都水臺依舊置二使者。北齊亦置二使者。隋開皇二年〔九二〕，廢都水臺入司農，十三年復置。仁壽元年，改臺爲監，更名使者亦爲監。煬帝又改爲使者，尋又爲監，加置少監，又改監及少監並爲令，領舟檝、河渠二署。唐武德八年，置都水臺，後復爲都水署，置令，隸將作。貞觀中，復爲都水監，置使者。龍朔二年，改都水使者爲司津監丞，咸亨元年復舊。光宅元年〔九三〕，改都水監爲水衡，置都尉。神龍元年，復爲都水監，置使者二人，分總其事，不屬將作，領舟檝、河渠二署。

丞。漢有水衡丞五人，亦有都水丞。後漢、晉初都水使者有參軍二人，蓋亦丞之職任。宋因之。梁大舟卿有丞，陳因之。後魏、北齊又曰參軍。隋曰都水丞。唐二人。

主簿，晉水衡都尉有之，爲左、右、前、後、中五水衡令，悉皆有之。梁大舟卿亦有之。至隋又置。唐因之。

舟檝署令。漢主爵中尉屬官有都船令、丞，水衡都尉有檝櫂令、丞。晉曰船曹吏。齊曰官船典軍。後周曰舟中士。隋爲舟檝署令、丞。唐因之，令、丞各一人。

河渠署。隋煬帝置令、丞各一人。唐因之。

宋都水監，判監事一人，以員外郎以上充；同判監一人，以朝官以上充；丞二人，主簿一人，並以京朝官充。掌内外河渠隄堰之事。舊隸三司河渠案〔九四〕。嘉祐三年，始專置監以領之。輪遣丞一人出外治河埽之事，或一歲再歲而罷，其間有諳知水政，或至三年者。置局於澶州，號曰外監寺司〔九五〕，押司官一人。元豐八年，詔提舉汴河堤岸司隸本監。先是，導洛入汴，專置堤岸司，至是歸之都水司。元祐時，詔南、北外都水丞並以三年爲任。七年，方議回河流〔九六〕，乃詔河北、京西漕臣及開封府界提點，各兼南、北外都水事。宣和三年，詔罷南、北外都水丞司，依元豐法，通差文武官一員。四年，臣僚言：「都水監因恩州修河，舉辟文武官至百二十餘員，授牒家居，不省所領何事，皆乘傳給券，第功希賞。」詔除正官十一員外，餘並罷。所隸有東、西四排岸司監官，各以京朝官、閤門祇候以上及三班使臣充，掌水運綱船輸納顧直之事。汴河上下鎖、蔡河上下鎖各監官一人，以三班使臣充，掌算舟船木筏之事。天下堰總二十一，監官各一人；渡總六十五，監官各一人，皆以京朝官、三班使臣充，亦有以本處監當兼掌者。

內侍省

內侍　內常侍　內給事　內謁者監　內寺伯　掖庭局　宮闈局　奚官局　內僕局　內府局

天文有宦者四星，在帝座之西。周官有宮正、宮伯，皆主王宮，中官之長。宮人，掌王之六寢。內宰，理王內之政令，以陰禮教六宮。閽人，掌守王宮。寺人。掌王之內人及女官。戰國時有宦者令。趙有宦者令繆賢是。秦少府屬官有中書謁者令、丞，又有將行、衛尉、少府各一人。並皇后卿。漢景帝中元六年，改將行爲大長秋。顔師古曰：「秋者，收成之時。長者，恒久之義。故以爲皇后官名。」或用中人，或用士人。中人，閹人。成帝加置太僕一人，掌太后輿馬，通謂之皇太后卿，皆隨太后宮爲官號，在正卿上，無太后則闕。衛尉在衛尉上，少府在少府上之類是也。又有長信詹事，掌皇太后宮。景帝中六年〔九七〕，更名長信少府。平帝元始四年〔九八〕，更名長樂少府。帝祖母稱長信宮，帝母稱長樂宮，故有長信少府、長樂少府，職如長秋，位在長秋上，及職吏皆宦者也。後漢常用宦者，職掌奉宣中宮命，凡給賜族親〔九九〕，當謁見者關通之，中宮出則從。屬官有丞、中宮僕、謁者、私府署令〔一〇〇〕。初，秦又置中常侍官，參用士人，皆銀璫左貂，給事殿省。漢制，置侍中、中常侍各一人省尚書事，黃門侍郎一人傳發書奏，皆用姓族。後漢中常侍贊導內事，顧問應對。永平中，始定員數，中常侍四人，漢舊儀曰：「秩千石，得出入卧內，禁法省中。」省中即禁中也。成帝外家王禁貴重，朝中爲諱「禁」曰「省」。小黃門十人。自明帝以後，員數稍增，改以金璫右貂，兼領卿署之職。自和熹太后以女主稱制，不接公卿，乃以閹人爲常侍、小黃門，通命兩宮。自此以來，悉用閹人，不調他士。自安迄桓，權任尤重，手握王爵，口含天憲。桓帝既與宦官謀誅梁冀，乃封宦者五人單超、徐璜、具瑗、左悺〔一〇一〕、唐衡也。同日爲侯，皆食邑，故世號「五侯」焉。楊秉爲太尉，奏請免中常侍侯覽、具瑗等官。尚書召對秉掾屬曰：「公府外職，而劾近官，經典漢制有故事否？」秉使對曰：「春秋趙鞅以晉陽之甲逐君側之惡。又傳曰『除君之惡，唯力是視』。鄧通戲慢，申屠嘉召責，文帝請之〔一〇二〕。漢制故事，三公之職，無所不統。」帝不得已，遂免覽官，削瑗國。及袁紹大誅宦者之後，永巷、掖庭復用士人，闥闈出入莫有禁切，侍中、侍郎、門部騶宰，中外雜錯，醜聲彰聞。魏改漢制，太后三卿在九卿下。晉復舊，在同號卿上，有后則置，無后則闕。齊鬱林王立，文安太后即尊號，以宮名置宣德衛尉、少府、太僕。梁有弘訓太后，亦置屬官。陳亦有太后三卿。後魏大長秋掌顧問應對，自文明馮后，閹官用事，大者令、僕，小者卿、守。宦者趙黑爲選曹尚書。北齊有中侍中省，置中侍中二人，中常侍四人，掌出入閤門。又有長秋寺，置卿、中尹各一人，掌諸宮閤，領掖庭等令，並用宦者。後周有司內上士、小司內中士、巷伯中士等官。隋曰內侍省，領內侍、內常侍等官。內侍即舊長秋，內常侍即舊中常侍。煬帝改內侍省爲長秋監，置令一人、少令一人、丞二人，並用士人，餘用宦者。領掖庭、宮闈、奚官三署，亦參用士人。唐武德初，改爲內侍省，皆用宦者。龍朔二年，改爲內侍監，咸亨元年復舊。光宅元年，改爲司宮臺，神龍元年復舊。有內侍四人，掌知宮內供奉，中宮駕出則夾引〔一〇三〕，總判局事。舊二人，開元中加二人。貞元七年三月敕〔一〇四〕：「內侍五品以上，許養一子，仍以同姓者，初養日不得過十歲。」

內常侍六人。通判省事。屬官有內給事八人，內謁者監六人，內寺伯二人，寺人六人。領掖庭、宮闈、奚官、內僕、內府等五局。神龍元年後，始以中使出監諸軍兵馬。寶應元年五月，敕諸道州所承上命，須憑正敕可施行，不得懸便信中使宣敕即遵行。

內給事，周禮內小臣之職，掌王后之命，后出入，前驅。後漢少府有給事黄門，掌侍左右〔一〇五〕，上在內宮〔一〇六〕，關通中外〔一〇七〕，及中宮已下衆事。自魏、晉至於梁、陳，無其職。後魏有中給事中。後改爲中給事。北齊中侍中省有中給事中四人。煬帝改爲內承直。唐復爲內給事，置八人。

內謁者。後漢大長秋屬官有中宮謁者二人〔一〇八〕，主報中章。後魏、北齊有中謁者僕射。隋內侍省有內謁者監六人，內謁者十二人。唐因之。

內寺伯。周禮寺人掌王之內人及女宮之戒令。隋內侍省有內寺伯二人。唐因之。

掖庭局令。秦置永巷，漢武更名掖庭，置令，掌宮人簿帳、公桑、養蠶及女工等事。後漢掖庭令掌後宮貴人采女；又有永巷令，典官婢，皆宦者，並屬少府。唐置二人。

宮闈局令二人，隋置。令掌宮內門閤之禁，及出納神主，并內給使名帳、糧廩事。唐因之。

奚官局令二人。齊、梁、陳、隋有奚官署令，掌守宮人、使藥、疾病、罪罰、喪葬等事。唐置二人。

內僕局令二人。後漢有中宮僕〔一〇九〕，掌車輿、雜畜及導等。唐置二人。

內府局令二人。漢有內者局令〔一一〇〕。隋曰內者。唐爲內府，置令二人。掌內庫出納、帳設、澡沐等。

范曄史論曰：「宦人之在王朝者，其來舊矣。將以其體非全氣，情志專良，通關中人，易以役養乎。然而後世因之，才任稍廣。其能者則勃貂、管蘇有功於楚、晉，景監、繆賢著庸於秦、趙。及其敝也，則豎刁亂齊，伊戾禍宋。漢興，仍襲秦制，置中常侍官，然亦引用士人，以參其選，皆銀璫左貂，給事殿省。及高后稱制〔一一〕，乃以張卿爲大謁者，出入卧内，受宣詔命。文帝時有趙談、北宮伯子，頗見親倖。至於孝武，亦愛李延年。帝數宴後庭，或潛游離館，故請奏機事多以宦人主之。至元帝之世，史游爲黄門令，勤心納忠，有所補益。其後弘恭、石顯以佞險自進，卒有蕭、周之禍，損穢帝德焉。中興之初，宦官悉用閹人〔一二〕，不復雜調他士。至永平中，始置員數，中常侍四人，小黄門十人。和帝即祚幼弱，而竇憲兄弟專總權威，内外臣僚莫由親接，所與居者，唯閹宦而已。故鄭衆得專謀禁中，終除大憝，遂享分土之封，超登宫卿之位。於是中官始盛焉。自明帝以後，迄乎延平，委用漸大，而其員稍增，中常侍至有十人，小黄門二十人，改以金璫右貂，兼領卿署之職。鄧后以女主臨政，而萬機殷遠，朝臣國議，無由參斷帷幄，稱制下令不出房闈之間，不得不委用刑人，寄之國命。手握王爵，口含天憲，非復掖庭、永巷之職，閨牖房闥之任也。其後孫程定立順之功，曹騰參建桓之策，續以五侯合謀，梁冀受鉞，迹因公正，恩固主心，故中外服從，上下屏氣。或稱伊、霍之勳，無謝於往載；或謂良、平之畫，復興於當今。雖時亦忠公〔一三〕，而竟見排斥。舉動回山海，呼吸變霜露。阿旨曲求，則光寵三族；直情忤意，則參夷五宗〔一四〕。漢之紀綱大亂矣。若夫高冠長劍，紆朱懷金者，布滿宮闈；苴茅分虎、南面臣人者，蓋以十數。府署第館，棊列於都鄙；子弟支附，過半於州國。南金、和寶、冰紈、霧縠之積，盈牣珍藏；嫱媛、侍兒、歌童、舞女之玩，充備綺室；狗馬飾雕文，土木被緹繡，皆剥割甿黎，競恣奢欲。構害明賢，專樹黨類。其有更相援引，希附權强者，皆腐身熏子，以自銜達，同弊相濟，故其徒有繁，敗國蠹政之事不可單書〔一一五〕。所以海内嗟毒，志士窮棲，寇劇緣間，摇亂區夏。雖忠良懷憤，時或奮發，而言出禍從，旋見孥戮。因復大考鉤黨，轉相誣染。凡稱善士，莫不離被災毒。竇武、何進位崇戚近，乘九服之囂怨，協群英之勢力，而以疑留不斷，至於殄敗。斯亦運之極乎！雖袁紹龔行，芟夷無餘，然以暴易亂，亦何云及！自曹騰説梁冀，竟立昏弱。魏武因之，遂遷龜鼎。所謂君以此始，必以此終，信乎其然矣！」

宋祁史論曰：「太宗詔内侍省不立三品官，以内侍爲之長，階第四，不任以事，惟門閤守禦、廷内掃除，禀食而已。武后時，稍增其人。至中宗，黄衣乃二千員，七品以上員外置千員，然衣朱紫者尚少。玄宗承平，財用富足，志大事奢，不愛惜賞賜，爵位。開元、天寶中，宫嬪大率至四萬，宦官黄衣以上三千員，衣朱紫千餘人。其稱旨者輒拜三品將軍，列戟於門。其在殿頭供奉，委任華重，持節傳命，光焰殷殷動四方。所至，郡縣奔走，獻遺至萬計。修功德，市禽鳥，一爲之使，猶且數千緡。監軍持權，節度反出其下。於是甲舍、名園、上腴之田爲中人所占者半京畿矣〔一一六〕。肅、代庸弱，倚爲捍衛，故輔國以尚父顯，元振以援立奮，朝恩以軍容重〔一一七〕，然猶未得常主兵也。德宗懲艾泚賊，故以左右神策、天威等軍委宦者主之，置護軍中尉、中護軍分提禁兵，是以威柄下遷〔一一八〕，政在宦人，舉手伸縮，便有輕重。至慓士、奇材〔二九〕，則養以爲子〔三〇〕；巨鎮强藩，則爭出我門。小人之情，猥險無顧籍；又日夕侍天子〔三一〕，狎則無威，習則不疑，故昏君蔽於所昵，英主禍生所忽。玄宗以遷崩，憲、敬以弑殞，文以憂僨，至昭而天下亡矣。禍始開元，極於天祐，凶愎參會，黨類殲滅，王室從而潰喪，譬猶灼火攻蠹，蠹盡木焚，詎不哀哉！迹其殘氣不剛，柔情易遷〔三二〕，褻則無上，怖則生怨，借之權則專，爲禍則迫而近，緩相攻，急相一，此小人常勢也。噫！梟狐不神，天與之昏，未如亂何。故取中葉以來宦人之大者，萃之篇。」

右古今宦者之禍，無如漢、唐之季年。范、宋二史傳論特爲明暢，故備載之。然夷考其磐固猖獗之由，則有自來矣。蓋將相者，天下大權之所自出也。漢中葉以後，以中書爲政本，而中書令管機密，屬之貂璫，是宦者得以竊相之柄也。故陳蕃、竇武、何進之徒，一有規畫奏啟，即爲所窺，先發制人，禍不旋踵，而國祚隨之。唐中葉以後，倚兵戎定禍亂，而觀軍容、監軍屬之貂璫，是宦者得以竊將之權也。故勳德如李、郭，則俛首受節制，而不免失律；跋扈如李茂貞、朱全忠，則稱兵内侮，而遂以移祚矣。兵、刑者，人主威柄之所自出也。漢自桓、靈以來，有黄門北寺獄，是宦者得以專刑也。故窮捕鉤黨，剿戮名士，皆黄門北寺獄之所爲也。唐自德、代以來，有兩軍中尉，是宦者得以專兵也。故易置人主，誅夷大臣，皆兩軍中尉之所爲也。蓋將相之任，彼得以據之；兵刑之司，彼得以專之；而又地近情親，根連株固，故雖有英特之君、賢智之臣，終不能以一朝而去腹心之病，亦由積漸之久故也。然桓、靈昏主，又從而崇奬之，故權悉下移，而漢之亡遂亟。文、武、宣賢君，雖不能抑制之，然政自己出，故唐之亡少紓云。

宋初有内中高品班院，淳化五年改入内内班院，又改入内黄門班院，又改内侍省入内内侍班院。景德三年詔：「其内東門取索司可併隸内東門司〔一二三〕，餘入内都知司、内東門都知司，内侍省入内内侍班院可立爲入内内侍省，以諸司隸之〔一二四〕。」國初有内班院，淳化五年八月，改内班爲黄門；九月，改黄門爲内侍省〔一二五〕。入内内侍省與内侍省，號爲前、後省。而入内省比前省尤爲親近。通侍禁中、役服褻近者，隸入内内侍省。供侍殿中、備灑掃之職，役使雜品者，隸内侍省。職略云入内内侍省號北司，内侍省號南班，與志不同。入内内侍省有都都知、都知、副都知、押班、内東頭供奉官、内西頭供奉官、内侍殿頭、内侍高品、内侍高班、内侍黄門。内侍省有左班都知副都知、右班都知副都知、押班、内東頭供奉官、内西頭供奉官、内侍殿頭、内侍高品、内侍高班、内侍黄門。自供奉官至黄門，以一百八十人爲定員。凡内侍初補曰小黄門，經恩遷補則爲内侍黄門。後省官闕，則以前省官補。押班次遷副都知，次遷都都知，遂爲内臣之極品。熙寧中，入内内侍省、内侍省都知押班逐省，各以轉入先後相壓，永爲定式。其官稱，則有内客省使、延福宫使、宣政使、宣慶使、昭宣使〔一二六〕，國初所置。職略云：「太祖以内客省使換樞密，以延福宫使換宣徽，其旨遠哉。由都知、延福使以下至寄資諸司副使者，即依外官蔭補之法。」元豐議改官制，張誠一欲易都知、押班之名，置殿中監以易内侍省。既而宰執進呈，神宗曰：「祖宗爲此名有深意，豈可輕議？」四朝志、王定國見聞録。政和二年，始遂改焉。以通侍大夫易内客省使，正侍大夫易延福宫使，中侍大夫易景福殿使，中亮大夫易宣慶使，中衛大夫易宣政使〔一二七〕，拱衛大夫易昭宣使〔一二八〕，供奉官易内東頭供奉官，左侍禁易内西頭供奉官，右侍禁易内侍殿頭，左班殿直易内侍高品，右班殿直易内侍高班，而黄門之名如故。其屬有：御藥院勾當官四人，以入内内侍充〔二九〕，掌按驗方書，修合藥劑，以待進御及供奉禁中之用。内東門司勾當官四人，以入内内侍充，掌宫禁人物出入，周知其名數而譏察之。合同憑由司監官二人，掌禁中宣索之物，給其要驗，凡特旨賜予，皆具名數憑由，付有司准給。管勾往來國信所管勾官二人，以都知、押班充，掌契丹使介交聘之事。後苑勾當官無定員，以内侍充，掌苑囿、池沼、臺殿、種藝、雜飾〔三〇〕，以備游幸。造作所，掌造作禁中及皇屬婚娶之名物〔三一〕。龍圖、天章、寶文閣勾當官四人，以入内内侍充，掌藏祖宗文章、圖籍及符瑞、寶玩之物，而安像設以崇奉之。軍頭引見司勾當官五人，以内侍省都知、押班及閤門宣贊舍人以上充，掌供奉便殿禁衛諸軍入見之事，及馬、步兩直軍員之名。翰林院勾當官一員，以内侍押班、都知充，總天文、書藝、圖畫、醫官四局，凡執伎以事上者皆在焉。中興以來，深懲内侍用事之弊，嚴前、後省使臣與兵將官往來之禁，著内侍官不許出謁及接見賓客之令。紹興三十年，詔内侍省所掌職務不多，徒有冗費，可廢併歸入内内侍省。舊制，内侍遇誕節許進子，年十二試以墨義，即中程者，候三年引見供職。三十二年，殿中侍御史張震言宦者員衆，孝宗即命内侍省開具見在人數，免會慶節進子，仍定以二百人爲額。乾道間，以差赴德壽宫應奉闕人，增至二百五十人。紹熙三年，因宰臣奏，中官只令承受宫禁中事，不許預聞他事。嘉定初，詔内侍省陳乞恩例，親屬充寄班祇候，以十年爲限。

校勘記

〔一〕龍朔二年　「二」原作「三」，據新唐書卷四七百官志二、通典卷二六職官八改。

〔二〕掌行所解止之處帷幕幄帟之事　按周禮掌帷幕幄帟之事，乃幕人之職，非掌舍之職，「帷」上補「有幕人掌」四字方合。

〔三〕北齊太僕驊騮署有奉御十人　「御」，唐六典卷一一、職官分紀卷二四作「乘」。

〔四〕隋煬帝取之　通典卷二六職官八同，職官分紀卷二四「取」作「改」。

〔五〕先是別置閑廄使　「閑」字原脱，據唐六典卷一一、職官分紀卷二四補。

〔六〕武太后萬歲通天二年　通典卷二六職官八同，唐會要卷六五「二」作「元」。

〔七〕至聖曆二年　「二」，唐會要卷六五作「三」。

〔八〕尚輦奉御　按上文例，應補「局」字於「輦」下。

〔九〕名別而事存　宋會要職官一九之一、之二同。百衲本宋史職官志「而」作「有」。

〔一〇〕監掌供奉天子玉食醫藥服御幄帟　「玉」字原作「五」，「服」字原脱，據宋史卷一六四職官志四、宋會要職官一九之一改補。

〔一一〕奉御六人或四人　「御」原作「帥」，據宋史卷一六四職官志四、宋會要職官一九之一改。

〔一二〕見乘輿服御雜貯百物中　「雜貯」原作「親行」，據宋史卷一六四職官志四、宋會要職官一九之一改。

〔一三〕殿中省高伸上編定六尚供奉式　「高伸」原作「尚伸」，據宋史卷一六四職官志四、宋會要職官一九之一、一九之一〇改。又宋會要職官一九之一〇「省」作「監」。

〔一四〕掌治等五署　「五」字原脱，據元本、慎本、馮本補。

〔一五〕漢時官有私府長　「私」原作「司」，據通典卷二七職官九改。

〔一六〕正月朔朝　「朝」，後漢書卷四三朱暉傳作「旦」，通典避唐睿宗諱改，通考沿襲之。

〔一七〕中常侍　「中」字原脱，據後漢書百官志三補。

〔一八〕齊又加領左右銀鍛署　按南齊書卷一六百官志有「鍛署」而無「左右銀鍛署」。

〔一九〕位視尚書左右丞　隋書卷二六百官志上、職官分紀卷二二無「右」字。

〔二〇〕貞觀元年五月　「五」，唐會要卷六六少府監作「正」。

〔二一〕分太府中尚方織染坊掌冶坊署　通典卷二七職官九「方」作「坊」。唐會要卷六六少府監作「分太府中尚方左尚方右尚方織染方掌冶方五署」。

〔二二〕具有損益　葉德輝輯山公啟事作「甚有頓益」，通典卷二七職官九「具」作「其」。

〔二三〕後漢主作手工作　「主作」原作「掌上」，據通典卷二七職官九改。

〔二四〕及主織綵諸雜工　通典卷二七職官九同，後漢書百官志二「綵」作「綬」。

〔二五〕典官婢作褻衣服補浣之事　「褻」原作「藝」，據宋書卷三九百官志上改。

〔二六〕韋昭辨釋名曰　「辨」字原脱，據三國志卷六五韋曜傳、職官分紀卷二二補。

〔二七〕染有均平之法　通典卷二七職官九、職官分紀卷二二「均」作「常」。

〔二八〕定州紬綾局丞　通典卷二七職官九「紬」作「細」。

〔二九〕監官文臣一員武臣二員　宋會要職官二之九載：「熙寧三年詔文思院兩界監官立定文臣一員、武臣一員」，紹興三年三月七日，工部令「文思院依舊分爲上、下界，各差監官、監門官一員，……從之」。與通考異。

〔三〇〕監　原作「少監」，據通典卷二七職官九刪。

〔三一〕左校右校甄官中校等署令　「令」字原脱，據元本、慎本、馮本補。

〔三二〕古列樹以表道　通典卷二七職官九「列樹」作「制」。

〔三三〕左校署令丞二人　「令丞二人」，舊唐書卷四四職官志三、唐六典卷二三作「令二人丞四人」，新唐書卷四八百官志三作「令二人丞一人」。

〔三四〕右校署令丞二人　「令丞二人」，舊唐書卷四四職官志三、新唐書卷四八百官志三、唐六典卷二三作「令二人丞三人」。

〔三五〕甄官署令丞一人　「令丞一人」，舊唐書卷四四職官志三、新唐書卷四八百官志三、唐六典卷二三作「令一人丞二人」。

〔三六〕唐置令丞各一人　「令丞各一人」，舊唐書卷四四職官志三、新唐書卷四八百官志三、唐六典卷二三作「令一人丞三人」。

〔三七〕章謂大材也　「大」原作「木」，據漢書卷一九上百官公卿表上如淳注改。

〔三八〕舊將作大匠主材史名章曹掾　「史」，漢書卷一九上百官公卿表上如淳注作「吏」。

〔三九〕顔師古曰　「師」原作「思」，據通典卷二七職官九改。

〔四〇〕蓋章聲之轉耳　「章」字原脱，據漢書卷一九上百官公卿表上師古注補。

〔四一〕東園主章掌大材　「大」字原脱，據漢書卷一九上百官公卿表上師古注補。

〔四二〕本監但掌祠祀供省牲牌鎮石炷香焚版幣之事　宋史卷一六五職官志五、群書考索後集卷一一「香」下有「盥手」。

〔四三〕以京朝官諸司使副充　宋會要職官三〇之七作「以諸司使副及内侍充」。

〔四四〕抽算商販竹　按宋史卷一六五職官志五作「抽算諸河商販竹木」。

〔四五〕以給營造　「給」原作「經」，據宋史卷一六五職官志五改。下「以給營造」同。

〔四六〕掌計度材物　「材」原作「財」，據宋史卷一六五職官志五改。

〔四七〕掌儲積材物　「材」原作「財」，據宋史卷一六五職官志五改。

〔四八〕餘備薪爨　「餘備」原作「及」，據宋史卷一六五職官志五改補。

〔四九〕簾箔場　「簾」字原脱，據宋史卷一六五職官志五補。

〔五〇〕掌抽算竹木蒲葦　「蒲葦」二字原脱，據宋史卷一六五職官志五補。

〔五一〕建炎初　按宋史卷一六五職官志五曰「建炎三年，詔將作監併歸工部」。繫年要録卷二二建炎三年四月庚申曰「少府、將作、軍器監歸工部」。「初」當作「三年」。

〔五二〕寄禄官將作監丞後爲宣義郎　「義」原作「議」，據宋史卷一六九職官志九改。

〔五三〕古者賓得主人饌　「者」，後漢書百官志二注引胡廣語作「禮」。

〔五四〕築門闕　「闕」字原脱，據唐六典卷二一補。

〔五五〕宋代若不置學　「若」字原脱，據宋書卷三九百官志上補。

〔五六〕明帝泰始六年　「泰始」原作「太始」，據南齊書卷一六百官志、通典卷二七職官九改。

〔五七〕其後國諱廢學　「後」，南齊書卷一六百官志作「夏」。

〔五八〕律學博士正各一人　「各」原作「名」，據宋史卷一六五職官志五、宋會要職官二八之五改。

〔五九〕中興初　按宋史卷一六五職官志五、宋會要職官二八之二三、玉海卷一一二皆作「建炎三年」。

〔六〇〕置祭酒　按宋史卷一六五職官志五、宋會要職官二八之二三作「置祭酒司業各一人」，玉海卷一一二作「置祭酒司業」。

〔六一〕按六國時　「國」原作「朝」，據通典卷二七職官九改。

〔六二〕施孟梁丘京氏　「丘京」原倒，據漢書卷八八儒林傳乙正。

〔六三〕華嶠漢書曰　「漢書」，晉書卷四四華表傳作「漢後書」，太平御覽卷二三六職官部三四作「後漢書」。

〔六四〕正席謝坐　通典卷二七職官九「坐」作「生」。

〔六五〕三郡三人　「三人」原作「二人」，據元本、慎本、馮本改。

〔六六〕凡所旌貢　「貢」原作「賞」，據通典卷二七職官九改。

〔六七〕皆取履行清淳通明典義　「清」原作「精」，據晉書卷二四職官志改。

〔六八〕唐國子學助教三人　通典卷二七職官九同。「三」，舊唐書卷四四職官志三、新唐書卷四八百官志三作「五」。

〔六九〕去太和二十年　「去」原作「云」，據魏書卷五五劉芳傳改。

〔七〇〕同四郊之虞庠也　「同」原作「曰」，據通典卷二七職官九改。

〔七一〕大成二十人　「二十」，唐六典卷二一無「十」字。

〔七二〕衛覬奏請置律學博士　「置」原脱,「衛覬」原作「衛覬」,據三國志卷二一衛覬傳、晉書卷三〇刑法志補改。

〔七三〕唐置三人　通典卷二七職官九同。舊唐書卷四四職官志三、新唐書卷四八百官志三、唐六典卷二一「三」作「二」。

〔七四〕元豐改爲太學博士　「元豐」原作「熙寧」,據宋史卷一六五職官志五、群書考索後集卷一一、宋會要職官二八之五改。通考下文「太學博士元豐改直講爲之」可證。

〔七五〕國子正録各二員　「各」字原脱,據宋史卷一六五職官志五、宋會要職官二八之七、之一七補。

〔七六〕元祐四年　「四」原作「三」,據宋史卷一六五職官志五、宋會要職官二八之一一改。

〔七七〕以上舍内舍生充　「生」字原脱,據群書考索後集卷一一補。宋史卷一六五職官志五亦曰「選上舍生充,闕則以内舍生」,宋會要職官二八之一一曰「選上舍生充,闕選内舍生」。

〔七八〕判國子學李至言　「李至」原作「李志」,據太宗實録卷四三、長編卷三五淳化五年三月戊辰條、合璧事類後集卷四〇改。

〔七九〕隆興初　「隆興」原作「龍興」,按宋史卷一六五職官志五、宋會要職官二八之二五作「隆興元年七月二十六日」,據改。

〔八〇〕詔主簿兼書庫　「簿」原作「庫」,據宋史卷一六五職官志五、宋會要職官二八之二五改。

〔八一〕掌以兵書弓馬武藝誘誨學者　「掌」原作「嘗」,據群書考索後集卷一一改。

〔八二〕宋元祐六年　「元祐」原作「元豐」,據宋會要帝系五之一四、崇儒一之一、玉海卷一一二改。

〔八三〕執政謂環衛之官非親王比　「非」字原脱,據馮本、宋史卷一六五職官志五補。

〔八四〕在太常博士之下諭在國子正之上俸給賞典依國子博士及正體例　按宋會要崇儒一之一六將此事繫於嘉定十年正月十四日詔，曰「宗學博士班序在太常博士之下，宗學諭班序在國子正之上」，通考漏「宗學博士」及「班序」諸文字。

〔八五〕戎帳什物　「什」原作「行」，據元本、慎本、馮本、宋史卷一六五職官志五改。

〔八六〕辨其名色　「色」原作「地」，據宋史卷一六五職官志五改。

〔八七〕應劭曰　原作「顔師古曰」，據漢書卷一九上百官公卿表上注改。

〔八八〕主都水及上林苑　「上」字原脱，據漢書卷一九上百官公卿表上、職官分紀卷二三補。

〔八九〕師古曰　三字原脱，據漢書卷一九上百官公卿表上、職官分紀卷二三補。

〔九〇〕秦漢又有都水長丞　晉書卷二四職官志無「秦」字，疑衍。

〔九一〕緦所置　「置」，職官分紀卷二三引楊佺期洛陽記作「起」。

〔九二〕隋開皇二年　「二」，隋書卷二八百官志下作「三」。

〔九三〕光宅元年　舊唐書卷四四職官志三、通典卷二七職官九同，新唐書卷四八百官志三「光宅」作「垂拱」。

〔九四〕舊隸三司河渠案　「隸」原作「例」，據宋史卷一六五職官志五改。

〔九五〕號曰外監寺司　按長編卷二五四熙寧七年六月戊子條載：「知冀州王慶民言州有小漳河，向爲黄河北流所壅。今河已東流，乞發夫開浚。詔外都水監丞司相度以聞。既而不行。……是月，都水監言乞下外監丞司相度。」疑通考將「外監丞司」之「丞」誤作「寺」。

〔九六〕方議回河流　宋史卷一六五職官志五「流」上有「東」字似是。

〔九七〕景帝中六年　「中」字原脱，據漢書卷一九上百官公卿表上補。

〔九八〕平帝元始四年　「始四」二字原脱，據漢書卷一九上百官公卿表上、職官分紀卷二六補。

〔九九〕凡給賜族親　「族」，後漢書百官志四作「宗」。

〔一〇〇〕私府署令　後漢書百官志四無「署」字。

〔一〇一〕具瑗左悺　「具」原作「貝」，「悺」原作「琯」，據後漢書卷七孝桓帝紀、卷七八宦者列傳改。下「具瑗」同。

〔一〇二〕文帝請之　「請」原作「許」，據後漢書卷五四楊震列傳改。

〔一〇三〕中宮駕出則夾引　「出」，新唐書卷四三百官志二作「出入」。

〔一〇四〕貞元七年三月敕　「貞元」二字原脱，據唐六典卷六五補。

〔一〇五〕掌侍左右　「掌」原作「常」，據後漢書百官志三改。

〔一〇六〕上在內宮　「上」原作「止」，據後漢書百官志三改。

〔一〇七〕關通中外　「關」原作「門」，據後漢書百官志三改。

〔一〇八〕後漢大長秋屬官有中宮謁者二人　「二」，後漢書百官志四作「三」。

〔一〇九〕後漢有中宮僕　「僕」下原衍「令」，據後漢書百官志四刪。

〔一一〇〕漢有內者局令　「局令」，漢書卷一九上百官公卿表上、唐六典卷一二作「令丞」。

〔一一一〕及高后稱制　「及」原作「又」，據後漢書卷七八宦者列傳、職官分紀卷二六改。

〔一一二〕宦官悉用閹人　「宦」原作「內」，據元本、後漢書卷七八宦者列傳改。

〔一一三〕雖時亦忠公　「亦」，後漢書卷七八、職官分紀卷二六作「有」。

〔一一四〕則參夷五宗　「參」原作「慘」，據元本、後漢書卷七八宦者列傳、職官分紀卷二六改。

〔一一五〕敗國蠹政之事不可單書　「單」原作「覃」，據後漢書卷七八宦者列傳改。元本、職官分紀卷二六作「殫」，「單」通「殫」。

〔一一六〕於是甲舍名園上腴之田爲中人所占者半京畿矣　「腴」原作「便」，據馮本、新唐書卷二〇七宦者上、職官分紀卷二六改。

〔一一七〕朝恩以軍容重　「容」原作「密」，據慎本、馮本、新唐書卷二〇七宦者上、職官分紀卷二六改。

〔一一八〕是以威柄下遷　「威」原作「庶」，據馮本、新唐書卷二〇七宦者上、職官分紀卷二六改。

〔一一九〕至慓士奇材　「慓」原作「標」，據馮本、新唐書卷二〇七宦者上、職官分紀卷二六改。

〔一二〇〕則養以爲子　「養」原作「奏」，據馮本、職官分紀卷二六改。

〔一二一〕又日夕侍天子　「夕」原作「久」，據馮本、新唐書卷二〇七宦者上、職官分紀卷二六改。

〔一二二〕柔情易遷　「遷」原作「褫」，據馮本、新唐書卷二〇七宦者上、職官分紀卷二六改。

〔一二三〕景德三年詔其内東門取索司可併隸内東門司　「詔」、上「内」字原脱，據宋會要職官三六之三至四補。

〔一二四〕以諸司隸之　「司」，宋會要職官三六之四作「務」。

〔一二五〕淳化五年八月改内班爲黄門九月改黄門爲内侍省　按宋會要職官三六之三載：「淳化五年八月改内班爲黄門……九月改黄門爲内侍，以黄門院爲内侍省。」通考脱書「以黄門院爲内侍」七字。

〔一二六〕則有内客省使延福宫使宣政使宣慶使昭宣使　按宋史卷一六九職官志九，宣慶使應在宣政使上。合璧事類後集卷五三亦曰「其官稱則有内客省使、延福宫使、宣慶使、宣政使、昭宣使，國初所置」。

〔二二七〕中亮大夫易宣慶使中衛大夫易宣政使　按宋大詔令集卷一六三改武選官名詔，「中亮大夫」易「客省使」、「中衛大夫」易「引進使」。

〔二二八〕拱衛大夫易昭宣使　「昭」原作「招」，據宋史卷一六六職官志六改。按宋大詔令集卷一六三改武選官名詔，「拱衛大夫」易「四方館使」。

〔二二九〕以入内内侍充　「侍」下原衍「省」字，據宋會要職官三六之二八、合璧事類後集卷五三删。下同。

〔二三〇〕雜飾　「雜」原作「雅」，據宋史卷一六六職官志六改。宋會要職官三六之一四作「碓」。

〔二三一〕掌造作禁中及皇屬婚娶之名物　「物」原作「拜」，據宋史卷一六六職官志六、宋會要職官三六之七二改。

卷五十八　職官考十二

樞密院

唐代宗永泰中，置内樞密使，始以宦者爲之，初不置司局，但有屋三楹，貯文書而已。其職掌惟承受表奏於内中進呈，若人主有所處分，則宣付中書門下施行而已。永泰中，宦官董秀參掌樞密事〔一〕。元和中，劉光琦、梁守謙爲樞密使。長慶中，王守澄知樞密事。舊左、右軍容多入爲樞密，亦無視事之廳。後僖、昭時，楊復恭、西門季元欲奪宰相權，乃於堂狀後帖黄，指揮公事，此其始也。後梁革唐世宦官之弊，開平元年改樞密院爲崇政院，命敬翔爲使，始更用士人；其備顧問、參謀議於中則有之，未始專行事於外也。唐莊宗同光元年，復以崇政院爲樞密院，命宰臣郭崇韜兼使，又置院使一人，然權侔宰相矣。晉天福中，以桑維翰知樞密院事；四年，廢樞密院。以劉處讓兼樞密〔二〕，奏議多不稱旨，及處讓丁内憂，遂廢其院。開運元年復置，以宰臣桑維翰兼使。周顯德六年，范質、王溥並參知樞密院事。

宋朝樞密院與中書對持文武二柄，號爲「二府」。院在中書之北，印有「東院」、「西院」之文，而共爲一院，但行東院印。建隆元年，以魏仁浦、吴廷祚爲樞密使〔三〕，趙普爲副使。周末闕副使，至是始置。太平興國四年，以石熙載爲樞密直學士，以簽書院事；直學士六人，備顧問應對，然未嘗盡除。簽書之名始此。淳化二年〔四〕，以張遜知院事，温仲舒、寇準同知院事，同知院之名始此。治平中，以郭逵同簽書院事。同簽書之名始此。舊制，樞密院有使則置副使，有知院則置同知。如置知院，則當爲副使者皆改同知；若置使，則同知復改爲副使。熙寧元年，文彦博、吕公弼爲使，韓絳、邵亢爲副使。時陳升之三至樞府，神宗欲稍異其禮，乃以爲知院，於是知院與使、副並置矣。元豐改官制，議者欲廢密院歸兵部。神宗曰：「祖宗不以兵柄歸有司，故專命官統之，互相維制。」不從。然以密院聯職輔弼，非出使之名，乃定置知院、同知院二人，餘悉罷〔五〕。職事多所釐正，細務分隸六曹，專以兵機軍政爲職，而契丹、國信、民兵、牧馬猶總領焉。中興初，有知院、同知院、簽樞、同簽樞，不置樞密使、副使。紹興七年，張魏公既薦秦檜，未欲其與己並，又以故相不可除他官，乃先白高宗降旨，以本兵之地事權宜重，特除樞密使。秦檜首復除樞使，王敏節副之；既而張、韓二將並除樞密使〔六〕，岳飛副之，合典故矣。近歲，張浚〔七〕、汪澈、虞允文、王炎、王淮、周必大、王藺、趙汝愚繼除樞使，其副止稱同知，蓋相承之誤。

石林葉氏曰：「梁改樞密院爲崇政院，唐莊宗復舊名，遂改爲樞密院直學士。至明宗時，安重誨爲樞密使。明宗既不知書，而重誨又武人，故孔循始議置端明殿學士二人，專備顧問，以馮道、趙鳳爲之，班翰林學士上，蓋樞密院職事官也。本朝樞密院官既備，學士之職寖廢，然猶會食樞密院〔八〕。每文德殿視朝，則升殿侍立，亦不多除人。官制行，乃與學士皆爲職名〔九〕，爲直學士之冠，不隸樞密院。升殿侍立，爲樞密都承旨之任。每吏部尚書補外，除龍圖閣學士；户部以下五曹，則除樞密直學士，相呼謂之『密學』。」

容齋洪氏隨筆曰：「唐世樞密使，專以内侍爲之，與他使均稱内諸司，五代以來始參用士大夫，遂同執政。按實録所載，景德二年三月元德皇后忌，中書、樞密院文武百官並赴相國寺行香。初，樞密院言：『舊例，國忌行香，惟密院使、副依内諸司例不赴，恐有虧恭恪。今欲每遇大忌日，與中書門下同赴行香。』從之。樞密使副、翰林樞密直學士並赴，自兹始也。然則樞密之同内諸司久矣。隆興以來，定朝臣四參之儀，自宰臣至於郎官、御史，皆班列殿庭拜舞，惟樞密立殿上不預，亦此意云。」

按：樞密之名始於唐代宗寵任宦者，故置内樞密使，使之掌機密文書，如漢之中書謁者令是也。若内中處分，則令内樞密使宣付中書門下施行，則其權任已侔宰相。至僖、昭間，楊復恭、西門季元之徒遂至於視事行文書矣。昭宗天復元年，既誅劉季述，乃敕：「近年宰相延英奏事，樞密院侍側，争論紛然；既出，又稱上旨未允，復有改易，撓權亂政。自今並依大中舊制，俟宰相奏事畢，方得升殿承受公事。」蓋當時所謂樞密使者專横如此。朱梁懲唐弊，不用宦者；然徒知宦者之不可用，而不知樞密院之不必存也，乃復改爲崇政院，以敬翔爲使。至後唐而復樞密院，郭崇韜、安重誨相繼領其事，皆腹心大臣，則是宰相之外復有宰相，三省之外復有一省矣。宋興，始以樞密與中書對持文武二柄，號稱「二府」。然後樞密院之設，始專有職掌，不爲贅疣。然祖宗時樞密院官雖曰掌兵，亦未嘗不兼任宰相之事。景德四年，中書命祕書丞楊士元通判鳳翔府，樞密院命之掌内香藥庫，兩府不相知，宣敕各下，乃詔：「自今中書所行事關軍機及内職者，報樞密院；樞密院所行關民政及京朝官者，報中書。」是樞密院得以預除授之事也。又是年命宰臣王旦監修兩朝正史，知樞密王欽若陳堯叟、參知政事趙安仁並修國史，是樞密院可以預文史之事也。至慶曆以後，始以宰相兼樞密使。及元豐官制行，欲各主其名，遂不復兼。乃詔：「釐其事大小，大事，三省與密院同議進呈畫旨，稱三省、樞密院同奉聖旨，三省官皆同簽書，付樞密院行之；小事，樞密院獨取旨，行訖關三省。每朝，三省、樞密先同對，樞密院退待於殿廬，三省始留，進呈三省事，退，樞密院再上，進呈，獨取旨，遂爲定例。然熙寧初，以司馬温公爲樞密副使，公以言新法不見聽，力辭。上使人謂之曰：「樞密兵事也，官各有職，不當以他事辭。」其時文潞公亦在樞府，雖持正論，終不能抑新法之行。至哲宗初即位，蔡確爲相，温公爲門下侍郎，章惇知樞密院。温公欲復差役法，而確言：「此大事，當與樞密院同議取旨。」惇果駁温公所言。然則密院雖可以參謀三省之事，而又在所以委任之者如何。温公、潞公當熙寧之時，與國論不合，則欲其專任本兵，不預他事。蔡確當元祐之初，欲引章惇以自助，則欲其共立異議，陰排正人。至紹聖以後，則兩府皆憸人附會紹述，更無異議，亦不復聞以文、馬之儔參錯其間矣。

樞密使

五代置樞密使。

宋朝國初因之。詳見樞密院門。建隆三年〔一〇〕，以樞密副使、兵部侍郎趙普爲檢校太保充樞密使，不帶正官自普始也。又以宣徽北院使李處耘爲南院使兼樞密副使〔二〕。自五代以來，凡樞密院官皆文武參用。大中祥符七年，以王嗣宗、曹利用並爲檢校太保、充樞密副使，亦不帶正官。開寶九年，以曹彬爲樞密使，領忠武軍節度使，帶節度自此始也。至道三年，以鎮國軍節度曹彬兼侍中、充樞密使，彬自節鎮入罷旄鉞。太平興國六年，以樞密副使石熙載爲户部尚書充樞密使，以文資正官充使，自此始也。大中祥符五年，以知樞密院王欽若、陳堯叟同中書門下平章事充樞密使，儒臣爲樞使兼使相，自此始也。皇祐五年制，以樞密使高若訥爲尚書左丞、觀文殿學士兼翰林侍讀學士、同群牧制置使。故事，罷樞密使當學士降麻，及若訥罷，但令舍人草詞，遂以爲例。元豐官制行，罷使、副。紹興七年，詔：「樞密，本兵之地，事權宜重。可依故事置樞密使、副使。」閏月，詔宰臣兼使；同月詔樞使立班序，并依宰相例〔三〕。乾道五年，以虞允文爲樞密使，立班、恩數並依宰臣。

宰相兼樞密使

樞密使帶相印爲樞相，自後唐始。

宋初，魏仁浦以宰相兼樞密使，後罷。慶曆二年，二邊用兵，富弼言：「邊事係國安危。國初，范質、王溥以宰相兼知樞密事。今兵興，宜令宰相兼領。」仁宗然之，令中書同議樞密院事。呂夷簡爲首相，曰：「恐樞密謂臣奪權。」時諫官亦論宰相宜知兵事，遂降制以宰相判樞密院。或曰二府體均，判字太重，乃改爲兼樞密使。建炎初置御營司，以宰相爲之使。四年罷之，以其事歸樞密院機速房，以宰相范宗尹兼知樞密院。自慶曆後宰相不兼樞密者八十餘年，其兼自此始。紹興七年，令宰臣張浚兼樞密使，趙鼎、秦檜亦以左、右僕射兼。紹興二十五年，秦檜死，乃詔依祖宗故事，更不兼領。其後或兼或否，至開禧而宰臣兼使爲永制矣。

知樞密院

晉天福初，桑維翰以翰林學士、尚書禮部侍郎知樞密院事，知院之名始此。

宋初不置，淳化二年，樞使王顯出鎮，始以張遜知樞密院事。知樞密院、同知院，並正二品。知院掌佐天子執兵政，而同知院爲之副。凡邊防軍務，常與三省分班稟奏〔三〕，事干體要，則宰相、執政官合奏。神宗正史職官志。元豐官制行，廢樞密使。政和末，鄧莘公官至少保，猶止爲知院焉。中興初，宰相兼樞密只兼知院。

容齋洪氏隨筆曰：「國朝樞密之名，其長爲使，則其貳爲副使；其長爲知院，則其貳爲同知院。如柴禹錫知院，向敏中同知；及曹彬爲使，則敏中改副使。王繼英知院，王旦同知，繼馮拯、陳堯叟亦同知。及繼英爲使，拯、堯叟乃改簽書院事，而恩例同副使。王欽若、陳堯叟知院，馬知節簽書。及王、陳爲使，知節遷副使；其後知節知院，則任中正、周起同知。惟熙寧初，文彥博、呂公弼已爲使，而陳升之過闕，留，王安石以升之曾再入樞府，遂除知院，知院與使並置，非故事也，安石之意，以沮彥博耳。紹興以來，唯韓世忠、張浚爲使，岳飛爲副使。此後除使固多，而其貳只爲同知，亦非故事也。又使班視宰相，而乾道職制雜壓令，副使反在同知之下。」又曰：「趙汝愚初拜相，陳騤自參知政事除知樞密院，趙辭不受相印，乃改樞密使，而陳已供職累日，朝論謂兩樞長又名稱不同，爲無典故。然熙寧間陳升之知樞密院，文彦博、吕公弼爲使，乃知院與使並命故事也。」

同知樞密院

五代有參知樞密院事。詳見樞密院。

宋朝國初闕。淳化二年，王顯出鎮，張遜知樞密院事，始以温仲舒、寇準同知院，同知之名自此始也。元豐官制行，廢使、副，存同知。紹興中，高宗以本兵之地，事權宜重，依祖宗故事置樞密使，而知院、同知院亦仍舊，由是並除。

簽書樞密院 同簽書院事

宋太平興國四年，石熙載以樞密直學士簽書院事，簽書之名自此始也。八年，張齊賢、王沔並以右諫議大夫簽書樞密院事。端拱元年，以内客省使楊守一爲宣徽北院使、簽書密院事。景德三年，韓崇訓檢校太傅，馬知節爲檢校太保，並簽樞密院事。天禧四年，以華州觀察使曹瑋爲宣徽北院使、鎮國軍留後、簽書樞密院事，簽書兼藩鎮自此始也。元豐官制行，使副、簽書悉罷。元祐初，復置簽書樞密院事。

初除皆帶密直，及罷政，乃拜端明殿學士。靖康初，李回首拜延康殿學士、簽書，延康今爲端明，自是遂爲故事。

樞密院舊無同簽書院事者，治平中，始以郭逵爲之。簽書，大抵以處資淺之人。若簽書一經親祠，方進同知及樞副。若武臣權預國政，只除同簽書。

容齋洪氏隨筆曰：「樞密使、副使、知院事、同知院事、簽書、同簽書之別，雖品秩有高下，然均稱爲樞密。明道中，王沂公自故相召爲檢校太師、樞密使，李文定公爲集賢相，以書迎之於國門，稱曰『樞密太師相公』，予家藏此帖。紹興五年，高宗車駕幸平江，過秀州，執政從行者四人，在前者傳呼『宰相』，趙忠簡也；次呼『樞密』，張魏公也，時爲知院事；次呼『參政』，沈必先也；最後又呼『樞密』，則簽書權朝美云。予爲檢詳時，葉審言、黄繼道爲長貳，亦同一稱。而二三十年以來，遂有知院、同知之目，初出於典謁、街卒之口，久而朝士亦然，名不雅古，莫此爲甚。」

都副承旨

五代有承旨、副承旨，以諸衛將軍充。魏仁浦爲樞密副承旨，周祖問屯兵之數及將校名氏，令取簿參視之。仁浦曰：「臣悉能記之。」遂口占以對，無一差誤。

宋太平興國中，以楊守一充都承旨，都承旨自守一始也。是時都承旨、副承旨多用士人，真宗後稍稍遂用吏人。歐陽修建言請復舊制，不克行。熙寧二年，始以東上閤門使李評爲樞密都承旨，李綬爲之副，不用院吏而更用士人，自評始也。續會要：初，評受命，文潞公爲樞使，以舊制見，不爲禮。評訴於上。命檢故事，不獲，乃詔都承旨、副承旨見樞密使、副，並如閤門使禮。熙寧五年，以尚書比部員外郎、集賢校理、同修起居注曾孝寬爲起居舍人、充史館修撰、兼都承旨。先是或用士人，亦止於右職中選。用文館兼領，自孝寬始也。元豐四年〔一四〕，用張誠一爲客省使、都承旨，自是都承旨復用武臣〔一五〕。元祐中，復以文臣帶待制充都承旨。哲宗職官志。至崇寧以後，則專用武臣矣。四朝志。紹興二年，權禮部侍郎趙子晝充徽猷閣待制、密院都承旨。自改官制後除文臣，自子晝始。中興繫年録。建炎四年，高宗在會稽，以武臣辛道宗爲都承旨〔一六〕，頗用事。紹興元年十二月，辛道宗既免，乃詔依元祐職制，置都承旨一員，並差兩制爲之〔一七〕，然但聞一二人而已。淳熙中，王抃久用事，孝宗惡焉，遂復用士人。

檢詳

檢詳之職，古無之。宋熙寧四年，詔以編修經武要略官四人王存、陳侗、劉奉世〔一八〕、蘇液檢詳樞密院諸房文字，禮遇視中書檢正官。元豐三年〔一九〕，詔定置三員。及改官制，檢詳官尋罷。建炎三年，樞密院請依祖宗朝置檢詳諸房文字兩員，敘位在左右司之下。紹興二年，詔樞密院已置都承旨一員，減檢詳一員。樞密請置二員〔二〇〕，從之。三十二年，詔樞密院諸房令檢詳書擬，從左右司請也。乾道二年，詔樞密院檢詳係掌朝廷機要文字，不許出謁及接見賓客，亦令遵兩省官施行。

編修官

編修官，古無之。慶曆四年，史館王洙、承旨單士寧編修例册〔二〕，編修之名自此始。熙寧二年，樞密院乞將祖宗以來法制所宜施行於久遠者，並與删取大旨，著爲畫一；及聖政釐革，檢尋本院文書，以次記録。其事目：曰兵制，凡招揀、屯戍、訓練之類皆附焉；曰馬政，曰邊防，曰夷狄，曰屬國，曰守城，曰器械，曰捕盜，曰選材，曰責效，各以其事類相從，一如兵制，候編成策，仍於逐門各留空紙，以備書載將來處置事件。從之。詔以經武要略爲名。熙寧三年，以館職王存、顧臨等同編經武要略，兼删定諸房例册。元祐四年，詔密院條例久未編修，又自官制後舊事例，他司所存者亦未删正，命承旨司取索編修。以奉議郎蔡駰、宣德郎衛規充編修官。舊以四員爲額，紹興兵興，裁省其半。三年，樞密請置檢詳二員，編修止存一員。後復編修官，隨事置，無定員，以本院官兼者不入銜。

宣徽院

唐置宣徽南、北院使，有副使。宦者嚴季實、楊復恭皆嘗爲之。梁因之，後唐省副使。院在樞密院北〔三〕，二使共院而各設廳事。使各一人，以檢校官爲之，或領節度及兩使留後，闕則樞密副使一人兼領。二使亦有兼樞密副使、簽書樞密院者。南院使資望比北院使稍優，然事皆通掌，只用南院印。掌總領内諸司及三班内侍之籍，郊祀、朝會、宴饗供帳之事；應内外進奉，悉檢視其名物。分掌四案，曰兵案，曰騎案，曰倉案，曰冑案。其吏史則有都勾押官、前行、後行。其給使則有知客、押衙、道引、行首之屬。故事，與參知政事、樞密副使、同知樞密事以先後入敘位。

宋熙寧四年，詔位參知政事、樞密副使、同知樞密院下，著爲令。九年，詔：「今後遇以職事侍殿，或中書、樞密院合班問聖體及非次慶賀，並特敘二府班。」官制行，罷宣徽院，以職事分隸省、寺，而使號猶存。初，王拱辰治平中知宣徽院，神宗即位，拜太子少保，明年檢校太傅，改宣徽北院使，尋遷南院，立班序位視簽樞。元豐六年，拱辰除安武軍節度使再任。自此，遂罷使名不復除。獨太子少師張方平許依舊領南院使致仕，哲宗即位，始遷太子太保而罷使名。元祐三年，復置南、北院使，儀品恩數如舊制，在京人從視簽樞。六年，以馮京爲南院使，而張方平亦復使名。中書舍人韓川言：「祖宗設此官，禮均二府，以待勳舊，未嘗帶以致仕。且宣徽，武官也；宫保，文官也，不宜混併。」不聽。方平亦固辭不拜。七年，馮京亦以使致仕。紹聖三年，議者言官名雖復，而無所治之事，乃罷之。

按：樞密、宣徽院皆始於唐，然唐之職官志及會要略不言建置本末。蓋因肅、代以後，特設此官以處宦者，其初亦無甚司存職業，故史所不載。及其後宦者之勢日盛，則此二官日尊。及五代以來，至於宋朝，則皆以大臣爲之。然樞密既專掌兵，事繁任重，故其官不可一日廢，而副貳、屬官亦不容不備。宣徽位尊而事簡，故常以樞密院官兼之，或以待勳舊大臣之罷政者。及官制行，而事各有所隸，則愈覺贅疣，故遂廢罷云。

將軍總叙

三代之制，天子六軍，其將皆命卿，故夏書曰：「大戰于甘，乃召六卿。」蓋古之天子寄軍政於六卿，居則以田，警則以戰，所謂入使治之、出使長之之義。其職，在國則以比長、閭胥、族師、黨正、州長、鄉大夫爲稱；在軍則以卒伍、司馬、將軍爲號，所以異軍國之名。諸侯之制，大國三軍，次國二軍，小國一軍，其將亦命卿也。晉獻公初作二軍，公將上軍，未有其號，魏獻子、衛文子始有將軍之稱。左傳曰：「晉閻没、女寬謂魏獻子曰〔二三〕：『豈將軍食之而有不足。』」注曰：「獻子爲中軍率，故謂之將軍。」又禮記曰：「將軍文子之喪。」自戰國置大將軍，周末又置前、後、左、右將軍。秦因之〔二四〕，位上卿，金印紫綬。漢興，置大將軍、驃騎將軍，位次丞相；車騎將軍、衛將軍、左右前後將軍，皆金印紫綬，位次上卿。後漢志曰：「漢將軍比公者四，謂大將軍、驃騎、車騎、衛將軍。」掌京師兵衛，四夷屯警。孝武征閩越、東甌，又有伏波、樓船；及伐朝鮮、大宛，復置橫海、度遼、貳師。宣帝增以蒲類、破羌。權時之制，若此非一，亦不常設。光武中興，諸將軍皆稱大；及天下已定，武官悉省。四征興於漢代，四安、四平起於魏初。後漢有三鎮之稱，魏有鎮北之號。晉武帝重兵官，故軍校多選朝廷清重之士居之，置中軍將軍以統宿衛七軍。及五王作難，東海王越以頃興事皆由殿省，乃奏宿衛有侯爵者皆罷之。時殿中武官並封侯，由是出者略盡，皆涕泣而去。乃以東海國官領左右衛，以國兵宿衛。晉、宋以來，以領軍、護軍、左右二衛、驍騎、游擊將軍，謂之六軍。宋輿服志曰：「驃騎、車騎、衛將軍及諸將軍加大者，皆金章紫綬，武冠，佩水蒼玉。諸軍司馬，銀章青綬，朝服武冠。」其四安、四平、左、右、前、後、征虜等將軍及四中郎將，晉代荀羨、王胡之並居此官。宋、齊以來，唯處諸王素族無爲者。齊以二衛，四軍，五校，驍騎、游擊、積射、强弩、殿中員外、殿中武衛七將軍，殿中司馬督及虎賁中郎將〔二五〕，冗從僕射，羽林監，武騎常侍謂之西省，而散騎爲東省。梁武帝以將軍之名高下舛雜，命更加釐定，於是有司奏置一百二十五號將軍，以鎮衛、驃騎、車騎爲二十四班，四征、四中爲二十三班，八鎮爲二十二班，八安爲二十一班，四平、四翊爲二十班，凡三十六號〔二六〕，爲重號將軍；又有五德將軍，忠武〔二七〕、軍師、武臣、爪牙、龍騎、雲麾、鎮兵、翊師、宣惠、宣毅〔二八〕、智威、仁威、勇威、信威、嚴威、智武、仁武、勇武、信武、嚴武是爲五德將軍也。以班多者爲貴。凡十品，二十四班。品取其盈數，班法氣候之數。制簿悉以大號居後，以爲選法，自小遷大也。前史所記，以位得從公，故將軍之名次於台槐之下。至是備其班品，敘於百官之外，凡一百二十五將軍。後魏將軍之名多矣，謂驃騎、車騎〔二九〕、衛爲三將軍；末年有八柱國大將軍，其中六人各督二大將軍，凡十二大將軍。元贇、元育、元廓、侯莫陳順、宇文導〔三〇〕、達奚武、李遠、豆盧寧、宇文貴、賀蘭祥、楊忠、王雄等是也。又各分統開府二人〔三一〕，一開府領一軍兵，是爲二十四軍，分掌禁旅，當爪牙禦侮之寄。自大統十六年以後，功臣位至柱國及大將軍者衆矣，咸是散秩，無復統禦。後周武帝三年，改諸軍軍士並爲侍官。隋煬帝以左右翊衛、左右驍衛、左右武衛〔三二〕、左右屯衛、左右禦衛、左右候衛，凡十二衛，各置大將軍一人、將軍二人，以總府事，每衛各置長史、録事參軍，司倉、兵、騎、鎧等參軍員。軍人總名衛士。蓋魏、周十二大將軍之遺制。唐武德初，秦王既平王世充及竇建德，高祖以秦王功殊今古，自昔位號不足以爲稱，乃特置天策上將軍以拜焉，位在王公上。及升儲宮，遂廢天策府。二年七月，高祖以天下未定，事資武力，將舉關中之衆以臨四方，乃置十二軍，分關中諸府以隸焉。以萬年道爲參旗軍，長安道爲鼓旗軍，富平道爲玄戈軍，醴泉道爲丹鉞軍〔三三〕，同州道爲羽林軍，華州道爲騎官軍，寧州道爲折威軍，岐州道爲平道軍，豳州道爲招搖軍，西麟州道爲苑遊軍〔三四〕，涇州道爲天紀軍，宜州道爲天節軍。每軍將一人、副一人，取威名素重者爲之，楊恭仁、劉弘基、長孫順德等爲其將。督耕戰之備。自是士馬强勁，無敵於天下。五年省〔三五〕。七年〔三六〕，以突厥寇掠，復置十二軍，後又省之。其後定制，有左右衛、左右驍、左右武、左右威、左右領軍、左右金吾、左右監門、左右千牛，凡十六衛，大將軍各一人，左右衛及左右金吾總謂之四衛，其餘謂之雜衛。將軍總三十人。左、右千牛衛將軍各一人，餘衛各二人。左右羽林、左右龍武、左右神武六軍，大將軍各一人，將軍各三人〔三七〕，皆有衛署。其驃騎、輔國、鎮軍、冠軍四大將軍，雲麾、忠武〔三八〕、壯武、宣威、明威、定遠、寧遠、游騎、游擊等九將軍，並爲五品以上武散官。先天二年正月十日詔：「往者衛士計户取充使，二十一入幕，六十出軍，既憚劬勞，咸欲避匿。今改取二十五以上充，十五年即放出。頻經征鎮者，十年放出。自今已後，羽林、飛騎先於衛士中簡擇〔三九〕。」開元六年，始詔折衝府兵每六歲一簡。自高宗、武后時，天下久不用兵，府兵之法寖壞，番役更代多不以時，衛士稍稍去匿。至是益耗散，宿衛不能給，宰相張説乃請一切募士宿衛。十一年，取京兆、蒲、同、岐、華府兵及白丁，而益以潞州長從兵，共二十萬〔四〇〕，號長從宿衛，歲一番〔四一〕，命左丞蕭嵩與州刺史共選之。明年更號曰彍騎也〔四二〕。肅宗以後，有左、右神策軍，各置大將軍一人，統軍各二人，將軍各四人。後唐長興三年，敕：「衛軍神威、雄威及魏、府廣捷以下指揮，宜改爲左右羽林，置四十指揮；每十指揮立爲一軍，每一軍置都指揮使一人，兼分爲左右廂。」應順元年，改左右羽林四十指揮爲嚴衛左右軍，龍武、神武四十指揮爲捧聖左右軍。清泰元年，改捧聖馬軍爲彰聖左右軍，嚴衛步軍爲寧衛左右軍。

宋朝承前代之制，有左右金吾衛、左右衛上將軍，左右驍衛、屯衛、領軍衛、監門衛、千牛衛上將軍，諸衛大將軍，諸衛將軍，並爲環衛官，無定員，皆命宗室爲之，亦爲武臣之贈典。大將軍以下，又爲武臣責降散官。政和中，改武臣官制，而環衛如故，蓋雖有四十八階，别無所領故也。至於禁旅，則有殿前司都副指揮使、侍衛步軍馬軍都副指揮總之。孝宗時，始令節度使領左、右金吾衛上將軍，承宣使領左、右衛上將軍，在内則兼帶，在外不帶。

左右衛并親衛

漢京師有南、北軍，掌理禁衛。南軍若唐諸衛，北軍若唐羽林等軍。周勃馳入北軍是也。初有衛將軍，魏末晉文王又置中衛將軍。武帝受禪，分中衛爲左、右衛將軍，以羊琇爲左，趙序爲右。並置佐吏，皆掌宿衛營兵，銀章青綬，武冠，絳朝服，佩水蒼玉。宋、齊謂之二衛，各領營兵，每暮一人宿直。後增二衛儀從爲九十人。陳因之。後魏永光初，又增置左、右衛將軍各二人。北齊二人，分掌左右廂所，主朱華閤以外，各武衛將軍二人貳之。隋初，左、右衛大將軍各一人，將軍各二人，又各統親衛。煬帝改左、右衛爲左、右翊衛，又加置親衛，并領勳武三衛。煬帝改三衛爲三侍，非翊衛府皆無三侍。其所領軍士名爲驍騎。唐復爲左、右衛，大將軍各一人，掌宫掖禁禦，督攝隊伍。將軍各二人。貳大將軍事。

宋有左右衛上將軍、大將軍、將軍、中郎將、郎將〔四三〕，並爲環衛官，無定員，皆命宗室爲之，亦爲武臣之贈。自大將軍以下，又爲武臣責降散官。

長史。左、右衛各一人。晉武帝置左、右衛，各有長史、司馬。東晉省長史。歷宋、齊、梁、陳、後魏、北齊並同。隋左、右衛各置長史一人。唐因之。

録事參軍。左、右衛各一人。東晉元帝初爲鎮東大將軍，置録事參軍，自後無聞。梁皇弟、皇子府有中録事參軍及録事參軍各一人。後魏二大公府及第一、第二、第三品將軍府，及始蕃王、二蕃王、三蕃王府，各有録事參軍官。北齊因之。隋左、右衛府各有録事參軍一人。唐因之。

倉曹參軍。左、右衛各二人。東晉元帝爲鎮東大將軍，有倉曹參軍。宋武帝相府亦置。後魏與録事參軍同置。北齊因之。隋左、右衛府各有倉曹參軍一人。唐因之，置二人。

兵曹參軍。左、右衛各二人。歷代皆與倉曹同置。

騎曹參軍。左、右衛各一人。魏司馬景王爲大將軍，有騎兵掾〔四四〕。宋武帝爲相，有騎兵參軍。隋左、右衛府有騎兵參軍。唐初因之，其後改爲騎曹。

冑曹參軍。左、右衛各一人。東晉元帝爲鎮東大將軍，有鎧曹參軍。宋武帝爲相亦有之。齊有左、右鎧曹各一人。隋左、右衛府有鎧曹行參軍事一人。唐因之。長安初改爲冑曹，神龍初復爲鎧曹〔四五〕，開元初復爲冑曹。凡自十六衛及東宫十率府録事及兵、倉、騎、冑等曹參軍，通謂之衛佐，並爲美職。漢、魏以來，諸將軍有長史以下官屬。及唐諸衛所置，蓋亦因其舊號，考其資位，則全校微矣。其下諸衛官屬並同。

左、右親衛中郎將府。中郎將之名，秦、漢以來有之。隋每衛各置開府一員以統之。唐武德七年，改開府爲中郎將。親衛爲一府，勳衛、翊衛各爲一府。中郎將各一人，掌領校尉以下宿衛，總判府事。唐武德七年，改親衛驃騎將軍爲之，其勳、翊二衛亦然。左、右郎將一人。隋備身府置左、右郎將。唐因其名。武德七年，改親衛車騎將軍爲之，其勳衛、翊衛亦然。掌貳中郎將之職〔四六〕。録事參軍一人，掌受府事。兵曹參軍一人，掌判府事。校尉五人。

左右驍衛

漢有驍衛將軍，謂之雜號將軍。武帝以李廣爲之，後省。後漢初，改屯衛爲驍騎。魏置爲中軍。晉領營兵，兼統宿衛。梁以來，其任愈重。天監六年，置左、右驍騎，領朱衣直閤，並給儀從。北徐州刺史昌義之首爲此職。出則羽儀清道，入則與二衛通直，臨軒則升殿夾侍。改舊驍騎曰雲騎。陳有左、右驍騎及雲騎。後魏、北齊並有驍騎將軍之職。後周有左、右驍騎率上士。隋開皇十八年，置備身府。煬帝即位，改左、右備身府爲左、右驍衛府，所領軍士名曰豹騎，其備身府又別置焉。唐因隋，置左、右驍衛府。龍朔二年，去「府」字。光宅元年，改左、右驍衛爲左、右武威。神龍元年復舊。大將軍各一人，所掌與左、右衛同；將軍各二人以副之。領官屬並隋置，唐因之，同左右衛。

宋制見總序。

左右武衛

後漢末，曹公爲丞相，有武衛營。及魏文帝，乃置武衛將軍，以主禁旅。晉、宋、齊、梁、陳〔四七〕，又有建武、奮武、廣武等將軍。至隋，採諸武之名，置左右武衛大將軍一人，將軍各二人，以總府事。煬帝改所領軍士名熊渠〔四八〕。唐光宅元年，改爲左右鷹揚衛。神龍元年，復爲武衛。其制與隋同，所掌如左右衛。領官屬並隋置，唐因之，同左右衛。

宋制見總序。

左右威衛

隋初有領軍府，煬帝改爲左、右屯衛。唐因之。貞觀十二年，左、右屯衛始置飛騎，出遊幸即衣五色袍，乘六閑馬，賜猛獸衣韉而從焉。龍朔二年，改左、右屯衛爲左、右威衛，而別置左、右屯營，亦有大將軍等官。尋改左、右屯營爲羽林。光宅元年，改威衛爲豹韜衛。神龍元年復舊。所掌如左、右衛。領官屬並隋置，唐因之，同左、右衛。龍朔二年，左、右威衛舊官之員外，各置録事參軍一人，府三人，史四人，並隷左、右羽林軍，統本司事。

左右領軍衛

初，魏武爲漢丞相，相府自置領軍，非漢官也。建安十二年，改爲中領軍，以史渙爲之，與護軍韓浩皆領禁兵。文帝受漢禪，始置領軍將軍，以曹休爲之，主五校，中壘、武衛三營。晉武帝初省，使中軍將軍羊祜統二衛、前、後、左、右驍騎七軍營兵，即領軍之任也。祜遷罷，復置北軍中候。懷帝永嘉中，改中軍爲中領軍。元帝永昌元年，復改曰北軍中候，尋復爲領軍。成帝時，復以爲中候，而陶侃居之。尋復爲領軍。魏晉領、護皆金章紫綬，中領、中護銀章青綬，武冠，絳朝服，佩水蒼玉。晉郗鑒〔四九〕、庾亮、紀瞻、卞壼、陸曄、褚翼、王彪之、會稽王道子、沈嘉、武陵王遵〔五〇〕、孔安國、謝混等並爲領軍〔五一〕。宋置領軍將軍一人，掌內軍；護軍將軍一人，掌外軍。齊有領軍及中領軍。梁領軍將軍管天下兵要，謂之禁司，與左、右僕射爲一流，中領軍與吏部尚書爲一流。陳因之。後魏有領軍、護軍，二職若侍臣帶者加「中」。又有領軍將軍、護軍將軍，二軍與領、護不並置。北齊領軍府，凡禁衛官皆主之，以高歸彦爲領軍大將軍，領軍加「大」自歸彦始。隋有左、右領軍府，各掌十二軍籍帳、差科、辭訟之事。不置將軍，惟有長史、司馬、諸曹掾屬等官。煬帝改領軍爲左、右屯衛。即唐左、右威衛。唐復採舊名，列置領軍衛，分爲左、右。龍朔二年，改爲左、右戎衛，咸亨元年復舊。光宅元年，改爲左、右玉鈐衛，神龍元年復舊。各置大將軍一人，掌宮掖禁備，督攝隊伍，與左、右諸衛同，將軍各二人以副之。長史，齊、梁、陳並有之。北齊有長史、司馬。隋置録事以下諸曹。唐因之，同左、右衛。

宋爲環衛官，無定員，無職事，皆命宗室爲之。詳見總叙。靖康元年，御史中丞陳過庭言：「請遵藝祖開寶初罷諸節度使歸環衛故事。」於是節度使錢景臻等並爲左、右金吾衛上將軍。孝宗隆興初，詔學士院討論環衛官制，欲參酌祖宗時及唐太宗制。如節度使則領左、右金吾衛上將軍，承宣使則領左、右衛上將軍，在內則兼帶，在外則不帶；正任爲上將軍，遥郡爲大將軍；正使爲將軍，副使爲中郎將；使臣以下爲左、右郎將。通以十員爲額。宗室不在此例。除管軍則解〔五二〕，或領閤門、皇城之類則仍帶，雖戚里子弟，非戰功不除。上謂宰相，謂欲以此儲將才，重環衛如文臣儲才於館閣也。

左右金吾衛

秦有中尉，掌徼循京師。如淳曰：「所謂游徼，徼循禁備盜賊也。」顏師古曰：「徼謂遮繞。」漢武帝太初元年，更名執金吾，顏師古曰：「金吾，鳥名也。按起居注〔五三〕，天子出，職主先導，以禦非常，故執此鳥之象，因以名官。」緹騎二百人，緹騎無秩，比史食俸〔五四〕。執戟五百二十人〔五五〕，輿服導從，光生滿路，群僚之中，斯最壯矣。光武微時，嘆曰：「仕宦當爲執金吾。」舊掌京師盜賊，考按疑事。後漢掌宮外戒司非常、水火之事。衛尉巡行宮内，金吾徼巡宮外，相爲表裏，以擒姦捕猾。月三繞行宮外，及主兵器。自中興，但專徼循，不與他政。魏武秉政，復爲中尉。晉初罷。直至後周，置武環率、武候率下大夫各二人。隋置左、右武候府大將軍一人，將軍三人，掌車駕出入，先驅後殿，晝巡夜察，執捕姦非，烽候道路水草所宜，巡狩師田則掌其營禁。煬帝大業三年，改爲左、右武候衛，所領軍士名佽飛。漢百官表曰：「漢有左弋令〔五六〕，武帝太初元年〔五七〕，更名佽飛，掌弋射屬少府。光武省之。隋氏採舊名。唐初又爲左、右武候府。龍朔二年，改爲左、右金吾衛，置大將軍一人，所掌與隋同，將軍二人副其事。領官屬，並隋置，唐因之。

宋制，見左右領軍衛門。

左右監門衛

隋初有左、右監門府將軍各一人，掌宮殿門禁及守衛事。各置郎將二人，校尉、直長各三十人，有長史、司馬、録事及倉兵二曹參軍、鎧曹行參軍各一人。二漢有城門校尉，掌京師城門屯兵，非唐時任。煬帝改將軍爲郎將，各一人，正四品，置官屬並同備身府。唐左、右監門府置大將軍、中郎將等官。龍朔二年，改府爲衛，大將軍各一人，所掌與隋同，將軍各二人以副之。中郎將各四人，分掌諸門，以時巡檢。領官屬，並隋置，唐因之。

宋制見總叙。

左右千牛衛

千牛，刀名。後魏有千牛備身，掌執御刀，因以名職。謝綽宋拾遺有千牛刀，即人君防身刀也。齊尚書楊玉夫取千牛刀殺蒼梧王是也。其義蓋取莊子云：「庖丁解牛十九年，所割者數千牛，而刀刃若發於硎。」因以爲備身刀名。北齊千牛備身屬左、右將軍。隋有左右領左右府，大將軍一人，將軍二人，掌侍衛左右，供御兵仗。領千牛備身十二人，掌執千牛刀。備身左、右十二人，掌供御刀箭〔五八〕。備身十六人〔五九〕，掌宿衛侍從。左右置長史、司馬、録事，及倉、兵二曹參軍事，鎧曹行參軍。煬帝改左右領左右府爲左右備身府，置備身郎將等官。唐貞觀中，復爲左右領左右府。顯慶五年，始置左右千牛府。龍朔二年，改左右千牛府爲左右奉宸衛，後改爲左右千牛衛。神龍二年，各置大將軍一人，所掌與隋同，總判衛事，將軍各一人以副之。中郎將各一人，通判衛事。領官屬，即隋左右領左右府長史以下，唐改之。左右千牛備身各十二人，掌執御刀宿衛侍從。皆以門蔭閥閲子弟年少姿容美麗者爲之〔六〇〕，爲貴胄起家之良選。備身左右各十二人〔六一〕，執御刀弓箭宿衛侍從〔六二〕。備身各一百人。掌宿衛侍從。

宋制，見總叙。

左右羽林衛

漢武太初元年，初置建章營騎，後更名羽林騎〔六三〕，象天文羽林星，主車騎也。宣帝令中郎將、騎都尉監羽林，謂之羽林中郎將，領郎百人，謂之羽林郎。選隴西、漢陽、安定、北地、西河、上郡良家子便弓馬者以爲之。一名巖郎。後漢志曰：「言從遊獵，還宿殿階巖下室中，故號巖郎。」又置羽林左、右監，後漢志曰：「羽林左監一人，主羽林左騎羽林；右監一人，主羽林右騎，皆六百石。」取從軍死事之子孫，養之羽林，官教以五兵，號曰羽林孤兒。光武中興，以所征伐士勞苦者爲之。其後復簡五營高手，別爲左、右監。羽林父死子繼，與虎賁同，所居之處謂之寺〔六四〕。延熹六年，減虎賁羽林住寺不任事者半俸。二漢並屬光禄勳。後漢竇固、鄧彪並爲羽林。魏羽林左右監與漢同。夏侯玄爲右，桓範爲左。晉罷羽林中郎將，又省一監，置一監而已。哀帝省。宋武帝永初初，復置江右領營兵，江左無復營兵。羽林監及虎賁中郎將並銅印墨綬，武冠，絳朝服；其在陛列，則鶡尾冠，鶡鳥每鬬死不止。絳紗縠單衣。江左不復著鶡冠。齊因之。後魏有羽林監。北齊置監十五人。後周有左右羽林率，屬大司馬。隋煬帝改左、右領軍爲左、右屯衛，所領兵爲羽林。唐貞觀十二年，於玄武門置左、右屯營，以諸衛將軍領之，其兵名曰飛騎。又於飛騎中簡材力驍捷善射者〔六五〕，號爲百騎，扈從遊幸則衣五色袍，乘六閑馬，賜猛獸衣韉。龍朔二年，改左右屯營爲左右羽林軍。武太后臨朝，永昌元年改百騎爲千騎，天授中，改軍爲衛。中宗景龍元年，改千騎爲萬騎。大將軍一人，大足元年，左、右羽林衛各增置將軍一人。所掌與左右衛同，將軍各三人以副之。領官屬，並唐置。

左右龍武軍 左右神武軍附

唐初有禁兵，號爲百騎，屬羽林。永昌元年，改羽林百騎爲千騎。景龍元年，改千騎爲萬騎，仍分爲左、右營。開元二十六年，析羽林軍置左、右龍武軍，以左、右萬騎營隸焉。官屬並唐置。至德中，分置左、右神武軍，各置官屬，如羽林之制。

左右神策軍

唐上元中，以北衙軍使衛伯玉爲神策軍節度使鎮陝州，中使魚朝恩爲觀軍容使監其軍。初，哥舒翰破吐蕃臨洮西之磨環川，即其地置神策軍，以成如璆爲軍使。及安禄山反，如璆以伯玉將兵千人赴難，伯玉與朝恩皆屯於陝。時邊土陷蹙，神策故地淪没，即詔伯玉所部兵號「神策軍」，以伯玉爲節度使，與陝州節度使郭英乂皆鎮陝〔六六〕。其後伯玉罷，以英乂兼神策軍節度。英乂入爲僕射，軍遂統於觀軍容使。廣德元年，代宗避吐蕃幸陝，朝恩舉在陝兵與神策軍迎扈，悉號神策軍，天子幸其營。京師平，朝恩遂以軍歸禁中，自將之，然尚未與北軍齒也。南衙諸衛兵，北衙禁軍。永泰元年，吐蕃復入寇，朝恩又以神策軍屯苑中。自是寖盛，分爲左、右廂，勢居北軍右，遂爲天子禁軍，非他司比。朝恩領之，又請以京兆之好畤、鳳翔之麟游、普潤皆隸神策軍。明年，又以興平、武功、天興隸之。及朝恩罪誅，以劉希暹代爲神策軍使。希暹復得罪，以朝恩舊校王駕鶴代將。德宗即位，以白志貞代之。及李希烈反，河北盜起，數出禁軍征伐，神策之士多鬪死者，下詔募兵，而志貞陰以市人補之，名隸籍而身居市肆。及涇卒潰變，皆戢伏不出，帝遂出奔。及志貞流貶，神策都虞候李晟與其軍之他將皆自飛狐道西赴難，遂爲神策行營節度，屯渭北，軍遂振。貞元二年，改神策左、右厢爲左、右神策軍，特置勾當左、右神策軍〔六七〕，以寵宦者，而益置大將軍以下。又令左、右神策軍皆加將軍二員，以待諸道大將有功者。其後，京畿之西，多以神策軍鎮之。以竇文場、霍仙鳴爲左、右神策護軍中尉。又詔左、右神策置統軍，以崇親衞。時邊兵衣饟多不贍，而神策軍廪賜羸三倍，繇是諸將多請遥隸神策軍，往往稱神策行營，皆内統於中人矣。順宗即位，王叔文用事，欲取神策兵柄，以奪宦者權而不克。元和時，廢左右神武、左右神威軍，以其兵騎分隸左、右神策軍〔六八〕。及僖宗幸蜀，田令孜募神策新軍爲五十四都，離爲十軍。令孜自爲左右神策十軍兼十二衞觀軍容使，肅宗以後，營衞惟羽林、龍武、神武、神策、神威最盛，皆隸北軍，亦名左右十軍。以左右神策大將軍爲左右神策諸都指揮使，諸都又領以都將，亦曰「都頭」。景福二年，昭宗以藩臣跋扈，天子孤弱，議以宗室典禁兵。及伐李茂貞，乃用嗣覃王嗣周爲京西招討使〔六九〕，神策諸軍五十四軍悉隸之，屯興平。已而兵自潰，茂貞逼京師，又與王行瑜、韓建連兵犯闕，天子爲之斬中尉，殺宰相，乃去。後又詔諸王閲親軍，收拾神策亡散，得數萬，置殿後四軍，嗣覃王嗣周與嗣延王戒丕將之。茂貞再犯京師，覃王戰敗，昭宗幸華州。明年，韓建畏諸王有兵，請皆歸十六宅，於是四軍二萬餘人皆罷。又請誅都頭李筠，遂殺十一王。及還長安，左、右神策軍稍復置之，以六千人爲定〔七〇〕。是歲，左、右神策中尉劉季述等廢帝，幽之。季述等誅，而昭宗召朱全忠兵入誅宦官。宦官覺，劫天子幸鳳翔。全忠圍之歲餘，天子乃誅中尉韓全誨等，以解梁兵，乃還長安。於是悉誅宦官，而神策左、右軍繇此廢矣。諸司悉歸尚書省郎官，兩軍兵皆隸六軍，而以崔胤判六軍十二衛事。六軍者，左右龍武、神武、羽林，其名存而已。自是軍司以宰相領。

按：通典敘唐十六衛建置官將之事詳矣，而左、右神策軍獨闕焉，蓋杜公所言多至德、天寶以前事，而神策雖萌芽於肅、代之時，實磐固於德宗幸奉天之後。其初也，則劫制天子，專擅策立；而其末也，則外召賊臣，覆亡宗社。蓋唐自中葉以後，强藩擅兵，禁衛寡弱，而其僅存者復爲神策所併，視同中人之私屬。至昭宗之時，外不足以定寇，而内徒以脅君，逮中人誅、神策廢，而唐遂亡矣。新史職官志亦以神策大將軍敘於諸衛之後，但不言其興廢之本末，故摭史傳所言以補之。

殿前司

都指揮使、副都指揮使、都虞候〔七一〕、副都虞候，掌殿前諸班直及步騎諸指揮之名籍及訓練之政〔七二〕。

宋初有都點檢、副都點檢之名，在都指揮使之上，後不復置。入則侍衛殿陛，出則扈從乘輿，大禮則提點編排，整肅禁衛鹵簿儀仗，掌宿衛之事。都指揮使以節度使爲之〔七三〕，而副都指揮使、都虞候以刺史以上充，資序淺則主管本司公事，馬步軍亦如之。備則通治，闕則互攝。凡軍事皆行以法，而治其獄訟，若情不中法，則稟奏聽旨。騎軍有殿前指揮使、内殿直〔七四〕、散員、散指揮、散都頭、散祗候、金鎗班、東西班、散直、鈞容直及捧日以下諸軍指揮。步軍有御龍直、骨朵子直、弓箭直〔七五〕、弩直及天武以下諸軍指揮。諸班有都虞候、都虞候指揮使、都知〔七六〕、副都知、押班。御龍諸直有四直都虞候，本直各有都虞候、指揮使、副指揮使、都頭、副都頭、十將、將虞候。騎軍、步軍有捧日、天武左右四廂都指揮使，捧日、天武左右廂各有都指揮使。每軍有都指揮使、都虞候，每指揮有指揮使、副指揮使，每都有軍使、副兵馬使、十將、將虞候、承局、押官，各以其職隸於殿前司。政和四年，詔：「殿前都指揮使在節度使之上，副都指揮使在正任承宣使之上〔七七〕，殿前都虞候在正任防禦使之上〔七八〕。」中興後，都指揮使、副都指揮使間虛不除，則以主管殿前司一員任其事。其屬有幹辦公事、主管禁衛二員，準備差遣、準備差使、點檢醫藥飯食各一員，書寫機宜文字一員。本司掌諸班直禁旅扈衛之事，捧日、天武四廂隸焉。訓齊其衆，振飭其藝，通輪內宿，併宿衛親兵並聽節制。其下有統制、統領、將佐等分任其事。凡諸軍班功賞、轉補、行門拍試、換官，閱日排連以詔於上〔七九〕；諸殿侍差使年滿出職，祇應參班〔八〇〕，核其名籍；以時教閱，則謹鞍馬、軍器、衣甲之出入；軍兵有獄訟，則以法鞫治。初，渡江草創，三衙之制未備，稍稍招集，填置三帥，資淺者各有主管某司公事之稱。又別置御營司，擢王淵爲都統制。其後，外州駐劄，又有御前諸軍都統制之名。又併入神武軍，以舊統制、統領改充殿前統制、統領官。

石林葉氏曰：「殿前司與侍衛司馬軍、步軍爲三衙，其實兩司。而侍衛司都指揮使外，又置馬、步軍都指揮使耳。殿前司亦參馬步軍，而總於都指揮使，故殿前司都指揮使〔八一〕、副都虞候，侍衛親軍都指揮使、副都指揮使、副都虞候〔八二〕，兩司三衛合十二員，分天下兵而領之。此祖宗制兵之大要也。始唐制，有十二衛兵，後又有六軍。十二衛兵爲南衙，漢之南軍也；六軍爲北衙，漢之北軍也。末年常以大臣一人總之，如崔胤判六軍十二衛是也。都指揮使本方鎮軍校之名，自梁起宣武軍，乃以其鎮兵，因仍舊號，置在京馬步軍都指揮使而自將之。蓋於唐六軍諸衛之外，別爲私兵。至後唐明宗，遂改爲侍衛親軍，以康義誠爲馬步軍都指揮使。秦王從榮以河南尹爲大元帥，典六軍，此侍衛司所從始也。及從榮以六軍反入宮，義誠顧望不出兵，而侍衛馬軍都指揮使朱弘實擊之，其後遂不廢。殿前軍起於周世宗，是時太祖爲殿前司都虞候。初詔天下選募壯士送京師，命太祖擇其武藝精高者爲殿前諸班，而置都點檢〔八三〕，位都指揮使上。太祖實由此受禪，見於國史。歐陽文忠公爲五代史，號精詳，乃云不知所始，蓋考之未詳也。自有兩司，六軍諸衛漸廢，今但有其名。則兩司不獨爲親軍而已，天下之兵柄皆在焉。其權雖重，而軍政號令則在樞密院，與漢、周之間史弘肇之徒爲之者異矣。此祖宗之微意，非前世所可及也。」熙寧九年，殿前都指揮使郝質言〔八四〕，往軍器監與判監劉奉世會議軍器〔八五〕，上批：「殿前、馬、步三帥，朝廷待遇，禮繼二府，事體至重，寺、監小官豈可呼召？自今止令移文定議。」

沈氏筆談曰：「三衙內中見宰執，皆橫杖於文德殿後，立廊階下唱喏，宰相出，立階揖之。外遇從官於通衢，皆避焉。此禮久廢，惟內中橫杖之禮，至今不廢。」

歐陽氏歸田録曰：「寶元、康定之間〔八六〕，予自貶所還京，見王君貺初作舍人，余時在坐〔八七〕，見都知、押班殿前馬步軍聯騎立門外〔八八〕，呈榜稱『不敢求見』，舍人遣人謝之而去。慶曆三年，余作舍人〔八九〕，三衙軍相逢而斂馬駐立，前呵者傳聲『太尉立馬』，急遣人謝之，比舍人馬過，然後敢行。後余官於外十年而還，遂入翰林。與學士相逢，分道而過，更無斂避之禮，蓋兩制漸輕，三衙漸重。」

洪邁論三衙軍制劄子：「臣仰惟陛下天資神武，留意治軍，將士感恩用命，非復前比。然臣區區管見，獨以爲猶有可議者，軍制不立，名位不正是也。請以祖宗之制大略論之：三衙軍職之大者凡八等，除都指揮使或不常置外，曰殿前副都指揮使、馬軍副都指揮使、步軍副都指揮使，曰殿前都虞候、馬軍都虞候、步軍都虞候，曰捧日、天武四廂都指揮使，龍、神衛四廂都指揮使。秩秩有序，若登梯然，不可一級輒廢。一或有闕，即以功次遞遷。降此而下，則分營、分廂，各置都、副指揮使，如捧日左廂第一軍都指揮使、天武右廂第二軍都指揮使之類。邊境有事，命將討捕，則旋立總管、鈐轄、都監之名，使各將其所部以出，事已則復初。二百年之間，累聖相承，皆用此術，以制軍詰禁。自南渡以後，觸事草創，於是三帥之資淺者始有主管某司公事之稱，而都虞候以下不復設置。乃以天子宿衛虎士而與在外諸軍同其名號，以統制、統領爲之長，又使遥帶外路總管、鈐轄之名。考之舊制則非法，稽之事體則非是。以陛下聖明，能知人善任，使所謂爪牙之士，豈無數十人以待用者？若法祖宗之制，正三衙之名，改諸軍爲諸廂，改統制以下爲都虞候、指揮使，使宿衛之職預有差等，士卒之心明有所繫，異時拜將，必無一軍皆驚之舉，於以銷壓未萌。循名責實，則環衛將軍雖不置可也。如蒙聖慈或以爲然，乞下樞密討論故實，圖議其當，恐或可以少贊陛下布昭聖武之意。茲事體大，願陛下深念之。」

侍衛馬軍司

馬軍都指揮使一人，以節度使充。副都指揮使、都虞候皆無定員。副都指揮使以觀察使以上充，都虞候以防禦使以上充。掌騎兵之名籍及訓練之政令。所領馬軍，自龍衛而下有左右四廂都指揮使，龍衛左右廂各有都指揮使。每軍有都指揮使、都虞候，每指揮有指揮使、副指揮使，每都有軍使、副兵馬使、十將、將虞候、承局、押官，各以其職隸於馬軍司。中興後，常出戍建康。所設官屬如殿前司。

侍衛步軍司

掌步軍之政令，凡出入扈衛、守宿以奉上，開收閱習、轉補以勵下。所設官置屬及所領步軍，自神衛而下左右四廂如馬軍司。

知閤門事

即古者擯相之職也。周禮大行人掌九儀及賓客之位。漢有通事舍人。宋朝横班有内客省使〔九〇〕、崇政殿受朝，則升東階侍立。掌四方進奉及四夷朝貢、牧伯朝覲酒饌饔餼，宰相、近臣、禁衛將校節儀，諸州進奉賜物回詔之事。引進使、四方館使、唐四方館以通事舍人判，隸中書省。石晉始有爲卿監專掌判館者。皇朝初以檢校官判館。淳化四年〔九一〕，改置使名。掌文武官正衙見謝辭〔九二〕、國忌賜香，諸道月旦正至章表，郊祀朝會〔九三〕，蕃官、貢舉人、進奉使、京官、致仕官、道釋、父老陪位之事。東上閤門使、西上閤門使。凡取稟旨命、供奉乘輿、朝會游宴，及贊導三公、群臣、蕃國朝見辭謝，糾彈失儀之事，使、副專之。舍人以下但通班贊名而已。其供職於内者，多用國戚世族，號爲華要，禮均侍從。政和官制，横班使、副之名既改爲大夫〔九四〕，而其職任則命内外官知焉。其後所除，總名知閤門事，仍兼客省、四方館之職焉。靖康元年，詔閤門並立員額〔九五〕。監察御史胡舜陟奏：「閤門之職，祖宗所重，宣贊不過三、五人。熙寧間，通事舍人十三員，祗候、看班祗候六人〔九六〕，當時議者猶以爲多。今舍人一百八員，祗候七十六員，看班四員；内免職者二百三員，由宦侍恩倖以求財，朱勔父子交賣尤多，富商豪子往往得之〔九七〕。真宗時，諸王夫人因聖節乞補閤門〔九八〕，帝曰：『此職非可以恩澤授。』不許。神宗即位之初，用宮邸直省官郭昭選爲閤門祗候，司馬光言：『此祖宗以畜養賢才，在文臣爲館職。』其重如此。今豈可賣以求財，乞賜裁省。」故有是詔。紹興元年，上以宋籛孫藩邸舊人，稍習儀注，命轉行横行一官，主管閤門。紹興五年，詔右武大夫以上並稱知閤門事，兼客省、四方館事，官未至者即稱同知閤門事、同兼客省、四方館事〔九九〕，以除授爲序，稱同知者在知閤門之下。

同知閤門事

宋朝東、西上閤門副使雖無定員，然選任不及疏遠，而所置常少於正使之數。政和官制，以左武、右武郎易二閤副使，而閤門事乃命横行知焉。則同知之職乃昔時所謂副使也。

閤門宣贊舍人 閤門祗候

故事，閤門無通事舍人；而通事舍人沿唐制，自隸中書省，如抽赴閤門，並稱閤門祗候。其後直授閤門通事舍人，非舊制也。天禧中，去「閤門」二字，政和六年改爲宣贊舍人。又舊以閤門通事舍人、閤門祇候二等，謂之閤職，蓋武臣之清選也。閤門通事舍人、閤門祇候二等，比館職清流，爲進取之基，非熟於朝儀不在此選。又有看班祇候，以命世家新進及擢閤門點檢使臣爲之。而點檢官乃知班使之長者，二年無過，遂改看班。政和間，改通事作宣贊，且不復選人才，而濫除不知其數，人不以爲貴也。舊止三、五員，天禧初，上與輔臣語及減吏員，向敏中曰：「太祖、太宗朝，閤門祇候不過三、五員，宣導贊謁而已。今踰數百，而除授未已。」上曰：「此蓋相承爲例，當漸省之。」熙寧四年，閤門請擇武臣子弟六人，前後殿日祇應，以閤中看班祇候爲名〔一〇〇〕，候五年熟識儀數，乃除閤門祇候。紹興中，許令供職注授內外合人差遣，闕到，然後免供職〔一〇一〕。其後供職舍人員數稍冗，裁定以四十員爲額〔一〇二〕。乾道六年，上欲清閤門之選，除宣贊舍人、閤門祇候仍舊通掌贊引之職外，置閤門舍人十員，以待武舉之入官者。掌諸殿覺察失儀兼侍立，駕出行幸亦如之；六參、常朝，後殿引親王起居。倣儒臣館閣之制〔一〇三〕，召試中書省，然後命之。又許轉對如職事官，供職滿二年與邊郡。淳熙間，置看班祇候，令忠訓郎以下充，秉義郎以上始除閤門祇候。又增重薦舉閤門祇候之制，必廉幹有方略、善弓馬、兩任親民無遺闕及曾歷邊任者充。紹熙以來，立定員額。慶元初，申嚴閤門長官選擇其屬之令，非右科前名之士，不與召試。閤門爲右列清選之職，蓋先後維持之力云。

幹辦皇城司

周虎賁氏「舍則守王閑，王在國則守王宮」。漢北軍即今之皇城司也。漢置羽林郎材官，取三輔良家之子，自給鞍馬。唐謂之北衙，左、右羽林軍大將軍各一人，正三品；將軍各三人，從三品。掌統北衙禁兵，督攝左右廂飛騎儀仗，大朝會則周衛階陛，巡幸則夾馳道爲内仗，凡飛騎南上者配其職。有敕上南衙者，大將軍承墨敕，白移於金吾，引駕仗官與監門奏覆降墨，然後乃得入。

宋朝因之，舊號武德司，太平興國詔改今名〔一〇四〕。政和官制，改皇城使爲武功大夫，而其職任則選内外通領焉。皇城司以入内兩都知主内判，内定事入内都知無不與；知者惟宿直，諸班禁衛略無統攝。而皇城司親從官數千人，乃命武臣二員同兩都知主之，而殿前復不預。此祖宗處軍政深意也。紹興中〔一〇五〕，詔行宫禁衛所改爲行在皇城司。三年，詔皇城司係專掌禁庭出入，依祖宗法，不隸臺察。

御前忠佐軍頭引見司

宋初但曰軍頭、引見司。端拱二年〔一〇六〕，改軍頭司爲御前忠佐軍頭司，引見司爲御前忠佐引見司。軍頭司掌崇班供奉及諸州駐泊捕捉之事。引見司掌軍頭名籍、諸軍搜閱引見之事。中興以來，提點官、幹辦官並以閤門官充。紹興三十二年，詔知閤門官兼，則稱提點；宣贊舍人、閤門祗候兼，則稱幹辦。乾道三年，詔提點、幹辦共以四員爲額。

帶御器械

宋初，嘗選三班以上武幹親信者佩櫜鞬、御劍，或以内臣爲之。初，是職止名「御帶」。咸平元年，改爲帶御器械〔一〇七〕。景祐二年，詔自今無得過六人。慶曆元年，詔遇闕員，以歷邊任有功者補之。舊制，外任帶御器械過闕朝見，不宿衛。熙寧六年，向寶移真定府路總管，過京師，特命宿直。中興初，諸將在外者多帶職，蓋假禁近之名，爲軍旅之重。紹興七年，樞密院言：「帶御器械官合帶插。」上曰：「祖宗置此官，所以衛不虞也，今乃佩數隻骹箭，不知何用。方承平時，至飾以珠珍，車駕每出，爲觀美而已。他日恢復，此等事當盡去。」二十九年，詔中外舉薦武臣，無闕可處，增置帶御器械四員，然近侍亦或得之。乾道以來，詔帶御器械立班在樞密院檢詳文字之上〔一〇八〕。淳熙間，凡正除軍中差遣或外任者，不許銜内帶行；又須供職一年，方與解帶恩例，於是屬鞬之職益加重矣。

按：唐承前代置十六衛，皆所以命武臣掌禁旅也。宋興以來，環衛官特以處宗親，無限員，無職事，而禁旅則仍五代之制，屬之三衙，有都副指揮、虞候爲之長，其次則有閤門、御帶，其所職亦皆唐十六衛之任。然三衙則專掌兵，以大將主之，而御帶、閤門則或以處戚畹内臣，不專爲將帥之任，而其職掌皆在京師，故俱次序其事於十六衛將軍之後。

校勘記

〔一〕宦官董秀參掌樞密事　「董秀」原作「董廷秀」。舊唐書卷一二六陳少游傳載永泰二年，「時中官董秀掌樞密用事」；石林燕語卷四引續事始曰「代宗永泰中，以中人董秀管樞密」，據改。

〔二〕以劉處讓兼樞密　「劉處讓」原作「劉處謙」，據舊五代史卷九四劉處讓傳、卷一四九職官志、五代會要卷二四、職官分紀卷一二改。

〔三〕以魏仁浦吴廷祚爲樞密使　「吴廷祚」原作「吴興祚」，據長編卷一建隆元年二月乙亥條改。宋史卷一太祖本紀有建隆元年十月丁亥「樞密使吴廷祚權上都留守」可證。

〔四〕淳化二年　「二」原作「三」，據宋史卷五太宗本紀、長編卷三二淳化二年九月甲辰條、朝野雜記甲集卷一〇知樞密院事、職官分紀卷一二改。

〔五〕餘悉罷　「罷」原作「置」，宋史卷一六二職官志二載元豐改制，「乃定置知院、同知院二人，使、副悉罷」。此處「置」顯爲「罷」之誤，據改。

〔六〕既而張韓二將並除樞密使　「韓」原作「劉」，據宋史卷二九高宗本紀、朝野雜記卷一〇樞密副使改。

〔七〕張浚　原作「張俊」，朝野雜記卷一〇樞密副使作「張魏公」，宋史卷三六一張浚傳載張浚於孝宗即位後進封魏國公，隆興元年除樞密使，據改。

〔八〕然猶會食樞密院　「院」，石林燕語卷二作「使廳」。

〔九〕乃與學士皆爲職名　「學士」原作「職事」，據石林燕語卷二改。

〔一〇〕建隆三年　「三」原作「二」，據宋史卷一太祖本紀、卷二五六趙普傳、長編卷三建隆三年十月辛丑條、職官分紀卷一二、群書考索後集卷五改。

〔一一〕又以宣徽北院使李處耘爲南院使兼樞密副使　「李處耘」原作「李處榮」，據長編卷三建隆三年十月辛丑條改。

〔一二〕并依宰相例　「并」原作「立」，據合璧事類後集卷一六改。

〔一三〕常與三省分班稟奏　「班」原作「院」，據宋史卷一六二職官志二改。

〔一四〕元豐四年　「四」原作「三」，據宋史卷一六二職官志二、宋會要職官六之八改。

〔一五〕自是都承旨復用武臣　「旨」字原脱，據宋史卷一六二職官志二、宋會要職官六之八、群書考索後集卷五補。

〔一六〕以武臣辛道宗爲都承旨　「辛道宗」原作「辛宗道」，據宋史卷一六二職官志二、宋會要職官六之一〇、朝野雜記甲集卷一〇樞密院屬官乙正。下同。

〔一七〕並差兩制爲之　按宋會要職官六之四載哲宗職官志曰「元祐以文臣帶待制充都承旨」；通考上文亦曰「元祐中復以文臣帶待制充都承旨」，則「兩制」似爲「待制」之誤。

〔一八〕劉奉世　原作「陳奉世」，據宋史卷三一九劉奉世傳、職官分紀卷一二改。

〔一九〕元豐三年　「三年」，宋史卷一六二職官志二作「初」，群書考索後集卷五作「二年」。

〔二〇〕樞密請置二員　按通考下文「編修官」條中曰紹興三年「樞密請置檢詳二員」，疑此處脱書「三年」。

〔二一〕史館王洙承旨單士寧編修例册　「單士寧」，群書考索後集卷五同，職官分紀卷一二作「車士寧」，宋會要職官六之二九有「樞密院都承旨戰士寧」。

〔二二〕從「院在樞密院北」句至「與參知政事樞密副使同知樞密事以先後入叙位」句　按與宋史卷一六二職官志二宣徽院條相較，除無「院在樞密院北」、「其給使則有知客押衙道引行首之屬」句外，其餘内容均同，疑爲宋制内容。

〔二三〕晉閻没女寬謂魏獻子曰　「獻」字原脱，據通典卷二八職官一〇補，下文「注曰獻子爲中軍率」可證。

〔二四〕秦因之　通典卷二八職官一〇作「至秦，將軍之官多矣」。

〔二五〕殿中司馬督及虎賁中郎將　「督」原作「左右」，據南齊書卷一六百官志改。

〔二六〕凡三十六號 「六」，隋書卷二六百官志上作「五」。

〔二七〕忠武 原作「忠勇」，據隋書卷二六百官志上改。

〔二八〕宣毅 原作「果毅」，據隋書卷二六百官志上改。

〔二九〕車騎 原作「軍騎」，據通典卷二八職官一〇改。

〔三〇〕宇文導 「導」原作「遵」，據周書卷一六侯莫陳崇傳改。

〔三一〕又各分統開府二人 「二」原作「一」，據周書卷一六侯莫陳崇傳改。

〔三二〕隋煬帝以左右翊衛左右驍衛左右武衛 「翊衛左右驍衛左右武」九字原脱，據隋書卷二八百官志下補。

〔三三〕醴泉道爲丹鉞軍 「丹」，新唐書卷五〇兵志、唐會要卷七二京城諸軍、通鑑卷一八七武德二年七月條胡注作「井」。

〔三四〕西麟州道爲苑遊軍 「西」字原脱，據新唐書卷五〇兵志、唐會要卷七二京城諸軍、通鑑卷一八七武德二年七月條胡注補。又按唐會要卷七〇州縣改置上曰麟州乃開元十二年十二月二十九日置，則武德二年尚無麟州。

〔三五〕五年省 「五」，新唐書卷五〇兵志、通鑑卷一九〇武德六年二月條、唐會要卷七二京城諸軍均作「六」。

〔三六〕七年 「七」，通鑑卷一九一武德八年四月條、唐會要卷七二京城諸軍均作「八」。

〔三七〕將軍各三人 唐六典卷二四、二五「三」作「二」。

〔三八〕忠武 原作「勇武」，據舊唐書卷四二職官志一、新唐書卷四六百官志一、唐六典卷五、唐會要卷八一階改。

〔三九〕羽林飛騎先於衛士中簡擇 通典卷二八職官一〇同，唐會要卷七二京城諸軍「先」作「並」。

〔四〇〕共二十萬 「二十」，新唐書卷五〇兵志作「十二」。

〔四一〕歲一番　新唐書卷五〇兵志、通鑑卷二一二開元十一年十一月戊子條、唐會要卷七二府兵「一」作「二」。

〔四二〕明年更號曰彍騎也　通鑑卷二一二開元十三年二月乙亥條、唐會要卷七二府兵載更號彍騎在十三年，與通考「明年（即十二年）」異。

〔四三〕郎將　「將」字原脱，據馮本、宋史卷一六六職官志六補。

〔四四〕有騎兵掾　「掾」字原脱，據唐六典卷二四補。又宋書卷三九百官志上載晉景帝爲大將軍，「置掾十人，西曹……騎兵各一人」可證。

〔四五〕神龍初復爲鎧曹　「龍」原作「武」，據唐六典卷二四、通典卷二八職官一〇改。

〔四六〕掌貳中郎將之職　「貳」原作「二」，據通典卷二八職官一〇改。

〔四七〕晉宋齊梁陳　「陳」下原衍「隋」字，據唐六典卷二四删。

〔四八〕煬帝改所領軍士名熊渠　「渠」原作「騎」，據隋書卷二八百官志下改。

〔四九〕晉郗鑒　「郗鑒」原作「郄鑒」，據晉書卷六七郗鑒傳改。

〔五〇〕武陵王遵　「遵」原作「導」，據晉書卷六四元四王傳改。

〔五一〕謝混等並爲領軍　「謝混」原作「謝鯤」，據晉書七九謝安傳改。

〔五二〕除管軍則解　「除」原作「餘」，據宋史卷一六六職官志六改。

〔五三〕按起居注　漢書卷一九上百官公卿表上執金吾條引師古注，無此四字。

〔五四〕比史食俸　後漢書百官志四本注「史」作「吏」。

〔五五〕執戟五百二十人　「執戟」二字原脱，據後漢書百官志四注引漢官補。

〔五六〕漢有左弋令　「弋令」原作「武右」，據馮本、通典卷二八職官一〇改。

〔五七〕武帝太初元年　「武帝」原作「武衛」，據馮本、通典卷二八職官一〇改。漢書卷一九上百官公卿表上亦曰「武帝太初元年更名考工室爲考工，左弋爲佽飛」。

〔五八〕掌供御刀箭　「刀」，隋書卷二八百官志下作「弓」。

〔五九〕備身十六人　「十六」，隋書卷二八百官志下作「六十」。

〔六〇〕皆以門蔭閥閱子弟年少姿容美麗者爲之　「門」原作「高」，「閥閱」二字原脱，「爲」原作「補」，據元本、慎本、馮本改補。

〔六一〕備身左右各十二人　「各」字原脱，據唐六典卷二五補。

〔六二〕執御刀弓箭宿衛侍從　「從」原作「省」，據馮本、新唐書卷四九上百官志上改。

〔六三〕後更名羽林騎　「騎」字原脱，據漢書卷一九上百官公卿表上、通典卷二八職官一〇補。

〔六四〕所居之處謂之寺　「處」，通典卷二八職官一〇作「署」。

〔六五〕又於飛騎中簡材力驍捷善射者　「射」原作「戰」，據元本、慎本、馮本、通典卷二八職官一〇改。

〔六六〕與陝州節度使郭英乂皆鎮陝　「郭英乂」原作「郭英義」，據舊唐書卷一一七郭英乂傳、新唐書卷五〇兵志、唐會要卷七二京城諸軍改。下同。

〔六七〕特置勾當左右神策軍　新唐書卷五〇兵志「置」下有「監」字。

〔六八〕以其兵騎分隸左右神策軍　「其」原作「吴」，據新唐書卷五〇兵志改。

〔六九〕乃用嗣覃王嗣周爲京西招討使　「嗣周」原作「允」，據新唐書卷一〇昭宗本紀、通鑑卷二五九景福二年八月條改。下同。

〔七〇〕以六千人爲定　「千」原作「十」，據新唐書卷五〇兵志改。

〔七一〕都虞候　「候」下原衍「使」字，據宋會要職官三二之一、宋史卷一六六職官志六删。

〔七二〕掌殿前諸班直及步騎諸指揮之名籍及訓練之政　宋會要職官三二之一「政」下有「令」字。

〔七三〕都指揮使以節度使爲之　下「使」字原脱，據宋史卷一六六職官志六補。

〔七四〕内殿直　「殿」字原脱，據宋會要職官三二之四補。

〔七五〕弓箭直　「直」字原脱，據宋史卷一八七兵志一、宋會要職官三二之四補。

〔七六〕都知　「都」原作「諸」，據宋史卷一六六職官志六、宋會要職官三二之四改。

〔七七〕副都指揮使在正任承宣使之上　「承宣使」，宋會要職官三二之七作「觀察留後」是。按宋史卷一六六職官志六載，承宣使舊名節度觀察留後，於政和七年乃改，則政和四年當無承宣使之稱。

〔七八〕殿前都虞候在正任防禦使之上　宋會要職官三二之七「殿前都虞候」下有「馬軍都虞候、步軍都虞候」。

〔七九〕閲日排連以詔於上　宋史卷一六六職官志六「日」作「實」。

〔八〇〕祗應參班　「祗」原作「抵」，據宋史卷一六六職官志六改。

〔八一〕故殿前司都指揮使　「使」字原脱，據石林燕語卷六補。

〔八二〕副都虞候　「都」原作「使」，據石林燕語卷六改。

〔八三〕而置都點檢　「點檢」原倒，據石林燕語卷六乙正。

〔八四〕殿前都指揮使郝質言　「使」字原脱，據宋會要職官三二之五補。

〔八五〕往軍器監與判監劉奉世會議軍器　宋會要職官三二之五「判」上有「權」字。

〔八六〕竇元康定之間　「之間」二字原脱，據歸田録卷一補。

〔八七〕余時在坐　「余時」二字原脱，據歸田録卷一補。

〔八八〕見都知押班殿前馬步軍聯騎立門外　「都知押班」四字原脱，據歸田録卷一補。

〔八九〕余作舍人　歸田録卷一「人」下有「此禮已廢」。

〔九〇〕宋朝横班有内客省使　宋史卷一五八選舉志四、職官分紀卷四四句下有「客省使」。

〔九一〕淳化四年　「淳化」原作「淳熙」，據職官分紀卷四四改。

〔九二〕掌文武官正衙見謝辭　「衙見」二字原脱，據宋會要職官三五之一補。

〔九三〕郊祀朝會　「會」字原脱，據宋會要職官三五之一補。

〔九四〕横班使副之名既改爲大夫　按宋史卷一六九職官志九載，政和二年，横班使副改名，「正使爲大夫，副使爲郎」，此處「副」字疑衍。

〔九五〕詔閤門並立員額　按靖康要録卷七載靖康元年五月二十五日「奉聖旨閤門别立員額」，「並」作「别」似是。

〔九六〕祗候看班祗候六人　按靖康要録卷七載「熙寧間，通事舍人十三員，閤門祗候二十三員，看班祗候六員」。「祗候」下應補「二十三員」四字。

〔九七〕富商豪子往往得之　靖康要録卷七「豪」作「家」。

〔九八〕諸王夫人因聖節乞補閤門　按靖康要録卷七「乞補」作「乞親屬補」，義長。

〔九九〕同兼客省四方館事　「同」原作「仍」，據宋史卷一六六職官志六、宋會要職官三五之一一改。

〔一〇〇〕以閤中看班祗候爲名　職源撮要閤門祗候條「中」作「門」。

〔一〇一〕許令供職注授内外合入差遣闕到然後免供職　按宋會要職官三四之五載，紹興「四年六月五日詔，閤門供職宣贊選人已下並帶職提點、承受等，已令不妨供職注授兼領諸司差遣。緣行在窠闕數少，自今後特許不拘内外注授合入差遣。如合經密院人，聽從密院陳乞；如係外任人，候闕到日，方許陳乞免罷供職」。通考删節過當。

〔一〇二〕裁定以四十員爲額　宋史卷一六六職官志六同，宋會要職官三四之七「四十」作「十四」。

〔一〇三〕倣儒臣館閣之制　「臣」原作「人」，據宋史卷一六六職官志六改。

〔一〇四〕太平興國詔改今名　按宋會要職官三四之一五載，「太平興國六年十一月改今名」。

〔一〇五〕紹興中　按繫年要録卷四二將改行宫禁衛所爲行在皇城司事繫於紹興元年庚午，宋會要職官三四之三四亦同。

〔一〇六〕端拱二年　「二」原作「元」，據長編卷三〇端拱二年正月條、宋會要職官三六之七七改。

〔一〇七〕改爲帶御器械　「帶御」二字原倒，據宋史卷一六六職官志六、宋會要職官三四之一二乙正。

〔一〇八〕乾道以來詔帶御器械立班在樞密院檢詳文字之上　按宋會要職官三四之一二載：「乾道六年九月十四日，中書門下省勘會已降指揮，帶御器械立班在樞密院檢詳諸房文字之下，其雜壓叙位亦合一體……十月五日，帶御器械雜壓叙位依近降指揮，令在樞密院檢詳諸房文字之下，依閤門元降指揮立班。」宋會要儀制三之五二同。合璧事類卷六一載淳熙重定雜壓爲「帶御器械、尚書左右司員外郎、樞密院檢詳諸房文字」。慶元條法事類卷四官品雜壓載：「帶御器械、尚書左右司員外郎、樞密檢詳諸房文字」。可知乾道六年後至淳熙重定官職雜壓前，帶御器械立班在樞密院檢詳諸房文字之下。

卷五十九　職官考十三

大將軍 并官屬

大將軍，戰國時官也。楚懷王與秦戰，秦敗，楚虜其大將軍屈丐是矣。漢高帝以韓信爲大將軍。初拜信，蕭何曰：「王素慢無禮，今拜大將如兒戲耳。」乃擇良日，齋戒設壇，以禮拜之。又竇嬰爲大將軍，每朝大議，列侯莫敢亢禮。武帝又置。初，武帝以衛青數征伐有功，以爲大將軍，欲尊寵之，故置大司馬官號以冠之。衛青字仲卿，爲車騎，擊匈奴，大立功，引兵至塞。天子使使者持大將軍印，因軍中拜青爲大將軍，位在公上。卿以下皆拜，惟汲黯獨揖。後又加青大司馬位冠於大將軍上，共爲一官。後霍光、王鳳等皆然。成帝綏和二年，賜大司馬印綬，罷將軍官。後漢光武時，吴漢以大將軍爲大司馬。後漢大將軍自爲一官，其大司馬不加於其上。和帝時，以竇憲爲之。舊大將軍位在三公下，置官屬依太尉。憲威權振朝廷，公卿希旨，奏憲位次太傅下、三公上；長史、司馬秩中二千石，從事中郎二人，六百石，自下各有增。憲初爲此官，威振天下，尚書以下欲拜之，伏稱萬歲。尚書令韓棱曰：「禮無人臣稱萬歲之制。」乃止。後梁冀爲之，官屬倍於三公府。自安帝政理衰缺，始以嫡舅耿寶爲大將軍，常在京都。順帝即位，又以皇后父、兄、弟相繼爲大將軍，如三公。梁冀別傳云：「元嘉二年，又加冀禮儀。大將軍朝，到端門，謁者將引；增掾屬、舍人、令史、官騎、鼓吹各十人。」風俗通曰：「桓帝初，京師謡曰：『游平賣印自有評，不避豪强及大姓。』按：竇武字游平，爲大將軍，印綬所加，咸得其人。」漢末猶在三公上。魏武爲大將軍，袁紹爲太尉，紹耻班在下，魏武乃固以大將軍讓紹。魏黄初中，又有上大將軍，以曹真爲之。吴亦以陸遜爲上大將軍，諸葛恪爲大將軍。明帝青龍三年，晉宣帝自大將軍爲太尉，然則大將軍在三司下矣。其後，又在三司上。自漢東京大將軍不常置，爲之者皆擅朝權。至晉景帝爲大將軍，亦受非常之任，後以叔父孚爲太尉，奏改大將軍在太尉後，位次三司下。後復舊，在三司上。太康元年，瑯琊王伷遷大將軍，復制在三司下。伷薨，復如舊。冠綬佩服，與大司馬同。宋唯彭城王義康爲之，章綬冠佩亦與晉同。齊以爲贈。梁有之。陳以爲贈。後魏、北齊爲二大，與大司馬同。後周建德四年，增置上大將軍。隋並以爲武散官，不理事。上大將軍從二品，大將軍正三品。唐貞元二年九月敕〔一〕：「六軍先已各置統軍一人。今十六衛宜各置上將軍一人，秩從二品。其左右衛及左右金吾衛上將軍俸料、隨軍人馬等〔二〕，並同六軍統軍。其諸衛上將軍，次於統軍支給。自今已後，内外文武闕官〔三〕，於文武班中材望相當者參敍，仍待以後各依故事〔四〕，於本衛量置衛兵。仍舉故事，置武班朝參，其廊下食亦宜加給，稍令優重。」漢不見官屬。後漢大將軍、驃騎將軍、車騎將軍、衛將軍，有長史一人、司馬一人，竇憲爲大將軍，置長史、司馬員吏官屬，位次太傅屬官。從事中郎二人，掾屬二十九人，令史及御屬三十一人；又賜官騎四十人及鼓吹〔五〕。應劭曰：「鼓吹二十人，非常員。」其領軍皆有部曲。大將軍營五部，部校尉一人，軍司馬一人。部下有曲，曲有軍候一人。曲下有屯〔六〕，屯長一人。其不置校尉部，但有軍司馬一人。其别營領屬爲别部司馬。其兵多少，各隨時宜。門有門候。魏以司馬景王爲大將軍，置掾十人，别無屬官〔七〕。其驃騎、車騎府有長史、司馬。晉驃騎、車騎〔八〕、衛將軍，伏波、撫軍、都護、鎮軍、中領〔九〕、四征、四鎮、龍驤、典軍〔一〇〕、上軍、輔國等大將軍開府者，皆爲位從公，品秩俸賜亦與諸公同；加兵者，增置司馬一人，從事中郎二人，主簿、記室督各一人，官屬並與公同。宋大將軍、驃騎、車騎、衛將軍諸府，皆有長史一人，又各置司馬一人。齊有大將軍爲贈官，無僚屬；諸驃騎、車騎、衛、鎮軍、中軍、撫軍、四征、四鎮等將軍，凡加「大」字，位從公，長史、司馬諸官屬亦同公。梁因之，諸將軍優者亦然。陳爲贈官，無僚屬。後魏大將軍僚屬如三公。北齊亦然。後周大將軍有長史、司馬、中郎掾屬、諸曹參軍、典籤等員。隋以後無。

都督

魏文帝黄初三年，以大將軍曹真都督中外諸軍，假黄鉞，總統内外諸軍。明帝太和四年，司馬懿征蜀，加號大都督。高貴鄉公正元二年，司馬昭都督中外諸軍，尋加大都督。晉武帝伐吴，以賈充爲使持節、假黄鉞、大都督，總統六師。江左以來，都督中外尤重，唯王導等權重者乃居之。宋氏人臣無居者，惟江夏王義恭得假黄鉞，則專戮節將〔一一〕，非人臣常器也。後魏亦有都督中外諸軍事。後周以來，改都督爲總管、校尉。唐分諸道，各置都督府，而都督之名微矣。

宋紹興初〔一二〕，吕頤浩以左僕射都督江、淮、荆、浙諸軍事，置司鎮江。既而又命孟庾以參知政事權同都督。四年，趙鼎自知樞密院爲川陝宣撫處置使，以與吴玠共事爲嫌，乃改都督川陝、荆襄諸軍事。五年，鼎與張浚並相，遂帶兼都督諸路軍馬入銜。浚之初爲都督也，以行府爲名，凡事干朝廷，則關三省、樞密院。孟庾時爲政府，不平曰：「三省、樞密院乃奉行行府文書邪？」七年，將罷浚，先廢都督府。三十一年〔一三〕，葉義問始以知樞密院事爲督視軍馬，蓋朝議以義問非相臣，故其名下都督一等。蓋不考孟庾、趙鼎故事而失之也。隆興初，張浚再以樞密使都督江淮軍馬，乃命汪徹以參知政事督視湖北、京西軍馬。浚去位，都督復廢。其秋，詔湯思退以左僕射爲之。思退逗遛不進，乃命王之望以參知政事爲同都督。之望亦丐免，於是遂命楊存中代爲都督。非宰相而爲都督，自存中始。

元帥

唐制有天下兵馬元帥、副元帥，掌征伐，兵罷則省。高祖入關，太宗爲秦王，加西討元帥。其後中宗爲周王，爲洮河道元帥；睿宗爲相王，爲并州道行軍元帥。天寶十四載〔一四〕，安禄山反，以哥舒翰爲諸道兵馬元帥〔一五〕。上皇幸蜀，以太子亨充天下兵馬元帥。肅宗即位，以廣平王俶爲天下兵馬元帥，諸將皆屬焉。乾元二年，以趙王係爲天下兵馬元帥，李光弼爲副元帥。代宗即位，以雍王适爲天下兵馬元帥。廣德元年，吐蕃入寇，復以雍王爲關内元帥，郭子儀爲副元帥。大曆八年，罷天下兵馬元帥。建中四年，以李希烈反，置諸道行營兵馬都元帥，以李晟爲鄜、坊、京畿、渭北、商、華副元帥〔一六〕。昭宗天復三年，上議褒崇朱全忠，乃以皇子輝王祚爲諸道兵馬元帥，加全忠太尉，充副元帥。後唐長興四年，以秦王從榮爲天下兵馬元帥。中書門下奏：「歷朝以來，無天下兵馬大元帥公事儀注。臣等謹沿近事，伏見招討使、總管兼授副使已下櫜鞬庭禮。今望令諸道節度使已下，凡帶兵權者，見元帥，階下具軍禮參見，皆申公狀；其使相者，初相見，亦以軍禮，一度已後，客禮相見。」

宋靖康元年冬，金虜圍京師，康王奉使至磁、相間，爲士民所遏，不得進，乃拜王爲天下兵馬大元帥，陳遘元帥，宗澤、汪伯彦副元帥，速領兵入衛。

宣撫使

唐元和十四年，淄、青、兖、鄆等十二州平，詔户部侍郎楊於陵以本官充淄、青等州宣撫使。

宋不常置，祖宗時，有軍旅大事則命執政大臣爲之，累朝但除向敏中、鄜延路。范仲淹、陝西四路。富弼、河北。文彦博、河北。韓絳陝西、河東。五人。今考向、范二公但爲經略安撫使，富、文、韓三公始爲宣撫使。仁宗征儂智高，以狄青爲宣撫使，武臣爲宣撫自此始。神宗命郭逵討交趾，逵前執政，然但以招討使爲名，惜之也。靖康初，李綱以尚書右丞出爲兩河宣撫，繼而又以种師道代之。建炎三年，張浚以知樞密院事爲川陝宣撫處置使〔一七〕。宰執爲宣撫，行移六曹寺監〔一八〕，帥司用劄子，而六曹於宣司用申狀。從官任使、副，合申六部，六部行移用公牒。故事，大臣爲宣撫使，於三省、樞密院皆用申狀，若建都督府，則只用關。隆興初，張魏公以少傅爲江淮宣撫使，頃之拜樞密使、都督江淮軍馬。及符離師潰，公上表待罪，乃降特進，復爲宣撫使。既而言者謂：「降官示罰，自古所有，雖出浚自請，然人情觀望，號令不行。」乃復以爲都督。其後孟庾、趙鼎、虞允文、王炎輩皆自二府出爲之。若前宰相爲宣撫者，則自渡江以後止除李綱、吕頤浩、朱勝非三人。紹興元年，劉光世以使相宣撫淮南，武臣非執政而爲宣撫自此始〔一九〕。二年，李光以端明殿學士爲壽春等州宣撫使，文臣非執政而爲宣撫自此始。然自紹興至嘉泰，武臣止劉光世、韓世忠、張浚、吴玠、岳飛、吴璘六人，從官止李光、王似二人，蓋重之也。紹興末，詔以楊存中爲江淮宣撫使，劉珙不書黄，遂寢其命。又詔虞允文以兵部尚書爲湖北、京西宣撫副使，會存中命格，於是復改川陝宣諭使，而存中措置兩淮焉。

按：兩漢以來，大將軍之官内秉國政，外則仗鉞專征，其權任出宰相之右。隋、唐以後，則無其官。然唐有都、副元帥，宋有都督、宣撫，皆以爲將相重臣總師征討者之官。蓋都督、元帥、宣撫，即兩漢大將軍之任也，故各叙其事於大將軍之後。又都督之名始於魏、晉之間，謂之假黄鉞、都督中外軍事，其權任甚重。至唐則每道有都督府，特以爲州牧之職而已。宋中興後所命都督，始復魏、晉之舊。故唐之都督别自爲門，在州牧、刺史之後，而此所叙者不及之云。

車騎將軍

漢文帝元年，始用薄昭爲車騎將軍。灌嬰、周亞夫、金日磾並爲之。後漢章帝即位，西羌反，以舅馬防行車騎將軍征之。銀印青綬，在卿上，絶席。還復罷。和帝即位，以舅竇憲爲車騎將軍，征匈奴，始賜金紫，次司空。安帝即位，西羌寇亂，以舅鄧騭爲車騎將軍征之，數年復罷。又皇甫嵩等並爲之。其官屬附見大將軍後。靈帝數以車騎拜嬖臣及贈亡人〔二〇〕。應劭曰：「美號加於頑兇，印綬汙於腐屍，虧國家之舊，傷虓武之重。昔年有睹被髮之祥，知其爲戎。今假號雲集，不亦宜乎？」魏車騎爲都督，儀與四征同；若不爲都督，雖持節屬四征者，與前、後、左、右雜號將軍同；其或散還，從文官之例，則位次三司。晉、宋車騎、衛，不復爲四征所督。晉羊祜爲車騎將軍，開府如三司之儀。後魏制與驃騎同。位次升降並同。隋車騎屬驃騎府。唐省之。

衛將軍

漢文帝始用宋昌爲衛將軍，位亞三司。其官屬附見大將軍後。凡驃騎、車騎、衛三將軍，皆金印紫綬，武冠，絳朝服，佩水蒼玉。晉以陸曄爲衛將軍，兼儀同三司，加千兵百騎。東晉已後，尤爲要重。後魏初，加「大」則次儀同三司。孝文太和中制，加「大」則位在太子太師上〔二一〕。歷代多有。唐無之。

前後左右將軍

前、後、左、右將軍皆周末官，秦因之，位上卿，金印紫綬。漢不常置，或有前、後，或有左、右，皆掌兵及四夷。李廣爲前將軍，趙充國爲後將軍，辛慶忌、王商爲左將軍，馮奉世爲右將軍。光武建武七年省〔二二〕。魏以來復置〔二三〕。晉武初，又置前軍、左軍、右軍〔二四〕；泰始八年〔二五〕，又置後軍，是爲四軍。齊亦號左、右、前、後四軍。陳並有之。北齊左、右將軍領千牛備身〔二六〕。唐無。

四征將軍

四征將軍，皆漢、魏以來置，加「大」者始曰方面。征東將軍，漢獻帝初平三年，以馬騰爲之，或云以張遼爲。征西將軍，漢光武建武中，以馮異爲大將軍。征南將軍，漢光武建武二年置，以馮異爲之，亦以岑彭爲大將軍。征北將軍，魏明帝太和中置，劉靖爲之，許允亦爲之。各一人。魏黄初中，位次三公。後魏加「大」則次衛將軍。唐無。

四鎮將軍

鎮東將軍，後漢末，魏武帝爲之。鎮南將軍，後漢末，劉表爲之。魏張魯、晉當陽侯杜元凱並爲之。鎮西將軍，後漢劉表爲之。魏鍾會、鄧艾並爲之。鎮北將軍，魏明帝太和中置，劉靖、許允並爲之。各一人。宋時，四鎮與中軍爲雜號。後魏加「大」，次尚書令。唐無。

四安將軍

安東將軍，後漢陶謙、曹休並爲之。安南將軍，光武元年，以岑彭爲之。晉范陽王虓亦爲之。安西將軍，後漢末段煨、魏鍾會、晉郗鑒並爲之。安北將軍，晉以郗鑒爲之〔二七〕。各一人。後魏亦有。唐無。

四平將軍

平東將軍，晉當陽侯杜元凱、王濬等爲之。平南將軍，晉盧欽、羊祜、胡奮等爲之。平西將軍，晉以嵇紹爲之。平北將軍，漢獻以張燕，晉以阮坦並爲之。各一人，並漢、魏間置。後魏亦有。唐無。

雜號將軍

上，漢以呂禄爲上將軍。騎，漢武帝以公孫敖及公孫賀並爲騎將軍。樓船，漢元封三年，以荀彘爲之〔二八〕。横海，漢元鼎六年，以韓説爲之，擊東越有功。材官，漢李息爲之，掌理宫室。貳師，漢李廣利爲之，征貳師城，取善馬，故以爲號。輕車，漢武帝以公孫賀爲之。伏波，漢武帝征南越，始置此號，以路博德爲之。後漢馬援亦爲之。伏波者，船涉江海，欲使波浪之伏息。中軍，漢武帝以公孫敖爲之。强弩，漢武帝以李沮爲之。戈船，環氏要略云：「建戈於船上，浮渡沮水，以討北狄。」奮威，漢武帝以任千秋爲之〔二九〕。度遼，漢武帝初以范明友爲度遼將軍〔三〇〕。後漢明帝永平八年，又置，屯五原。銀印青綬。种暠字伯景，爲度遼將軍，誠心懷撫，信賞分明，乃去烽燧斥堠，邊方晏然；及卒，匈奴舉國傷惜。單于每入朝賀，每見墳輒哭泣祭祀。又李膺爲度遼將軍，聲振遠域。積射，漢有之。晉武帝泰始四年省。太康十五年，立射營、弩營，置積射、强弩將軍主之。建威，漢元帝以韓安國、王晏並爲之〔三一〕。光武以耿弇爲之。九武，王莽拜將軍九人，皆以武爲號，號曰九武將軍。征虜，後漢建武中，始以祭遵爲，後張飛亦爲之。武牙，後漢光武以蓋延爲之。横野，漢光武以王常爲横野大將軍，位與諸將絶席。捕虜，後漢永平中，馬武爲之。鷹揚，後漢建安中，魏武以曹洪爲之。討逆，後漢末，以孫策爲之。破虜，後漢末，以孫堅爲之。討虜，後漢末，以孫權爲之。安漢，蜀糜竺爲之，班在軍師、將軍之右。武威，魏武帝以于禁爲之。撫軍，魏武帝置，以司馬宣王爲之。凌江，魏置〔三二〕，以羅獻爲之〔三三〕。寧朔，魏以王渾爲之。横江，吴魯肅爲之。又曰：「魯横江昔仗萬人，屯據陸口界。」龍驤，晉武帝始以王濬爲之。殿中，宋初置之。黑稍，後魏于栗磾好持黑稍以自衛，劉裕遥見，題書與之，曰「黑稍公麾下」，明帝因授黑稍將軍。牙門將。冠服與將軍同。魏文帝黄初中置。明帝以胡烈爲之。又王隱晉書云：「陸機少襲父爲牙門將，吴人重武官故也。」晉惠帝特置四部牙門，以汝南王祐爲之。蜀以趙雲爲之。

監軍 軍師祭酒、理曹掾屬附

周代，齊景公使穰苴將兵捍燕、晉之師，穰苴願得君之寵臣以監軍，公使莊賈往，賈不時至，苴斬之。

是其始也。漢武帝置監軍使者。光武以來歛監諸將。後漢末，劉焉以監軍使者領益州牧。劉璋亦爲監軍使者。魏、晉皆有之。魏時司馬文王征壽春，石苞爲監軍。鍾會伐蜀，衛瓘爲監軍。晉孟康持節監石苞諸軍事。初，隗囂軍中嘗置軍師，隗囂聘平陵人方望以爲軍師，又袁紹請盧損爲軍師。至魏武帝，又置師官四人。魏荀攸爲軍師，軍國選舉及刑獄法制皆使決焉。又梁義爲左軍師。吴朱然爲右軍師。蜀以諸葛亮爲軍師將軍。晉避景帝諱，改爲軍司。凡諸軍皆置之，以爲常員，所以節量諸軍〔三四〕，亦監軍之職也。而太尉軍司尤重，故山公啓事曰「太尉軍司缺，當選上宰監，宜得宿有資重者」也。宋、齊以來，此官頗廢。至梁大通四年，元法僧北討，復以羊侃爲大軍司。後代多不置。至隋末，或以御史監軍事。唐亦然，時有其職，非常官也。開元二十年後，並以中官爲之，謂之監軍使。至德間，九節度圍賊相州，以魚朝恩爲觀軍容宣慰處置使，觀軍容使自朝恩始。是後宦者多稱軍容，節度使皆置監軍。至昭宗天復二年誅宦官，其爲監軍者，詔方鎮誅之，宦官盡死，惟河東監軍張承業、幽州監軍張居翰、清海監軍程匡柔、西川監軍魚全禋及致仕嚴遵美，爲李克用、劉仁恭、楊行密、王建所匿得全，斬他囚以應詔。後唐莊宗既取蜀，以孟知祥爲西川節度使。明帝既立，安重誨以知祥據險要，擁强兵，恐久而難制，客省使李嚴自請爲西川監軍，必能制知祥，詔從之。嚴既至，知祥謂之曰：「公前奉使王衍，歸而請兵伐蜀。莊宗用公言，遂至兩國俱亡。今公復來，蜀人懼矣。且天下皆廢監軍，公獨來監吾軍，何也？」嚴惶恐求哀，知祥曰：「衆怒不可遏也。」遂擒下〔三五〕，斬之。

軍師祭酒。後漢建安三年，曹公還許，初置此官。

理曹掾屬。後漢建安十九年，魏武令曰：「軍中典獄，或非其人，而任以三軍死生，吾甚懼之。」遂置此選。

三署郎官敘

漢中郎將，分掌三署郎，有議郎、中郎，皆比六百石。侍郎，比四百石。郎中，比三百石。凡四等，皆秦官，無員，多至千人。靈帝時，三署郎吏二千餘人。皆掌門户，出充車騎。其散郎謂之外郎。故卿、校尉、牧守待價於此。公車特徵賢良方正、敦樸、有道、高節、公府掾曹試博士者，亦充玆位。其下第白衣試博士者，皆拜郎中。中郎有五官、左、右三將。謂五官中郎將、左右郎將。郎中有車、户、騎三將。如淳曰：「主車曰車郎，主户衛曰户郎。」漢舊儀曰：「郎中令主郎中，左右車將主左右車郎，左右户將主左右户郎。」凡郎官皆主更直，執戟宿衛諸殿門，唯議郎不在直中。漢儀曰：「三署郎見光禄勳，執板拜；若見五官、左、右將〔三六〕，執板不拜；於三公諸卿無敬。」郎官故事，令出錢市財用，給文書乃得出，時號曰「山郎」，謂以貲財爲郎也。山者財用所出，故取名。或至歲不得休沐。其豪富郎，日出遊戲，或行錢得善部，貨賂流行，轉相放效。楊惲字子幼。爲中郎將，罷山郎，其疾病休沐皆以法令，有過奏免，薦舉其高第有行能者，多至郡守、九卿。三署化之，莫不自勵，宫殿之内翕然同聲，其後遂以爲常。後漢和帝永元元年，初令郎官詔除者得占丞、尉，以比秩爲真。凡三署郎官，二漢並屬光禄勳。光禄選三署郎有行應四科者，歲舉茂材二人、四行二人；後漢范滂字孟博，舉孝廉、光禄四行。時冀州饑荒，盜賊群起，乃以滂爲清詔使以按察之。滂登車攬轡，慨然有澄清天下之志。及到州境，守令有贓汙者，望風解印綬而去。其所舉奏，莫不厭塞衆議。又上廉吏六人，爲長理劇，隨缺多少。萬户以上爲劇縣，其缺少者不選，公府亦然。故明帝時，館陶公主爲子求郎，帝不許，賜錢十萬，曰：「夫郎官上應列宿，出宰百里，苟非其人，人受其殃。」後漢桓、靈間，三署見郎七百餘人，而郡國計吏多留拜爲郎。太尉楊秉上疏諫曰：「先王建國，順天制官，太微積星，名爲郎位，入奉宿衛，出牧百姓」云云。按：自近代皆謂郎官上應列宿，出宰百里，爲尚書郎故事。且夫天文有「武賁」、「郎位」等星，皆在太微帝座之後，爲翊衛之象，則應劭、楊秉所言三署郎是也，而世人謂之尚書郎則誤矣。徵其失也，蓋自梁陶藻職官要録，以漢三署郎故事通爲尚書郎，循名失實，遺誤後代。舊有郎中將右騎，光武中興悉省。漢袁盎、卜式、張騫並爲中郎。韓信、主父偃並爲郎中。後漢明帝性褊察，嘗以事怒郎樂崧〔三七〕，崧走入床下，上將杖撞崧，崧曰：「天子穆穆，諸侯皇皇，未聞人君，自起撞郎。」上乃捨之。又班固二代，位不過郎。又陳蕃諫靈帝曰：「昔明帝，公主爲子求郎，賜錢十萬。今陛下除拜郎吏，無有休已，以一郎比一把菜耳。」晉議郎遷爲太守，山公啓事曰：「議郎許允宜參廣漢太守選。」亦有郎中等官。其後雖有中郎將等官，而無三署郎矣。

中郎將 五官中郎將　左右中郎將

五官、左、右中郎將皆秦官，漢因之，並領三署郎從。後漢之制，郡國舉孝廉以補之，三署郎年五十以上屬五官，後漢黄琬字子琰，爲五官中郎將，時陳蕃爲光禄勳，深相敬待，每與議事。舊制，光禄舉三署郎，以功高久次、才德尤異者爲茂才、四行。時權富子弟多以人事得舉，而貧約守志者見遺，京師謡曰：「欲得不能，光禄茂才。」於是蕃、琬同心顯用志士，故蕃、琬皆爲權富郎所中傷也。其次，分屬左、右署。左、右郎將各領左、右署郎。二署皆有中郎、侍郎、郎中三郎，並屬光禄勳。魏無三署郎，猶置左、右中郎將。晉武帝省左、右中郎將官。宋孝武大明中，復置。銀章青綬，武冠，絳朝服，佩水蒼玉。齊左、右中郎將屬西省。梁代並分司丹禁。今中郎將四十四員，郎將六十四員，各附諸軍諸衛篇。唐亦置諸衛中郎將。永徽三年八月〔三八〕，避太子名，改中郎將爲旅賁郎將，又改爲翊軍郎將，尋復舊。

虎賁中郎將

周官有虎賁氏，掌領虎士八百人，軍旅會同，君宿於外，則守王閑。閑，梐枑行馬也。梐音陛，枑音護。漢武帝建元三年，初置期門，比郎中，蓋以微行出遊，選材力之士執兵從送，期之諸門，故名期門。無員，多至千人。平帝元始元年，更名虎賁郎，舊曰虎賁，言如虎之奔。置中郎將領之，故有虎賁中郎將。主虎賁宿衛，冠插兩鶡尾，鶡，鷙之中果勁者，每有攫撮，應爪摧碎。尾，上黨所貢也。紗縠單衣，虎文錦袴，餘郎亦然。凡有虎賁中郎、虎賁侍郎、虎賁郎中、節從虎賁，皆父死子繼。若死王事，亦如之。前賢亦多爲者。後漢馬援、孔融並爲虎賁中郎將，遷尚書〔三九〕。魏桓階爲虎賁中郎將，遷尚書典選。唐無。

四中郎將東西南北

東中郎將，後漢靈帝以董卓爲之。南中郎將，後漢獻帝以臨淄侯曹植爲之。西中郎將，晉以謝曼、桓冲爲之。北中郎將，後漢以盧植爲之。建安中，以鄢陵侯曹彰爲之。並後漢置。江左彌重，或領刺史，或持節爲之。銀印青綬，服同將軍。後魏靈太后時，四中郎將兵數寡弱，不足以襟帶京師。任城王澄奏，宜以東中帶滎陽郡，南中帶魯陽郡，西中帶恒農郡，北中帶河南郡，選二品、三品親賢兼稱者居之，配以强兵，則深根固本之計也。靈太后初從之，後復止。唐至德後，節度、都團練使殆其遺職。

雜中郎將

使匈奴中郎將，後漢主護南單于，以張奐爲之。後魏天興四年罷。平越中郎將，晉武帝置，理廣州，主護南越。司金中郎將，魏王脩爲之〔四〇〕。武衛中郎將。魏始以許褚爲之。唐無。

折衝府 果毅別將等附

隋初，左右衛、左右武衛、左右武侯各領軍坊、鄉團，以統戎卒。開皇中，置驃騎將軍府，每府置驃騎、車騎二將軍。大業三年，改驃騎府爲鷹揚府，改驃騎將軍爲鷹揚郎將，改車騎將軍爲鷹揚副郎將。五年，又以鷹揚副郎將爲鷹擊郎將。九年，別置折衝、果毅及武勇、雄武等郎將官，以統領驍果。唐武德初，猶有驃騎府及驃騎、車騎將軍之制。武德七年，乃改驃騎爲統軍，車騎爲別將。貞觀十年，復採隋折衝、果毅郎將之名，改統軍爲折衝都尉，別將爲果毅都尉。魏有折衝將軍，後周有成議、別將官〔四一〕，其名因此也。其府多因其地，各自爲名，無鷹揚之號。凡五百七十四府，分置於諸州，而名隸諸衛及東宮率府。各領兵，滿一千二百人爲上府，兩京城内雖不滿此數，而亦同上府。千人爲中府，兩畿及岐、同、華、懷、陝等五州所管府，雖不滿此數，亦同中府。八百人爲下府。每府置折衝都尉一人，掌領校尉以下宿衛及衛士以上，總判府事。左、右果毅都尉各一人，掌通判。春秋傳曰：「戎昭果毅。」又曰：「殺敵爲果，致果爲毅。」煬帝始置，後改將爲之。別將一人，不判府事，若無兵曹以上，即知府事。初，別將既改爲果毅，而府中有長史員。聖曆三年廢長史，置別將一員，後又兼置長史。長史一人，通判。載初元年置。兵曹一人〔四二〕，判府事，付事勾稽，監印，給紙筆。校尉六人〔四三〕。以下小吏各有差。若校尉以下，唯人數置之。凡府在赤縣爲赤府，在畿縣爲畿府。衞士以三百人爲團，團有校尉；五十人爲隊，隊有正；十人爲火，火有長〔四四〕，備六馱馬驢，初置八馱，後改爲六。米糧、介胄、戎器、鍋、幕，貯之府庫，以備武事。每歲十一月，以衞士帳上於兵部，以候徵發。天下衞士向六十萬人。初置，以成丁而入，六十出役，其家不免征徭，遂漸逃散。年月漸久，逃死者不補。天寶八載五月，停折衝府〔四五〕。以無兵可校之。十一載八月，改諸衞士爲武士。

三都尉 奉車 駙馬 騎 奉朝請附

奉車、駙馬、騎三都尉，並漢武帝元鼎二年初置。李陵爲騎都尉。至更始時，官亂，謡曰：「爛羊胃，騎都尉。」舊無員，或以冠常侍，或卿尹、校尉左遷爲之。奉車掌御乘輿車，漢官曰三人。駙馬掌駙馬，駙馬，非正駕車〔四六〕，皆爲副馬。一曰駙，近也，疾也。騎都尉本監羽林騎。漢官十人。又竇嬰爲朝請。竇太后除嬰門籍，不得入朝請。漢律，諸侯春朝天子曰朝，秋曰請。後漢並屬光禄勳。奉朝請無員，本不爲官，漢東京罷省三公、外戚、皇室、諸侯多奉朝請。奉朝請者，奉朝會請召而已。晉武帝亦以皇室、外戚爲三都尉而奉朝請焉。元帝爲晉王，以參軍爲奉車都尉，掾屬爲駙馬都尉，行參軍舍人爲騎都尉，皆奉朝請。後罷奉車、騎二都尉，唯留駙馬都尉奉朝請而已。諸尚公主者若劉惔、桓温等皆爲之。宋武帝永初已來，以奉朝請選雜〔四七〕，其尚主者唯拜駙馬都尉。齊奉朝請、駙馬都尉及散騎、給事中等官，並集書省職。朝散用衣冠之餘，人數猥積。武帝永明中，奉朝請至六百餘人。齊職儀曰：「凡尚公主，拜駙馬都尉。」梁三都尉並無員秩，其奉車、駙馬皆武冠絳朝服〔四八〕，銀章青綬。梁、陳駙馬，皆尚公主者爲之。陳武帝長女永世公主先適陳留太守錢蕆〔四九〕，生子岊，主及岊並卒〔五〇〕。武帝受禪，唯公主追封。將葬，尚書主客牒詳議〔五一〕，欲加蕆駙馬都尉，并贈岊官。袁樞議曰：「昔王姬下降，必適諸侯。同姓爲主，聞於公羊之說。車服不繫，著於詩人之篇。漢氏之初，列侯尚主，自斯以後，降嬪素族。駙馬都尉，置由漢武，或以假諸功臣，或以加於戚屬。是以魏表駙馬奉車爲一號〔五二〕。魏、晉以來，因爲常准。蓋明王姬之重，庶姓之輕，若不加其等級，莫可合巹而酳，所以假駙馬之位，乃崇於皇女。今公主早薨，伉儷已絕，既無禮數致疑，何須駙馬之授。按當陽侯杜元凱尚晉宣帝第二女高陸宣公主，晉武踐祚而主已亡，泰始中追贈公主，杜君無復駙馬之號。梁文帝女新安穆公主早薨〔五三〕，天監初，王氏無追拜之事。遠近二例，足以相明。公主所生，既未及成人之禮，無勞此授。今宜追贈亭侯。」時以樞議爲衷。蕆，丑善反。岊音節。後魏駙馬都尉亦爲尚公主官，雖位高卿尹，而此職不去。奉車二十人，騎都尉六十人。北齊駙馬與後魏同。隋開皇六年〔五四〕，罷奉朝請。煬帝時，奉車、駙馬並廢。唐駙馬都尉從五品，皆尚主者爲之。開元三年八月敕，駙馬都尉從五品階，宜依令式，仍借紫金魚袋。天寶以前，悉以儀容美麗者充選奉車都尉，五員，掌馭副車，不常置。若大備陳設，則以餘官攝行，屬左右衛也。

宋制，騎都尉爲勳官，駙馬都尉爲尚主之官，奉車都尉無。

節度使

唐因隋制，諸州總管加號使持節，後改大總管爲大都督。永徽已後，除都督帶使持節，即是節度使，不帶者即不是節度使。景雲二年，賀拔延嗣除涼州都督，充河西節度使〔五五〕，自此有節度之號。節度使封郡王，則有奏記一人；兼觀察使，又有判官、支使、推官、巡官、衙推各一人；又兼安撫使，則有副使、判官各一人；兼支度、營田、招討、經略使〔五六〕，則有副使、判官各一人；支度使復有遣運判官、巡官各一人。節度使掌總軍旅，顓誅殺。初授，具帑秣兵仗詣兵部辭見。觀察使亦如之。辭日，賜雙旌雙節。行則建節，樹六纛，中官相送，次一驛，輒上聞。入境州縣築節樓，迎以鼓角，衙仗居前，旌幢居中，大將鳴珂，金鉦鼓角居後，州縣齋印迎於道左〔五七〕。天寶初，置十節度經略使以備邊。安西節度撫寧西域，統龜兹、焉耆、于闐、疏勒四鎮，治龜兹城，兵二萬四千。北庭節度防制突騎施、堅昆〔五八〕，統瀚海、天山、伊吾三軍，屯伊、西二州之境，治北庭都護府，兵二萬人。河西節度，斷隔吐蕃、突厥〔五九〕，統赤水、大斗、建康、寧寇、玉門、墨離、豆盧、新泉八軍，張掖、交城、白亭三守捉，屯凉、肅、瓜、沙、會五州之境，治凉州，兵七萬三千人。朔方節度，捍禦突厥〔六〇〕，統經略、豐安、定遠三軍，三受降城，安北、單于二都護府，屯靈、夏、豐三州之境，治靈州，兵六萬四千七百人。河東節度，與朔方犄角以禦突厥，統天兵、大同、横野、岢嵐四軍，雲中守捉，屯太原府忻、代、嵐三州之境，治太原府，兵五萬五千人。范陽節度，臨制奚、契丹，統經略、威武、清夷、静塞、恒陽、北平、高陽、唐興、横海九軍，屯幽、薊、嬀、檀、易、恒、定、漠、滄九州之境，治幽州，兵九萬一千四百人。平盧節度，鎮撫室韋、靺鞨〔六一〕，統平盧、盧龍二軍，榆關守捉，安東都護府，屯營、平二州之境，治營州，兵三萬七千五百人。隴右節度，備禦吐蕃，統臨洮、河源、白水、安人、振威〔六二〕、威戎、漠門、寧塞、積石、鎮西十軍，綏和、合川、平夷三守捉，屯鄯、廓、洮、河之境，治鄯州，兵七萬五千人。劍南節度，西抗吐蕃，南撫蠻獠，統天寶、平戎、昆明、寧遠、澄川、南江六軍，屯益、翼、茂、當、雋、柘、松、維、恭、雅、黎、姚、悉十三州之境，治益州，兵三萬九百人。嶺南五府經略綏靜夷獠，統經略、清海二軍，桂、容、邕、交四管，治廣州，兵萬五千四百人。此外，又有長樂經略，福州領之，兵千五百人；東萊守捉，萊州領之；東牟守捉，登州領之，兵各千人。凡鎮兵四十九萬人，馬八萬餘匹。其後有淮南、河南、江東、成德、鎮州。宣武、汴、宋、亳。鎮海、浙西。義成、滑州。淮寧、淮西。彰義、申、光、蔡。義武、易、定。奉義、安、黄。忠武、陳、許。武寧、徐州。永安、荆南。天平、山東。河陽、淮、孟。歸義、瓜、沙、伊、肅等十一州。戎昭、金州。義昌、滄、景、德。山南、襄、郢、唐、鄧。俱置節度使。有以親王遥領者，如開元十五年，以慶王潭爲涼州都督兼河西節度大使，忠王浚爲單于大都護〔六三〕、朔方節度大使之類是也。有以宰相遥領者，如兵部尚書、河西節度副大使知節度事蕭嵩，除同中書門下平章事，節度如故。又李林甫遥領隴右節度，楊國忠遥領劍南節度是也。蕭嵩以牛仙客爲留後，李林甫以杜希望爲留後，楊國忠以李察、崔圓爲留後。

宋興，節度、觀察使事務，悉歸於本州知州、通判兼總之。節度使無定員，恩數與執政同。初除，鎖院降麻，恩禮尤異。祖宗時，以待宗室近屬、外戚、國婿年勞久次者；若外任，除殿帥始授此官，亦止於一員；或有功勳顯著，任帥守於外及前宰執拜者，不輕授。又遵唐制，以節度使兼中書令，或侍中，或中書門下平章事，皆謂之使相，以待勳賢故老及宰相久次罷政者。隨其舊職或檢校官加節度使出判大藩，通謂之使相。元豐以新制，始改爲開府儀同三司。舊制，敕出中書門下，故事之大者使相繫銜。至是，皆南省奉行，則開府不預矣。八年，鎮江軍節度使、檢校太傅韓絳爲開府儀同三司、判大名府。元祐五年，太師、平章軍國重事文彦博爲開府儀同三司、守太師、充護國軍、山南西道節度使致仕。自崇寧五年，司空、左僕射蔡京爲開府儀同三司、安遠軍節度使、中太一宮使。其後，故相而除則有劉正夫、余深，前執政則有蔡攸、梁子美，外戚則有向宗回、宗良、鄭紳、錢景臻，殿帥則有高俅，內侍則有童貫、梁師成。宣和末，節度使至六十人，議者以爲濫。親王、皇子二十六人，宗室十一人，前執政二人，大將四人，外戚十人，宦者恩澤計七人。中興，諸州陞改節鎮凡十有二。是時，諸將勳名鼎盛，有兼兩鎮、三鎮者，實爲希闊之典。國朝元臣拜兩鎮節度使者纔三人：韓魏公、文潞公、中興後吕成公是也。三公卒辭之。而諸大將若韓、張、吴、岳、楊、劉之流，率至兩鎮節度使。其後加至三鎮者三人：韓蘄王鎮南、武安、寧國〔六四〕，張循王静江、寧武、靖海〔六五〕，劉安城王護國、寧武〔六六〕、保静。其後相承，宰執、從官及后妃之族拜者不一。然自建炎至嘉泰，宰相特拜者六人，吕宗穆、張忠獻、虞忠肅皆以勳，史會稽王以舊，趙衛公、葛文定以恩。執政一人，葉右丞夢得。從官二人而已。張端明澄、楊敷學倓。惟紹興中曹勛、韓公裔，乾道中曾覿，嘉泰中姜特立〔六七〕、譙令雍，皆以攀附恩澤，亦累官至焉，非常制也。國初，外戚罕有建節者，太祖時，杜審進以元舅之尊，窮老纔得節度使。仁宗用張堯佐，一時名臣力爭之。其後除拜寖多。中興後，外戚節度使二十有二人。哲廟以前節度使未有以恩澤除者，若王顯、張旻輩，雖以舊恩貴，然皆以嘗任密府乃得之〔六八〕。崇寧後，始除郭天信、朱勔，其後童貫、楊戩凡十餘人。中興後，曹勛、曾覿輩以攀附恩建節。

石林葉氏曰：「節度使旌節，門旗二、龍虎旌一、節一、麾槍二、豹尾二〔六九〕，凡八物。旗以紅繒爲之，九幅，上爲塗金銅龍頭，以揭旌加木盤。節以金銅葉爲之，盤三層，加紅絲爲旌。麾槍亦施木盤。豹尾以赤黃布畫豹文。皆以髹漆爲杠。文臣以朱，武臣以黑。旗則綢以紅繒，節及麾槍則綢以碧油，故謂之碧油紅旆。受賜者藏於公宇私室，皆别爲堂，號節堂；每朔望之次日祭之，號衙日。

唐制有六纛，今無有也。」

容齋洪氏隨筆曰：「唐節度使帶檢校官，其初只左右散騎常侍，如李愬在唐、鄧時所稱者也，後乃轉尚書及僕射、司空、司徒，能至此者蓋少。僖、昭以降，藩鎮盛强，武夫得志，纔建節鉞，其資級已高，於是復升太保、太傅、太尉，其上惟有太師，故將帥悉稱太尉。元豐定官制，尚如舊貫。崇寧中，改三公爲太師、太傅、太保，而以太尉爲武階之冠，以是凡管軍者猶悉稱之。紹興間，葉夢得自觀文殿學士、張澄自端明殿學士拜節度。葉嘗任執政，以暮年擁旄，爲儒者之榮，自稱葉太尉。張微時用鄧洵武給使恩出身，羞爲武職，但稱尚書如故，其相反如此。」

又曰：「太祖有天下，將收藩鎮威柄，故漸行改革。至於位至侍中、中書令、使相者，其高僅得東宫官，次但居環衛。鳳翔王晏爲太子太師，安遠武行德爲太子太傅，護國郭從義爲左金吾上將軍〔七〇〕。自後不復舉行矣。」

承宣使

唐中世以後，節度使往往自擇將吏，號爲留後。

宋朝沿唐制，方鎮有節度觀察使留後。又官制舊典：祖宗時，留後惟宗室國戚，自當叙遷；若外官，唯馬、步軍都指揮使方就除焉，馬軍帶留後，步軍帶觀察，餘無至者。獨内臣任都知久次，官至延福宫使、景福殿使者，方帶留後、觀察。皆爲遥郡，止於防禦使而已。政和七年，詔：「觀察、留後乃五季藩鎮官身離官所〔七一〕，以所親信留主後務之稱，不可循用，可冠以軍名，改爲承宣使。」承宣、觀察、防禦、團練使、刺史無定員，除落階官爲正任，未落階官者爲遥郡。朝謁御宴，惟正任預焉。遥領者並止本官叙遷，正任者次第轉行。靖康元年，臣僚言：「遥郡、正任恩數遼絶，自遥郡遷正任者，合次第轉行。今有自遥郡與落階官而授正任，直超轉本等正官，是皆奸巧希進躐取。乞應遥郡承宣使有功勞除正任者，止除正任刺史。」從之。

觀察使

唐貞觀初，遣大使十三人巡省天下諸州，水旱則遣使，有巡察、安撫之名。神龍二年〔七二〕，以五品以上二十人爲十道巡察使，察舉州縣，再周而代。景雲三年〔七三〕，置十道按察使，道各一人。開元二年曰十道按察採訪處置使，二十年曰採訪處置使，分十五道；天寶末，又兼黜陟使；乾元元年，改曰觀察處置使。又事物紀原以爲至德元年置觀察使〔七四〕，與志不同，當考。掌察所部善惡，舉大綱。凡奏請皆屬於州。歲以八月考其治，以豐稔爲上考，省刑爲中考，辦税爲下考。

宋朝沿唐制，置諸州觀察使，凡諸衛將軍及使遥領者，其資品並止本官叙。防禦、團練使、刺史亦同。祥符中，詔觀察使並帶刺史。翰林學士陳彭年檢討唐以來故事，觀察使並合帶刺史。詔自今除觀察使可兼領之。政和中，詔承宣、觀察使仍不帶持節等。

防禦使

唐武后聖曆元年，以夏州鎮領防禦使，防禦使之名自此始。開元二年，薛訥爲隴右防禦使。天寶中，安祿山犯順，大郡要地當賊衝者，置防禦守捉使。事物紀原。又唐職官志云至德後置節度使，大郡要害之地置防禦使，以治軍事，刺史兼之，不賜節，與紀原不同。今兩存之，當考。代宗即位，諸州防禦使並停。明年，授田承嗣魏博等州都防禦使，俄遷節度使，蓋防禦使之名不廢也。大率防禦隸所治州，歲以八月考其治否，以無虞爲上考，清苦爲中考，政成爲下考。

宋朝沿唐制，置諸州防禦使。唐防禦使在團練使之下，宋朝陞之於上。職略云：「官制舊典，防禦、團練、刺史均謂之正任。外官初除，管軍便帶正任，刺史或隨其人見帶遥郡就除之。其横行諸司使帶遥郡防禦使者，年勞至深，邊功優異，即落遥郡爲正任官。其團練使、刺史則無法落遥郡也。以上應管軍臣僚，因乞改軍職，遂以本官出守，或領副總管，方有帶正任者；其宗室、國戚除再遷，便領正任，乃國朝舊制。」

團練使

唐肅宗乾元初，置團練使、守捉使〔七五〕，大領十州，小者三、五州。代宗時，元載當國，令刺史悉帶團練。唐職林李少良傳：「大曆八年，晉州男子郇謨，欲以三十字上獻，多譏切元載。其言團者，願罷諸州團練使。少良尋爲載所殺。」大率團練皆隸所治州，歲以八月考其治否，以安民爲上考，懲姦爲中考，得情爲下考。

宋朝沿唐制，諸州置團練使〔七六〕。

刺史

漢武帝元封五年，初置部刺史，掌奉詔條察州，秩六百石，員十三人。唐武德元年，改太守曰刺史，加使持節，從三品，職同牧、尹。

宋制，諸州刺史無定員，外官初除管軍，便帶正任，刺職隨其人見帶遥郡就除之。其横行諸司使帶遥郡防禦使者，年勞至深或邊功優異，即落遥郡爲正任官。靖康元年，臣僚言：「遥郡、正任恩數遼絶，自遥郡遷正任者，合次第轉行。今有自遥郡與落階官而授正任〔七七〕，直超轉本等正官，是皆姦巧希進躐取。乞應遥郡承宣使有功勞除正任者，止除正任刺史。」從之。

按：節度使在唐爲閫帥，觀察、團練使在唐爲監司，防禦使在唐爲邊將，刺史在唐爲郡守。至宋，則閫帥、監司、邊將、郡守各别有以名其官。而節度、承宣、觀察、團練、防禦、刺史則俱無職任，特以爲武臣遷轉之次序，故序其事於將軍、都尉之後。

諸路將官

宋神宗留意武備，本以捍西北二虜，而推其法於東南，故西北爲多，東南爲少，陝西諸路四十二將，河北諸路三十七將，而東南纔十三將，元豐四年，詔：「東南諸路團練諸軍馬十三將〔七八〕，淮南東路第一，西路第二。兩浙西路第三，東路第四。江南東路第五，西路第六。荆湖北路第七，南路潭州第八。全、邵、永三州備廣西應援〔七九〕，第九。福建路第十。廣東路第十一，西路桂州第十二。邕州第十三。」合諸路九十二將，各有正、副。軍中行圖陣隊、調發賞罰，皆關決於將、副。宣和六年詔。元祐元年，司馬光請盡罷諸路將官，其禁軍各委本州縣長吏與總管、鈐轄、都監押等轄，一如未置將官以前之法。而樞密院難之，止詔：「諸路將副在州駐劄，不係路分兵官。知州并州鈐轄兼充者，並差將官一員兼本州都監，其單將駐劄處，勿復差兼。」宣和五年御筆：「諸路將、副剖隊。自今並依元豐法選差。」乾道四年，密院奏：「諸州揀中弓弩手，雖已差路分鈐轄、都監春秋詣諸路巡按，緣逐州未有將官專一日逐訓練，恐致事藝生疏。」詔諸州各置准備將一員，專一管轄日逐訓練揀中弓弩事藝。孝宗會要哲宗職官志：「諸路將官掌統制所隸禁旅，以行陣隊伍、金鼓幟職、弓矢擊刺之法而教習訓練之，別其武藝精强者，待次遷補，以激勸士卒。凡兵仗器甲之數、廩禄犒給、賞罰約束之禁令皆掌焉，副將爲之貳。若屯戍防邊，則受帥司節制；禦寇敵，則審其戰守應援之事〔八〇〕。若師有功，則具馘數，籍用命者而旌賞之焉。」

元祐初，右僕射司馬光乞罷諸路將官疏曰：「臣竊見國朝以來，置總管、鈐轄、都監、監押爲將帥之官。凡州縣有兵馬者，其長吏未曾不兼同管轄，蓋知州即一州之將，知縣即一縣之將故也。先帝欲征伐四夷，患諸州兵官不精勤訓練，士卒懈弛，於是有建議者請分河北、陝西、河東、京東、京西等路諸軍若干人爲一將，别置將官，使之專切訓練〔八一〕。其逐州總管以下及知州、知縣皆不得關預。及有差使，量留羸弱下軍及剩員，以充本州官白直及諸般差使，其餘禁軍皆制在將官，專事教閱。臣愚以爲職事修舉，在於擇人，不在設官。苟得其人，雖總管等皆能訓練士卒；不得其人，雖將官亦何所爲。

況今之將官，即向之爲總管者也，豈爲總管則不能舉職，爲將官乃能舉職乎？此徒變易其名，無益事實，非惟無益，兼復有害。凡設官分職，當上下相維，如身之使臂，臂之使指，紀綱乃立。今爲州縣長吏及總管等官，而於所部士卒有不相統攝，不得差使，殆如路人者。至於倉庫守宿、街市巡邏，亦皆乏人，雖於條許差將下兵士，而州縣不能直差，須牒將官，將官往往占護，不肯差撥。萬一有非常之變，州縣長吏何以號令其衆，制禦姦宄哉！」

都統

晉孝武帝太元十九年，有河西大都統。唐天寶末，置爲天下兵馬元帥，都統朔方、河東北、平盧節度使，都統之名始於此。乾元元年，户部尚書李峘除都統淮南、江東西節度使、宣慰觀察處置等使，都統之官始於此。唐制，或總五道，或總三道。上元末省。大中後討徐州以康承訓〔八二〕，討黄巢以荆南節度使王鐸爲都統〔八三〕。黄巢之難，置諸道行營都統，掌征伐，兵罷則省，雖總諸道兵馬，不賜旌節。

宋朝諸軍都統制者，自渡江已前亦有之，然未爲官稱。蓋是時陝西、河東三路，皆以武臣職高有智略者爲馬步軍副都總管，遇出師征討，則加以都統制軍馬之名，猶今節制軍馬之類，非有司分也。建炎元年，置御營司，遂擢王淵爲都統制，都統制名官自此始。大概南渡置統制。一則兵興稱謂不一，諸路起兵有自稱統制者，州縣管押勤王兵者亦有稱統制者，有諸道都總管及諸司妄稱便宜差統制者〔八四〕。建炎初，劉光世上言，於是並罷，惟中都主兵、朝廷差充統制者仍舊。紹興初，諸大將改爲行營五護軍。

四年，吴玠陞宣撫副使，其弟爲右護軍都統制〔八五〕。十一年，韓世忠、張俊、岳飛除樞密使、副使，罷宣撫司，其統領將副並改充御前〔八六〕，隸樞密院，各帶「御前」字入銜。其兵馬就令所部統制官節制，而都統皆以屯駐州名冠軍額之上〔八七〕，獨川、陝如故。恩數略視三衙，權任在帥臣之右，官卑者稱副都統制。設屬有計議、機宜、幹辦公事、準遣。十九年，漢、沔兩大將改爲御前諸軍，璘稱利州西路駐劄御前諸軍都統制，政稱利州東路駐劄御前諸軍都統制〔八八〕。郭浩時已死，故金州無都統制，但以知州兼節制。嘉定初，蜀叛既平，安丙又奏分興州十軍爲沔、利二軍〔八九〕，沔州除都統制，利州除副都統制，天下有十都統矣。初，兀朮犯泗州，詔樞密使張俊於鎮江府置司，措置江、淮守備。俊發張憲事，併岳飛死。俊遂薦其將定遠軍節度使田師中掌故岳飛之兵〔九〇〕，又薦清遠軍節度使王德往金陵。於是並詔爲御前都統制，師中於鄂州，德於建康府駐劄。

副都統

唐興元中置副都統。

宋朝紹興中亦有副統制。隆興二年，詔應諸軍副都統制並罷。乾道三年五月，陳天麟奏荆南都統王宣久病，邊報不一，恐緩急誤事，蔣芾奏員琦爲副都統同管軍。閏七月，上謂宰執曰：「朕欲江上諸軍各置副都統制一員，令兼領軍事，豈惟儲他日統帥〔九一〕，亦使主將有所顧忌。」於是以郭剛爲鎮江副都統制〔九二〕，張榮爲建康副都統制。三省、樞密院定制云：「已復置在外副都統制，裨贊主帥商議軍事、覺察奸弊，所有本司文字與都統連銜，調發軍馬併聽都統指揮，月旦亦許上表。」平江、許浦水軍，乾道間置副都統以領之。

統制

統制、統領官，三衙及御前軍將佐也。祖宗時，禁兵但以路分都監等領之。渡江後，大軍又有統制、同統制、副統制、統領、同統領、副統領等；其下乃有正將、副將、準備將之名，皆偏裨也。舊制，準備而上，自主帥陞差〔九三〕，仍先申樞密院審察〔九四〕。紹熙四年，詔江上陞差統制至準備將，令主帥解發三人，赴總領所內選一名。慶元三年，詔陞差並委主帥，自是主帥之權復重矣。

都總管 副總管附

魏黄初始置都督諸州軍事。後周改都督諸軍事爲總管。武帝時，以王謙爲益州總管〔九五〕，總管之名始此。隋文帝以并、益、荆、楊四州置大總管，其餘總管府置於諸州，列爲上、中、下三等，加使持節。煬帝改帥都督爲旅帥。唐諸州復有總管，亦加使持節。武德初，邊要之地亦置。

宋朝馬步軍都總管以節度使充，副總管以觀察以下充，有止一州者，有數州爲一路者，有帶兩路、三路者。或文臣知州，則管勾軍馬事。舊相重臣亦爲都總管。有禁兵駐泊其地者，冠以駐泊之名。咸平發三路都總管。景德詔鎮、定兩路併爲一路，諸路並去行營之名，止爲駐泊總管。慶曆三年，詔：「近分陝西緣邊爲四路，各置經略安撫、招討等使。自今路分總管、鈐轄以上，許與都總管司同議軍事。路分都監以下並聽都總管等節制，違者以軍法論。」七年，析河北四路，各置都總管一員，如無，止以安撫使總制諸路。八年，諸州部署並改兵馬總管、副總管。又職略：總管舊曰部署，因廟諱改焉。又續會要云：「兩朝國史志，有兵爲總管、副總管，凡武臣以諸司使以上充，文臣以兩省五品以上充。一州即爲兵馬總管，一路即爲步軍總管、副總管。」建炎元年，李綱言：「守備當於沿河、沿淮、沿江置帥府要郡以控扼。其帥府，文臣一員帶安撫使，馬步軍都總管，武臣一員充副總管。改路分爲副總管，路鈐轄爲副鈐轄，州鈐轄爲副都監。遇朝廷起兵，則副總管爲帥，副鈐轄、都監各以兵從出，聽其節制，正官願行者聽。」紹興三年〔九六〕，詔郡守臣罷帶兵職，諸路副總管可依舊改充路分都監〔九七〕。五年，密院言東南多事，合要近上兵官總領軍政〔九八〕，乃詔兩浙江南荆湖福建廣東可依三路置總管於帥府。七年，淮東置總管。十二年，諸路並置州總管一員。

都副鈐轄 州鈐轄附

宋初，以朝官及諸司使以上充，或一州，或一路，或兩路三路，亦有無「都」字者。嘉祐詔内臣爲鈐轄、都監者，逐路止置一員，祖宗時不常置。成都大府，帥臣第帶兵馬鈐轄，而兩武臣之爲鈐轄者與鈞禮。張詠知益州，群盜充斥。詠一日召鈐轄，以州印付之，曰：「盜勢如此，而鈐轄晏然無討賊心，是必欲詠自行也。鈐轄宜權州事。」鈐轄驚曰：「某今行矣。」詠置酒餞之曰：「鈐轄今往必破賊，若無功而還，必斷頭於此樓下。」鈐轄震慄，遂平賊而還焉。又續會要載兩朝國史云：官高資深充都鈐轄，官卑資淺稱鈐轄。建炎三年，詔要郡守臣兼兵鈐轄，改爲路分都監，而帥府如故。自從益、瀘、夔、廣、桂五州牧皆以都鈐爲稱，而江西贛州以多盗，其守臣亦帶江西兵馬鈐轄。至於武臣爲路鈐者，亦無尺籍伍符，然每歲猶往諸州按閲，特存故事而已，間有得旨葺治軍器，或訓練禁軍者，則仍帶入銜。二十八年，鎮江府守楊揆言，舊法一路則有路分鈐轄〔九九〕，一州則有州鈐轄，如常、秀、平江皆有之，獨鎮江闕，欲添置州鈐轄。從之。淳熙間詔諸路訓練，路鈐並要年六十以下、曾經從軍或有才武人充〔一〇〇〕。紹熙初，詔雜流出身不得注路分州鈐〔一〇一〕，都監專注才武及曾任主兵官之人〔一〇二〕。

兵馬都監 州都監附

宋朝兵馬都監有路分，掌本路禁旅、屯戍、邊防、訓練之政令，以肅清所部。建炎元年〔一〇三〕，以要郡守臣帶本路兵馬都監，武臣一員充副都監。紹興三年，罷守臣兼兵職，而副都監如故。州都監則以大小使臣充，掌本城屯駐兵甲訓練差使之事，兼在城巡檢。資淺者爲監押，或雜用文臣，其後止用武臣。

巡檢

宋朝有沿邊溪洞都巡檢，或蕃漢都巡檢，或數州數縣管界，或一州一縣巡檢，掌訓練甲兵、巡邏州邑、擒捕盗賊事；又有刀魚船戰棹巡檢，江、河、淮、海置捉賊巡檢，又巡馬遞鋪、巡河、巡捉私茶鹽等，各視其名分，以修舉職業，皆掌巡邏機察之事。中興後，凡沿江沿海招集水軍，控扼要害及地分闊遠處，皆置巡檢一員〔一〇四〕。往來接連合相應援處，則置都巡檢以總之。皆以才武大小使臣充。各隨所在，聽州縣守令節制，本寨事並申取州縣指揮〔一〇五〕。若海南瓊管及歸、峽、荆門等處跨連數郡，控制溪峒，又置水陸都巡檢使或三州都巡檢使，以增重之。

校勘記

〔一〕唐貞元二年九月敕 「貞元」原作「貞觀」，據舊唐書卷一二德宗本紀上、卷四四職官志三、新唐書卷四九上百官志四上、唐會要卷七一十二衛改。

〔二〕其左右衛及左右金吾衛上將軍俸料隨軍人馬等 原脱下「右」字，據舊唐書卷一二德宗本紀上、卷四四職官志三、唐會要卷七一十二衛補。

〔三〕内外文武闕官 通典卷二九同，唐會要卷七一十二衛無「外」字、「闕官」作「官闕」。

〔四〕仍待以後各依故事 「待」原作「符」，據通典卷二九職官一一、唐會要卷七一十二衛改。

〔五〕又賜官騎四十人及鼓吹 「四」，後漢書百官志一作「三」。

〔六〕曲下有屯 「屯」原作「伅」，據後漢書百官志一改。下「屯長」同。

〔七〕别無屬官 「别」原作「則」，據元本、慎本、馮本改。

〔八〕車騎 原脱，據晉書卷二四職官志補。

〔九〕中領 晉書卷二四職官志作「中軍」。按晉志曰「懷帝永嘉中，改中軍曰中領軍」。

〔一〇〕典軍　原作「撫軍」，據晉書卷二四職官志、通典卷二九職官一一改。

〔一一〕則專戮節將　「節」原作「郎」，據宋書卷三九百官志上、職官分紀卷三九改。

〔一二〕紹興初　按宋史卷一六七職官志七、繫年要録卷五三紹興二年四月戊子、宋會要職官三九之一皆作「紹興二年」。

〔一三〕三十一年　「一」原作「二」，據宋史卷三二高宗本紀九、卷一六七職官志七、宋會要職官三九之一一至一二、朝野雜記甲集卷一〇督視軍馬改。

〔一四〕天寶十四載　「四」原作「五」，據舊唐書卷九玄宗本紀下、新唐書卷五玄宗本紀改。

〔一五〕以哥舒翰爲諸道兵馬元帥　按舊唐書卷九玄宗本紀下、卷一〇肅宗本紀載哥舒翰爲「太子先鋒兵馬元帥」，新唐書卷五載哥舒翰「持節統領處置太子先鋒兵馬副元帥」，通鑑卷二一七玄宗天寶十四載十二月條作「拜兵馬副元帥」。

〔一六〕以李晟爲鄜坊京畿渭北商華副元帥　按舊唐書卷一二德宗本紀上載，李晟於興元元年八月癸卯「兼鳳翔尹，充鳳翔隴右節度等使、涇原四鎮北庭行營兵馬副元帥」，新唐書卷七德宗本紀亦曰興元元年八月癸卯「李晟爲鳳翔隴右諸軍、涇原四鎮北庭行營兵馬副元帥」，通鑑卷二三一興元元年八月癸卯條載李晟「兼鳳翔隴右節度等使及四鎮北庭涇原行營副元帥」。

〔一七〕張浚以知樞密院事爲川陜宣撫處置使　「事」字原脱，據宋史卷一六七職官志七、朝野雜記甲集卷一一宣撫處置使補。

〔一八〕行移六曹寺監　「寺」原作「等」，據朝野雜記甲集卷一一宣撫處置使改。

〔一九〕紹興元年劉光世以使相宣撫淮南武臣非執政而爲宣撫自此始　按宋史卷二五高宗本紀一、繫年要録卷二七建炎三年閏八月辛卯條載，劉光世於建炎三年閏八月辛卯任江東宣撫使，應視作武臣非執政而爲宣撫之始。

〔二〇〕靈帝數以車騎拜嬖臣及贈亡人　通典卷二九職官一一「拜」上有「過」字。

〔二一〕後魏初加大則次儀同三司孝文太和中制加大則位在太子太師上　按魏書卷一一三官氏志曰「太和中，高祖詔群僚議定百官，著於令」。此制於「衛將軍」下注曰「加大者次儀同三司」。官氏志又曰「二十三年，高祖復次職令，及帝崩，世宗初班行之，以爲永制」。此制於「衛將軍」下注曰「加大者位在太子太師以上」。

〔二二〕光武建武七年省　宋書卷三九百官志上同，後漢書卷一下光武帝紀下「七年」作「十三年」。

〔二三〕魏以來復置　按宋書卷四〇百官志下載「魏明帝時有左軍將軍。」

〔二四〕晉武初又置前軍左軍右軍　按晉書卷二四職官志載：「案魏明帝時有左軍，則左軍魏官也，至晉不改。武帝初又置前軍、右軍，泰始八年又置後軍爲四軍。」

〔二五〕泰始八年　「泰始」原作「太始」，古籍中「泰」「太」二字常通用，此處因係專名而改。下同。

〔二六〕北齊左右將軍領千牛備身　據隋書卷二七百官志中載北齊官制，領千牛備身者乃領左右將軍。

〔二七〕安北將軍晉以郗鑒爲之　通典卷二九職官一一同。按晉書卷六七郗鑒傳未見任「安北將軍」之記載。

〔二八〕漢元封三年以荀彘爲之　通典卷二九職官一一同。按漢書卷六武帝紀載，元鼎五年「樓船楊僕坐失亡多，左將軍荀彘坐争功棄市」。漢書卷五五衛青霍去病傳載荀彘「元封三年爲左將軍擊朝鮮，無功，坐捕樓船將軍誅」。西漢會要卷三二職官一一亦曰「元鼎五年，楊僕爲樓船將軍」。

〔二九〕漢武帝以任千秋爲之　通典卷二九職官一一「任千秋」作「田千秋」。按漢書卷九元帝紀載永光二年八月「以太常任千秋爲奮威將軍」，通考「武帝」似應作「元帝」。

〔三〇〕漢武帝初以范明友爲度遼將軍　通典卷二九職官一一同。職官分紀卷三四引應劭漢官儀曰「度遼將軍，孝武帝初用范明友」。按漢書卷七昭帝紀曰元鳳三年「以中郎將范明友爲度遼將軍」，西漢會要卷三二職官志二引同，則「武帝」應作「昭帝」。

〔三一〕漢元帝以韓安國王晏並爲之　通典卷二九職官一一同。按漢書卷八四翟方進傳載，王莽居攝時，翟義起兵，王莽曾拜騎都尉王晏爲建威將軍，則王晏任建威將軍非元帝時。

〔三二〕魏置　「魏」原作「後漢」，據宋書卷三九百官志上改。

〔三三〕以羅獻爲之　「羅獻」，晉書本傳及三國志卷四一霍峻傳裴注引襄陽記皆作「羅憲」，但裴所用之三國志正文作「羅獻」。

〔三四〕所以節量諸軍　「軍」原作「宜」，據元本、慎本、馮本改。

〔三五〕遂攝下　「攝」，通鑑卷二七五明宗天成二年條作「揖」。

〔三六〕若見五官左右將　通典卷二九職官一一刪「若」字。

〔三七〕嘗以事怒郎樂崧　「樂崧」，通典卷二九職官一一作「藥崧」。

〔三八〕永徽三年八月　「八」，舊唐書卷四高宗本紀上作「九」。

〔三九〕遷尚書　通典卷二九職官一一刪此句。

〔四〇〕魏王脩爲之　原作「趙王循爲之」，據三國志卷一一魏書王脩傳、太平御覽卷二四一職官部三九引魏略改。

〔四一〕後周有成議別將官　「成」，周書卷二四盧辯傳作「誠」，通典卷三九職官二一作「諮」。按誠議大夫與別將爲兩官。

〔四二〕兵曹一人　舊唐書卷四四職官志三「兵曹」作「兵曹參軍」。

〔四三〕校尉六人　「六」，舊唐書卷四四職官志三作「五」。

〔四四〕火有長　「長」字原脱，據新唐書卷五〇兵志、唐會要卷七二府兵補。

〔四五〕停折衝府　按新唐書卷五〇兵志載：「八載，折衝府無兵可交，李林甫遂請停上下魚書。」通鑑卷二一六天寶八載條曰李林甫奏「停折衝府上下魚書」。唐會要卷七二府兵載「停折衝上下府魚書」。疑通考脱漏。

〔四六〕非正駕車　「正」原作「征」，據通典卷二九職官一一改。

〔四七〕以奉朝請選雜　「奉」字原脱，據宋書卷四〇百官志下補。

〔四八〕其奉車駙馬皆武冠絳朝服　「冠」原作「官」，據通典卷二九職官一一改。

〔四九〕陳武帝長女永世公主先適陳留太守錢蒧　「錢蒧」原作「錢藏」，據陳書卷一七袁樞傳改。

〔五〇〕主及岊並卒　「主」原脱，據陳書卷一七袁樞傳補。又同上書「卒」下有「於梁世」三字。

〔五一〕尚書主客牒詳議　「牒」，陳書卷一七袁樞傳作「請」。

〔五二〕是以魏表駙馬奉車爲一號　「奉車」二字原脱，據陳書卷一七袁樞傳補。

〔五三〕梁文帝女新安穆公主早薨　「梁文帝」原作「梁元帝」，據南史卷二六袁樞傳改。

〔五四〕隋開皇六年　「六」原作「三」，據隋書卷二八百官志下改。

〔五五〕充河西節度使　「度」字原脱，據唐會要卷七八節度使補。

〔五六〕兼支度營田招討經略使　「支度」原倒，據新唐書卷四九下百官志四下改。

〔五七〕州縣齎印迎於道左　「印」原作「送」，據新唐書卷四九上百官志四上改。

〔五八〕堅昆　舊唐書卷三八地理志一其下有「斬啜」二字。

〔五九〕河西節度斷隔吐蕃突厥　舊唐書卷三八地理志一、通典卷一七二州郡二「吐蕃突厥」作「羌胡」。

〔六〇〕朔方節度捍禦突厥　「突厥」，舊唐書卷三八地理志一、通典卷一七二州郡二作「北狄」。

〔六一〕靺鞨　「靺」字原脱，據舊唐書卷三八地理志一、通典卷一七二州郡二補。

〔六二〕安人振威　「人」、「威」二字原脱，據舊唐書卷三八地理志一、通鑑卷二一五天寶元年正月壬子條、通典卷一七二州郡二補。

〔六三〕忠王浚爲單于大都護　「浚」原作「俊」，據舊唐書卷八玄宗本紀上、唐會要卷七八親王遥領節度使改。

〔六四〕韓蘄王鎮南武安寧國　「王」原作「至」，據元本、慎本、馮本、朝野雜記甲集卷一二兩鎮三鎮節度使改。下文「張循王」、「劉安城王」同。

〔六五〕靖海　宋史卷三〇高宗本紀七同，宋史卷一六六職官志六、朝野雜記甲集卷一二兩鎮三鎮節度使作「静海」。

〔六六〕寧武　按宋史卷三六九劉光世傳載：「遂遷護國鎮安保静軍節度使」，與通考異。

〔六七〕嘉泰中姜特立　「姜特立」原作「姜持立」，據宋史卷一六六職官志六、朝野雜記甲集卷一二恩舊節度使改。

〔六八〕然皆以嘗任密府乃得之　「密」原作「宰」，據朝野雜記甲集卷一二恩舊節度使改。

〔六九〕豹尾二　原脱，據石林燕語卷六補。

〔七〇〕護國郭從義爲左金吾上將軍　元本「軍」下有「鳳翔王彦超爲右金吾衛上將軍，定國白重贊爲左千牛上將軍，保大楊廷璋爲右千牛上將軍，静難劉重進爲羽林統軍。若符彦卿者，以太師、中書令、天雄節度使直罷歸洛，八年不問，亦不别除官。其廟謨雄斷如是。靖康初，以戚里冒政、宣恩典，多建節鉞，乃稽用此制。錢景臻以少傅安武節度、劉宗元以開府儀同三司鎮安節度並爲左金吾上將軍，范訥以平凉、劉敷以保信、劉敏以保成、張楙以向德、王舜臣以岳陽、朱孝孫以應道、錢忱以盧川節度並爲右金吾上將軍」一百八十二字。

〔七一〕觀察留後乃五季藩鎮官身離官所　「身離官所」原脱，據宋大詔令集卷一六四觀察留後改爲承宣使御筆（政和七年六月十一日）補。

〔七二〕神龍二年　「二」原作「三」，據新唐書卷四九下百官志下、通鑑卷二〇八神龍二年二月條、唐會要卷七七巡察按察巡撫等使改。

〔七三〕景雲二年　新唐書卷四九下百官志下、通鑑卷二一〇景雲二年五月條「三」作「二」。

〔七四〕又事物紀原以爲至德元年置觀察使　「至德」原作「至道」，據事物紀原卷六改。

〔七五〕乾元初置團練使守捉使　職源撮要同。舊唐書卷四四職官志三作「上元後，改防禦使爲團練守捉使」。

〔七六〕諸州置團練使　「置」字原脱，據文義及本卷文例補。

〔七七〕今有自遥郡與落階官而授正任　「任」原作「授」，據宋史卷一六六職官志六及本卷承宣使改。

〔七八〕東南諸路團練諸軍馬十三將　長編卷三一一元豐四年正月己卯條「練」作「結」，無「馬」字。

〔七九〕全邵永三州備廣西應援　「援」原作「授」，據長編卷三一一元豐四年正月己卯條改。

〔八〇〕則審其戰守應援之事　「援」原作「授」，據宋史卷一六七職官志七改。

〔八一〕使之專切訓練　「切」原作「功」，據温國文正司馬公集卷四七乞罷將官狀改。

〔八二〕大中後討徐州以康承訓　按舊唐書卷一九上懿宗本紀上載康承訓任「徐泗行營都招討使」，通鑑卷二五一咸通十一月條「徐泗」作「徐州」，餘同。

〔八三〕討黄巢以荆南節度使王鐸爲都統　「南節度使」四字原脱，據新唐書卷一八五王鐸傳補。

〔八四〕有諸道都總管及諸司安稱便宜差統制者　「有」及「安稱」原脱，據宋會要職官三二之三七補。

〔八五〕其弟爲右護軍都統制　朝野雜記乙集卷一三十都統制「弟」下有「璘」字是。

〔八六〕其統領將副並改充御前　按宋會要職官三二之三七載紹興十一年四月二十七日詔令曰「其宣撫等司見今所管統制統領管將副以上，並改充御前統制統領官將副」，則通考似脱「統制」。

〔八七〕而都統皆以屯駐州名冠軍額之上　「州」字原脱，據宋史卷一六七職官志七、朝野雜記乙集卷一三十都統制補。

〔八八〕政稱利州東路駐劄御前諸軍都統制　按朝野雜記乙集卷一三十都統制載，「四年，玠宣撫副使，其弟璘爲右護軍、都統制，諸將故與璘等夷者惟楊政、郭浩」，此「政」乃指「楊政」。

〔八九〕安丙又奏分興州十軍爲沔利二軍　「二」原作「三」，據朝野雜記乙集卷一三十都統制改。

〔九〇〕俊遂薦其將定遠軍節度使田師中掌故岳飛之兵　按繫年要録卷一六二紹興二十一年五月戊午有「定江軍節度使、殿前都虞候、鄂州駐劄御前諸軍都統制、提領營田田師中」，宋會要職官三二之三七有「定江軍節度使、鄂州駐劄御前諸軍都統制、提領營田田師中」。

〔九一〕豈惟儲他日統帥　「帥」原作「制」，據宋史卷一六七職官志七、宋會要職官三二之四〇改。

〔九二〕於是以郭剛爲鎮江副都統制　「郭剛」，宋會要職官三二之四二作「郭綱」。

〔九三〕自主帥陞差　朝野雜記甲集卷一一統制統領官同，宋史卷一六七職官志七「自」作「皆」是。

〔九四〕仍先申樞密院審察　「審」原作「定」，據宋史卷一六七職官志七、朝野雜記甲集卷一一統制統領官改。

〔九五〕以王謙爲益州總管　「總管」二字原涉下而脱，據周書卷二一王謙傳補。

〔九六〕紹興三年　「三」原作「二」，據宋史卷一六七職官志七、宋會要職官四八之一一六、職源撮要改。

〔九七〕諸路副總管可依舊改充路分都監　「都監」原作「鈐轄」，據宋史卷一六七職官志七改。

〔九八〕密院言東南多事合要近上兵官總領軍政　繫年要録卷八六紹興五年閏二月戊辰載「以樞密院言武臣内近有立功並官序資格已高之人，別無窠闕」，宋史卷二八高宗紀五閏二月亦曰「戊辰置路分總管以處閑退武臣」，與通考異。

〔九九〕舊法一路則有路分鈐轄　「法」上原衍「政」字，據宋會要職官四八之一一六删。

〔一〇〇〕曾經從軍或有才武人充　「或」字原脱，據宋會要職官四八之一一九補。

〔一〇一〕詔雜流出身不得注路分州鈐　宋史卷一六七職官志七、宋會要職官四八之一一九「注」作「過」。

〔一〇二〕都監專注才武及曾任主兵官之人　宋史卷一六七職官志七句上有「獨員處」三字。

〔一〇三〕建炎元年　「元」原作「三」，據繫年要録卷六建炎元年六月己卯條、宋會要職官四一之九六改。

〔一〇四〕皆置巡檢一員　「員」原作「買」，據元本、慎本、馮本、宋史卷一六七職官志七改。

〔一〇五〕本寨事並申取州縣指揮　「申」原作「用」，據宋史卷一六七職官志七改。

卷六十　職官考十四

東宫官總叙

凡三王教世子，必以禮樂。樂所以修內，禮所以修外，禮樂交錯於中，發形於外，是故其成也懌，恭敬而温文。中，心也。懌，悦也。立太傅、少傅以養之，欲其知父子君臣之道也。言養者，積浸成長也。太傅審父子君臣之道以示之，少傅奉世子以觀太傅之德行而審諭之。太傅在前，少傅在後。謂其在學時也。入則有保，出則有師，謂燕居出入時也。漢班彪上書曰：「昔成王爲孺子，出則周公、召公，入則太顛、閎夭、南宫适、散宜生，左右前後皆正禮〔一〕。」是以教諭而德成也。師也者，教之以事，而諭諸德者也。保也者，慎其身以輔翼之而歸諸道者也。慎其身者，謹安護之。秦、漢以下，始加置詹事、中庶子及諸府寺等官，亦有以他官而監護者。漢孝宣帝欲令中郎將許舜監護太子家，疏廣以爲示狹，非所以廣太子也。後漢順帝立太子居承光宫，以侍御史种暠監護。有中常侍卒乘衣車來載太子，太子太傅杜喬憂懼不能止，開門將出，而暠至手劍當車曰：「太子國之儲副，人命所繫。常侍來，無尺一，何以得將太子去，何知不與內寵姦臣共挾邪謀？今日之事，有死而已。」乃遣喬詣臺啓白，得中奉敕〔二〕，乃聽之。自魏明帝以後，久曠東宫，制度闕廢，官司不具。吴孫權即位，孫登爲太子，兼置四友等官。以諸葛恪爲左輔，張休爲右弼，顧譚爲輔正都尉，陳表爲翼正都尉，是爲四友。於是東宫號爲多士。晉初，詹事、左右率、庶子、中舍人諸官並未置，惟置衛率令典兵，二傅並攝衆事。至咸寧元年，始置詹事，以領官事。宋孝武置東宫率更令等官，其中庶子、庶子、中舍人、舍人、洗馬各減舊員之半。後周加置太子諫議員四人。至隋罷詹事〔三〕，分東宫置門下坊、典書坊，北齊已有典書坊。以分統諸局。比門下、内史二省〔四〕。門下坊有左庶子二人，内舍人四人，録事二人，統司經、宫門、内直、典膳、藥藏、齋帥等六局〔五〕。典書坊有右庶子二人，舍人、通事舍人各八人，領内坊。唐置詹事府以統衆務，置左右二春坊以領諸局。龍朔二年，改門下坊爲左春坊，典書坊爲右春坊。咸亨初復舊，景雲元年又改爲之。左春坊置左庶子二人，中允二人，司議郎四人，録事二人，左諭德一人，左贊善大夫五人，崇文館校書郎二人〔六〕，亦統六局。六局之中，唯改齋帥爲典設〔七〕，餘局名與隋同。其六局長官唯司經置洗馬，宫門置大夫，餘各置監，以局名冠之，所職如其名。龍朔中，改宫門大夫及諸監並爲郎，遂爲永制也。右春坊置右庶子二人，中舍人二人，舍人四人，録事二人，右諭德一人，右贊善大夫五人，通事舍人八人，兼領内坊。内坊置典内二人，掌閤内諸事。諸坊局小吏各有差。因隋制也。

宋仍唐制，東宫有六傅，下至率更令、僕，右官存而無職司。至道元年，建儲闈，置賓客二人〔八〕，左右庶子、諭德、中舍各一人，並以他官兼充。左右春坊鑄印，置吏員，及太子登極則省春坊司，累朝皆然。真宗在東宫建堂習射，名繼照堂，有勾當官三人。以諸司使及内侍充。仁宗在東宫肄學，建堂名資善堂，有都監一人。以入内侍都知、押班充。

太子六傅

太子師保二傅，殷、周已有，逮乎列國，秦亦有之。孝公時，商鞅設法黥太子師傅是也。漢高帝以叔孫通爲太子太傅，位次太常後，亦有少傅。高帝東征，留太子監關中兵，謂張良曰：「子房雖病，强卧而傅太子。」時叔孫通爲太傅，留侯行少傅事。又疏廣字仲翁，爲太傅，兄子受爲少傅，父子並爲師傅，朝廷以爲榮。又韋玄成、丙吉並爲太傅。又匡衡、王丹並爲少傅。後漢太傅禮如師，不領官屬，而少傅主太子官屬。漢、魏故事，太子於二傅執弟子禮，皆爲書不曰令。少傅稱臣，而太傅不臣。吴薛綜、綜子瑩、瑩子兼，三代並爲太子少傅。晉泰始三年，武帝始建置東宮，各置一人，尚未置詹事，宫事無大小〔九〕，皆由二傅。少傅立草，太傅書真，以爲儲訓。並有功曹、主簿、五官。秩與後漢同。皇太子先拜，諸傅然後答之，如弟子事師之禮，二傅不得上疏曲敬。武帝後以儲副體尊，遂命諸公居之，以本位重，故或行或領。時侍中任愷，武帝所親敬，復使領之，蓋一時之制也。咸康元年，以給事黄門侍郎楊珧爲詹事，掌宫事，二傅不復領官屬。及楊珧爲衛將軍，領少傅，復省詹事，遂崇廣傅訓，命太尉賈充領太保，司空、齊王攸領少傅，所置吏屬復如舊。二傅皆進賢兩梁冠，黑介幘，五時朝服，佩水蒼玉。晉令曰：「太子太保，銀印青綬。」其後，太尉汝南王亮、車騎將軍楊駿、司空衛瓘、石鑒皆領傅、保，猶不置詹事，以終武帝之代。惠帝元康元年，復置詹事。二傅給菜田六頃，田騶五十人〔一〇〕，夏後不及田者，食俸一年，給赤耳安車一乘。又愍懷建宫，乃置六傅三太、三少，以景帝諱師，故改太師爲太帥〔一一〕，通省尚書事，詹事文書關由六傅。職官要録曰：「晉太子六傅，各有丞一人。」自元康之後，諸傅或二或三〔一二〕，或四或六。渡江之後，有太傅、少傅，不立師、保。宋有太傅、少傅，各兼丞一人。其保、傅並銀章青綬。齊與宋同。武帝時，以王儉爲少傅。舊太子敬二傅同，至是朝議接少傅以賓友之禮。梁太傅位視尚書令，少傅視左僕射。職官要録曰：「三少舊視左僕射，冠服同三太也。」陳因之。自宋以下，惟有傅，而無師、保。後魏有太師、太傅、太保，謂之東宮三師；少師、少傅、少保，謂之東宮三少。孝明在東宮，宣武皇帝欲以崔光爲太子師傅〔一三〕，光固辭。帝令太子南面再拜，宫臣皆從太子拜。光北面立，不敢答拜，唯西面拜謝而出，乃授光太子少傅。北齊皆有之，出則三師在前，三少在後。後周不置。隋與北齊同。唐六傅不必備，唯其人，太子出則乘輅備儀，以爲後從。貞觀中，太宗撰太子接三師之儀：「出殿門迎，太子先拜，三師答拜，每門讓。三師坐，太子乃坐〔一四〕。與三師書，前名惶恐，後名惶恐再拜。先天元年十二月，詔東宮三師三少，宜開府置令、丞各一人，隸詹事府。尋罷。

宋朝師、傅不常設。仁宗升儲，置三少各一人。李文定公迪以參知政事兼掌賓客〔一五〕，及陞左相，遂進兼少傅，此宰相兼宫僚之所從始也〔一六〕。丁謂兼少師，馮拯兼少傅，曹利用兼少保，是時實爲東宮官，餘多以前宰執爲致仕官。若太子太師、太傅、太保，以待宰相官未至僕射者，及樞密使致仕，亦隨本官高下除授。太子少師、少傅、少保，以待前執政，其少師非經顧命不除。若本官至尚書即除少傅，丞郎、給諫只除少保。若因遷轉，則遞進一官，至太師即遷司空矣。天禧末〔一七〕，皇太子同聽政，乃以首相兼少師，樞密曹利用兼少保〔一八〕。自後神宗、欽宗、孝宗、光宗在東宮，皆不置。開禧三年，史同知彌遠自詹事入樞府，乃進兼賓客。已而太子侍立，遂以錢丞相象祖兼太子少傅。明年，景獻太子立〔一九〕，並置二相，錢左相改兼少師，史右相兼少傅。未幾，右相丁内艱，左相亦去位。又明年，右相起復，遂進兼少師焉。

太子賓客

漢高帝時，有四人年老，以上慢侮，逃匿山中，義不爲漢臣，謂之四皓。東園公、綺里季、夏黄公、角里先生。高帝不能致。及將廢太子，太子迎四人至，侍從太子，鬚眉皓白，衣冠甚偉。高帝既見，曰：「煩公幸卒護太子。」太子由是不廢。至孝武帝，又爲太子立博望苑，使通賓客。晉元康元年，愍懷太子始之東宮，惠帝詔曰：「遹幼蒙，今出止東宮，雖賴師傅群賢之訓，其遊處左右，宜得正人、能相長益者。太保衛瓘息庭〔二〇〕，司空隴西王泰息略〔二一〕、太子太傅楊濟息毖〔二二〕、太子少師裴楷息憲〔二三〕、太子少傅華廙息恒〔二四〕，各道義之門，有不肅之訓。其令五人更往來與太子習數，備賓友也。其時雖非官，而謂之東宮賓客，皆選文義之士，以侍儲皇。其後無聞。唐顯慶元年正月，以太子太傅兼侍中韓瑗、中書令來濟、禮部尚書許敬宗、左僕射兼太子少師于志寧並爲皇太子賓客，遂爲官員，定置四人。掌調護侍從規諫。凡太子有賓客之事，則爲上齒，蓋取象於四皓焉。資位閑重，其流不雜。天寶中，賀知章自太子賓客度爲道士，還鄉，捨宅爲觀。玄宗賦詩贈别，時議榮之。

宋至道元年建儲，乃置賓客二人，以他官兼。天禧四年，參政任中正、樞副錢惟演、參政王曾並兼太子賓客，執政兼東宮官自此始。中興後，賓客罕除。開禧三年，景獻太子立〔二五〕，始以執政兼賓客，後復省。

太子詹事 少詹 丞 主簿 司直

詹事，秦官。應劭曰：「詹，省也，給也。」漢因之。掌皇后、太子家。皇后、太子各置詹事，隨其所在以名官。漢官曰：「詹事，位長秋上，亦宦者，主中諸官。」後漢志曰：「初，成帝鴻嘉三年，省詹事職，并大長秋。是後，皇后當法駕出，則中謁中宦者職吏權兼詹事，奉引訖罷。宦者誅後，尚書選兼職吏一人奉引，此皆皇后詹事也。」漢時，太子門大夫、庶子、洗馬、舍人，皆屬二傅。其太子家令丞、率更令丞、僕、中盾、衛率等官，並屬詹事。後漢省詹事，而太子官悉屬少傅。魏復置詹事，領東宮衆務。晉不置，至咸寧元年復置，以掌宮事。事具六傅篇。及永康中，復不置。自太安以來又置，終孝懷之代。其職擬尚書令，掌三令、四率、中庶子、庶子、洗馬、舍人等官。銀印青綬，介幘，進賢兩梁冠，絳朝服，佩水蒼玉。宋與晉同。齊置府，領官屬。齊沈文季爲太子詹事。梁、陳任總宮朝。後魏有太子左右詹事。北齊東宮衆事無大小皆統之，領三寺及左右衛二坊〔二六〕。後周置太子宮正、宮尹。隋開皇初，置詹事，二年罷之。唐復置詹事府，詹事一人，掌内外衆務，糾彈非違，總判府事，置少詹事一人以貳之。龍朔二年，改詹事爲端尹，詹事府爲端尹府。少詹事爲少尹，咸亨初復舊。垂拱元年，又改詹事爲宮尹〔二七〕，少詹事爲少尹，神龍初復舊。

丞，秦官。漢因之。後漢省。魏、晉隨詹事省置。至晉永康中，詹事特置丞一人，掌文書關通六傅。過江，多用員外郎，遷尚書郎。宋、齊因之。梁、陳制，一梁冠，皁朝服，銅印墨綬。後魏、北齊並有之。後魏楊昱字元略，爲詹事丞。孝明爲太子，尚在懷抱，其所出入，唯乳母而已，不令宮僚聞知〔二八〕。昱諫曰：「太子動止，宜令翼從。陛下若召太子，必降手敕，令臣下咸知。」乃詔曰：「自此已後，非朕手敕，勿令兒出宮。宮臣在直，從至萬歲門。」隋初置一人。唐置二人。掌文武官簿帳、朝集、假使。分判府事。

主簿一人，晉始置，自後歷代皆有。唐因之。掌付事〔二九〕，勾稽、監印、紙筆。司直二人。唐龍朔三年置桂坊，比御史臺；置令一人，比大夫；司直二人，比侍御史。掌彈劾宮府僚。其後廢桂坊，以司直隸詹事府。

宋東宮官有詹事。仁宗陞儲，置詹事二人。神宗、欽宗陞儲，並置二人，皆以他官兼，登位後省。乾道元年，莊文太子立，置詹事二人。踰月，詔太子詹事遇東宮講讀日，並往陪侍。七年，光宗正儲位，以敷文閣直學士王十朋、敷文閣待制陳良翰爲太子詹事，不兼他官，非常制也。

太子庶子

中允　司議郎　中舍人　舍人　通事舍人　諭德　贊善　崇文館學士　洗馬　文學　校書　正字　典膳、藥藏、內直、典設、宮門等郎

古者天子有庶子之官，周官謂之諸子。職諸侯卿大夫之庶子，掌其戒令與其教理，有大事則帥國子而致於太子，惟所用之。秦因之，置中庶子、庶子員。宋志云後漢置中庶子。按：齊人鄒陽上疏云秦皇帝任中庶子蒙嘉之言而匕首竊發，則秦官明矣。漢因之，有庶子員五人。史丹、王商、歐陽地餘並爲中庶子。王莽改曰中尚翼子。後漢員五人，職如侍中。而庶子無員，職如三署中郎。凡庶子，主宮中并諸吏之適子及支庶版籍。魏因

之。在吳爲親近之官。晉中庶子、庶子各四員，職比侍中、散騎常侍及中書監、令〔三〇〕，皆以俊茂者爲之，或以郡守參選。鄭默爲中庶子，朝廷以爲太子官屬宜稱陪臣，默上言：「皇太子體皇極之尊，無私於天下。宮臣皆受命天朝，不得同之藩國。」事遂施行〔三一〕。又王珣啓以桓謙爲中庶子曰：「東宮之選，中庶子總管門下，尤不可不得其才。」若釋奠，中庶子扶左，庶子扶右。宋與晉同。武冠平巾幘〔三二〕，絳朝服。元嘉初，詔二率、中庶子隨太子入直上宮。十四年，又詔還直東宮。至齊，其庶子用人卑雜。梁天監七年，詔革選。其年，以太子中舍人、司徒從事中郎爲之。凡中庶子四人，以功高者一人爲祭酒，行則負璽，前後部護駕，與功高中舍人一人共掌其坊之禁令。庶子四人，掌侍從左右，獻納得失，功高者一人與功高通事舍人一人共掌其坊之禁令〔三三〕。冠服並同前代。陳因梁制。後魏亦有中庶子、庶子官。北齊門下坊，中庶子四人領之；典書坊，庶子四人領之。隋分爲左、右庶子各二人，分統門下、典書二坊事。唐亦各二人，分掌左、右春坊事。龍朔二年，改左、右庶子爲左、右中護，咸亨初復舊。左擬侍中，右擬中書令。貞觀中，詔曰：「皇太子與百官書疏未有制式。近代以來，例皆名，即無以別貴賤〔三四〕。今凡處分論事之書，皇太子並宜稱令，右庶子以下署名，宣奉行書。其餘與諸親及師傅等書，不在此限。」中允、司議郎、司經、洗馬、文學、校書、正字、典膳、藥藏、內直、典設、宮門等局郎丞，崇文館，並屬左春坊〔三五〕。中舍人、舍人、通事舍人，並屬右春坊〔三六〕。諭德、贊善亦左、右分隸。

中允，後漢太子官屬有之，職在中庶子下、洗馬上。漢制，太子五日一朝，其非朝日，即使僕及中允朝，朝請問起居。其後無聞。宋、齊有中舍人，是其職也。唐貞觀初，改太子中舍人爲中允，置二員。其後復置中舍人。龍朔二年，又改中允爲左贊善大夫。咸亨元年，復爲中允，而左贊善仍置焉。中允掌侍從禮儀，駮正啓奏，并監藥及通判坊局事。若庶子闕，則監封題。職擬黄門侍郎。永徽三年，以皇太子諱「忠」，改爲内允，太子遜位而官復舊。

司議郎。唐貞觀五年，皇太子上表請置史職，用司箴誡，乃於門下坊置太子司議郎四人，精選名士以居之。龍朔中分爲左、右，以左司議郎替司議郎，以右司議郎替舍人。咸亨初復舊。掌侍從規諫，駮正啓奏，并録東宮記注，分判坊事，職擬給事中。

中舍人。晉咸寧初置中舍人四人，以舍人才學之美者爲之，與中庶子共掌文翰，在中庶子下、洗馬上。晉陸雲爲中舍人。凡奏事文書皆綜典之，監和嘗藥，月檢奏直臣名，更直五日，典文疏如中書郎。宋亦四人。齊有一人。梁時，功高者一人與中庶子祭酒共掌其坊之禁令。陳因之。後魏、北齊並有之。隋曰内舍人，四員，屬門下坊。煬帝減二人。唐中舍人二員，掌侍從、令書奏疏，通判坊事，擬中書侍郎。永徽三年，以皇太子諱「忠」，改爲内舍人。太子遜位而官復舊。或謂之太子中書舍人。孝和實録曰：「王友貞，太子中書舍人。」

舍人，秦官也。漢因之，比郎中，選良家子孫。晁錯、鄭當時並爲太子舍人。後漢無員，更直宿衛如三署郎中。凡帝初即位，未有太子，太子官屬皆罷，唯舍人不省，屬少府。魏因之。晉有十六人，職比散騎、中書侍郎，從駕則正直從，次直守；妃出則次直從。宋有四人。齊有一人。梁有十六人，掌文記。陳因梁制。後魏亦有之。北齊典書坊置二十人。隋典書坊有八人。煬帝改爲管記舍人，減四員。唐復爲太子舍人，四人，掌侍從、表啓、宣行令旨，分判坊事。龍朔二年，改爲右司議郎，咸亨元年復舊。

通事舍人。齊中庶子屬官有通事守舍人〔三七〕，庶子下有内典書通事舍人二人，掌宣傳令旨，内外啓奏。梁亦有之，視南臺御史，多以餘官兼職。陳因之。北齊門下坊有通事舍人八人。至隋亦有之。煬帝改爲宣令舍人，八員。唐復爲通事舍人，亦有八員，掌引導辭見、承旨勞問〔三八〕。

左右諭德。龍朔三年，初置太子左、右諭德各一員，掌侍從、贊諭，職比常侍。

左右贊善大夫。龍朔二年，置左贊善大夫替中允，置右贊善大夫替中舍人。咸亨元年，中允、舍人復舊，而贊善大夫别自爲官，左、右各五人。掌侍從、翊贊〔三九〕，比諫議大夫。

崇文館學士，魏文帝始置崇文觀，以王肅爲祭酒。其後無聞。貞觀中，置崇賢館，有學士、直學士員，掌經籍圖書，教授諸生〔四〇〕，屬左春坊。龍朔三年〔四一〕，改司經局爲桂坊，管崇賢館，而罷隸左春坊〔四二〕，兼置文學四員、司直二員。司直正七品上，職爲東宫之憲司。府門北向，以象御史臺也。其後省桂坊。而崇賢又屬左春坊。後沛王賢爲皇太子，避其名，改爲崇文館，其學士例與弘文館同。

洗馬，秦官。漢亦曰先馬。如淳曰：「前驅也。」國語曰：「勾踐親爲夫差先馬。」先或作洗。後漢員十六人，職如謁者，太子出則當直者前驅，導威儀也。漢選郎中補。安帝時，太子謁廟，洗馬高山冠，非乘從時，著小冠。魏因之。晉有八人，職如謁者，准祕書郎。進賢一梁冠，黑介幘，絳朝服。掌圖籍，釋奠講經則掌其事，餘與後漢同。宋與晉同。齊置一人。梁有典經局，又置八人，掌文翰，尤爲清選，皆取甲族有才名者爲之，位視通直郎。陳因之。北齊典經坊洗馬二人。隋曰司經局，置洗馬四人。煬帝減二人。唐司經局洗馬二人。龍朔二年，改洗馬爲司經大夫。三年，改司經局爲桂坊。一云析司經局置桂坊。司經大夫通判坊事，罷隸左春坊。咸亨初復舊。掌侍奉及經史圖籍，判局事。

文學。漢時郡及王國並有文學，而東宮無聞。魏武置太子文學，自後並無。至後周建德三年，置太子文學十人〔四三〕，後省。龍朔三年，置太子文學四員，屬桂坊，桂坊廢而屬司經。開元中，定制爲三員。掌侍奉，分掌四部書，判書坊事〔四四〕。

校書，宋孝建中，洗馬有校書吏四人，自後無聞。北齊有太子校書。隋太子校書有六人。唐四人，掌讎校經籍。

正字。隋太子正字二員。煬帝改爲正書。唐復爲正字，亦置二人。掌刊正文字。

典膳郎。漢、魏以來，並有太子食官局。至北齊，門下坊始別置典膳局，有監、丞各二人。隋如北齊之制。唐典膳局有郎二人，丞二人。郎掌進膳嘗食之事，丞貳之。乾封元年〔四五〕，皇太子久在內不出，典膳丞邢文偉請減膳。其年，右史闕，宰臣進擬數人，高宗曰：「邢文偉嫌我兒不讀書，不肯與肉喫。此人甚直，可用。」遂拜焉。

藥藏郎。北齊門下坊領藥藏局，有監、丞各二人，侍藥四人。隋如北齊之制。唐藥藏局有郎二人，丞二人。郎掌和劑醫藥之事，丞貳之。

內直郎。齊有太子內直兵局，內直兵史二人。梁有齋內〔四六〕、主璽、主衣、扶侍等局，各置有司，以丞其事。陳因之。北齊門下坊領殿內局，有內直監二人，副監四人。隋如北齊制。唐內直局有郎二人，丞二人，掌符璽、繖扇、几案、衣服之事，丞貳之。

典設郎。南齊置齋居局齋居庫〔四七〕，丞一人。梁齋內局各置有司，以丞其事〔四八〕。陳因之。北齊門下坊有齋帥局，有太子齋帥、内閣帥各二人〔四九〕。隋如北齊制。唐典設局有郎四人，掌凡大祭祀湯沐、洒埽、鋪陳之事。

宮門郎。秦有太子門大夫。漢因之，員二人，漢官儀曰：「門大夫選四府掾屬。」職比郎將。漢官儀曰：「安帝時，太子謁廟，門大夫乘從，冠兩梁冠。」魏因之。晉太子門大夫准公車令，掌通牋表及宮門禁防。宋因之。梁代視謁者僕射。陳因之。北齊謂之門大夫坊，并統佇官。隋煬帝改門大夫爲宮門監。唐初爲宮門大夫。其宮門局有郎二人〔五〇〕，丞二人。郎掌東宮殿門管鑰及啓閉之事，丞貳之。

宋制，東宮官有左右庶子、諭德，舊不常設。每儲闈之建，隨宜制官，以備寮寀，多以他官兼領。仁宗、神宗陞儲，庶子、諭德各置二人。欽宗陞儲置一人〔五一〕。乾道中，庶子、諭德除左不除右。七年，詔庶子、諭德輪日入宮，仍同供職事。太子侍讀、侍講：唐太宗爲秦王，府有侍講，及爲太子，亦置焉。其後或置或否。開元初，十王宅引辭學工書者入教〔五二〕，亦命名爲侍讀，而初不設侍講之官。至宋神宗陞儲時始定制，置侍講、侍讀各一人。中舍人、舍人：至道、天禧建儲，各置一人。神宗、欽宗登儲皆置。中興後省。嘉定初始除王元石〔五三〕，後以館職任伯起兼之。慶元令太子舍人與中舍人皆從七品，而中舍人又在舍人上。然故事未嘗除。資善堂：大中祥符八年，仁宗肄學始置；至紹興五年，孝宗以建國公就傅，就禁中置學館，建資善堂，以范冲、朱震爲翊善〔五四〕。舊制，有翊善、贊讀、直講。中興以後，增置説書、小學教授。開禧初，皇子初封榮王，命程少逸、趙子中領贊讀，不稱王府，而以資善繫銜，蓋以未出閤之故。

乾道七年，禮部、太常寺言：「討論東宮開講并節朔賀慶辭謝禮儀〔五五〕：宮僚講讀無已行故事，當依倣講筵，稍殺其禮。每遇講讀，詹事以下至講讀官上堂，並用賓禮參見，依官職序坐。皇太子正席，講讀官迭起如延英儀，講罷復位。節朔不受宮僚參賀。元日、冬至，詹事以下牋賀。謝辭，初以常見之禮，後離位致辭，復位拜就坐〔五六〕，茶湯罷，退〔五七〕。詹事初上參見皇太子拜，皇太子答拜。庶子等初上參見皇太子拜，皇太子受拜。庶子、諭德及講讀官雖有坐受之禮，止是五禮新儀所載。兼日逐致拜之禮，近例皆已不行，或遇合致拜日，更乞參酌天禧、至道故事施行〔五八〕。」並從之。按天禧二年，左庶子張士遜等言：「臣等日詣資善堂參見皇太子〔五九〕，雖令升階列拜，然後跪受，望令皇太子坐受參見。」詔不許。至道元年，皇太子每見賓客，必先拜，迎送常降階及門。

太子家令 丞 主簿 食官署 典倉署 司藏署

家令，秦官，屬詹事。服虔曰：「太子稱家，故曰家令。」漢因之，有丞主倉穀、飲食，職似司農、少府。漢代太子食湯沐邑十縣，家令主之。後漢則屬少傅，主倉穀、飲食。魏因之。晉又兼主刑獄、穀貨、飲食，職比廷尉、司農、少府。其家令、率更令及僕，爲太子三卿。太康八年，進品與中庶子、二率同。自漢至晉，家令在率更下，宋則居上。銅印墨綬，進賢兩梁冠，絳朝服。主內茵褥牀几諸供中之物及官奴婢、月用錢、內庫〔六〇〕、鹽米、車牛、刑獄。齊因之。自宋、齊以來，清流者不爲之。至梁天監六年，武帝以三卿陵替，乃詔革選，家令視通直常侍〔六一〕，率更、僕視黃門〔六二〕。陳因之。後魏亦曰三卿。北齊家令有功曹、主簿，領食官、典倉、司藏等三署，及領内坊令、丞〔六三〕。隋掌刑法、食膳、倉庫、奴婢等。煬帝改爲司府令。唐復爲家令寺，置家令一人，唯不主刑法，餘與隋同。龍朔二年，改家令寺爲宫府寺，家令爲宫府大夫〔六四〕，咸亨初復舊。丞二人，主簿一人。領食官署、典倉署、司藏署，署令各一人，丞各二人。

丞。漢家令有丞，後無聞。宋書云家令丞一人，晉置。宋、齊以後並有之。後周無。隋家令丞二人，唐因之。龍朔二年，改爲宫府丞，咸亨元年復舊。掌判寺事。

主簿。晉家令有主簿，宋、齊因之，自後無。北齊家令有主簿員，隋亦然，唐因之。掌印并及勾舉。

食官署令、丞。漢詹事屬官有食官令長丞，後漢亦有，而屬少傅。主飲食。晉太子食官令，職如太官令。宋則屬中庶子，齊則屬詹事。掌厨膳之事。梁食官局屬庶子。陳因之。後魏亦有。北齊有食官令、丞，又别領器局、酒局二丞。隋家令寺統食官令、丞，令一人，丞二人。唐因之，掌飲膳之事。

典倉署令。後漢太子倉令屬少傅，主倉穀。魏以下無聞。後魏有之。北齊家令寺領典倉署令、丞，典倉署又别領園丞。隋家令寺統典倉令、丞，令一人，丞二人。唐因之。掌穀藏出納及醢醢庶羞之事。

司藏署令。晉家令有主物吏四人。梁有錫賜庫局丞庶子〔六五〕，又有東宫衛庫丞。北齊家令寺領司藏署令、丞，司藏又别領仗庫、典作二局丞〔六六〕。隋家令統司藏署令一人，丞二人。唐因之。掌藏庫財貨，營繕之事。

宋有主管左、右春坊事二人，以内臣兼。同主管左、右春坊事二人，以武臣兼。承受官一人。以内侍兼。仁宗、神宗陞儲位，並有之。中興後，孝宗、光宗正儲位，及莊文、景獻太子皆置其官。

太子率更令 丞 主簿

率更令，秦官。顔師古曰：「掌知漏刻，故曰率更。」漢因之，與丞、主簿、庶子、舍人更直〔六七〕，職似光禄勳而屬詹事。後漢因之，後屬少傅。魏因之。晉主宫殿門户及賞罰事，職如光禄勳、衛尉而屬詹事。宋制，銅印墨綬，進賢兩梁冠，絳朝服。梁、陳、後魏並有之。北齊領中盾署，掌周衛禁防、漏刻鐘鼓，亦屬詹事。隋掌伎樂、漏刻，有令、丞、録事各一人。唐因之，加掌皇族次序及刑法事。龍朔二年，改率更寺爲司更寺，改令爲大夫。咸亨初復舊，丞、主簿各一人。

丞。後漢率更置丞一人，歷代悉有，唯後周無。唐因隋。掌判禮樂、刑罰之事。

主簿，晉置一人，宋無，齊有之，自後無聞。北齊、隋又有之。唐因之。掌印及勾舉。

太子僕 丞 主簿 廄牧署

僕，秦官。漢因之，又有長、丞主車馬。又有太子廄長一人，亦主車馬。後漢因之，而屬少傅，職如太僕。太子五日一朝，其非太子朝日，即與中允入問起居。魏因之。晉主輿馬，兼主親族，如太僕、宗正；從駕乘安車，次家令而屬詹事。宋、齊並有之。梁視黄門郎。陳因之。後魏亦有。北齊詹事領僕寺，置令、丞、功曹、主簿，領廄牧署令。隋僕寺置僕一人，掌皇族親疏、車輿騎乘，領廄牧署令。唐因之，加掌儀仗喪葬，而不掌親族。龍朔二年，改僕寺爲馭僕寺，改僕爲大夫。咸亨初復舊。丞、主簿各一人，統廄牧署。

丞，梁有之，陳因之。後魏、北齊、隋並有之，唐因之。

主簿，晉置，宋無，齊有之。梁、陳、後魏無，北齊、隋皆有之，唐因之。

廐牧署令、丞。漢有太子廐長、丞，屬詹事。後漢亦有而屬少傅，主車馬。魏、晉因之。齊東宮屬有内廐局、外廐局，皆有丞。梁、陳因之。後魏有之。北齊則曰廐牧署令丞、車輿局丞。隋僕寺統廐牧署令、丞。唐因之，掌車馬、閑廐、牧畜之事。

左右衛率府 副率 長史以下官屬

衛率府，秦官。漢因之，屬詹事。後漢主門衛徼循衛士，而屬少傅。魏因之。晉武帝建東宮，置衛率，初曰中衛率。泰始五年，分爲左、右衛率，各領一軍。惠帝時，愍懷太子在東宮，又加前、後二衛率。晉志曰：「凡太子出，前衛率導在前，黄麾，左右二率從，使導輿車；後衛率從，在烏皮外。並帶戟執刀，其服並視左、右衛將軍。」劉卞爲愍懷太子左率，知賈后必害太子，乃謂張華曰：「東宮雋乂如林，四率精兵萬人。公居阿衡之任，若得公命，皇太子因朝，使録尚書事，廢賈后於金墉，兩黄門力耳。」華不從。成都王穎爲太弟，又置中衛率，是爲五率。及江左，省前後率，孝武太元中又置。宋、齊止置左、右二率〔六八〕。梁二率視御史中丞，銅印墨綬，武冠，絳朝服。左率領七營，右率領四營。陳有二率。後魏曰左、右衛率。北齊謂之左、右衛率坊。後周東宮有司戎、司武、司衛等員。隋曰左、右率，兼有副率二人。煬帝改左、右衛率爲左、右侍率，兼置副率二人。唐爲左、右衛率府。龍朔二年，改其府爲左、右典戎衛，咸亨元年復舊。置率各一人，領兵宿衛、督攝隊伍、總判府事。李靖爲中書令、行左衛率，轉兵部尚書。副率各二人〔六九〕。掌貳率事。

長史各一人，隋置。唐因之。掌通判自長史以下胄曹。以上諸率府並同。

録事參軍各一人，隋置，唐因之。掌勾稽、監印。

倉曹參軍各一人，隋置，唐因之。掌官員假使、儀式、糧廩、膳羞、田園、公廨、過所、監藥等事〔七〇〕。

兵曹參軍各一人，隋置，唐因之。掌府内衛士以上名帳差科及公私馬驢等。

胄曹參軍各一人，隋置爲鎧曹。唐長安中，改爲胄曹參軍。神龍初復爲鎧曹，太極中復爲胄曹。掌軍器、儀仗、公廨營造、罪罰。長史以下官局所領職務，諸率府並同。

親府、勳府、翊府中郎將各一人。梁左、右衛率共領十一營，一率各領殿中將軍十人、員外將軍十人。北齊左、右衛坊率，各領騎官備身員外，又有内直備身正副都督〔七一〕。隋左、右衛率下直閤四人，直寢八人，直齋、直後各十人。唐則曰親、勳、翊三府，各置中郎將、左右郎將各一人。唐置録事、兵曹參軍各一人。

宋制，左右衛、司禦、清道、監門、内率府率府副率，不常置。中興後，惟監門率府副率爲環衛階官。

左右司禦率府

隋文帝置左、右宗衛，官制如左、右衛，各掌以皇族侍衛。煬帝改左、右武侍率。唐爲左、右宗衛率府。龍朔二年，改爲左、右司禦衛，後改衛爲率府。神龍初，復爲宗衛。景雲二年，復爲司禦率府。置率各一人，掌與左、右衛率同。副率以下職亦同，他准此。副率各二人〔七二〕，長史、録事及倉、兵、胄參軍各一人。

左右清道率府

隋有左、右虞候，各置開府一人，掌斥堠，伺姦非。長史以下如左、右衛。煬帝改開府爲左、右虞候，并置副率二人。唐爲左、右虞候率府，職擬左、右金吾。龍朔二年，改爲左、右清道衛。神龍初，又爲虞候率府。開元初，爲清道率府，各置率一人，掌斥堠道路，先驅、後殿，伺察姦非。副率各二人，長史、録事及倉、兵、胄曹參軍各一人〔七三〕。

宋至道元年，東宫置左清道率府副率兼左春坊謁者，主贊引。真宗登位省。仁宗在東宫，復以郭承慶、夏元亨爲之，登位復省。

左右監門率府

隋左、右監門率各置一人，掌諸門禁。煬帝改爲監門將軍。唐復爲左、右監門率，擬左、右監門。龍朔二年，改爲左、右崇掖衛。咸亨初復舊。垂拱中，改爲鶴禁衛。神龍初，復舊。各置率一人，掌門禁，凡財物出有籍〔一七四〕。副率各二人，長史、録事參軍及兵、胄二曹參軍各一人。

左右内率府

隋置左右内率、副率各一人〔一七五〕，掌領備身以上，所領千牛以下，與千牛衛同。禁内侍衛，供奉兵仗。唐爲左、右内率府。龍朔二年，改爲左、右奉裕率〔一七六〕。咸亨初，復舊。各置率一人，掌侍衛左右，供奉兵仗。副率、長史、録事參軍及兵、胄二曹參軍各一人〔一七七〕。千牛各十六人，掌執細刀弓箭，宿衛侍從。備身各二十八人，掌宿衛侍從。龍朔二年，改太子左、右千牛備身爲太子左、右奉裕，尋復舊。

太子旅賁中郎將

旅賁中郎將一人，職如武賁中郎將，宋初置。天子有武賁，習武訓也；諸侯有旅賁，禦災害也。唐諸率府初有中郎、郎將官。永徽元年，以太子名「忠」，改諸率府中郎將爲旅賁郎將，其郎將改爲翊軍。後或改或省。

太孫官屬〔七八〕

唐永淳元年三月，立皇孫重照爲皇太孫，將置府寮，高宗召吏部郎中王方慶問曰：「前代故事如何？」方慶進曰：「臣按周禮，有嫡子，無嫡孫〔七九〕。漢、魏以來，皇太子在，亦不立太孫。晉惠帝永寧元年，立愍懷太子第三子襄陽王尚爲皇太孫，太子官屬即轉爲太孫官屬。南齊永明十年，立文惠太子長子南郡王昭業爲皇太孫，便居東宮。今皇太子在而立太孫，旁求載籍，未有前例。」上曰：「自我作古，可乎？」對曰：「五帝不相沿樂。苟不失上下之序，不虧政理之道，亦何事而不可。」上悦，使方慶詳求典故、官屬〔八〇〕，乃奏太孫府置師、傅、友、文學、祭酒，及長史、曹掾、主簿、管記、司録以下六曹從事等官，各加王府一級。上後頗以爲疑，竟不補授而止。

朱子語録曰：「或問東宮官屬，曰：『唐六典載太子東宮官制甚詳，如一小朝廷。置詹事以統衆務，則猶朝廷之尚書也。置左、右二春坊以領衆局，則猶朝廷之中書、門下省也。左、右春坊又皆設官，有各帥其屬之意〔八一〕。崇文館猶朝廷之館閣。贊善大夫猶朝廷之諫議大夫。其官職一視朝廷，而爲之隆殺。此等制度猶好〔八二〕，今之東宮官屬極苟簡。左、右春坊，舊制選賢德者爲之，今遂用武弁之小有才者，其次惟有講讀數員而已。如贊善大夫諸官，又但爲階官，非實有職業。神宗以唐六典改官制，當時亦有不曾討論者，如東宮官屬之不備是也。舊嘗入劄，論東宮官制疏略，宜倣舊損益之，不報。』」

六院四轄

檢院

周置大司寇。南梁武帝天監元年，詔於公府置。唐天寶九載，改理匭使爲獻納使，後又改知匭使。宋雍熙元年，改匭爲檢。東延恩曰崇仁，南招諫曰思諫，西申冤曰申明，北通玄曰招賢。景德四年，改爲登聞檢院，命樞密直學士張詠判。仍差内品監門，不得關預公事。隸諫議大夫，掌受文武官及士民章奏表疏。凡言朝政得失、公私利害、軍期機密、陳乞恩賞、理雪冤濫及奇方異術，皆受以通達。凡進狀者，先鼓院；若爲所抑，則詣檢院。外有理檢院使，今不置。始於淳化三年置理檢院於乾元門西北廊，以知制誥錢若水領之，復唐制也。至道三年廢。天聖七年，上因讀唐史，見匭函達下民冤枉之事，乃置匭函〔八三〕，仍專命御史中丞爲理檢院使，以分記〔八四〕。中興之初，因舊制，置局於闕門之前，舊在宣德門外〔八五〕，仗隸門下省〔八六〕。建炎三年，專隸諫院。南渡以來，創治所於和寧門之下。紹興戊寅，復承平之制，移置居雙闕之左。

登聞鼓院

古者，朝有誹謗之木、敢諫之鼓，所以通治道而來諫者也。

宋朝曰鼓司，以内臣掌之，鼓在宣德門南街北廊〔八七〕。至道三年，命太子中舍王濟勾當鼓司，用朝臣勾當自此始。景德四年，詔改爲登聞鼓院，掌諸上封而進之，以達萬人之情，隸司諫、正言。凡文武臣寮閤門無例通進文字者〔八八〕，並先經登聞鼓院進狀；未經鼓院者，檢院不得收接。建炎元年，因舊制，置局於闕門之前。高宗即位於南京，召李綱爲宰相，綱奏曰：「今艱難之際，四方休戚利害，日欲上聞，而士民之願效其智慮者尤多，而檢、鼓院猶未置〔八九〕，恐非所以通下情而急先務也。」三年，專隸諫院。

進奏院

唐藩鎮皆置邸京師，以大將主之，謂之上都留後；大曆十二年，改爲上都知進奏院官。五代以來，支郡不隸藩鎮，補人爲者聽其置邸，隸藩鎮者兼掌焉。

宋緣舊制，皆本州鎮補人爲進奏官。其軍監、場務、轉運司，則差知後官或副知掌之〔九〇〕。逐州就京師各置進奏院。太平興國六年〔九一〕，諸州罷知後之名，簡知後官，得李楚等百五十人，並充進奏官，命供奉官張文璨提轄諸道進奏院。監官以京朝官及三班使臣充，掌受詔敕及諸司符牒，辨其州府軍監以頒下之，并受天下章奏案牘狀牒以奏御，及分授諸司。中興以來，隸門下後省，給事中點檢。訖乾道九年，依舊隸後省；合傳報事，令後省録以報行。

官誥院

宋初於右掖門置院，四司誥身案並集於此，以備中書除改，本司郎官各主其事。淳化五年，始專置官司於省内。凡官誥，各以本司誥身印印之，文臣用吏部，武臣用兵部，王公、命婦用司封〔九二〕，加勳用司勳。掌文武官將校誥身及封贈。官誥院提舉一人，以知制誥充；判院一人，以帶職京朝官充。元豐五年行官制，文武誥身屬吏部，蕃官誥屬兵部，封贈及命婦誥屬司封，加勳并將校誥屬司勳。官誥院四部誥身案及吏人，隨事隸本部。七年，并司封、司勳、誥身案入吏部預書庫收掌。崇寧四年，吏部專置造官誥局〔九三〕。五年罷，令尚書右選主管。大觀元年復置，尋改爲官誥院，仍隸左右司。三年復罷歸吏部。政和三年六月，詔依舊置官誥院，差官二員主管，少府監鑄印記，吏部製造誥身案記爲文〔九四〕。中興以來，因仍不改。

審計院

宋朝以三司使總邦計，司各有院，以秉中外泉穀出入之政，蓋會計之府也。然案牘從委，典者不能徧察，而姦容焉。淳化三年，始用户部使樊知古奏，剔其冗籍，復别爲院，置官專領之，以聽稍食之要貳。置院之初，特掌騎兵、徒兵給受之數，猶未及諸司也。元豐三年，合步、騎兩院爲一，遂以其一主諸司。自宫禁朝廷，下至斗食佐史，凡賦禄者，以式法審其名數而稽其辭受。唯郊賜給已乃審，禄有疑予則詔以法。凡四方之計籍上於大農，則逆其會。凡有司議調度會賦出則諏焉。設員二，曰左、右廳。分案六，史八人。其名舊爲諸軍諸司專勾司，建炎元年避高宗御諱，改諸軍諸司審計司〔九五〕。

糧料院

宋初仍舊制，以三司大將軍爲都糧料使。自開寶六年〔九六〕，以著作佐郎陸光範充，改用京官自此始。太平興國五年，分諸司、馬軍、步軍爲三院。八年，以馬軍、步軍合爲一院。雍熙四年，命供奉官陳處晦勾當諸司糧料〔九七〕，供奉官曾祚勾當馬步軍糧料。自後復分馬、步軍爲兩院，或以諸司使、副分主之。端拱二年，復以京朝官主之。元豐末，併馬步軍與諸司爲二院，隸太府寺。掌以法式頒廩禄，凡文武百官、諸司、諸軍俸料，以券准給。中興以來，行在有諸軍諸司糧料院；鎮江、建康有分差諸軍糧料院，鄂州有分差户部糧料院，四川總所有分差户部魚關糧料院、分差利州户部糧料院。

榷貨務都茶場

榷貨務掌折博斛米、金帛之屬〔九八〕，以朝官諸司使副、内侍二人監。太平興國中，以先平嶺南及交趾諸國入貢通關市，議於京師置榷易院。大中祥符中，併入榷貨務。建炎中興，又創都茶場，給賣茶引，隨行在所於榷貨務置場。雖分兩司，而提轄、監官並通銜管幹。建炎四年，詔：「榷貨務、都茶場依舊隸左右司，其提領、措置並罷。其都茶場仍令提轄榷貨務官兼行提轄。」尋徙越州一務場於建康，又併真州一務場歸建康。紹興五年，詔建康、鎮江兩務場，只是給賣鈔引。三十二年，詔三省今後選差文臣充監官〔九九〕，更不差武臣。乾道六年，詔依舊通差武臣。先是課入不立額，唯視舊歲爲等差，是歲始旽分有定數。歲總爲錢二百四十萬萬，行都受藏之所爲數八十萬萬，於建康者一百二十萬萬，於鎮江者四十萬萬。

雜買雜賣務

宋朝雜買務舊曰市買司，太平興國四年改，至道中廢，咸平復置。以京朝及三班内侍三人監。掌和市百物，凡宫禁官物所需〔一〇〇〕，以時供納。雜賣務，景德四年置，掌受内外幣餘之物，計直以待出貨，或準折支用。以内侍及三班二人監，後亦差文武朝官。紹興六年，詔雜買務雜賣場置提轄官一員。

文思院

宋朝太平興國三年置，掌造金銀犀玉工巧之物、金彩繪素裝鈿之飾，以供輿輦册寶法物及凡器服之用，隸少府監。熙寧三年，詔：「文思院兩界監官立定文臣一員、武臣一員，朝廷選差。其内侍勾當官並罷。」紹興三年詔：「少府監併歸〔一〇一〕文思院，其上、下界監官從工部辟差。」工部言：「所轄文思院舊分上、下界，監官三員〔一〇二〕，内一員文臣係京朝官。上界造作金銀珠玉，下界造作銅鐵竹木雜料。欲依舊分爲上、下界。」從之。隆興三年，詔併禮物局入文思院。

左藏庫

掌受四方財賦之入，以待邦國之經費。其原蓋起於周職内主賦入，職歲主賦出，而邦布之入出則外府又主之，皆其職也。晉始置左、右藏令。唐於左、右藏分建東、西庫，以太府少卿知出納，於左長慶門之東。

宋初，左右止一庫，置使領焉。太平興國二年，分爲二庫。淳化三年，分置左、右藏各二庫。四年，廢右併入左。政和六年，修建新庫，以東、西庫爲名。中興〔一〇三〕，因仍東、西庫，各以文臣監，武臣同監。其東，幣帛絁紬之屬在焉；其西，金銀泉券絲纊之屬在焉。紹興二十七年，詔户部於轄下丞、簿内選一員，兼充左藏庫提轄官〔一〇四〕。此提轄所由始也。孝宗即位，詔將御前樁管激賞庫撥歸左藏庫，以左藏南庫爲名，專一樁管應副軍期支遣，於是有東、西、南三庫。尋罷南庫。大抵國家用度，多靡於贍軍。西蜀、湖、廣、江、淮之賦類歸四總領所，以餉諸屯，其送京者殆無幾，唯閩、浙悉輸焉。東、西庫歲入以端計者，率百四十萬，以緡計者率二千萬，給遣稱是，而大軍居十之七，宫禁百司禄賜纔三，之間有非泛浩繁之費，則請於朝，往往出内帑封樁，以補所闕。監官凡五人，分帑而治。舊以京朝官爲之，今唯才是用，故四選通得入〔一〇五〕。

建炎以來朝野雜記曰：「六院官，檢、鼓、糧、審、官誥、進奏也，例以京官知縣有政績者爲之，亦有自郡守除者，則繼即除郎，如鹿伯可是也。故恩數略視職事官，而不入雜壓。紹興十一年，胡汝明以料院除監察御史，遂遷副端。乾道後，相繼入臺者有宋敦書、蕭之敏、陳升卿、傅淇等數人，而六院彌重，號爲察官之儲矣。淳熙初，龔實之秉政，其内弟林宓幹辦審計司，遇郊恩，而林尚京秩，乃白上以六院官班寺監丞之上，林用是得封贈父母。龔後爲謝廓然所論，南竄，此其一事也。紹興二年夏，六院官始復入雜壓，在九寺簿之下焉。」

又曰：「六院官入雜壓事，甲記已具。淳熙四年既削去，近歲乃復舉行，其班在五寺主簿之下、太學博士之上。六院官通計十二人，皆得轉對，但不入品耳。然六院以爲邑有政績者爲之，故例爲察官之選。」

又曰：「四提轄謂榷貨務都茶場、雜買務雜賣場、文思院、左藏東西庫是也。榷貨務場掌醝、茗、香、礬、鈔引之政令。紹興初，沿宣、政舊例，置提領官，率以故省吏爲之，後乃改用士人。行在、建康、鎮江三務場，歲入凡二千四百萬緡，建康一千二百萬，行在八百萬，鎮江四百萬。皆以都司提領，不係户部之經費，而在建康、鎮江者分屬總領所焉。開禧末，以總所侵用儲積錢，始徑隸提領官，不屬總所。買務賣場，蓋唐宮市之遺制。近制，凡宮禁月料、朝省紙劄、文思院之製造、和劑局之修合，皆所取給焉。至若斥左帑封樁之幣餘，編估打套，則賣場掌之。紹興六年，始置提轄官總其事。先是，四轄官外補則爲州，内遷則寺監丞簿，亦有徑爲雜監司，或入三館者。乾道八年十二月，榷貨王禋除福建市舶，左藏王楫除九路鑄錢司〔一〇六〕。淳熙七年三月，熊子復自文思除校書郎〔一〇七〕。近歲望稍輕，往往更遷六院官，或出爲添倅，非曩日之比矣。」

總宮觀

宋朝設祠禄之官，以佚老優賢。祖宗時員數絶少，官制舊典云：「祖宗待臣以禮，雖年及掛冠，未嘗直令致仕，皆以宫觀處之，假以禄耳。」熙寧以後乃增焉。是時方經理時政，患疲老不任事者廢職，欲悉罷之，乃使任宫觀，以食其禄。時相王安石亦欲以此處異議者，遂詔宫觀毋限員，並差知州人，以三十月爲任。

在京宫觀

宋朝舊制，以宰相、執政充使，或丞郎、學士以上充副使，兩省或五品以上爲判官，内侍官或諸司使、副政和改武臣官制，以使爲大夫，副使爲郎。爲都監，又有提舉、提點、主管官。其戚里近屬及前宰執留京師者，多除宫觀，以示優禮之意。紹興二十一年，在京宫觀依在外宫祠，以三十箇月爲任。又紹興五年詔：「任在京宫觀請給、人從〔一〇八〕，前宰執依見任減十分之二；閣學士已上，依六曹侍郎；直學士已上，依中書舍人；太中大夫已上，依左右司郎中；任樞密都承旨、閣學士已上，依六曹尚書〔一〇九〕；直學士已上，依六曹侍郎；太中大夫已上，依中書舍人。」

宫觀使

唐天寶七載，以給事中楊釗充九成宫使，宫使之名自此始。南部新書。

宋朝祥符中，真宗建玉清昭應宫，王魏公旦爲首相，始命充使，宫觀置使自此始。又有景靈宫、會靈觀使，然每爲宰相兼職。天聖元年，吕夷簡爲相，時朝廷崇奉之意稍緩，因請罷使名。熙寧中，富鄭公弼領集禧觀使居洛，此宫觀使居外之所從始也。徽宗建玉清萬壽宫，乃命宰執兼使、副，用真廟故事也。近以前宰執奉朝請者領在京宫觀使，而在外舊相只除提舉宫觀，非祖宗優待宰相之體。靖康以來，猶未釐正，蓋朝廷未暇講也。政和八年，太師魯國公蔡京、少傅太宰鄭居中、少保少宰余深、檢校太保領樞密院事童貫，並兼充神霄、玉清、萬壽宮使；知樞密院事鄧洵武〔一〇〕、門下侍郎薛昂、中書侍郎白時中、尚書左丞王黼、宣和殿大學士蔡攸並兼充副使。渡江後，前執政在經筵者，不以官高卑，率爲觀使；若他官，則使相已上乃得之；其居外者，必官至三少乃除。淳熙中，崇憲靖王自節度使拜使相，封郡王，中書進熟擬提舉洞霄宮，周文忠當制，引故事，宗室使相外居者當得觀使，上批如所請。紹熙初，趙文定以使相判潼川府，乞奉祠，乃除醴泉觀使，非舊典也。開禧末，陳勉之以特進罷相，不帶職，乃亦除觀使，蓋章逵之侍郎當制失之。翊日，李季章進呈，改提舉洞霄宮，合故典矣。天禧以前，崇、觀以後，宫觀使之名甚衆，渡江以後，宮觀不復置。而觀使有三，前宰相則得醴泉，宗戚則得萬壽，又其次則得佑神云。宣、政間，又有提點宮觀官，在提舉之下、主管之上，今省。

提舉宮觀

宋朝真宗時，東、西太一宮提舉，以兩省、兩制、丞郎官爲之，掌奉齋醮之事。天聖七年，玉清宮災，遂罷使，而景靈、會靈、祥源三宮觀，以學士、舍人管勾。李若谷罷參政爲資政殿大學士，提舉會靈觀，自是學士、待制、知制誥皆得爲提舉。晏元獻以舊相提舉萬壽觀，武臣李端愿止得管勾祥源觀〔一一〕。今朝官亦云提舉，非故事也。

在外宫觀嶽祠

宋朝宫觀皆俟力請而後授，侍從而上任宫觀者絶少，若因責降改作主管，方且差焉。熙寧初，王安石相，異己者方直除宫觀。大抵宫觀非自陳，而朝廷特差者，如降黜之例。三年，詔杭州洞霄宫、亳州明道宫、華州雲臺觀、建州武夷觀、台州崇道觀、成都府玉局觀、建昌軍仙都觀、江州太平觀、洪州玉隆觀、五嶽廟〔一三〕，並依嵩山崇福宫、舒州靈仙觀置管勾或提舉、提點官。四年，詔：「宫觀、嶽廟留官一員，餘聽如分司、致仕例，從便居住。」六年，詔：「卿監、職司以上提舉，餘官管勾當者〔一三〕。」又詔：「年六十以上者乃聽差。毋過兩任。兼用執政恩例者，通不得過三任〔一四〕。」後蔡京用事，增廣職任。崇寧三年添宫觀十，政和三年添宫觀三十〔一五〕，名見續會要，多不録。選人亦許乞嶽廟。宣和王黼用事，外開新邊，以熙寧法革之，一切不恤，士夫於是失禄矣。

校勘記

〔一〕左右前後皆正禮　「皆正禮」，後漢書卷四〇上班彪傳作「禮無違者」。

〔二〕得中奉敕　「奉」，通典卷三〇職官一二作「決」。

〔三〕至隋罷詹事　按隋書卷二八百官志下載「開皇初置詹事，二年定令罷之」。

〔四〕比門下内史二省　「比」原作「北」，據通典卷三〇職官一二改。

〔五〕齋帥等六局　「帥」原作「師」，據隋書卷二八百官志下改。

〔六〕崇文館校書郎二人　「二」原作「八」，據舊唐書卷四四職官志三、新唐書卷四九上百官志上、唐六典卷二六改。上引舊唐書及唐六典無「郎」字。

〔七〕唯改齋帥爲典設　「帥」原作「師」，據新唐書卷四九上百官志上改。

〔八〕置賓客二人　「二」，宋會要職官七之二二作「三」。

〔九〕宫事無大小　「宫」原作「官」，據通典卷三〇職官一二改。

〔一〇〕田騶五十人　通典卷三〇職官一二同，晉書卷二四職官志「五」作「六」。

〔一一〕故改太師爲太帥　通典卷三〇職官一二同，唐六典卷二六亦曰避景帝諱，改爲「帥」。晉書卷二四職官志、職官分紀卷二七引晉職官志「帥」皆作「保」。

〔一二〕諸傅或二或三　「或二」二字原脱，據晉書卷二四職官志補。

〔一三〕宣武皇帝欲以崔光爲太子師傅　「崔光」原作「霍光」，據魏書卷六六崔光傳、北史卷四四崔光傳、通典卷三〇職官一二改。

〔一四〕太子乃坐　原脱，據貞觀政要卷四補。

〔一五〕李文定公迪以參知政事兼掌賓客　「迪」原作「昉」，據宋史卷三一〇李迪傳、長編卷九二天禧二年八月壬子條改。

〔一六〕此宰相兼宫僚之所從始也　「宫」原作「官」，據局本、宋史卷一六二職官志二、朝野雜記乙集卷一三宰相兼東宫三少改。

〔一七〕天禧末　朝野雜記乙集卷一三宰相兼東宫三少同。長編卷九六天禧四年十一月乙丑條、庚午條、宋會要職官七之二四作「天禧四年」。

〔一八〕樞密曹利用兼少保　「少保」原作「賓客」，據長編卷九六天禧四年十一月庚午條、宋會要職官七之二四、朝野雜記乙集卷一三宰相兼東宫三少改。

〔一九〕明年景獻太子立　按宋史卷三八寧宗本紀二載，開禧三年十一月「丁亥，詔立皇子榮王曮爲皇太子」，而曮乃景獻太子；玉海卷一二九作「明年命二相，左兼少師、右兼少傅」，則通考似衍「景獻太子立」五字。

〔二〇〕太保衛瓘息庭　「息庭」二字原脱，據通典卷三〇職官一二補。

〔二一〕司空隴西王泰息略　「息略」二字原脱，據通典卷三〇職官一二補。

〔二二〕太子太傅楊濟息毖　「息毖」二字原脱，據通典卷三〇職官一二補。

〔二三〕太子少師裴楷息憲　「息憲」二字原脱，據通典卷三〇職官一二補。

〔二四〕太子少傅華廙息恒　「息恒」二字原脱，據通典卷三〇職官一二補。

〔二五〕景獻太子立　「獻」原作「憲」，據宋史卷二四六景獻太子傳、本卷太子六傅改。

〔二六〕領三寺及左右衛二坊　原作「領三寺二坊及左右衛」。按隋書卷二七百官志中載：「領家令、率更令、僕等寺，左右衛二坊」，據以乙正。

〔二七〕垂拱元年又改詹事爲宫尹　舊唐書卷四四職官三曰「天授爲宫尹」，唐會要卷六七詹事府、唐六典亦曰「天授中改爲宫尹」。

〔二八〕不令宫僚聞知　「宫」原作「官」，據局本、魏書卷五八楊昱傳改。

〔二九〕掌付事　「付」原作「府」，據通典卷三〇職官一二改。又唐六典卷二六曰「掌付所受諸司之移判及彈劾之事」。

〔三〇〕職比侍中散騎常侍及中書監令　「侍中」二字原脱，據晉書卷二四職官志補。

〔三一〕事遂施行　晉書卷四四鄭默傳、通典卷三〇職官一二、職官分紀卷二八同。太平御覽卷二四五職官部四三引晉書「施行」作「不施行」是。

〔三二〕武冠平巾幘　「冠」原作「官」，據局本、通典卷三〇職官一二改。

〔三三〕功高者一人與功高通事舍人一人共掌其坊之禁令　「功高者一人」原脱，據隋書卷二六百官志上補。又上引隋書無「通事」二字。

〔三四〕即無以別貴賤　「即」原作「目」，據元本改。

〔三五〕並屬左春坊　「左」原作「右」，據舊唐書卷四四職官志三、新唐書卷四九上百官志四上、唐六典卷二六改。

〔三六〕並屬右春坊　「右」原作「左」，據舊唐書卷四四職官志三、新唐書卷四九上百官志四上、唐六典卷二六改。

〔三七〕齊中庶子屬官有通事守舍人　唐六典卷二六載：「齊職儀中庶子下有門下通事守舍人四人。」

〔三八〕承旨勞問　新唐書卷四九上百官志四上、唐六典卷二六「旨」作「令」。

〔三九〕掌侍從翊贊　「贊」原作「養」，據通典卷三〇職官一二、唐六典卷二六改。

〔四〇〕教授諸生　「諸生」原作「諸王」，據舊唐書卷四四職官志三、新唐書卷四九上百官志四上改，唐六典卷二六作「學生」。

〔四一〕龍朔三年　「三」原作「二」，據舊唐書卷四高宗本紀上、新唐書卷四九上百官志四上改。

〔四二〕管崇賢館而罷隸左春坊　「左」原作「右」，據舊唐書卷四高宗本紀上、卷四四職官志三、通典卷三〇職官一二改。

〔四三〕置太子文學十人　「置」字原脱，據文義及上下文體例補。

〔四四〕判書坊事　通典卷三〇職官一二「坊」作「功」。職官分紀卷二八載：「文學掌分知經籍，侍奉文章，總緝經籍，繕寫裝染之功、筆札給用之數皆料度之。」

〔四五〕乾封元年　舊唐書卷一八九下儒學傳下、新唐書卷一〇六邢文偉傳作「咸亨中」，通鑑卷二〇二繫於「咸亨三年」。

〔四六〕梁有齋内　「齋」原作「直」，據隋書卷二六百官志上改，通考下文「梁齋内局各置有司」可證。

〔四七〕南齊置齋居局齋居庫　前「齋」後「居」字原脱，據唐六典卷二六補。

〔四八〕以丞其事　隋書卷二六百官志上「丞」作「承」。按「丞」通「承」。

〔四九〕北齊門下坊有齋帥局有太子齋帥内閤帥各二人　三「帥」字原皆作「師」，據隋書卷二七百官志中改。

〔五〇〕其宫門局有郎二人　「宫門」原倒，據舊唐書卷四四職官志三、新唐書卷四九上百官志四上、唐六典卷二六乙正。「郎」上原衍「監」字，據元本、慎本、馮本、上引舊唐書删。

〔五一〕欽宗陞儲置一人　按宋會要職官七之二二眉批載：「寄案大典卷二萬二千四百二十三引四朝志曰宋朝東宫官有左、右諭德，建儲即置，否則闕。仁宗、神宗、欽宗陞儲皆置二人。」與通考異。

〔五二〕十王宅引辭學工書者入教　「工」原作「子」，據職官分紀卷二八所引唐百官志改。

〔五三〕嘉定初始除王元石　「嘉定」原作「嘉泰」，據宋會要職官七之四四、朝野雜記乙集卷一三太子舍人改。「石」原作「實」，按上引宋會要曰「吏部郎官王介兼太子舍人」；又按宋史卷四〇〇王介傳曰「王介字元石」，「除左司郎官，兼右司、太子舍人」，據改。

〔五四〕以范冲朱震爲翊善　按宋史卷一六二職官志二、繫年要録卷八九紹興五年五月辛巳載朱震爲「贊讀」。

〔五五〕討論東宫開講并節朔賀慶辭謝禮儀　宋會要職官七之二八「開」作「問」、「辭謝」作「謝辭」。

〔五六〕復位拜就坐　「拜」字原脱，據宋會要職官七之二八補。

〔五七〕退　原脱，據宋會要職官七之二八補。

〔五八〕更乞參酌天禧至道故事施行　「乞」原作「不」，據宋會要職官七之二八改，宋史卷一六二職官志二作「合」。

〔五九〕臣等日詣資善堂參見皇太子　「詣」原作「請」，據宋史卷一六二職官志二、宋會要職官七之二八改。

〔六〇〕内庫　原作「庫内」，據唐六典卷二七、太平御覽卷二四七職官部四五引宋書乙正。

〔六一〕家令視通直常侍　「通直」原脱，據隋書卷二六百官志上、唐六典卷二七補。

〔六二〕率更僕視黄門　「率更僕視」四字原脱，據隋書卷二六百官志上、唐六典卷二七補。

〔六三〕及領内坊令丞　「坊」原作「防」，據元本、慎本、馮本、隋書卷二七百官志中、通典卷三〇職官一二改。

〔六四〕家令爲宫府大夫　唐會要卷六七家令寺同，唐六典卷二七「府」下有「寺」字。

〔六五〕梁有錫賜庫局丞庶子　隋書卷二六百官志上「錫賜庫局」作「錫庫局」。

〔六六〕司藏又别領仗庫典作二局丞　「典」原作「興」，據元本、馮本、通典卷三〇職官一二改。

〔六七〕與丞主簿庶子舍人更直　「與」原作「有」，據太平御覽卷二四七職官部四五引續漢書百官志改。

〔六八〕宋齊止署左右二率　宋書卷四〇百官志下、南齊書卷一六百官志「署」作「置」。

〔六九〕副率各二人　「各」字原脱，據唐六典卷二八補。

〔七〇〕過所監藥等事　「過」原作「遇」，據元本、慎本、馮本改。通典卷三〇職官一二「過」作「選」。

〔七一〕北齊左右衛坊率各領騎官備身員外又有内直備身正副都督　通典卷三〇職官一二同。隋書卷二七百官志中作「左右衛坊率各領騎官備身正副都督、騎官備身五職、騎官備身員。又有内直備身正副都督、内直備身五職、内直備身員。又有備身正副都督，備身五職員。又有直閤、直前、直後員。又有旅騎、屯衛、典軍等校尉各二人，騎尉二十人」。通典、通考删節過當。

〔七二〕副率各二人　「各」字原脱，據舊唐書卷四四職官志三、唐六典卷二八補。下「左右清道率府」及「左右監門率府」中之「副率各二人」同。

〔七三〕長史録事及倉兵胄曹參軍各一人　「胄」字原脱，據舊唐書卷四四職官志三、唐六典卷二八補。

〔七四〕凡財物出有籍　通典卷三〇職官一二作「籍傍」。

〔七五〕隋置左右内率副率各一人　「内」字原脱，據隋書卷二八百官志下補。

〔七六〕改爲左右奉裕率　「率」原作「衛」，據舊唐書卷四四職官志三、唐六典卷二八改。

〔七七〕副率長史録事參軍及兵胄二曹參軍各一人　「胄二」、「參軍」原脱，據舊唐書卷四四職官志三、唐六典卷二八及通考左右監門率府文例補。

〔七八〕太孫官屬　「屬」下原有「附」字，據通典卷三〇職官一二删。

〔七九〕有嫡子無嫡孫　原作「有嫡孫」，據舊唐書卷五高宗本紀下補。

〔八〇〕使方慶詳求典故官屬　通典卷三〇職官一二「屬」下有「員品」二字。

〔八一〕有各帥其屬之意　「有」原作「又」，據朱子語類卷一一二論官改。

〔八二〕此等制度猶好　「好」原作「存」，據朱子語類卷一一二論官改。

〔八三〕見匭函達下民冤枉之事乃置匭函　「函」原作「凾」，據長編卷一〇七天聖七年閏二月癸卯條、職官分紀卷一四、群書考索後集卷一二改。按上引長編載：「匭函改爲檢匣」；宋會要職官三之六六載天聖七年閏二月二十三日詔曰「匭匣爲檢匣」，而上引職官分紀、群書考索後集同原刊。

〔八四〕仍專命御史中丞爲理檢院使以分記　長編卷一〇七天聖七年閏二月癸卯條、宋史全文卷七上作「置理檢使，以御史中丞爲之」。宋會要職官三之六六無「院」字、無「以分記」三字，職官分紀卷一四亦同。群書考索後集卷一二無「院」字。

〔八五〕舊在宣德門外　「在」原作「左」，據宋會要職官三之六七、職官分紀卷一四、群書考索後集卷一二改。

〔八六〕仗隸門下省　群書考索後集卷一二同，宋會要職官三之六七無「仗」字。

〔八七〕鼓在宣德門南街北廊　「南街北廊」，宋會要職官三之六二作「南街東廊」，職官分紀卷一四作「南街之西廊」，職源撮要、群書考索後集卷一二作「南街西廊」。

〔八八〕凡文武臣寮閤門無例通進文字者　「者」字原脱，據宋會要職官三之六四、職官分紀卷一四、群書考索後集卷一二補。

〔八九〕而檢鼓院猶未置　「鼓院」二字原倒，據元本、慎本、馮本、群書考索後集卷一二乙正。

〔九〇〕則差知後官或副知掌之　「或」原作「則」，據群書考索後集卷一二改。

〔九一〕太平興國六年　按宋會要職官二之四四、玉海卷一六八、群書考索後集卷一二「六」作「八」，長編卷二三太平興國七年十月己卯條作「七」。

〔九二〕王公命婦用司封　「司」字原脱，據宋史卷一六三職官志三、職官分紀卷九、群書考索後集卷一二補。

〔九三〕吏部專置造官誥局　「專」原作「轉」，據宋會要職官一一之六六、群書考索後集卷一二改。

〔九四〕吏部製造誥身案記爲文　群書考索後集卷一二「吏」上有「以」字，「案」作「業」。宋會要職官一一之六六「吏」上有「以」字、「爲」上有「八」字。

〔九五〕改諸軍諸司審計司　「審計司」原作「審計官」，據宋會要職官二七之六一、群書考索後集卷一二改。

〔九六〕自開寶六年　「年」原作「卒」，據宋會要職官五之六五、群書考索後集卷一二改。

〔九七〕命供奉官陳處晦勾當諸司糧料　「陳處晦」，宋會要職官五之六五作「陳處誨」。

〔九八〕榷貨務掌折博斛米金帛之屬　宋史卷一六五職官志五、宋會要職官二七之五〇「米」作「斗」。

〔九九〕詔三省今後選差文臣充監官　「官」字原脱，據宋會要職官二七之五〇、群書考索後集卷一二補。

〔一〇〇〕凡宮禁官物所需　「宮」原作「官」，據宋會要職官二七之五〇、群書考索後集卷一二改。

〔一〇一〕少府監併歸　按宋會要職官二九之二作「少府監已併歸工部」，通考脱漏「工部」二字。

〔一〇二〕監官三員　宋會要職官二七之五二、群書考索後集卷一二同，宋會要職官二九之二「三」上有「各」字。

〔一〇三〕中興　按文義，此下脱「後」或「以後」。

〔一〇四〕兼充左藏庫提轄官　群書考索後集卷一二同，宋會要職官二七之五一無「官」字，宋會要食貨五一之二八「提轄官」作「提轄檢察官」。

〔一〇五〕故四選通得入　「入」原作「人」，據宋會要職官二七之五一、群書考索後集卷一二改。

〔一〇六〕左藏王楫除九路鑄錢司　「司」字原脱，據朝野雜記乙集卷一三四提轄補。

〔一〇七〕熊子復自文思除校書郎　「除」字原脱，據朝野雜記乙集卷一三四提轄補。

〔一〇八〕任在京宫觀請給人從　「宫」字原脱，據宋會要職官五四之一二補。

〔一〇九〕依六曹尚書　「六」原作「天」，據宋會要職官五四之一三改。

〔一一〇〕知樞密院事鄧洵武　「武」字原脱，據宋會要職官五四之一一補。

〔一一一〕武臣李端愿止得管勾祥源觀　按宋史卷四六四李端愿傳載：「拜武康軍節度使、知相州，請歸，除醴泉觀使。」宋會要職官五四之五載：「治平三年八月，以武康軍節度使李端愿爲醴泉觀使。」與通考異。

〔一一二〕三年詔杭州洞霄宫亳州明道宫華州雲臺觀建州武夷觀台州崇道觀成都府玉局觀建昌軍仙都觀江州太平觀洪州玉隆觀五嶽廟　「三」原作「二」，據長編卷二一一熙寧三年五月癸卯條、宋會要職官五四之五至六、五四之二七改。又上引長編、宋會要尚有「永康軍丈人觀」、「太原府興安王廟」。

〔一一三〕卿監職司以上提舉餘官管勾當者　按宋會要職官五四之六、五四之二七載：「係大卿監及職司並本州知州自來帶管勾者並充提舉，餘官管勾」，則通考有脱漏。

〔一一四〕又詔年六十以上者乃聽差毋過兩任兼用執政恩例者通不得過三任　按長編卷二八七元豐元年正月乙丑條、卷三二九元豐五年九月甲午條、宋會要職官五四之二八載，此乃繫於元豐元年正月及五年九月兩詔，而通考合二爲一。

〔一一五〕政和三年添宫觀三十　宋會要職官五四之三〇「三年」作「二年」。

卷六十一　職官考十五

司隸校尉

司隸，周官也，掌五隸之法，辨其物而掌其政令，五隸謂罪隸四翟之隸也。物謂衣服、兵器之屬。帥其民而捕盜賊。漢武帝征和四年，初置司隸校尉，持節，從中都官徒千二百人，中都官，京師諸官府。捕巫蠱，督大姦猾。督調察視之。後罷其兵。察三輔、三河、弘農。晉志曰：「漢武帝初置十三州刺史各一人，又置司隸校尉察三輔、三河、弘農七郡。」元帝初元四年，去節，後諸葛豐爲司隸，又加節，尋復去之，司隸去節，自豐始也。諸葛豐爲司隸，無所迴避。侍中許章以外屬貴幸，賓客犯法，與章相連。豐欲劾奏，適逢章出，豐駐車舉節招章曰：「下！」欲收之。章馳去，豐奔車逐之，章遂入殿得免〔一〕。因此，成帝遂收豐節。成帝元延四年省。綏和二年，哀帝復置，但爲司隸，除「校尉」字。冠進賢冠，屬大司空，比司直。司隸掌察皇太子以下，行馬内事皆主之。專道而行，專席而坐。初除，皆謁兩府。兩府謂丞相、御史也。唯涓勳初爲司隸，不肯謁丞相、御史大夫，後爲翟方進奏免〔二〕。又漢書曰：「鮑宣字子都，明經，爲司隸。丞相孔光行園陵，官屬行馳道中，宣使斂止丞相掾史〔三〕，没入其車馬，摧辱宰相。又王駿爲司隸校尉，奏免丞相匡衡。又蓋寬饒爲司隸，亦無所迴避。後漢復爲司隸校尉，所部河南尹、河内、右扶風、左馮翊、京兆尹、河東、弘農凡七郡，治河南洛陽。北齊書曰：「後漢凡皇族不得典三河，蓋忌其親而惜形迹之地。」無所不糾，唯不察三公。後漢江馮上言：「宜令司隸校尉督察三公。」陳元議以爲不宜使有司省察公輔，乃止。廷議處九卿上，朝賀處公卿下。鮑永爲司隸，鮑恢爲都官從事，並不避强禦。詔策曰：「貴戚且當斂手〔四〕，以避二鮑。」又中常侍王甫、曹節等用事，尚書令陽球常唾手拊髀曰：「當令陽球作司隸，此輩敢爾？」及後拜司隸，遂表劾王甫，自臨考，父子皆死於杖下。曹節見甫屍，乃收淚入言球罪，帝徙爲衛尉。球叩頭曰：「願假臣一月，必令豺狼鴟鴞悉伏其辜。」又李膺字元禮，拜司隸校尉。張讓弟朔爲野王令，貪殘無道，畏膺而逃藏讓舍柱中。膺率將吏破柱取朔，付獄殺之。自是宦官屏氣，休沐不敢復出。帝問其故，並叩頭泣曰：「畏李司隸。」凡司隸屬官有從事史十二人。其都官從事史至爲雄劇，主察百官之犯法者。魏、晉司隸與二漢同。劉聰僭號，置左、右司隸。司隸於端門外坐，在諸卿上，絕席；其入殿，按本品秩，在諸卿下，不絕席。初以司隸官屬制置如州儀，而俗稱之司州。見太康記。及魏、晉，乃以京輔所部定名，置司州，以司隸校尉統之。及東晉渡江，罷司隸校尉官，變其職爲揚州刺史。後魏、北齊爲司州牧。後周有司隸下大夫，掌五隸及徒者、捕盗賊囚執之事，屬大司寇。隋初，有雍州牧。後煬帝置司隸臺，有大夫一人，掌諸巡察。薛道衡爲司隸大夫，別駕二人，分察畿内，一人按東都，一人按京師。後又罷司隸臺，裴蘊爲御史大夫，欲重己權，令虞世基奏罷司隸、刺史以下官屬。而留司隸從事之名，不爲常員，臨時選京官清明者權攝以行。唐無司隸校尉，而有京畿採訪使，亦其職也。

州牧刺史

黄帝立四監，以治萬國。唐有九州。舜置十二州，有牧。夏爲九州牧。殷、周八命曰牧。秦置監察御史，漢興省之。至惠帝三年，又遣御史監三輔郡，察詞訟，所察之事凡九條，監者二歲更之，常以十月奏事，十二月還監。其後諸州復置監察御史。文帝十三年，以御史不奉法，下失其職，乃遣丞相史出刺并督察監察御史。武帝元封元年，御史止不復監。五年，乃置部刺史，掌奉詔六條察州，凡十二州焉。漢制，刺史以六條問事，非條所問即不省。一條，强宗豪右田宅踰制，以强凌弱，以衆暴寡。二條，二千石不奉詔書遵承典制，背公向私，旁詔守利，侵漁百姓，聚斂爲姦。三條，二千石不恤疑獄，風厲殺人，怒則任刑，喜則任賞，煩擾刻暴，剥截黎元，爲百姓所疾，山崩石裂，妖祥訛言。四條，二千石選署不平，苟阿所愛，蔽賢寵頑。五條，二千石子弟恃怙榮勢，請託所監。六條，二千石違公下比，阿附豪强，通行貨賂，割損正令。居部九歲，舉爲守相。成帝綏和元年，以爲刺史位下大夫而臨二千石，輕重不相準，乃更爲州牧，秩真二千石，位次九卿。九卿缺，以高第補。是時，何武與翟方進奏曰：「古選諸侯賢者，以爲州伯。今部刺史居牧伯之位，選第大吏，所薦位高至九卿，所惡立退，任重職大。春秋之義，用貴理賤，不以卑臨尊。刺史位下大夫而臨二千石，輕重不相準。請罷刺史，更置州牧，以應古制。」奏可。哀帝建平二年，復爲刺史。時朱博又奏曰：「漢家立置郡縣，部刺史奉使典州，督察郡國，吏人安寧。故事，居部九歲，舉爲守相，其有異材、功效著者輒登擢。秩卑賞厚，咸勸功樂進。今增秩爲牧，以高第補九卿，其中材則苟自守而已，恐功效陵夷，姦宄不禁。臣請罷牧，置刺史如故。」奏可。元壽二年，復爲牧。後漢光武建武十八年，復爲刺史，外十二州各一人，其一州屬司隸校尉。漢刺史乘傳周行郡國，無適所治。中興，所治有定處。舊常以八月巡行所部，常以秋分行部，郡國各遣一吏迎之界上〔五〕。錄囚徒，考殿最。初，歲盡詣京都奏事。中興但因計吏，不復自詣京師。建武十一年，初斷州牧自還奏事。雖父母之喪，不得去職。元嘉元年，初聽刺史二千石行三年服；延熹二年，復斷之。或謂州府爲外臺。謝夷吾爲荆州刺史，第五倫薦之曰：「尋功簡能，爲外臺之表；聽聲察實〔六〕，爲九伯之冠。」靈帝中平五年，改刺史，惟置牧。是時天下方亂，豪傑各欲據有州郡，而劉焉、劉虞並自九卿出領州牧。州牧之任，自此重矣。舊制，州牧奏二千石長吏不任位者，事皆先下三公，三公遣掾史按驗，然後黜退。光武即位，用法明察，不復委三府，故權歸舉刺之吏。魏、晉爲刺史，任重者爲使持節都督，輕者爲持節，皆銅印墨綬，進賢兩梁冠，絳朝服；領兵者武冠。而晉罷司隸校尉，置司州，江左則揚州刺史。自魏以來，庶姓爲州而無將軍者，謂之單車刺史。庶姓謂非帝族。凡單車刺史，加督進一品，都督進二品，不論持節、假節。晉制，刺史三年一入奏。甲午詔書曰：「刺史銜命，國之外臺。其非所部而在境者，刺史并糾之。」宋與魏同。梁刺史受拜之明日〔七〕，辭宫廟而行，皆持節。後魏天賜二年〔八〕，又制諸州置三刺史，皇室一人，異姓二人，比古之上、中、下三士也。郡置三太守，縣置三令長。孝文太和中，次職令。自後魏、北齊，則司州曰牧；而北齊制，州爲上、中、下三等，每等又有上、中、下之差，自上上州至下下州凡九等。後周則雍州曰牧。而制刺史初除，奉辭之日，備列鹵簿。凡總管、刺史則加使持節諸軍事，以此爲常。及蘇綽爲六條之制，初文帝秉魏政，令百官誦習，其牧守令長非通六條及計帳者，不得居官。六條之制，其略曰：其一，先治心，心不清浄則思慮妄生，見理不明，是以治民之要，在於清心而已。其二，敦教化。其三，盡地利。其四，擢賢良。其五，恤獄訟。其六，均賦役。静帝大象元年，詔總管、刺史及行兵者加持節，餘悉罷之。隋雍州置牧，餘州並置刺史，亦同北齊九等之制，總管、刺史加使持節。至開皇三年，罷郡，以州統縣，自是刺史之名存而職廢。後雖有刺史，皆太守之互名，理一郡而已，非舊刺史之職。按：魏置使持節，寵奉使官之任。隋氏廢郡，而以刺史牧人，既非使官，則合罷持節之稱。其時制置，不以名實相副爲意，仍舊存之。後改爲太守，亦復不省，所以使持節之名，及於邊遠小郡，乃不徵典故之失。刺史、縣令，三年一遷。諸有兵處，則刺史帶軍事以統之。煬帝乃別置都尉領兵，兵不屬郡。十四年，改九等州縣爲上、中、中下、下凡四等〔九〕。煬帝大業初，復罷州置郡。爲司隸臺，大夫一人巡察畿内；又有司隸刺史，房彦謙嘗爲之。其刺史十四人，巡察畿外諸郡，亦有六條之制。與漢六條不同。從事四十人，副刺史巡察。每年二月乘軺巡郡縣，十月入奏。唐武德元年，罷郡置州，改太守爲刺史，而雍州置牧。至神龍二年二月，分天下爲十道，置巡察使二十人，一道二人。以左、右臺及内外官五品以下堅明清勁者爲之。兼按郡縣，再期而代。至景雲二年，改置按察使，道各一人。開元十年省，十七年復置。二十二年，改置採訪處置使，其有戍旅之地〔一〇〕，即置節度使，仍各置印。天寶九載三月敕：「本置採訪使，令舉大綱，若大小必由，是一人兼理數郡。自今已後，採訪使但採察善惡，舉其大綱，自餘郡務所有奏請，並委郡守，不須干及。」理於所部之大郡。至德之後，改採訪使爲觀察。觀察皆并領都團練使。其僚屬隨事增置。分天下爲四十餘道，大者十餘州，小者二、三州，各因其山川區域爲制。諸道增減不恒，使名沿革不一，舉其職例，則皆古之刺史云。

都督 總管、節度、團練、都統等使附

後漢光武建武初征伐四方，始權置督軍御史，事竟罷。建安中，魏武爲相，始遣大將軍督之，而袁紹分沮授所統諸軍爲三都督。紹以沮授、郭圖、淳于瓊各典一軍。魏武征孫權還，又使夏侯惇督二十六軍。魏文帝黄初三年，始置都督諸州軍事，或領刺史。又上軍大將軍曹真都督中外諸軍，假黄鉞，則總統外内諸軍矣。明帝太和四年，司馬宣王征蜀，加號大都督。高貴鄉公正元二年，司馬文王都督中外諸軍，尋加大都督。晉受魏禪，則都督諸軍爲上，監諸軍次之，督諸軍爲下；使持節爲上，持節次之，假節爲下。使

持節得殺二千石以下。持節殺無官位人，若軍事，得與使持節同。假節唯軍事得殺犯軍令者。及伐吴之役，以賈充爲使持節、假黄鉞、大都督，總統六師。兼給羽葆、鼓吹、緹幢、兵萬人、騎二千，置左右長史、司馬、從事中郎，增參軍、騎司馬各十人，帳下司馬二十人，大車、官騎各三十人。太康中，都督知軍事，刺史理人，各用人也。惠帝末，乃并任，非要州則單爲刺史。庾翼都督征討諸軍事，鎮襄陽，綏懷招納，立客館，置典賓參軍。江左以來，都督中外尤重，惟王導等權重者乃居之。宋氏人臣則無居者，惟江夏王義恭得假黄鉞。假黄鉞則專戮節將，非人臣常器。又有都督諸州諸軍事者，則爲常職。舊曰監某州諸軍事，文帝即位，改監爲都督。後魏有都督中外諸軍事。永安以後，近遠多事，置京畿大都督，總攝軍人，立府置佐。後周改都督諸軍事爲總管，則總管爲都督之任矣。又有大都督、帥都督、都督。至隋，三都督並以爲散官。煬帝改大都督爲校尉，帥都督爲旅帥，都督爲隊正。唐武德七年，改上大都督爲驍騎尉，大都督爲飛騎尉，帥都督爲雲騎尉，都督爲武騎尉。按此，則都督之名微矣。隋文帝以并、益、荆、揚四州置大總管，并、益、揚三州以親王臨統，唯荆州以韋世康爲之，時論以爲美。其餘總管府置於諸州，列爲上、中、下三等，加使持節。煬帝悉罷之。唐諸州復有總管，亦加號使持節，刺史加號持節。武德元年，諸州總管亦加號使持節。五年，以洛、荆、并、幽、交五州爲大總管府。七年，改大總管府爲大都督府，總管府爲都督府。舊洛州已置都督府，武德四年廢府，置大行臺。復有行軍大總管者，蓋有征伐則置於所征之道，以督軍事。武德以來，亦有元帥之號，太宗爲秦王，加西討元帥；中宗爲周王，爲洮河道元帥；睿宗爲相王，爲并州道行軍元帥。安禄山反後，天寶十五載，哥舒翰爲諸道兵馬元帥，其後李光弼、郭子儀復爲副元帥，李峘、李若幽、李勉又爲兵馬都統，蓋從其宜也。太極初，以并、益、荆、揚爲四大都督府。開元十七年，加潞州爲五焉。其餘都督，定爲上、中、下等。上都督府五，中都督府十三，下都督府十六。前後制置改易不恒，難可備叙。凡大都督府，置大都督一人，掌所管都督諸州城隍、兵馬、甲仗、食糧、鎮戍等。親王爲之，多遥領其任；亦多爲贈官，長史居府，以總其事。各有長史、司馬、録事、功曹以下官屬，因員數多少與諸州府有差，其職事不異，具郡佐篇。分天下州縣制爲諸道，每道置使，理於所部。即採訪、防禦等使也。其邊方有寇戎之地，則加以旌節，謂之節度使。自景雲二年四月，始以賀拔延嗣爲涼州都督，充河西節度使。其後諸道因同此號，得以軍事專殺。行則建節，府樹六纛，外任之重莫比焉。本皆兼度支、營田使[二]，開元九年十一月敕，其河東、河北不須別置，並令節度使兼充。有副使一人，副貳使。行軍司馬一人，申習法令。自漢、魏至隋，總戎出征，則刺史、都督、將軍等官置長史、司馬、諸曹參軍，爲之寮佐，按官置司。唐本制，大總管乃前代專征之任，其寮佐亦多同之。自後改爲節度大使，署副使、判官以爲寮佐，如前代長史已下之任。然長史、司馬及諸曹是曰官名，副大使、副使、判官乃爲使職。有所改易，合隨府主。置大使則有副使已下，今若改名使府，不合設官充其寮吏。蓋因授任者莫詳其源，既有副使，又置司馬，參雜重設，遂爲其例。況不標於甲令，固須區別著定恒規也。判官二人，分判倉、兵、騎、胄四曹事，副使及行軍司馬通署。掌書記一人，掌表奏書檄。齊書曰：「宋江夏王義恭取邱巨源爲掌書記。」參謀無員，或一人，或二人參議謀畫。隨軍四人。分使出入。開元中，凡八節度使，磧西、河西、隴右、朔方、河東、幽州、劍南、嶺南，此八節度也。後更增加，兼改名號。蓋古之持節都督江左四中郎將、近代行軍總管之任。凡將帥出行，兵滿萬人以上，則置長史、司馬、倉、兵等曹參軍。若萬人以下，員數遞減。自至德以來，天下多難，諸道皆聚兵，增節度使爲二十餘道。其非節度使者，謂之防禦使，以採訪使并領之。採訪理州縣，防禦理軍事。初，節度與採訪各置一人，天寶中始一人兼領之。乾元中，始置都統，使監總管諸道，或領三道、或領五道，皆古方岳牧伯之任也。上元末，省都統，後又改防禦使爲都團練守捉使，皆主兵事而無旌節，寮屬亦減。有副使一人掌貳使事，判官二人分判軍事。自永泰以來，都團練使稍有加置參謀者。若朝覲，則置留後，擇其人而任之。宋武帝起義討桓玄，既平京口，向建業，以孟昶爲長史，總攝後事。及討司馬休之，伐荆州，以中軍將軍劉道鄰監留府事，皆留後之任也。自後無代無之，不復遍舉。

都護

漢宣帝地節二年，初置西域都護，爲加官也。或以騎都尉、諫議大夫使護西域三十六國，有副校尉。始以鄭吉爲之。後廢。至後漢永平十七年復置。班超爲西域都護，大破焉耆、尉犂，斬其王，自是西域降伏，納質者五十餘國。晉、宋以後，有都護之官，亦其任也。齊書曰：「廣州西南有二江，川源深遠，別置都護〔一二〕，專征討之任。陳伯超爲西江都護，沈顗爲南江都護。」唐永徽中，始於邊方置安東、安西、安南、安北四大都護府，後又加單于、北庭都護府。麟德元年，改雲中都護爲單于都護。府置都護一人，掌所統諸蕃慰撫、征討、斥堠，安輯蕃人及諸賞罰，叙録勳功〔一三〕，總判府事。副都護二人，掌貳都護事。其安北、單于則置一人。長史、司馬各一人。録事、功曹、倉曹、户曹、兵曹、法曹參軍各一人，參軍事三人。其安北、單于唯有司馬、倉曹、兵曹各一人，餘並不置。

觀風俗使

唐貞觀八年，分遣蕭瑀、李靖、楊恭仁、王珪、竇静、李大亮、劉德威、皇甫無逸、韋挺、李襲譽、張亮、杜正倫、趙宏智等巡省天下〔一四〕，延問疾苦，觀風俗之得失，察政刑之苛弊，以後不復置。

巡察按察巡撫等使

貞觀二十年，遣大理卿孫伏伽等二十二人〔一五〕，以六條巡察四方，多所舉刺。太宗命褚遂良一其類以聞，乃親自臨决牧宰以下，以能官進擢者二十人，罪死者七人，流罪以下免黜數百人。天授二年，發十道存撫使，以右肅政御史中丞知大夫事李嗣真等爲之。時分巡天下者，皆左右臺官。神龍二年，敕左右臺内外五品已上官，識理通明無屈撓者二十人，分爲十道巡察使，二周年一替，以廉按州郡。景龍三年〔一六〕，置十道按察使，分察天下。至開元八年五月，復置十道按察使，以陸象先、王皎等爲之〔一七〕。貞元八年，以江、淮、荆、襄、陳、宋、河朔水災，遣中書舍人奚陟、左庶子姚齊語、祕書少監雷成〔一八〕、京兆少尹韋武爲諸道宣撫使，賑給災荒，均平賦役，疏决囚繫，懲肅官吏。元和四年，以旱災，復遣左司郎中鄭敬等爲諸道宣撫使。

黜陟使

貞觀八年，發十八道黜陟大使〔一九〕。二十年，遣大理卿孫伏伽等以六條巡察四方，黜陟官吏。開元二十九年遣使〔二〇〕，以崔翹等爲之。天寶五載遣使，以席豫等爲之。至德二載遣使〔二一〕，以虢王等爲之。建中元年，以庾何等爲之。自建中以後省。

採訪處置使

開元二十二年，初置十道採訪處置使，以御史中丞盧絢等爲之，仍置印。二十五年，命諸道採訪使考課官人善績，三年一奏，永爲常式。天寶九載，敕：「採訪使但察訪善惡，舉其大綱，自餘郡務所有奏請，並委郡守，不須干及。」乾元元年，詔：「近緣狂寇亂常，每道分置節度。其管内緣徵遣及文牒兼使命來往，州縣應命非不艱辛，仍加採訪，轉益煩擾。其採訪使置來日久，并諸道黜陟使宜且停，待後當有處分。」其年改爲觀察處置使。

容齋洪氏隨筆曰：「唐世於諸道置按察使，後改爲採訪處置使，治於所部之大郡，既又改爲觀察。其有戎旅之地，即置節度使。分天下爲四十餘道，大者十餘州，小者二、三州，但令訪察善惡，舉其大綱。然兵甲、財賦、民俗之事，無所不領，謂之都府，權勢不勝其重，能生殺人，或專私其所領州，而虐視支郡。元結爲道州刺史，作春陵行，以爲『諸使誅求符牒二百餘通』，又作賊退示官吏一篇，以爲『忍苦哀斂』。陽城守道州，賦税不時，觀察使數誚責，又遣判官督賦，城自囚於獄。判官去，復遣官來按舉。韓愈送許郢州序云：『爲刺史者恒私於其民，不以實應乎府；爲觀察使者常急於其賦，不以情信乎州。財已竭而斂不休，人已窮而賦愈急。』韓皋爲浙西觀察使，封杖決安吉令孫澥至死。一時所行，大抵類此，然每道不過一使臨之耳。今之州郡控制按刺者〔三二〕，率五六人，而臺省不預，毁譽善否隨其意好，又非唐時一觀察使比也〔三三〕。」

按：野處所言，以爲唐之州縣不過一使臨之，而宋則有帥、漕、憲、倉四司，故州縣之官尤難以奉承展布。蓋唐制，一道兵政屬之節度使，民事屬之觀察使，然節度多兼觀察；又各道雖有度支、營田、招討、經略等使〔二四〕，然亦多以節度使兼之。蓋使名雖多，而主其事者，每道一人而已。至宋，則監司各自有建臺之所，每司專有長官，專有掾佐，而號令之行於統屬者始煩矣。然宋之監司雖多，而一司猶不過一人專之也。若夫司存鼎立，而每司之稱牧伯刺史者比肩數人，而以臨乎其郡；每郡則稱守者比肩數人，而以臨乎其縣；每縣則稱宰者比肩數人，而以臨乎其民，則其誅求之苛密，奉承之不易易，又振古所無也。

度支營田使

開元十年敕，度支、營田若一使專知〔二五〕，宜同爲一額，共置判官兩人。元和十三年詔曰：「事關軍旅，並屬節制；務係州縣，悉歸廉察。二使所領，實曰管轄。諸道度支、營田承前各置使〔二六〕，自艱虞以後，名制因循，方鎮除授之時，或有兼帶此職，遂令綱目所在各殊。今日務修舊章，思一法度，去煩就理，衆心爲宜。唯別置營田處，其使且令仍舊。其忠武、鳳翔、武寧、魏博、山南東道、横海、邠寧、義成、河陽等道度支、營田使及淮南度支近已停省，其餘諸道並準此處分。」初，景雲、開元間，節度、度支、營田等使，諸道並不置，又一人兼領者甚少。艱難以來，優寵節將，天下擁旄者常不下三十人，例銜節度、度支、營田、觀察四使。其邊界藩鎮增置名額者又不一。前後六十餘年，雖嘗增減官員及使額，而支度、營田以兩河諸將兼領，故朝廷不議停廢。至是群盜漸息，宰臣等奏罷之。

租庸使

開元十一年，宇文融除殿中侍御史，勾當租庸地税使。天寶二年，陝郡太守韋堅兼知勾當租庸使〔二七〕。六載，楊國忠加諸郡租庸使。至德元載，第五琦除監察御史，充江、淮租庸使。廣德元年，考功郎中裴諝爲河東道租庸、鹽鐵等使。永泰元年，京兆尹第五琦奏：「租庸使請一切並停，唯差判官一人、巡官二人催遣。」從之。

兩税使

建中三年，初分置汴東、西水陸運兩税鹽鐵使。包佶、崔縱分爲之。八年，以東都、河南、江淮、嶺南、山南東道兩税等錢物，令户部侍郎、轉運使張滂主之。東渭橋以東諸道巡院，並隸滂。以關輔、河東、劍南、山南西道財物，令户部尚書、支度使班宏主之。其後，宏、滂互有短長。宰相趙憬、陸贄具以其事上聞，由是參用大曆故事，如劉晏、韓滉所分焉。元和四年制：「令鹽鐵使楊子留後，宜兼充淮南、浙西東、宣歙、福建等道兩税使；其江陵留後，宜兼充荆南、山南東道、鄂岳、江西、湖南、嶺南等道兩税；使支度山南西道分巡院官，宜兼充劍南、東西川、山南西道兩税使；其硤内五監舊屬鹽鐵使，宜割屬支度使，便委山南西道兩税使兼知糴貨。各奉所職，期於悉心。」

户口使

開元十二年，宇文融除御史中丞，充諸色安輯户口使。天寶四載，户部郎中王鉷加勾當户口色役使。

蘇氏駁曰：「九寺、三監，東宮三寺、十二衛，及京兆河南府，是王者之有司，各勤所守，以奉職焉。尚書准舊章立程度以頒之〔二八〕。御史臺按格令，採姦濫以繩之。中書、門下立百司之體要，察群吏之能否，善績著而必進，敗德聞而且貶，政有恒而易守，事歸本而難失。經遠之理，舍此奚據？洎姦臣廣言利以邀恩，多立使以示寵，刻下民以厚斂，張虚數以獻忱〔二九〕，上心蕩而益奢，人望怨而成禍〔三〇〕。使天子有司，守其位而無其事，受厚禄而虚其用。宇文融首倡其端，楊慎矜〔三一〕、王鉷繼遵其軌，楊國忠終成其亂。仲尼云『寧有盗臣，而不畜聚斂之臣〔三二〕』，誠哉是言。前車既覆，後轍未改，求達化本，不亦難乎？」

洪氏容齋隨筆曰：「楊國忠爲度支郎，領十五餘使；至宰相，凡領四十餘使。第署一字不能盡，胥吏因是恣爲姦欺。新舊唐史皆不詳載其職。按其拜相制前銜云『御史大夫判度支，權知太府卿事，兼蜀郡長史，劍南節度、度支、營田等副大使〔三三〕，本道兼山南西道採訪處置使，兩京太府、司農、出納、監倉、祠祭、木炭、宫市、長春九成宫等使，關内道及京畿採訪處置使，拜右相兼吏部尚書、集賢殿崇文館學士〔三四〕、修國史、太清太微宫使』。自餘所領，又有管當租庸、鑄錢等使。以是觀之，概可見矣。宮市之事，咸謂起於德宗貞元，不知天寶中已有此名，且用宰臣充使也。韓文公作順宗實録，但云舊事宮中有要市外物，令官吏主之，與人爲市，隨給其直，貞元末以宦者爲使。亦不及天寶時已有之也。」

轉運使

唐先天二年，李傑始名務光〔三五〕。始爲水陸發運使，蓋使名之起。開元二十二年〔三六〕，裴耀卿以侍中充江淮、河南轉運使〔三七〕，而崔希逸、蕭炅爲副〔三八〕，蓋副使始此。天寶以韋堅充勾當轉運使，第五琦充諸色轉運使，劉晏充諸路轉運使。其後韓滉、杜悰、杜讓能、崔昭緯皆以宰相充使，而諸道分置巡院，皆統於此。五代罷巡院，始置轉運使。

宋朝藝祖開基，懲五季之亂，藩臣擅有財賦，不歸王府，自乾德以後，僭僞略平，始置諸道轉運使，以總利權。開寶六年，廣南平，除徐澤爲判官，蓋轉運判官始此。其轉運使之名，國初但曰勾當某路水陸計度轉運事，官高者則曰某路計度轉運使。太平興國初皆曰使，兩省以上則爲都轉運使〔三九〕，又置副使與諸路判官焉，又置同勾當轉運事，俄罷諸路副使。真宗每用兵，或令都部署兼轉運使；王師征討，則有隨軍轉運使，事畢即停。至道中，詔曰：「天下物宜，民間利病，惟轉運使得以周知。令更互赴闕，延見詢問焉。」慶曆中，皆帶按察之任；六年，罷之。三年，詔諸路轉運使並兼按察使，每歲具官吏能否。先是，歐陽修請遣使按察官吏，賈昌朝言轉運以按察官吏，故令兼而領之。六年赦書，以爲所過煩擾，吏不能安其職，遂並罷之。先是，判官與轉運爭權而罷。至嘉祐中復置。熙寧二年，詔轉運使用本資序人即充，資序下一等爲權，二等爲權發遣。中興以來，逐路都轉運使除授不常，惟使、副、判官常置。舊制，轉運司除授皆命詞給誥，渡江已後，例給敕命，後稍復舊，轉運使、副命詞，運判則否。六年，諸路運判亦命詞給誥。光宗紹熙以來，使副、運判不雙除。屬官有主管文字一員、幹辦公事人員，又有準備差遣，員多寡不一。

東萊呂氏曰：「國初，未嘗有監司之目。其始除轉運使，止因軍興，專主糧餉，至班師即停罷。如太祖時平澤、潞，則命户部侍郎高防、兵部侍郎邊光範充北路轉運使；用師湖南，則命部判官滕白充南面，給事中沈義倫充京西水陸轉運使是也。至於命何幼冲充東面，劉仁遂充西面，曹翰充南面，胡玩充北面，皆水陸轉運使。太宗時，如劉保勳爲河東城西四面轉運使，樂冲爲太原管内水陸轉運使，郭泌爲御河至關南水陸轉運使，王在田爲陸路轉運使，崔邁爲水路判官。或謂路，或謂道，或曰知，或曰同，或曰同知，或爲幹當，皆緣用武，責以饋運之職也。太祖開寶五年，命二參政事薛居正、呂餘慶兼領提舉諸州水陸轉運使。明年，薛居正、沈義倫拜相，呂餘慶去位，遂以居正、義倫二相兼提舉水陸漕事。累朝以武臣爲帥守而兼漕事，則太祖朝，均州刺史、襄州荆門至石門關兵馬都總管曹翰兼西南面水陸轉運使，襄州節度使潘美、廬州節度使尹崇珂同知廣州軍州事，並兼嶺南轉運使；太宗朝，右武衛大將軍、濱州團練使、知通利軍王賓兼河北轉運使，又以賓知揚州、兼發運司；真宗朝，定州駐泊都總管、山南東道節度使、同平章事王顯兼河北水陸都轉運使，顯總領鎮、定、高陽三路〔四〇〕，又領河北都轉運使，副都總管、侍衛馬步軍都虞候、天平軍節度使王超充轉運副使。此皆武臣任帥守兼漕也。太祖朝，知容州毋守素、知邕州范旻、通判桂州符嗣，各知本管轉運事。太宗朝，知廣州李符兼諸州轉運使，知洪州王明兼江南西路轉運使。真宗朝，知益州宋太初兼川陝四路都轉運使，參知政事、判天雄軍府王欽若都大提舉江北轉運使。此皆文臣任帥守兼漕也。始轉運一司隸州縣，與夫廢置皆在一時，初無定制，所掌者軍需糧餉而已〔四一〕。自高保寅知懷州，州隸河陽，時趙普爲河陽帥，與保寅素有隙，事多抑制，保寅不能平，手疏請罷支郡。會左拾遺李幹亦言：『諸州藩鎮支屬州郡，多俾親吏掌其關市，頗不便於商賈，滯天下之貨。望不令有所統攝，以分方面之權，尊奬王室，亦强幹弱枝之術也。』時太平興國二年也。遂詔：『邠、寧、涇、源、鄜、坊、延、丹、陝、虢、襄、均、房、復、鄧、唐、澶、濮、宋、亳、鄆、濟、滄、德、曹、單、青、淄、兖、沂、貝、冀、滑、衛、鎮、深、趙、定、祈等州先隸藩鎮，令直屬京師，郡長吏得自奏事。』自是而後，邊防、盜賊、刑訟、金穀、按廉之任，皆委於轉運使。又節次以天下土地形勢，俾之分路而治矣。繼增轉運使判官，以京官爲之。於是轉運使於一路之事，無所不總也。太宗淳化二年五月，詔轉運使司命常參官一人，糾察州軍刑獄。四年十月，詔刑獄司宜從省罷，委轉運司振舉之。以此知轉運司總刑獄之事也。真宗大中祥符二年五月，廣南西路轉運使言：『如洪寨主、殿直李文著以輕兵掩襲蠻賊，文著中流矢死，其隨文著將校八人，本司並斬訖。』七年八月，梓州轉運使寇瑊言：『本使公宇在梓、遂州，去戎、瀘地遠，或戎人緩急寇邊，難於照應，請置資州。』詔從之。以此知轉運司總邊防之事也。至道元年八月，荆湖轉運使何士宗請執政大臣出領外郡，應合申轉運司公事，只書通判以下姓名。太宗謂宰相等曰：『大臣品位雖崇，若出臨外藩，即轉運使所部，要係州府，不係品位，此朝廷典憲，不可輕改，並仍舊貫。』由是觀之，轉運使權可謂重矣。然又疑其權太重，復置朝臣於諸路爲承受公事，是機察漕司也。真宗即位，省罷承受之官。景德間，遂建提點刑獄一司，實分轉運使之權，又以武臣帶閤職者副之。熙寧中，議罷武臣提刑。或謂真宗時以武臣提刑，令機察漕司也。監司之官既衆，所領之職又分，諸路復以知州帶一路安撫、鈐轄等名目，自領軍事，而轉運司所職催科徵賦、出納金穀、應辦上供、漕輦綱運數事而已。仁宗慶曆中，患漕司權輕，令帶按察使。後二年，江東漕臣楊紘、王綽與提刑王鼎頗務深刻，號『江東三虎』，其餘刻轢州郡，窘辱大臣者多矣，朝廷又患之，遂罷轉運按察名，皆非太宗、真宗時委任轉運使意也。富弼等論帶按察使而不察司吏，以朝會速配率多爲能；又謂轉運使依資循例而入，多非其人，郡縣官守因循，人受其弊；又謂不由舉主擇，所以大半不才。皆確論也。然而太宗時轉運使，皆人主親自選擇，故淳化五年十一月，上曰：『多士滿朝，朕試令索班簿閱之，周行之人魚貫櫛比，不勝其衆矣。比於其中求一才中轉運使、三司判官者，了不能得。雖多，亦奚以爲？』臣以此知轉運使自人主親擇之也。淳化三年正月，詔：『宰相、參知政事、樞密副使、三司使、翰林學士、尚書丞郎、兩省給舍以上、御史中丞，各於京朝官内保舉堪任轉運使者一人。』臣以是知宰相、執政、侍從官皆舉薦人才，而人主親擇之也。神宗謂文彦博等曰：『諸道帥臣、轉運使職任至重，一道慘舒係焉，宜謹擇其人，久於其任。漢宣循名責實，胥用此道。』彦博等對曰：『爲治之要，無以易此。』故熙寧、元豐諸路漕臣，率多舉職。今軍興之際，調度日繁，理不可緩，而諸路轉運使推擇非才，任用不一，又非慶曆比也。然臣區區之愚，竊謂太宗用李幹之言，罷藩鎮支屬而委任轉運使。真宗朝士大夫論列，言其不便者多矣。仁宗景祐三年十一月，詔懷遠軍本隸宜州，自今奏事無得專達，是亦復支郡之意也。然以今日之勢觀之，宜修支郡之制，增藩鎮之權，以壯國勢，而一道廉按之任恐可改也。神宗即位之初，因知揚州徐綬告謝甚衷，嘗與富弼、曾公亮輩議分置藩郡，令按察支屬，而大臣無有能上當聖意者。熙、豐、紹、符、崇、觀、政、宣更數十年，不能行神宗之意，蓋有待於今日也。不然則願如太宗之時，盡減監司之目，獨存轉運一司，其親擢、舉薦、委任、賜予，悉用祖宗初制，仍帶按察之名。其久任如真宗用宋摶於河東十有一年不除代者，勞效顯著則增秩賜金，簡慢不職則削官奪賜。乘驛入奏，更互赴闕，以至給印曆，却委諸司一作州。長吏書績，皆以太宗、真宗爲法。比之復支郡，利害固不同，然亦愈於因循不振之弊也。」

安撫使

梁武帝普通五年，魏以酈道元爲大使，慰撫六鎮，大使始此。隋文帝開皇九年，詔遣柱國韋洸安撫嶺外。又仁壽四年，以楊素爲并州道行軍總管、河北道安撫大使。唐貞觀初，遣大使十三人巡省天下。諸州水旱，則有巡察、安撫、存撫之名；節度使兼之，則有副使。天授二年，發十道存撫使〔四二〕。聖曆中，狄仁傑爲河北道安撫大使〔四三〕。德宗貞元間，又置副使。

宋舊不常置，自咸平三年〔四四〕，以翰林學士王欽若爲四川安撫使〔四五〕，知制誥梁顥爲陝西安撫使〔四六〕，安撫使之名始此。其後景德三年，始置河北沿邊安撫使，以雄州守臣爲之，而陝西沿邊諸州亦有安撫使。慶曆三年〔四七〕，詔置湖南安撫司。八年，詔置河北四路安撫使〔四八〕。以韓琦、王拱辰、賈昌朝等充諸路使〔四九〕。皇祐四年，詔廣、桂二州帶經略安撫使。熙寧五年，罷諸路經略安撫司〔五〇〕。崇寧二年，置河南安撫使。宣和二年，罷置輔郡內潁昌府帶京西安撫使〔五一〕。宣和三年，臣僚言睦賊猖獗，乞以杭、越知州兼本路安撫使〔五二〕，鎮撫一方。詔杭越州、江寧府守臣並帶安撫使。詔洪州守臣可依江寧府帶安撫使〔五三〕。凡諸路安撫，逐州知州兼，以直祕閣以上充。掌總護諸將，統制軍旅，察治姦宄，以肅清一道，凡兵民之政皆掌焉。帥其屬而聽其獄訟，頒其禁令，定其賞罰，稽其錢穀、甲械出納之名籍。其行以法，若事難專決，則具可否稟奏；即干機速、邊防及士卒抵罪，則聽以便宜裁斷。係邊任，則綏御夷狄，撫寧疆圉。若甲兵屯戍、芻粟饋運，則視其緩急盈虛而移用之。掌凡戰守之事。建炎元年，李綱請沿河、沿淮、沿江置安撫使兼馬步軍都總管，以文臣充。二年，令將兵處知州帶管內安撫使，後省。四年，置鎮撫使，罷逐路安撫使。後罷鎮撫使，置安撫使如故。時諸路又有安撫大使，自兩浙西路劉光世始。二品以上爲帥，即爲安撫大使。

提刑

宋太宗淳化二年，以司門員外郎董循等一十一人分充諸路轉運司提點刑獄，四年省。景德四年，真宗謂王旦曰：「朕慮四方刑獄官吏未盡得人，一夫受冤，即召災沴。今軍民事務，雖有轉運使，且地遠無由知。先帝嘗選朝臣爲諸路提點刑獄〔五四〕，今可復置，仍以使臣副之。」於是置諸路提點刑獄公事，以朝臣充，始命屯田李拱爲之，副以武臣閤門祇候以上充。天禧四年，加勸農使，俄改提點刑獄、勸農使，又以武臣爲副使。天聖六年悉罷。明道二年復置。嘉祐中，有武臣同提點河東刑獄，竊用公庫銀器及樂倡首飾。議者謂武臣不可爲監司，罷之。治平元年，罷提點刑獄而委轉運司。熙寧二年，諸路提點刑獄復差文臣，其武臣並罷。史臣曰：「上以武臣罕習吏文，多不足以舉察所部人材，故罷之，人皆以爲便。」十年，復置提點京畿刑獄。掌察所部疑留獄訟，勸課農桑，而按其官吏之不法，別其廉吏，以達於朝。元豐因之，總郡國之庶獄，核其情實而覆以法；督治姦盜，申理冤濫，則隸提刑司；歲察所部廉能而保任之，若疲軟或冒法，則隨其職事劾奏。宣和初，詔江西、廣東增置武提刑一員，然遇闕帥，不許武憲兼攝。建炎元年，以盜賊未衰，諸路無武臣提刑處，權添差一員〔五五〕，專管捉殺。四年罷之。孝宗乾道六年，詔諸路分置武臣提刑一員。臣僚乞依故事加「同」字，不從，於是武憲横於四方。淳熙末，上知其不便，遂不復除，止除朝臣一員。其屬有幹辦公事一員，檢法官一員。

東萊呂氏曰：「太宗皇帝即位之久，天下無事。淳化二年五月，詔：『應諸路轉運使各命常參官一人專知糾察州軍刑獄公事，管內州府十日一具囚帳供報，有疑獄未決，即馳傳以示之。郡縣敢稽留大獄，久而不決，及偏辭按讞，情不得實，官吏用情者，並以聞。佐史小吏已下，得以便宜按劾從事。』此初置外路刑獄官之詔也，是時猶隸轉運司。然行之二年，勞擾無補。於是淳化四年十月，降詔曰：『比者申命使臣分聽獄訟，徒經歲序，蔑有平反，既莫副於哀矜，諒祇爲於勞擾。其諸路決遣刑獄司，宜從省罷，委轉運司振舉之。』真宗景德四年，乃謂先帝常選朝臣諸路提點刑獄，遂復置之，不隸轉運，別爲一司，稍重其權矣。當時約束曰：『所至專察囚禁，詳審案牘，州縣不得迎送聚會。所部每旬具繫囚犯由、訊鞫，次第申報，當檢舉催督。在繫淹久者，即馳往案問。出入人罪者，移牒覆勘，劾官吏以聞。諸色詞狀逐州斷遣不當，已經轉運司披斷未允者，並收接施行。官吏貪濁弛慢者，具名以聞，敢有庇匿，並當加罪。仍借緋紫，以三年爲任，增給緡錢如轉運使之數。内出御前印紙爲曆，書績效。中書、樞密院籍其姓名，代還者課議功行賞。如刑獄枉濫不能摘舉，官吏弛慢不能彈奏，務從畏避者，寘以深罪。』竊睹當日詔旨，專爲刑禁詞訟冤枉。天禧中，已兼勸農一事，至仁廟朝天聖六年正月詔，令諸路提點刑獄司朝臣、使臣交割本職公事與轉運使、副，令轉運司條所省事件以聞。既罷兩年，天聖八年九月復置，仍令所至毋得送迎，其吏人約舊數裁減之。降詔十月九日，是月壬申却權罷。又三年，至明道二年冬復置。自後提刑一司雖專以刑獄爲事，封樁錢穀、盜賊、保甲、軍器、河渠事務寖繁，權勢益重，而轉運司所總惟財賦綱運之責而已。司局愈多，官吏益衆，而事愈不治，今日之弊正在按察之官不一也。臣故著提刑廢置約束之詳，以備朝廷採擇。」

提舉

即漢耿壽昌常平之任也。自衛李悝制平糴之法，漢人因之，則謂之常平焉。然漢人特置倉，而猶領之於大司農也。

宋朝淳化中，建常平倉。景祐元年，令轉運司與長吏舉所部官專領之〔五六〕，然猶隸漕臣。熙寧遣使提領，此蓋提舉常平之所始也。三年〔五七〕，制置三司條例言：「河北、陝西已差官提舉常平、廣惠倉，餘路欲差胡朝宗、張復〔五八〕、侯叔獻、曾誼等並爲提舉官。」九年，府界、畿内亦專置提舉常平倉一員，不令司農丞兼領。提舉常平司操常平斂散之法，申嚴免役之政令。治荒修廢，賑民艱阨，則隸提舉司。歲察所部廉能而保任之，若疲軟或犯法，則隨其職事劾奏。又哲宗正史職官：「提舉常平司常平、義倉、免役、市易、坊場、河渡、水利之法，因民之有無，歲之豐凶而斂散賑濟之。凡役錢，視其産之厚薄。人吏廩禄，視其執役之輕重。凡市易，掌斂市之不售，貨之滯於民用者，乘其貿易，以平物價。皆舉行其政令，以裕民力而阜邦財，掌按察官吏之事。」元祐初罷，紹聖元年復置〔五九〕。政和改元，詔江、淮、荆、浙六路共置茶鹽提舉一員。宣和三年，詔河北、京東路推行新法鈔鹽，可添置提舉官一員。此提舉茶鹽之所始也。國朝茶鹽事，舊隸發運司。元豐間，或以轉運、常平官兼提舉，或以提刑兼領，知、通提轄。政和以後，始專置官吏。既而諸路皆置。建炎元年，詔提舉常平司併歸提刑司。二年八月，復諸常平官，還其糴本，自青苗錢不散外，常平、免役之政皆掌之。三年復罷〔六〇〕。四年，詔逐路提刑司、茶鹽司，並依舊分東、西路。紹興二年，詔荆湖北路復置提舉茶鹽司。四年，詔廣西茶鹽司官吏並罷，其職事委漕臣。五年，詔諸路提舉常平併入茶鹽司，仍以提舉常平茶鹽等公事爲名。九年，置經制司，改常平官爲經制某路幹辦常平等公事。未幾，經制司罷，復爲常平官。久之，復置提舉，東南以茶鹽司兼領，四川以提刑司兼領，又中興繫年録：「紹興十五年，户部侍郎王鈇言常平法〔六一〕，望復置提舉官，乃命諸路茶鹽官改充提舉常平茶鹽；惟四川、廣西以憲臣，淮西、京西以漕臣兼領，仍令檢察所部州，有擅用常平錢物者，按劾以聞。」乃別置官吏。然常平錢皆取以贍軍，今特掌義倉及水利、役法、賑濟等事而已，無復平糴之政矣。熙寧初，置提舉常平司勾當公事，於通判、幕職内選差一員，不妨本職。

紹興十五年，改爲幹辦公事，依漕屬例，此常平幹也。宣和三年，置茶鹽提舉屬官一員，此茶鹽幹也。故提舉司存二幹官，以此。

校勘記

〔一〕章遂入殿得免　「遂」，通典卷三二職官一四、職官分紀卷三七作「突」。

〔二〕後爲翟方進奏免　「進」字原脱，據漢書卷八四翟方進傳、通典卷三二職官一四補。

〔三〕宣使斂止丞相掾史　「斂」，漢書卷七二鮑宣傳作「鈎」。

〔四〕貴戚且當斂手　「當」，後漢書卷二九鮑永傳、職官分紀卷三七作「宜」。

〔五〕郡國各遣一吏迎之界上　「一」原作「二」，據元本、慎本、馮本、後漢書百官志五注引古今注改。

〔六〕聽聲察實　「聲察」二字原倒，據漢書卷八二謝夷吾傳、太平御覽卷二五六職官部五四乙正。

〔七〕梁刺史受拜之明日　「拜」字原脱，據隋書卷二六百官志上補。

〔八〕後魏天賜二年　「天賜」原作「天錫」，據通典卷三二職官一四改。

〔九〕改九等州縣爲上中中下下凡四等　「上中中下下」原脱作「上中下」，「四」作「三」，據隋書卷二八百官志下補改。

〔一〇〕其有戍旅之地　「戍」，通典卷三二職官一四作「戎」。

〔一一〕本皆兼度支營田使　新唐書卷四九下百官志四下、唐會要卷七八節度使「度支」作「支度」。

〔一二〕別置都護　「都」原作「督」，據通典卷三二職官一四改。通考下文「陳伯超爲西江都護，沈顗爲南江都護」可證。

〔一三〕叙録勳功　「録」原作「禄」，據通典卷三二職官一四改。

〔一四〕趙宏智等巡省天下　「宏」字原脱，據舊唐書卷三太宗本紀下、唐會要卷七七觀風俗使補。

〔一五〕遣大理卿孫伏伽等二十二人　「二十二」原作「二十一」，據舊唐書卷三太宗本紀下、通鑑卷一九八貞觀二十年正月丁丑條、唐會要卷七七巡察按察巡撫等使改。

〔一六〕景龍三年　「三」原作「二」，據舊唐書卷七中宗本紀、唐會要卷七七巡察按察巡撫等使改。

〔一七〕至開元八年五月復置十道按察使以陸象先王晙等爲之　唐會要卷七七巡察按察巡撫等使同。按唐大詔令集卷一〇四遣陸象先等依前按察制在開元二年閏二月七日，遣御史大夫王晙等巡按諸道制在開元八年八月。通鑑卷二一一開元二年閏二月丁卯條亦曰「復置十道按察使，以益州長史陸象先等爲之」。

〔一八〕祕書少監雷成　「雷成」，唐會要卷七七巡察按察巡撫等使作「雷咸」。

〔一九〕發十八道黜陟大使　唐會要卷七八黜陟使「八」作「六」。通鑑卷一九四貞觀八年正月考異曰實録舊本紀但云「遣蕭瑀等巡省天下」。按時止有十道，而會要、統紀皆云發十六道使」，據姓名止十三人，皆所未詳。

〔二〇〕開元二十九年遣使　「九」原作「一」，據舊唐書卷九玄宗本紀下、新唐書卷五玄宗本紀、唐大詔令集卷一〇四遣使黜陟諸道敕、唐會要卷七八黜陟使改。

〔二一〕至德二載遣使　按舊唐書卷一〇肅宗本紀載，太子少師嗣虢王巨爲東京留守、河南尹，充京畿採訪處置使在乾元元年夏四月癸卯。唐會要卷七八黜陟使作「至德三載四月遣使」。

〔二二〕今之州郡控制按刺者　「控制按刺」原倒作「按制控刺」，據元本、容齋三筆卷七唐觀察使乙正。

〔二三〕又非唐時一觀察使比也　元本、馮本、容齋三筆卷七唐觀察使「時」作「日」。

〔二四〕又各道雖有度支營田招討經略等使　新唐書卷四九下百官志四下「度支」作「支度」。

〔二五〕度支營田若一使專知　唐會要卷七八諸使雜録上「度支」作「支度」。

〔二六〕諸道度支營田承前各置使　唐大詔令集卷一〇一元和十三年七月停諸道支度營田使敕「度支」作「支度」。

〔二七〕天寶二年陝郡太守韋堅兼知勾當租庸使　按通鑑卷二一五天寶元年三月條載「天寶元年三月，以長安令韋堅爲陝郡太守，領江淮租庸轉運使」。

〔二八〕尚書准舊章立程度以頒之　「准」原作「省」，據唐會要卷七八諸使雜録上引蘇氏駁曰改。

〔二九〕張虛數以獻忱　「忱」原作「狀」，據唐會要卷七八諸使雜録上引蘇氏駁曰改。

〔三〇〕人望怨而成禍　「人望怨」，唐會要卷七八諸使雜録上引蘇氏駁曰作「人怨結」。

〔三一〕楊慎矜　原作「楊奢矜」，據舊唐書卷一〇五楊慎矜傳改。

〔三二〕而不畜聚斂之臣　「不畜」原作「無」，據唐會要卷七八諸使雜録上引蘇氏駁曰改。

〔三三〕度支營田等副大使　容齋随筆續筆卷一一楊國忠諸使「度支」作「支度」。

〔三四〕集賢殿崇文館學士　「崇文館」原作「崇元館」，據容齋續筆卷一一楊國忠諸使改。

〔三五〕始名務光　「務光」原作「務先」，據舊唐書卷一〇〇李傑傳、新唐書卷一二八李傑傳改。

〔三六〕開元二十二年　「二十二」原作「二十一」，據舊唐書卷八玄宗本紀上、卷四九食貨志下、通鑑卷二一四開元二十二年八月條改。

〔三七〕裴耀卿以侍中充江淮河南轉運使　「江淮河南」原作「江南淮南」，據舊唐書卷八玄宗本紀上、卷四九食貨志下、通鑑卷二一四開元二十二年八月條改。又上引食貨志「使」上有「都」字。

〔三八〕而崔希逸蕭炅爲副　「蕭炅」原作「蕭旻」，據舊唐書卷四九食貨志下改。

〔三九〕兩省以上則爲都轉運使　職官分紀卷四七「以」上有「五品」二字。

〔四〇〕顯總領鎮定高陽三路　「鎮」字原脱，按宋史卷二六八王顯傳載咸平三年，顯爲鎮、定、高陽關三路都部署，此處顯脱「鎮」字，據補。

〔四一〕所掌者軍需糧餉而已　元本、慎本、馮本「掌」上有「主」字。

〔四二〕發十道存撫使　「使」下原衍「職」字，據唐會要卷七七巡察按察巡撫等使删。

〔四三〕狄仁傑爲河北道安撫大使　「大使」二字原脱，據舊唐書卷八九、新唐書卷一一五狄仁傑傳補。

〔四四〕自咸平三年　「三」原作「二」，據宋史卷六真宗本紀一、長編卷四七咸平三年十月丙寅條、宋會要職官四一之八一改。

〔四五〕以翰林學士王欽若爲四川安撫使　宋史卷六真宗本紀一、長編卷四七咸平三年十月丙寅條、群書考索後集卷一三「四」作「西」。

〔四六〕知制誥梁顥爲陝西安撫使　宋史卷六真宗本紀一、長編卷四七咸平三年十月丙寅條「陝西」作「峽路」。

〔四七〕慶曆三年　「三」原作「二」，據長編卷一四四慶曆三年十月乙未條、宋會要職官四一之八九改。

〔四八〕詔置河北四路安撫使　「使」字原脱，據宋會要職官四一之九〇補。

〔四九〕以韓琦王拱辰賈昌朝等充諸路使　按長編卷一六四慶曆八年四月辛卯條、宋會要職官四一之九〇載，河北四路安撫使有韓琦、王拱辰、魚周詢、賈昌朝。

〔五〇〕罷諸路經略安撫司　群書考索後集卷一三同，職官分紀卷四六「經略安撫司」作「經略使勾當公事」。

〔五一〕罷置輔郡内潁昌府帶京西安撫使　「罷」字原脱，據宋史卷一六七職官志七、宋會要職官四一之九五補。又上引宋會要「西」下有「北」字。

〔五二〕乞以杭越知州兼本路安撫使　「使」字原脱，據宋會要職官四一之九五補。

〔五三〕詔洪州守臣可依江寧府帶安撫使　「帶」字原脱，據宋史卷一六七職官志七、宋會要職官四一之九五補。

〔五四〕先帝嘗選朝臣爲諸路提點刑獄　「刑」原作「官」，據長編卷六六景德四年七月癸巳條、合璧事類後集卷七〇、群書考索後集卷一三改。

〔五五〕權添差一員　「員」原作「次」，據宋史卷一六七職官志七、合璧事類後集卷七〇、群書考索後集卷一三改。又上引宋史「差」作「置」。

〔五六〕令轉運司與長吏舉所部官專領之　「與」原作「舉」，「吏」原作「史」，據職源撮要、群書考索後集卷一三改。長編卷一一五景祐元年七月壬子條亦曰「始詔諸路轉運使與州長吏所部官專主常平錢粟」。

〔五七〕三年　宋會要職官四三之二、群書考索後集卷一三作「二年」。

〔五八〕張復　宋會要職官四三之二作「張復禮」。

〔五九〕紹聖元年復置　「元」原作「九」，據群書考索後集卷一三改。按宋會要職官四三之六亦曰「紹聖元年閏四月二日，詔復置提舉常平等事官」，宋史卷一六七職官志七作「紹聖初復置」。

〔六〇〕三年復罷　「罷」原作「置」，據宋會要職官四三之一八、繫年要録卷二七建炎三年閏八月乙酉條改。

〔六一〕户部侍郎王鈇言常平法　「王鈇」原作「王鐵」，據宋史卷一六七職官志七宋史卷一七三食貨志、宋會要食貨六之四〇、咸淳臨安志卷五〇、玉海卷一七六紹興經界法等考訂，皆是「王鈇」其人，今從之。

卷六十二　職官考十六

制置使

唐宣宗大中五年，以白敏中充招討党項行營都統、制置等使，制置使之名始此。

宋朝不常置，掌經畫邊鄙軍旅之事。政和中〔一〕，熙、秦用兵，以内侍童貫爲之。宣和末，姚古爲京畿輔郡兵馬制置使。靖康初，种師道爲河東路制置使，錢蓋爲陝西五路制置使。建炎元年，有招捉盜賊制置使，自王淵始。三年，有行在五軍制置使，自劉光世始。又諸路皆有副使，自江、浙陳彦文、程千秋始。六月，浙西安撫使康允之帶本路制置使，安撫帶制置自此始也。四年罷。有沿江都制置使〔二〕。管江南東路，知建康府。紹興二年，有沿海制置使。係建康、兩浙東路。三年，有安撫制置使〔三〕。大使之名，自江南西路大使趙鼎始。六年，始鑄印，以某路制置司爲名，從浙西、淮東制置使梁汝嘉所請也。其後盡省，惟四川、沿海有焉。四川係成都府，沿海明州。開禧用兵，起邱宗卿守金陵，留鑰、宗卿嘗以簽樞督視軍馬，於是趙淳已爲江淮制置，命宗卿爲江淮制置大使。已而罷四川宣撫，又以安子文爲制置大使，朝議以子文恩數視執政，特加「大」字。屬官有參謀、參議、主管機宜、書寫文字各一員，幹辦公事三員，準備將領、差遣、差使各五員，餘隨時勢輕重而增損焉。

經略使

唐貞觀二年，邊州別置經略使，此蓋使名之起。節度兼度支、營田、招討、經略使〔四〕，則有副使、判官各一人。儀鳳二年，以黑齒常之爲河源軍經略大使。永淳元年，婁師德爲河源軍經略副使。至德三年，賀蘭進明除嶺南五府經略兼節度使。建中元年，除元琇節度，始不合五府經略〔五〕。

宋朝不常置。咸平五年，始以右僕射張齊賢爲邠寧環慶涇原路經略使、判邠州〔六〕，諸路軍馬並受節度，又以鄧州觀察使錢若水爲并代經略使、判并州，自後不除人。寶元中，夏人入寇，始命陝西沿邊大將皆兼經略。皇祐間，儂智高擾邊，詔知廣、桂州並帶經略安撫使。自後，西南二邊常帶經略，所以重帥權而服羌夷也。其經略、安撫，各以直祕閣以上充。掌一路兵民之事，皆帥其屬而聽其獄訟，頒其禁令，定其賞罰，稽其錢穀、甲械出納之名籍而行以法。若事難專決，則具可否稟奏；即干機速、邊防及士卒抵罪，則聽以便宜裁斷。帥臣任河東、陝西、嶺南路，職任綏御戎夷，則爲經略安撫使。南渡之初，依舊制，廣南東路帶主管經略安撫使公事，西路帶經略安撫使。紹興五年，令襄陽守臣、湖北帥帶經略安撫使。中書門下省言：「湖北帥司已移還荆南，舊治與襄陽府事體頗同。」詔王庶許依襄陽例帶經略安撫。後罷，而二廣如故。

發運使

宋太平興國二年，置江淮水陸發運於京師。端拱元年罷，以其事分隸排岸司。至道元年，始命洛苑副使楊允恭、西京作坊副使李延遂〔七〕，及太子中允王子輿爲江淮南、兩浙發運使，兼制置茶鹽事〔八〕，就淮南置局，三年省。咸平二年，鹽鐵判官王子輿復爲制置淮南茶鹽；是年令兼制置礬税，仍領荆湖路。三年，以子輿充淮南轉運使；四年，又加都大發運事，兼以淮南轉運使領其務而無使名。景德二年復置一人，後亦有二人。副使以諸司副使充。景德二年，置都監。天禧二年，官崇者或爲副使，秩輕者爲都監，副使、都監不常備。景祐元年罷，寶元元年復。慶曆七年，上命發運副使，更不置正使。紹興二年罷，置司真州，歲漕江、湖粟六百萬斛以贍中都；渡江後，江湖寇盜多，發運司第職糴買而已。以其錢帛赴行在。八年，起居舍人勾龍如淵言户部非生財之道，請置諸路水陸度支轉運等使，置司蘇、杭。户部侍郎李彌遜請復置發運使，别給糴本錢數百萬緡，廣行儲積。徽猷閣待制程邁爲江、淮、荆、浙、閩、廣經制發運使〔九〕，專掌糴事。九年，廢發運司。乾道六年，虞丞相當國，奏復發運司，以户部侍郎史正志爲江浙荆湖淮廣福建等路都大發運使〔一〇〕。朝論不以爲宜，汪聖錫、黄通老二尚書言之尤力，執政不聽。其年十二月，正志以奏課誕謾，遂廢司焉。後復置，以平江府守臣兼，專領糴運之事，以餉淮軍。

總領

總領財賦，古無其官。宋靖康末，高宗以大元帥駐軍濟州，命隨軍轉運使梁揚祖總領措置財用，然未以官名也。南渡初，嘗命朝臣總領都督府、宣撫司財賦。建炎末，張浚用趙開總領四川財賦，始置所繫銜，總領官自此始。紹興三年，差戶部侍郎姚舜明往建康總領應干都督府錢物糧斛。六年，都督諸路軍馬張浚言：「三宣撫司錢糧，漕司互相占悋，因至闕乏。乞於戶部長貳内差一員來鎮江府置司，專一總領。」詔差戶部侍郎劉寧止。七年，令戶部郎官霍蠡前往鄂州置局〔一一〕，專一總領岳飛軍錢糧。其後大軍在江上，間遣版曹或太府、司農卿少調其錢糧，皆暫以總領爲名，而四川改置都轉運司，故總領又廢。紹興十一年，諸將既罷兵，乃收諸帥之兵以爲御前軍，屯駐諸處，皆置總領，以朝臣爲之，仍帶專一報發御前軍馬文字，蓋又使之與聞軍政，不獨職饋餉而已，叙位在轉運副使之上。鎮江諸軍錢糧，淮東總領掌之。建康、池州諸軍錢糧，淮西總領掌之。鄂州、荆南、江州諸軍錢糧〔一二〕，湖廣總領掌之。興元、興州、金州諸軍錢糧，四川總領掌之。初以胡紡爲司農少卿總領淮東軍馬錢糧，吴彦璋爲太府少卿總領淮西、江東軍馬錢糧，曾慥爲太府卿總領湖廣、江西、京西路財賦〔一三〕，湖北、京西軍馬錢糧，諸軍不聽節制〔一四〕。十六年，四川總司以總領四川宣撫司錢糧所爲名。十八年，詔罷宣撫司，始改爲四川總領。孝宗乾道六年，詔淮東總領併歸淮西總領所。中書門下省言：「勘會淮東總領所廢併司名合行併入詔〔一五〕，以總領兩淮、浙西、江東財賦軍馬錢糧所爲名〔一六〕，仍鑄印，繳納兩司元印。」七年，復置淮東總領。官屬有幹辦公事、準備差遣〔一七〕。四川有主管文字二員。淮東西有分差糧料院、審計司，審計司，通判兼。榷貨務都茶場、御前封樁甲仗庫、大軍倉、大軍庫、贍軍酒庫、市易抵當司、惠民藥局。湖廣有給納場、分差糧料院。四川有撥發船運官、贖藥庫、糴買場，餘並同兩淮。

都大提舉茶馬

宋熙寧七年，始詔三司鹽鐵判官李杞、三司勾當公事蒲宗閔經畫川蜀買茶〔一八〕，充秦鳳、熙河路博馬，就除提舉成都府路買茶公事。杞於秦州〔一九〕、宗閔於成都置司，後改名都大提舉茶馬事。熙寧七年，差李杞、蒲宗閔成都府買茶，熙河路博馬，並令杞等提舉，置都大提舉及主管、同主管，各因其資品高下除授云。元豐四年，群牧判官郭茂恂又言：「茶司既不兼買馬，遂立法以害馬政，恐誤國事，乞併茶場、買馬爲一司。」從之。蓋茶馬司始合於此時也。舊制，於原、渭、德順三郡市蕃馬〔二〇〕。熙寧七年，初復熙、河，經略使王韶言：「西人頗以善馬至邊，其所嗜唯乏茶〔二一〕，與之爲市，請趣茶馬辦之。」乃命三司勾當公事李杞運蜀茶至熙、河，置買馬場六〔二二〕，而原、渭、德順更不買馬。於是杞言：「賣茶、市馬，一事也。乞同提舉買馬。」杞遂兼馬政，然合分不常。至元豐四年，群牧判官、提舉買馬郭茂恂又言：「茶司既不兼買馬，遂立法以害馬政，乞併爲一司。」從之。掌收摘山之利〔二三〕，以佐邦用。凡市馬於蕃夷，以茶易之。大觀以來，茶馬之政廢，川茶不以博馬，唯市珠玉，故馬政廢缺。建炎四年，張浚奏大石進奉珠玉，高宗喻曰云云〔二四〕。紹興四年，從關師古之請，以乏戰馬，始令四川宣撫司支茶博馬。五年，密院言已於永康軍、威、茂州置場。七年，宰臣趙鼎言：「得旨復置茶馬官，舊有主管茶馬、同提舉茶馬、都大提舉茶馬凡三等。」上曰：「考其資歷命之。」乾道元年，川、秦兩司馬額共九千餘匹。茶馬陳彌作言：「本司買馬，川、秦兩司，文、黎、珍、敘、南平長寧軍、本州軍年額川馬五千餘匹，係應副江上諸軍。階州之峰帖、陝西和州之宕昌兩處，年額共西馬四千餘匹，係輪年應副三衙。」川、秦兩司者，祖宗舊制，至今不廢。四年，四川宣撫使虞允文奏：「照得祖宗朝都大茶馬官於秦州、成都各置司，居治各半年〔二五〕，排發馬月分居秦司，訖事即歸川司，措置發茶并買馬物帛之類。今欲依舊制，於鳳州河池縣置秦司，既近宕昌，買馬之弊可以稽察。」從之。川、秦馬舊二萬匹〔二六〕，乾道川、秦買馬之額，歲爲萬有一千九百匹有奇，川司六千，秦司五千九百。益、梓、利三路漕司歲應副博馬紬絹十萬四千匹，成都、利州路十一州産茶二千一百二萬斤，茶馬司所收大較若此。其後文州改隸秦司，而川司增珍州之額，共爲四千八百九十六，秦司六千一百二十，合兩司爲萬有一千十有六匹，此慶元之額也〔二七〕。嘉泰末，川司五場又增爲五千一百九十六匹，秦司三場增爲七千七百九十八匹，合兩司爲萬有二千九百九十四匹。然累歲所市，多不及額焉。

都大坑冶

唐開元二十五年，監察御史羅文信充諸道鑄錢使。天寶三載，楊慎矜除御史中丞〔二八〕，充鑄錢使。六載，度支郎中楊釗充諸道鑄錢使。永泰元年，劉晏充東都、淮南、浙江東西、湖南、山南東道鑄錢使〔二九〕，第五琦充京畿、關内、河東、劍南、山南西道鑄錢使。諸鑄錢監監，所在州府都督、刺史爲之，副監一人，上佐判之。

宋朝自開寶平吴之後，因其舊，置錢監於鄱陽，既而江、淮、荆、浙、閩、廣之地皆有監，係發運使兼提點。咸平三年，以馮亮爲江南轉運副使，兼都大提點江南、福建路鑄錢事，内供奉官白承睿同提點鑄錢事。至景祐二年，始置江、浙、川、廣、福建等路都大提點坑冶鑄錢一員，以魏兼爲之，與提點刑獄序官。

按四朝傳〔三〇〕：榮宗範知鉛山縣，有詔罷民采銅，皆散爲盜，宗範一切使如故〔三一〕，真宗嘉異，擢提點江、浙諸路銀銅坑冶。與此不同，當考。

元豐二年，三司言江、浙等路提點坑冶鑄錢官一員，通領九路，水陸巡按不周，欲增一員，分路提點。從之。遂定爲兩司，在饒者領江東、淮、浙、七閩；在虔者領江西、荆湖、二廣焉。至元祐元年，以坑冶鑄錢通爲一司，從淮南提點李深之請也。政和七年，置提點鑄錢官兩員於饒、虔州。紹興二年，置虔州提點司，從提點王晚之請也。雖有上項指揮，後來多在饒州置司，贛州只係巡歷。六年，趙伯瑜乞依嘉祐著令，銜内添「都大」二字，與提刑序官。二十六年，詔都大提點坑冶鑄錢司官吏並罷，令逐路轉運司交割。以尚書省言坑冶鑄錢司近年鑄錢全虧，一司官吏所費不貲，罷之。二十七年，置提領諸路鑄錢官於行在，差侍從或卿監一員，不妨本職兼領，置屬官三員〔三二〕，以提領諸路鑄錢所爲名，以户部侍郎榮薿兼〔三三〕。二十九年，從左司諫何溥言，乃復置，以江淮荆浙福建廣南路提點坑冶鑄錢公事繫銜，與運判序官，依舊於饒、贛二州置司，輪年守任，專以措置坑冶，督責鼓鑄爲職。祖額一百六十餘萬貫〔三四〕。孝宗乾道六年，併歸發運司，八年復置〔三五〕。此據提點司題名。八年，詔鑄錢司依舊置提點官二員，於饒、贛二州置司。除王楫、李大正二人。九年，兩司分認課額。將江南、淮南、兩浙、潼川〔三六〕、利州路隸饒州司，江西、湖廣、福建分隸贛州司。又王楫等言：「所有舊坑多係江西贛州司〔三七〕，竊慮江東饒州一司無從措置〔三八〕，欲於江西管内取撥江州、吉州、撫州、興國軍、隆興府，却隸饒州司。」從之。淳熙三年，併贛司歸饒州，王楫專爲提點官，加「都大」焉〔三九〕。屬官有幹辦公事一員，檢踏官三員，催綱官一員。後檢踏增置六員，各分認專管職事。一員饒州本司，一員信州，一員建州，一員韶州〔四〇〕，一員潭州。

提舉市舶

唐有市舶使，以右威衛中郎將周澤爲之。見柳澤劾慶立疏。唐代宗廣德元年，有廣州市舶使呂太一。宋開寶四年下廣南，以同知廣州潘美、尹崇珂並兼市舶使，通判謝處玭兼市舶判官〔四一〕。咸平二年九月庚子，令杭州、明州各置市舶，聽蕃客從便〔四二〕。熙寧中，始變市舶法，泉人賈海外者，往復必使東詣廣，否則没其貨。海道回遠，竊還家者過半，歲抵罪者衆。太守陳偁奏疏，願置市舶於泉，不報。哲宗即位之二年，始詔泉置市舶。偁，了齋之父也〔四三〕。偁傳，延平志〔四四〕。舊制雖有市舶司〔四五〕，多州郡兼領。元豐中，始令轉運司兼提舉，而州郡不復預矣。三年，尚書省言廣州市舶條已修定，乞專委官催行。詔廣東以轉運使孫迥，廣西以轉運使陳倩〔四六〕，兩浙以轉運副使周直孺，福建以轉運判官王子京。迥、直孺兼提舉催行，倩、子京兼覺察拘攔。其廣東路安撫使更不帶市舶。後專置提舉，而轉運亦不復預矣。後盡罷提舉官，至大觀元年續置。明年，御史中丞石公弼請歸之轉運司，不報。建炎中興，詔罷兩浙、福建市舶司歸轉運司。明年夏，復閩、浙二司，賜度牒直三十萬緡爲博易本。元年六月廢〔四七〕，二年五月復。四年春，復置廣司〔四八〕。尚書省言併廢以來，土人不便〔四九〕，虧失數多，於是詔依舊復置。紹興二年，廢福建提舉市舶，初令提刑兼領，旋委提舉茶事。十二年，朝廷欲措置福建蠟茶，時欲發蠟茶至行在，置局出賣。呂斌上言，於是茶事司歸建州，而提舉市舶以次復矣。十四年，命蕃商以香藥至者，十取其四。十七年，詔丁沉香、豆蔻、龍腦之屬號細香藥者，十取其一。乾道二年，詔罷兩浙提舉市舶，逐處職事委知、通、知縣、監官同行檢視而總其數，令轉運司提督。紹興十九年，張闡言：「福建、廣南各置務於一州，兩浙舶務乃分建於五所。」至乾道初，臣僚言：「兩浙惟臨安、明州、秀州、温州、江陰軍凡五處有市舶。祖宗舊制，有市舶處知州兼提舉市舶務，通判帶主管，知縣帶監，而逐務又各有監官。市舶置司，乃在華亭。近年，過明州船到〔五〇〕，提舉帶一司吏人留明州數月，名爲抽解，其實擾擾。且福建、廣南皆有市舶，物貨浩瀚，置官提舉，誠所當宜。惟是兩浙置官，委是冗蠹，乞賜廢罷。」從之。

走馬承受 廉訪使

走馬承受，諸路各一員，宋仁宗時置，以三班使臣及内侍充，隸經略安撫總管司。無事歲一入奏，有邊警則不時馳驛上聞。然居是職者惡有所隸，乃潛去「總管司」字，冀以擅權。熙寧五年，帝命正其名，鑄銅記給之，仍收還所用奉使印。崇寧中，始詔不隸帥司而輒預邊事，則論以違制。大觀中，詔許風聞言事。政和五年，詔：「諸路走馬承受，體均使華，邇來皆貪賄賂，類不舉職，是豈設官之意？其各自勵，以稱任使，或蹈前失，罰不汝赦。」明年七月，改爲廉訪使者〔五一〕。宣和五年，詔：「近者諸路廉訪官，循習違越，附下罔上，凡邊機皆先申後奏，且侵監司、凌州縣，而預軍旅、刑獄之事，復强買民物，不償其直，招權恃勢，至與監司表裏爲惡。自今猶爾，必加貶竄。」靖康初罷之，依祖宗舊制，復爲走馬承受。

經制邊防財用事

掌經畫錢帛、芻糧以供邊費，凡榷易貨物〔五二〕、根括耕地及蕃部弓箭手等事，皆奏而行之。熙寧末，以熙河連歲用兵，仰給度支，費不貲，始置是司。元祐初罷，崇寧中復置。

提舉學事司

掌一路州縣學政，歲巡所部，以察師儒之優劣、生員之勤惰，而專舉刺之事。崇寧二年置〔五三〕，宣和三年罷。

提舉河北糴使司

掌糴便芻糧，以供邊儲之用。

提舉制置解鹽司

掌鹽澤之禁令，使民入粟塞下，予鈔給鹽，以足民用而實邊備。凡鹽價高下及文鈔出納多寡之數，皆掌之。

提舉保甲司

掌什伍其民，教之武藝，視其優者而進賞之〔五四〕。元豐初，置於開封府界，遂下其法於河北、河東、陝西三路，既而悉置提舉官如府界焉。

提舉三白渠公事

掌瀦泄三白渠，以給關中灌溉之利。撥發司、輦運司以時起發綱運而督其滯留〔五五〕，以供京師之用。

提舉弓箭手

掌沿邊郡縣射地弓箭手之籍，及團結、訓練、賞罰之事。政和五年復置，以所招弓箭手之數爲殿最。

元祐初，右僕射司馬光乞罷提舉官疏曰：「天聖中，諸路止有轉運使一員，亦無提點刑獄，惟河北、陝西以地重事多，置轉運使兩員，一路之事無不總，使按察官吏，進賢發姦，興利除害，或朝廷有本路事務未能細知利害者，則委之相度措置。當時官少民安，事無不舉，公私饒樂，海内晏清。景祐初，始復置提點刑獄，其後或時置轉運判官，以其冗長害事，尋復廢罷。自王安石執政以來，欲力成新法，諸路始置提舉常平廣惠農田水利官，其後各置提舉官，皆得按察官吏，事權一如監司。又增轉運副使、判官等員數，皆選年少資淺輕俊之士爲之，或通判、知縣、監當資序及選人，以權發遣處之。有未嘗歷親民即爲監司者，能順己意，即不次遷擢；小有乖違，則送審官院與合入差遣，或更加責降〔五六〕。彼年少則歷事未多，資淺則衆所不服，輕俊則舉措率易。又利禄誘於前，罪戾俟於後〔五七〕，由是往往上不顧國家事體，下不恤百姓怨咨，止務希合，以圖進取〔五八〕。致今日天下藉藉如此，皆由此來。則提舉官乃病民之本原也。」

經總制使

徽宗宣和三年，方臘初平，江、浙諸郡皆未有常賦，乃詔除陳亨伯以大漕之職，經制七路財賦，許得移用，監司聽其按察。於是亨伯收民間印契及鬻糟醋之類爲錢，凡七色。是後州縣有所謂經制錢，自亨伯始也。其後翁端朝繼爲之。紹興初，與發運俱罷。九年，復置，以户部侍郎梁汝嘉爲使，司農少卿霍蠡爲判官，以檢察内外失陷錢物、舉催未到綱運、措置糴買，總領常平爲職。未幾，諫議曾統言其無益而多費〔五九〕，就省之。紹興中，又有總制司，以參政孟庾領其事，其職略視經制司。

招討使

掌招收討殺盜賊之事，不常置。建炎四年，以檢校少保、定江昭慶軍節度使張俊充江南路招討使〔六〇〕，定位在宣撫使之下、制置使之上，著爲定制。軍中急速事宜，待報不及，許以便宜行事。差隨軍轉運使一員、參議官一員〔六一〕、幹辦官三員、隨軍幹辦官四員、書寫機宜文字一員，并聽奏辟。紹興五年，岳飛爲湖北、襄陽招討，請州縣不法害民者，許一面對移，或放罷以聞。從之。十年〔六二〕，兀朮犯三京，以韓世忠、岳飛、張俊並兼河南、北招討使以禦之。三十一年，陝西、河東北、京東西等路皆置招討使，蓋又特遥領其地而已。

招撫使

不常置。建炎初，李綱秉政，以張所爲河北招撫使，未及出師而廢。三十二年，孝宗即位，以成閔、張子蓋、李顯忠三大將爲湖北、京西、淮東西招撫使。子蓋死，劉寶代之，未幾結局，官吏並罷。開禧二年，山東及京東西北路並置使招撫，後皆罷。

宣諭使

掌宣諭德音，不預他事，歸即結罷。紹興元年，詔祕書少監傅崧卿充淮南東路宣諭使〔六三〕，此其始也。二年分遣御史五人，宣諭東南諸路，戒其興獄，責其不當，督捕盜賊，皆欲專一布惠以爲民。其後，右司范直方宣諭川、陝，察院方庭實宣諭三京，均此意。及新復陝西，樓炤以簽書樞密院事往永興宣諭，就令招撫盜賊。鄭剛中爲川、陝宣諭使，許按察官吏。汪徹爲湖北、京西宣諭使，仍節制兩路軍馬。自是使權益重，而使事始不專。三十二年，虞允文、王之望相繼充川、陝宣諭使，皆預軍政，其權任殆亞於宣撫。其後，錢端禮、吴芾皆以侍從出膺斯寄，事畢結局。官屬軍兵，視其所任事之輕重，爲賞之厚薄焉。開禧間，薛叔似、鄧友龍、吴獵皆因飢荒盜賊及平逆亂後，往敷德意，亦皆以從官行。

撫諭使

掌慰安存問，採民之利病條奏而罷行之，亦不常置。建炎元年，上謂輔臣曰：「京城士庶，自金人退師，人情未安，可差官撫諭。」於是以路允迪、耿延禧爲京城撫諭使〔六四〕，此置使初意也。是年八月，又令學士院降詔，且命江端友等奉詔撫諭諸路。其後，李正民以中書舍人爲江、浙、湖南撫諭使，且令按察官吏，伸民冤抑。傅崧卿以吏部侍郎爲淮東撫諭使〔六五〕，採訪民間利病，及措置營田等事。或不以使名，則稱撫諭官，所至以某州撫諭司爲名，具宣恩言，俾民知德意，初無二致。乾道元年，知閤門事龍大淵差充兩淮撫諭軍馬，回日結局，是又特爲軍馬出云。

鎮撫使

舊所無有，中興假權宜以招收群盜。初，建炎四年，范宗尹參知政事，議：群盜併力以拒官軍，莫若析地以處之；盜有所歸，則可漸制。乃請稍復藩鎮之制。是年五月，宗尹爲右僕射，於是請以淮南、京東西、湖北諸路並分爲鎮〔六六〕，除茶鹽之利仍歸朝廷置官提舉外，他監司並罷，上供財賦權免三年，餘聽帥臣移用，更不從朝廷應副，軍興聽從便宜。時劇盜李成在舒、蘄，桑仲在襄、鄧，郭仲威在維揚，薛慶在高郵〔六七〕，皆即以爲鎮撫使，其餘或以處歸朝之人，分畫不一，許以能捍禦外寇，顯立大功，特與世襲。官屬有參議官、書寫機宜文字各一員，幹辦公事二員〔六八〕，並聽奏辟。後諸鎮或以戰死，或降僞齊，久之但餘荆南解潛。及趙鼎爲相，召潛主管馬軍，遂罷弗置焉。

按：古者牧伯之任，後世之所謂監司也。隋以前多謂之刺史，自唐以刺史名知州，而後牧伯始別有以名其官。蓋唐之初，止有上、中、下都督府，其後則有節度、觀察、團練諸使。宋之初，止有轉運使，其後則有安撫、提刑等官。然唐、宋中世以後，監司尤多。蓋唐之多設監司也，起於開元、天寶之興利，如楊國忠爲宰相，所領四十餘使，及元道州言到官未五十日，諸使徵求符牒二百餘封是也。宋之多設監司也，起於熙寧、元豐之行新法，如蘇公所謂使者四十餘輩，事少員多，人輕權重，及温公所謂提舉司乃病民之本源是也。又有倥偬之際，因事置官，事已遂廢者。前輩所著職官之書，多所不載，今以會要及史志參考，列唐營田、度支〔六九〕、兩稅、租庸等使於都督、節度、觀察之後；列宋諸項提舉、鑄錢〔七〇〕、總制、招討諸使於轉運、安撫、提刑等官之後，庶可以備見當時設官廢置之本末云。

總論州佐

別駕　治中　主簿　功曹書佐　部郡國從事　典郡書佐　祭酒從事　中正　簽判　書記支使　推判官

州之佐吏，漢有別駕、治中、主簿、功曹書佐、簿曹、簿曹從事史，主錢穀簿書。兵曹、兵曹從事史，有軍事則置之，以主兵馬。部郡國從事史、典郡書佐等官。又有孝經師，主監試經。月令師，主時節祠祀。律令師，主平法律。皆州自辟除，通爲百石。又後漢書或云秩六百石。職與司隸官屬同，唯無都官從事。漢、魏之際，復增祭酒、文學從事員。晉又有武猛從事員。其州邊遠有山險碧賊者〔七一〕，置弓馬從事五十人。歷代職員互相因襲，雖小有更易，而大抵不異。自魏、晉以後，刺史多帶將軍。開府則州與府各置寮屬，州官理民，別駕、治中以下是。府官理戎。長史、司馬等官是。後魏舊以州牧親人，班九條之制，使前政選吏，以待後人。獻文帝革制，刺史守宰到官之日，仰自舉擇，以爲選官，若簡任失所，以罔上論。自孝明孝昌以後，四方多難，刺史、太守皆爲當部都督，雖無兵事，皆立寮佐，頗爲煩擾。高隆之乃表請〔七二〕，自非邊要見有兵馬者〔七三〕，悉皆斷之。北齊上上州刺史屬官佐吏合三百九十三人，以下州遞減十人。其州郡佐吏，皆州府辟除。及幼主失政〔七四〕，賜諸佞幸賣官，各分州郡〔七五〕，下逮鄉官，多降中旨〔七六〕，故有敕用州主簿、郡功曹者。後周刺史府官則命於天朝，州吏並牧守自置。至隋以州爲郡，無復軍府，則州府之吏變爲郡官矣。唐無州府之名，而有採訪使及節度使。節度使說在都督篇。採訪使有判官二人，分判尚書六行事及州縣簿書。支使二人，分使出入，職如節度使之隨軍〔七七〕。推官一人，推鞫獄訟。皆使自辟召，然後上聞。其未奉報者稱攝。其節度、防禦等使寮佐辟奏之例，亦如之。今舉州之舊職，以列於左。舊職謂隋以前官職。

別駕從事史一人，從刺史行部，別乘傳車，故謂之別駕。漢制也，歷代皆有。後漢周景爲荆河州，辟陳蕃爲別駕，蕃不受，景題別駕輿曰「陳仲舉座」，不復更辟，蕃惶恐起視職。烈士傳曰：「孔恂字巨卿〔七八〕，爲別駕。別駕車，舊有屏星如刺史車，刺史因怒，欲去別駕車屏星。恂曰：『徹去屏星，毀國舊儀。別駕可去，屏星不可省。』乃止。」庾亮集答郭豫書云：「別駕舊與刺史別乘同流，宣王化於萬里，其任居刺史之半。」梁時別駕官品，揚州視黄門郎，南徐州視散騎常侍。隋及唐並爲郡官。

治中從事史一人，居中治事，主衆曹文書，漢制也。歷代皆有。隋爲郡官，唐改爲司馬。說在郡佐後〔七九〕。

主簿一人，録門下衆事，省署文書，漢制也。歷代至隋皆有。

功曹書佐一人，主選用，漢制也。其司隸功曹從事史兼録衆事。應劭漢百官表曰：「司隸功曹從事即州治中從事也。」晉以來，改功曹爲西曹書佐。宋有別駕西曹，主吏及選舉，即漢功曹書佐也。

部郡國從事史，每郡國各一人，漢制也。主督促文書，舉非法。後漢喬玄字公祖，爲梁縣功曹。荆河州刺史周景行部到梁國，玄謁景，因伏地言陳相羊昌罪惡，乞爲部郡從事，窮理其罪。景壯玄意，即署遣之。玄到，具考臧罪。梁冀馳檄救之，景承旨召玄還。檄至不發，按之益急。昌坐檻車徵，玄由是著名。又朱震字伯厚，爲州從事，奏濟陰太守單匡臧罪。三府諺曰：「車如鷄棲馬如狗，疾惡如風朱伯厚。」

典郡書佐，每郡國各一人，漢制也。各主一郡文書，以郡吏補，歲滿一更。

祭酒從事史，漢、魏以來置。宋世分掌諸曹兵、賊、倉、户、水、鎧之事。自江左揚州無祭酒，而以主簿治事。

中正，陳勝爲楚王，以朱房爲中正，而不言職事。兩漢無聞。魏司空陳群以天臺選用不盡人才，擇州之才優有昭鑒者除爲中正，自拔人才，銓定九品，州郡皆置。吴有大公平，亦其任也。吴習温爲荆州大公平，大公平即州都也。後潘秘爲尚書僕射，代温爲公平，甚得州里之稱。晉宣帝加置大中正，故有大小中正，其用人甚重。晉劉毅字仲雄，年七十已告老，後舉爲青州大中正。尚書以毅懸車致仕，不宜勞以碎務。孫尹表曰：「司徒魏舒、司隸嚴詢，與毅年齒相近，管四十萬户州，兼董司百僚，總攝機要，議者不以爲劇。毅志氣聰明，一州品第，不足勞其思慮。」毅遂爲州都，銓正人流，清濁區別。其所彈貶，自親貴始。又干寶稱晉宣帝除九品，置大中正。晉令曰：「大、小中正爲內官者，聽月三會議於上東門外〔八〇〕，設幔陳席。」又劉毅上表：「刺史初臨州，大中正選州里才業高者兼主簿從事，迎刺史。若吏部選用，猶下中正問人事所在、父祖位狀。」又晉起居注曰：「僕射諸葛恢啓稱：州都大中正爲吏部尚書及郎，司徒左長史掾屬皆爲中正。臣今領吏部〔八一〕，請解大中正。」以爲都中正職局司理，不宜兼也。齊、梁亦重焉。梁沈約遷侍中、光禄大夫，領太子詹事、揚州大中正，關尚書八條事〔八二〕。後魏有之。孝文云：「中正之任，必須得才業兼資者。」太武帝時，崔浩爲冀州中正。北齊郡縣皆有，其本州中正以京官爲之。乾明中，邢劭爲中書監，同郡許惇與劭競本州中正，遂憑附宋欽道，出劭爲刺史。隋有州都，其任亦重。晉王廣爲雍州牧，司空揚雄、僕射高熲〔八三〕，並爲州都。唐無。

容齋洪氏隨筆曰：「唐世，士人初登科或未仕者，多以從諸藩府辟置爲重。觀韓文公送石洪温造二處士赴河陽幕序，可見禮節。然其職甚勞苦，故亦或不屑爲之。杜子美從劍南節度嚴武辟爲參謀，作詩二十韵呈嚴公云：『胡爲來幕下，只合在舟中。束縛酬知己，蹉跎效小忠。周防期稍稍，太簡遂悤悤。曉入朱扉啓，昏歸畫角終。不成尋別業，未敢息微躬。會希全物色，時放倚梧桐。』而其題曰遣悶，可知矣。韓文公從徐州張建封辟爲推官，有書上張公云：『受牒之明日，使院小吏持故事節目十餘事來，其中不可者，自九月至二月，皆晨入夜歸，非有疾病事故，輒不許出。若此者，非愈之所能也。若寬假之，使不失其性，寅而入，盡辰而退，申而入，終酉而退，率以爲常，亦不廢事。苟如此，則死於執事之門無悔。』杜、韓之旨，大略相似云。」

又曰：「唐世，節度、觀察諸使，辟置僚佐以至州郡差掾屬牒語，皆用四六，大略如誥詞。李商隱樊南甲乙集、顧雲編稾、羅隱湘南雜稾皆有之。故韓文公送石洪赴河陽幕府序云：『撰書辭，具馬幣。』李肇國史補載崖州差故相韋執誼攝軍事衙推，亦有其文，非若今時只以吏牘行遣也。」

簽判。唐制節度、觀察判官〔八四〕。

宋有兩使、防、團、軍事推判官，皆以選人充。太平興國中，以贊善大夫十五員充諸州節度判官，以王化基、韋亶、武元穎等爲之。蓋太宗以諸州戎幕缺官，選朝士補之，俾分理事，且試其才，此簽判所由始也。蓋選人則爲判官，京官則爲簽判。掌裨贊郡政，總理諸案文移，斟酌可否，以白於其長而罷行之。凡員數多寡，視郡小大及職務之繁簡。初，政和改簽書判官廳公事爲司録，建炎初復舊。凡節度推、判官從軍額，察推及支使從州、府名。凡諸州減罷通判處，則陞判官爲簽判以兼之。小郡推、判官不並置，或以判官兼司法，或以推官兼支使，亦有併判官窠闕省罷〔八五〕，則令、録、參兼管。凡要郡簽判及推官皆堂除〔八六〕，餘吏部使闕〔八七〕，二廣間許監司辟差。紹熙元年，臣僚言：「廣西奏擬簽判，多恩科癃老〔八八〕，乞行下轉運司，不許差年六十以上昏眊之人。」嘉定二年，臣僚言：「監司有幹官，州郡有職官，以供簽廳之職，或非才不勝任，則按刺易置可也。今乃差兼簽廳者，動輒三兩員或四五員，其爲冗費，與添差何異？乞將諸州郡所差兼簽廳官並行住罷。」從之。

書記、支使，自魏以來有其名。魏太祖以陳琳、阮瑀爲司空軍謀祭酒，管記室〔八九〕。宋江夏王義恭取丘巨源爲掌書記〔九〇〕。陳有文房書記之任。南史趙知禮、蔡景歷屬陳武帝經綸之日〔九一〕。唐景龍中，元帥府置掌書記一人，節度使亦置焉。掌朝覲、聘問、慰薦、祭祀、祈祝之文，與號令升納之事。後唐長興中有書記、支使。

宋朝乾德二年，詔歷兩任有文學者，許兩使留後奏充掌書記。詔曰：「管記之任，資序頗優，自前藩鎮薦人，多自初官除授。自今歷職兩任以上有文學，即許節度使、觀察使留後奏充。」太平興國六年，詔：「諸節度州依舊置觀察支使一員。資考俸料並同掌書記〔九二〕，自今吏部除擬，以經學及諸色入仕無出身人充〔九三〕。凡書記、支使，不得並置。」有出身曰書記，無出身曰支使，位在判官之下，推官之上。

推、判官。唐天寶後有判官之名。未見品秩。後唐長興二年詔有兩使判官、防團推官、軍事判官等，是時判官多本州自辟舉，清泰中始擇朝士爲之。

宋朝沿五代之制，兩使置判官、推官各一人，餘州置推、判官各一人。元祐令，京府判官至軍監判官爲幕職官，皆從八品。政和初，自判官至諸曹，改爲士、户、議、兵、刑、工曹掾，建炎復舊制焉。

按：州之名起於虞十有二州，後世刺史之所治是也。郡之名起於秦三十六郡，後世太守之所治是也。隋廢郡，以州統縣。然郡卒不可廢也，至唐而復之。然唐太守俱稱刺史、使持節，蓋所治者太守之事，而所稱則州牧之官矣。故所謂治中、别駕之屬，其在歷代，本州之佐官也；唐郡守稱刺史，而遂以治中、别駕爲郡官屬矣。然唐州牧之官爲節度、觀察諸使，而其屬官則有推官、判官、書記、支使之屬。至宋而節度、觀察特爲貴官之虚名，初不預方岳之事。而州牧之任則自有閫帥、漕、憲等官，而各臺又自有掾屬，若唐節度、觀察之屬官，則又爲列郡之元僚。蓋雖冒以節度推官、觀察推官、判官、書記、支使等名，而實則郡僚耳。故叙其職於州佐之後，而不並之於户曹理掾之流，存其舊也。

校勘記

〔一〕政和中　按宋史卷二〇徽宗本紀二載崇寧四年正月「丁酉，以内侍童貫爲熙河蘭湟、秦鳳路經略安撫制置使」，十朝綱要卷一六亦同。

〔二〕有沿江都制置使　群書考索後集卷一三無「都」字。

〔三〕有安撫制置使　按宋會要職官四〇之五載：「詔江南西路安撫大使趙鼎充江南西路安撫制置大使」，通考似應補「大」字。

〔四〕節度兼度支營田招討經略使　新唐書卷四九下百官志四下「度支」作「支度」。

〔五〕始不合五府經略　合璧事類後集卷六九、群書考索後集卷一三「合」作「帶」，似是。

〔六〕判邠州　「邠」原作「汾」，據長編五一咸平四年正月甲辰條、群書考索後集卷一三改。

〔七〕西京作坊副使李延遂　「副使」二字原倒，據職官分紀卷四七乙正。上引職官分紀及歷代制度詳説卷四「延」作「廷」。

〔八〕及太子中允王子輿爲江淮南兩浙發運使兼制置茶鹽事　宋史卷三〇九楊允恭傳、宋會要食貨三〇之二「太子中允」作「著作佐郎」，宋史卷二七七王子輿傳載：「轉太子中允，改著作佐郎、江淮兩浙制置茶鹽」。「制置」原作「知制」，據上引三書改。

〔九〕徽猷閣待制程邁爲江淮荆浙閩廣經制發運使　「淮」原作「湖」，據朝野雜記甲集卷一一發運使、繫年要録卷一二〇紹興八年六月乙卯條、合璧事類後集卷六七改。

〔一〇〕以户部侍郎史正志爲江浙荆湖淮廣福建等路都大發運使　「荆」，宋史卷一六七職官志七、宋會要職官四二之五五、朝野雜記甲集卷一一發運使作「京」。

〔一一〕七年令户部郎官霍蠡前往鄂州置局　合璧事類後集卷六七同，繫年要録卷一〇五紹興六年九月戊子條、宋會要職官四一之四五繫於「六年九月」。「鄂」原作「岳」，據上引三書改。

〔一二〕鄂州荆南江州諸軍錢糧　「江州」原作「江南」，據宋史卷一六七職官志七、宋會要職官四一之四四、朝野雜記甲集卷一一總領諸路財賦改。

〔一三〕曾慥爲太府卿總領湖廣江西京西路財賦　「曾慥」原作「曾造」，據繫年要録卷一四〇紹興十一年五月辛丑條、宋會要職官四一之四六改。

〔一四〕諸軍不聽節制　宋會要職官四一之四六、合璧事類後集卷六七同，而繫年要録卷一四〇紹興十一年五月辛丑條作「諸軍並聽節制。蓋使之與聞軍事，不獨職饋餉云，總領自此始」。

〔一五〕勘會淮東總領所廢併司名合行併入詔　「入」原作「司」，據元本、慎本、馮本、宋會要職官四一之五六、合璧事類後集卷六七、群書考索後集卷一三改。

〔一六〕以總領兩淮浙西江東財賦軍馬錢糧所爲名　「所」字原脱，據宋會要職官四一之五六補。

〔一七〕官屬有幹辦公事準備差遣　「準備」二字原脱，據宋會要職官四一之四四、合璧事類後集卷六七補。

〔一八〕始詔三司鹽鐵判官李杞三司勾當公事蒲宗閔經畫川蜀買茶　「詔」字原脱，據合璧事類後集卷六八、群書考索後集卷一三補。

〔一九〕杞於秦州　「秦州」原作「秦川」，據宋會要職官四三之四八、群書考索後集卷一三改。

〔二〇〕於原渭德順三郡市蕃馬　「原」原作「源」，據宋史卷一六七職官志七、合璧事類後集卷六八、群書考索後集卷一三改。下「原渭德順」同。

〔二一〕其所嗜唯乏茶　「嗜」原作「當」，據馮本、合璧事類後集卷六八改。宋史卷一六七職官志七作「其所嗜唯茶而乏茶」，義全。

〔二二〕置買馬場六　「六」原作「云」，據宋史卷一六七職官志七、群書考索後集卷一三改。

〔二三〕掌收摘山之利　合璧事類後集卷六八同，群書考索後集卷一三「山」作「茶」，宋史卷一六七職官志七作「掌榷茶之利」。

〔二四〕高宗喻曰云云　「喻」原作「俞」，據馮本、合璧事類後集卷六八改。

〔二五〕居治各半年　「年」原作「府」，據合璧事類後集卷六八、群書考索後集卷一三改。

〔二六〕川秦馬舊二萬匹　「川」字原脱，據朝野雜記甲集卷一八川秦買馬補。

〔二七〕此慶元之額也　合璧事類後集卷六八同，朝野雜記甲集卷一八川秦買馬「元」下有「初」字。

〔二八〕楊慎矜除御史中丞　「楊慎矜」原作「楊昚矜」，據舊唐書卷一〇五、新唐書卷一三四楊慎矜傳、通鑑卷二一五天寶三載九月甲戌條改。

〔二九〕劉晏充東都淮南浙江東西湖南山南東道鑄錢使　「東都淮南浙江東西湖南山南東道」，新唐書卷一四九劉晏傳作「東都河南淮南江南湖南荆南山南東道」，通鑑卷二二四大曆元年正月丙戌條作「都畿河南淮南江南湖南荆南山南東道」。

〔三〇〕按四朝傳　群書考索後集卷一三「傳」作「志」。

〔三一〕宗範一切使如故　「使」原作「始」，據元本、慎本改。

〔三二〕置屬官三員　合璧事類後集卷六八同。繫年要録卷一七七紹興二十七年九月庚申條、宋會要職官四三之一五二、群書考索後集卷一三「三」作「二」。

〔三三〕以户部侍郎榮薿兼　「榮薿」原作「榮嶷」，據繫年要録卷一七七紹興二十七年九月庚申條、宋會要職官四三之一五二、合璧事類後集卷六八改。

〔三四〕祖額一百六十餘萬貫　「祖」原作「租」，據宋會要職官四三之一五七、合璧事類後集卷六八、群書考索後集卷一三改。

〔三五〕八年復置　按宋會要職官四三之一六三載乾道「七年二月二十八日，詔右朝請郎直祕閣江璆除提點坑冶鑄錢填復置闕」，「五月十五日，新江淮荆浙福建廣南路提舉坑冶鑄錢公事江璆言」，則七年已復置。

〔三六〕潼川　原作「潼州」，據宋會要職官四三之一六八、群書考索後集卷一三改。

〔三七〕所有舊坑多係江西贛州司　「贛州司」三字原脱，據宋會要職官四三之一七一補。

〔三八〕竊慮江東饒州一司無從措置　「竊」原作「却」，「江東」二字原脱，據宋會要職官四三之一七一改補。

〔三九〕加都大焉　群書考索後集卷一三同。按宋史卷一六七職官志七繫此事於淳熙二年，宋會要職官一七四至一七五則繫於淳熙五年。

〔四〇〕一員韶州　「韶州」原作「都州」，據宋會要職官四三之一四九、合璧事類後集卷六八、群書考索後集卷一三改。

〔四一〕通判謝處玭兼市舶判官　宋會要職官四四之一、合璧事類後集卷六八同，長編卷一二開寶四年五月壬申條無「處」字。

〔四二〕聽蕃客從便　「客」原作「官」，據長編卷四五咸平二年九月庚子條、宋會要職官四四之一改。

〔四三〕偁了齋之父也　「了」原作「子」，按永樂大典卷三一四一引延平志載陳偁「子瓘」，而陳瓘號了齋，故據改。

〔四四〕偁傳延平志　「傳」原作「傅」，據慎本、馮本、合璧事類後集卷六八改。「延」原作「廷」，據馮本、永樂大典卷三一四一及上引合璧事類後集改。

〔四五〕舊制雖有市舶司　「舊」原作「萫」，據合璧事類後集卷六八改。

〔四六〕廣西以轉運使陳倩　「轉」字原脱，據宋會要職官四四之六補。「使」原作「召」，「倩」原作「伯」，據馮本及上引宋會要改。

〔四七〕元年六月廢　「六」原作「十一」，據宋史卷二四高宗本紀一、宋會要職官四四之一一改。

〔四八〕四年春復置廣司　按繫年要録卷一五建炎二年五月丁未條載：「復置兩浙福建路提舉市舶司」，「以尚書省言……自併歸漕司，虧失數多，市井蕭索，土人以併廢爲不便，故有是旨」。其後遂並廣西復之」。與通考不合。

〔四九〕土人不便　「土」原作「工」，據繫年要録卷一五建炎二年五月丁未條、宋會要職官四四之一二改。

〔五〇〕過明州舶船到　「過」，宋會要職官四四之二八、合璧事類後集卷六八作「遇」。

〔五一〕改爲廉訪使者　「廉」原作「兼」，據元本、慎本、馮本、宋史卷一六七職官志七、宋會要職官四一之一三〇改。下「近者諸路廉訪官」同。

〔五二〕凡榷易貨物　「榷」原作「權」，據宋史卷一六七職官志七改。

〔五三〕崇寧二年置　「二」字原脱，據宋史卷一六七職官志七、合璧事類後集卷六八補。

〔五四〕視其優者而進賞之　宋史卷一六七職官志七作「視其優劣而進退之」。

〔五五〕撥發司輦運司以時起發綱運而督其滯留　按撥發司與輦運司乃獨立機構，不屬提舉三白渠公事管轄，依通考體例，似當另行起段。

〔五六〕或更加責降　「或」字原脱，據温國文正司馬公集卷五一乞罷提舉官札子補。

〔五七〕罪戾俟於後　「俟」原作「休」，據温國文正司馬公集卷五一乞罷提舉官札子改。

〔五八〕以圖進取　「圖」原作「廣」，據温國文正司馬公集卷五一乞罷提舉官札子改。

〔五九〕諫議曾統言其無益而多費　「曾統」原作「曹統」，據繫年要録卷一三二紹興九年九月庚寅條改。宋會要職官四四之五〇徐輯大典引文獻通考亦作「曾統」。

〔六〇〕定江昭慶軍節度使張俊充江南路招討使　「昭慶」原作「招慶」，據宋史卷一六七職官志七、卷三六九張俊傳改。

〔六一〕參議官一員　「議」原作「講」，據元本、慎本、馮本、宋史卷一六七職官志七改。

〔六二〕十年　原作「十二年」，據宋史卷二九高宗本紀六、卷一六七職官志七、繫年要録卷一三五紹興十年五月丙戌條與丁亥條、己丑條改。

〔六三〕詔祕書少監傅崧卿充淮南東路宣諭使　「傅崧卿」原作「傅崧年」，據宋史卷二六高宗本紀三、繫年要録卷五〇紹興元年十二月己巳條、宋會要職官四二之七一改。

〔六四〕於是以路允迪耿延禧爲京城撫諭使　按宋史卷二四高宗本紀一、繫年要録卷五建炎元年五月戊戌條載耿延禧爲「副使」。

〔六五〕傅崧卿以吏部侍郎爲淮東撫諭使　按繫年要録卷五〇紹興元年十二月己巳條、宋會要職官四二之七一，「撫諭使」皆作「宣諭使」。

〔六六〕於是請以淮南京東西湖北諸路並分爲鎮　「湖北」原作「湖南北」，據繫年要録卷三三建炎四年五月甲子條、宋會要職官四二之七四删。又上引繫年要録及宋會要皆有「京畿」二字。

〔六七〕薛慶在高郵　「薛慶」原作「許慶」，據繫年要録卷三三建炎四年五月乙丑條、宋會要職官四二之七五、朝野雜記甲集卷一一鎮撫使改。

〔六八〕幹辦公事二員　「辦」字原脱，據馮本、宋史卷一六七職官志七補。

〔六九〕度支　按新唐書卷四九下百官志下作「支度」。

〔七〇〕鑄錢　「鑄」字原脱，據通考上文「都大坑冶」條補。

〔七一〕其州邊遠有山險砦賊者　通典卷三二職官一四「砦」作「寇」。

〔七二〕高隆之乃表請　「請」原作「謂」，據北齊書卷一八高隆之傳、通典卷三二職官一四改。

〔七三〕自非邊要見有兵馬者　通典卷三二職官一四同，北齊書卷一八高隆之傳「邊」上有「實在」二字。

〔七四〕及幼主失政　「幼」原作「後」，據北齊書卷八幼主紀改。

〔七五〕各分州郡　「各」字原脱，據北齊書卷八幼主紀補。

〔七六〕多降中旨　北齊書卷八幼主紀「多」上有「亦」字。

〔七七〕職如節度使之隨軍　「軍」原作「車」，據舊唐書卷四四職官志三、新唐書卷四九下百官志四下改。

〔七八〕孔恂字巨卿　「卿」原作「鄉」，據通典卷三二職官一四改。

〔七九〕説在郡佐後　「郡」字原脱，據通典卷三二職官一四補。

〔八〇〕聽月三會議於上東門外　「於」原在「上」字下，據通典卷三二職官一四、太平御覽卷二六五職官部六三乙正。

〔八一〕臣今領吏部　「今」原作「令」，據元本、慎本、馮本、太平御覽卷二六五職官部六三改。

〔八二〕闕尚書八條事　「闕」原作「開」，據梁書卷一三沈約傳、太平御覽卷二六五職官部六三改。

〔八三〕僕射高熲　「僕射」原作「太僕」，據隋書卷四一高熲傳改。

〔八四〕唐制節度觀察判官　按文義，「制」當作「置」。

〔八五〕亦有併判官窠闕省罷　「闕」原作「闘」，據宋史卷一六七職官志七改。

〔八六〕凡要郡簽判及推官皆堂除　「堂」原作「掌」，據馮本、宋史卷一六七職官志七改。

〔八七〕餘吏部使闕　「餘」原作「爵」，「闕」原作「改」，據宋史卷一六七職官志七改。

〔八八〕多恩科癃老　「癃」原作「癃」，據宋史卷一六七職官志七、宋會要職官四八之一三改。

〔八九〕管記室　「記」上原衍「書」字，據三國志卷二一王粲傳刪。

〔九〇〕宋江夏王義恭取丘巨源爲掌書記　「義」字原脱，據宋書卷六一江夏王義恭傳、南史卷七二丘巨源傳補。

〔九一〕南史趙知禮蔡景歷屬陳武帝經綸之日　「綸」原作「論」，據南史卷六八趙知禮蔡景歷傳改。

〔九二〕資考俸料並同掌書記　「料」原作「科」，據元本、慎本、馮本、宋會要職官四八之五改。

〔九三〕以經學及諸色入仕無出身人充　「入仕」原作「人任」，據宋會要職官四八之五改。

卷六十三　職官考十七

京尹 三輔　河南尹

周官有内史，秦因之，掌治京師。漢景帝二年，分置左、右内史。武帝太初元年，更名右内史爲京兆尹，絶高曰京，十億曰兆。大衆所聚，故曰京兆。更名左内史爲左馮翊。馮，輔。翊，佐也。初，秦官有主爵中尉，掌列侯。漢景帝中元六年，更名都尉。武帝太初元年，更名右扶風。扶，助。風，化也。與左馮翊、京兆尹是爲三輔，治長安城中。三輔黄圖曰：「長安以東爲京兆，長陵以北爲左馮翊，渭城以西爲右扶風。」皆治在城中。故趙廣漢嘆曰：「亂吾治者二輔也〔一〕，誠得兼之，直差易耳〔二〕。」銀章青綬，進賢兩梁冠，絳朝服，佩水蒼玉。秩異凡州，所監郡爲京師，置尹一人、丞一人。王尊、王章、王駿並爲京尹〔三〕，皆有名。京師稱曰：「前有趙、張，後有三王。」漢初，三輔治長安。後漢都雒陽，置河南尹，以三輔陵廟所在，不改其號，但減其秩，與太守同。後漢延篤字叔固〔四〕，及邊鳳皆爲京兆尹，並有雄名。語曰：「前有趙、張，後有邊、延。」趙、張謂趙廣漢及張敞。後漢左馮翊、右扶風屬司隸，尋省。魏、晉爲京兆太守。至後周都關中，又爲京兆郡。隋京兆郡置尹并佐史，合二百四十四人。唐京兆府本爲雍州，置牧一人，以親王爲之。太宗爲秦王、中宗爲英王、睿宗爲相王時，並居其任，多以長史理人。開元元年，改雍州爲京兆府，置牧如故。掌宣風導俗，肅清所部。或以親王居閤而遥領焉。初，雍州置别駕以貳牧之事。永徽中，改别駕爲長史。開元初，改雍州長史爲京兆尹，總理衆務。凡前代帝王所都，皆曰尹。南朝曰丹陽尹，後魏初曰代尹，東魏曰魏尹，齊曰清都尹。

河南尹，其地在周爲王城。成王命君陳分正東郊成周，曰：「尹兹東郊。」蓋唐河南牧之任，亦留守之始。秦兼天下，置三川守。三川，河、洛、伊也。秦末，李由爲三川守。漢興，更名三川爲河南，後增守爲太守。王莽改太守爲大尹，改河南大尹爲保忠信卿。光武中興，徙都洛陽，改太守爲尹，章綬服秩與京兆同，主京都，特奉朝請。李膺爲河南尹。魏、晉皆爲河南尹。後魏太和中，遷都洛陽，又置河南尹。東魏置洛州刺史。後周置洛州總管，尋罷之。隋初爲洛州刺史，復爲河南内史，至大業初，爲荆河州刺史，又爲河南太守，尋爲河南尹，與京兆同。唐武德四年，置洛州都督。貞觀十七年，改爲刺史。顯慶二年，置東都〔五〕，改刺史爲長史。而洛州本置牧一人，以親王爲之，中宗爲周王時及衛王重俊實居其任，多以長史理人。至開元元年，改洛州爲河南府，改長史爲尹，其牧尹之制一如京兆。諸曹僚佐亦如之。各有少尹二員，通判府事。京兆少尹，魏、晉以來治中之任。隋文帝改爲司馬，煬帝又改爲贊治，後又改爲丞。武德初，復爲治中。永徽元年，以太皇帝諱，改爲司馬。本一員，太極元年，雍、洛二州各加司馬一員，分爲左、右。開元元年，並改爲少尹。開元以後，增置太原府爲北京，官屬制置悉同兩京。初，武太后長壽元年，以并州后之故里，改爲北都，神龍初廢。開元十一年，又以并州高祖起義之始，復置太原府，號曰北京。初，開元元年正月，於蒲州置中都，改州爲河中府，至六月而罷。後上元元年，復置岐州爲鳳翔府，又以益州爲成都府。五代都汴，爲開封尹。

宋朝牧、尹不常置，太宗、真宗皆嘗尹京，後親王無繼者。權知府一人，以待制以上充。掌正畿甸之事。中都之獄訟皆受而聽焉，小事則裁決，大事則稟奏，若承旨已斷者，刑部、御史臺無輒糾察。典司轂下，建隆以來爲要劇之任。崇寧三年，蔡京乞罷權知府，置牧、尹各一員，專總府事。牧以皇子領，尹以文臣充。四朝志：「尹以親王爲之，號判南衙。凡命知府，必帶『權』字，以翰林爲之。翰林學士及雜學士若待制，則權發遣而已。以河南府爲西京，應天府爲南京，大名府爲北京，皆置留守。崇寧中，蔡京奏京畿四輔置輔郡，屏衛京師，以潁昌府爲南輔，襄邑縣升爲拱州爲東輔，鄭州爲西輔，澶州爲北輔。知州兼都總，依三路帥臣法。中興駐蹕杭州，建炎三年改杭州爲臨安府，守臣帶浙西安撫，多卿監、從臣兼。紹興三年，詔臨安府有奏稟事，許不隔班上殿。乾道七年，皇太子領臨安府尹，就東宮爲廨，廢臨安府通判、簽判職官，置少尹、判官、推官。少尹依淳化判官例，差侍從以上；判官依天聖令，用郎官以上，餘曹掾依舊。府官庭參仍拜。小事少尹裁決，徒流以上悉按判。准表奏則係皇太子銜申中書，以下文移則少尹簽書。九年，皇太子辭免臨安府尹，其知、通、簽判、推判官並復置〔六〕。

留守

留守，周之君陳似其任也，此後無聞。後漢和帝南巡，祠園廟，張禹以太尉兼衛尉留守〔七〕。晉張方劫惠帝幸長安，僕射荀藩等與其遺官在洛陽爲留臺，承制行事，號爲東西臺。至安帝時，劉裕置留臺，具百官。後魏孝文南伐，以太尉元丕、廣陵王羽留守京師，並加使持節。唐太宗貞觀十九年親征遼東〔八〕，置京城留守，以房玄齡充，蕭瑀爲副〔九〕。其後，車駕不在京都則置留守，以右金吾大將軍爲副。咸亨二年，高宗幸洛陽，以雍州長史李晦爲西京留守。其後車駕發京都則置留守，以右金吾大將軍爲副留守。太原府亦置尹及少尹，以尹爲留守，少尹爲副留守。謂之三都留守。

宋制，天子巡狩、親征，則命親王或大臣總留守事。建隆元年，親征澤、潞，以樞密使吴廷祚爲東京留守〔一〇〕。其西、南、北京留守各一人，以知府事兼之。西京河南、南京應天、北京大名。分記〔一一〕。留守司掌宫鑰，及京城守衛、修葺、彈壓之事，畿内錢穀、兵民之政。建炎初，京城有副留守，以檢校少傅、寧武軍節度使范訥充留守，以侍衛親軍都指揮使、遂安軍承宣使郭仲荀副之。又有西京留守，並係執政、從臣充，兼節制軍馬。其後武林、建業並建行宫，武林視汴都，而建業視三都焉。紹興四年，參知政事孟庾爲行宫留守，從權措置百司事務。六年，有行宫同留守，以左通奉大夫孟庾提舉萬壽觀兼侍讀充。詔二留守並權赴尚書省治事。是年八月，三省已降指揮，三省、樞密院常程事務並聽行宫留守司與决，詔秦檜、孟庾並權赴尚書省治事。

都廂

宋朝大中祥符元年，置京新城外八廂。真宗以都門之外居民頗多，舊例惟赤縣尉主其事，至是特置廂吏，命京府統之。天禧五年，增置九廂。熙寧三年五月，詔以京朝官曾歷通判、知縣者四人，分治京城四廂。其先差使臣並罷。凡民有鬭訟事，輕者得以决遣。從知開封韓維之請。九月，詔許留使臣兩員分左、右廂管勾〔一二〕。十一月，臣僚言逐廂一月之内斷决事件不多，欲止令京朝官二員分領二廂决斷所。舊來四廂使仍舊存留，以備諸般差使。元祐四年〔一三〕，知開封謝景温請於新城内外左右置二廂，通爲四廂。四年罷，紹聖元年復置。紹興中，臨安府先依開封例，於城外南北廂置主管公事，近又於城内左右廂添置官二員，分減在城詞訟。其後臣僚言將在城左右廂廢罷，其廂官二員移往城南北廂。紹興二十六年六月，侍御史周方崇言：「臨安府先依開封府例，於城外南北廂置主管公事，近又於城内左右廂添置官二員，欲令減在城詞訟。本府每日詞訟十有七八並判送二廂，逐廂公吏徇情曲法，非理追人，並不係公行遣送下。詞訟既多，有非廂官所能行者，一切不決。州府既不與決，兩廂又不行遣，人户怨嗟。緣臨安府與昔日開封府繁簡不同，本府長官置吏不少。見今城南北廂官全闕，欲乞將在城左右廂廢罷，其廂官二員却移往城北廂所。有城内詞訴，令本府依前自行理決。」從之。

郡太守

郡守，秦官。秦滅諸侯，以其地爲郡，置守、丞、尉各一人。守治民，丞佐之，尉典兵。漢景帝中元二年，更名郡守爲太守。凡在郡國，皆掌治民、進賢、勸功、決訟、檢姦。常以春行所主縣，秋冬遣無害吏按訊諸囚，平其罪法，論課殿最，按律有無害都吏，言如公平吏。漢書：「蕭何以文無害，爲沛主吏掾。」并舉孝廉。漢制，歲盡遣上計掾、史各一人，條上郡内衆事，謂之計偕簿。郡爲諸侯王國者，置内史以掌太守之任。宣帝以爲太守吏民之本，數變易則下不安；民知其將久，不可欺罔，乃服從其教化。每拜刺史、守相，輒親見問，觀其所繇，退而考察，以質其言。質，正。常稱曰：「與我共治者，唯良二千石乎！」是以漢世良吏，於是爲盛，稱中興焉。元帝建昭二年，益三河大郡太守秩。凡户十二萬爲大郡。帝又下制，令諸侯王相位在太守下。成帝綏和元年省内史，以相治民，則相職爲太守。哀帝初，御史大夫王嘉上疏曰：「公卿以下變易促急，數改更政事。吏或居官數月而退，送故迎新，交錯道路。二千石輕賤，吏人慢易，則有離叛之心。前山陽亡徒縱横，吏士臨難，莫肯伏節死義者〔一四〕，以守相威權素奪也。

故成帝悔之，詔二千石不以故縱爲罪，賜金以厚其意。誠以國家有急，取辦於二千石，二千石尊重難危，乃能使下。故尚書章文必有『敢告之』字乃下，所以丁寧告者之辭〔一五〕。今二千石、刺史、三輔縣令有材任職者，若有過差，宜可闊略，令盡力者有所勸。此方今急務，國家之利也。」王莽改太守曰大尹。後漢亦重其任，或以尚書令、僕射出爲郡守〔一六〕，鍾離意、黄香、桓榮、胡廣是也。或自郡守入爲三公。虞延、第五倫、桓虞〔一七〕、鮑昱是也。三國時，有郡守、國相、内史。晉郡守皆加將軍，無者爲耻。王導永嘉末遷丹陽太守〔一八〕，加輔國將軍。導上牋曰：「昔魏武，達政之主也，荀文若，功臣之最也，封不過亭侯。倉舒，愛子之寵〔一九〕，贈不過别部司馬。今者臨郡，不問賢愚，皆加重號，輒有鼓蓋，有不得者爲耻。導饕名竊位，取紊彝典。謹送鼓蓋加崇之物，請從導始。」帝嘉而從之。初，泰始中，詔守相三載一巡屬縣，必以春，此古者所以述職省俗，宣風展義也。又山公啓事曰：「晉制，春夏農月不遷改長吏郡守縣令之屬，以其妨農事故也。」晉、宋守相、内史，並銀章青綬，進賢兩梁冠。後魏初，郡置三太守。說在刺史篇。孝文初，二千石能静二郡至三郡者，遷爲刺史。說在縣令篇。太和中次職令，郡太守、内史、相、縣令，並以六年爲限。北齊制，郡爲上、中、下三等，每等又有上、中、下之差，自上上郡至下下郡凡九等。後周郡太守各以户多少定品命。隋郡太守如北齊九等之制。至開皇三年，罷天下諸郡，以州統縣。楊尚希上表曰：「當今郡縣，倍多於古，十羊九牧，人少官多。請存要去閑，併小爲大。」帝嘉之，遂罷諸郡。大業三年，又改州爲郡，郡置太守。唐武德元年，改郡爲州，改太守爲刺史，加號持節。總管則加使持節。按：魏、晉制，有使持節、持節、假節。使持節得戮二千石以下，持節得戮無官人，若軍事得與使持節同，假節唯軍事得戮犯令者。皆是刺史兼總軍戎，若唐採訪、節度使也。自宋、齊以降，雖天下分裂，其州郡漸衆。及隋開皇初，有州二百一十〔二〇〕，郡五百八。以官煩人弊，遂廢郡，便以州親人，則刺史如太守之職。自後雖官名屢改，而職事不易。蓋制置之際，不詳源本，因襲舊名，遂有持節諸軍之虚稱。其屬官别駕以下，録事、功、户諸曹參軍事，亦多漢、晉之制，若唐之節度採訪副使、判官之任。本置别駕乘一車行部，其參軍、録事皆佐戎旅，今並無其實，豈所謂必也正名者乎？又按：加刺史、持節軍事之名以爲榮寵，則邊荒萬里三數百户小郡亦同此號，又無以别遠近大小之差、輕重閑劇之異也。顯慶元年，都督府及上州各置執刀十五人，中州、下州各置十人。後加號爲使持節諸軍事而實無節，但頒銅魚符而已。天寶元年，改州爲郡，刺史爲太守。漢文帝二年，初與郡守爲銅虎符、竹使符，説在符寶郎篇。至隋開皇七年，又别頒青龍符於東方總管、刺史，西方以騶虞，南方朱雀，北方玄武。九年，又頒木魚符於總管、刺史，雌一、雄二〔二一〕。至十年，悉頒木魚符於五品以上官。義寧二年，罷竹使符，頒銀菟符於諸郡。唐武德元年，又改銀菟符爲銅魚符。自是，州郡史、守更相爲名，其實一也。太宗初理天下也，重親人之任，書督、守之名於屏，俯仰視焉，其人善惡，必書其下，是以州郡無不率理。貞觀中，賈敦實爲饒陽令，有能名。時制大功以上不得聯職〔二二〕。敦實兄敦頤復爲瀛州刺史，朝廷以其兄弟廉謹，許令同州，竟不還替，時人榮之。逮貞觀之末，升平既久，郡士多慕省閣，不樂外任。其折衝果敢有材力者〔二三〕，先入爲中郎、郎將，次補郡守，其輕也如是。武太后臨朝，垂拱二年，諸州都督、刺史宜准京官帶魚〔二四〕。長安四年，納言李嶠、同平章事唐休璟奏曰：「竊以物議重内官而輕外職，凡所出守，多因貶累，非所以澄風俗、安萬人。臣請擇才於臺閣省寺之中，分典大州，共康庶政。臣等請輟近侍，率先具寮。」太后乃令書名探之，中者當行。於是鳳閣侍郎韋嗣立、御史大夫楊再思等二十人中之，皆以本官檢校刺史。後二十人内以政績可稱者，獨常州刺史薛光謙、徐州刺史司馬鍾二人而已。當時復有爲員外刺史者。永昌中，成王李千里歷遷襄州員外刺史；神龍初，以譙王重福之妃，張易之甥也，貶重福爲濮州員外刺史，皆不領州務。開元中，定天下州府，自京都及都督、都護府之外，以近畿之州爲四輔，同、華、岐、蒲四州謂之四輔。八年，都督、刺史品卑者借緋魚袋。按武德令，三萬户以上爲上州。永徽令，二萬户以上爲上州。顯慶元年九月敕，户滿三萬以上爲上州，二萬以上爲中州，先以爲上州、中州者仍舊。至開元十八年三月敕：「太平時久，户口日殷，宜以四萬户以上爲上州，二萬五千户爲中州，不滿二萬户爲下州。六千户以上爲上縣，三千户以上爲中縣〔二五〕，不滿三千户爲下縣〔二六〕。其餘爲六雄，鄭、陝、汴、絳、懷、魏六州爲六雄。十望，宋、亳、滑、許、汝、晉、洛、虢、衛、相十州爲十望。十緊，初有十緊州，後入緊者甚多，不復具列。及上、中、下之差。凡户四萬以上爲上州，二萬五千以上爲中州，不滿二萬爲下州。亦有不約户口以别敕爲上州者。又謂近畿者爲畿内州，户雖不滿四萬，亦爲上州。其親王任中、下州刺史者，亦爲上州。王去任後，即依舊式。天寶中，通計天下上州一百九，中州二十九，下州一百八十九，總三百二十七州也。時南海太守劉巨鱗以贓罪，詔杖殺之。自至德後，州縣凋弊，刺史之任大爲精選，諸州始有兵鎮，刺史皆加團練使，故其任重矣。五代時，仍刺史之號。後唐時，以二十五月爲限。

宋太祖開基，革五季之患，召諸鎮會於京師，賜第以留之，分命朝臣出守列郡，號權知軍州事，軍謂兵，州謂民政焉。其後，文武官參爲知州軍事，二品以上及帶中書、樞密院、宣徽使職事稱判。掌總理郡政〔二七〕，宣布條教，導民以善而糾其姦慝；歲時勸課農桑，旌别孝悌；其賦役、錢穀、獄訟之事，兵民之政皆總焉。凡法令條制，悉意奉行〔二八〕，以率所屬；有赦宥，則以時宣讀而頒告於治境；舉行祀典，察郡吏德義材能而保任之；若疲軟不任事或姦貪冒法，則按劾以聞；遇水旱，以法賑濟，安集流亡，無使失所。若河南、應天、大名府，則兼留守司公事。太原府、延安府、慶州、渭州、熙州、秦州，則兼經略安撫使、馬步軍都總管。定州、真定府、瀛州、大名府、京兆府，則兼安撫使、馬步軍都總管。瀘州、潭州、廣州、桂州、雄州，則兼安撫使、兵馬鈐轄。潁昌府、青州、鄆州、許州、鄧州，則兼安撫使、兵馬巡檢。其餘大藩府或沿邊州郡，或當一道衝要者，並兼兵馬鈐轄、巡檢、都監，或帶沿邊安撫、提轄兵甲、沿邊溪峒都巡檢。餘州、軍則否。其屬官有無及員數多寡，皆視其地望之高下與職務之繁簡而置之。建炎元年，詔河北、京東西路除帥司外〔二九〕，舊差文臣知州去處，許通差武臣一次。後詔要郡帶本路兵馬都監，紹興三年罷。元年七月，詔要郡文臣帶本路兵馬鈐轄，武臣副之；次要郡文臣帶本路兵馬都監，武臣副之，令逐州改正稱呼。至紹興三年，臣僚言：「既與異時沿邊事體不同，又於今日諸州統制無補，徒著名位〔三〇〕，以成虛文。」詔並罷之。五年，令郡守除授、罷，並令上殿〔三一〕。凡從官出知郡者，特許不避本貫。詔應守臣以三年爲任〔三二〕。六年，詔控扼去處守臣，並以三年爲任。九年，罷令郡守並帶提舉學事。九月〔三三〕，禮部言：「知建昌軍李長民奏，宣和以前，應知、通、令、佐階銜並帶主管學事，自軍興以來中輟。今欲郡縣依舊法給銜，從官以上知郡係帶提舉學事，餘郡知、通、縣令佐，並帶主管學事給銜。」從之。孝宗乾道二年令〔三四〕，不任守臣不爲郎。中書門下省言：「勘會已降指揮，非曾任守臣及監司不得除郎官，著入條令。」淳熙中，令郡守罷帶主管學事。

郡尉 京輔、屬國等都尉附

郡尉。秦官有郡尉，掌佐守典武職甲卒。漢凡郡口二十萬，舉一人典兵，禁備盜賊。景帝更名曰都尉。武帝元鼎四年，又置三輔都尉各一人，譏出入。邊郡置農都尉，主屯田殖穀。又置屬國都尉，主蠻夷降者。中興建武六年〔三五〕，省諸郡都尉〔三六〕，并職太守，無都試之役。漢舊儀曰：「民年二十三爲正，一歲以爲衞士，一歲爲材官騎士，習射御馳陣〔三七〕。八月，太守、都尉、令、長、相、丞、尉會都試，課殿最。水軍爲樓船〔三八〕，亦習戰射〔三九〕。年五十六老衰，乃得免爲民就田〔四〇〕。今乃罷其役焉。」每有劇賊，郡臨時置都尉，事訖罷。又省關都尉，唯邊郡往往置都尉及屬國都尉。宋志曰：「光武省郡尉，後往往置東、南、西、北四部都尉。」稍有分縣，治民比郡〔四一〕。安帝以西羌盛，三輔有陵園之守，乃復置右扶風都尉於雍，京兆虎牙都尉於長安。自後無聞。至隋煬帝時，别置都尉領兵，與郡不相知。又置京輔都尉，立府於潼關，主兵鎮。唐無其制。

按：自秦置三十六郡，而郡官有守，有尉，有丞。然考之西漢百官表，稱郡守掌治郡，秩二千石，有丞，秩六百石；郡尉掌佐守典武職，秩比二千石，有丞，秩亦六百石。是守、尉皆二千石，而俱有丞以佐之。尉之尊蓋與守等，非丞掾以下可擬也。酷吏傳言周陽由爲守，視都尉如令；爲都尉，陵太守，奪之治。明守不可卑視尉也。然武帝欲以甯成爲郡守，公孫弘言：「成爲濟南都尉，其治如狼牧羊。不可令治民。」又帝拜吾邱壽王爲東郡都尉，帝以壽王故，不復置太守。是時軍旅數發，年歲不熟，多盜，乃賜壽王璽書曰：「子在朕前之時，知略輻湊，以爲天下少雙。及至連十餘城之守，任四千石之重，守、尉皆二千石，壽王兼二任，故云四千石也。職事並廢，盜賊縱横，甚不稱前時。」壽王謝罪。又翟義爲南陽都尉行太守事，行縣至宛，以事按宛令下之獄，威震南陽。則知漢時都尉，蓋不特典軍，而未嘗不行太守之事也。魏、晉以後，無都尉之官，然晉郡守皆加將軍之號。唐郡守曰使持節諸軍事。宋朝則大郡皆兼兵馬總管、兵馬鈐轄，而小壘亦曰軍州事，或帶節制軍馬。則秦、漢所謂都尉之職，歷代以太守兼任之，亦以一郡掌兵權之官不可下於太守，故不别置官而守就治其事，循宰相之兼元樞是也。通典叙都尉，而以置之郡佐之末，非是，故今以次郡守。

郡丞 別駕 長史 司馬 通判

秦置郡丞以佐守，在邊爲長史，掌兵馬。漢因之。于定國條州大小，爲設吏員治中、別駕、諸郡從事，秩六百石。晉因之，而省郡丞，唯丹陽不省。宋、梁以下復置。至隋改別駕、治中爲長史、司馬，蓋隋以州爲郡，無復軍府，則州府之職參爲郡官，故有長史、司馬。煬帝罷之，而置通守，又置郡贊治，後又改爲丞，位在通守下。至唐而郡丞廢矣。武德元年，改丞爲別駕。十年，改雍州別駕曰長史。高宗即位，改別駕皆爲長史。別駕以皇族爲之，開元始通用庶姓〔四二〕，以貳都督、刺史之職。天寶八載，諸郡始廢別駕。玄宗由潞州別駕入定內難，登大位，乃廢別駕。下郡置長史一員。上元二年，諸郡復置別駕〔四三〕，別駕一人，從四品，百官志。德宗時復省。元和、長慶之際，兩河用兵，裨將有功者稱東宮王府官，久次當進及受代於京師者常數十人，訴宰相以求官。文宗世〔四四〕，宰相韋處厚建議復置兩輔、六雄、十望、十緊州別駕。

宋藝祖懲五代藩鎮之弊，乾德初下湖南，始置諸州通判，命刑部郎中賈玭等充。建隆四年〔四五〕，詔知府公事，並須長史、通判簽議連書〔四六〕，方許行下。時大郡置兩員，西京、南京、天雄、成德、益、杭、并、晉、荆南、潭、廣、秦、定等州。餘置一員，州不及萬户不置。廣南小州有試秩充通判兼知州者。正刺史以上及諸司使、副知州者，雖小郡亦特置。天聖三年，中書門下言：「新授虢州團練使田敏知隰州。自來防、團、刺史赴本任及知州無通判處〔四七〕，權置通判，候差朝臣及內職知州，即行省罷。」掌倅貳郡政，與長吏均禮〔四八〕。凡兵民、錢穀、户口、賦役、獄訟聽斷之事，可否裁決，與守通簽。所部官有善否及職事修廢，得刺舉以聞。至景德，宋興三十四年〔四九〕，户口寖息，解州以滿萬户置通判，自是諸郡多滿萬户矣。宣和二年，詔諸州茶、鹽、香、礬並委通判〔五〇〕，此事據續會要。但通判掌常平、水利、免役等錢，續會要既不載；而中興以後通判掌經制、總制錢，會要亦不載，當考。建炎初，諸州通判二員減一員。紹興五年以後，旋行申請添置，帥府通判並以兩員爲額。

司馬，本主武之官。自魏、晉以後，刺史多帶將軍，開府者則置府寮。司馬爲軍府之官，理軍事。晉謝弈字無弈，桓溫辟爲安西司馬，在溫座，岸幘嘯詠如常。溫曰：「我方外司馬也。」宋制，司馬銅印墨綬，絳朝服，武冠。至隋，廢州府之任，無復司馬，而有治中焉。治中舊州職也，舊謂隋以前。州廢遂爲郡官。說在州佐後治中篇。開皇三年，改治中爲司馬。隋房恭懿爲澤州司馬，有異績，遷德州司馬，理爲天下之最。文帝曰：「此乃上天社稷之所祐，豈朕寡薄能致之乎？」遷海州刺史。煬帝又改司馬及長史，併置贊治一人，尋又改贊治爲郡丞。唐武德初，復爲治中。貞觀二十三年，高宗即位，遂改諸州治中並爲司馬。長安元年，洛、雍、并、荆、揚、益六州置左右司馬各一員，四年復舊。太極元年，又置四大都督府，置左右司馬各一員。所職與長史同。

白居易江州司馬廳記：「自武德以來，庶官以便宜制事，大攝小，重侵輕。郡守之職，總於諸侯帥；郡佐之職，移於部從事。故自五大都督府至於上、中、下郡，司馬之事盡去，惟員與俸在。凡內外文武官左遷右移者，遞居之。凡執伎事上與給事於省寺軍府者〔五一〕，遥署之。凡任久資高，耄昏懦弱不任事，而時不忍棄者實湓之。湓之者，進不課其能，退不殿其不能，才不才一也。若有人蓄器貯用急於兼濟者居之，雖一日不樂。若有養志忘名安於獨善者處之，雖終身無悶。官不官，係乎時也；適不適，在乎人也。江州左匡廬，右江湖，土高氣清，富有佳境。刺史，守土臣，不可遠觀遊；群吏，執事官，不敢自暇佚。惟司馬，綽綽可從容於山水詩酒間。由是郡南樓山、北樓水、湓亭、百花亭、風篁、石巖、瀑布、廬宫、源潭洞、東西二林寺、泉石松雪，司馬盡有之矣。苟有志於吏隱者，捨此官何求焉？按唐六典，上州司馬，秩五品，歲廩數百石，月俸六七萬。官足以亢身〔五二〕，食足以給家。州民康，非司馬功；郡政壞，非司馬罪。無言責，無事憂。噫！爲國謀，則尸素之尤蠹者；爲身謀，則禄仕之優穩者。予佐是郡，行四年矣，其心休休如一日二日，何哉？識時知命而已。又安知後之司馬，不有與吾同志者乎？因書所得，以告來者。」

按：漢所置郡佐，只丞及長史而已，其後又有治中、别駕。至魏、晉間，始有司馬，本主武之官。自後長史、司馬與治中、别駕迭爲廢復，然歷代皆並設二員。至唐而司馬多以處遷謫，蓋視爲冗員。故宋只設通判一官佐郡守，不仍前代之舊云。

容齋洪氏隨筆曰：「今世士大夫既貴，不可復賤。淳化中，北戎入寇，以殿前都虞候曹璨知定州。時趙安易官宗正少卿，已知州，遂就徙通判。同時有羅延吉者，既知彭、祁、絳三州而除通判，廣州滕中正知興元府而通判河南。袁郭知楚、鄆二州，會秦王廷美遷置房州，詔崇儀副使閻彦進知州，而以郭通判州事。范正辭既知戎、淄二州，而通判棣、深。又陳若拙歷知單州、殿中侍御史、西川轉運使召歸，會李至守洛，乃表爲通判。久之，柴禹錫鎮涇州，復表爲通判。連下遷而皆非貶降，近不復有矣。」

按：藝祖之設通判，本欲懲五季藩鎮專擅之弊，而以儒臣臨制之，號稱監州。蓋其官雖郡佐，而其人間有出於朝廷之特命，不以官資之崇庳論，如野處所言是也。其與後來之汎汎以半刺稱者不侔矣。

教授

漢郡國有文學。文翁治蜀，起學成都市，招下縣子弟以爲學官弟子。武帝時，天下郡國皆立學校官，自文翁爲之始云。平帝時，郡國曰學，縣、道、邑、侯國曰校。校、學置經師一人。鄉曰庠，聚曰序，序、庠置孝經師一人。魏、晉以下，郡國並有文學，即博士、助教之任。唐六典。隋潘徽爲州博士。唐府、郡置經學士各一人，掌以五經教授。開元二十六年，敕州縣，每鄉之内各置一學，仍擇師資，令其教授。

宋初有四書院：廬山白鹿洞，太平興國二年，知江州周述言，廬山白鹿洞學徒常數十百人，望賜九經，詔乃從其請。嵩陽書院，至道二年，賜額及印本九經。嶽麓書院，咸平四年，鄆州守臣李允則奏：「嶽麓山書院修廣舍宇，有書生六十餘人聽誦，乞下國子監降釋文等書。」詔從之。應天府書院。祥符二年，新建書院，詔以曹誠爲助教。國初有戚同文者，通五經業，高尚不仕，聚徒教授常百餘人，許驤〔五三〕、郭承範、董循、陳象輿〔五四〕、王礪、滕涉皆其門人。同文卒後，無能繼其業者，至是始有是命，并賜院額。此四書院之外，又有茅山書院。未建州學也。乾興元年，兖州守臣孫奭私建學舍，聚生徒，乞請太學助教楊光輔充本州講書〔五五〕，從之。餘鎮未置學也。景祐四年，詔藩鎮始立學，他州勿聽也。寶元元年，潁州守臣蔡齊請立學，時大郡始有學，而小郡猶未置也。自明道、景祐間，累詔州郡立學，賜田、給書〔五六〕，學校相繼而興。近制惟藩鎮立學，潁爲支郡，齊以爲言而特許之。慶曆四年，詔諸路州、軍、監，各令立學，學者二百人以上，許更置縣學。於是州郡不置學者鮮矣。又置教授，以三年爲一任，以經術行義訓導諸生，掌其課試之事，而糾正不如規者。委轉運司及長吏於幕職、州縣官内薦教授〔五七〕，或本處舉人舉有德藝者充。當時雖置教授，或用兼官，或舉士人，委於漕司，而未隸朝廷也。熙寧六年，詔諸路學官並委中書門下選差，至是，教授始命於朝廷矣。元豐元年，州、府學官共五十三員，諸路唯大郡有之，軍、監蓋未盡有也。元祐元年，詔齊、廬、宿、常等州各置教授一員。自是以後，列郡多有教官矣。建炎三年，教授並罷。紹興三年復置四十二州〔五八〕。十二年，詔無教授官州、軍〔五九〕，令吏部申尚書省選差。十三年，詔諸州、軍並各置教授，其禮部長貳正係所隸，合依崇寧、大觀格法，許按劾體量及歲舉改官。從司業高閌之請也〔六〇〕。二十六年，詔並不許兼他職，令提舉司常切遵守〔六一〕，從知郢州路採訪使之請也〔六二〕。若試教官，則始於元豐。元豐七年立法試學官，上等爲博士，下等爲正、録，願就教授者聽〔六三〕。中丞胡宗愈言：「學者初登科，遂顯師席，非是。」詔内外學官經任年至三十，方得在選。又有薦舉學官法。紹聖初，乃令中制科及進士第在上五人、禮部奏名在上三人，府、監、廣文館第一人，或從太學上舍得第，即不試而用。元符元年，詔學官歲一試。紹興五年，罷試學官科。十五年，詔試諸州教授，自來春始。添差教授，則始於政和。政和三年，詔八行添差諸州教授〔六四〕。

朱子漳州教授廳壁記：「教授之爲職，其可謂難矣，惟自任重而不苟者知之。其以爲易而無難者，則苟道也。何也？曰教授者，以天子之命教其邦人。凡邦之士，廩食縣官而充弟子員者，多至五六百餘，少不下百十數，皆惟教授者是師，其必有以率厲化服之，使躬問學，蹈繩矩，出入不悖所聞，然後爲稱，此非反之身而何以哉！是可不爲難矣哉？不特此爾，又當嚴先聖先師之典祀，領護廟學，而守其圖書服器之藏，其體至重；下至金穀出内之纖悉，亦皆獨任之。嗚呼！是亦難矣。然凡仕於今者無大小，莫不有所臨制統攝，其任無劇易，必皆具文書，使可覆視，是以雖甚疮者，亦有所難而不敢肆。獨教授官雖有統，若其任之本諸身者，則非簿書期會之所能察。至其具於有司而可考者，上之人又以其儒官優容之，雖有不合不問，以是爲便。故今之仕者反利焉而喜爲之，而孰知所以充其任者如彼其難哉！故曰惟自任重而不苟者知之，其以爲易而無難者則苟道也。」

録事參軍

司功、司倉、司兵、司士等參軍　參軍事　經學博士　醫學博士　中正　通守　五官掾　督郵　司理　司法　司户

後漢有郡主簿官，在漢、魏間及江左爲督郵主簿。皆太守自辟除。晉置本爲公府官，非州郡職也。掌總録衆曹文簿，舉彈善惡。後代刺史有軍而開府者，並置之。後魏洎隋，皆有録事參軍。及罷郡，以州統縣，皆吏部選除之。煬帝置郡，有東西曹掾及主簿。唐武德復爲録事參軍，開元改司録參軍。掌正違失，涖符印。後唐應順間，州置録事參軍。三考者注劇縣，以長定格滯壅故也〔六五〕。

宋朝沿唐制，州有録事參軍，然不盡置也。諸府爲司録，諸州爲録事。乾興元年，丁度申請，諸州始各置録事參軍。慶曆二年，河西、河東、陝西諸州，權令京官知録事參軍。熙寧三年，詔繁難去處録事參軍，並差職官知縣及奏舉縣令人充。政和三年，尚書省言：「州建六曹參軍，參軍之稱，起於行軍之際，恐不當襲。録事參軍欲改爲司録。」奉聖旨，參軍改爲掾。建炎初復舊名。録事掌州縣庶務，糾諸曹稽

違。乾道中，汪大猷申請依司理例，不兼他職。從之。

司功參軍。兩漢有功曹史，主選署功勞。後漢范滂字孟博，汝南太守宗資請爲功曹，委任政事，抽拔幽陋，不軌者皆掃迹。謡曰：「汝南太守范孟博，南陽宗資主畫諾。」又岑晊字公孝，南陽太守成瑨請爲功曹，謡曰：「南陽太守岑公孝，弘農成瑨但坐嘯。」又許劭字子將，爲郡功曹。府中聞子將爲吏，莫不改操歸行。歷代皆同〔六六〕。北齊諸州有功曹參軍。隋亦然，及罷郡置州，以曹爲名者改曰司。煬帝罷州置郡，改曰司功書佐。唐改曰司功參軍。開元初，京尹屬官及諸都督府並曰功曹參軍，而列郡則曰司功參軍。令掌官員、祭祀、禮樂、學校、選舉、表疏、醫筮、考課、喪葬之事。

司倉參軍。兩漢有倉曹史主倉庫。北齊以下，並同功曹。唐亦掌倉廩、庖厨、財物、廛市之事。

司兵參軍。漢司隷屬官有兵曹從事史。蓋有軍事則置之，以主兵事。至北齊以後，並同功曹。唐掌軍防、烽候〔六七〕、驛傳、送馬、門禁、田獵、儀仗之事。

司士參軍，兩漢無聞。北齊以後，與功曹同。唐掌管河津、營造、橋梁、廨宇之事。

參軍事。後漢靈帝時，陶謙以幽州刺史參司空、車騎張温軍事。晉時，軍府乃置爲官員。中軍羊祜置參軍二人，太尉楊濬置參軍六人。歷代皆有。至隋爲郡官，謂之書佐。唐改爲參軍，掌直侍督守，無常職，有事則出使。前代又有行參軍者，晉河間王顒以太宰輔政，始置之，掌使命。歷代皆有。唐惟王府有之，餘則無矣。

經學博士。漢郡國皆有文學掾。漢鄭崇爲郡文學。後漢光武問功臣曰：「諸卿不遭際會，自度爵禄何所至乎？」鄧禹曰：「臣少嘗學問，可郡文學。」歷代多闕。隋潘徽爲州博士。唐府、郡置經學博士各一人，掌以五經教授學生，多寒門鄙儒爲之。助教、學生各有差。

醫博士一人，唐開元十一年七月制置，階品同録事。每州寫本草、百一集驗方，與經史同貯。其年九月，御撰廣濟方五卷頒天下。貞元十二年二月，御撰廣利方五卷頒天下。自今以後，諸州府應闕醫博士，宜令長史各自訪求選試，取人藝業優長堪效用者，具以名聞。已出身人及前資官，便與正授；其未出身，且令權知，四考後州司奏與正授。餘准恒式，吏部更不須選集。

中正，魏置。中正之始，已具州中正篇。晉諸中正，率一國所推，臺閣取信。後魏孝明正光元年，罷諸郡中正〔六八〕。北齊郡、縣皆有之。他史多闕。隋初有，後罷而有州都。唐並無此官，每歲貢士、符書所關及鄉飲酒之禮，則司功參軍主其事。

通守，隋煬帝置。每郡各一人，位次太守，而京兆、河南謂之内史。今無〔六九〕。

五官掾，後漢有之，署功曹及諸曹事。今無。

督郵，漢有之。掌監屬縣，有東、西、南、北、中部，謂之五部督郵也〔七〇〕。故督郵，功曹之極位。漢尹翁歸爲河東督郵〔七一〕。時太守田延年分河東二十八縣爲兩部，閎孺部汾北，翁歸部汾南，舉法皆得其罪。屬縣長吏雖中傷，莫有怨者。

右司功參軍、司倉、司兵、司士、中正、五官掾、督郵七職，宋無。

司理。五代以來，諸州皆有馬步獄，以牙校充馬步都虞候，掌刑法，謂之馬步院。宋太祖慮其任私，高下其手，開寶六年始置諸州司寇參軍，以新進士及選人爲之。後改爲司理。掌獄訟勘鞫之事，不兼他職。元祐定令，上州從八品，中、下州九品〔七二〕。

司法。兩漢有決曹、賊曹掾主刑法。歷代皆有。或謂之賊曹、法曹、墨曹。隋、唐更革。與司户同。唐掌律令、定罪、盜賊、贓贖之事。

宋沿唐制，諸州置司法參軍，掌議法、斷刑。品同司户。紹興三年，權行減罷，後復舊。

司户。漢、魏以下有户曹掾，主民户。北齊以下，與功曹同。隋有户曹參軍，文帝時爲司户參軍，煬帝爲司户書佐。唐開元復爲户曹參軍。掌户口、籍帳、婚姻、田宅、雜徭、道路之事。在府爲曹，在州爲司。梁開平省六曹掾屬，留户曹一員，通判六曹。

宋朝沿唐制，諸州置司户參軍，掌户籍賦税、倉庫交納。元祐令，中州從八品，下州從九品。乾道六年，汪大猷乞令司户專差主倉庫〔七三〕。

縣令

周官有縣正，四百里爲縣。各掌其縣之政令而賞罰之。春秋時，列國相滅，多以其地爲縣，則縣大而郡小，故傳云：「上大夫受縣，下大夫受郡。」周書作雒篇曰：「千里百縣，縣有四郡。」縣邑之長曰宰，曰尹，曰公，曰大夫，晉謂大夫，魯、衞謂之宰，楚謂之公、尹。其職一也。孔子爲中都宰一年，四方皆則之，由中都宰爲司空。至於戰國，則郡大而縣小矣。故甘茂謂秦武王曰〔七四〕：「宜陽大縣，名曰縣，其實郡也。」漢制，列侯所食縣曰國，皇太后、公主所食曰邑，有蠻夷曰道。凡縣萬户以上爲令，減萬户爲長，侯國爲相，秩次亦如之。皆秦制也，漢因之。漢書曰：「凡縣，大率方百里，民稠則減，稀則曠。」成帝綏和元年，長、相墨綬。哀帝建平二年，復黃綬。秋冬集課，上計於所屬郡國。胡廣云：「秋冬歲盡，各計縣户口、墾田、錢穀入出，盜賊多少，上集簿。丞、尉以下歲詣郡，課校其功。功多尤爲最者，於庭慰勞勉之〔七五〕，以勸其後；負多尤爲殿者，於後曹對責〔七六〕，以糾怠慢也。」又漢官曰：「明帝臨觀，見洛陽令車騎，意河南尹，及至而非，尤其恭盛，敕去軒綏。時偃師長治有能名，以事詣臺，因取賜之下縣，遂以爲故事。」其郡有鹽官、鐵官、工官、都水官者，隨事廣狹置令、長及丞，秩序皆如縣。道無分土，給均吏〔七七〕。後漢，凡郡縣出鹽多者，置鹽官主鹽稅；出鐵多者置鐵官，主鼓鑄；有工多者，置工官主稅物〔七八〕；有水池及漁利多者，置水官主平水，收漁稅。所在諸縣均差吏更給之，署吏隨事，不具縣員。晉制，大縣令有治績，官報以大郡；山公啓事曰：「温令許奇等，並見能名，雖在職日淺，宜顯報大郡，以勸天下。」詔曰：「按其資歷，悉自足爲郡守，各以在職日淺，則宜盡其政績，不宜速他轉也。」不經宰縣，不得入爲臺郎。宋諸縣署令，銅印墨綬，進賢兩梁冠。自晉、宋以後，令、長、國相皆如漢制。後魏縣置三令長。説在刺史篇。孝文初制，縣令能静一縣劫盜者，兼理二縣，即食其禄；能静二縣者，兼理三縣，三年遷爲郡守。二千石能静二郡者，兼理至三郡，亦如之，三年遷爲刺史。太和中次職令，其禄甚厚。後魏孝文以北中府長史裴聿〔七九〕、中書侍郎崔亮並清貧，欲以俸禄優之，乃以亮帶野王令、聿帶温縣令，時人榮之。其後，令、長用人益雜，但選勤舊令史爲之，而縉紳之流耻居其位。北齊制，縣爲上、中、下三等，每等又有上、中、下之差，自上上縣至下下縣凡九等。然猶因循後魏，用人濫雜，至於士流耻居之。元文遥遂奏於武成帝，請革之。乃密令搜揚世胄子弟，恐其辭訴，總召集神武門，宣旨慰諭而遣。自此，縣令始以士人爲之。隋縣有令，有長。煬帝以大興、長安、河南、洛陽四縣令並增正五品。諸縣皆以所管閒劇及衝要之處，以爲等級。唐縣有赤、三府共有六縣。畿、八十二。望、七十八。緊、百一十一。上、四百四十六。中、二百九十六。下五百五十四。七等之差，京都所治爲赤縣，京之旁邑爲畿縣。其餘則以户口多少、資地美惡爲差。凡一千五百七十三縣，令各一人。五代任官，凡齷齪無能者，始注爲縣令。故天下之邑，率皆不治，甚者誅求刻剥，猥瑣萬狀。

宋朝建隆元年，應天下諸縣除赤、畿外，有望、緊、上、中、下。四千户爲望，三千户以上爲緊，二千户以上爲上，千户以上爲中，不滿千户爲中下，五百户以下爲下也。掌總治民政，勸課農桑。凡户口、賦役、錢穀、賑濟、給納之事，皆掌之。有孝悌行義聞於鄉閭者，申州激勸，以勵風俗。有戍兵〔八〇〕，則兼兵馬都監或監押。三年〔八一〕，始以朝臣爲知縣，其間復參用京官或幕職爲之。朝臣知縣，自大理正奚嶼、監察御史王祐等始。天聖間，天下多缺官，而令選尤猥下，貪庸耄懦，爲清流所不與，而久不得調乃爲縣令。人數言其病民，乃詔：「爲舉法，以重令選。凡知州、轉運使歲舉見任判、司、簿、尉，有罪非贓私、有出身三考、無出身四考、堪爲令者一人或二人。」自是人重爲令，令選稍精。慶曆間，詔天下知縣，非鞫獄，毋得差出〔八二〕。政和二年，詔縣令以十二事勸課農桑，宜各遵行，上副朝廷。一曰敦本業，二曰興地利，三曰戒游手，四曰謹時候，五曰戒苟簡，六曰厚蓄積，七曰備水旱，八曰戒宰牛，九曰置農器，十曰廣栽植，十一曰恤苗户〔八三〕，十二曰無妄訟。自政和以來，太平盛時，人皆重内輕外，士大夫皆輕縣令之選，吏部兩選不注者甚多，然後議所以增重激勸之法。宣和五年，縣令止差六十以下人。從利州路運判王敏之之請也〔八四〕。靖康初，詔初改官必爲縣。七月，詔三省申明舊制，今後不以堂除吏部人，凡初改官未曾實歷知縣者，不許別除差遣。紹興七年〔八五〕，詔將寺監丞、簿等任滿已改官人未歷民事者，各與堂除知縣一次，並借緋章服。九年，詔吏部，自後縣令差文臣。臣僚奏建炎以來始注武臣，爲害甚衆故也。乾道元年，詔京官知縣以二年爲任。雖屢有更革，卒以三年爲任。二年，詔吏部依四川專法施行，以三十個月爲任，從吏部陳之茂請。三年，詔依舊以三年爲任。九年，復以二年爲任，從吏部李彦穎請。淳熙三年，復以三年爲任，從王師愈之請也。二年，御筆：「今後非兩任縣令，不除監察御史。」初改官人必作令，謂之「須入」。紹興初，數申嚴之，後或廢。孝宗在位，持之甚嚴。慶元初，復詔除殿試上三名省元外，並作邑。五年，又令試大理評事官已改官未歷縣人，並親民一次，著爲令；舊捕盜改官人，並試邑。自後雖宰相子殿試科甲人，無不宰邑者矣。

縣丞 主簿 縣尉

漢氏縣丞、尉，多以本郡人爲之〔八六〕，三輔縣則兼用他郡。諸縣皆有，主刑獄、囚徒。後漢丞署文書〔八七〕，典知倉獄，署諸曹掾史。凡諸縣署丞，皆銅印黄綬，進賢一梁冠。自晉後無丞。宋惟建康有獄丞。及夫隋氏革選，盡用他郡人。漢已下皆用一人。唐置京縣丞三員，北京、太原、晉陽各置一人。高宗始爲品官，吏部選授，爲縣令之貳。

宋初不置丞，天聖中因蘇耆請，開封兩縣始各置丞一員，在簿、尉之上，仍於有出身幕職、令録内選充。時兩赤縣簿、尉多差出外，本縣闕官，故耆有此請。皇祐中，詔赤縣丞並除新改京官人〔八八〕。熙寧四年，編修條例所言：「諸路州、軍繁劇縣，令主户二萬已上增置縣丞一員〔八九〕，以幕職官或縣令人充。」元祐元年，詔：「應因給納常平、免役置丞，並行省罷。如委是事務繁劇，難以省罷處，令轉運司存留。」崇寧二年，宰臣蔡京言：「熙寧之初，修水土之政，行市易之法，興山澤之利，皆王政之大。請縣並置丞一員，以掌其事。」國史外補云：「縣丞昔大邑有之，至是不以邑之大小，皆得置丞，使主管常平、坑冶、農田、水利。」大觀三年，詔：「昨增置縣丞，内除舊額及萬户以上縣分委是事務繁冗〔九〇〕，并雖非萬户、實有山澤坑冶之利可以興修去處，依舊存留外，餘皆減罷。」建炎元年，詔縣丞係嘉祐以前員闕并萬户處存留一員，餘並罷。紹興三年，以淮東累經兵火，權罷縣丞。十八年，置海陵丞一員。嘉定後，小邑不置丞，以簿兼。

主簿，漢、晉有之。自漢以來，皆令長自調用。至於隋，始置之。唐主簿，上轄赤縣置二人，他縣一人。武德初，以流外爲之。高宗始以爲品官，吏部選授。掌付事勾稽，省署抄目，糾正縣内非違。

宋朝開寶三年，詔諸縣千户以上置令、簿、尉；四百户以上置令、尉，令知主簿事〔九一〕；四百户以下置簿、尉，主簿兼知縣事。咸平四年，王欽若言：「川峽縣五千户以上，請並置簿，自餘仍舊以尉兼。」從之。天禧五年，劍州梓、潼等各增主簿。皇祐五年，詔南川縣置主簿。嘉祐五年，婺州義烏、永康、武義、浦江四縣置主簿。熙寧四年，陝西、河東沿邊城寨置主簿〔九二〕。

縣尉，漢大縣兩尉，小縣一人。漢官儀、後漢百官志。長安有四尉，分爲左、右部，城東、南置廣部尉，是爲左部；城西、北置明部尉，是爲右部，並四百石，黄綬，大冠。主追捕盗賊，伺察姦非。魏因之。晉洛陽、建康皆置六部尉〔九三〕。宋、齊、梁、陳並因之。餘縣如漢制。諸縣道尉銅印黄綬，朝服，武冠。北齊郡縣置三尉。隋改爲正，後置尉，又分爲户曹、法曹。唐初因隋制。武德元年，萬年縣法曹孫伏伽論事是也。武德中，復改爲正；七年，復爲尉。赤縣置六員，他縣各有差，分判諸司事。高宗時爲品官，吏部選授。五代久廢，而盗賊鬭競則屬鎮將。

宋朝建隆三年，始每縣復置尉一員，在主簿之下，俸賜與主簿同。其鎮將只許勾當鎮下烟火、争競公事。至和二年，開封、祥符兩縣增置一員。元豐五年，詔重法地縣尉並差使臣〔九四〕。元祐元年，蘇轍言：「舊法縣尉皆用選人，近歲並用武臣。自改法已來，未聞盜賊爲之衰息，請復舊法。」詔除沿邊縣尉依舊外，餘並差選人。崇寧元年〔九五〕，詔重法地縣尉舊差武臣處〔九六〕，並依元豐法。

按：後之稱縣佐曰丞、簿、尉，然而漢書百官志所載只丞、尉而已。簿雖起於漢，而志無之。又丞、尉雖皆縣佐，而各有印綬，簿獨無。蓋古者官府皆有主簿一官，上自三公及御史府，下至九寺、五監以至州、郡、縣皆有之，所職者簿書，蓋曹掾之流耳。漢人所謂高士不爲者，御史府之主簿也。容齋隨筆言元豐令文，寺、監主簿專以鈎考簿書爲職，不得與卿丞聯署文書。然則主簿之官雖在雄要之司，猶爲卑賤，而况縣乎？後漢繆彤爲縣主簿，縣令被章見考，吏皆畏懼自誣，而彤獨證其枉，考掠苦毒，換五獄，閱四年，令卒自免。又寧陽縣主簿詣闕訴其縣令之枉〔九七〕，積七八歲不省。虞詡言，主簿所訟，乃君父之怨，百上不達，是有司之過。仇覽爲蒲亭長，考城令王渙聞其以德化人，署爲主簿。以是觀之，則主簿之在漢，其視縣令猶掾史之視使。長安得與丞、尉等。後來以簿先於尉，非古義也。

鎮戍關市官

隋鎮置將、副。戍置主、副，關市置令、丞。唐因之。各有上、中、下三等。關令，古官。戍主，晉、宋之顯職。鎮將，後周之通班。今以其卑賤，與隋制同，故舉隋而已。

宋制，諸鎮監官掌巡邏盗竊及火禁之事；兼征税、榷酤，則掌其出納會計。鎮寨凡杖罪以上並解本縣，餘聽決遣。

校勘記

〔一〕二輔也　「二」原作「三」，據漢書卷七六趙廣漢傳改。

〔二〕直差易耳　「易」原作「異」，據漢書卷七六趙廣漢傳改。

〔三〕王尊王章王駿並爲京尹　通典卷三三職官一五「尹」作「兆」。

〔四〕後漢延篤字叔固　「字」原作「宇」，據後漢書卷六四延篤傳、通典卷三三職官一五改。

〔五〕置東都　「都」原作「郡」，據通典卷三三職官一五改。

〔六〕其知通簽判推判官並復置　原脱上「判」字，據宋史卷一六六職官志六、宋會要職官三七之八、群書考索後集卷一三補。

〔七〕張禹以太尉兼衛尉留守　下「尉」字原脱，據後漢書卷四四張禹傳補。

〔八〕貞觀十九年親征遼東　「九」原作「七」。舊唐書卷三太宗本紀下載：貞觀十九年二月「庚戌，上親統六軍發洛陽」。新唐書卷二太宗本紀載：貞觀十九年二月「庚戌，如洛陽宫，以伐高麗」。通鑑卷一九七貞觀十九年二月庚戌條曰「上自將諸軍發洛陽」，據改。

〔九〕蕭瑀爲副　按通鑑卷一九七貞觀十九年二月庚戌條曰「以特進蕭瑀爲洛陽宫留守」。唐會要卷六七留守曰「東都留守以蕭瑀爲之」。

〔一〇〕以樞密使吴廷祚爲東京留守　「吴廷祚」原作「吴延祚」，據宋史卷一太祖本紀一、卷一六七職官志七、長編卷一建隆元年五月丁巳條改。

〔一一〕分記　群書考索後集卷「分」上有「見」字，「記」作「紀」，疑是。

〔一二〕詔許留使臣兩員分左右廂管勾　「使」上原衍「後」字，「兩」作「一」，據宋會要職官三七之九、職官分紀卷三八删改。

〔一三〕元祐四年　「四」，宋會要職官三七之一〇作「元」。

〔一四〕莫肯伏節死義者　「伏」原作「仗」，據馮本、漢書卷八六王嘉傳改。

〔一五〕所以丁寧告者之辭　此句乃師古注，誤抄入王嘉疏中。

〔一六〕或以尚書令僕射出爲郡守　「守」字原脱，據通典卷三三職官一五補。

〔一七〕桓虞　原作「和虞」，據元本、慎本、馮本、通典卷三三職官一五改。

〔一八〕王導永嘉末遷丹陽太守　「遷」原作「選」，據晉書卷六五王導傳改。

〔一九〕愛子之寵　「愛」原作「受」，據元本、慎本、馮本、通典卷三三職官一五改。

〔二〇〕及隋開皇初有州二百一十　通典卷三三職官一五「二百一十」作「三百一十」，隋書卷二九地理志上作「大象二年，通計州二百一十一」。

〔二一〕雌一雄二　「二」，北史卷一一隋本紀上作「三」，隋書卷二高祖紀下作「一」。

〔二二〕時制大功以上不得聯職　「上」原作「下」，據舊唐書卷一八五上良吏傳上改。

〔二三〕其折衝果敢有材力者　「敢」，通典卷三三職官一五作「毅」。

〔二四〕諸州都督刺史宜准京官帶魚　唐會要卷六九都督刺史已下雜録、通典卷三三職官一五「宜」作「並」。

〔二五〕三千户以上爲中縣　「上」原作「十」，據元本、馮本、局本、通典卷三三職官一五、唐會要卷七〇量户口定州縣等第例改。

〔二六〕不滿三千户爲下縣　通典卷三三職官一五「三」作「二」，唐會要卷七〇量户口定州縣等第例「下」作「中下」。

〔二七〕掌總理郡政　原「掌」上衍「太守」二字，據宋史卷一六七職官志七删。按宋制，地方長官以知州、府、軍、監爲稱。

〔二八〕悉意奉行　「奉」原作「孝」，據慎本、馮本、宋史卷一六七職官志七改。

〔二九〕詔河北京東西路除帥司外　「司」原作「臣」，據宋史卷一六七職官志七、宋會要職官四七之二〇改。

〔三〇〕徒著名位　宋會要職官四七之二三「著」作「署」。

〔三一〕令郡守除授罷並令上殿　按宋史卷一六七職官志七作「初除見闕及自外罷任赴闕，並令引見上殿」；繫年要録卷九一紹興五年七月己卯條載：「詔新授郡守除見闕人免上殿」，宋會要職官四七之二四所載亦同，則「見闕人」令上殿。

〔三二〕詔應守臣以三年爲任　按宋會要職官四七之二五載紹興六年「七月八日詔太平州、池州、江州、興國軍、鄂州、岳州並以三年爲任，餘依舊。以中書門下省勘會沿江州軍係爲孔扼去處故也」。宋會要職官四七之二六至二七載紹興九年五月十二日，中書門下省言「諸州守臣並二年爲任，昨降指揮兩淮並沿江三年爲任。今來自合與諸守臣一等」。詔應守臣並以二年爲任。紹興六年七月八日至紹興九年五月十二日間，兩淮並沿江控扼處守臣以三年爲任，餘皆二年爲任。紹興六年七月八日前所有守臣皆二年爲任，紹興九年五月十二日後又如是。

〔三三〕九月　按宋會要職官四七之二八作紹興「十三年九月二十日」，則通考脱書「十三年」。

〔三四〕孝宗乾道二年令　「二」原作「三」，據宋史卷一六七職官志七、宋會要職官四七之三五改。

〔三五〕中興建武六年　「六」原作「七」，據後漢書卷一下光武帝紀下、後漢書百官志五改。

〔三六〕省諸郡都尉　「都」字原脱，據後漢書卷一下光武帝紀下、通典卷三三職官一五補。

〔三七〕習射御馳陣　漢舊儀卷下、漢書卷一高帝紀上如淳注引漢儀注皆作「習射騎馳戰陣」。

〔三八〕水軍爲樓船　「軍」，通典卷三三職官一五作「家」。

〔三九〕亦習戰射　漢舊儀卷下「射」下有「行船」二字。

〔四〇〕乃得免爲民就田　漢書卷一高帝紀上如淳注引漢儀注作「乃得免爲庶民就田里」。

〔四一〕治民比郡　「比」原作「北」，據元本、慎本、馮本、後漢書百官志五、通典卷三三職官一五改。

〔四二〕別駕以皇族爲之開元始通用庶姓　新唐書卷四九下百官志四下作「上元二年諸州復置別駕，以王子爲之。永隆元年省。永淳元年復置。景雲二年始參用庶姓」。唐會要卷六九別駕亦曰「至景雲元年始用庶姓爲之」。通典卷三三職官一五則曰「前上元元年，復置別駕，多以皇族爲之，神龍中廢。開元初復置，始通用庶姓」。

〔四三〕諸郡復置別駕　「復」原作「始」，據新唐書卷四九下百官志四下改。

〔四四〕文宗世　「世」原作「詔」，據新唐書卷四九下百官志四下改。

〔四五〕建隆四年　宋史卷一六七職官志七、宋會要職官四七之五八同。按宋史全文卷一載「乾德四年十一月乙未詔諸州通判無得怙權徇私，須與長吏連署，文移方許行下」。長編卷七乾德四年十一月乙未條載：「乙未，詔諸道州通判無得怙權徇私，須與長吏連署，方許行下。」

〔四六〕並須長吏通判簽議連書　「吏」原作「史」，據長編卷七乾德四年十一月乙未條、宋會要職官四七之五八改。又上引長編「書」作「署」。

〔四七〕自來防團刺史赴本任及知州無通判處　「通」原作「同」，據宋會要職官四七之六〇改。

〔四八〕與長吏均禮　「吏」原作「史」，據元本、慎本、馮本改。

〔四九〕至景德宋興三十四年　按至景德元年，宋興四十四年。而解州滿萬户置通判，據宋會要職官四七之五九載，在景德三年，則宋興四十六年。

〔五〇〕宣和二年詔諸州茶鹽香礬並委通判　按宋會要職官四七之六五，「二」作「三」，「州」作「州監」。

〔五一〕凡執伎事上與給事於省寺軍府者　「伎」原作「役」，據白居易集卷四三江州司馬廳記改。

〔五二〕官足以亢身　白居易集卷四三江州司馬廳記「亢」作「庇」。

〔五三〕許驤　原作「許讓」，據宋史卷二七七許驤傳、卷四五七隱逸上、宋會要崇儒二之二改。

〔五四〕陳象輿　原作「陳與」，據宋史卷四五七隱逸上、宋會要崇儒二之二補改。

〔五五〕乞請太學助教楊光輔充本州講書　「書」字原脱，據宋會要崇儒二之三補。

〔五六〕賜田給書　「書」原作「事」，據宋會要崇儒二之三改。

〔五七〕委轉運司及長吏於幕職州縣官内薦教授　「轉」字原脱，「吏」原作「史」，據宋會要崇儒二之四補改。

〔五八〕紹興三年復置四十二州　宋史卷一六七職官志七同。按繫年要録卷五三紹興二年四月辛未條，「三年」作「二年」。宋會要崇儒三之三二至三三載紹興三年四月「十日詔，建炎二年六月内復置教授處共四十三州，至建炎三年六月内並罷，任滿更不差人。今將建炎二年復置教授窠闕並行存留」，則「四十二」應作「四十三」。

〔五九〕詔無教授官州軍　「無」原作「興」，據元本、慎本、馮本、宋史卷一六七職官志七、宋會要崇儒二之三四改。

〔六〇〕從司業高閌之請也　「高閌」，宋會要崇儒二之三五作「高閱」。

〔六一〕令提舉司常切遵守　「常」原作「掌」，據元本、慎本、馮本、宋史卷一六七職官志七、宋會要崇儒二之三九改。又上引宋會要「提舉司」作「提舉學事司」，義全。

〔六二〕從知郢州路採訪使之請也　繫年要録卷一七二紹興二十六年五月丁未、宋會要崇儒「路採訪使」皆作「路採」。

〔六三〕願就教授者聽　「就」原作「授」，據宋會要崇儒二之一六改。

〔六四〕詔八行添差諸州教授　「八」原作「公」，據馮本、宋會要崇儒二之一九改。

〔六五〕三考者注劇縣以長定格滯壅故也　「注」原作「主」，「長」原作「上」，據職官分紀卷四一改。

〔六六〕歷代皆同　「代」原作「伐」，據元本、慎本、馮本、局本、通典卷三三職官一五改。

〔六七〕烽候　「候」字原脱，據舊唐書卷四四職官志三、新唐書卷四九下百官志四下補。

〔六八〕罷諸郡中正　魏書卷一一三官氏志「郡」作「州」。

〔六九〕今無　通典卷三三職官一五作「大唐無」。

〔七〇〕謂之五部督郵也　「部」原作「郡」，據通典卷三三職官一五改。

〔七一〕漢尹翁歸爲河東督郵　「河東」原倒，據漢書卷七六尹翁歸傳、通典卷三三職官一五乙正。

〔七二〕中下州九品　職官分紀卷四一引元祐官品令「九」上有「從」字，合璧事類後集卷七八亦同。

〔七三〕汪大猷乞令司户專差主倉庫　「汪」原作「注」，據合璧事類後集卷七八改。

〔七四〕故甘茂謂秦武王曰　「甘茂」原作「甘戊」，據馮本、史記卷七一甘茂傳、通典卷三三職官一五改。

〔七五〕於庭慰勞勉之　「庭慰」，後漢書百官志五注引胡廣語作「廷尉」。

〔七六〕於後曹對責　「對」，後漢書百官志五注引胡廣語作「別」。

〔七七〕給均吏　通典卷三三職官一五同。後漢書百官志五「吏」上有「本」字。

〔七八〕置工官主税物　後漢書百官志五「主」下有「工」字。

〔七九〕後魏孝文以北中府長史裴聿　「中」原作「平」，據魏書卷六九裴延儁傳改。

〔八〇〕有戍兵　「戍」原作「戎」，據元本、慎本、馮本、宋史卷一六七職官志七改。

〔八一〕三年　合璧事類後集卷七九同。宋會要職官四八之二五作「四年」。長編卷四作乾德元年六月庚戌。按建隆四年十一月改元「乾德」。

〔八二〕毋得差出　「出」字原脱，據宋會要職官四八之二六補。

〔八三〕十一曰恤苗户　宋會要職官四八之三一「苗」作「佃」。

〔八四〕從利州路運判王敏之之請也　「州路」二字原脱，據宋會要職官四八之三三補。又上引之宋會要「王敏之」作「王敏文」。

〔八五〕紹興七年　「紹興」二字原倒，據局本、宋會要職官四八之三四乙正。

〔八六〕多以本郡人爲之　「郡」原作「部」，據通典卷三三職官一五改。

〔八七〕後漢丞署文書　「丞」字原脱，據後漢書百官志五補。

〔八八〕詔赤縣丞並除新改京官人　「京」字原脱，據長編卷一七〇皇祐三年三月壬申條、宋會要職官四八之五三補。

〔八九〕令主户二萬已上增置縣丞一員　「主」字原脱，據長編卷二二一熙寧四年三月庚寅條、宋會要職官四八之五三補。

〔九〇〕内除舊額及萬户以上縣分委是事務繁冗　「分」原作「令」，據宋會要職官四八之五四改。

〔九一〕令知主簿事　「令」原作「今」，據元本、慎本、馮本、宋史卷一六七職官志七改。又按長編卷一一開寶三年七月壬子條載「户不滿千，止置令、尉各一員，縣令兼主簿事」。

〔九二〕陝西河東沿邊城寨置主簿　合璧事類後集卷八〇同，宋會要職官四八之六四「置」上有「稍大處」三字。

〔九三〕晉洛陽建康皆置六部尉　「六」原作「左」，據晉書卷二四職官志、通典卷三三職官一五改。

〔九四〕詔重法地縣尉並差使臣　「重」下原衍「立」字，據長編卷三一八元豐五年七月癸未條、宋會要職官四八之六五、宋史卷一九九刑法志一删。

〔九五〕崇寧元年　宋會要職官四八之六六「元」作「二」。

〔九六〕詔重法地縣尉舊差武臣處　「法」上原衍「立」字，據宋會要職官四八之六六删。

〔九七〕又寧陽縣主簿詣闕訴其縣令之枉　「闕」原作「關」，據元本、慎本、馮本、局本、太平御覽卷二六九職官部六七改。

卷六十四　職官考十八

文散官

開府儀同三司

漢文帝元年，始用宋昌爲衛將軍，位亞三司。後漢章帝建初三年，始使車騎將軍馬防班同三司，同三司之名自此始也。殤帝延平元年〔一〕，鄧騭爲車騎將軍，儀同三司，儀同之名自此始也。又獻帝以伏完爲輔國將軍，儀比三司。魏黄權以車騎將軍開府儀同三司，開府之名自此始也。漢末奮威將軍，晉江右伏波、輔國將軍，並加「大」而儀同三司。江左以來，將軍則中、鎮、撫、四鎮以上或加「大」，餘官則左、右光禄大夫以上，並得儀同三司。齊開府儀同三司如公。梁開府儀同三司，位次三公，諸將軍、左右光禄大夫優者則加之，同三公置官屬。自晉以來，又有如開府同三司之儀者，自羊祜始焉。漢末，吕布開府如三司，其他無聞。至晉，羊祜爲車騎將軍、都督荆州諸軍事〔二〕，加開府如同三司之儀，累年謙讓，不辟士，不備僚屬。及始有所命辟士，未到而卒，不得除署。後當陽侯杜元凱表哀其家無子嗣，官無命士，請更議之。詔不許。江左亦多有之。梁沈約爲侍中、右光禄大夫，徐勉爲約請三司之儀，武帝不許。又邵陵王綸爲平南將軍〔三〕、江州刺史王茂爲使持節〔四〕、散騎常侍、驃騎將軍，並同三司之儀。後魏亦有之。普泰初，特以爾朱世隆爲儀同三司，位次上公。北齊亦有儀同三司者；任城王湝等諸王多爲之。湝，户皆反。又有開府儀同三司及儀同三司。後周建德四年，改開府儀同三司爲開府儀同大將軍，仍增置上開府儀同大將軍；又改儀同三司爲儀同大將軍，仍增置上儀同大將軍。隋文帝並以爲散官。又諸衛各置開府，左勳衛開府、左翊一開府、二開府、三開府、四開府〔五〕，及武衛、武侯、領軍、東宫領兵開府准此。府置開府一人。又有儀同府。儀同以下置員與開府同。初，開府儀同三司爲四品散實官，至煬帝又改爲從一品，同漢、魏之制，位次三公。唐武德七年，改上開府儀同三司爲上輕車都尉，開府儀同三司爲輕車都尉，儀同三司爲騎都尉。後又以開府儀同三司爲文散官。開元以前舊例，開府、特進雖不帶職事，皆給俸禄，得與朝會，班列依本品之次，皆崇官盛德、罷劇就閒者居之。天寶六載正月制：「内外文武五品以上官，父、祖無資蔭者〔六〕，其所用蔭，宜同子孫用蔭之例。」

宋制，祖宗時以節度使兼中書令、或侍中、或中書門下平章事，皆謂之使相〔七〕，以待勳賢故老及宰相久次罷政者，隨其舊職，或檢校官加節度使出判大藩，通謂之使相。故事，宰相去位，例進官一等，或易東宫三少，惟趙普以開國舊臣在相位久，故以使相罷，蓋異恩也。其後吕夷簡、王欽若罷相，皆以爲例。元豐新官制，始改爲開府儀同三司。舊制，敕出中書門下，故事之大者使相係銜。至是皆南省奉行，則開府不預矣。八年，鎮江軍節度使、檢校太傅韓絳爲開府儀同三司、判大名府。元祐五年，太師、平章軍國重事文彦博爲開府儀同三司、守太師、充護國軍山南西道節度使致仕。自崇寧五年，司空、左僕射蔡京爲開府儀同三司、安遠軍節度使、中泰一宫使。其後，故相而除則有劉正夫、余深，前執政則有蔡攸、梁子美，外戚則有向宗回、宗良、鄭紳、錢景臻，殿帥則有高俅，内侍則有童貫、梁師成，名器至此輕矣。紹興後，吕頤浩、韓世忠皆以開府儀同三司除少保。

按：三朝國史職官志叙元豐寄禄新格，以階易官，謂開府儀同三司即舊使相。然使相者是以侍中、中書令、平章事加節度使之謂也。自唐至宋皆有之，而事體微不同。唐則多以同平章事加節度使之立勳勞而久任者，蓋將而寵以相之名也。宋則多以節度使加平章事之有德望而罷政者，蓋相而寵以將之名也。合而言之，蓋位兼將相，品極文武之稱。今既曰以開府儀同三司易使相矣，然韓絳爲開府而復加以鎮江之節，文彦博爲開府而復加以護國山南之節，蔡師爲開府而復加以安遠之節，則是且爲開府，且爲使相，而使相之名未嘗廢矣。又況神宗更官制之本意，實以三省、寺、監之官無職掌爲非，遂欲易而正之。如改左、右僕射爲特進，則遂以僕射爲宰相之職。改左、右丞爲光禄大夫，則遂以左、右丞爲執政之職。今節度使之在宋，其無職掌與開府儀同三司一也，何須以開府易之。況有開府之後，宰相之除節度使，元未嘗廢乎。竊疑開府儀同三司特專以易三省長官，尚書令、中書令、侍中。而於使相、節度使無預。張演著職官記，叙元豐新官而并著舊官，於開府儀同三司之下，只注舊官云中書令、侍中、同中書門下平章，而不言使相，雖與史志不合，似爲得之。

特進

漢制，諸侯功德優盛，朝廷所敬異者，賜位特進，位在三公下。故成都侯王商以特進領城門兵，置幕府，得舉吏如將軍是也。後漢皇后父兄，率爲特進侯，朝會位次三公。隋志曰：「特進舊位從公。光武以鄧禹列侯就第，特進奉朝請。是特進引見之稱，無官定體也。」而竇篤進位特進，得舉吏，見禮依三公。自二漢及魏、晉以爲加官，從本官車服，無吏卒。太僕羊琇遜位，拜特進，加散騎常侍，無餘官，故給吏卒車服。其餘加特進者，唯食其禄賜，列其班位而已，不別給特進吏卒車服。晉惠帝元康中定令，特進位次諸公，在開府、驃騎上，冠進賢兩梁冠，黑介幘，五時朝服，佩水蒼玉。食俸日四斛。太康三年〔八〕，始賜春絹五十疋，秋絹百五十疋〔九〕，綿百五十斤。元康元年，給菜田八頃，田騶八人。立夏後不及田者，食俸一年。置主簿、功曹史、門亭長、門下書佐各一人，給安車黑耳，駕御一人，軺車施耳後户一乘。無章綬。齊時位從公，陳因之。後魏、北齊用人皆以舊德就閒者居之。隋文帝以爲散官〔一〇〕，不理事。煬帝即位，廢特進官。唐爲文散官。餘見開府門。

宋制，左、右僕射爲宰相官，元豐更官制，乃以特進換之。時王安石獨改特進。至政和後，薛昂帶觀文殿學士位特進；白時中以門下侍郎帶特進，皆失舊制。繼紹聖改金紫光禄大夫，今後特進非宰相不除。

光禄大夫以下

秦時，光禄勳屬官有中大夫。漢武帝太初元年，更名光禄大夫，漢志曰：「夫者，扶也，膚也。詩曰『殷士膚敏，灌將于京』。明當以其肌膚知能侍君父也。」銀章青綬。掌議論，屬光禄勳。門外特施行馬，以旌別之。無常事，唯顧問應對，詔命所使，無員。後漢光禄大夫三人，凡諸國嗣王之喪則掌弔，多以爲拜假賵贈之使及監護喪事。魏氏以來無員，轉優重，不復以爲使命之官。其諸公告老，皆家拜此位；及在朝顯職，復用加之。魏文帝以楊彪爲光禄大夫，賜几杖衣袍。因朝會引見，令楊彪著布單衣、鹿皮冠，杖而入，待以賓客之禮。及晉受命，置左、右光禄大夫，假金章紫綬，而光禄大夫如故，加金章紫綬，並與卿同。進賢兩梁冠，黑介幘，五時朝服，佩水蒼玉，并禄賜、班位、吏卒皆與特進同。復以爲優崇之制，而諸公遜位不復加之。其以爲加官者，唯假章綬、禄賜、班位而已，不別給車服、吏卒也，或更拜上公，或以本封食公禄。其諸卿尹中朝大官年老致事，及内外之職加此者，前後甚衆。由是或因得開府，或進加金章紫綬，又復以爲禮贈之官。本已有卿官者不復重給，其餘皆假〔一一〕。其假銀章青綬者，位在金紫將軍下、諸卿上。泰始中，唯太子詹事楊珧加給事中、光禄大夫。加兵之制，諸所供給依三品將軍。晉宣帝子平原王幹拜光禄大夫，加侍中，特假金章紫綬，班次三司。其餘自如舊制，終武、惠、孝懷三世。食俸日三斛。太康二年，始給春絹五十疋、秋絹百疋〔一二〕、綿百斤。惠帝元康元年，始給菜田六頃，田騶六人，置主簿、功曹史、門亭長、門下書佐各一人。置佐吏如公，年重加親信二十人。魏、晉以來無員。宋氏因之。齊左、右光禄大夫，皆據舊齒位從公，開府加金章紫綬，則謂之金紫光禄大夫。其重者既有金紫之號，故謂本光禄爲銀青光禄大夫。晉時王翹之爲銀青光禄大夫。樂安任遐爲光禄，就王晏乞一片金，晏乃啟轉爲金紫是也。猶屬光禄勳。梁又有左、右金紫光禄大夫視吏部尚書，左、右光禄大夫視諸曹，並養老病。陳因之。自晉以後，多爲兼官。後魏有光禄大夫，金紫、銀青光禄大夫。北齊皆以舊德就閒者居之，與特進同。後周有左右金紫、左右銀青四光禄大夫。隋有光禄大夫、左右光禄大夫，皆爲散官，不理事。唐初猶有左、右之名，貞觀以後唯曰光禄大夫、金紫光禄、銀青光禄，並爲文散官。按前代光禄大夫始加金章紫綬及銀章青綬者，並尊崇之，皆在光禄之上〔一三〕。後魏定令誤，遂因仍不改。

宋元豐更官制，以金紫光禄大夫换吏部尚書，銀青光禄大夫换五部尚書，時宰相王珪任禮部侍郎、同平章事，上以珪久不進官，因改官制，乃特授銀青光禄大夫。光禄大夫换尚書左、右丞。

宣奉大夫、正奉大夫二階，古無之，宋大觀間新置。

正議大夫，隋散官，蓋取秦大夫掌論議之義，唐因之。

宋元豐更官制，以正議大夫换六部侍郎，并作一等。時議以爲宰執貪進官作此，蓋故事丞郎作四轉，今乃減作兩轉耳。

通奉大夫，古無此階，宋大觀間新置。

通議大夫，隋散官，義與正議同，唐因之。

宋元豐更官制，以通議大夫换給事中。

太中大夫，秦官，亦掌議論，漢因之。哀帝初立，御史大夫王嘉奏曰：「蘇令發起爲盜，欲遣大夫使。時見大夫無可使者，召盩厔令尹逢，拜爲諫大夫遣之。今諸大夫有才者甚少，宜預畜養也。」後漢置二十人。張湛拜太中大夫，居中東門候舍，故人號爲中東門君。又隗囂廣置職位以自高，鄭興止之曰：「夫太中大夫、使持節官，皆王者之器，非人臣所當置也。」胡廣云：「諫議、光禄、太中、中散大夫，此四等，於古禮皆天子之下大夫、列國之上卿。」魏以來無員。晉視中丞、吏部，絳朝服，進賢一梁冠，介幘。泰始末，詔除王覽爲太中大夫，禄賜與卿同。梁、北齊、唐皆因之。

宋元豐官制行，以太中大夫換諫議大夫。神宗以寄禄官等級減少，遂以太中大夫爲宰相官，故蔡確時任右諫議大夫、參知政事，先換太中大夫，及拜相則依前太中大夫、守尚書右僕射、兼中書侍郎，遂爲定制。其後，又以太中大夫以上爲侍從官。元豐中，自太中大夫至金紫止六階，昔之五部尚書，今爲一官，六部侍郎爲一官，是十一官併爲兩官矣。左右丞、左右諫議亦併四官爲兩官，其後增置通奉、正奉、宣奉三階。自太中大夫以上，惟宰執、侍從得遷。

中大夫，秦官，漢武改爲光禄大夫，自後無聞。北齊有之。唐又置。龍朔二年七月制：「諸王承嫡封郡王者〔一四〕，出身從四品下叙。」

宋元豐更官制，以中大夫換祕書監，而殿中監本一等，其時偶闕任殿中監者〔一五〕，故只着祕書監。神宗以太中大夫爲宰相官，故初除執政只授中大夫。是時拜翰林學士蒲宗孟、王安禮爲左、右丞，二公寄禄官皆未至大夫，只除中大夫守之。

中奉大夫，古無此階，宋大觀間新置。

中散大夫，王莽所置。後漢因之，復置三十人。漢官曰：「光武中興置。」魏、晉無員。齊、梁視黄門侍郎，品服冠幘與太中同。陳及唐皆有之〔一六〕。

朝議大夫，隋置散官，以取漢諸大夫得上奉朝議爲名。唐因之。

宋元豐更官制，以朝議大夫換左右司郎中、侍從。太常少卿、館職。光禄少卿。出身蔭補。又元豐中，自朝議至中大夫凡三階，後增至中奉、奉直大夫兩階〔一七〕。蓋祖宗舊制，有出身人自郎中三遷至祕書監，蔭補人自郎中五遷至祕書監。今增置奉直、中奉，而有出身人不遷中散、奉直，猶舊制也。侍從官在祖宗時，自郎中再遷即爲諫議大夫，是以朝議大夫徑遷太中大夫，今亦遷中奉大夫，非舊制也。朝議大夫以上係卿、監。

奉直大夫，古無此階，宋大觀間新置。

朝請大夫，隋置散官，取漢將軍公卿年高德重者，以列侯就第特進奉朝請之義。唐因之。龍朔制〔一八〕：「諸王衆子封郡公者，出身從五品上叙。」

宋元豐更官制，以朝請大夫換前行郎中。

朝散大夫，隋置散官，唐因之。

宋元豐更官制，以朝散大夫換中行郎中。

朝奉大夫，古無此階。宋元豐更官制，以朝奉大夫換後行郎中。官制舊典云：「故事，若各曹謂兵、刑、工部也，及司封、司勳、度支、金部、祠部、主客，雖轉正郎，亦不呼郎中，只稱其曹名，以示其出常調也。自改大夫，更無別異。且古大夫猶今之執政、侍從也，書所謂『日宣三德』者是焉。曲禮曰：『四郊多壘，卿大夫之辱也。』由此觀之，豈宜換授庶僚耶？在漢、晉間，只有光禄、太中大夫、中散大夫爲侍從官，當論思獻納之任。至隋、唐增名作階，已非所宜。今乃易少卿、監、郎中，是輕其名器也。」朝奉大夫以上係正郎。

王氏揮麈録曰：「更官制後，惟光禄大夫及中散、朝議二大夫分左、右，增磨勘而已，初非以科第也。元祐間，范忠宣當國，始帶左、右，紹聖初罷去，事見常希古奏疏。大觀又置中奉、奉直二大夫，撤中散、朝議左、右字。紹興初，編修官楊愿啟請再分左、右，自是以出身爲重。」

朝議郎以下

朝議郎，隋置散官，唐因之。顯慶五年制：「郡公出身，正六品下叙。」

宋無。

朝請郎，隋置散官，蓋採晉及六朝並有奉朝請爲名。唐因之。顯慶制：「侯出身正七品上叙。」

宋元豐更官制，以朝請郎換前行員外郎、侍御史。

朝散郎，隋置散官，唐因之。顯慶制：「伯出身正七品下叙，子出身從七品上叙。」

宋元豐更官制，以朝散郎換起居舍人及中行員外郎。

朝奉郎，古無此階。宋元豐更官制，以朝奉郎換左、右司諫及後行員外郎。朝奉郎以上係員外郎。

承議郎。隋有承議郎爲散官，唐因之。品與朝議郎同。

宋元豐更官制，以承議郎換左右正言、太常國子博士。

奉議郎。隋置通議郎爲散官。隋文帝於吏部別置朝議、通議、朝請、朝散、給事、承奉〔一九〕、儒林、文林等八郎，武騎、屯騎、驍騎、遊騎、飛騎、旅騎、雲騎、羽騎八尉，其品則正六品以下，從九品以上。上階爲郎，下階爲尉〔二〇〕。散官番直常出入，使監檢。至煬帝皆罷。唐改通議爲奉議郎。顯慶制：「縣公出身，從六品上叙。」

宋元豐更官制，以奉議郎换太常、祕書、殿中丞，著作郎。

通直郎，隋置三十人。蓋採晉、宋以來諸官皆有通直，謂官高下而通爲宿直也，因此爲名。唐因之。

宋元豐更官制〔二〕，以通直郎換太子中允、贊善大夫、洗馬。自通直郎以上係陞朝官。

宣教郎。隋置宣德郎爲散官，唐因之。品與朝散郎同。

宋元豐更官制，以宣德郎換著作佐郎、大理寺丞。政和間避宣德門，改爲宣教郎。

宣義郎。隋有游騎尉爲散官，唐改爲宣義郎。蓋取梁宣義將軍之名。顯慶制：「男出身，從七品下叙。」

宋元豐更官制，以宣義郎換光禄衛尉寺、將作監丞。

給事郎、徵事郎二階，隋散官，唐因之。

宋無。

承事郎，古無此階。宋元豐更官制，以承事郎換大理評事，爲狀元及第、宰相任子之初官。

承奉郎，隋置散官，唐因之。

宋元豐更官制，以承奉郎換太祝、奉禮郎，執政任子初官。

承務郎，唐置，蓋因隋尚書省二十四司承務郎之名〔三〕。

宋元豐更官制，以承務郎換校書郎、正字、將作監主簿。自承務郎以上係京官。

承直郎，古無此階。宋崇寧定選人七階，以承直郎換留守、節察判官。

按：元豐未改官制之先，大率以職爲階官。以宰執言之，如吏部尚書，階官。同中書門下平章事，職。尚書禮部侍郎，階官。參知政事職。之數是也。然所謂吏部尚書、禮部侍郎者，未嘗專有所係屬，治其事則以爲職，不治其事則以爲階官，猶云可也。獨選人七階則皆以幕職令録之屬爲階官，而幕職令録則各有所係屬之監司、州縣，遂至有以京西路某縣令爲階官而爲河北路轉運司勾當公事者，有以陝西路某軍節度判官爲階官而爲河東路某州州學教授者，有以無爲軍判官爲階官而試祕書省校書郎者，其叢雜可笑尤甚。元豐時未暇革正，至崇寧二年，刑部尚書鄧洵武極言其事，遂以承直郎以下七階换之。

儒林郎，隋置散官，蓋取前史儒林傳之義。唐因之。宋崇寧初，以儒林郎换節察掌書記、支使，防、團判官。

文林郎，隋置散官，蓋取北齊文林館徵文學之士以充之義。唐因之。宋崇寧初，以文林郎换留守、節察推官，軍、監判官。

從事郎，古無此階。宋崇寧定選階，以從事郎换防、團推官，監判官。

從政郎，古無此階。宋崇寧定選階，初以通仕郎换録事參軍、縣令〔三〕；政和間，改通仕郎爲從政郎。

修職郎。唐置登仕郎。宋崇寧初，以登仕郎换知録事參軍、知縣令；政和間，改登仕郎爲修職郎。

迪功郎。隋置將仕郎爲散官。唐因之。宋崇寧初，以將仕郎换軍巡、判官，司理、司法、司户、簿、尉。以上七階，係選人用舉考及功賞改官。政和既以從政、修職、迪功郎易通仕、登仕、將仕郎，其通仕、登仕、將仕三階係奏補未出官人。

右宋初省、臺、寺、監之官，特以寄禄，皆不領本職。元豐三年，始按唐六典肇新官制，凡省、臺、寺、監領空名者一切罷去，而易之以階。文階自開府至將仕爲二十四。崇寧、大觀、政和相繼潤色之。紹興舉行元祐之法，分置左、右，詞人爲左，餘人爲右。淳熙初，乃去左、右字。今任子雜流惟細，轉通直郎、奉直中散二大夫，有出身人不轉。若帶貼職則超資。京官以上四年一轉，無出身人逐資轉，有出身人超資轉。至奉議並逐資轉，至朝議大夫有止法，仍七年一轉。

武散官

驃騎將軍

漢武帝元狩二年，始用霍去病爲驃騎將軍，定令令驃騎將軍秩禄與大將軍等。光武中興，以景丹爲驃騎大將軍，位在三公下。明帝初即位，以弟東平王蒼有賢才，以爲驃騎將軍，以王故，位在公上。蒼爲驃騎輔政，開東閤，延英雄。及蒼歸國，有驃騎時吏丁牧、周栩〔二四〕，以蒼敬賢下士，不忍去之，遂爲王家大夫，數十年事祖及孫。帝聞，褒美之。數年復罷。其官屬附見大將軍後。魏、晉、齊並有之。梁雜號中亦有。陳後主以蕭摩訶爲侍中、驃騎大將軍，加左光禄大夫〔二五〕，特開黄閤，施行馬，廳事寢堂置鴟尾，如三公制。後魏初，加「大」則在三司上。太和中制，加「大」則在都督中外諸軍下。後周亦有之。隋開皇中，置驃騎將軍府，每府置驃騎、車騎將軍各二人。十七年，頒銅獸符於驃騎、車騎府。煬帝改驃騎爲鷹揚郎將，改車騎爲鷹揚副郎將。唐復改爲車騎、驃騎，其制如開皇而益復微矣。故武德元年詔以軍頭爲驃騎將軍，軍副爲車騎將軍；又詔太子諸率府各置驃騎將軍五員，車騎將軍十員。後皆省之。顯慶元年，乃復置驃騎大將軍爲武散官。

輔國將軍

後漢獻帝置輔國將軍，以伏完爲之。晉王濬平吳後，拜輔國大將軍。有司奏輔國依比未爲達官，不置司馬，不給官騎。詔依征、鎮給五百大車，增兵五百人爲輔國營，給親騎百人、官騎十人，置司馬。宋明帝泰始四年，改爲輔師將軍。後廢帝昱元徽二年復故。梁、後魏、後周、隋並有之。唐輔國大將軍爲武散官。

鎮軍將軍以下

鎮軍大將軍，魏置，文帝以陳群爲之。晉則楊駿、胡奮並領鎮軍將軍。齊、後周、隋亦有之。唐因之。

冠軍將軍，魏置，以文欽爲之。蓋因史記楚義帝以宋義爲卿子冠軍；漢武帝以霍去病功冠三軍，封冠軍侯之義也。晉亦有之。金章紫綬，給五時朝服，武冠，佩水蒼玉。歷代並有。隋文帝置翊軍等四十三號將軍，品凡十六等，爲散號將軍，以加汎授。居曹有職務者爲執事官，無職務者爲散官。武官上柱國以下爲散實官，將軍爲散號官。至煬帝時，定令罷之。唐因之。

雲麾將軍，梁置雜號。陳及唐並有之。

忠武將軍，梁置雜號。陳有之，唐因之。

壯武將軍，梁置雜號。陳有之，唐因之。

宣威將軍，唐置。

明威將軍，梁置雜號。後魏亦有之，唐因之。

定遠將軍，梁置雜號。唐因之。

寧遠將軍，晉置。唐因之。

游騎將軍，魏置。陳有之，唐因之。

游擊將軍，漢置，武帝以蘇建、韓説爲之。後漢鄧晨亦爲之。晉及陳並有之。唐因之，又置懷化大將軍、歸德將軍以授蕃官。

諸校尉

漢武帝初置中壘、屯騎、步兵、越騎、長水、胡騎、射聲、虎賁等校尉爲八校，各有司馬。後漢以屯騎、越騎、步兵、長水、射聲爲五校，皆掌宿衛兵，按大駕鹵簿，五校尉在前，各有鼓吹一部。各有司馬，蔡質漢儀曰：「五營司馬見校尉，執版不拜。」並屬北軍中候。時五校官顯職閒而府寺寬敞，輿服光麗，伎巧必給，故多以皇族肺腑居之。至靈帝，又置西園八校尉。其名曰上軍、中軍、下軍、典軍、助軍、佐軍，及左右校尉。自魏、晉以下，五校之名與後漢同，唯後魏五校各置二十人。

中壘校尉。漢掌北軍營壘門内，又外掌西域。後漢省中壘，但置北軍中候〔二六〕，掌監五營。

屯騎校尉。漢掌騎士。後漢初，改爲驍騎，建武十五年復舊。

步兵校尉。漢掌上林苑門屯兵。晉阮籍聞步兵厨營人善釀，有貯酒三百斛，求爲之。至隋屬鷹揚府。

越騎校尉。漢掌越騎。越人内附以爲騎也。後漢初，改爲青巾左校尉〔二七〕，建武十五年復舊。

長水校尉。漢掌長水、宣曲胡騎。宣曲，觀名，胡騎之屯於宣曲者。宋志引韋昭曰：「長水校尉典胡騎〔二八〕，廐近長水，故以爲名。長水蓋關中小水名也。」又主烏桓騎也。

胡騎校尉。漢掌池陽胡騎，不常置。胡騎之屯池陽者，後漢並長水也。

射聲校尉。漢掌待詔射聲士。工射者，冥冥中聞聲射則中之，因以名也。須待命而射，故曰待詔射聲。

虎賁校尉。漢掌輕車。後漢并射聲。

城門校尉。漢掌京師城門屯兵，凡八屯。後漢掌雒陽城門十二所〔二九〕，若周禮司門。干寶注曰：「如今校尉。」

驃姚校尉。漢武以霍去病爲之。

護烏桓校尉。漢武帝時，烏桓屬漢，始於幽州部置之，擁節監領。至後漢，亦謂之領烏桓校尉。後漢主烏桓胡，并領鮮卑。李膺爲此官。

戊己校尉。漢元帝初元元年置。甲乙丙丁庚辛壬癸皆有正位，唯戊己寄治耳。此所置校尉亦無常居，故取戊己爲名。一説戊己居中，鎮覆四方。漢所置校尉，亦處西域之中，撫諸國也。

護羌校尉。後漢涼州部持節，職如護烏桓，主西羌。元康中，改爲涼州刺史。

儒林校尉。蜀先主以周群爲之。

南蠻校尉。晉武帝於襄陽置之。元康中，荆州刺史領。江左初省，尋又置於江陵。齊書曰：「晉、宋之際〔三〇〕，刺史多不領南蠻，别以重人居之。」唯齊豫章郡王嶷爲南蠻校尉、荆湘二州刺史。

南夷校尉。晉武帝於寧州置之。及江左，改曰鎮蠻校尉。

西戎校尉。晉武帝於長安置之。元康中改爲雍州刺史。安帝義熙中又置，治漢中。

寧蠻校尉。晉安帝置，治襄陽，以授魯宗之。

護三巴校尉。宋置。齊建元二年，改爲刺史。

武騎尉、屯騎尉、驍騎尉、游騎尉、飛騎尉、旅騎尉、雲騎尉、羽騎尉、建節尉、奮武尉、宣惠尉、綏德尉、懷仁尉、守義尉、奉誠尉、立信尉，都十六尉，並隋置，以爲武散官。

昭武、振威、致果、翊衛、宣節、禦侮、仁勇、倍戎八校尉，各有副尉，並唐採前代諸校尉以下舊名置。自鎮軍將軍以下爲武散官。

右此所述唐朝武散官，本通典。今考新唐書百官志，兵部尚書條下載武散官共四十五階，内有懷化大將軍、懷化將軍、歸德大將軍、歸德將軍。其懷化、歸德又各有中郎將、郎將、司階、中候、司戈、執戟、長上，共十六階，通典所不載。其中壘至護三巴十九校尉，乃歷代所置，即非唐散官。武騎至立信十六尉，乃隋武散官，亦非唐制。因叙述校尉而錯見於此耳。

宋朝武選之稱，自内客省至閤門使、副爲横班，自皇城至供備庫使爲諸司正使，自皇城至供備庫副使爲諸司副使，自内殿承制至三班借職爲使臣。元豐官制行，武階猶未及改。政和二年，乃詔易以新名，正使爲大夫，副使爲郎，而横班十二階使、副亦然。六年，又增置宣正、履正、協忠、翊衛、親衛大夫郎，凡十階，通爲横班。自太尉至下班祗應，凡五十三階。

新官	舊官
太尉政和新置，以太尉本秦主兵官，遂定爲武階之首。	
通侍大夫	内客省使
正侍大夫	延福宫使
宣政大夫政和新置。	
履正大夫政和新置〔三二〕。	
協忠大夫政和新置。	
中侍大夫	景福殿使
中亮大夫	客省使
中衛大夫	引進使
翊衛大夫政和新置。	
親衛大夫政和增置。	

拱衛大夫
左武大夫
右武大夫
正侍郎政和增置。
宣正郎政和增置。
履正郎政和增置。
協忠郎政和增置。
中侍郎政和增置。
中亮郎
中衛郎
翊衛郎政和增置。
親衛郎政和增置〔三三〕。
拱衛郎政和增置。
左武郎
右武郎
武功大夫

四方館使〔三二〕
東上閤門使
西上閤門使

客省副使
引進副使

東上閤門副使
西上閤門副使已上係横班。
皇城使

武德大夫　　宮苑、左右騏驥、内藏庫使

武顯大夫　　左藏庫、東西作坊使

武節大夫　　莊宅、六宅、文思使

武略大夫　　内園、洛苑、如京、崇儀使

武經大夫　　西京左藏庫使

武義大夫　　西京作坊、東西染院、禮賓使〔三四〕

武翼大夫　　供備庫使已上係諸司正使。

武功郎　　皇城副使

武德郎　　宮苑、左右騏驥、内藏庫副使

武顯郎　　左藏庫、東西作坊副使

武節郎　　莊宅、六宅、文思副使

武略郎　　内園、洛苑、如京、崇義副使

武經郎　　西京左藏庫副使

武義郎　　西京作坊、東西染院、禮賓副使

武翼郎　　供備庫副使已上係諸司副使。

敦武郎　　内殿承制

修武郎　内殿崇班
從義郎　東頭供奉官
秉義郎　西頭供奉官
忠訓郎　左侍禁
忠翊郎　右侍禁
成忠郎　左班殿直
保義郎　右班殿直
承節郎　三班奉職
承信郎　三班借職以上係使臣。
下班祗應　殿侍

右宋制武階，舊有横行正使、横行副使，有諸司正使、諸司副使、有使臣。政和易以新名，正使爲大夫，副使爲郎，横行正副亦然，於是有郎居大夫之上，至紹興始釐正其序。自正侍郎至右武郎，舊在武功大夫之上，今釐正在武翼大夫之下、武經郎之上。又通侍大夫舊爲内客省使，國朝未嘗除人，自易武階，不遷通侍，沿初意也。轉至忠侍無磨勘者，特旨除修武郎以上，爲大使臣。承信郎以上，爲小使臣。五年一轉，至武功大夫有止法。

進武校尉　進義校尉　下班祗應　進武副尉〔三五〕　進義副尉　守闕進義副尉　進勇副尉

守闕進勇副尉　以上無品。二校尉參吏部，下班參兵部，以下並參刑部。

元豐初定官制，或請併內侍官名易之，神宗曰：「祖宗爲此名，有深意，豈可輕議？」政和二年始改焉，凡十有二階〔三六〕。

新官	舊官
供奉官	內東頭供奉官〔三七〕
左侍禁	內西頭供奉官
右侍禁	殿頭〔三八〕
左班殿直	高品
右班殿直	高班
黃門	黃門
祗候侍禁	祗候殿頭
祗候殿直	祗候高品〔三九〕
祗候黃門內品〔四〇〕	祗候高班內品
祗候內品	

貼祗候內品。以上三名仍舊不改〔四一〕。

按：唐宦者所歷散官與文官同。仇士良至開府儀同三司，請蔭其子，給事中李中敏判云「開府階，誠宜蔭子。謁者監，何由有兒」是也。此外，則貴璫之階官至金紫光禄大夫、正議大夫者多有之。祖宗立法，不以内侍溷清流，故自有階官云。

政和初既易武階而醫官之名亦遂改焉，凡十有四階。

新官	舊官
和安、成安、成全、成和大夫	軍器庫使
保和大夫	西綾錦使〔四二〕
保安大夫	榷易使
翰林良醫	翰林醫官使
和安、成和、成安、成全郎	軍器庫副使
保和郎	西綾錦副使
保安郎	榷易副使
翰林醫正	翰林醫官副使

凡除職事官，以寄禄官品之高下爲準，高一品以上爲行，下一品爲守，下二品已下爲試，品同者否。紹聖三年，户部侍郎吴居厚言：「神宗官制，凡臺、省、寺、監之官制〔四三〕，禄有行、守、試三等之别〔四四〕。元祐中，裁減冗費，而職事官兼行者第存虚名而已。請付有司講復舊制。」從之。四年，翰林學士蔣之奇言：「所謂試，則非正官也。今尚書、侍郎皆正官，而謂之試，失之矣。如以其階卑則謂之

守可也。臣請凡有正官者，皆改試爲守。」崇寧中，吏部授選人差遣，亦用資序高下分行、守、試三等。政和三年，詔選人在京職事官，依品帶行、守、試，其外任則否。宣和以後，官高而仍舊職者謂之領，官卑而職高者謂之視，故有庶官視從官，從官視執政，執政視宰相，凡道官亦視文階云。

勳官

上柱國、柱國，皆楚之寵官，楚懷王使柱國昭陽將兵攻齊。陳軫問楚國之法，破軍殺將者何以貴之，昭陽曰「其官爲上柱國」是也。陳勝爲王，蔡賜爲上柱國。歷代無聞。至後魏孝莊以爾朱榮有翊戴之功〔四五〕，拜爲柱國大將軍，位在丞相上。又拜大丞相、天柱大將軍，增佐吏。及榮敗後，天柱及柱國將軍官遂廢。天柱之名，尊崇莫二〔四六〕。昔王莽末，劉伯升起兵，自號柱天大將軍〔四七〕。而梁末侯景克建業後，亦自爲宇宙大將軍、都督六合諸軍事。至大統中，始以宇文泰爲之。其後功參佐命、聲實俱重者，亦居此職。自大統十六年以前，任者凡有八人。宇文泰、元欣、隴西公諱〔四八〕、李弼、獨孤信、趙貴、于謹、侯莫陳崇。時宇文泰任總百揆，督中外軍事。元欣以魏氏懿戚，從容禁闥而已。其餘六人，各督二大將軍，凡十二大將軍。當時榮盛，莫以爲比。其稱門閥者，咸推八柱國家。其後功臣位至柱國者衆矣，咸是散秩，無復統御也。後周建德四年，增置上柱國大將軍。隋置上柱國、柱國，以酬勳勞，並爲散官，實不理事。楊玄感以父素軍功位至柱國，與其父俱爲第二品，朝會則齊列，後文帝乃命玄感降一等也。唐改爲上柱國及柱國。

秦有護軍都尉，漢因之。高帝以陳平爲護軍中尉，盡護諸將，然則復以都尉爲中尉。陳平爲護軍中尉，人譏之曰：「平受諸將金，多者得善處，金少者得惡處。」武帝元狩四年，以護軍都尉屬大司馬，於時復爲都尉矣。成帝綏和元年，居大司馬府，比司直。哀帝元壽元年，更名司寇。平帝元始元年，更名護軍。初，韓安國以護軍將軍擊匈奴，趙充國以大將軍都尉擊武都也。漢東京省。班固爲大將軍中護軍，隸將軍幕府，非漢朝列職。魏武帝爲丞相，以韓浩爲護軍，史渙爲領軍〔四九〕，亦非漢官也。建安十二年，改護軍爲中護軍，領軍爲中領軍。魏初因置護軍將軍，主武官選，隸領軍，晉世則不隸矣。歷代史籍皆云護軍將軍主武官選，則領軍無主選之文。唯陶藻職官要録云「領軍將軍主武官選舉」，而護軍不言主選。又引曹昭叔述孝詩叙曰：「余年三十，遷中領軍，總六軍之要，秉選舉之機。」以此爲證。今按：漢高帝初以陳平爲護軍中尉，已令主武官選矣，故陳平有受金之譏。又魏略云：「護軍之官，總統諸將，主武官選。前後當此官者不能止貨賂，故蔣濟爲護軍，時有謡曰：『欲求牙門，當得千匹；五百人督，得五百匹。』司馬宣王與濟善，聞此聲以問濟，濟無以解之。及夏侯玄代濟，故不能止絶人事。及晉景帝代玄爲中護軍，整頓法度〔五〇〕，人莫敢犯者。」又王隱晉書曰：「景帝爲中護軍，作選用之法，舉不越功，吏無私焉。」又晉起居注云：「武帝詔曰：『中護軍職典戎選，宜得幹才。』遂以羊琇爲之。」宋志又云主武官選。按此，則護軍主選明矣，而陶藻所言領軍主選及昭叔之叙者，當因省併之際，爲一時之權宜，非歷代之恒制。元帝永昌元年，省護軍併領軍，明帝太寧二年復置。魏、晉江右領、護各領營兵。江左以來，領軍不復別置營，總管二衛、驍騎、材官諸營，護軍猶別有營也。周顗、庾亮、王羲之、謝安、王彪之等並爲護軍。宋護軍將軍一人，掌外軍。領、護資重者爲領軍將軍、護軍將軍，資輕者爲中領軍、中護軍。其官屬有長史、司馬、功曹、主簿、五官，受命出征則置參軍。齊、梁、陳並有之。北齊護軍府統四中郎將，皆置佐史。隋煬帝十二衛，每衛置護軍四人，以副將軍，將軍無則一人攝。尋改護軍爲虎賁郎將〔五一〕。唐採前代舊名，置上護軍、護軍。

輕車將軍，漢武帝置，以公孫賀爲之，又有輕車校尉。梁、陳、後魏、北齊亦有輕車將軍。唐採舊名，置上輕車都尉、輕車都尉。

騎都尉，漢武帝置，以李陵爲之，更始初亦有，故時謠云：「爛羊胃，騎都尉。」晉以後歷代皆有之。唐採舊名，置上騎都尉、騎都尉。

驍騎尉、飛騎尉、雲騎尉、武騎尉，並隋置，爲武散官〔五二〕。唐採置。自上柱國以下並爲勳官。

宋制，勳官十有二：

上柱國、柱國、上護軍、護軍、上輕車都尉、輕車都尉、上騎都尉、騎都尉、驍騎尉、飛騎尉、雲騎尉、武騎尉。

右騎都尉以上，兩府並武臣正任已上經恩加兩轉，文武朝官加一轉。武騎尉以上，京官加一轉，朝官雖未至驍騎尉，經恩亦便加騎都尉。

功臣：

推忠、佐理、協謀、同德、守正、亮節、翊戴、贊治、崇仁、保運、經邦。

右以賜中書、樞密院臣僚。宰相初加六字，餘臣初加四字，其次並加兩字，舊有功臣者改賜之。

推忠〔五三〕、保德、翊戴、守正、亮節、同德、佐運、崇仁、協恭、贊治、宣德、純誠、保節、保順、忠亮、竭誠、奉化、效順、順化。

右以賜皇子、皇親、文武臣僚、外臣。初加四字，次加兩字。

拱衛、翊衛、衛聖、保順、忠勇、拱極、護聖、奉慶、果毅、肅衛。

右以賜諸班直將士禁軍。初加二字，再加亦如之。

政和中，罷勳官。淳熙末，朝議欲復之，以旌有功，如貼職之比。後亦不果行，惟安南、闍婆、占城三國王始封加上柱國，南丹州刺史加武騎尉焉。加功臣號，始於唐德宗。宋朝因之，至元豐乃罷。中興後，加賜者三人而已，韓世忠「楊武翊運功臣」，張俊「安民静難功臣」，劉光世「和衆輔國功臣」。此外，惟安南國王初除及經恩，亦加功號。

岳氏愧郯録曰：「按階、散、勳官，在前世合於一，至唐則析而爲二。階，勳，功臣、檢校，在唐則析於四，而本朝則合於一。其用與不用，實寓見於是。自宋、齊、梁、陳、後魏、北齊以來，諸九品官皆以將軍爲品秩，謂之加戎號，此正如國初軍制皆以御史爲品秩，謂之加憲銜也。梁制，雖親王起家，未加將軍不開府，不置佐史官，可以見一時以此號爲重，然其實未嘗將屯，亦虚名耳。隋既受命，高祖採後周之制，置上柱國、柱國、上大將軍、大將軍、上開府儀同三司、開府儀同三司、上儀同三司、儀同三司、大都督、帥都督、都督，總十一等，以酬勤勞。又有特進、左右光禄大夫、金紫光禄大夫、銀青光禄大夫、朝議大夫、朝散大夫，並爲散官，以加文武官之德聲者〔五四〕，並不理事。又有翊軍等四十三號將軍，品凡十六等，爲散號將軍，以加將校〔五五〕。居曹有職務者爲執事官，無職務者爲散官。戎上柱國已下爲散實官，軍爲散號官〔五六〕。諸省及左右衛、武候、餘左右監門府爲内官，自餘爲外官。散官之名，肇見於是。還考漢制，光禄大夫、太中大夫、郎、議郎、中郎、侍郎、郎中皆無定員〔五七〕，多至數十人。特進、奉朝請亦皆無職守，優游禄秩。則官之有散，自漢已有之矣。然當時之仕於朝者，不任以事，則置之散，正如今日宫觀設官之比，未有以職爲實，以散爲號如後世者也。故成都侯王商以特進領城門兵，置幕府，得舉吏，是正如今日兼官不可以官稱爲比。梁制，左右光禄、金紫光禄、太中、中散等大夫並無員，以養老疾。遡而考之魏、晉、宋、齊、元魏，下而考之陳、北齊、後周、隋，亦莫不有之，參見於九品十八班之間〔五八〕。元魏初，又嘗置散官五等，其品第五至第九，百官有闕則取於其中以補之，蓋皆以儲才待須，而亦與諸職事官均其勞佚也。逮隋開皇六年，始置六品以下散官，八郎爲正階，八尉爲從階。通而觀之，則九品之内，皆有散官以酬勞矣。惟正一品虚而不置，所以章其貴也。煬帝嗣位，多所改更，先罷特進，次罷十一等酬勞官、八郎、八尉、四十三號將軍，併省朝議大夫，置九大夫、八尉；自一品至九品，別有其制。繼雖復儒林郎、文林郎列之七品八品正，乃隸祕書省，置二十人若三十人，專以明經待問、撰録文史爲職，又若職事官，無與於散階也。尋又置散騎郎二十人爲從五品，承議、通直郎各三十人爲正、從六品，宣德、宣義郎各四十人爲正從七品，徵事、將仕郎各五十人爲正從八品，常從、奉信郎各五十人爲正從九品，是爲正員，並得禄當品，又各有散員郎無禄。隋又改常從爲登仕，奉信爲散從。自散騎而下皆主出使，量事大小，據品以發之，則正如國初九品京朝官皆在京師，其罷職者歸本班、守本官，其出使者知某州、轉運某路之制耳。尚書省六曹皆置承務郎一人，同員外郎之職，乃正與今尚書郎等，又非散號，如限員以設散官〔五九〕，使其別有所授，决知其必不復，徒帶以爲美觀也，而唐乃析之。郎、大夫之秩，光禄、中散之養疾，儒林、文林之待問，一歸之於文散；散號將軍參取雜置，益以校尉，一歸之於武散；柱國等號本以酬勞，武騎諸稱並同郎位，一歸之於勳官。則散階也〔六〇〕，勳官也，唐雖因隋，而所用未嘗因隋，有職者改爲虚名，徒名者置在兼秩，是所謂前世合於一，而唐則析爲二。史大奈與高祖興太原飲馬泉之戰，以功多授光禄大夫階〔六一〕。李晟以克復元勳立功，時諸子未官，宰相以聞，即日詔子愿爲上柱國。故事，柱國門列戟，遂父子皆賜。杜淹貞觀中檢校吏部尚書，再加檢校侍中。代宗以射生軍清難而有「寶應」之稱。德宗以涇軍煽逆，而有「定難」之號。後隨事而賜，亦無定名。故唐之有功者，或叙階，或賜勳，或加以檢校，或寵以名號，皆上之人有以寓一時之微權，而初無階升必致之道。四者並用，而又申之以封爵，重之以實封，馭貴馭富，又雜取而輔之。在祖宗朝，若功臣之名猶有官不當賜而特賜，如開寶之於王明，太平興國之於杜彦鈞、陳信從、郝正，大中祥符之於王承美〔六二〕，天禧之於向漢通。南渡以後，高皇舉久廢之典，以寵二三大將，其他則不多見也。每一遇郊，官至某則加功臣若干字，酬勳若干級，進階若干等，徹國若干户，並舉而予之。故世但以爲煩，而不見其用。是所謂唐析於四，而本朝則合於一。既合矣而不能分，此所以發神宗皇帝之獨斷，一舉而盡去之也。政和罷勳官，徒以太平之世不欲用，議易之而未暇。孝宗淳熙間，廷策多士，發爲清問，有意復之而未能，誠使無並用之術，祖已成之例，一歸之有司，則雖無復可也。因虚以濟實，即名以輔治，一歸之君上，則雖盡復之亦可也。世之議者多以其名之混淆、未易別白，故表而著之，以俟觀者擇焉。」

檢校官一十九：

太師、太尉、太傅、太保、司徒、司空、左僕射、右僕射、吏部尚書、兵部尚書、户部尚書、刑部尚書、禮部尚書、工部尚書、左散騎常侍、右散騎常侍、太子賓客、國子祭酒、水部員外郎。

右皇子初授官加太尉，初除樞密使、使相及曾任宰相、樞密使除節度使加太傅，初除宣徽、節度使加太保。宗室初除使相加尚書左僕射，特除并換授諸司使已上加工部尚書，諸司副使加右散騎常侍。除通事舍人、内殿崇班以上，初授加太子賓客；副率以上并三班及吏職、蕃官軍員，該恩加國子祭酒。厢都指揮使止於司徒，軍都指揮使、忠佐馬步都軍頭止於司空，軍班都虞候、忠佐副都軍頭以上止於左、右僕射，諸軍指揮使止於吏部尚書。其官止，遇恩則加階、爵、功臣。

建炎以來朝野雜記曰：「檢校官者，自唐以來有之，凡内職崇班、今修武郎。武臣副率以上，初除及該恩皆帶。若文臣〔六三〕，則樞密、宣徽、節度使始帶焉。自三公、謂太尉、司徒、司空。三師〔六四〕、僕射、尚書、常侍至賓客、祭酒，凡十餘等。元豐改官制，武臣承宣使已下皆罷，惟存檢校三公、三師，以待節度使之久次者。政和後，改三公爲三少，若武臣累加至檢校少師則拜太尉，文臣累加檢校少師則拜開府儀同三司，安南國王初襲封，加檢校太尉，經恩遷檢校太師，外蕃刺史州則檢校太子賓客，此外皆不帶云〔六五〕。」

朱子語録曰：「祖宗之法，除三孤、三公者，必須建節，加檢校太子少保、少師之類，然後除開府儀同三司；既除開府，然後除三孤、三公。南渡以來，如張、韓、劉、岳諸武臣猶是如此外，皆不帶。

今則不然，既建節，便抹過檢校，徑除開府至三孤、三公矣。」

校勘記

〔一〕殤帝延平元年　「元」原作「九」，據後漢書卷一六鄧騭傳、太平御覽卷二四三職官部四一引東觀漢記改。

〔二〕都督荆州諸軍事　「都督」二字原脱，據晉書卷三四羊祜傳補。

〔三〕又邵陵王綸爲平南將軍　按梁書卷二九邵陵王綸傳、南史卷五三邵陵王綸傳，未見蕭綸任平南將軍。

〔四〕江州刺史王茂爲使持節　「江州」原作「胡州」，據梁書卷九、南史卷五五王茂傳改。

〔五〕左翊一開府二開府三開府四開府　「左」原作「右」，「四開府」三字原脱，據隋書卷二八百官志下改補。

〔六〕父祖無資蔭者　「無」字原脱，據唐會要卷八一用蔭補。

〔七〕祖宗時以節度使兼中書令或侍中或中書門下平章事皆謂之使相　按宋史卷一六一職官志一載：「親王、樞密使、留守、節度使兼侍中、中書令、同平章事者，皆謂之使相。」宋會要職官一之一六引兩朝國史志載：「親王、樞密使、留守、節度使兼中書令、侍中、同平章事者，謂之使相。」

〔八〕太康三年　晉書卷二四職官志「三」作「二」。

〔九〕秋絹百五十疋　「百」字原脱，據晉書卷二四職官志補。

〔一〇〕隋文帝以爲散官　「以」字原脱，據通典卷三四職官一六補。

〔一一〕其餘皆假　通典卷三四職官一六「假」作「給」。

〔一二〕始給春絹五十疋秋絹百疋　「十疋秋絹」四字原脱，據晉書卷二四職官志補。

〔一三〕皆在光禄之上　通典卷三四職官一六「皆」作「合」。

〔一四〕諸王承嫡封郡王者　「承嫡」原作「嫡子」，據通典卷三四職官一六、唐會要卷八一勳改。

〔一五〕其時偶闕任殿中監者　「闕」原作「關」，據元本、慎本、馮本、局本改。

〔一六〕陳及唐皆有之　按通考體例，唐後應叙宋，現缺當補。宋會要職官五六之五載：自官制行，「以舊少卿監爲朝議大夫，諸卿監爲中散大夫」。

〔一七〕後增至中奉奉直大夫兩階　疑「至」爲「置」之誤。

〔一八〕龍朔制　「制」原作「置」，據通典卷三四職官一六改。

〔一九〕承奉　「奉」原作「事」，據隋書卷二八百官志下、通典卷三四職官一六改。

〔二〇〕上階爲郎下階爲尉　二「階」字原作「皆」，據隋書卷二八百官志下改。

〔二一〕宋元豐更官制　「官制」原倒，據元本、慎本、馮本、局本乙正。

〔二二〕蓋因隋尚書省二十四司承務郎之名　「二」原作「三」，據元本、慎本、馮本、通典卷三四職官一六改。

〔二三〕初以通仕郎换録事參軍縣令　「仕」原作「事」，據宋史卷一六九職官志九改。

〔二四〕有驃騎時吏丁牧周栩　「丁牧周栩」原作「斗食周相」，據後漢書卷四二光武十王列傳東平憲王傳、太平御覽卷二三八職官部三六改。

〔二五〕加左光禄大夫　「大夫」二字原脱，據南史卷六七蕭摩訶傳、通典卷三四職官一六補。

〔二六〕但置北軍中候　「軍」原作「門」，據後漢書百官志四改，太平御覽卷二四〇職官部三八引續漢書曰「孔文舉拜北軍中候」可證。

〔二七〕後漢初改爲青巾左校尉　「左」原作「右」，據後漢書卷一下光武帝紀下改。

〔二八〕長水校尉典胡騎　「典」原作「有」，據後漢書百官志四注引韋昭語、宋書卷四〇百官志下改。

〔二九〕後漢掌雒陽城門十二所　「二」原作「一」，據後漢書百官志四改。

〔三〇〕晉宋之際　「晉」原作「齊」，據南齊書卷二二豫章文獻王傳改。

〔三一〕履正大夫政和新置　原舛在舊官中，據宋史卷一六九職官志九、職源撮要改正。

〔三二〕拱衛大夫四方館使　原脱，據宋會要職官五六之三六、職源撮要補。

〔三三〕親衛郎政和增置　原脱，據宋會要職官五六之四五補。

〔三四〕禮賓使　「禮賓」二字原脱，據宋史卷一六八職官志八、宋大詔令集卷一六三改武選官名詔補。

〔三五〕進武副尉　「尉」原作「使」，據宋大詔令集卷一六三改武選官名詔改。

〔三六〕凡十有二階　按宋大詔令集卷一六三入内内侍兩省「十二」作「十一」。

〔三七〕内東頭供奉官　宋史卷一六九職官志九同，宋大詔令集卷一六三改武選官名詔無「内」字。下文「内西頭供奉官」亦然。

〔三八〕殿頭　「頭」原作「直」，據宋史卷一六九職官志九、宋大詔令集卷一六三改武選官名詔改。

〔三九〕祗候高品　「品」原作「班」，據宋史卷一六九職官志九改。

〔四〇〕祗候黄門内品　原分作「祗候黄門」與「内品」二官，據宋史卷一六九職官志九、宋會要職官五六之三七、宋大詔令集卷一六三改武選官名詔併。

〔四一〕以上三名仍舊不改　按宋大詔令集卷一六三入内内侍兩省，「三」當作「二」。

〔四二〕西綾錦使　「綾」原作「陵」，據宋史卷一六九職官志九、宋大詔令集卷一六三改武選官名詔、職源撮要改。下「西綾錦副使」同。

〔四三〕凡臺省寺監之官制　「官」字原脱，據宋會要職官五七之四九補。

〔四四〕禄有行守試三等之别　「禄」字原脱，據宋會要職官五七之四九補。

〔四五〕至後魏孝莊以爾朱榮有翊戴之功　「戴」原作「載」，據局本、通典卷三四職官一六改。

〔四六〕尊崇莫二　「二」原作「大」，據通典卷三四職官一六改。

〔四七〕自號柱天大將軍　「柱天」原倒，據後漢書卷一四宗室四王三侯列傳乙正。

〔四八〕隴西公諱　「諱」原作「緯」，隴西公李虎爲李淵之祖，通典諱之，通考沿襲，今據通典卷三四職官一六改。

〔四九〕史涣爲領軍　「史涣」原作「史奂」，據三國志卷九諸夏侯曹傳改。

〔五〇〕整頓法度　通典卷三四職官一六「度」作「分」。

〔五一〕尋改護軍爲虎賁郎將　隋書卷二八百官志下「虎」作「武」。

〔五二〕爲武散官　「武」原作「文」，據通典卷三四職官一六改。

〔五三〕推忠　宋史卷一六九職官志九、宋會要禮五九之二六同。按宋史卷一七〇職官志一〇載宋授功臣稱號之制：「中書、樞密則推忠、協謀，親王則崇仁、佐運，餘官則推誠、保德、翊戴。」又職官分紀卷四九有「推誠保節」、「推誠保德」、「推誠保順翊戴」、「推誠佐運同德翊戴」等號。宋會要禮五九之二二至二三曰「開寶四年賜皇子德昭推誠奉節同德保順順節，賜陳洪進推誠順節忠正翊戴保節」。「推忠」疑爲「推誠」。

〔五四〕以加文武官之德聲者　「以」原作「又」，據愧郯録卷七散階勳官寄禄功臣檢校試銜、隋書卷二八百官志下改。

〔五五〕以加將校　隋書卷二八百官志下「將校」作「泛授」。

〔五六〕軍爲散號官　隋書卷二八百官志下同，愧郯録卷七散階勳官寄禄功臣檢校試銜「爲」作「無」。

〔五七〕光禄大夫太中大夫郎議郎中郎侍郎郎中皆無定員　「定」字原脱，據愧郯録卷七散階勳官寄禄功臣檢校試銜補。

〔五八〕參見於九品十八班之間　「參見於」三字原脱，據愧郯録卷七散階勳官寄禄功臣檢校試銜補。

〔五九〕如限員以設散官　「散」字原脱，據元本、慎本、馮本、愧郯録卷七散階勳官寄禄功臣檢校試銜補。

〔六〇〕則散階也　「散階」二字原倒，據愧郯録卷七散階勳官寄禄功臣檢校試銜乙正。

〔六一〕以功多授光禄大夫階　「以」字原脱，據元本、慎本、馮本、愧郯録卷七散階勳官寄禄功臣檢校試銜補。

〔六二〕大中祥符之於王承美　「王承美」原作「王丞美」，據愧郯録卷七散階勳官寄禄功臣檢校試銜改。

〔六三〕若文臣　「文」下原衍「武」字，據朝野雜記甲集卷一二檢校官删。

〔六四〕三師　原作「三司」，據朝野雜記甲集卷一二檢校官改。

〔六五〕此外皆不帶云　「皆」字原脱，據元本、慎本、馮本、朝野雜記甲集卷一二檢校官補。

卷六十五　職官考十九

禄秩

周班爵禄之制：天子一位，公一位，侯一位，伯一位，子、男同一位，凡五等也。君一位，卿一位，大夫一位，上士一位，中士一位，下士一位，凡六等。大國君十卿禄，卿禄四大夫，大夫倍上士，上士倍中士，中士倍下士，下士與庶人在官者同禄。趙岐曰：「庶人在官者，未命爲士者。」次國君十卿禄，卿禄三大夫，大夫倍上士，上士倍中士，中士倍下士，下士與庶人在官者同禄。小國君十卿禄，卿禄二大夫，大夫倍上士，上士倍中士，中士倍下士，下士與庶人在官者同禄。皆禄足以代耕也。卿禄於君禄皆十分之一〔一〕，大夫於卿各相加。士不得耕，以禄代耕也。及乎周衰，諸侯惡其害己，而去其籍，諸侯恣行，惡其法度之害己，而滅去其籍，故今周禮司禄之官闕其職也。故其詳不可得而聞矣，蓋其略也。孟子。天子之三公之田視公侯，天子之卿視伯，天子之大夫視子、男，天子之元士視附庸。視，比也。諸侯之下士禄食九人，中士食十八人，上士食三十六人，下大夫食七十二人，卿食二百八十八人，君食二千八百八十人。次國之卿食二百一十六人，君食二千一百六十人。小國之卿食百四十四人，君食千四百四十人〔二〕。次國之卿命於君者，亦如小國之卿。凡制農田百畝，百畝之分，上農夫食九人，其次食八人，其次食七人，其次食六人。下農夫食五人。庶人在官者，其禄以是爲差。農夫皆受田於公，田有五等，收入不同也。庶人在官者，謂府史之屬，官長所除，不命於天子國君者。分或爲糞。故諸侯之下士視上農夫，禄足以代耕也。王制。漢制，禄秩自中二千石至百石，各有等差。宣帝又益天下吏百石以下俸十五。漢書曰：「若食一斛，則益五斗〔三〕。」又應劭注漢書曰：「張敞、蕭望之言曰：『夫倉廩實而知禮節，衣食足而知榮辱。今小吏俸率不足，常有憂父母妻子之心，雖欲潔身爲廉，其勢不能。請以什率增天下吏俸。』宣帝乃益天下吏俸什二〔一〕。」而漢書言十五，兩存其説。至成帝陽朔二年，除八百石、五百石秩。除八百，就六百；除五百，就四百。綏和二年，又益吏三百石以下俸。凡吏比二千石以上年老致仕者，三分故禄，以一與之，終其身。其時亦有俸錢之差，但本史文不具耳。故元帝時，貢禹上書曰：「臣爲諫大夫〔四〕，秩八百石，俸錢月九千二百，廪食太官。又拜爲光禄大夫，秩二千石〔五〕，俸錢月萬二千。禄賜愈多，家日以益富。」中二千石，月俸百八十斛。二千石，百二十斛。比二千石，百斛。千石，九十斛。比千石，八十斛〔六〕。六百石，七十斛。比六百石，六十斛〔七〕。四百石，五十斛。比四百石，四十五斛。三百石，四十斛。比三百石，三十七斛。二百石，三十斛。比二百石，二十七斛。百石，十六斛。自四百石至二百石爲長吏，吏，理也。主理其縣内。百石以下有斗食、佐史之秩，顔師古曰：「漢官名秩簿云，斗食月俸一十斛〔八〕，佐史月俸八斛也。一説，斗食者歲俸不滿百石，計日而食一斗二升，故云斗食也。」是爲小吏。本史王莽詔曰：「自公卿以下，一月之禄十緵布二疋，或帛一疋。予每念之。今俸禄一歲六十斛〔九〕，稍以差增〔一〇〕，上至四輔而爲萬斛。」孟康曰：「緵，八十縷也。」後漢大將軍、三公俸，月三百五十斛。風俗通曰：「漢制，三公一歲共食萬石。」按此則有出，蓋舉大數也。至建武二十六年，增百官俸，其千石以上減於西京舊制，六百石以下增於舊秩〔一一〕。本史。永初四年，又減百官及州郡縣俸各有差。凡諸受俸，皆取半錢穀。延平中定制：中二千石，月俸錢九千，米七十二斛。真二千石，錢六千五百，米三十六斛。比二千石，錢五千，米三十四斛。

千石，錢四千，米三十斛。六百石，錢三千五百，米二十一斛。四百石，錢二千五百，米十五斛。三百石，錢二千，米十二斛。二百石，錢一千，米九斛。一百石。錢八百，米四斛八斗。凡中二千石丞，比千石；真二千石丞、長史，六百石；比二千石丞，比六百石。令、相千石者，丞尉皆四百石；其六百石者，丞、尉皆三百石。長、相四百石及三百石者，丞、尉皆二百石。諸侯、公主家丞秩皆比三百石。諸邊障塞尉、諸陵校尉長皆二百石〔一二〕。有常例者不署秩。本志。大將軍、三公臘賜錢穀各二十萬〔一三〕，牛肉二百斤，粳米二百斛。特進、侯以下各有差。立春之日，遣使者賜文官司徒、司空帛三十疋，九卿十五疋；武官太尉、大將軍各六十疋，執金吾、諸校尉各三十疋。武官倍文官。漢官儀。獻帝建安八年，頒賜三公以下金帛，由是三年一賜，以爲常制。本史。晉制，諸公及開府位從公有品秩第一，食俸日五斛，給絹春百疋，秋二百疋，綿二百斤；特進食俸日四斛，春服絹五十疋，秋絹百五十疋，綿一百五十斤；光禄大夫食俸日三斛，春賜絹五十疋，秋百疋，綿百斤；尚書令食俸月五十斛，春月三十疋，秋七十疋，綿七十斤；太子太傅、少傅，食俸日三斛，春賜絹五十疋，秋百疋，綿百斤。

右通典所載歷代禄秩，惟不及魏、晉。今於晉書百官志録出前條以補之。但志所載惟及諸公開府位從公者與特進、光禄大夫、尚書令、太子二傅，而餘官禄秩皆無可考，則亦未爲全備也。

宋氏以來，州郡秩俸及雜供給，多隨土所出，無有定准。永初元年〔一四〕，詔二品清官以上應食禄者，有二親或祖父母年登七十，並給見錢。其郡縣田禄，以芒種爲斷，此前去官者，則一年秩禄皆入前人，此後去者，悉入後人。元嘉末，又改此制，計月分禄。武帝初即位制，凡中二千石，加公田一頃。齊氏衆官有僮幹之役，而不詳其制。大明五年制〔一五〕，二品清官行僮幹杖，不得出十。張融坐鞭幹錢敬道杖五十，免官。又梁王諶爲吏部郎，坐鞭曹申免官。幹者，若門僕之類也。梁武帝天監初〔一六〕，定九品令。帝於品下注：一品秩爲萬石，第二、第三品爲中二千石，第四、第五品爲二千石。及侯景之亂，國用常褊，京官文武月唯別得廩食〔一七〕，多遥帶一郡縣官而取其禄秩焉。揚、徐等大州比令、僕班，揚州督王畿，理建康；徐州督重鎮，理京口，並外官刺史最重者。尚書令、僕射官品第三也。寧、桂等小州比參軍班，寧州理建寧，今雲南郡；桂州理始安，今郡，並與外官刺史最輕者。公府參軍，官品第六也。丹陽郡、吳郡、會稽等郡同太子詹事、尚書班，丹陽尹理建康，吳郡、會稽即今郡，並列郡重者。詹事、尚書，官品第三也。高凉〔一八〕、晉康等小郡，三班而已。高凉、晉康即今郡，並列郡最輕者。梁武帝定九品後，其内官吏爲十八班，以班多者爲貴，同班者即以居下爲劣，則與品第高下不倫，當是其時更以清濁爲差耳。本史既略，不可詳審焉。大郡六班，小縣兩轉方至一班。品第既殊，不可委載。其州郡縣禄米絹布絲綿，當處輸臺傳倉庫〔一九〕。若給刺史、守令等，先准其所部文武人物多少，由敕而裁。凡如此禄秩〔二〇〕，既通所部兵士給之，其家得蓋少。諸王諸主出閤、就第、婚冠所須，及衣裳服飾并酒米魚鮭香油紙燭等，並官給之〔二一〕。王及主婿外禄者不給，解任還京仍公給。後魏初無禄秩者，至孝文太和八年，始班俸禄，罷諸商人，以簡民事。户增調三疋、穀二斛九斗〔二二〕，以爲官司之禄，均預調爲二疋之賦。禄行之後〔二三〕，贓滿一疋者死。其禄，每季一請，於是百官受禄有差。至十年，議定民官依户給俸〔二四〕。本史又曰：「初，邊方小郡太守數户而已，一請止六尺絹，歲不滿疋。」

北齊官秩：一品歲八百疋，二百疋爲一秩。從一品七百疋，一百七十五疋爲一秩。二品六百疋，一百五十疋爲一秩。從二品五百疋，一百二十五疋爲一秩。三品四百疋，一百疋爲一秩。從三品三百疋，七十五疋爲一秩。四品二百四十疋，六十疋爲一秩。從四品二百疋，五十疋爲一秩。五品一百六十疋，四十疋爲一秩。從五品一百二十疋，三十疋爲一秩。六品一百疋，二十五疋爲一秩。從六品八十疋，二十疋爲一秩。七品六十疋，十五疋爲一秩。從七品四十疋，十疋爲一秩。八品三十六疋，九疋爲一秩。從八品三十二疋，八疋爲一秩。九品二十八疋，七疋爲一秩。從九品二十四疋。六疋爲一秩。禄率一分以帛，一分以粟，一分以錢。事繁者優一秩，平者守本秩，閒者降一秩，長兼試、守者亦降一秩。官非執事，不朝拜者，皆不給禄。州、郡、縣制禄之法：刺史、守、令下車，各前取一時之秩。上上州刺史歲秩八百疋，與司州牧同；上中、上下各以五十疋爲差。中上降上下一百疋，中中及中下亦以五十疋爲差。下上降中下一百疋，下中、下下亦各以五十疋爲差〔二五〕。上郡太守，歲秩五百疋，降清都尹五十疋。上中、上下各以五十疋爲差。中上降上下四十疋，中中及中下各以三十疋爲差。下上降中下四十疋，下中、下下各以二十疋爲差。上上縣，歲一百五十疋，與鄴、臨漳、成安三縣同。上中、上下各以十疋爲差。中上降上下三十疋，中中及中下各以五疋爲差。下上降中下二十疋，下中、下下各以十疋爲差。州自長史下逮於史吏，郡縣自丞以下逮於掾佐，亦皆以帛爲秩。郡有尉者，尉減丞之半。皆以其所出常調課給之。自一品以下至流外勳品，各給事力。一品至三十人，下至於流外勳品〔二六〕，或以五人爲等，或以四人、三人、二人、一人爲等。繁者加一等，平者守本力，閒者降一等。諸州刺史、守、令以下，幹及力皆聽敕乃給。其幹出所部之人。一幹輸絹十八疋，幹身放之。力則以其州郡縣白直充〔二七〕。

後周制禄秩〔二八〕：下士一百二十五石，中士以上至於上大夫，各倍之。上大夫是爲四千石。卿二分，孤三分，公四分，各益其一，公因盈數爲萬石。其九秩一百二十石。八秩至於七秩，每二秩六分而下各去其一。二秩、一秩俱爲四十石。凡頒禄，視年之上下。畝至四釜爲上年，上年頒其正。三釜爲中年，中年頒其半。二釜爲下年，下年頒其一。無年爲凶荒，不頒禄。隋京官正一品禄九百石，下每以百石爲差，至正四品是爲三百石。從四品二百五十石，其下每以五十石爲差，至正六品是爲一百石。從六品九十石，以下每以十石爲差，至從八品是爲五十石。食封及官不判事者，并九品皆不給禄。其給皆以春、秋二季。刺史、太守、縣令則計户而給禄，各以户數爲九等之差。大州六百二十石，其下每以四十石爲差，至於下下則三百石。大郡三百四十石〔二九〕，其下每以三十石爲差，至於下下則一百石。大縣百四十石，其下每以十石爲差，於下下則六十石。其禄唯及刺史二佐及郡守、縣令。本志。文帝時，嘗以百僚供費不足，臺、省、府、寺咸置廨錢，收息取給。工部尚書蘇孝慈以爲官人争利，非興化之道，上表請罷，從之。公卿以下，乃給職田各有差〔三〇〕。本志。義寧二年，唐王爲相國，罷外官給禄，每十斛給地二十畝。唐武德中，外官無禄。貞觀二年制，有上考者乃給禄。後遂定給禄俸之制：以民地租充之。京官正一品，七百石。從一品，六百石。正二品，五百石。從二品，四百六十石。正三品，四百石。從三品，三百六十石。正四品，三百石。從四品，二百六十石。正五品，二百石。從五品，一百六十石。正六品，一百石。從六品，九十石。正七品，八十石。從七品，七十石。正八品，六十七石。從八品，六十二石。正九品，五十七石。從九品，五十二石。諸給禄者，三師、三公及太子三師、三少，若在京國諸司文武官職事九品以上并左右千牛備身左右、太子千牛，並依官給。其春夏二季春給，秋冬二季秋給。凡京文武官，每歲給禄總一十五萬一千五百三十三石二斗。自至德之後不給。其在外文武官九品以上准官皆降京官一等給。其文武官在京長上者則不降。諸給禄應降等者，正、從一品各以五十石爲一等，二品、三品皆以三十石爲一等，四品、五品皆以二十石爲一等，六品、七品皆以五石爲一等，八品、九品皆以二石五斗爲一等。其俸錢之制，京司諸官初置公廨，令行署及蕃官興易，以充其俸。貞觀十二年，罷公廨，置胥士七千人，取諸州上户爲之，准防閤例而收其課，三歲一更，計員少多而分給焉。貞觀十五年，以府庫尚虚，敕在京諸司依舊置公廨，給錢充本，置令史、府史、胥士等，令迴易納利，以充官人俸。諫議大夫褚遂良上疏言其不便，太宗納之，停諸司捉錢，依舊本府給月俸。二十一年，復依故制，置公廨，給錢爲之本，置令史、府史、胥士等職〔三〕，賈易收息，以充官俸。永徽元年，悉廢胥士等，更以諸州租庸脚直充之。其後，又令薄賦百姓一年税錢，依舊令高户及典正等掌之，每月收息以充官俸。其後，又以税錢爲之，而罷其息利。凡京文武正官，每歲供給俸食等錢，并防閤、庶僕及雜錢等。總一十五萬三千七百二十貫。員外官不在此數。外官則以公廨田收及息錢等，常食公用之外，分充月料，先以長官定數，其州縣少尹、長史、司馬及丞，各減長官之半。尹、大都督府長史、副都督，别駕及判司准二佐，以職田數爲加減。其參軍及博士減判司，主簿、縣尉減縣丞各三分之一。謂内外員外官、同正員者，禄料賜會食料一事，以上並同正員。其不同正員者，禄賜食料亦同正員，餘各給半。職田並不給。自乾元之後，以常賦不給，内外官俸禄各減其半。内供奉及裏行不帶本官者，禄俸食料、防閤、庶僕一事，以上並同正官。帶官者，聽從多處給。若帶外官者，依京官給。食料賜會與京官同。諸檢校及判、試、知等官不帶内外官者，料度一事，以上准員外官同正員例給。若檢校及判、試、知處正官見闕者，兼給雜用。其職田不應入正官者，亦給。其侍御史、殿中及監察御史知、試，並同内供奉裏行例。儀鳳二年制，内外官俸食、防閤、邑士、白直等，宜令王公以下率口出錢，以充給焉。調露元年九月，職事五品以上准舊給仗身。武太后光宅元年九月，以京官八品、九品俸料薄〔三二〕，諸八品每年給庶僕三人，九品二人。又有親事、帳内，六品、七品子爲親事，八品、九品子爲帳内，限年十八以上，舉諸州共率萬人爲之。凡王公以下及文武職事三品以上帶勳官者則給之。其親事府、帳内府官，附在王侯篇。三師、三公、開府儀同三司，一百三十人。嗣王、郡王，一百八人。上柱國帶二品以上職事，九十五人。帶三品職事，六十九人。柱國帶二品以上職事，七十九人。帶三品職事，六十二人。上護軍帶二品以上職事，七十三人。帶三品職事，五十五人。護軍帶二品以上職事，六十二人〔三三〕。帶三品職事。三十六人。諸州縣之官，流外九品以上皆給白直：二品，四十人。三品，三十二人。四品，二十四人。五品，十六人。六品，十人。七品，七人。其七品佐官六人。八品，五人。九品。四人。諸州縣官流内九品以上，及在外監五品以上〔三四〕，皆給執衣：隨身驅使，典執筆硯，其監官於隨近州縣取充。二品，十八人。三品，十五人。四品，十二人。五品，九人。六品、七品，各六人。八品、九品。各三人。關津嶽瀆官並不給。分爲三番，每周而代。不願代者聽之。初以民丁中男充，爲之役使者不得踰境；後皆捨其身而收其課，課入所配之官，遂爲恒制。鎮戍之官，以鎮戍上、中、下爲差。上鎮將給仗身四人〔三五〕，中下鎮將上鎮副各三人〔三六〕，中下鎮副各二人，倉曹、兵曹、戍主副各一人。其仗身十五日一時，收資六百四十。開元十年正月，省王公以下視品官參佐及京官五品以上官仗身職員。凡京司文武職事官五品以上給防閤：一品，九十六人。二品，七十二人。三品，四十八人。四品，三十二人。五品。二十四人。六品以下給庶僕：六品，五人。七品，四人。八品，三人。九品，二人。公主邑士，八十人。郡主，六十人。縣主，四十人。特封縣主，三十四人。京官仕兩職者從多給。凡州縣官皆有白直：二品，四十人。三品，三十二人。四品，二十人。五品，十六人。六品，十二人。七品，六人。八品，五人。九品。四人。凡諸親王府屬並給士力，數如白直。其防閤、庶僕、白直、士力納課者，每年不過二千五百，執衣元不過一千文。防閤、庶僕舊制季分，月俸、食料、雜用即月分〔三七〕。諸官應月給。開元二十四年六月，乃撮而同之，通謂之月俸〔三八〕。一品：月俸料八千，食料千八百，雜用千二百，防閤二十千〔三九〕，通計三十一千〔四〇〕。二品：月俸六千，食料千五百，雜用一千，防閤十五千五百，通計二十四千〔四一〕。三品：月俸六千，食料千一百，雜用九百，防閤十千，通計十七千。四品：月俸三千五百〔四二〕，食料七百，雜用七百〔四三〕，防閤六千六百六十七〔四四〕，通計十一千五百六十七〔四五〕。五品：月俸三千，食料六百，雜用六百，防閤五千，通計九千二百。六品：月俸二千〔四六〕，食料四百，雜用四百，庶僕二千五百〔四七〕，通計五千三百。七品：月俸千七百五十，食料三百五十，雜用三百五十，庶僕千六百，通計四千五十。八品：月俸千三百五十〔四八〕，食料三百，雜用三百〔四九〕，庶僕六百〔五〇〕，通計二千五百五十〔五一〕。九品：月俸千五十，食料二百五十，雜用二百，庶僕四百〔五二〕，通計千九百〔五三〕。其數目，國初以來即有，中間色目或有加減〔五四〕，今方爲定制。員外官帶同正者，不減正員官食料錢，不帶同正者減半。致仕官，建中三年九月敕：「所請半祿料及賜物等，並宜從敕出日，於本貫及寄住處州府支給。」至貞元四年四月敕：「其宴會及朔望朝參〔五五〕，並依恒式。自今已後宜准此。」諸州縣不配防人處，城及倉庫門各二人；須守護者，取年十八已上中男及殘疾，據見在數，均爲番第〔五六〕，勿得偏併。每番一旬。每城門各四人，倉庫門各二人。其倉門，每萬石加一人，石數雖多，不得過五人。其京兆、河南府及赤縣大門各六人，庫門各三人。其須修理官廨及祇承官人，聽量配驅使。若番上不到應須徵課者，每番閒月不得過一百七十，忙月不得過二百文。滿五旬者，殘疾免課調，中男免雜徭。其州城郭之下户數不登者，通取於他縣。總謂之門夫。其後舉其名而徵其資，以給郡縣之官。其門之多少，課之高下，任土作制，無有常數。天寶五載制，郡縣白直計數多少，請用料錢〔五七〕，加税以充之，不得配丁爲白直。十四載八月制，兩京文武官九品以上正員官，自今以後，每月給俸食〔五八〕、雜用、防閤、庶僕等，宜十分率加二分，其同正官加一分，仍永爲常式。乾元元年制，外官給半料與職田〔五九〕，京官不給料〔六〇〕，令度支使量閒劇，分給手力課〔六一〕，員外官一切無料。大曆三年，通計京城諸司，每月給手力資錢凡四萬七千五百四十六貫四十文〔六二〕，並以天下青苗錢充。初，以常賦不給，乃税人墾田畝十有五錢。資用窘急，不暇成熟，候苗青即征之，故謂之青苗錢。主其任者爲青苗使。貞元四年正月敕，京文武官員及兩京府縣官總三千七百七員〔六三〕，據元給及新加〔六四〕，每月當錢五萬一千四百四貫六百一十七文〔六五〕。一年都當六十一萬六千八百五十五貫四百四文〔六六〕。天寶七載九月敕，五品以上正員清官〔六七〕、諸道節度使及太守等，並聽常蓄絲竹〔六八〕，以展歡娱，行樂盛時，式覃中外。至八載六月敕，其男口給使〔六九〕，王公家不過二十人，其職事官一品不得過十人，三品不得過八人，四品不得過六人，五品不得過四人，京文武清官六品、七品不得過二人，八品、九品不得過一人。百官家蓄絲竹及給使口，並是朝恩優寵資給，故附於庶僕、俸料之後。建中三年，令文武百官每月料錢一百貫已上者三分減一，八十貫以上者五分減一，餘減有差，三十貫以下者不減，待兵革寧後依舊。興元元年，乃詔準元數支給。元和七年，中書門下奏：「國家依品制俸，官一品月俸三十千，職田禄米大約不過千石。一品以下多少可知。艱難以來，綱禁漸弛，於是增置使額，厚請俸錢。故大曆中權臣月俸有至九千貫者，列郡刺史無大小，給皆千貫。常衮爲相，始立限約。至李泌又量其閒劇，隨事增加〔七〇〕。時謂通濟，理難減削，然有名存職廢，額去俸存，閒劇之間，厚薄頓異。」乃命詳定減省。十五年敕：「近者每歲給費，量入不充，外官俸祿據數抽貫。今幸遇豐登，八方寧謐。其度支所準敕應給用錢，每貫抽五十文，都計一百五十萬貫文，並宜停抽。」大中六年，中書門下奏：「應諸州刺史既欲責其潔己，須令俸祿稍充，但以厚薄不同，等級無制，致使俸薄處無人願去，祿厚處終日爭先。應中下州司馬軍事俸料共不滿一百千者，請添至一百千，緊、上州添至一百五十千，雄、望州添至二百千，先已過者即仍舊。」梁開平三年，詔百官俸料委左藏庫依則例全給。漢乾祐三年敕：「諸道州府令、錄、判官、主簿，宜令等第支與俸户。逐户每月納錢五百，與除二稅外，免放諸雜差遣，不得更種職田。所定俸户，於中等無色役人户內置，不得差令當直及赴衙參。若是令、錄、判司、主簿，除本分人數外剩占俸户，及令當直手力更納課錢，並許百姓陳告。」周顯德五年，中書奏：「諸道、州、府、縣官及軍事判官並宜則例定料錢及米麥等，以來年支給。其內外官課户、莊户、俸户、柴炭紙筆户等並停。如今後更有人户願充此等户者，仰本州勒充軍户，配本州牢城執役。」

宋興，咸平間，知制誥楊億上疏言：「唐制，內外官俸錢之外〔七一〕，有祿米、職田，又給防閤、庶僕、親事、帳內、執衣、白直、門夫，各以官品差定其數，歲收其課，以資於家〔七二〕。本司又有公廨田、食本錢，以給公用。自唐末離亂，國用不充，百官俸錢並減其半，自餘別給一切權罷〔七三〕。官於半俸之中已是除陌〔七四〕，又於半俸三分之內其二分以他物給之，鬻於市廛，十裁得其一二〔七五〕，曾糊口之不及，豈代耕之足云？昔漢宣帝下詔云：『吏能勤事而俸祿薄，欲其無侵漁百姓，難矣。』遂加吏俸，著於策書。竊見今之結髮登朝，陳力就列，其俸也不能致九人之飽，不及周之上農；其祿也未嘗有百石之入，不及漢之小吏。若乃左、右僕射，百僚之師長，位莫崇焉，月俸所入，不及軍中千夫之帥〔七六〕，甚可駭也，豈稽古之意哉？欲乞百官俸禄、雜給並循舊制，既豐其稍入，可責以廉隅。官且限以常員〔七七〕，理當減於舊費，又唐、虞之制也〔七八〕。」乾興已後，俸禄、添給、傔人、餐錢之制，更革爲多。至嘉祐，始著於禄令〔七九〕，自宰相而下至嶽瀆廟主簿，凡四十一等。熙寧以來，悉用嘉祐禄令，無所損益。元豐一新官制，職事官職錢以寄禄官高下分行、守、試三等，大率官以禄令爲准。而在京官司供給之數，皆併爲職錢。如大夫爲郎官，既請大夫俸矣，又給郎官職錢，視嘉祐時賦禄爲優。至崇寧間，蔡京秉政，吴居厚、張康國輩貪鄙爲徒，於寄禄官俸錢、職事官職錢外，復增供給、食料等錢。如京，僕射俸外又請司空俸，其餘傔從錢米並支本色。餘執政皆然。視元豐制禄之法增倍矣。中興俸禄之制，參用嘉祐、元豐、政和之舊，少所增損。惟兵興之始，宰執請受權支三分之一，或支三分之二，或支賜一半。隆興及開禧，自陳損半支給。皆權宜也。其後内外官有添支、料錢，職事官有職食、厨食錢，職纂修者有折食錢，在京釐務官有添支錢、添支米。選人、使臣，職田不及者有茶湯錢。其餘禄粟、傔人，悉還疇昔。今合新舊制而參紀之。元豐定制，以官寄禄，中興重加修定。文臣請俸：開府儀同三司料錢一百貫。特進九十貫。春、冬衣絹各二十五疋，小綾十疋，春羅一疋，冬綿五十兩。金紫光禄大夫，銀青光禄大夫。料錢各六十貫，春、冬絹各二十疋〔八〇〕，小綾七疋，春羅一疋，冬綿五十兩。宣奉大夫，正奉大夫，正議大夫，通奉大夫。料錢各五十貫，春、冬絹各十七疋，小綾五疋，春羅一疋，冬綿五十兩。通議大夫，太中大夫，中大夫，中奉大夫，中散大夫。料錢各四十五貫，春、冬絹各十五疋，小綾三疋，春羅一疋，冬綿五十兩。朝議大夫，奉直大夫，朝請大夫，朝散大夫，朝奉大夫。以上料錢各三十五貫，春、冬絹各十三疋〔八一〕，春羅一疋，冬綿三十兩〔八二〕。奉議郎〔八三〕。料錢二十貫，春、冬絹各十疋，春羅一疋，冬綿三十兩。通直郎。料錢十八貫，春、冬絹各七疋，春羅一疋，冬綿三十兩。宣教郎。料錢十五貫，春、冬絹各五疋，冬綿十五兩。宣義郎。料錢十二貫，春、冬絹各五疋，冬綿十五兩。承事郎。料錢十貫，春、冬絹各五疋，冬綿十五兩。承奉郎。料錢八貫。承務郎。料錢七貫。元豐以來，釐務止支驛料，大觀二年定支。以上料錢，一分見錢，二分折支。每貫折錢，在京六百文〔八四〕，在外四百文。到任添給驛料。承直郎。料錢二十五貫，茶湯錢十貫，厨料米六斗，麵一石五斗，藁四十束，柴二十束，馬一匹，春、冬絹六疋，綿十二兩。儒林郎。料錢二十貫，茶湯錢十貫，厨料米六斗，麵一石五斗，藁二十束，柴十五束，春、冬絹各五疋，綿十兩。文林郎。料錢十五貫，茶湯錢十貫，厨料米六斗，麵一石五斗，藁二十束，柴十五束，春、冬絹各五疋，綿十兩。從仕郎，從政郎，修職郎。以上料錢各十五貫，茶湯錢十貫，米、麥各二石。迪功郎。料錢十二貫，茶湯錢十貫，米、麥各一石五斗。以上錢折支中給一半見錢，一半折支。每貫折見錢七百文，釐務日給，滿替日住。武臣請俸：太尉。料錢一百貫，春服羅一疋，小綾及絹各十疋，冬服小綾一十疋，絹二十疋，綿五十兩。正任節度使。在光禄大夫之下，初除及管軍同〔八五〕，料錢四百貫〔八六〕，禄粟一百五十石。承宣使。在通議大夫之下，料錢三百貫，禄粟一百石。觀察使。在中大夫之下，料錢各二百貫，禄粟一百石，米、麥十五石〔八七〕。防禦使。在中散大夫以下，料錢二百貫，禄粟一百石，米、麥各一十二石五斗。團練使。在中散大夫之下，料錢一百五十貫，禄粟七十石，米、麥各九石。諸州刺史。在中散大夫之下，料錢一百貫，禄粟五十石，米、麥各七石五斗。自承宣使以下，不帶階官者爲正任，帶階官者爲遥郡，遥郡各在正任之下〔八八〕，請俸與次任、正任一同。靖康指揮，遥郡以上俸錢、衣賜、傔人、俸馬，權支三分之二。殿前三衙四廂，捧日、天武左右廂都指揮使遥郡團練使。料錢一百貫文，春、冬服絹各十疋。殿前諸班直都虞候、諸軍都指揮使遥郡刺史。料錢五十貫，衣同前。龍衛、神衛右廂都指揮使、遥郡團練使。同捧日、天武。龍、神衛諸軍都指揮使遥郡刺史。同殿前。左、右衛上將軍〔八九〕。在光禄大夫之下。諸衛上將軍，在通奉大夫之下〔九〇〕。以上料錢各六十貫，春、冬綾各五疋，絹各十疋，春羅一疋，冬綿五十兩。左右金吾衛大將軍。在中散大夫之下。料錢三十五貫，春、冬綾三疋，絹七疋，春羅一疋，冬綿三十兩。諸衛大將軍。在中散大夫之下。料錢二十五貫，春、冬綾三疋，絹各七疋，春羅一疋，冬綿二十兩。諸衛將軍。在朝奉郎之下。料錢二十貫，春、冬綾各二疋，絹各七疋，春羅一疋，冬綿十五兩。率府率，在奉議郎之下。率府副率。在通直郎之下。料錢十三貫，春、冬絹各五疋，春羅一疋，冬綿十五兩。通侍大夫。在中散大夫之下。料錢五十貫，禄粟二十五石，春絹七疋，冬絹十疋，綿三十兩，傔二十人，馬三匹。正侍大夫，宣正大夫，履正大夫，協忠大夫，中侍大夫。以上在中散大夫之下。料錢各三十七貫，禄粟二十五石〔九一〕，春絹七疋，冬絹十疋，綿三十兩，傔二十人，馬三匹。中亮大夫。在中散大夫之下。料錢三十七貫，禄粟二十五石〔九二〕，春絹七疋〔九三〕，冬絹十疋，綿三十兩，傔二十人，馬三匹。中衛大夫，翊衛大夫，親衛大夫，在中散大夫之下，防禦使之上。拱衛大夫，左武大夫，右武大夫。並在奉直大夫之下，諸司正使之上。以上料錢並二十七貫，春絹七疋，冬絹十疋，綿三十兩。武功大夫，武德大夫，武顯大夫，武節大夫，武略大夫，武經大夫，武義大夫〔九四〕。並在朝奉大夫之下。以上各料錢二十五貫，厨料米一石，麵二石，春絹七疋，冬絹一十疋，綿三十兩。正侍郎，宣正郎，履正郎，協忠郎，中侍郎，中亮郎，中衛郎，翊衛郎，親衛郎，拱衛郎，左武郎，右武郎。以上並在朝奉郎下。料錢各二十貫，春絹五疋，冬絹七疋，綿二十兩。武功郎，武德郎，武顯郎，武節郎，武略郎，武義郎，武翼郎。並在承議郎之下。以上各料錢二十貫，厨料米、麵各一石，春絹五疋，冬絹七疋，綿二十兩。訓武郎。料錢十七貫，春絹五疋，冬絹七疋，綿二十兩。修武郎。料錢十七貫，春絹五疋，冬絹七疋，綿二十兩。從義郎，秉義郎。並料錢十貫，帶職錢十二貫，春絹四疋，冬絹五疋，綿十兩。忠訓郎，忠翊郎。並料錢七貫，帶職錢十貫，春、冬絹各四疋，冬綿十五兩。成忠郎，保義郎。並料錢五貫，帶職錢七貫，春、冬絹各四疋，綿十五兩。承節郎，承信郎。並料錢四貫，春、冬絹各三疋，錢二貫文。進武校尉。料錢三貫，春、冬絹各三疋。進義校尉。料錢二貫，春、冬絹各三疋。下班祗應。各隨差使理年不等，自三年至十二年，料錢七百文，糧二石五斗，春、冬絹各五疋。進武副尉，料錢三貫。進義副尉，料錢一貫。守闕進義副尉。料錢三貫。料錢、職錢，紹興仍政和之舊：宰相，樞密使，料錢月三百貫。政和左輔、右弼爲宰相，紹興左、右僕射同中書門下平章事爲宰相。舊制，春、冬服小綾各二十疋，絹各三十疋，春羅一疋，冬綿一百兩。初，建炎元年指揮，宰執請受並權支三分之二，支賜支一半。知樞密院事，參知政事，樞密副使，同知樞密院事，僉書樞密院事。料錢二百貫，春、冬服小綾各十疋，絹各二十疋，春羅一疋，冬綿五十兩。太師，太傅，太保，少師，少傅，少保。料錢三百貫，春服羅三疋權支一疋，小綾三十疋支二十疋，絹四十疋支三十疋，冬服綾、絹同。綿二百兩支一百兩。以下職事官並支職錢：開封牧，錢一百貫。春服羅一疋，小綾、絹各十疋，冬服小綾十疋，絹二十疋，綿五十兩。太子太師、太保、太傅，職錢二百貫。春服羅一疋，小綾十疋，絹二十五疋〔九五〕，冬服綾、絹同，綿五十兩。少師、少傅、少保，百五十貫。春、冬服小綾各七疋，絹各二十疋，春羅一疋，冬綿五十兩。御史大夫，六部尚書。行，六十貫。守，五十五貫。試，五十貫。春服羅一疋，小綾五疋，絹十七疋，冬服綾、絹同，綿五十兩。翰林學士承旨，翰林學士，五十貫。春服同上。左、右散騎常侍，行，五十五貫。守，五十貫。試，四十五貫。春服小綾三疋，絹十五疋，羅一疋，冬綾、絹同，綿五十兩。太子詹事〔九六〕。錢、衣同賓客，小綾各止三疋。給事中，中書舍人。行，五十貫。守，四十五貫。試，四十貫。服同詹事。左、右諫議大夫。行，四十五貫。守，四十貫。試，三十七貫。餘同舍人。權六曹侍郎。職錢四十貫。餘同上。太常、宗正卿。行，三十八貫。守，三十五貫。試，三十二貫。春、冬衣隨官序。祕書監。行，四十二貫。守，三十八貫。試，三十五貫。七寺卿，國子祭酒。行，三十五貫。守，三十二貫。試，三十貫文。太常、宗正少卿〔九七〕，祕書少監。行，三十二貫〔九八〕。守，三十貫。試，二十八貫。中書門下省檢正諸房公事，左、右司郎中。行，四十貫。守，三十七貫。試，三十五貫〔九九〕。國子司業，少府、將作、軍器監。行，三十二貫。守，三十貫。試，二十八貫。太子少詹事。行，三十五貫。守，三十二貫。試，三十貫。太子左、右諭德。行，三十二貫。守，三十貫。試，二十九貫。起居郎，起居舍人，侍御史。行，三十七貫。守，三十五貫。試，三十二貫。左、右司員外郎，六曹郎中。同上。殿中侍御史，左、右司諫。行，三十五貫。守，三十二貫。試，三十貫。左、右正言。行，三十二貫。守，三十貫。試，二十七貫。諸司員外郎。同司諫。少府、將作、軍器少監。行，三十貫〔一〇〇〕。守，二十八貫〔一〇一〕。試，二十五貫。太子侍讀、侍講。行，二十五貫〔一〇二〕。守，二十二貫。試，二十貫。監察御史。同正言。太子中舍人，太子舍人。行，二十貫。守，十九貫。試，十八貫。太常丞，太醫令，宗正丞，知大宗正丞，祕書丞，大理正，著作郎。行，二十五貫〔一〇三〕。守，二十二貫〔一〇四〕。試，二十貫。紹興元年指揮，宣教郎任館職，寺監丞、簿，評事，臺法、主簿，寺簿，正、司直，添給職錢一十六貫，指揮每月特支米三石。七寺丞。行，二十二貫〔一〇五〕。守，二十貫。祕書郎。行，二十二貫〔一〇六〕。守，二十貫。試，一十八貫。太常博士。同七寺丞。著作佐郎。同祕書郎。國子監丞。同七寺丞。大理司直，評事。同著作郎。少府、將作、都水監丞。行，二十貫〔一〇七〕。守，十八貫。祕書省校書郎，行，十八貫。守，十六貫。試，十四貫。正字。行，十六貫。守，十五貫。試，十四貫。御史臺檢法、主簿，九寺簿。行，二十貫。守，十八貫。諸王宮大小學教授，太、武學博士。行，二十貫。守，十八貫。試，十六貫。今諸王府翊善、贊讀、直講、記室料錢，並支見錢。律學博士。行，十八貫。守，十七貫。試，十六貫。太常寺奉禮郎。十六貫。太常寺太祝、郊社令。行，十八貫。守，十六貫。太官令。十八貫〔一〇八〕。五監主簿。行，十八貫。守，十六貫。太學正、録，武學諭。行，十八貫。守，十七貫。試，十六貫。律學正。行，十六貫。守，十五貫。試，十四貫。密院官屬：都承旨，承旨。料錢四十貫，職錢三十貫，承旨二十五貫。春服羅一疋，小綾三疋，絹十五疋，冬服小綾五疋，絹十五疋，綿五十兩。副都承旨。料錢三十貫，職錢二十貫，副承旨、諸房副承旨十五貫，若諸房副承旨同主管承旨司公事，加五貫。春衣羅一疋，絹一十五疋，冬絹同，綿三十兩。檢詳諸房文字。職錢三十五貫，厨食錢每日五百文。計議、編修官。添支錢十貫，第三等折食錢二十五貫〔一〇九〕，厨食錢每日計五百文。凡諸職事官職錢不言「行」、「守」、「試」者，准「行」給。職事官衣，如寄禄官例；及無立定則例者，隨寄禄官給。職料錢、米麥，計實數給，兩應給者謂職錢、米麥。從多給。諸承直以下充職事官，謂大理司直、評事，祕書省正字，太學博士、正、録，武學博士、諭，律學博士、正。聽支階官請受及添給。諸稱請受者，謂衣、糧、料錢，餘並爲添給。舊制：觀文殿大學士，三十貫。米三石，麵五石。觀文殿學士，資政、保和殿大學士，二十貫。米三石，麵五石。資政、保和殿學士，十五貫。米三石，麵五石，同上。春、冬小綾各五疋，絹各十七疋，春羅一疋，冬綿五十兩。龍圖、天章、寶文、顯謨、徽猷、敷文閣學士、直學士，十五貫。春、冬小綾各三疋〔一一〇〕，絹各十五疋，春羅一疋，冬綿五十兩。保和殿〔一一一〕、龍圖、天章、寶文、顯謨、徽猷、敷文閣待制同。先是，大觀，或言添支厚薄不均。其後，自學士而下改名貼職錢：觀文殿大學士。貼職錢一百貫文，米、麥各二十五石，添支米三石，麵五石，萬字茶二斤〔一一二〕。觀文殿學士及資政、保和殿大學士。貼職錢八十貫〔一一三〕，米、麥同，添支錢十貫，添支米、麥同。資政、保和殿學士。貼職錢七十貫，米、麥同，添支麵同〔一一四〕，萬字茶二斤，春、冬綾五疋，絹十七疋，綿五十兩，羅一疋。端明殿學士。貼職錢五十貫，米、麥二十石，添支米三石，麵五石，萬字茶二斤，春、冬綾五疋，絹一十七疋，羅一疋，冬綿五十兩。龍圖、天章、寶文、顯謨、徽猷、敷文閣學士，樞密直學士。正三品，貼職錢四十貫，米、麥各四十石〔一一五〕，添支米二石，麵五石，萬字茶二斤，春、冬綾五疋，絹十七疋，春羅一疋，冬綿五十兩。龍圖、天章、寶文、徽猷、敷文閣直學士，保和殿待制。貼職錢三十貫，米、麥各十七石五斗，春、冬綾各三疋，絹十五疋，春羅一疋，冬綿五十兩。龍圖、天章、寶文、顯謨、徽猷、敷文閣待制。貼職錢二十貫，米、麥各十二石五斗，春、冬綾各三疋，絹十五疋，春羅一疋，冬綿五十兩。集英殿修撰，右文殿修撰〔一一六〕，祕閣修撰。以上貼職錢各十五貫。直龍圖、天章、寶文閣，直顯謨、徽猷、敷文閣，直祕閣。以上貼職錢各十貫。宣和間，罷支貼職錢，仍舊制添支。紹興因之，令諸觀文殿大學士至保和殿大學士料錢、春冬服隨本官；資政殿大學士至待制料錢隨本官，春、冬服從一多給。又諸學士添支錢，曾任執政官以上者，在京、外任並支；其餘在京支，外任不支。米、麵、茶、炭、傔馬、傔人衣糧，內、外任並給。酒、添支、馬草料，外任勿給。外此，有依祖例添支，如六部尚書而下職事官，分等第支厨食錢〔一一七〕，自十五貫至九貫，凡四等，並依宣和指揮。修書官折食錢，監修國史四十貫，史館修撰、直史館、本省長貳三十七貫五百，檢討、著作三十五貫，並依自來體例。有特旨添支，如紹興元年指揮：館職，寺監丞〔一一八〕、簿，評事，臺法，主簿，寺正，司直，博士，添職錢十貫文。六年指揮：五寺、三監、祕書、大宗正丞，太常博士，著作、祕書、校書郎，著作佐郎，正字，大理寺正、司直、評事，臺簿，刪定官，檢、鼓、奏告院，特支米三石，計議、編修官二石。各有序次。其在外知、判州府軍監等分曹列屬等第多寡，有以州望者，荆南、永興、江寧、揚、潭州，三十千。鳳翔、洪州，二十千。廣州知州七百千，逐月均給。任成都府，給鐵錢三百千。梓州二百千。餘州約銅錢數給。有以都總管、經略安撫等使者，河北四路，真定府路知真定府、高陽關路知瀛州、定州路知定州、大名府路知大名府。陝西逐路，永興路知永興軍、緣邊秦鳳路兼知秦州、涇原路知渭州、環慶路知慶州、鄜延路知延州。河東路，知太原府。前任兩府並五十千，太中大夫、待制以上三十千。並特添二十千。知大名府如帶河北路安撫使同〔一一九〕。知并州帶學士即五十千，無特給。三路管幹機宜文字，朝官十千，京官七千。知桂州充廣南西路都鈐轄、經略安撫使，自太中大夫以上三十千〔一二〇〕。朝臣充廣西路兵馬都鈐轄兼本路安撫管幹經略司公事，即二十千。河北沿邊安撫副使、都監，以横行使充，三十千。自横行副使并武功大夫至敦武郎以上充，二十千。秉義郎、閤門祇候充都監，郎十五千〔二一〕。同管幹河東沿邊安撫司公事，以横行副使至敦武郎以上，二十千。秉義、祗候，十五千。通判，大藩京朝官有二十千至十千者〔二二〕。餘州、軍，十千至七千者〔二三〕，京官七千。朝官通判成都府〔二四〕，給鐵錢八十千，京官六十千。朝官通判成都府、梓利〔二五〕、夔路州軍府，給鐵錢七十千，京官五十千。簽判，朝官十千，京官七千。朝官簽判成都、梓州，給鐵錢七十千，京官五十千。三路都轉運使〔二六〕，淮南、江浙、荆湖制置茶鹽礬税都大發運使〔二七〕，太中大夫、待制、中散大夫以上，三十千。朝官充發運使、副，二十千。武功大夫至武翼郎充發運使副、都監〔二八〕，同朝官；充判官，十千。三門、白波發運使，朝官二十千。朝官充判官，十千；京官，七千。諸路轉運使、副，朝官二十千〔二九〕。任成都、梓利、夔路，給鐵錢自六十千至四十千，凡三等〔三〇〕。府界并諸路州、府、軍、監、縣、鎮監當，朝官七千；京官五千至四千，有二等。武功大夫以下至進義校尉〔三一〕，自十千至三千，凡七等。朝官任川峽州、府、軍、監，給鐵錢五十千，京官三十千至二十五千，凡二等。進義校尉以上〔三二〕，成都、梓利、夔路，自六十千至二十五千，凡五等。朝官充陝西及江浙、荆湖、福建、廣南提舉提點鑄錢等公事，自二十千至十五千，凡二等。朝官充都大提舉河渠司，幹當及提舉宫觀，併催遣輦運、催綱，諸州監物務等，自十五千至七千，凡三等。任四路〔三三〕，給鐵錢七十千。京官充催促輦運、催裝斛斗綱船，并諸州監物務等，自七千至五千，凡二等。任四路，給鐵錢五十千。都大提舉修護黄河堤埽岸〔三四〕，諸處巡檢，并監北京大内軍器庫，并蔡河撥發催綱等，並以兩省供奉官以下至内品充，自十千至三千，凡七等。凡外任，添給羊有二十口至二口，凡六等；米有二十石至二石，凡七等；麪有三十石至二石，凡七等；傔有二十人至二人，凡七等；馬有十四至一匹，凡六等。禄粟及隨身、元隨、傔人之制〔一三五〕：宰相禄粟一百石，紹興：三公，侍中，中書、尚書令，左、右僕射同平章事，並爲宰相。隨身七十人。知樞密院事，參知政事，樞密副使，同知樞密院事，禄粟一百石，隨身五十人。太師、太傅、太保，少師、少傅、少保，一百石，舊制百五十石。隨身一百人。太尉，一百石，隨身五十人。節度使，禄粟已具俸禄門。元隨五十人。承宣使，具俸禄門。元隨五十人。觀察使、防禦使，見俸禄門。元隨三十人。團練使，見俸禄門。元隨三十人。諸州刺史，同上。元隨二十人。通侍大夫、正侍大夫、宣正大夫，履正、協忠、中侍、中亮大夫，禄粟、傔人並具俸禄門。捧日、天武左右厢都指揮遥郡團練使，五十石，傔十人。龍、神衛右厢都指揮使帶遥郡團練使同。殿前諸班直都虞候〔一三六〕，諸軍都指揮使遥郡刺史，二十五石，傔五人。神、龍衛諸軍都指揮使帶遥郡刺史同〔一三七〕。諸學士添支米麵，已附於前。今載：觀文殿大學士，傔二十人。觀文殿學士，資政、保和殿大學士，傔十人。資政、保和殿學士，龍圖、天章、寶文、顯謨、徽猷、敷文閣學士，傔七人。樞密都承旨，傔十人；副都承旨、諸房副承旨，七人。其餘京畿守令、幕職曹官，自十石、七石、五石至於二石各有等。中書堂後官、提點五房公事、逐房副承旨，自七人、五人至於一人各有數。因仍前制，舊史已書。凡任宰相、執政有隨身，太尉至刺史有元隨，餘止傔人。紹興折色：凡禄粟每石細色六斗〔一三八〕。米麥中支。管軍給米六分，麥四分。隨身、元隨、傔人糧，每斗折錢三十文，衣紬絹每疋一貫，布每疋三百五十文，綿每兩四十文。

職田 官品占田

孟子：「大國地方百里，君十卿祿，卿祿四大夫，大夫倍上士，上士倍中士，中士倍下士，下士與庶人在官者同祿，祿足以代其耕也。次國地方七十里，君十卿祿，卿祿三大夫，大夫倍上士，上士倍中士，中士倍下士。小國地方五十里，君十卿祿，卿祿二大夫，大夫倍上士，上士倍中士，中士倍下士。」

朱子集註曰：「徐氏曰：『大國君田三萬二千畝，其入可食二千八百八十人；卿田三千二百畝，可食二百八十八人；大夫田八百畝，可食七十二人；上士田四百畝，可食三十六人；中士田二百畝，可食十八人；下士與庶人在官者田百畝，可食九人至五人。次國君田二萬四千畝，可食二千一百六十人；卿田二千四百畝，可食二百一十六人。小國君田一萬六千畝，可食千四百四十人；卿田一千六百畝，可食一百四十四人。』愚按：君以下所食之祿，皆助法之公田，藉農夫之力以耕而收其租。士之無田，與庶人在官者，則但受祿於官，如田之入而已。」

王制：「夫圭田無征。」

鄭氏曰：「夫猶治也。征，稅也。孟子曰『卿以下必有圭田』，治圭田者不稅，所以厚賢也。此則周禮之士田以任近郊之地。」

晉武帝平吳之後，有司奏：「詔書『王公以國爲家，京城不宜復有田宅。今未暇作諸國邸，當使城中有往來之處，近郊有芻藁之田』。今可限之，國王、公、侯，京城得有一宅之處〔三九〕。近郊田，大國田十五頃，次國十頃，小國七頃。城内無宅，城外有之，皆聽留之。」其官品第一至於第九，各以貴賤占田〔一四〇〕，品第一者占五十頃，第二品四十五頃，三品四十頃，四品三十五頃，五品三十頃，六品二十五頃，七品二十頃，八品十五頃，九品十頃。而又各以品之高卑蔭其親屬，多者及九族，少者三世。宗室、國賓、先賢之後及士人子孫亦如之。而又得蔭人以爲衣食客及佃客，品第六已上得衣食客三人，第七、第八品二人，第九品及舉輦、迹禽、前驅、由基、强弩、司馬、羽林郎、殿中冗從武賁、殿中武賁、持椎斧武騎武賁〔一四一〕、持鈒冗從武賁、武騎一人〔一四二〕。其應有佃客者，官品第一、第二者，佃客無過五十户；三品十户；四品七户；五品五户；六品三户；七品二户；八品、九品一户。晉書百官志：「諸公及開府位從公者，給菜田十頃，騶十人；立夏後不及田者，食俸一年。光禄大夫給菜田六頃，田騶六人。尚書令，太子太傅、少傅，給田騶並同光禄。特進，菜田八頃，騶八人；立夏後不及田者，食俸一年。」

按：孟獻子曰：「畜馬乘不察於鷄豚，伐冰之家不畜牛羊，百乘之家不畜聚斂之臣。」言公卿士夫既有俸廪，不當與民争利也。漢列侯封君食租税，歲卒户二百，如千户之君則二十萬，可謂富矣。而復效富人廣畜田園，如田蚡以外戚爲相，奉邑鄃食收多，而且治宅甲諸第〔一四三〕，田園極膏腴之類是也。漢時亦未曾爲之制。至晉武，詔王公以國爲家，京城不宜復有田宅，欲爲之限，得古意矣。然所謂城中有往來之地，近郊有芻藁之田，則似王制所謂湯沐之地，且所限止於京城，則王戎所謂園田水碓周遍天下者，固未嘗爲之限，何邪？」

東晉寓居江左以來，都下人多爲諸王公貴人左右佃客、典計、衣食客之類。詳見官品占户門。宋孝武時，官品第一、第二聽占山三頃，第三、第四品二頃五十畝，第五、第六品二頃，第七、第八品一頃五十畝，第九品及百姓一頃。詳見征榷山澤門。

魏制，諸宰人之官，各隨近給公田，刺史十五頃，太守十頃，治中、別駕各八頃，縣令、郡丞六頃，更代相傳，賣者坐如律。

隋文帝令自諸王以下至於部督，皆給永業田各有差，多者至百頃，少者至三十頃；其丁男、中男永業露田，皆遵後齊之制，並課樹以桑、榆及棗，其田宅率三口給一畝；京官又給職分田，一品者給田五頃，至五品則爲田三頃，其下每品以五十畝爲差，至九品爲一頃；外官亦各有職分田，又給公廨田以供用。開皇八年，高熲奏：「諸州無課調處，及課州管户數少者，官人禄力，乘前以來，恒出隨近之州。但判官本爲牧人，役力理出所部，請於所管户內計户徵税。」帝從之。先是，京官及諸州並給公廨錢，迴易生利，以給公用。至是，蘇孝慈等以爲，所在官司因循往昔，皆以公廨錢出舉興生，唯利是求，煩擾百姓。奏皆給地以營農，迴易取利一皆禁止。十七年，詔在京及在外諸司，公廨在市迴易及諸處興生並聽，唯禁出舉收利云。

唐凡京諸司各有公廨田：司農寺，給二十六頃。殿中省，二十五頃。少府監，二十二頃。太常寺，二十頃。京兆府、河南府，各十七頃。太府寺，十六頃。吏、户部，各十五頃。兵部、內侍省，各十四頃。中書省、將作監，各十三頃。刑部、大理寺，各十二頃。尚書都省、門下省、太子左春坊，各十一頃。工部，十頃。光禄寺、太僕寺、祕書省，各九頃。禮部、鴻臚寺、都水監、太子詹事府，各八頃。御史臺、國子監、京縣，各七頃。左右衛、太子家令寺，各六頃。衛尉寺、左右驍衛、左右武衛、左右威衛、左右領軍衛、左右金吾衛、左右監門衛、太子左右春坊，各五頃。太子左右衛率府、太史局，各四頃。宗正寺、左右千牛衛、太子僕寺、左右司衛率府、左右清道率府、左右監門率府，各三頃。內坊、左右内率府、率更府。各二頃。在外諸司公廨田，亦各有差：大都督府，四十頃。中都督府，三十五頃。下都督、都護府〔一四四〕、上州，各三十頃。中州，二十頃。宮總監〔一四五〕、下州，各十五頃。上縣，十頃。中縣，八頃。下縣，六頃。上牧監〔一四六〕、上鎮，各五頃。下縣及中下牧、司竹監〔一四七〕、中鎮、諸軍、折衝府，各四頃。諸冶監、諸倉監、下鎮、上關，各三頃。互市監〔一四八〕、諸屯監、上戍、中關及津，各二頃。其津隸都水使者，不給。下關，一頃五十畝。中戍、下戍、嶽瀆。各一頃。諸京官文武職事各有職分田：一品，十二頃。二品，十頃。三品，九頃。四品，七頃。五品，六頃。六品，四頃。七品，三頃五十畝。八品，二頃五十畝。九品，二頃。並去京城百里内給。其京兆、河南府及京縣官人職分田，亦准此。即百里内地少，欲於百里外給者，亦聽之。諸州及都護府、親王府官人職分之田，亦各有等差：二品，十二頃。三品，十頃。四品，八頃。五品，七頃。六品，五頃。京畿縣亦准此〔一四九〕。七品，四頃。八品，三頃。九品，二頃五十畝。鎮、戍、關、津、嶽、瀆及在外監官五品，五頃。六品，三頃五十畝。七品，三頃。八品，二頃。九品，一頃五十畝。三衛中郎將、上府折衝都尉，各六頃。中府，五頃五十畝。下府及諸郎將，各五頃。上府果毅都尉，四頃。中府，三頃五十畝。下府，三頃。上府長史、別將，各三頃。中府、下府，各二頃五十畝。親王府典軍，五頃五十畝〔一五〇〕。副典軍，四頃。千牛備身，左右、太子千牛備身，各三頃〔一五一〕。諸州上折衝府兵曹，二頃。中府、下府，各一頃五十畝。其外軍校尉，一頃二十畝。旅帥，一頃。隊正、副，各八十畝。皆於領側州縣界内給。其校尉以下在本縣及去家百里内領者，不給。其田亦借民佃植，至秋冬受數而已。諸職分陸田限三月三十日，稻田限四月三十日，以前上者並入後人，以後上者入前人；其麥田以九月三十日爲限。各前人耕未種，後人酬其功直；已自種者，准租分法。其價六斗已下者，依舊定，不得過六斗，並取情願，不得抑配。開元十年六月敕：「所置職田，本非古法，爰自近制，是以因循。事有變通，應須删改。其内外官所給職田〔一五二〕，從今年九月以後，並宜停給。」十八年六月〔一五三〕，京官職田，特令准令給受，復用舊制。自大曆以來，關中匱竭，時物騰貴，内官不給。乃減外官職田三分之一，以給京官俸。每歲通計，給文武正員、員外官及内侍省、閑廐、五坊、南北衙宿衛并教坊内人家糧等，凡給米七十萬石。

宋天聖間，詔罷天下職田，悉以歲入租課送官，具數上三司，計直而均給之。朝廷方議措置，令未下，天子閲具獄，見吏以賄敗者多，惻然傷之。詔復給職田，即毋得多占佃户及無田而配出所租，違者以枉法論。後十餘年，至慶曆中，詔限職田，有司始申定其數。政和八年，臣僚上言：「尚書省措置，縣令自不滿五千户至滿萬户，遞增給職田一頃。夫天下圭租，多寡不均久矣，縣令所得，亦參差不齊，多至九百斛，如淄州之高苑〔一五四〕；八百斛，如常州之江陰；六百斛，如常州之宜興。自是而降，或四五百，或二三百。凡在河北、京東西、荆湖之間，少則有至三二十斛者；閩、廣有自來無圭租處；川峽四路〔一五五〕，自守倅至簿、尉，又以一路歲入均給，令固不得而獨有〔一五六〕。今欲一概增給一頃，豈可得哉。」詔令職田頃畝未及條格者，催促摽撥。乾道間，臣僚言：「職田所以養廉，亦或啓其不廉。蓋交競於差遣之時，多取於收斂之日，以其所以養廉者爲貪也。」紹興間，懼其不均，則詔諸路提刑司依法摽撥，官多田少，即於鄰近州縣通融，須管數足〔一五七〕。又詔將空閒之田爲他司官屬所占者，撥以足之，仍先自簿、尉始。其有無職田選人并親民小使臣，每員月支茶湯錢十貫文；内雖有職田，每月不及十貫者，皆與補足，所以厚養廉之利也。懼其病民，則委通判、縣令覈實，除其不可力耕之田，損其已定過多之額。凡職租，不許輒令保正催納，或抑令折納見錢，或無田平白監租，或以虛數勒令代納，或額外過數多取〔一五八〕，皆申嚴禁止之。令察以監司，坐以贓罪，所以防其不廉之害也。罷廢未幾而復舊，拘借未久而給還，移充糴本，轉收馬料，旋復免行，皆所以示優恩、厲清操也。若其頃畝多寡，且有成式〔一五九〕：知藩府，謂三京、潁昌、京兆、成都、太原、建康、江陵、延安、興仁、隆德、開德、臨安府、秦、揚、潭、廣州〔一六〇〕。二十頃。發運、轉運使副、總管副總管〔一六一〕、知節鎮，十五頃。知餘州及廣濟、淮陽、無爲、臨江、廣德、興國、南康、南安、建昌、邵武、興化、漢陽、永康軍，并路分鈐轄，十頃。發運、轉運判官，提舉淮南、兩浙〔一六二〕、江南、荆湖東西、河北路鹽事官，通判藩府，八頃。知餘軍及監，并通判節鎮州，鈐轄，安撫副使，都監，路分都監，將官，發運司幹辦公事，七頃。通判餘州及軍，滿萬户縣令，六頃。藩府判官，録事參軍，州學教授，並謂承務郎以上者。都監，發運、轉運司主管文字，滿五千户縣令，副將官，五頃。節鎮判官，録事參軍，州學教授，並謂承務郎以上者。轉運司主管帳司，不滿五千户縣令，滿萬户縣丞，餘州都監，走馬承受公事，主管機宜文字，同巡檢，都大巡河，提點馬監，四頃。節度掌書記，觀察支使，藩府及節鎮推官，巡檢，縣、鎮、寨都監，寨主〔一六三〕，巡捉私茶鹽，駐泊捉賊，在城監當，餘州判官、州學教授，並謂承務郎以上者〔一六四〕。軍、監都監，三頃五十畝。軍、監判官，餘州推官，餘州及軍、監録事參軍，巡檢，縣、鎮、寨都監，寨主，巡捉私茶鹽，駐泊捉賊，在城監當，藩府及節鎮曹官，州學教授，謂承直郎以上。滿五千户縣丞，滿萬户縣簿、尉，巡轄馬遞鋪，縣、鎮、寨監當及監堰〔一六五〕，三頃。餘州及軍、監曹官，州學教授，謂承直郎以下〔一六六〕。不滿五千户縣丞，滿五千户縣尉、簿，巡轄馬遞鋪，縣、鎮、寨監當及監堰，二頃五十畝。不滿五千户縣簿、尉，巡轄馬遞鋪，縣、鎮、寨監當及監堰，二頃。

校勘記

〔一〕卿禄於君禄皆十分之一　「於」原作「與」，據通典卷三五職官一七改。

〔二〕君食千四百四十人　「十」下原衍「四」字，據禮記王制删。

〔三〕若食一斛則益五斗　按此句乃漢書卷八宣帝紀韋昭注文。

〔四〕臣爲諫大夫　「大」上原衍「議」字，據漢書卷七二貢禹傳删。

〔五〕秩二千石　「二」原作「一」，據漢書卷七二貢禹傳、卷一九上百官公卿表上改。

〔六〕千石九十斛比千石八十斛　「千石九十斛比」原脱，據漢書卷一九上百官公卿表上師古注補。

〔七〕比六百石六十斛　原脱，據漢書卷一九上百官公卿表上師古注補。

〔八〕斗食月俸一十斛　漢書卷一九上百官公卿表上師古注「一十」作「十一」。

〔九〕今俸禄一歲六十斛，　漢書卷九九中王莽傳中「六十」作「六十六」。

〔一〇〕稍以差增　「稍」字原脱，據漢書卷九九中王莽傳中、通典卷三五職官一七補。

〔一一〕六百石以下增於舊秩　「六百石」原作「六石石」，據後漢書卷一下改。

〔一二〕諸邊障塞尉諸陵校尉長皆二百石　「長」字原脱，據後漢書百官志四補。

〔一三〕大將軍三公臘賜錢穀各二十萬　通典卷三五職官一七無「穀」字。

〔一四〕永初元年　原作「永元初」，按宋武帝年號爲「永初」，據以乙補。

〔一五〕大明五年制　「大明」原作「永明」，據南齊書卷四一張融傳改。

〔一六〕梁武帝天監初　「武帝」二字原脱，據元本、慎本、馮本、通典卷三五職官一七補。

〔一七〕京官文武月唯別得廪食　隋書卷二四食貨志「唯別」作「別唯」。

〔一八〕高凉　原作「高原」，據隋書卷二四食貨志改。下同。

〔一九〕當處輸臺傳倉庫　「傳」原作「附」，據隋書卷二四食貨志改。

〔二〇〕凡如此禄秩　「此」字原脱，據隋書卷二四食貨志補。

〔二一〕並官給之　「官」上原衍「受」字，據隋書卷二四食貨志删。

〔二二〕户增調三疋穀二斛九斗　「二」原作「三」，「斗」原作「升」，據魏書卷七上高祖紀上、卷一一〇食貨志改。

〔二三〕禄行之後　「行」字原脱，據魏書卷七上高祖紀上、通典卷三五職官一七補。

〔二四〕議定民官依户給俸　「定」字原脱，據魏書卷七上高祖紀上、通典卷三五職官一七補。

〔二五〕下中下下亦各以五十疋爲差　「各」字原脱，據元本、慎本、馮本、隋書卷二七百官志中、通典卷三五職官一七補。

〔二六〕下至於流外勳品　「至於」二字原脱，據隋書卷二七百官志中補。

〔二七〕力則以其州郡縣白直充　「以其州」三字原脱，據隋書卷二七百官志中補。

〔二八〕後周制禄秩　「制禄」二字原脱，據通典卷三五職官一七補。

〔二九〕大郡三百四十石　「三」原作「二」，據隋書卷二八百官志下、通典卷三五職官一七改。

〔三〇〕乃給職田各有差　「乃」原作「及」，據馮本改，隋書卷二四食貨志作「又」。

〔三一〕置令史府史胥士等職　「府」下「史」字原脱，據局本、新唐書卷五五食貨志五補。

〔三二〕以京官八品九品俸料薄　「料」下原衍「授」字，「薄」原作「簿」，據新唐書卷五五食貨志五、唐會要卷九一內外官料錢上刪改。

〔三三〕六十二人　「二」原作「三」，據元本、慎本、馮本、通典卷三五職官一七改。

〔三四〕及在外監五品以上　唐六典卷三「監」下有「官」字。

〔三五〕上鎮將給仗身四人　「將」字原脱，據新唐書卷五五食貨志五補。

〔三六〕中下鎮將上鎮副各三人　「上鎮」二字原脱，據新唐書卷五五食貨志五補。

〔三七〕月俸食料雜用即月分　下「月」字原作「有」，據册府元龜卷五〇六改。

〔三八〕通謂之月俸　「月俸」原作「俸料」，據新唐書卷五五食貨志五、册府元龜卷五〇六、唐會要卷九一內外官料錢上改。

〔三九〕防閤二十千　「二十」原作「十五」，據通典卷三五職官一七改。

〔四〇〕通計三十一千　「計」下原衍「共」字，據以下文例删。「三十一」原作「二十又六」，據通典卷三五職官一七改。

〔四一〕二品月俸六千食料千五百雜用一千防閤十五千五百通計二十四千　原脱，據册府元龜卷五〇六補。唐會要卷九一內外官料錢上「十五千五百」作「十五千」。

〔四二〕月俸三千五百　「三」，册府元龜卷五〇六、唐會要卷九一內外官料錢上作「四」。

〔四三〕雜用七百　「七」，册府元龜卷五〇六、唐會要卷九一內外官料錢上作「六」。

〔四四〕防閤六千六百六十七　册府元龜卷五〇六無「六百」二字，唐會要卷九一內外官料錢上無「六十七」三字。

〔四五〕通計十一千五百六十七　新唐書卷五五食貨志五同，册府元龜卷五〇六、唐會要卷九一內外官料錢上「五」作

「八」。

〔四六〕月俸二千　「二千」，册府元龜卷五〇六、唐會要卷九一内外官料錢上作「二千三百」。

〔四七〕庶僕二千五百　「五」，册府元龜卷五〇六作「二」。

〔四八〕月俸千三百五十　册府元龜卷五〇六、唐會要卷九一内外官料錢上無「五十」二字。

〔四九〕雜用三百　册府元龜卷五〇六、唐會要卷九一内外官料錢上「三百」作「二百五十」。

〔五〇〕庶僕六百　「六百」，册府元龜卷五〇六、唐會要卷九一内外官料錢上作「六百二十五」。

〔五一〕通計二千五百五十　「二千五百五十」，新唐書卷五五食貨志五、册府元龜卷五〇六、唐會要卷九一内外官料錢上作「二千四百七十五」。

〔五二〕庶僕四百　「四百」，册府元龜卷五〇六、唐會要卷九一内外官料錢上作「四百一十七」。

〔五三〕通計千九百　「千九百」，新唐書卷五五食貨志五、册府元龜卷五〇六、唐會要卷九一内外官料錢上作「千九百一十七」。

〔五四〕中間色目或有加減　「間」原作「開」，據通典卷三五職官一七改。

〔五五〕其宴會及朔望朝參　通典卷三五職官一七同，唐會要卷六七致仕官「宴」作「朝」。

〔五六〕均爲番第　「第」原作「地」，據通典卷三五職官一七改。

〔五七〕請用料錢　原作「同料錢」，據册府元龜卷五〇六、唐會要卷九一内外官料錢上補改。

〔五八〕每月給俸食　原脱「俸」字，據册府元龜卷五〇六補。唐會要卷九一内外官料錢上作「每月給俸食料」。

〔五九〕外官給半料與職田　「與」原作「以」，據册府元龜卷五〇六、唐會要卷九一内外官料錢上改。

〔六〇〕京官不給料　「京官」二字原脱，據册府元龜卷五〇六、唐會要卷九一內外官料錢上補。

〔六一〕分給手力課　「分」原作「司」，據唐會要卷九一內外官料錢上改。

〔六二〕每月給手力資錢凡四萬七千五百四十六貫四十文　「文」，册府元龜卷五〇六、通典卷三五職官一七作「八」。

〔六三〕京文武官員及兩京府縣官總三千七百七員　末「員」字原作「貫」，據册府元龜卷五〇六、唐會要卷九一內外官料錢上改。

〔六四〕據元給及新加　「新」原作「雜」，據册府元龜卷五〇六、唐會要卷九一內外官料錢上改。

〔六五〕每月當錢五萬一千四百四貫六百一十七文　「月」字原脱，據册府元龜卷五〇六、唐會要卷九一內外官料錢上補。

〔六六〕一年都當六十一萬六千八百五十五貫四百四文　下「四」字原脱，據册府元龜卷五〇六、唐會要卷九一內外官料錢上補。

〔六七〕五品以上正員清官　「員」原作「元」，據元本、慎本、馮本、通典卷三五職官一七改。

〔六八〕並聽常蓄絲竹　「常」，通典卷三五職官一七作「當」。

〔六九〕其男口給使　「男」，通典卷三五職官一七作「南」。

〔七〇〕隨事增加　「加」字原脱，據唐會要卷九一內外官料錢上補。

〔七一〕內外官俸錢之外　「之」原作「支」，據宋史卷一六八職官志八改。

〔七二〕以資於家　「以」字原脱，據宋史卷一六八職官志八、武夷新集卷一六次對奏狀補。

〔七三〕自餘別給一切權罷　「罷」，宋史卷一六八職官志八、武夷新集卷一六次對奏狀作「停」。

〔七四〕官於半俸之中已是除陌　武夷新集卷一六次對奏狀「官」上有「今群」二字。

〔七五〕十裁得其一二　「一二」原作「三」，據宋史卷一六八職官志八、武夷新集卷一六次對奏狀改。

〔七六〕不及軍中千夫之帥　「帥」原作「師」，據元本、慎本、馮本、宋史卷一六八職官志八、武夷新集卷一六次對奏狀改。

〔七七〕官且限以常員　「官且」原作「直」，據宋史卷一六八職官志八、武夷新集卷一六次對奏狀補改。

〔七八〕又唐虞之制也　「又」，宋史卷一六八職官志八作「乃」，武夷新集卷一六次對奏狀作「又念」。

〔七九〕始著於禄令　「令」原作「今」，據元本、馮本、宋史卷一七一職官志一一改。下「嘉祐禄令」同。

〔八〇〕春冬絹各二十疋　「二」原作「一」，據宋史卷一七二職官志一二改。

〔八一〕春冬絹各十三疋　宋史卷一七二職官志一二「三」作「五」。

〔八二〕冬綿三十兩　按宋史卷一七二職官志一二，此下有「朝請郎、朝散郎、朝奉郎。以上料錢各三十貫，春冬絹各一十三疋，春羅一疋，綿三十兩。承議郎。料錢二十貫，春冬絹各一十疋，春羅一疋，冬綿三十兩」。

〔八三〕奉議郎　「議」原作「儀」，據元本、慎本、馮本、局本、宋史卷一七二職官志一二改。

〔八四〕在京六百文　「六」原作「四」，據宋史卷一七二職官志一二改。

〔八五〕初除及管軍同　宋史卷一七二職官志一二「管」上有「帶」字。

〔八六〕料錢四百貫　「貫」字原脱，據宋史卷一七二職官志一二補。

〔八七〕料錢各二百貫禄粟一百石米麥十五石　按文義，「各」字應移至「麥」下。

〔八八〕遥郡各在正任之下　「遥郡」二字原涉上而脱，據宋史卷一七二職官志一二補。

〔八九〕左右衛上將軍　按：宋史卷一七二職官志一二「左」上有「左右金吾衛上將軍」。

〔九〇〕在通奉大夫之下　「奉」原作「直」，據宋史卷一七二職官志一二改。

〔九一〕禄粟二十五石　「二」原作「一」，據宋史卷一七二職官志一二改。

〔九二〕禄粟二十五石　「二」原作「一」，據宋史卷一七二職官志一二改。

〔九三〕春絹七疋　「七」原作「九」，據元本、馮本、宋史卷一七一職官志一一改。

〔九四〕武義大夫　按宋史卷一七二職官志一二，此上有「武翼大夫」。

〔九五〕絹二十五疋　「二」原作「一」，據宋史卷一七二職官志一二改。

〔九六〕太子詹事　按宋史卷一七二職官志一二，此上有「權六曹尚書、御史中丞、六曹侍郎，並同常侍。太子賓客，行，五十貫；守，四十七貫；試，四十五貫；春服小綾七匹，絹二十匹，羅一匹，冬綾絹同，綿三十兩」。

〔九七〕太常宗正少卿　「正」字原脱，據宋史卷一七二職官志一二補。

〔九八〕三十二貫　「二」原作「八」，據宋史卷一七二職官志一二改。

〔九九〕三十五貫　原作「二十七貫」，據宋史卷一七二職官志一二改。

〔一〇〇〕三十貫　原作「三十五貫」，據宋史卷一七二職官志一二改。

〔一〇一〕二十八貫　原作「三十二貫」，據元本、慎本、馮本、宋史卷一七二職官志一二改。

〔一〇二〕二十五貫　「二」原作「三」，據宋史卷一七二職官志一二改。

〔一〇三〕二十五貫　「二」原作「三」，據宋史卷一七二職官志一二改。

〔一〇四〕二十二貫　原作「三十二貫」，據宋史卷一七二職官志一二改。

〔一〇五〕二十二貫　原作「三十二貫」，據宋史卷一七二職官志一二改。

〔一〇六〕二十二貫　原作「三十二貫」，據宋史卷一七二職官志一二改。

〔一〇七〕二十貫　原作「三十貫」，據宋史卷一七二職官志一二改。

〔一〇八〕太官令十八貫　宋史卷一七二職官志一二「八」作「六」。

〔一〇九〕第三等折食錢二十五貫　按宋會要職官五七之六六載紹興元年六月，「詔裁定則例，永爲定法，……第三等折錢六十八貫三百八十文，減作三十五貫文」，則通考「二」似應改爲「三」。

〔一一〇〕春冬小綾各三疋　「三」原作「二」，據慎本、馮本、宋史卷一七二職官志一二改。

〔一一一〕保和殿　「保」原作「寶」，據宋史卷一七二職官志一二改。

〔一一二〕萬字茶二斤　「萬字」原作「方子」，據宋史卷一七二職官志一二改。下「萬字茶」同。

〔一一三〕貼職錢八十貫　「貫」上原衍「二」字，據元本、慎本、馮本、宋史卷一七二職官志一二删。

〔一一四〕添支麵同　宋史卷一七二職官志一二「麵」作「米麵」。

〔一一五〕米麥各四十石　「四」，宋史卷一七二職官志一二作「一」。

〔一一六〕右文殿修撰　「右」原作「祕」，據元本、慎本、馮本、宋史卷一七二職官志一二改。

〔一一七〕分等第支厨食錢　「分」原作「八」，據宋史卷一七二職官志一二改。

〔一一八〕寺監丞　「丞」原作「直」，據宋史卷一七二職官志一二改。

〔一一九〕知大名府如帶河北路安撫使同　「帶」原作「常」，據宋史卷一七二職官志一二改。

〔一二〇〕自太中大夫以上三十千　宋史卷一七二職官志一二作「自諫議、舍人、待制及大卿監、太中大夫、中散大夫以上，「三十千」。

〔二一〕郎十五千　宋史卷一七二職官志一二無「郎」字。

〔二二〕大藩京朝官有二十千至十千者　宋史卷一七二職官志一二無「京朝官」三字，「十千」作「十五千」。

〔二三〕十千至七千者　宋史卷一七二職官志一二「十」上有「朝官有」三字。

〔二四〕朝官通判成都府　「朝」原作「京」，據宋史卷一七二職官志一二改。

〔二五〕梓利　「利」原作「州」，據宋史卷一七二職官志一二改。下「成都梓利夔路」同。

〔二六〕三路都轉運使　宋史卷一七二職官志一二無「都」字。

〔二七〕淮南江浙荆湖制置茶鹽礬稅都大發運使　「荆」原舛在「南」下，「江浙」二字原倒，據宋史卷一七二職官志一二乙正。

〔二八〕武功大夫至武翼郎充發運使副都監　宋史卷一七二職官志一二「充」上有「諸司使副」。

〔二九〕朝官二十千　宋史卷一七二職官志一二「二」上有「宣德郎以下」五字。

〔三〇〕給鐵錢自六十千至四十千凡三等　宋史卷一七二職官志一二作「給鐵錢八十千」。

〔三一〕武功大夫以下至進義校尉　宋史卷一七二職官志一二「尉」下有「諸司使以下至三班使臣」。

〔三二〕進義校尉以上　宋史卷一七二職官志一二作「三班使臣任四路者」。

〔三三〕任四路　原作「任川路」，據宋史卷一七二職官志一二改。下「任四路」同。

〔三四〕都大提舉修護黄河堤埽岸　「堤」原作「防」，據宋史卷一七二職官志一二改。

〔三五〕元隨傔人之制　「傔」原作「僕」，據宋史卷一七二職官志一二改。

〔一三六〕殿前諸班直都虞候　「諸」原作「都」，據元本、慎本、馮本、宋史卷一七二職官志一二改。

〔一三七〕神龍衛諸軍都指揮使帶遥郡刺史同　「諸」原作「都」，據宋史卷一七二職官志一二改。

〔一三八〕凡禄粟每石細色六斗　「石」原作「名」，據宋史卷一七二職官志一二改。

〔一三九〕京城得有一宅之處　「之」原作「一」，據晉書卷二六食貨志改。

〔一四〇〕各以貴賤占田　「賤」原作「職」，據晉書卷二六食貨志改。

〔一四一〕持椎斧武騎武賁　「賁」字原脱，據晉書卷二六食貨志補。

〔一四二〕武騎一人　晉書卷二六食貨志「武」上有「命中武賁」四字。

〔一四三〕而且治宅甲諸第　「甲」原作「田」，據漢書卷五二田蚡傳改。

〔一四四〕下都督都護府　「府」字原脱，據通典卷三五職官一七補。

〔一四五〕宫總監　「宫」原作「官」，據唐六典卷三改。

〔一四六〕上牧監　「牧」原作「收」，據唐六典卷三改。

〔一四七〕下縣及中下牧司竹監　「下縣」原作「上縣」，「牧」原作「收」，據唐六典卷三、通典卷三五職官一七改。

〔一四八〕互市監　「互」原作「牙」，據舊唐書卷四四職官志三、通典卷三五職官一七改。

〔一四九〕京畿縣亦准此　「畿」原作「城」，據通典卷三五職官一七改。

〔一五〇〕五頃五十畝　「五十畝」原脱，據新唐書卷五五食貨志五、唐六典卷三補。

〔一五一〕各三頃　「三」原作「二」，據新唐書卷五五食貨志五、唐六典卷三改。

〔一五二〕其内外官所給職田　「官」字原脱，據唐會要卷九二内外官職田補。又上引唐會要「田」下有「地子」二字。

〔一五三〕十八年六月　「六月」，唐會要卷九二内外官職田作「三月敕」。

〔一五四〕如淄州之高苑　「淄州」原作「淄川」，據宋史卷一七二職官志一二、宋會要職官五八之一八改。又按宋史卷八五地理志一，淄州有淄川、長山、鄒平、高苑四縣。

〔一五五〕川峽四路　「川峽」原作「川陝」，「四」原作「西」，據宋史卷一七二職官志一二、宋會要職官五八之一八改。

〔一五六〕令固不得而獨有　「固」原作「獨」，據宋史卷一七二職官志一二、宋會要職官五八之一八改。

〔一五七〕須管數足　「須」原作「頃」，據宋會要職官五八之一三改。

〔一五八〕或額外過數多取　「過數」原倒，據宋史卷一七二職官志一二乙正。

〔一五九〕且有成式　宋史卷一七二職官志一二「且」作「具」。

〔一六〇〕知藩府謂三京潁昌京兆成都太原建康江陵延安興仁隆德開德臨安府秦揚潭廣州　「揚」原作「陽」，據宋史卷一七二職官志一二改。又上引宋史作「凡知大藩府，三京、京兆、成都、太原、荆南、江寧府，延、秦、揚、杭、潭、廣州」。

〔一六一〕總管副總管　「副」字原脱，據宋史卷一七二職官志一二補。

〔一六二〕兩浙　「兩」字原脱，據宋史卷一七二職官志一二補。

〔一六三〕寨主　「寨」上原衍「監」字，據宋史卷一七二職官志一二删。

〔一六四〕並謂承務郎以上者　「並」字原脱，據宋史卷一七二職官志一二補。

〔一六五〕縣鎮寨監當及監堰　「縣」字原脱，據宋史卷一七二職官志一二補。

〔一六六〕謂承直郎以下　「承直」二字原倒，「以」舛在「郎」上，「下」原作「上」，據慎本、馮本、局本、宋史卷一七二職官志一二乙改。

卷六十六　職官考二十

官品

周官有九儀之命，正邦國之位。九命作伯，上公有功德者，加命爲二伯，得專征伐五侯九伯者也，蓋長諸侯爲方伯〔一〕。八命作牧，侯伯有功德者，加命得專征伐於諸侯。又云：「一州之牧也。王之三公亦八命。」七命賜國，王之卿六命，出封加一等者。鄭司農云出就侯伯之國。六命賜官，鄭司農云子男入爲卿，治一官也。鄭玄謂此王六命之卿。賜官者，得自置其臣，治家邑如諸侯。五命賜則，則者，地未成國之名也。凡王之下大夫四命〔二〕，出封加一等，五命，賜之以方百里、二百里之地也。方三百里以上爲成國。王莽時，以二十五成爲則，方五十里，與夏五十里國同。四命受器，受祭器，爲上大夫也。鄭玄謂此公之孤，始得有祭器者也。三命受位，受下大夫之位也。鄭玄謂此列國之卿，始有列位於王，爲王臣。再命受服，受祭衣服，爲上士也。鄭玄謂此受玄冕之服，列國之大夫再命。一命受職。始命爲正吏，謂列國公侯伯之士也。於子男爲大夫。一云受職事。

右内外官六萬三千六百七十五人。内二千六百四十三人，外諸侯國官六萬一千三十二人。内職掌府、史、胥、徒、賈人、工人、奄寺〔三〕、罪閩蠻夷貉等五隸、醫人、圉人、虎士、視瞭力召反。及奚、漿、籩、醢、醯、鹽、冪、酒、祧〔四〕、舂、抌、饎、槀等〔五〕。抌音肉。饎音熾，熟食也。爾雅云酒食也。女職一萬五千九百五十人。都計内外官及内職掌人七萬九千六百二十五人。其庛人、舞者及太祝、巫覡、閽人每門及囿、世婦每宮等官職，並冬官人數及外職掌人並闕。按帝王世紀云：「湯受命，有三千餘國。」又按王制云：「殷時天下諸侯國千七百七十三。」當是殷氏政衰，諸侯相并，季末之時所存之國耳。大國二百四十九，次國五百一，小國一千二十三。大國、次國則皆三卿、五下大夫、二十七上士。唯小國二卿，其大夫與士如大國、次國之數。大凡列國卿、大夫、士有六萬一千三十二人。及周初，有千八百國，列國卿、大夫、士，大約與殷不異。罷侯置守，郡縣官吏，百姓之所奉，豈非勤乎。

周制，非二王之後列土諸侯〔六〕，其爵無至公者也。當周之世，有功之臣無如太公、周公者，然封爵皆爲侯。詩云「穆穆魯侯」，又曰「齊侯之子」者也〔七〕。而春秋有虞公、虢公、州公者，或因殷之舊爵，或嘗爲天子之官，子孫因其號耳，非周之典制也。故天子三公八命，卿六命，大夫四命，上士三命，中士再命，下士一命。天子三公加命則爲方伯，九命；卿加一命則出爲侯伯，七命；大夫加一命則出爲子男，五命；天子元士出封爲附庸，加一命，爲四命。大夫以下德盛者，出則爵命並加；士則德未周備，但得進命，不進爵也。是以卿出則爲侯、伯，大夫出則爲子、男，皆爵命並進。士出爲附庸，但得進命，故附庸之君猶稱名，與士同。故春秋傳云：「附庸之君，名也。」二王之後，本非出加之例，直以承祀先代，故九命爲上公。其有功之臣，皆爲侯伯七命而已。若王之子弟及異姓之有大功德，而封爵不過侯，但得進地。故齊魯之國，皆以侯爵而受上公之地五百里之封。若列土侯伯有賢能之德而又有功者，則加一命爲牧。故春官之職云「八命作牧」。子男之君則五命，上公之孤四命，卿三命，大夫再命，士一命。大國之卿三命，大夫再命。次國之卿三命，大夫再命，士一命。小國之卿再命，大夫一命，其士不命。凡士一命而受爵。周禮爵及命士，故云「一命而受爵」。有受爵有受命者必有職，故周禮云「一命受職」，明一命之士職爵俱有也。再命受服於君，不自爲也。然則一命者，其服自爲也。一命尚受職，再命不言自明矣。三命受車馬，三命謂侯伯之卿也。再命已受服於君，則三命之卿受服不疑矣。而復别受車馬於君，故曲禮云「夫爲人子，三賜不及車馬」，明其三命得受車馬之義。然三命之卿則有命於天子之禮，故周禮云「三命受位」，明諸侯之卿受三命者，皆有列位於王朝也。則小國之卿再命者，雖得命於天子，於王朝未有列位也。三命之卿始受車馬，則再命以下車馬自爲之也。若君特賜者，不在其例。四命受器，謂公之孤卿受祭器於公。四命始受器，三命以下皆自爲之也，故禮記云「有田禄者先爲祭器」。三命以上既受祭服，四命者受服亦可明矣。三命之卿尚有列位於王，四命亦可知也。凡次國之君不過七命〔八〕，小國之君不過五命。凡自稱者，伯曰天子之臣。分土之伯〔九〕。諸侯之於天子，曰某土之守臣某。守音手又反。在邊曰某屏之臣某。公子曰臣孽。孽音五葛反。士曰傳遽之臣，於大夫曰外私。傳遽，以車馬給使者也。士臣於大夫者，曰私人也。傳，丁戀反。列國之大夫，入天子之國，曰某士，亦謂諸侯之卿也。三命以下，天子士也。其士者，如晉韓起聘於周，儐者曰晉士起也。自稱曰陪臣某。陪，重也。於外曰子。子，有德之稱也。經曰高子來盟〔一〇〕。於某國，曰寡君之老。使，自稱曰某。使謂使人於諸侯也。某，名也。

秦制爵二十等，以賞功勞。其十八等，自大庶長以下又似官也。其帥人皆更卒也，有功賜則在軍吏之例。自公大夫以上，令丞與亢禮。言從公大夫以上人，與令丞亢禮。亢，當也，言高下相當，無所卑屈。

漢官秩差次：二漢並有秦二十等爵，然以爲功勞之賞，非恒秩也。丞相、太尉、司徒、司空、諸將軍及諸侯王國官，不在此目。

中二千石：月百八十斛。王莽改曰卿。御史大夫，太常，光禄勳，衛尉，太僕，廷尉，大鴻臚，宗正，大司農，少府，執金吾。

二千石：月百二十斛，亦曰真二千石。王莽改爲上大夫。太子太傅、少傅，將作大匠〔一二〕，太子詹事，大長秋，典屬國，水衡都尉，京兆尹，左馮翊，右扶風，司隸校尉，城門校尉，中壘校尉，屯騎校尉，步兵校尉，越騎校尉，長水校尉，胡騎校尉，射聲校尉，虎賁校尉，州牧，郡太守。

比二千石：月百斛。王莽改爲中大夫。丞相司直，光禄大夫，光禄中郎五官左右三將，光禄虎賁中郎將，光禄中郎將騎都尉，西域都護副校尉，奉車都尉，駙馬都尉，郡尉。

千石：月九十斛〔一三〕。王莽改爲下大夫。丞相長史，大司馬長史，御史中丞，更名御史長史。前後左右將軍長史，太常丞，光禄勳丞，衛尉丞，太僕丞，廷尉左右監〔一三〕，大鴻臚丞，宗正丞，大司農丞，少府丞，執金吾丞，太子衛率，萬户以上縣令。

比千石：月八十斛〔一四〕。光禄太中大夫，光禄郎中車户騎三將，光禄謁者僕射，光禄虎賁郎。

八百石：成帝除八百石秩〔一五〕。太子家令。

比八百石：光禄勳諫大夫。

六百石：月七十斛。王莽改曰元士。衛尉公車司馬令，衛士令，旅賁令，廷尉左右平，太子門大夫，太子庶子，將作大匠丞，太子詹事丞，水衡都尉丞，京兆尹丞，左馮翊丞，右扶風丞，州刺史郡丞，郡長史，郡尉丞，次萬户以上縣令。

比六百石：月六十斛〔一六〕。太常太卜博士，光禄議郎、中郎，光禄謁者掌賓讃受事〔一七〕，西域都護丞、司馬、候〔一八〕。

五百石：成帝除五百石秩。王莽復置，改爲命士。減萬户縣長。

四百石：月五十斛〔一九〕。自四百石至二百石爲長吏。王莽改爲中士。太子中盾，萬户以上縣丞，次萬户以上縣丞，減萬户縣丞。

比四百石：月四十五斛〔二〇〕。光禄侍郎。

三百石：月四十斛。王莽改爲下士。次減萬户縣長。

比三百石：月三十七斛。光禄郎中。

二百石：月三十斛。萬户以上縣尉，次萬户以上縣尉，減萬户縣尉。

百石：月十六斛〔二一〕。自百石已下，有斗食、佐史之秩，爲少吏。王莽改百石秩曰庶士。

右漢吏員自佐史至丞相，凡十三萬二百八十五人，哀帝時官數。命數未詳。漢、魏以降，逮於周、隋，既多無注解，或傳寫訛舛，有義理難明，雖研覈莫辨。今但約其本史，聊存一代之制。他皆類此，覽之者幸察焉。

後漢官秩差次：此制初因其舊，以後錢穀兼給，其舊數增減不同，事具禄秩篇。其太傅、三公、大將軍、驃騎大將軍，並不在此目。

中二千石：月百八十斛。太常，光禄勳，衛尉，太僕，廷尉，大鴻臚，宗正，大司農，少府，執金吾，注云比二千石。太子太傅，河南尹，京兆尹，左馮翊，右扶風。

二千石：月百二十斛。度遼將軍，大長秋，太子少傅，將作大匠，司隸校尉〔二二〕，州牧，凡州所監都爲京都置尹，郡太守，皇子封王國傅、相，皇子封王國御史大夫及諸卿〔二三〕。

比二千石：月百斛。都護將軍，大將軍營五部校尉，光祿五官，中郎將〔二四〕，光祿左中郎將，光祿右中郎將，光祿虎賁中郎將，光祿羽林中郎將，光祿奉車都尉，光祿駙馬都尉，光祿騎都尉，光祿大夫，少府侍中，漢官秩云千石。少府中常侍，城門校尉，北軍屯騎校尉，北軍越騎校尉，北軍步兵校尉，北軍長水校尉，北軍射聲校尉，每王屬國都尉，護烏桓校尉，護羌校尉，皇子封王國中尉。

千石：月八十斛。太傅長史，太尉長史，司徒長史，司空長史，大將軍長史，光祿太中大夫，注云秩比二千石。廷尉正、左監，少府中常侍，少府尚書令，少府御史中丞，太子家令〔二五〕，平城門屯司馬〔二六〕，北軍屯騎校尉司馬，北軍越騎校尉司馬，北軍步兵校尉司馬，北軍長水校尉司馬，胡騎司馬，北軍射聲校尉司馬〔二七〕，右扶風、京兆每大縣令，雒陽令，皇子封王國郎中令、僕〔二八〕。

比千石：大將軍軍司馬〔二九〕，太常丞，光祿丞，光祿謁者僕射，衛尉丞，衛尉宮掖門司馬，太僕丞，鴻臚丞，宗正丞，司農丞，少府丞，使匈奴中郎將，執金吾丞。注云：漢官秩云六百石。

六百石：月七十斛。大將軍從事中郎，度遼將軍長史，度遼將軍司馬，太常贊饗，太常太史令，太常博士祭酒，太常太祝令，太常太宰令，太常大予樂令〔三〇〕，太常高廟令，太常光武廟令，太常先帝陵每陵園令〔三一〕，太常先帝陵每陵食官令〔三二〕，光祿左右僕射，左右陛長，光祿羽林左監〔三三〕，光祿羽林右監，光祿中散大夫，注云秩比二千石〔三四〕。光祿諫議大夫，光祿議郎，光祿常侍謁者公府掾，衛尉公車司馬令，衛尉南宮衛士令，衛尉北宮衛士令〔三五〕，衛尉左右都候，太僕考功令，太僕車府令，太僕未央廄令，太僕丞華廄令，廷尉左平，鴻臚大行令，宗正諸公主每主家令，宗正諸公主每主主簿、僕、私府長，大司農部丞，大司農太倉令，大司農平准令，大司農導官令，少府太醫令，少府太官令，少府守宫令，少府上林苑令，少府給事黄門侍郎，少府小黄門令，少府中黄門冗從僕射，少府掖庭令，少府永巷令，少府御府令〔三六〕，少府祠祀令，少府鈎盾令，少府濯龍監，少府中藏府令，少府内者令〔三七〕，少府尚方令，少府尚書僕射，少府尚書〔三八〕，少府符節令，少府治書侍御史，少府侍御史，執金吾武庫令，大長秋丞，大長秋中宫謁者令〔三九〕，本注曰四百石〔四〇〕。大長秋中宫尚書，大長秋中宫私府令，注曰秩千石。大長秋中宫永巷令，大長秋中宫黄門冗從僕射〔四一〕，大長秋中宫署令〔四二〕，太子倉令，太子食官令〔四三〕，太子門大夫，太子中庶子，將作丞，將作左校令，將作右校令，城門每門候，北軍中候，州刺史，右扶風、京兆每次縣令，護烏桓校尉擁節長史、司馬〔四四〕，護羌校尉擁節長史、司馬。

比六百石：月六十斛，又云五十斛。大將軍典軍候，光禄五官中郎〔四五〕，光禄左中郎，光禄右中郎，光禄虎賁中郎，光禄常侍謁者，太子洗馬，皇子封王國治書〔四六〕。

四百石：月五十斛〔四七〕，又云四十五斛。光禄給事謁者，少府太官丞，少府黄門署長，畫室署長，玉堂署長，内署長〔四八〕，少府直里監，少府尚書左右丞，少府侍郎，大司農雒陽市長，大長秋中宫藥長，太子庶子，太子廄長，太子中盾，太子衛率，右扶風、京兆每次縣長，雒陽縣丞，皇子封王國禮樂長〔四九〕、衛士長、醫工長〔五〇〕、永巷長、祠祀長。

比四百石：月四十五斛。後漢百官志云四十斛。太尉東西曹掾〔五一〕，光禄五官侍郎，光禄左侍郎，光禄右侍郎，光禄虎賁侍郎，皇子封王國謁者。

三百石：月四十斛。太常先帝陵每陵食監丞，宗正諸公主每主家丞，少府鈎盾丞，永安丞，鴻臚大行治禮郎，廪犧令丞〔五二〕，楫擢丞〔五三〕，右扶風、京兆每小縣長，侯國相。

比三百石：月三十七斛。太尉諸曹餘掾，光禄五官郎中，光禄左郎中，光禄右郎中，光禄虎賁郎中，光禄羽林郎〔五四〕，光禄灌謁者郎中，少府中黄門。

二百石：月三十斛。太常太史丞、明堂及靈臺丞，衛尉吏〔五五〕，太僕文學史〔五六〕，少府文學史〔五七〕，一人二百石。少府苑中丞、果丞、鴻池丞、南園丞〔五八〕，少府令史，少府符節令史，廷尉吏〔五九〕，鴻臚吏〔六〇〕，宗正吏，一人二百石〔六一〕。大司農吏〔六二〕，大司農雒陽市丞，執金吾吏〔六三〕，太子舍人，河南尹員吏〔六四〕，皇子封王國郎中。

比二百石：月二十七斛。大將軍屯長，太尉屬，光禄節從虎賁。

百石：月十六斛。太尉令史，中興以後，不説石數。太常吏，太常太祝吏〔六五〕，太常太宰吏〔六六〕，太常大予樂吏，光禄吏〔六七〕，衛尉文學史，太僕文學史〔六八〕，少府吏，五人百石。少府蘭臺令史，廷尉文學史，鴻臚文學史，宗正文學史，四人百石。大司農文學史，大司農雒陽市吏，執金吾文學史，司隸校尉州功曹從事、別駕從事、簿曹從事、兵曹從事〔六九〕，其餘部郡國從事，每郡有之。州曹諸掾，河南尹百石卒史〔七〇〕，雒陽員吏〔七一〕，鄉有秩、三老〔七二〕。

斗食〔七三〕：月十一斛。太常明堂員吏，太常大予樂令員吏，光禄勳卿員吏，衛尉卿員吏，太僕卿員吏，大鴻臚卿員吏，大司農雒陽市吏，少府卿員吏，執金吾員吏，雒陽令員吏。

佐史：月八斛。太常佐，太常太祝佐，太常明堂佐，光禄佐，太僕佐，廷尉佐，大鴻臚佐，大鴻臚大行令佐，宗正佐，大司農佐，雒陽市佐，執金吾佐，少府佐，雒陽縣佐史。

右内外文武官七千五百六十七人，一千五十五人内，六千五百一十二人外。内外諸司職掌人〔七四〕，一十四萬五千四百一十九人，一萬四千二百二十五人内職掌：令史、御屬、從事、書佐〔七五〕、員吏、待詔、卒騎、治禮郎、假佐、官騎及鼓吹、宰者、屠者、士衛、緹騎、導從、領士、烏桓騎等。一十三萬一千一百九十四人外職掌：員吏、書佐、假佐、亭長〔七六〕、鄉有秩、三老、游徼、家什等。都計内外官及職掌人十五萬二千九百八十六人。其内有里魁〔七七〕，里數及命數未詳。

按：成周之命數，兩漢之石禄，皆所以辨官位之高卑也。自魏以後，始有九品之制，至梁分爲十八班。後魏以九品分正、從，而隋、唐以來因之。宇文周又以九命分正、從，皆十八等。今分爲十八門，以盡魏以來歷代之官，而著代名其下，品同而代異者，並見細注，更不重出。魏、晉、宋、陳無從品，則只以各品之官入正品，餘則隨其正、從分入云。

一品魏、晉、劉宋、陳。　正一品北魏、北齊、隋、唐、宋。　十八班周。　正九命：周。

黄鉞大將軍，魏。三公，魏。諸國王，魏、陳、後魏、北齊、周、隋、唐、宋。公、侯、伯、子、男，魏、晉。大丞相，魏、梁、陳。宋，左右丞相。太傅，劉宋、梁、陳、後魏、北齊、周、隋、唐、宋。太保，劉宋、梁、陳、後魏、北齊、周、隋、唐、宋。太尉，劉宋、梁、陳、後魏、北齊、隋、唐。司徒，劉宋、梁、陳、後魏、北齊、隋、唐。司空，劉宋、梁、陳、後魏、北齊、隋、唐。大司馬，劉宋、梁、陳、後魏、北齊。大將軍，劉宋、梁、陳、後魏、北齊、周。太宰，梁、陳。開府儀同三司，陳。巴陵、汝陰王後，陳。尚書令，陳。太師，後魏、北齊、周、隋、唐、宋。郡公，晉、後魏。國公，周。柱國大將軍，周。少師、少傅、少保。宋。

從一品北魏、北齊、隋、宋。　十七班梁。　九命：

諸將軍、左右光禄開府儀同三司〔七八〕，梁、周、唐、宋。　儀同三司〔七九〕，北魏、北齊、周。　縣公，北魏、隋。　都督中外諸軍事，北魏。　諸開府散公，北魏。　郡公，北齊、隋。　驃騎大將軍，唐、周。　車騎大將軍，周。　雍州牧，周。　上柱國，隋。　郡王，隋、唐、宋。　國公，隋、唐、宋。　太子太師、太傅、太保，唐、宋。　嗣王，唐、宋。　樞密使，宋。特進。宋。

二品　正二品　十六班　正八命：

諸四征、四鎮〔八〇〕、車騎、驃騎將軍，魏、晉、劉宋、北魏、北齊、周。　諸大將軍，魏、晉、劉宋、北魏。　特進，晉、劉宋、陳、北魏、北齊、隋、唐。　諸持節都督，晉、劉宋。　縣侯伯子男，晉。　尚書令，梁、北魏、北齊、隋。　太子太傅，梁、陳。左右光禄大夫，梁、陳、北魏、北齊、周、隋。　中書監，陳。　尚書左、右僕射，陳。　嗣王，陳。　蕃王，陳。　郡公，陳、北齊、唐、宋。　縣公，陳、北齊。　太子太師、太傅、太保，北魏、隋、北齊。　衛將軍，北魏、北齊。　縣侯，北魏、周。　儀同三司，北齊。　少師、少傅、少保，周。　車騎將軍，周。　刺史户三萬以上者，周。　柱國，隋。　開國侯，隋。　行臺尚書令，隋。　輔國大將軍，唐。　金紫光禄大夫，宋。　知樞密院事，宋。　參知政事，宋。　同知樞密院事，宋。　太尉，宋。　上柱國。唐、宋。

從二品　十五班　八命：

尚書左、右僕射〔八一〕，梁、北魏、隋、唐。　太子少傅，梁。　中書監，梁、北魏。　特進，梁、北齊。　領護軍將軍〔八二〕，梁。　司州牧，北魏。　四鎮將軍，北魏。　中軍、鎮軍、撫軍將軍〔八三〕，北魏、周。　金紫光禄大夫，北魏、周、隋、北齊，左右光禄大夫。散侯，北魏。儀同三司〔八四〕，北齊。太子太師、太傅、太保，北齊。尚書令，北齊。驃騎、車騎將軍，北齊。衛將軍，北齊。四征將軍，北齊、周。郡公，北齊。縣公，北齊、唐、宋。都督，周、唐。刺史二萬户以上者，周。京兆尹，周。上大將軍〔八五〕，隋。雍州牧，隋。上總管，隋。行臺尚書僕射〔八六〕，隋。太子少師、少傅、少保，唐、宋。京兆、河南、太原府牧，唐。大都護，唐。光禄大夫，唐〔八七〕。鎮國大將軍，唐。柱國，唐、宋。銀青光禄大夫，宋。簽書樞密院事，宋。觀文殿大學士，宋。御史大夫，宋。六部尚書，宋。左右金吾衛、左右衛上將軍，宋。九州牧，宋。殿前都指揮使，宋。節度使。宋。

三品　正三品　十四班　正七命：

侍中，魏、晉、劉宋、陳、北魏、北齊、唐。散騎常侍，魏、晉、劉宋、陳。中常侍，魏、晉。尚書令，魏、晉、劉宋。左、右僕射，魏、晉、劉宋。諸尚書，魏、晉、劉宋、陳、北齊、北魏、隋、唐。中書監、令，魏、晉、劉宋。陳、北齊令〔八八〕，唐令。祕書監，魏、晉、劉宋、北魏、北齊。諸征、鎮、安、平將軍，魏、晉、劉宋、北魏、北齊、周。光禄大夫，魏、晉、劉宋。九卿，魏。司隸校尉，魏、晉。京兆、河南尹，魏、隋京兆。太子保、傅，魏、晉、劉宋。大長秋，魏、晉、劉宋。太子詹事，魏、晉、劉宋、梁、陳、北魏、北齊、唐。中領軍，魏、晉、劉宋、梁、陳、北魏、北齊。諸縣侯，魏、晉、劉宋、陳、北齊。龍驤、征虜將軍，魏、晉、劉宋〔八九〕。輔國將軍，魏、晉。鎮軍、撫軍，晉。諸卿、尹，晉、劉宋。中護軍，晉、劉宋、梁、陳、北魏、北齊。吏部尚書，梁〔九〇〕。金紫光禄大夫，梁、陳、唐。太常卿，梁、陳、北魏、北齊、隋、唐。左右衛將軍，陳、北魏、北齊、隋、唐。御史中丞，太后衛尉、太僕、少府三卿，陳。衛尉，北魏、北齊、隋。宗正卿，陳、北魏、北齊、隋。太府卿，陳、北魏、北齊、隋。司農卿，陳、北齊。廷尉卿，陳、北魏。光禄卿，陳、北魏、北齊、隋。大匠卿，陳。鴻臚卿，陳、北魏、北齊、隋。

大舟卿，陳。國子祭酒，陳。揚州刺史，陳。南徐、東揚州刺史，隋〔九一〕。皇弟皇子封國王世子，陳。太子少師、少傅、少保，北魏、北齊、隋。中書令，北魏。太僕，北魏、北齊、隋。大司農，北魏、隋卿。河南尹，北魏。上州刺史，北魏、北齊、隋。周萬户以上。諸王師，北魏、北齊。銀青光禄大夫，北魏、北齊、周、隋。前、左、右、後將軍，北魏、周、隋。大理卿，北齊、隋。清都尹，北齊。大冢宰，周。大司徒，周。大宗伯，周。大司馬，周。大司寇，周。大司空，周。帥都督，周。唐中都督。柱國大將軍府長史、司馬、司録〔九二〕，周。大將軍，隋。納言，隋。内史令〔九三〕，隋。左右武衛、武候大將軍，隋、唐。中總管，隋。行臺諸曹尚書，隋。太子賓客〔九四〕，唐。左右驍衛、武衛〔九五〕、威衛、領軍衛、金吾衛、監門衛等大將軍，唐。上都護，唐。左右羽林軍、左右千牛衛等大將軍，唐。冠軍大將軍，唐。懷化大將軍，唐。上護軍，唐、宋。宣奉、正奉大夫，宋。觀文殿學士，宋。資政、保和殿大學士，宋。翰林學士承旨，宋。翰林學士，宋。資政、保和、端明殿學士，宋。樞密直學士，宋。龍圖、天章、寶文、顯謨、徽猷、敷文等閣學士，宋。左右散騎常侍，宋。權六曹尚書。宋。

從三品　十三班　七命：

中書令，梁。列曹尚書，梁。國子祭酒，梁、北魏、北齊、隋、唐。宗正、太府卿，梁。光禄大夫，梁。散騎常侍，北魏、北齊、隋、唐。四方中郎將，北魏、北齊。護匈奴、羌、戎、夷、蠻、越中郎將，北魏、北齊。御史中尉，北魏。大長秋卿，北魏、北齊。將作大匠，北魏、北齊、隋、唐。征虜將軍，北魏。二大、二公長史，北魏。太子左右衛率〔九六〕，北魏、北齊。武衛將軍，北魏、北齊。冠軍將軍，北魏、北齊、周。護羌戎、夷、蠻、越校尉〔九七〕，北魏。太中大夫，北魏、北齊、周。輔國將軍，北魏、北齊、周。中州刺史，北魏、北齊、周。龍驤將軍，北魏、北齊。散伯，北魏、北齊。司徒左長史，北齊。御史中丞，北齊、宋。中侍中〔九八〕，北齊。太尉長史，北齊。領左右將軍，北齊、隋。護匈奴、羌、戎、蠻、越、夷校尉〔九九〕，北齊。三等上郡太守，北齊。中散大夫，周。都督，刺史户五千以上者，周。郡守萬五千户以上者〔一〇〇〕，周。上開府儀同三司，隋。左右衛將軍，隋。左右武衛、武候將軍，隋。左右監門將軍，隋。御史大夫，隋、唐。親王師，隋。朝議大夫，隋。下總管，隋。祕書監，唐。殿中監，唐。光禄、衛尉、宗正、太僕、大理、鴻臚、司農、太府卿，唐。少府監，唐。諸衛羽林、千牛將軍〔一〇一〕，唐、宋。下都督，唐。上州刺史，唐。大都督府長史，唐。副都護，唐。親王傅，唐。銀青光禄大夫，唐。開國侯，唐、宋。雲麾將軍，唐。歸德將軍，唐。護軍，唐、宋。龍圖、天章、寶文、顯謨、徽猷、敷文閣直學士〔一〇二〕，宋。正議、通奉大夫，宋。開封尹，宋。尚書列曹侍郎，宋。太子賓客、詹事。宋。

四品　正四品　十二班　正六命：

城門校尉，魏、北魏、晉、北齊。護軍、監軍，魏、晉。積弩、强弩等將軍，魏、晉。武衛、左右衛、中堅、中壘、驍騎、游騎等將軍，魏、晉、陳、北魏、北齊。前軍、左軍、右軍、後軍、寧朔、建威、建武等將軍，魏、晉、劉宋。振威、振武、奮威、奮武、揚武、廣威、廣武、左右積弩等將軍，魏、晉。五營校尉，魏、晉、劉宋。南、北、東、西中郎將，魏、晉、劉宋。御史中丞，魏、晉、劉宋。都水使者，魏、晉、劉宋。州領兵刺史，魏、晉、劉宋。諸鄉侯〔一〇三〕，魏、晉、劉宋。越騎、烏桓、諸匈奴、護羌、蠻、夷等校尉，魏、晉、劉宋。護匈奴中郎將，晉。侍中、散騎常侍，梁。左右衛將軍，梁。衛尉卿，梁。通直散騎常侍，陳、北魏、北齊、隋。黄門侍郎，陳、北魏、北齊、隋、唐。祕書監，陳、宋。太子中庶子，陳、北魏、北齊。太子左右衛率，陳、隋、唐。朱衣直閣，陳。中書侍郎，陳、唐。尚書左、右丞，陳、唐。尚書吏部侍郎，陳、隋、唐。郎中，陳、北魏、北齊。太子三卿，陳。太中大夫〔一〇四〕，陳。中散大夫，陳、北魏。司徒左、右長史，陳、梁、北齊。諸王師，陳、隋。國子博士，陳。荆、江、南兖、郢、湘、雍等州刺史，陳。嗣王、蕃王、郡縣公等世子，陳。開國縣伯，陳、唐、宋。二大、二公司馬，北魏、北齊。太常、光禄、衛尉三少卿，北魏、隋、北齊。司空、皇子長史，北魏。中常侍、中尹，北魏、北齊。太僕、廷尉、鴻臚、宗正、司農、太府六少卿，北魏、隋、北齊。從一品將軍開府長史、司馬，北魏、北齊。司空、皇子司馬，北魏。鎮遠、安遠、平遠、建義、建忠、建節等將軍〔一〇五〕，北魏、北齊、周。立義、立忠、立節、恢武、勇武、曜武、昭武等將軍〔一〇六〕，北魏。司徒諮議參軍〔一〇七〕，北魏。下州刺史，北魏、北齊、隋、唐。上郡太守、内史、相，北魏。開國縣子，北魏、北齊、隋。中散大夫，北齊。三等鎮將〔一〇八〕，北齊。小冢宰，周。小司徒、宗伯、司馬、司寇、司空等上大夫〔一〇九〕，子〔一一〇〕，周。諫議大夫，周。諮議大夫〔一一一〕，周。別將開府長史、司馬、司録，周。刺史户不滿五千以下者，周。郡守萬户以上者〔一一二〕，周。驃騎將軍，隋。開府儀同三司，隋。太子左右宗衛率、左右内率，隋。太子左、右庶子，隋、唐。大理少卿，隋。内史侍郎，隋。左右監門郎將，隋。朝散大夫，隋。太常少卿，唐。太子少詹事〔一一三〕，唐。左右司禦、左右清道，唐。左右監門率府率〔一一四〕，唐。中州刺史，唐。軍器監，唐。上都護府副都護，唐。上府折衝都尉，唐。正議大夫，唐。忠武將軍，唐。上輕車都尉，唐、宋。尚書中司侍郎，唐。太子左、右諭德，唐。通議大夫，唐、宋。親勳翊衛、羽林中郎將，唐。左右千牛衛、左右監門衛中郎將，唐。壯武將軍，唐。給事中，宋。中書舍人，宋。太常、宗正卿，宋。諸衛大將軍，宋。殿前副都指揮使，宋。承宣使。宋。

從四品　十一班　六命：

御史中丞，梁。尚書吏部郎〔一二五〕，梁。祕書監〔一二六〕，梁。通直散騎常侍，梁。太子左右二衛率〔一二七〕，梁。左右驍騎、游擊〔一二八〕，梁。太中大夫〔一二九〕，梁。皇弟皇子師〔一三〇〕，梁。司農、少府、廷尉卿，梁。太子中庶子，梁、北魏、北齊。光禄卿，梁。中堅、中壘將軍，北魏、北齊、周。尚書左、右丞，北魏、北齊、隋。二大二公諮議參軍，北魏、北齊。司州別駕從事史〔一三一〕，北魏。太子家令，北魏、北齊、隋、唐。第二品將軍、始蕃王長史、司馬，北魏。率更令、僕，北魏、北齊、隋、唐。中書侍郎，北魏、北齊。諫議大夫，北魏、北齊、隋、宋。寧朔、建威、奮威、振威、揚威、廣威等將軍，北魏、周。司空、北魏。皇子諮議參軍事〔一三二〕，北魏。司州治中從事史，北魏、北齊。建武、振武、奮武、揚武、廣武將軍，北魏、北齊。左、右中郎將，北魏、北齊、周。從一品將軍北魏。開府諮議參軍事〔一三三〕，北魏、北齊。開國子〔一三四〕，北魏、北齊。三等上州長史、司馬，北齊。前、左、右、後將軍，北齊。三等中郡太守，北齊。左右備身正都督〔一三五〕，北齊。刀劍備身正都督，北齊。御仗正都督，北齊。直蕩正都督，北齊。步兵、越騎、射聲、屯騎、長水校尉，北齊。朱衣直閣，北齊。直閣將軍，北齊、隋。太子騎官及内直備身正都督〔一三六〕，北齊。三等鎮副將，北齊。郡守五千户以上，周。儀同府、正八命州長史、司馬、司録，周。大呼藥〔一三七〕，周。太子左右衛副率、左右宗衛副率、左右内副率、左右監門率，隋、唐。上儀同三司，隋。上郡太守，隋。雍州別駕，隋。親王府長史、司馬，隋、唐。内侍〔一三八〕，隋、唐。城門校尉，隋。上鎮將，隋。雍州贊治〔一三九〕，隋。行臺尚書左右丞〔一四〇〕，隋。祕書少監，唐。八寺少卿〔一四一〕，唐。殿中少監，唐。太子親、勳、翊衛中郎將，唐。大都護府、親王府長史〔一四二〕，唐。太中大夫，唐、宋。宣威將軍，唐。輕車都尉，唐[一三三]。國子司業，唐。少府少監將作少匠[一三四]，唐。京兆、河南、太原府少尹，唐。大都督大都護府、親王府司馬，唐。上州別駕，唐。中府折衝都尉[一三五]，唐。中大夫，唐。明威將軍，唐。權六曹侍郎，宋。保和殿、龍圖、天章、寶文、顯謨、徽猷、敷文閣待制[一三六]，宋。七寺卿[一三七]，宋。國子祭酒，宋。少府、將作監，宋。諸衛將軍。宋。

五品　正五品　十班　正五命：

給事中，魏。給事黃門侍郎，魏、晉、劉宋、梁。散騎侍郎，魏、晉、劉宋、梁、陳、北魏、北齊、隋。中書侍郎，魏、晉、劉宋。謁者僕射，魏、晉、劉宋。虎賁中郎將，魏、晉。符節令，魏。冗從僕射，魏、晉。羽林監，魏、晉。太子中庶子，魏、晉、劉宋。太子庶子，魏、晉、陳[一三八]。太子家令，魏、晉、梁。太子率更令、僕，魏、晉、梁。衛率，魏、晉、劉宋。諸軍司北軍中候，魏、晉。都督，魏、晉。護軍，魏、晉。西域、西戎校尉，魏、晉。禮見諸將軍，魏。太學博士，魏。鷹揚、折衝、輕車、虎烈、宣威、威遠、懷遠、伏波、虎威、凌江等將軍[一三九]，魏、晉、劉宋。將兵都尉，魏。牙門將，魏、晉。騎督[一四〇]，魏。安夷撫夷護軍，魏、晉。郡國太守、相、內史，魏、晉、劉宋、北魏中都。州郡國都尉，魏、晉。國子祭酒，魏。諸亭侯，魏、晉、劉宋。州單車刺史，魏。護匈奴中郎，晉。三將，積射、强弩將軍，劉宋。刺史不領兵者，劉宋。三卿，劉宋。皇弟皇子府長史、司馬，梁、陳。太僕、大匠卿[一四一]，梁。揚州別駕，梁。中散大夫，梁、唐。司徒右長史，梁。雲騎、游騎，梁。朱衣直閤將軍，梁。祕書丞[一四二]，陳、北魏、北齊、隋。明堂、太廟、帝陵令，陳。前、左、右、後將軍，左右中郎將，陳。大長秋，陳。太子中舍人，陳、北魏、北齊、隋、唐。丹陽尹，陳。會稽、吴興、吴郡太守，侯世子，陳。豫、益、廣、衡、青、冀、北兖、北徐、梁、南秦、司、南梁、交、越、桂、霍、寧等十五州刺史〔一四三〕，陳。皇弟、皇子府諮議參軍，隋、陳、唐。皇弟、皇子公府從事中郎，陳。開國縣子〔一四四〕，陳、唐、宋。寧遠、折衝、鷹揚、揚烈等將軍，北魏、周。從二品將軍二蕃王長史、司馬，北魏。二大二公從事中郎〔一四五〕，北魏、北齊。皇子友，北魏、北齊。國子博士，北魏、北齊、隋、唐。員外散騎常侍，北魏、北齊。開府從事中郎，北魏、北齊。射聲、越騎、屯騎、步兵、長水等校尉，北魏。開國縣男，北魏、北齊、周、隋。第三品將軍、始蕃王諮議參軍〔一四六〕，北魏。廣德、弘義將軍〔一四七〕，北齊。太子備身正都督，北齊。直入、直衛正都督〔一四八〕，領左右，北齊。三等中州長史、司馬，北齊。折衝、制勝將軍，北齊。主衣都統，北齊。尚食、尚藥典御，北齊、隋、唐。太子旅騎、屯衛、典軍校尉，北齊。領護府長史、司馬〔一四九〕，北齊。天官司會、宗師、左宮伯、御伯〔一五〇〕、主膳、太府、計部等中大夫，周。地官鄉伯〔一五一〕、左右遂伯、每方稍伯、每方縣伯、每方畿伯、每方載師、師氏等中大夫，周。春官禮部、守廟、典祀、內史、太史、大司樂等中大夫，周。夏官軍司馬、職方、吏部、右武伯、兵部、大馭、司右、駕部、武藏等中大夫，周。秋官司憲、刑部、番部、賓部等中大夫，周。冬官工部、匠師、司木、司土、司金、司水等中大夫，周。左、右員外常侍，周、隋。郡守千户以上者，周。統軍驃騎車騎將軍府、八命州長史、司馬、司録，周。柱國大將軍府中郎掾屬，周。長安、萬年令，周、唐。車騎將軍，隋。儀同三司，隋。內常侍，隋、唐。太子左右監門副率〔一五二〕，隋、唐。上州長史〔一五三〕，隋。上州司馬，隋。同州總管〔一五四〕，隋。隴右牧總監〔一五五〕，隋。諫議大夫，唐。御史中丞，唐。中書舍人，唐。太子中允、左右贊善大夫，唐。都水使者，唐。河南、洛陽、太原、晉陽、奉先縣令〔一五六〕，唐。親勳翊衛、羽林郎將，唐。中都督、上都護府長史、司馬，唐。親王府典軍，唐。定遠、寧遠將軍，唐。上騎都尉，唐、宋。中州別駕，唐。下府折衝都尉，唐。朝議大夫，唐。中大夫，宋。馬步軍都指揮、副都指揮使〔一五七〕，宋。通侍、正侍〔一五八〕、宣正、履正、協忠、中侍大夫，宋。觀察使。宋。

從五品　九班　五命：

尚書左丞，梁。鴻臚卿，梁。中書侍郎，梁。國子博士，梁。太子庶子，梁。揚州中從事，梁。皇弟、皇子公府從事中郎，梁。大舟卿，梁。大長秋，梁。皇弟、皇子府諮議，梁。庶姓公府及左右前後四軍府長史、司馬〔一五九〕，梁。嗣王府長史、司馬，梁。伏波、凌江、平漢將軍〔一六〇〕，北魏、周、北齊。第三品將軍、三蕃王長史〔一六一〕，北魏。二大、二公掾屬，北魏、北齊。著作郎，北魏、北齊、隋、唐。通直散騎侍郎〔一六二〕，北魏、北齊、隋。太子洗馬，北魏、北齊、隋、唐。從二品將軍、二蕃王諮議參軍，北魏。第三品將軍、三蕃王司馬，北魏。奉車都尉，北魏、北齊、周、唐。太子屯騎、步兵、翊軍校尉，北魏。都水使者，北魏、北齊、隋。司空、皇子開府掾屬，北魏。領護長史、司馬，北魏。開府掾屬，北魏、北齊、周。歸義、率義、順義、朝服侯，輕車、威遠、虎威等將軍，北魏。中給事中，北魏、北齊、隋、唐。散男，北魏、北齊。三等下州長史、司馬，北齊。御仗、直蕩副都督，北齊。太子騎官、左右備身、刀劍備身、內直備身副都督〔一六三〕，北齊。左右直長，北齊。中尚藥、中尚食典御〔一六四〕，北齊。輕車、樓船將軍，北齊、周、隋〔一六五〕。駙馬都尉，北齊、隋、唐、宋。翊衛正都督，北齊。直寢、直齋，北齊、隋。清都郡丞〔一六六〕，北齊。崇聖、歸義、歸正、歸命、歸德侯〔一六七〕，北齊。治書侍御史，北齊、隋。鄴、臨漳、成安三縣令，北齊。三等下郡太守，北齊。大理司直，北齊、隋。太子直閤，北齊、隋。二衛隊主，北齊。開國鄉男，北齊、隋、宋〔一六八〕。奉騎都尉，周。郡守户不滿一千以下〔一六九〕，周。正八命州呼藥，周。四征中鎮撫軍將軍府、正七命州長史、司馬〔一七〇〕，周。縣令户七千以上者，周。中郡太守，隋。中州長史〔一七一〕，隋。大興長安令，隋。京兆郡丞，隋。中州司馬，隋。上鎮副，中鎮將，隋。親王友，隋、唐。員外散騎侍郎，隋。尚書左右司、諸司郎中，唐。祕書丞，唐。殿中丞，唐。尚衣〔一七二〕、尚舍、尚乘、尚輦、奉御，唐。諸陵令，唐。親王府副典軍，唐。下都督府、上州長史〔一七三〕，唐。下州别駕，唐。朝請大夫，唐。游騎、游擊將軍，唐。武散〔一七四〕。騎都尉，唐。大理正，唐。太常丞、太史令〔一七五〕，唐。太子典内，唐。上牧監，唐。下都督府、上州司馬，唐。宫苑總監，唐。上府果毅都尉，唐。朝散大夫，唐。中奉、中散大夫，宋。太常、宗正少卿，宋。祕書少監，宋。内客省、延福宫、景福殿使，宋。太子左、右庶子，宋。樞密都承旨〔一七六〕，宋。中亮、中衛、翊衛、親衛大夫，宋。殿前馬、步軍都虞候，宋。防禦使，宋。捧日、天武、龍神衛四廂都指揮使，宋。團練使，宋。諸州刺史，宋。騎都尉。宋。

六品　正六品　八班　正四命：

尚書左右丞，魏、晉、劉宋。梁右丞。尚書郎中，魏、晉、劉宋、北魏、北齊。祕書郎，魏、晉、劉宋。著作丞郎〔一七七〕，魏、晉、劉宋、陳。治書侍御史，魏、晉、劉宋。部曹侍御史〔一七八〕，魏。諸督軍，魏、晉。奉車、駙馬都尉，魏、晉、劉宋、後魏。諸博士，魏、晉、劉宋、陳。公府長史、司馬，魏、晉。驃騎、車騎長史、司馬，魏。廷尉正、監、評，魏、晉、劉宋、陳〔一七九〕。北齊改大理，隋。將兵助郡尉置司馬史卒者，魏。諸護軍，魏、劉宋。太子侍講、門大夫，魏。太子中舍人，魏、晉、梁、唐。太子常從賁督司馬〔一八〇〕，魏、晉。水衡、典虞、牧官都尉，魏、晉。司鹽都尉，魏、晉。度支中郎將校尉，魏。司竹都尉，魏。材官校尉，魏、晉。驃騎車騎衛將軍府、四鎮征公府從事中郎，魏。公車令，魏。諸縣署令千石者，魏、晉、劉宋。千人督校尉，魏。督守殿内將軍，魏。殿内典兵，魏。黄門冗從僕射〔一八一〕，魏、晉、北魏、北齊。諸關内名號侯〔一八二〕，魏。諸王公友，魏、梁、陳。侍御史，晉、劉宋。從事中郎，晉。黄沙治書侍御史，晉。二品將軍諸大將軍特進都督中護軍長史、司馬，晉、劉宋。諸護軍長史、司馬，晉。太子門大夫，晉、劉宋。王郡公侯郎中令，晉。中尉、大農，晉。王傅師及國將軍，晉。督守殿中將軍〔一八三〕，晉。黄門令，晉。公府從事中郎將，劉宋、梁。王國公三卿、師、友、文學，劉宋。殿中將軍、司馬督，劉宋。關内侯，劉宋。祕書丞，梁。司徒左西掾屬，梁、陳。散騎侍郎〔一八四〕，梁、陳。南徐州別駕，梁。皇弟、皇子單爲二衛司馬，梁。皇弟皇子公府掾屬、庶子府長史〔一八五〕，梁、陳。嗣王、庶姓公府諮議〔一八六〕，梁、陳。蕃王府長史、司馬，梁。庶姓持節府長史、司馬〔一八七〕，梁、陳。步兵、射聲、長水、越騎、屯騎五校尉，陳。太子洗馬，陳。太子步兵、翊軍、屯騎三校尉，陳。子、男世子，陳、隋。萬户以上郡太守、内史、相，陳。嗣王府、庶姓公府從事中郎，陳。板府中録事參軍〔一八八〕，陳。中記室參軍，直兵參軍〔一八九〕，陳。揚州別駕中從事，陳。開國縣男，陳。皇弟皇子南徐荆江南兖郢湘雍州別駕中從事，陳。宣威、明威將軍，北魏、北齊、周。從三品將軍長史〔一九〇〕、司馬，北魏。二大二公主簿、功曹、記室、户曹參軍、中兵參軍及録事參軍事，北魏。司空主簿，北魏。皇子郎中令〔一九一〕，北魏、北齊。司空、皇子録事參軍事〔一九二〕，北魏。三品將軍、三蕃王諮議參軍事，北魏。皇太子文學〔一九三〕，治書侍御史〔一九四〕，諮議參軍事〔一九五〕，北魏、北齊、唐。皇子文學，治書侍御史〔一九六〕，謁者僕射，北魏、北齊。皇子功曹史，北魏。從一品將軍開府録事參軍，北魏。司空皇子功曹、記室、户曹、倉曹、中兵參軍事，北魏。河南郡丞，北魏。虎賁中郎將，北魏、北齊。羽林監，北魏、北齊。中書舍人，北魏、北齊。從一品將軍府功曹、記室、户曹、倉曹、中兵參軍事、功曹史，北魏。下郡太守、内史、相，北魏、隋。上縣令〔一九七〕，北魏、北齊。勁武、昭勇將軍，北齊。三公府主簿，北齊。三等上州别駕從事史，北齊。四中府長史、司馬，北齊。三等鎮長史〔一九八〕，北齊。太子備身副都督，北齊。直入副都督，北齊。千牛備身，北齊、隋、唐。三公府録事、功曹、記室、户曹、倉曹、中兵參軍事，北齊。諸開府録事、功曹、記室、户曹、倉曹、中兵參軍事，北齊。三等上州録事參軍事，北齊。治中從事史〔一九九〕，北齊。三等上郡丞，北齊。太子内直監〔二〇〇〕，北齊。平准署令，北齊。天官小宗師〔二〇一〕、小左宫伯、小御正、小膳部、大醫、小醫、小計部等下大夫，周。地官小鄉伯、鄉大夫、每鄉小遂伯、遂大夫〔二〇二〕，每遂小稍伯、稍大夫，每稍小縣伯、縣大夫，每縣小畿伯、畿大夫，每畿小載師、小師氏、保氏、司倉、司門、司市、虞部等下大夫，周。春官小守廟〔二〇三〕、小典祀、小内史、外史、典命、小史、小司樂、太學博士、太卜、太祝、司車路、夏采等下大夫，周。夏官小職方、小吏部、小右武伯、小兵部、小馭、戎馭、齊馭、小司右、戎右、齊右、司射、小駕部、小武藏等下大夫，周。秋官小刑部、掌朝、布憲、小蕃部、小賓部、司要、田正、司隸等下大夫，周。冬官小匠師、小司木、小司土、小司金、小司水、司玉、司皮、司色、司織、司卉等下大夫，周。公之孤、卿，周。虎賁給事，周。冗從給事，周。儀同府中郎掾屬，周。柱國大將軍府列曹參軍，周。縣令户四千以上者，周。四平前後左右將軍府、七命州長史、司馬、司録〔二〇四〕，周。八命州呼藥，周。八命州别駕，周。翊軍、翊師將軍，隋。尚書諸曹侍郎，隋。内史舍人，隋。大都督、親王府掾屬，隋。下州長史，隋、唐。四征將軍，隋。内軍、撫軍、鎮軍三將軍，隋。左、右監門校尉，隋。内尚食典御，隋。御府監、符璽監、殿内監，隋。太子内直監，隋。下州司馬，隋。下鎮將、中鎮副〔二〇五〕，隋。行臺尚書諸曹侍郎，隋。太學博士，唐。太子詹事丞，唐。太子司議郎，唐。中州長史，唐。親、勳、翊衛校尉，唐。太子典膳藥藏郎，唐。京兆、河南、太原府諸縣令，唐。鎮軍兵滿二萬以上司馬，唐。朝議郎，唐。昭武校尉〔二〇六〕，唐。驍騎尉，唐、宋。親王府掾屬，唐。武庫中尚署令，唐。諸衛左右司階〔二〇七〕，唐。中府果毅都尉，唐。中州司馬，唐。內謁者監，唐。中牧監、上牧副監，唐。上鎮將，唐。承議郎，唐。昭武副尉，唐。朝議、奉直大夫，宋。集英殿修撰，宋。七寺少卿，宋。中書門下省檢正諸房公事，宋。尚書左、右司郎中，宋。國子司業，宋。軍器監，宋。都水使者，宋。太子少詹事、左右諭德，宋。入內內侍省、內侍省都知副都知，宋。宣慶、宣政、昭宣使，宋。拱衛、左武、右武大夫，宋。入內內侍省、內侍省押班，宋。樞密承旨、副承旨〔二〇八〕。宋。

從六品　七班　四命：

五校，梁。東宮三校，梁。皇弟、皇子之庶子府中録事，梁。南徐州中從事〔二〇九〕，梁。中記室、中直兵參軍〔二一〇〕，梁。襄威、厲威將軍，北魏、周。皇弟皇子之庶子府、蕃王府諮議，梁。二大二公諸曹參軍事〔二一一〕，北魏、北齊。從第二品將軍始蕃王録事參軍事〔二一二〕，北魏。給事中，北魏、北齊、周。太子門大夫，北魏、北齊、隋。皇子大農、騎都尉，北魏、北齊。符璽郎，北魏、北齊。從二品將軍二蕃王録事參軍事，北魏。皇子主簿，北魏。司空皇子諸曹參軍事〔二一三〕，北魏。從一品將軍開府主簿、諸曹參軍事〔二一四〕，北魏。第二品將軍始蕃王功曹、記室、户曹、倉曹、中兵參軍事〔二一五〕，功曹史，北魏。從第二品將軍二蕃王功曹、記室、户曹、倉曹、中兵參軍事〔二一六〕，功曹史，北魏。太子舍人，北魏、北齊、隋。太常、光禄勳、衛尉丞，北魏、北齊。度遼、横海將軍直突都督〔二一七〕，北齊。三等中州治中、別駕從事史〔二一八〕，北齊。三等上州中州功曹、倉曹、中兵參軍事，北齊。三等中州録事參軍事，北齊。踰岷、越障將軍，北齊。直衛副都督，北齊。諸開府主簿、諸曹參軍〔二一九〕，北齊、周。太子直前〔二二〇〕，北齊。太子副直監、太子諸隊主〔二二一〕，北齊、隋。奉朝請，周。軍主，周。冠軍輔國將軍府、正六命州長史、司馬、司録，周。縣令户三千以上者〔二二二〕，周。正七命州呼藥，周。正七命州別駕、正八命州治中〔二二三〕，周。七命郡丞，周。四平將軍，隋。前、後、左、右四將軍，隋。通事舍人，隋、唐。親王文學，隋。帥都督，左右領軍府長史，隋。太子直寢，隋。親王府主簿、府録事參軍，隋。給事，上縣令，隋、唐。冠軍、輔國將軍，隋。直後〔二二四〕，三寺丞，隋。城門直長，隋。太子直齋、典内，親王府功曹、記室、倉户曹等參軍，隋。左右領軍府司馬，隋。下鎮副，隋。王、二王後國令，隋。上柱國嗣王郡王柱國府長史、司馬、諮議參軍〔二二五〕，隋。鹽池總監、同州副總監、隴右副總監，隋。起居郎，唐、宋。尚書諸司員外郎，唐。八寺丞，唐。大理寺丞〔二二六〕，唐。國子助教，唐。城門郎，符寶郎，唐。祕書郎，唐。著作佐郎，唐。侍御醫，唐。諸衛、羽林長史，唐。兩京市令〔二二七〕，唐。下州司馬，唐。左右監門校尉，唐。親勳翊衛旅帥〔二二八〕，親王文學、主簿，唐。記室、録事參軍〔二二九〕，唐。諸率府左右司階，唐。鎮軍兵不滿二萬人司馬〔二三〇〕，唐。奉議郎，唐。振威校尉〔二三一〕，唐。飛騎尉，唐、宋。侍御史，唐、宋。少府、將作、國子監丞，唐。太公廟令，唐。太子内直〔二三二〕、典設、宫門郎，唐。司農寺諸園苑監〔二三三〕，唐。王府校尉，唐。下牧監，唐。宫苑總監副監，唐。互市監〔二三四〕，唐。中牧副監，唐。下府果毅都尉〔二三五〕，唐。通直郎，唐。振威副尉，唐。朝請、朝散、朝奉大夫，宋。尚書左、右司員外郎〔二三六〕，宋。樞密院檢詳諸房文字，宋。右文殿、祕閣修撰，宋。開封少尹〔三七〕，宋。尚書諸司郎中，宋。開封府判官、推官，宋。少府、將作、軍器少監，宋。和安、成和、成安大夫，宋。陵臺令〔三八〕。宋。

校勘記

〔一〕蓋長諸侯爲方伯　「方」原作「分」，據元本、慎本、馮本、局本、周禮大宗伯鄭玄注改。

〔二〕凡王之下大夫四命　「下」字原脱，據周禮大宗伯鄭玄注補。

〔三〕奄寺　通典卷三六職官一八作「庶子」。

〔四〕祧　原作「桃」，據通典卷三六職官一八改。

〔五〕稾等　「稾」原作「槀」，據通典卷三六職官一八改。

〔六〕非二王之後列土諸侯　「土」原作「國」，據通典卷三六職官一八改。

〔七〕又曰齊侯之子者也　「者」，通典卷三六職官一八作「是」。

〔八〕凡次國之君不過七命　「次」原作「大」，據通典卷三六職官一八改。

〔九〕分土之伯　「土」，通典卷三六職官一八作「陝」。

〔一〇〕經曰高子來盟　「經」，禮記曲禮下鄭玄注作「魯春秋」。

〔一一〕將作大匠　「匠」原作「監」，據漢書卷一九上百官公卿表上、通典卷三六職官一八改。

〔一二〕月九十斛　「九」原作「八」，據漢書卷一九上百官公卿表上師古注改。

〔一三〕廷尉左右監　「監」原作「丞」，據漢書卷一九上百官公卿表上改。

〔一四〕月八十斛　原脱，據漢書卷一九上百官公卿表上師古注補。

〔一五〕成帝除八百石秩　「成帝」原作「武帝」，據漢書卷一〇成帝紀改。

〔一六〕月六十斛　「六十」原作「十六」，據局本、通典卷三六職官一八乙正。

〔一七〕光禄謁者掌賓讚受事　按本刊體例，此處不當書職掌，「掌賓讚受事」似應删。

〔一八〕西域都護丞司馬候　按漢書卷一九上百官公卿表上載其下有「戊己校尉丞司馬候」。

〔一九〕月五十斛　「五十」原作「四十五」，據漢書卷一九上百官公卿表上改。

〔二〇〕月四十五斛　原脱，據漢書卷一九上百官公卿表上師古注補。

〔二一〕月十六斛　原脱，據漢書卷一九上百官公卿表上師古注補。

〔二二〕司隸校尉　按後漢書百官志四載：「司隸校尉一人，比二千石。」

〔二三〕皇子封王國御史大夫及諸卿　「子」上原衍「太」字，據後漢書百官志五删。

〔二四〕光禄五官中郎將　「郎」上原衍「都」字，據元本、慎本、馮本、局本、後漢書百官志二删。

〔二五〕太子家令　按通典卷三六職官一八此下有「大長秋中宫僕、太子率更令、太子僕、城門司馬」；又後漢書百官志四載，以上四官皆爲千石。

〔二六〕平城門屯司馬　「平城門」原倒作「城門平」，據後漢書百官志四注引漢官秩乙正。

〔二七〕北軍射聲校尉司馬　「射」上原衍「騎」字，按後漢書百官志四載，北軍中候屬有「射聲校尉司馬」，無「騎校尉司千石」。故補。

馬」，故刪。

〔二八〕皇子封王國郎中令僕 「子」上原衍「太」字，據後漢書百官志五刪。

〔二九〕大將軍軍司馬 原脱一「軍」字，按後漢書百官志五載「大將軍營五部，部校尉一人，比二千石；軍司馬一人，比千石」。故補。

〔三〇〕太常大予樂令 「大予」原作「太子」，據後漢書百官志二、通典卷三六職官一八改。

〔三一〕太常先帝陵每陵園令 「先」原作「前」，「園」上「陵」字脱，據後漢書百官志二、通典卷三六職官一八改補。

〔三二〕太常先帝陵每陵食官令 「每」下「陵」字原作「時」，據後漢書百官志二、通典卷三六職官一八改。

〔三三〕光禄羽林左監 「監」原作「丞」，據元本、慎本、馮本、後漢書百官志二、通典卷三六職官一八改。

〔三四〕注云秩比二千石 「比」字原脱，據後漢書百官志二注引漢官補。

〔三五〕衛尉北宫衛士令 「宫」原作「軍」，據後漢書百官志二、通典卷三六職官一八改。

〔三六〕少府御府令 「御」原作「衛」，據後漢書百官志三改。

〔三七〕少府内者令 「者」上原衍「謁」字，據後漢書百官志三刪。

〔三八〕少府尚書 「書」下原衍「令」字，據後漢書百官志三刪。

〔三九〕大長秋中宫謁者令 「宫」原作「官」，據後漢書百官志四改。下「大長秋中宫尚書」、「大長秋中宫私府令」、「大長秋中宫永巷令」同。

〔四〇〕本注曰四百石 「本注」原倒，據後漢書百官志四乙正。

〔四一〕大長秋中宫黄門冗從僕射 「宫」原作「書」，據後漢書百官志四改。

〔四二〕大長秋中宮署令　原作「大長秋虎賁官騎下中宮官署令」，據後漢書百官志四刪正。

〔四三〕太子食官令　「官」字原脱，據後漢書百官志四補。

〔四四〕護烏桓校尉擁節長史司馬　按後漢書百官志五載「護烏桓校尉一人，比千石」。注引應劭漢官曰「擁節。長史一人，司馬二人，皆六百石」。「擁節」者，似指護烏桓校尉。下「護羌校尉擁節長史司馬」同。

〔四五〕光禄五官中郎　此下原有「又云比三百石」六字注文。按後漢書百官志二曰「五官中郎，比六百石」、「五官郎中，比三百石」。原注乃將「五官郎中」與「五官中郎」舛作一官，故刪。

〔四六〕皇子封王國治書　後漢書百官志五於「治書」下有「大夫，比六百石」。

〔四七〕月五十斛　「五」原作「三」，據元本、馮本、通典卷三六職官一八改。

〔四八〕玉堂署長内署長　「玉堂署長」原脱，據後漢書百官志三補。又上引後漢書「内」作「丙」。

〔四九〕皇子封王國禮樂長　「子」上原衍「太」字，據後漢書百官志五刪。

〔五〇〕醫工長　「工」原作「士」，據後漢書百官志五改。

〔五一〕太尉東西曹掾　「掾」原作「禄」，據後漢書百官志一改。

〔五二〕廩犧令丞　原作「大司農丞」，按後漢書百官志三載，「大司農丞一人，比千石」，又曰「有廩犧令六百石」；注引漢官曰「丞一人，三百石」，據改。

〔五三〕楫擢丞　原作「揖讓擢丞」，按後漢書百官志三注引漢官曰「又有楫擢丞，三百石」，據改。

〔五四〕光禄羽林郎　「郎」下原衍「中」字，據後漢書百官志二刪。

〔五五〕衛尉吏　「吏」原作「史」，按後漢書百官志二注引漢官曰衛尉卿所屬「員吏四十一人，其九人四科，二人二百石」，據改。

〔五六〕太僕文學史　按後漢書百官志二注引漢官曰「員吏七十人，其七人四科，一人二百石，文學八人百石，六人斗食，七人佐，六人騎吏，三人假佐，三十一人學事，一人官醫」。通考疑有誤。

〔五七〕少府文學史　按後漢書百官志三注引漢官曰「員吏三十四人，其一人四科，一人二百石，五人斗(石)〔食〕，三人佐，六人騎吏，十三人學事，一人官醫」。通考疑有誤。

〔五八〕少府苑中丞果丞鴻池丞南園丞　「果丞鴻池丞」原作「右史」，按後漢書百官志三載，「苑中丞、果丞、鴻池丞、南園丞各一人，二百石」，據以補改。

〔五九〕廷尉吏　「吏」原作「史」，據通典卷三六職官一八改。按後漢書百官志二注引漢官曰「員吏四十人，其十一人四科，十六人二百石廷(史)〔吏〕，文學十六人百石，十三人獄吏，二十七人佐，二十六人騎吏，三十人假佐，一人官醫」。

〔六〇〕鴻臚吏　「吏」原作「史」，據通典卷三六職官一八改。按後漢書百官志二注引漢官曰「員吏五十五人，其六人四科，二人二百石，文學六人百石，一人斗食，十四人佐，六人騎吏，十五人學事，五人官醫」。

〔六一〕宗正吏一人二百石　「吏」原作「史」，據元本、慎本、馮本、通典卷三六職官一八改。「二」原作「三」，據上引通典改。按後漢書百官志三注引漢官曰「員吏四十一人，其六人四科，一人二百石，四人百石，三人佐，六人騎吏，二人法家，十八人學事，一人官醫」。

〔六二〕大司農吏　「吏」原作「直丞」，據通典卷三六職官一八改。

〔六三〕執金吾吏　「吏」原作「史」，據通典卷三六職官一八改。

〔六四〕河南尹員吏　「吏」原作「外」，據後漢書百官志五注引漢官改。

〔六五〕太常太祝吏　原脱，按後漢書百官志二「太祝令一人六百石」下注引漢官曰「員吏四十一人，其二人百石」，據補。

〔六六〕太常太宰吏　「宰」原作「史」，按後漢書百官志二「太宰令一人六百石」下注引漢官曰「員吏四十二人，其二人百石」，據改。

〔六七〕光禄吏　「吏」原作「員外」，按後漢書百官志二載，「光禄勳卿一人中二千石」下注引漢官曰「員吏四十四人，其十人四科，三人百石」，據改。

〔六八〕太僕文學吏　「文學」二字原脱，按後漢書百官志二載，「太僕卿一人中二千石」下注引漢官曰「員吏七十人，其七人四科，一人二百石，文學八人百石」，據補。

〔六九〕兵曹從事　「兵」原作「岳」，據元本、慎本、馮本、後漢書百官志四改。

〔七〇〕河南尹百石卒史　「百石卒」原作「公右平」，據後漢書百官志五注引漢官改。

〔七一〕雒陽員吏　「吏」原作「外」，據後漢書百官志五注引漢官改。

〔七二〕鄉有秩三老　按後漢書百官志五曰「有秩郡所署，秩百石」，未言三老之秩。

〔七三〕斗食　「食」原作「石」，據後漢書百官志五、通典卷三六職官一八改。

〔七四〕内外諸司職掌人　「司」，通典卷三六職官一八作「色」。

〔七五〕書佐　原作「職佐」，據通典卷三六職官一八改。又按後漢書百官志五曰「閤下及諸曹各有書佐」。

〔七六〕亭長　「長」字原脱，據後漢書百官志五、通典卷三六職官一八補。

〔七七〕其内有里魁　通典卷三六職官一八「内」作「鄉」。後漢書百官志五曰「里有里魁」。

〔七八〕諸將軍左右光禄開府儀同三司　按周書卷二四盧辯傳作「驃騎車騎等大將軍開府儀同三司」。北史卷三〇盧同傳則作「驃騎大將軍開府儀同三司」、「車騎大將軍儀同三司」，通典卷三九職官二一同。舊唐書卷四二職官志一作「開府儀同三司」、「驃騎大將軍」，通典卷四〇職官二二同。宋史卷一六八職官志八作「開府儀同三司」。

〔七九〕儀同三司　通典卷三八職官二〇同。按隋書卷二七百官志中叙北齊官時列爲第二品，疑通考承通典誤。又通考下文二品中「儀同三司」下注「北齊」。

〔八〇〕諸四征四鎮　按宋書卷四〇百官志下無此官，通典卷三七職官一九載宋二品官亦同。魏書卷一一三官氏志載二品官中無「四鎮」將軍，通典卷三八職官二〇亦同。隋書卷二七百官志中載北齊二品官中無「四鎮」將軍，通典卷三八職官二〇亦同。周書卷四〇盧辯傳、北史卷三〇盧同傳載正八命官中無此官，通典卷三九職官二一亦同。

〔八一〕尚書左右僕射　「僕」原作「儀」，據隋書卷二六百官志上、卷二七百官志中、卷二八百官志下、舊唐書卷四二職官志一改。

〔八二〕領護軍將軍　上「軍」字原脱，據隋書卷二六百官志上補。

〔八三〕中軍鎮軍撫軍將軍　「鎮」原作「領」，據魏書卷一一三官氏志、周書卷二四盧辯傳、通典卷三九職官二一改。

〔八四〕儀同三司　按隋書卷二七百官志中、通典卷三八職官二〇已將此官列入二品，通考上文「二品」中亦已列入。

〔八五〕上大將軍　「上」字原脱，據隋書卷二八百官志下補。

〔八六〕行臺尚書僕射　「射」字原脱，據隋書卷二八百官志下補。

〔八七〕光禄大夫唐　按慶元條法事類卷四官品令載從二品中有「光禄大夫」，通考「唐」下則應補「宋」字。

〔八八〕陳北齊令　按魏書卷一一三官氏志載三品官中有「中書令」，則通考「北齊」前應補「北魏」二字。

〔八九〕劉宋　「劉」字原脱，按宋代無「龍驤征虜將軍」，而宋書卷四〇百官志下有「諸征鎮至龍驤將軍」爲第三品，據補。

〔九〇〕吏部尚書梁　按隋書卷二六百官志上載陳三品，卷二八載後齊三品官，魏書卷一一三官氏志載北魏三品官，隋書卷二八載隋正三品官，舊唐書卷四二職官志一載唐正三品中皆有「吏部尚書」，通典卷三八職官二〇、卷三九職官二一、卷四〇職官二二所載亦同。通考「梁」下脱書「陳北齊北魏隋唐」。

〔九一〕南徐東揚州刺史隋　據隋書卷二六百官志上、通典卷三八職官二〇載陳三品官中有「南徐東揚州刺史」，則通考脱書「陳」。而隋書卷二八百官志下載隋三品官中作「上州刺史」。

〔九二〕司録　原作「司禄」，據周書卷二四盧辯傳、北史卷三〇盧同傳、通典卷三九職官二一改。

〔九三〕内史令　原倒作「内令史」，據隋書卷二八百官志下乙正。

〔九四〕太子賓客　「太子」原作「左右」，據舊唐書卷四二職官志一、通典卷四〇職官二二改。

〔九五〕左右驍衛武衛　原作「左右驍騎」，據舊唐書卷四二職官志一、卷四四職官志三、新唐書卷四九上百官志四上、唐六典卷二四補改。

〔九六〕太子左右衛率　「率」原作「軍」，據魏書卷一一三官氏志、隋書卷二七百官志中改。

〔九七〕護羌戎夷蠻越校尉　「越」字原脱，據魏書卷一一三官氏志、通典卷三八職官二〇補。

〔九八〕中侍中　原作「中侍郎」，據隋書卷二七百官志中改。

〔九九〕護匈奴羌戎蠻越夷校尉　「越」字原脱，據隋書卷二七百官志中補。

〔一〇〇〕郡守萬五千户以上者　「户」字原脱，據周書卷二四盧辯傳、北史卷三〇盧同傳、通典卷三九職官二一補。

〔一〇一〕諸衛羽林千牛將軍　按宋史卷一六八職官志八、慶元條法事類卷四官品令作「諸衛上將軍」。

〔一〇二〕龍圖天章寶文顯謨徽猷敷文閣直學士　「直」字原脱，據宋史卷一六八職官志八、慶元條法事類卷四官品令補。又上引慶元條法事類尚有「焕章、華文閣直學士」爲從三品。

〔一〇三〕諸鄉侯　「鄉」原作「卿」，據宋書卷四〇百官志下、通典卷三六職官一八改。

〔一〇四〕太中大夫　「中」原作「子」，據隋書卷二六百官志上、通典卷三八職官二〇改。

〔一〇五〕鎮遠安遠平遠建義建忠建節等將軍　按隋書卷二七百官志中載北齊四品官中有「鎮遠安遠將軍」、「建忠建節將軍」，通典卷三八職官二〇所載亦同。周書卷二四盧辯傳載周正六命官中有「鎮遠建忠等將軍」，北史卷三〇盧同傳無「等」字，餘同盧辯傳，通典卷三九職官二一同上引北史。

〔一〇六〕立義立忠立節恢武勇武曜武昭武等將軍　按魏書卷一一三官氏志「昭武」下有「顯武將軍」。

〔一〇七〕司徒諮議參軍　按下文從四品中有「二大二公諮議參軍北魏北齊」，「二公」者指太尉、司徒，不當另出司徒諮議參軍，且高於二大和太尉之諮議參軍。此處存疑。

〔一〇八〕三等鎮將　「將」下原衍「軍」字，據隋書卷二七百官志中删。

〔一〇九〕小司徒宗伯司馬司寇司空等上大夫　「上」前原衍「以」字，據通典卷三九職官二一删。

〔一一〇〕子　通典卷三九職官二一其下有小字注「爵」字。

〔一一〕諮議大夫　「諮議」，周書卷二四盧辯傳、北史卷三〇盧同傳作「誠議」。

〔一二〕郡守萬户以上者　周書卷二四盧辯傳其下有「大呼藥」。

〔一三〕太子少詹事　「少」字原脱，據舊唐書卷四二職官志一、唐六典卷二六補。

〔一四〕左右監門率府率　按舊唐書卷四二職官志一、唐六典卷二八此上有「左右内率」。

〔一五〕尚書吏部郎　「郎」字原脱，據隋書卷二六百官志上補。

〔一六〕祕書監　「監」原作「郎」，據隋書卷二六百官志上改。

〔一七〕太子左右二衛率　「二衛率」原作「衛將軍」，據隋書卷二六百官志上改。

〔一八〕左右驍騎游擊　「騎游」二字原脱，據隋書卷二六百官志上補。

〔一九〕太中大夫　「中」原作「子」，據隋書卷二六百官志上改。

〔二〇〕皇弟皇子師　下「皇」字原脱，「師」原作「帥」，據隋書卷二六百官志上、通典卷三七職官一九改。

〔二一〕司州别駕從事史　「事」原作「軍」，據魏書卷一一三官氏志、通典卷三八職官二〇改。

〔二二〕司空北魏皇子諮議參軍事　按魏書卷一一三官氏志載「司空」爲一品官，「司空、皇子諮議參軍事」爲「從第四品」，則應删「北魏」二字。

〔二三〕從一品將軍北魏開府諮議參軍事　按魏書卷一一三官氏志載「從一品開府諮議參軍事」爲從第四品官，則應删「北魏」二字。

〔二四〕開國子　按魏書卷一一三官氏志、通典卷三八職官二〇作「散子」。隋書卷二七百官志中載北齊從四品官作「散縣子」，通典卷三八職官二〇亦同。

〔二五〕左右備身正都督　「都督」原作「督軍」，據隋書卷二七百官志中改。

〔二六〕太子騎官及内直備身正都督　「正」字原脱，據隋書卷二七百官志中補。

〔二七〕大呼藥　周書卷二四盧辯傳「大」作「小」，將大呼藥列爲「正六命」。

〔二八〕内侍　「内」原作「四」，據隋書卷二八百官志下、通典卷三九職官二一、舊唐書卷四二職官志一、通典卷四〇職官二二改。

〔二九〕雍州贊治　通典卷三九職官二一同，隋書卷二八百官志下「治」作「務」。

〔三〇〕行臺尚書左右丞　「左」字原脱，據隋書卷二八百官志下補。

〔三一〕八寺少卿　「卿」原作「監」，據舊唐書卷四二職官志一、通典卷四〇職官二二改。

〔三二〕大都護府親王府長史　「大」原作「上」，「親王府」三字原脱，據舊唐書卷四二職官志一改補。

〔三三〕輕車都尉唐　按宋史卷一六八職官志八、慶元條法事類卷四官品令載「輕車都尉」爲從四品，則「唐」下應補「宋」字。

〔三四〕少府少監將作少匠　原作「少府將作少監」，據舊唐書卷四二職官志一、通典卷四〇職官二二乙補。

〔三五〕中府折衝都尉　「府」原作「州」，據舊唐書卷四二職官志一、通典卷四〇職官二二改。

〔三六〕敷文閣待制　宋史卷一六八職官志八同，慶元條法事類卷四官品令其下有「煥章、華文閣待制」。

〔三七〕七寺卿　「寺」原作「郎」，據宋史卷一六八職官志八、慶元條法事類卷四官品令改。

〔三八〕太子庶子魏晉陳　按宋書卷四〇百官志下第五品官中載劉宋亦有「太子庶子」，則應在「陳」上補「劉宋」二字。

〔一三九〕鷹揚折衝輕車虎烈宣威威遠懷遠伏波虎威凌江等將軍　通典卷三六職官一八載魏五品官、卷三七職官一九載晉五品官，「懷」皆作「寧」。宋書卷四〇百官志下簡作「鷹揚至凌江將軍」，通典卷三七職官一九載劉宋五品官亦同。

〔一四〇〕騎督　按通典卷三七職官一九載晉五品官中亦有「騎督」。

〔一四一〕太僕大匠卿　「卿」字原脱，據隋書卷二六百官志上補。

〔一四二〕祕書丞　「丞」上原衍「監」字，據隋書卷二六百官志上、卷二七百官志中、卷二八百官志下及魏書卷一一三官氏志删。

〔一四三〕豫益廣衡青冀北兖北徐梁南秦司南梁交越桂霍寧等十五州刺史　「寧」字原脱，據隋書卷二六百官志上補。按隋書卷二六百官志上載「青州領冀州」，「梁州領南秦州」。通典卷三八職官二〇載「青州領冀州、北兖北徐等州，梁州領南秦州」。

〔一四四〕開國縣子　通典卷三八職官二〇載陳五品官同，隋書卷二六百官志上無「縣」字。按舊唐書卷四二職官志一、通典卷四〇職官二二作「開國子」。

〔一四五〕二大二公從事中郎　按隋書卷二七百官志中、通典卷三八職官二〇載北齊五品官中，皆作「三公府從事中郎」。

〔一四六〕第三品將軍始蕃王諮議參軍　魏書卷一一三官氏志「三」作「二」。

〔一四七〕廣德弘義將軍　「義」原作「乂」，據隋書卷二七百官志中改。

〔一四八〕直入直衛正都督　「正」上原衍「正衛」二字，「督」原作「尉」，據隋書卷二七百官志中删改。

〔一四九〕領護府長史司馬 「府」原作「軍」，據隋書卷二七百官志中改。

〔一五〇〕御伯 原作「卿伯」，據通典卷三九職官二一改。又上引通典其上有「御正」二字。

〔一五一〕地官鄉伯 「鄉」原作「卿」，據通典卷三九職官二一改。

〔一五二〕太子左右監門副率 按舊唐書卷四二職官志一、通典卷四〇職官二二將此官列入「從四品上」。

〔一五三〕上州長史 「長」原作「刺」，據隋書卷二八百官志下改。

〔一五四〕同州總管 隋書卷二八百官志下「總管」作「總監」，且列爲「視從五品」。

〔一五五〕隴右牧總監 隋書卷二八百官志下載此官作「視從五品」。

〔一五六〕奉先縣令 舊唐書卷四二職官志一「縣」上有「會昌」二字。

〔一五七〕馬步軍都指揮副都指揮使 下「都」字原脱，據宋史卷一六八職官志八、慶元條法事類卷四官品令補。

〔一五八〕正侍 原作「三侍」，據局本、宋史卷一六八職官志八、慶元條法事類卷四官品令改。

〔一五九〕庶姓公府及左右前後四軍府長史司馬 按隋書卷二六職官志上載梁九班中，未見「左右前後四軍長史」，通典卷三七職官一九亦同。

〔一六〇〕伏波凌江平漢將軍 隋書卷二七百官志中、通典卷三八職官二〇載北齊從五品官無「平漢將軍」。通典卷三九職官二一載後周五命官中無「凌江平漢將軍」，北史卷三〇盧同傳亦同。周書卷二四盧辯傳作「伏波等將軍」。

〔一六一〕第三品將軍三蕃王長史 「三品」原作「二品」，據魏書卷一一三官氏志、通典卷三八職官二〇改。

〔一六二〕通直散騎侍郎 「侍郎」原作「常侍」，據魏書卷一一三官氏志、隋書卷二七百官志中、卷二八百官志下、通典卷三八職官二〇及卷三九職官二一改。

〔一六三〕太子騎官左右備身刀劍備身内直備身副都督　「官」、「刀劍」下「備身」原脱，據隋書卷二七百官志中補。

〔一六四〕中尚藥中尚食典御　下「中」字原脱，據隋書卷二七百官志中補。

〔一六五〕輕車樓船將軍北齊周隋　「車」原作「騎」，據隋書卷二七百官志中、周書卷二四盧辯傳、北史卷三〇盧同傳改。按上引周書作「輕車等將軍」，上引北史無「等」字，餘同。通典卷三九職官二一載隋從五品官中，未見「輕車樓船將軍」。

〔一六六〕清都郡丞　「都」原作「堂」，據隋書卷二七百官志中、通典卷三八職官二〇改。

〔一六七〕崇聖歸義歸正歸命歸德侯　「歸正」原脱「歸」字，據隋書卷二七百官志中、通典卷三八職官二〇補。

〔一六八〕開國鄉男北齊隋宋　「鄉」原作「卿」，據隋書卷二七百官志中改。按隋書卷二八百官志下、通典卷三九職官二一載隋從五品官中，未見此官。宋史卷一六八職官志八作「開國男」。

〔一六九〕郡守户不滿一千以下　「千以下」原作「千石以上」，據周書卷二四盧辯傳、北史卷三〇盧同傳删改。

〔一七〇〕四征中鎮撫軍將軍府正七命州長史司馬　「鎮」、「府」字原脱，據周書卷二四盧辯傳、北史卷三〇盧同傳、通典卷三九職官二一補。又上引周書、北史「司馬」下有「司録」。

〔一七一〕中州長史　「長史」原作「刺史」，據隋書卷二八百官志下、通典卷三九職官二一改。

〔一七二〕尚衣　「衣」原作「依」，據舊唐書卷四二職官志一、新唐書卷四七百官志二、通典卷四〇職官二二改。

〔一七三〕下都督府上州長史　「長史」原作「刺史」，據舊唐書卷四二職官志一、卷四四職官志三、新唐書卷四九下百官志四下、通典卷四〇職官二二改。

〔一七四〕武散　按舊唐書卷四二職官志一及通典卷四〇職官二二，在「游擊將軍」下注「武散官」字。疑通考將注文丼入正文。

〔一七五〕太常丞太史令　「丞」字原脱而「令」作「丞」，據舊唐書卷四二職官志一補改。

〔一七六〕樞密都承旨　「旨」字原脱，據宋史卷一六八職官志八、慶元條法事類卷四官品令補。

〔一七七〕著作丞郎　隋書卷二六百官志上、通典卷三八職官二〇載陳六品官中作「著作郎」。

〔一七八〕部曹侍御史　「御」原作「郎」，據通典卷三六職官一八改。

〔一七九〕廷尉正監平魏晉劉宋陳　按隋書卷二六百官志上載陳六品官中無此官，通典卷三八職官二〇亦同。

〔一八〇〕太子常從賁督司馬　按通典卷三六職官一八載魏六品中作「太子常從虎賁督司馬督」，卷三七職官一九載晉六品官中作「太子司馬典、太子常從虎賁督」。

〔一八一〕黄門冗從僕射　按魏書卷一一三官氏志載北魏六品官、隋書卷二七百官志中載北齊六品官中無「黄門」二字。

〔一八二〕諸關内名號侯　「關」原作「闕」，據通典卷三六職官一八改。

〔一八三〕督守殿中將軍　「督」原作「都」，據通典卷三七職官一九改。

〔一八四〕散騎侍郎　「侍郎」原作「常侍」，據隋書卷二六百官志上改。按隋書卷二六百官志上載陳六品官中作「通直散騎侍郎」，通典卷三八職官二〇亦同。

〔一八五〕皇弟皇子公府掾屬庶子府長史　下「府」字原脱，據隋書卷二六百官志上補。又上引隋書「長史」下有「司馬」。

〔一八六〕嗣王庶姓公府諮議　隋書卷二六百官志上載陳六品官中「諮議」下有「參軍」二字，通典卷三八職官二〇亦同。

〔一八七〕庶姓持節府長史司馬　隋書卷二六百官志上載陳六品官中「持節」作「公府」，通典卷三八職官二〇亦同。

〔一八八〕板府中録事參軍　按隋書卷二六百官志上「板」上有「皇弟皇子府中録事參軍」，通典卷三八職官二〇亦同，應補。

〔一八九〕直兵參軍　按隋書卷二六百官志上、通典卷三八職官二〇「直」上有「版中記室參軍中直兵參軍版中」十三字。

〔一九〇〕從三品將軍長史　「史」字原脱，據魏書卷一一三官氏志、通典卷三八職官二〇補。

〔一九一〕皇子郎中令　「子」上原衍「太」字，據魏書卷一一三官氏志、隋書卷二七百官志中删。

〔一九二〕司空皇子録事參軍事　「參軍事」原脱，據魏書卷一一三官氏志補。

〔一九三〕皇太子文學　按魏書卷一一三官氏志載北魏六品官、隋書卷二七百官志中載北齊六品官中皆作「皇子文學」，唯唐六品中有「太子文學」（見舊唐書卷四二職官志一、通典卷四〇職官志二二）。

〔一九四〕治書侍御史　按此官見於魏書卷一一三官氏志六品官中。隋書卷二七百官志中載北齊「治書侍御史」在「從五品」中。唐無此官。

〔一九五〕諮議參軍事　按魏書卷一一三官氏志載北魏六品官中無此官，隋書卷二七百官志中載北齊六品官、舊唐書卷四二職官志一及通典卷四〇職官志二二載唐六品官中皆未見。

〔一九六〕治書侍御史　此爲北魏六品官，而非北齊六品官。見校記〔一九四〕。

〔一九七〕上縣令　魏書卷一一三官氏志「令」下有「相」字，隋書卷二七百官志中載北齊六品官「上」前有「三等」二字。

〔一九八〕三等鎮長史　通典卷三八職官二〇同，隋書卷二七百官志中「長」上有「守」字。

〔一九九〕治中從事史　「中」原作「書」，據隋書卷二七百官志中、通典卷三八職官二〇改。

〔二〇〇〕太子内直監　「子」原作「上」，據隋書卷二七百官志中、通典卷三八職官二〇改。又上引隋書載隋正六品中有此官，則其下小字注文「北齊」後應補「隋」字。

〔二〇二〕天官小宗師　「師」原作「伯」，據通典卷三九職官二一改。

〔二〇三〕地官小鄉伯鄉大夫每鄉小遂伯遂大夫　「鄉」原作「卿」，據通典卷三九職官二一改。

〔二〇三〕春官小守廟　「小」原作「少」，據通典卷三九職官二一改。

〔二〇四〕四平前後左右將軍府七命州長史司馬司録　「司録」原作「録事」，據周書卷二四盧辯傳改。又北史卷三〇盧同傳「四平前後左右」作「四征中鎮撫」。

〔二〇五〕下鎮將中鎮副　「中」原作「軍」，據隋書卷二八百官志下、通典卷三九職官二一改。

〔二〇六〕昭武校尉　「武」原作「文」，據舊唐書卷四二職官志一、通典卷四〇職官志二二改。

〔二〇七〕諸衛左右司階　「衛」原作「尉」，據舊唐書卷四二職官志一、通典卷四〇職官志二二改。

〔二〇八〕樞密承旨副承旨　慶元條法事類卷四官品令「副」下有「都」字。

〔二〇九〕南徐州中從事　「中」字原脱，據隋書卷二六百官志上、通典卷三七職官一九補。

〔二一〇〕中記室中直兵參軍　按隋書卷二六百官志上載此官於「皇弟皇子之庶子府中録事」後，似謂「皇弟皇子之庶子府」之屬官。

〔二一一〕二大二公諸曹參軍事　「參」上原衍「行」字，據魏書卷一一三官氏志删。隋書卷二七百官志中載北齊從六品中作「三公府列曹參軍事」。

〔二一二〕從第二品將軍始蕃王録事參軍事　「二」原作「三」，據魏書卷一一三官氏志改。

〔二一三〕司空皇子諸曹參軍事　「司空」原舛在小字注文「北魏」上、「參」上原衍「行」字，據魏書卷一一三官氏志删正。

〔二一四〕從一品將軍開府主簿諸曹參軍事　「從」原作「正」，據魏書卷一一三官氏志改。

〔二五〕第二品將軍始蕃王功曹記室户曹倉曹中兵參軍事　「品」字原脱，據魏書卷一一三官氏志補。

〔二六〕從第二品將軍二蕃王功曹記室户曹倉曹中兵參軍事　「從」字原脱，據魏書卷一一三官氏志、通典卷三八職官二〇補。

〔二七〕度遼横海將軍直突都督　「將軍」原舛在「直突」下，「都督」二字原脱，據隋書卷二七百官志中乙補。

〔二八〕三等中州治中别駕從事史　隋書卷二七百官志中無「治中」二字。

〔二九〕諸開府主簿諸曹參軍　「參」上原衍「行」字，據隋書卷二七百官志中、周書卷二四盧辯傳、通典卷三九職官二一删。

〔三〇〕太子直前　其下原衍「太子嗣直監」，據隋書卷二七百官志中删。

〔三一〕太子諸隊主　按隋書卷二八百官志下、通典卷三九職官二一載隋從六品官中皆未見此官。

〔三二〕縣令户三千以上者　通典卷三九職官二一同。周書卷二四盧辯傳、北史卷三〇盧同傳「三」作「二」。

〔三三〕正七命州别駕正八命州治中　原作「正七命州治中别駕」，據周書卷二四盧辯傳、通典卷三九職官二一乙補。北史卷三〇盧同傳「治中」作「中從事」。

〔三四〕直後　原倒作「後直」，據隋書卷二八百官志下乙正。

〔三五〕上柱國嗣王郡王柱國府長史司馬諮議參軍　下「柱」字及「司馬」原脱，據隋書卷二八百官志下補。

〔三六〕大理寺丞　按舊唐書卷四二職官志一、通典卷四〇職官二二作「大理司直」。兩官皆是從六品。

〔三七〕兩京市令　通典卷四〇職官二二同，舊唐書卷四二職官志一「令」上有「署」字。

〔三八〕親勳翊衛旅帥　「勳」原作「軍」，據舊唐書卷四二職官志一、通典卷四〇職官二二改。「帥」原作「師」，據上引舊唐書改。

〔二九〕記室録事參軍　按舊唐書卷四二職官志一載作「親王文學主簿記室録事參軍」，通典卷四〇職官二二所載略同。故此官應接上文「親王文學主簿」後，删去間隔兩者之「唐」字注文。

〔三〇〕鎮軍兵不滿二萬人司馬　「兵」字原脱，據舊唐書卷四二職官志一、通典卷四〇職官二二補。

〔三一〕振威校尉　「振」原作「旅」，據舊唐書卷四二職官志一、新唐書卷四六百官志一改，下「振威副尉」同。

〔三二〕太子内直　「直」原作「舍」，據舊唐書卷四二職官志一、卷四四職官志三、通典卷四〇職官二二改。

〔三三〕司農寺諸園苑監　通典卷四〇職官二二同，舊唐書卷四二職官志一此下有「沙苑監」。

〔三四〕互市監　「互」原作「牙」，據舊唐書卷四二職官志一改。又舊唐書卷四四職官志三載「諸互市監各一人，從六品下」。

〔三五〕下府果毅都尉　「都」原作「校」，據舊唐書卷四二職官志一、通典卷四〇職官二二改。

〔三六〕尚書左右司員外郎　按宋史卷一六八職官八、慶元條法事類卷四官品令，其上有「起居舍人」。

〔三七〕開封少尹　「封」原作「府」，據元本、慎本、馮本、宋史卷一六八職官八、慶元條法事類卷四官品令改。

〔三八〕陵臺令　「陵」原作「靈」，據宋史卷一六八職官八、慶元條法事類卷四官品令改。

卷六十七　職官考二十一

官品

七品　正七品　六班　正三命：

期門郎，魏。諸國公謁者，魏。殿中監，魏、晉、劉宋。諸卿尹丞，魏、晉、劉宋。諸獄丞，魏、晉。太子保傅丞，魏、晉、劉宋。詹事丞，魏、晉、劉宋。諸軍長史、司馬秩六百石者，魏、晉、劉宋。護羌戎蠻夷越烏桓校尉長史、司馬〔一〕，魏、晉、劉宋。門下督，魏。諸軍、諸大將軍正行參軍〔二〕，魏、劉宋。諸持節督正行參軍，魏。二品將軍正行參軍，魏。中書通事舍人，魏、晉。尚書曹典事，魏、晉。中書佐、著作〔三〕，魏、梁、陳。太子洗馬，魏、晉、劉宋、梁。北軍候丞〔四〕，魏、晉。城門、五營校尉司馬，魏、晉。宜禾伊吾都尉，魏、晉。度支都尉，魏。典農都尉，魏。諸封公保、傅、相、郎中令及中尉、大農，魏、晉。監淮海津都尉〔五〕，魏、晉。諸國文學，魏。太子食官令、舍人，魏、晉、劉宋。單于率正，魏。都水參軍，魏。諸縣令、相秩六百石以上者，魏。左右都尉，魏、晉。武衛左右衛長史、司馬，魏。京城門候，魏、晉。諸門候副、散牙門將，魏。部曲督，魏。殿中中郎將校尉，魏。尚藥、尚食監，魏、晉。太官食監，中署監，魏。南北軍監，魏。中廷、禁防御史，魏。小黃門諸署長、僕、謁者，魏、晉。藥長，寺人監，魏、晉。靈芝園監，魏。黃門署丞，中黃門，魏。太中、中散、諫議三大夫〔六〕，議郎，魏、晉。太廟令，魏。三臺五都侍御史，魏。諸公府掾屬，魏、劉宋。諸府記室，魏。督主督受除遣者，魏。符璽郎、門下郎，魏。中書主事、通事，魏。散騎、集書，魏。符節御史，晉。公主及諸國丞、萬户以上典書令及家令，晉〔七〕。黄沙典事，晉。護匈奴中郎將，晉。黄門中郎將、校尉、都督，晉。諸縣置令六百石者，晉、劉宋。閶闔門司馬，晉。副牙門將，晉。中黄門，晉。部曲部督，殿中中黄門尉、都尉，晉。黄門諸署丞、長史，晉。關外侯，晉。通直散騎侍郎〔八〕，梁、陳、北魏、北齊、隋。司徒主簿，梁、陳。尚書侍郎，梁。皇弟、皇子府功曹史，梁。五經博士，梁。皇弟皇子府録事、記室、中兵參軍，荆江雍郢南兖五州别駕〔九〕，梁。嗣王庶姓公府掾屬，南臺治書侍御史，梁、陳。領護軍長史、司馬〔一〇〕，梁。廷尉三官，梁。謁者僕射，梁、陳。太子門大夫，庶姓府諮議，梁。給事中，陳。嗣王府庶姓公府中録事、中記室、中直兵參軍，梁。奉車、駙馬、騎都尉，陳。武賁中郎將，陳。羽林監，陳。冗從僕射，陳。南臺治書侍御史，陳〔一一〕。領護軍長史、司馬，陳〔一二〕。太子舍人、門大夫、旅賁中郎將〔一三〕、冗從僕射，陳。皇弟皇子府録事記室中兵等參軍、版録事記室中兵等參軍〔一四〕、文學，陳。廷尉正、監、平，陳。功曹史、主簿〔一五〕，陳。太子二傅丞，陳。公府祭酒，陳、北齊。蕃王府諮議參軍、長史、司馬，陳。庶姓持節府諮議參軍、長史、司馬，陳。庶姓非公不持節府將軍署長史〔一六〕，陳。建康令、正、監、平，陳。嗣王府、皇弟皇子之庶子，及庶姓公府中録事、中記室、中直兵參軍〔一七〕，陳。不滿萬户太守、内史、相，陳。丹陽、會稽、吴郡、吴興及萬户郡丞，陳。湯沐食侯〔一八〕，陳。威烈、威虜、威戎、威武將軍，北魏、周〔一九〕。四品正從將軍長史、司馬，北魏。二大、二公開府祭酒〔二〇〕，北魏。三品將軍、三蕃王録事參軍，北魏。司空、皇子之開府祭酒，北魏。王公國郎中令，北魏〔二一〕。武烈、武毅〔二二〕、武奮將軍，北魏。司空、皇子參軍事及諸曹行參軍，北魏。積弩、積射將軍，北魏、北齊。三品將軍始蕃王主簿、諸曹行參軍事，北魏。從三品將軍録事參軍事，北魏。二衛司馬，北魏、北齊。討寇、討虜、討難、討夷將軍〔二三〕，北魏、周。從三品將軍功曹、户曹、倉曹、中兵參軍〔二四〕，北魏。詹事丞，北魏、北齊。六卿丞〔二五〕，北魏、北齊。祕書郎中、著作佐郎，北魏、隋、北齊。中縣令、相，北魏。戎昭、武毅將軍，北齊。勳武前鋒正都督、翊衛副都督〔二六〕，北齊。四中府録事參軍事，北齊。三等下州別駕從事史、録事參軍事，北齊。王公國郎中令，北齊。三等上州府主簿、諸曹參軍事，北齊。皇子中尉，北齊。三公府參軍事及諸曹行參軍，北齊。雄烈、恢猛將軍，北齊。諸開府東西閤祭酒及參軍事，北齊。諸曹行參軍，北齊。三等下州功曹、倉曹、中兵參軍事，北齊。左右備身五職，北齊。三等上州主簿、諸曹參軍事〔二七〕，北齊。四中府功曹、倉曹、中兵參軍，北齊。三等鎮録事參軍，北齊。太子侍醫、騎尉，北齊。太子騎官備身五職，北齊。三等中郡丞，北齊。三等中縣令，北齊。天官司會、小宗師、宗正、小右宫伯、右中侍、小御正、主寢、御伯、掌式〔二八〕、小膳部、内膳、外膳、小醫、醫正、瘍醫、太府、玉府、内府、外府、左府、右府、縫工、染工、小計部、掌納、掌出、司内奄等上士〔二九〕，周。地官民部吏、小鄉伯、鄉正、州長、每州小遂伯、遂正、小稍伯、稍正、小縣伯、縣正、小畿伯、畿正、小載師、司農、司均、司賦、司役、小師氏、保氏、司諫、司救、司媒、小司倉、小司門、小司市、小虞部等上士，周。春官禮部、小守廟、小典祀、司郊、掌次、小内史、著作、小典命、司寂、小史、馮相、保章、小司樂、太學助教、小學博士、樂師、小卜、小祝、小司車路、守陵等上士，周。夏官軍司馬、小職方、小吏部、司士、司勳、司録、小右武伯、右虎賁率、右旅賁率、右射聲率、右驍騎率、右羽林率、右游擊率、小兵部、武環率、武候率、司固、道馭、田馭、小司右、賓右、道右、田右、小司射、司仗、小田駕部、左廐、右廐、典牝、典牡、獸醫等上士，周。秋官司憲、小刑部、司剌、鄉法、遂法、稍法、縣法、畿法、方憲、小掌朝、掌察、小布憲、小蕃部、小掌交、司匡、小賓部、司儀、東南西北掌客、小司要、小田正、小司隸等上士，周。冬官工部、小匠師、内匠、外匠、掌材、小司木、小司土、小司金〔三〇〕、鍛工、函工、小司水、典壅、小司玉、小司皮、小司色、小司織、小司卉等上士〔三一〕，周。侯伯之孤、卿，公之大夫，周。左、右員外侍郎，周。幢主，周。儀同府、正八命州列曹參軍，周。柱國大將軍參軍〔三二〕，周。縣令户五百以上者，周。鎮遠建忠中堅寧朔將軍府長史、司馬，周。七命州呼藥，周。正六命州別駕、郡丞，正七命治中，周。鎮遠、安遠將軍，隋。御醫，隋。左右衛武衛武候府長史、司馬，隋。親衛、親王府諸曹參軍事，隋。領左右府長史、司馬，隋。建威、寧朔將軍，隋。太子千牛備身、備身左右，隋。尚食、尚藥直長，隋。左右監門直長，隋。上戍主，隋。太子通事舍人、典膳監、藥藏監、齋帥〔三三〕，隋。嗣王文學，隋。上大將軍大將軍府長史、司馬，隋。上柱國、嗣王、郡王、柱國府掾屬，隋。公國令，隋。王二王後大農尉、典衛，隋。四門博士，唐。詹事司直〔三四〕，唐。左右千牛衛長史，唐。太子左右衛、司禦、清道率府長史，唐。軍器監丞，唐。太子千牛〔三五〕，唐。諸州中縣令，唐。親、勳、翊衛隊正〔三六〕，唐。中鎮將，唐。親王府諸曹參軍，唐。親衛，唐。朝請郎，唐。致果校尉，唐。雲騎尉，唐、宋。尚衣、尚舍、尚乘、尚輦直長，唐。太子通事舍人，唐。内寺伯〔三七〕，唐。京兆河南太原府、大都督、大都護府諸曹參軍〔三八〕，唐。中都督、上都護府録事參軍，唐。

諸倉、諸冶、司竹、温湯監，唐。上府別將、長史，上鎮副，下鎮將，下牧副監，唐。諸衛左右中候，唐。宣德郎，唐。致果副尉，唐。朝請、朝散、朝奉郎，宋。殿中侍御史，宋。左、右司諫，宋。尚書諸司員外郎，宋。侍講，宋。直龍圖、天章、寶文閣，宋。開封府司録、參軍事，宋。樞密副承旨〔三九〕，樞密院諸房副承旨，宋。武功至武翼大夫，宋。成全、平和、保安大夫，宋。翰林良醫，宋。太子侍讀、侍講，宋。兩赤縣令。宋。

從七品　五班　三命：

皇弟皇子文學及府主簿、郎中令，梁。尚書郎中，梁。太子太傅、少傅丞，梁。太常丞，梁。皇弟皇子湘豫司益廣青衡七州別駕〔四〇〕，梁。皇弟皇子荆江雍郢南兖五州中從事〔四一〕，嗣王庶姓荆江等五州別駕，梁。三將〔四二〕，東宮二將，嗣王府功曹史，庶姓公府録事、記室、中兵參軍，梁。皇弟皇子之庶子府蕃王府中録事、中記室、中直兵參軍〔四三〕，梁。蕩寇、蕩虜、蕩難、蕩逆將軍，北魏、周。五品正從將軍長史、司馬，北魏。强弩將軍，北魏、北齊。二大、二公行參軍〔四四〕，北魏、北齊。司空、皇子行參軍，北魏。三品將軍三蕃王主簿、列曹參軍，從一品將軍開府行參軍〔四五〕，北魏。王公國大農，北魏、北齊。太學博士，北魏、北齊。皇子常侍，北魏、北齊。太常博士，北魏、北齊。武騎常侍，北魏、北齊、周〔四六〕。司州主簿，北魏、唐。從二品將軍、二蕃王參軍事及諸曹行參軍事〔四七〕，北魏。從三品將軍主簿及諸曹參軍事〔四八〕，北魏。奉朝請，北魏、北齊。正從四品將軍録事、功曹、户曹、倉曹、中兵參軍事〔四九〕，北魏。國子助教，北魏、北齊。揚麾、耀鋒將軍，北齊。勳武前鋒副都督，北齊。三等上州參軍事、諸曹行參軍事〔五〇〕，北齊。三等下州府主簿、諸曹參軍事，北齊。四中府諸曹參軍事，北齊。長秋寺丞，北齊。將作丞〔五一〕，北齊、隋。蕩邊、開域將軍〔五二〕，北齊。太子二率坊司馬，三等鎮倉曹、中兵參軍事，北齊。勳武前鋒散都督，北齊。左右備身五職〔五三〕，北齊。三等中州參軍事及諸曹行參軍，北齊。諸開府行參軍，北齊。公車、京邑二市署令，北齊。三等鎮諸曹參軍，北齊。三等縣丞〔五四〕，北齊。侍御史，北齊。尚食、尚藥丞〔五五〕，齋帥〔五六〕，北齊。中尚食、中尚藥等丞，北齊。太子直後，北齊。諸戍主、軍主〔五七〕，北齊、周。二衛隊副〔五八〕，前鋒正都督，北齊。武騎侍郎，周。太子騎官備身、内直備身五職，北齊。縣令户不滿五百以下者，周。驃騎車騎將軍府、八命州列曹參軍，周。正六命州呼藥，隋。寧遠、揚烈、伏波、輕車將軍府長史，周。正六命州治中，周。六命郡丞，周。寧遠、振威二將軍，隋。太子左右衛率府、左右宗衛率府、左右虞候府、左右内率府長史〔五九〕，隋、唐。左右監門府長史，隋、唐。符璽直長，御府直長〔六〇〕，殿内直長，隋。上州録事參軍，隋。左右領軍府掾屬，隋。親王府東西閤祭酒，隋。中縣令，隋。上郡丞，隋。太子親衛，隋、唐。勳衛，隋、唐。親王府參軍事，隋。上鎮長史，隋。上開府長史、司馬〔六一〕，隋。上大將軍、大將軍掾屬，隋。上柱國、嗣王、郡王〔六二〕、柱國府諸曹參軍事，隋。鹽池總副監，鹽州牧監〔六三〕，隋。諸屯監，隋、唐。國子學生，隋。侯、伯、國令，公國大農、尉，隋。典衛〔六四〕，隋。雍州薩保，隋。殿中侍御史，唐。左右補闕，唐。太學助教，唐。門下省録事，尚書都事，唐。中書省主書，唐。將作國子監、九寺主簿，唐。太子詹事主簿，唐。太子侍醫、三寺丞，唐。都水監丞，唐。諸州中、下縣令，唐。親王府東西閤祭酒，唐。京縣丞，唐。下都督府、上州録事參軍，中都督、上都護府諸曹參軍，唐。中府別將、長史，唐。中鎮副，唐。朝散郎，唐。翊麾校尉、副尉，唐。武騎尉，唐、宋。太史局丞，唐。御史臺、少府主簿〔六五〕，唐。上署令，唐。掖庭、宮闈局令，唐。太廟、諸陵署丞，唐。宮苑總監丞，唐。司農寺諸園苑副監，唐。太子左右監門直長，唐。太子內坊丞，唐。下都督府諸曹參軍，唐。親王國令、公主家令，唐。上州諸參軍〔六六〕，唐。親王府旅帥〔六七〕，唐。下府別駕、長史〔六八〕，下鎮副，唐。鎮軍兵滿二萬人以上諸曹判司，唐。諸率府左右中候，唐。諸折衝府校尉，唐。宣義郎，唐。承議郎，宋。左、右正言，宋。符寶郎，宋。監察御史，宋。直顯謨、徽猷、敷文閣〔六九〕，宋。太常、宗正、祕書丞，宋。大理正，宋。著作郎，宋。崇政殿説書〔七〇〕，宋。內符寶郎，宋。正侍至右武郎〔七一〕，宋。武功至武翼郎，宋。和安至保安郎，宋。翰林醫官，宋。閤門宣贊舍人，宋。太子中舍人、舍人、諸率府率，宋。親王府翊善、贊讀、直講，宋。判太醫局令，宋。翰林醫効、醫痊〔七二〕。宋。

八品　正八品　四班　正二命：

尚書、中書、祕書、著作及主書、主圖、主譜史〔七三〕，魏、晉。太常齋郎，魏。京城門郎，魏。四平四安長史、司馬，魏、晉。三品、四品將軍正行參軍，魏。西域戎部譯長，魏。郡國太守相內史中丞長史〔七四〕，魏、晉。州郡國都尉司馬，魏。諸縣署令千石以上者丞，魏、晉。司鹽、司竹監丞，魏。水衡、典虞牧、材官、都尉司馬，魏、晉。祕書校書郎，魏。東宮摘句郎，魏。諸雜署長史，魏。關谷長，魏、晉。王公妃公主家令，魏、晉。諸部護軍司馬，魏。王、郡公諸雜署令，魏。國子、太學助教，諸京四門學博士，魏。諸國常侍、侍郎，魏。殿下都尉司馬，諸部護軍司馬，魏。殿中羽林郎，魏。左右度支中郎將司馬，魏。黃門從官，魏、晉。寺人中郎、郎中，魏、晉。蘭臺謁者，魏。門下禁防，魏。諸雜號宣威將軍以下五品將軍長史、司馬〔七五〕，魏。都水使者令史，魏。金鼓幢麾、城門令史，魏。司馬史從掾，魏。校尉部司馬、軍司馬、假司馬，魏。諸鄉有秩、三老，魏。諸州郡防門，魏。尚書、中書、祕書令史，魏。中書門下主事通事〔七六〕，晉、陳。烏桓、西域代部騎馬，晉。諸縣令〔七七〕，晉。副散督司馬、長史，晉。部曲將郡中都尉司馬，晉。內臺正令史，劉宋。郡丞，劉宋。諸縣署長〔七八〕，劉宋。雜號宣威將軍以下，晉、劉宋。給事中，梁。皇弟、皇子府正參軍，梁。中書舍人，梁。建康三官，梁。宗正、太府、衛尉、司農、少府、廷尉、太子詹事等丞，梁。皇弟皇子北徐北兗梁交南梁五州別駕〔七九〕、湘豫司益廣青衡七州別駕、中從事〔八〇〕，嗣王庶姓湘豫司益廣青衡七州別駕〔八一〕，嗣王庶姓荆江雍郢南兗五州中從事，梁。積射、强弩將軍，梁。太子左右積弩將軍，梁、陳。嗣王國郎中令〔八二〕，梁。皇弟、皇子之庶子府記室、中兵參軍〔八三〕，梁。嗣王府庶姓公府主簿，梁。積射、强弩、武衛等將軍，陳。皇弟皇子之庶子府蕃王府功曹史、録事，梁。公車令，陳。奉朝請，陳。武騎常侍〔八四〕，陳。太后三卿丞，陳。十二卿丞，陳。大長秋丞，陳、北魏。左右衛司馬，陳。太子詹事丞，陳。胄子律博士，陳。皇弟皇子府正參軍、版正參軍、行參軍、版行參軍〔八五〕，陳。嗣王府皇弟皇子之庶子府録事記室中兵參軍、功曹史、主簿〔八六〕，陳。庶姓非公不持節諸將軍署主簿〔八七〕，陳。嗣王府庶姓公府祭酒，陳。蕃王府庶姓持節府中録事、記室、直兵參軍〔八八〕，陳。庶姓公府録事、記室、中兵參軍〔八九〕，陳。太子太傅、少傅、五官功曹史〔九〇〕，主簿，陳。太學博士，國子助教，陳。司鐸郎，陳。安蠻戎越校尉中郎將等府長史、司馬〔九一〕，陳。庶姓南徐荆江南兗郢湘雍等州別駕、中從事〔九二〕，陳。

不滿萬户以下郡丞，陳。五千户以上縣令、相，陳。皇弟、皇子國郎中令，陳。鄉、亭侯，陳。大農、中尉，陳。殄寇、殄虜、殄難、殄夷將軍，北魏、周。二品將軍、始蕃王行參軍事〔九三〕，北魏。三品將軍、三蕃王行參軍事及諸曹行參軍事，北魏。四品正、從將軍主簿及諸曹行參軍事，北魏。侯、伯國郎中令〔九四〕，北魏、北齊。司州西曹書佐，北魏。殿内將軍〔九五〕，北魏、北齊、隋。皇子侍郎，北魏、北齊。侍御史，北魏。協律郎、辨章郎，北魏、北齊、隋、唐〔九六〕。下縣令、相，北魏、北齊、隋。王、公國中尉，北魏。從三品將軍、二蕃王行參軍〔九七〕，及諸曹行參軍事，北魏。五品正從將軍録事、功曹、户曹、倉曹、中兵參軍，北魏。司州祭酒從事史〔九八〕，北魏。靜漠、綏戎將軍，北齊。三等上州行參軍、下州諸曹行參軍，北齊、隋〔九九〕。四中府諸曹行參軍，北齊。平越、殄夷將軍，北齊。刀劍備身五職，北齊。前鋒副都督，北齊。太子内直備身，主書〔一〇〇〕，北齊。殿中侍御史，北齊、隋。太子典膳、藥藏丞，北齊、唐。太子齋帥〔一〇一〕，北齊。三等中州行參軍〔一〇二〕，北齊、隋。王、公國中尉，北齊。三公府典籤，北齊。三等鎮鎧曹行參軍〔一〇三〕，北齊。天官司會、宗正、右侍、右前侍、右後侍〔一〇四〕、主寢、司服、給士、掌式、内膳、外膳、典庖、典饎、酒正、餚藏、掌醢、司鼎俎、掌冰、醫正、瘍醫、玉府、内府、外府、左府、右府、縫工、染工、掌納、掌出、小司内、内小臣奄、内司服奄、典婦功奄、巷伯等中士，周。地官民部吏、小鄉伯、鄉正、州長、每州小遂伯、遂正、小稍伯、稍正、小縣伯、縣正、小畿伯、畿正、司封、司農、司均、司賦、司役、掌鹽、每地中士、掌遺、典牧、典牛、司諫、司救、司媒、土訓、誦訓、神倉、黍倉、稷倉、稻倉、豆倉、麥倉、米倉、鹽倉、典麴、典舂、典磑、掌節、宮門、城門、司關、均工、平準、泉府、山虞、澤虞、林衡、川衡、掌禽、掌囿、掌炭、掌芻等中士，周。春官禮部、司几筵、司樽彝、掌鬱、司鬯、充犧〔一〇五〕、司鷄、司郊、司社、御史、著作、典瑞、典服、司寂、司玄、治禮、司謁、馮相、保章、小學助教、樂師、樂胥、司歌、司鐘磬、司鼓、司吹、司舞、籥章、掌散樂、典夷樂、典庸器、龜占、筮占、夢占、視祲、司巫、喪祝、甸祝、詛祝、神士、典路、司車、司常、守陵、掌墓、職喪等中士，周。夏官軍司馬、土方〔一〇六〕、山師、川師〔一〇七〕、懷方、訓方、司士、司勳、司録、右虎賁率、右旅賁率、右射聲率、右驍騎率、右羽林率、右游擊率、倅長、司固、司火、司辰、銜枚、司仗、右廐、左廐、典牝、典牡、典駝、典羊、獸醫、司袍襖、司弓矢、司甲、司稍、司刀盾等中士，周。秋官司憲、司刺、鄉法、遂法、稍法、縣法、畿法、方憲、掌囚、掌察、司約、司盟、職金、掌璧、司厲、修閭、掌墐、禁殺戮、禁游、禁暴、司寤、掌交、司匡、司儀、東南西北掌客、掌訝、司環、野廬、象胥、掌貨賄、司烜、伊耆氏、司調、司柞、司薙、掌犬、司迹、弋禽、捕獸、掌皮、弭妖、翦蠹、庶蠹、掌罪隸、掌夷隸、掌蠻隸、掌戎隸、掌狄隸、掌徒等中士，周。冬官工部、内匠、外匠、司量、司準、司度、掌材、車工、角工、彝工、器工、弓工、箭工、廬工、復工、陶工、塗工〔一〇八〕、典丱、冶工、鑄工、鍛工、函工、雕工、典甕、掌津、舟工、典魚、典甒、琯工、磬工、石工、裘工、履工、鞄工、韗工、韋工、膠工、毳工、績工、漆工、油工、弁工、織絲、織綵、織枲、織組、竹工、籍工、罟工、紙工等中士，周。子男之孤卿，侯伯之大夫，公之上士，周。强弩、積弩司馬〔一〇九〕，周。四征中鎮撫將軍府、正七命州列曹參軍，周。正五命郡丞，周。宣威、明威將軍，隋。都水丞，隋。別將，隋。中郡丞，隋。太子左右監門率府長史、司馬，隋〔一一〇〕，中州録事參軍，隋、唐。親王府行參軍，隋。左右領軍府録事參軍，隋。中鎮長史，隋。太子内坊丞、勳衛，隋、唐。襄威、厲威將軍，隋。掖庭、宮闈令，隋。上署令，隋。左右領軍府諸曹參軍，隋。左右衛府、武衛府、武候府録事參軍，隋。内尚食丞〔一一〕，隋。中戍主，上戍副，隋。監察御史，唐。諸衛、羽林録事參軍，唐。中署令，唐。太醫署醫博士，唐。軍器監主簿，唐。武庫署丞，唐。兩京市署丞，唐。上牧監丞〔一二〕，唐。親王府執仗執乘親事〔一三〕，唐。鎮軍兵不滿二萬人以上諸曹判司，唐。給事郎，唐。宣節校尉、副尉，唐。奚官、内僕、内府局令〔一四〕，唐。下署令，唐。備身、諸衛、羽林諸曹參軍，唐。中州諸司參軍，唐。太公廟丞，唐。親王府、京兆河南太原府、大都督大都護府參軍，唐。互市監丞〔一五〕，唐。尚藥局司醫〔一六〕，唐。京兆、河南、太原諸縣丞，唐。司竹副監，唐。太子内直宮門局丞，唐。諸宮農圃監〔一七〕，唐。司農寺諸園苑監丞，唐。靈臺郎，唐。上戍主，唐。諸衛左右司戈，唐。徵事郎，唐。奉議郎，通直郎，宋。七寺丞，宋。祕書郎，宋〔一八〕。太常博士，宋〔一九〕。樞密院計議官、編修官，宋。敕令所删定官，宋。直祕閣，宋。著作佐郎，宋。國子監丞，宋。諸王宮大小學教授，宋。國子博士，宋。大理司直、評事，宋。訓武、修武郎，宋。内常侍，宋。開封府諸曹參軍事、軍巡使、判官，宋〔二〇〕。京府判官，宋。京畿縣令〔二一〕，兩赤縣丞，宋。三京赤縣、畿縣令，宋。太史局五官正，宋。中書門下省録事，宋。尚書省都事。宋。

從八品　三班　二命：

太子舍人，梁。司徒祭酒，梁。員外散騎侍郎〔二二〕，梁。皇弟皇子公府祭酒、行參軍，梁。太子太傅少傅五官功曹主簿，梁。二衛司馬，公車令，梁。皇弟皇子越桂寧霍四州別駕、北徐北兖梁交南梁五州中從事，梁。嗣王庶姓北徐北兖梁交南梁五州別駕〔二三〕，湘豫司益廣青衡七州中從事〔二四〕，梁。胄子律博士，梁。皇弟皇子之庶子府、蕃王府主簿，嗣王庶姓公府正參軍，梁。光禄丞，梁。皇弟皇子國中尉，梁。太僕、大匠丞，梁。嗣王國大農，蕃王國郎中令，梁。司州議曹從事史，北魏。北館令，庶姓持節府中録事、中記室、中直兵參軍，梁。掃寇、掃虜、掃難、掃逆將軍，北魏、周。二大、二公長兼行參軍，北魏、北齊。公車令，符節令，諸署令千石以上者，北魏〔二五〕。中黄門令，北魏。門下録事，北魏、北齊、隋。尚書都令史，北魏、北齊。主書令史，北魏、隋。殿中侍御史，北魏。中謁者僕射，北魏、北齊。中黄門冗從僕射，北魏、北齊。司空、皇子長兼行參軍，北魏。侯、伯大農，北魏、北齊。宫門僕射，北魏、北齊。二大、二公長兼行下參軍，北魏、北齊〔二六〕。皇子上、中、下將軍，北魏、北齊。皇子中大夫、二率丞，北魏、隋。王、公國常侍，北魏、北齊。司州文學，北魏。四品正從將軍諸曹行參軍事，北魏。厲武、厲鋒、虎牙、虎奮將軍，北魏、北齊〔二七〕。五品正從將軍主簿、諸曹行參軍，北魏。員外將軍，北魏、北齊。從一品將軍開府長兼行參軍，北魏。飛騎、隼擊將軍，北齊。檢校御史，北齊。諸陵、太廟令，北齊。太樂、武庫諸署令，北齊。衣冠將軍，北齊。太倉、典客、驊騮駒盾、鼓吹、守宫、左右尚方、左藏、太官、掖庭、司染、典農、左右龍、左右牝、冶東西、牛羊司諸署令〔二八〕，北齊。諸開府典籤，北齊。備身御仗五職，北齊。皇太子上、中大夫，北齊。勳武前鋒五職，北齊。諸開府長兼左右户行參軍及長兼行參軍〔二九〕，北齊。司州及三等上州典籤，北齊。太子諸隊副，北齊。諸戍副、諸軍副，北齊。清都郡丞，北齊。四平前左右後將軍、七命州列曹、軍戍副，周。武騎、武威司馬，周。五命郡丞，周。威戎、討寇將軍，隋。四門博士，隋。監察御史，隋。内謁者監，隋、唐。上關令，隋、唐。中署令，隋。下郡丞，隋。下州録事參軍，中、下州諸曹行參軍〔三〇〕，隋。下鎮長史，隋。備身，左右衛府武衛府武候府、左右領軍府諸曹參軍行參軍〔一三一〕，隋。太子左右衛率府、左右宗衛率府録事參軍〔一三二〕，隋。太子翊衛，隋、唐。盪寇、盪難將軍，隋。親王府長兼行參軍事〔一三三〕，隋。親王府典籤，隋、唐。中關令，隋。奚官令，隋。内僕令，隋。下署令，隋。上津尉，隋。領左右府鎧曹行參軍〔一三四〕，隋。左右監門府諸曹參軍，隋。掌船局都尉，上鎮諸曹參軍，隋。太子左右虞候府、内率府諸曹參軍〔一三五〕，隋。上縣丞，隋、唐。上郡尉，隋。左右拾遺，唐。太醫署針博士、署丞，唐。左右千牛衛録事參軍、諸曹參軍，下州録事參軍，唐。四門助教，唐。中牧監丞，唐。京縣主簿，唐。中都督、上都護府參軍，唐。親王府行參軍，唐。保章正，唐。太子左右衛司禦清道内率府録事參軍、諸曹參軍，唐。京兆河南太原府、大都督府博士，唐。諸倉、諸冶、司竹、温湯監丞，唐。諸折衝府旅帥，唐。承奉郎，唐。禦侮校尉、副尉，唐。大理評事，唐。律學博士，唐。太子左右春坊録事〔一三六〕，唐。太子備身，下州諸司參軍〔一三七〕，唐。太子諸署令，唐。掖廷、宮闈局丞，唐。都水監主簿，唐。上署丞，唐。親王國隊正、大農，唐。公主家丞，唐。中書、門下、尚書都省，兵部、吏部、考功、禮部主事，唐。下都督府、上州參軍〔一三八〕，中都督、下都督府、上州博士，唐。京縣尉，唐。諸中縣丞，唐。諸屯監丞，唐。上府兵曹〔一三九〕，唐。上鎮倉曹、兵曹參軍，唐。挈壺正，唐。中戍主、上戍副，唐。諸率府左右司戈，唐。承務郎，唐。宣教郎、宣義郎，宋。御史臺檢法官、主簿，宋。少府、將作、軍器、都水監丞，寺、監主簿，宋。祕書省校書郎、正字，宋。太常寺奉禮郎、太祝，宋。太學、武學、律學博士〔一四〇〕，宋。主管太醫局，宋。閤門祗候，宋。樞密院逐房副承旨，宋。東、西頭供奉官，宋。從義、秉義郎，宋。太子諸率府副率〔一四一〕，宋。節度、觀察、防禦、團練、軍事、軍監判官，節度掌書記，觀察支使，宋。京府、節度、觀察、防禦、團練、軍事推官，宋。親王府記室，宋。諸州簽判，宋。節鎮、上中下州録事參軍事，宋。京府諸曹參軍事、軍巡判官〔一四二〕，宋。京畿縣丞，三京赤縣、畿縣丞，宋。承直、儒林、文林、從事、從政、修職郎，宋。諸州上中下縣令、丞，宋。兩赤縣主簿、尉，宋。節度副使、行軍司馬，宋。諸府諸曹，節鎮、上州諸司參軍事，宋。防禦、團練副使，宋。太史局丞、直長，宋。靈臺郎、保章正，宋。三省樞密院主事、守闕主事〔一四三〕、令史、書令史，宋。翰林醫愈、醫證、醫胗、醫候。宋。

九品　正九品　二班　正一命：

蘭臺殿中、蘭臺謁者及都水使者書令史，魏、晉、劉宋〔一四四〕。諸縣長、令、相，魏、晉。關谷塞尉〔一四五〕，魏、晉。倉簟河津督監，魏。殿中監典事，魏。左右太官督監內者，魏。總章戲馬監，魏。主事侯〔一四六〕，魏。諸紙署監，魏。王郡公郡諸署長，魏、晉。司理治書，魏。異族封公世子庶子諸王友、國謁者大夫諸署丞，魏。諸王太妃及公主家僕、丞，魏、晉。公主行夜督郎，太廟令行夜督郎，太子掌固，魏。主事侯郎，王官舍人，魏。副散部曲將，武猛中郎將，魏、晉。校尉部司馬、軍司馬、假司馬，魏、晉。諸鄉有秩，魏。諸州郡防門，魏。門下、散騎、中書、尚書、祕書令史，晉。都水黄河令史、書令史〔一四七〕，晉。殿中、蘭臺謁者，晉。護道尉，晉。司理治書，謁者、中大夫署丞，晉。諸縣署丞、尉，劉宋。祕書郎，著作佐郎，梁。揚、南徐州主簿，梁。嗣王庶姓公府祭酒〔一四八〕，梁。太學博士，梁。皇弟、皇子國常侍，梁。奉朝請，梁。皇弟皇子單爲領護詹事二衛等五官、功曹、主簿，梁。國子助教，梁。鴻臚丞，梁。尚書五都令史，梁。武騎常侍，梁。皇弟皇子越桂寧霍四州中從事、荆江雍郢南兖五州主簿，梁。嗣王庶姓公府行參軍，皇弟皇子之庶子府正參軍〔一四九〕，梁。庶姓持節府録事、記室、中兵參軍、功曹史，梁。明堂二廟帝陵令，梁。蕃王國大農，梁。南臺侍御史，陳。左右二衛殿中將軍，陳。東宫通事舍人，陳。材官將軍，陳。太子左右二衛率，陳。殿中將軍丞，陳。嗣王府皇弟皇子之庶子府正參軍、版正參軍、行參軍、版行參軍〔一五〇〕，陳。蕃王府録事記室中兵等參軍、版録事記室中兵等參軍，陳。庶姓公府正參軍、版正參軍，陳。功曹史、主簿〔一五一〕，陳。庶姓持節府録事記室中兵等參軍、功曹史、主簿〔一五二〕，陳。庶姓豫益廣衡青冀北兖北徐梁秦司南徐等州别駕、中從事史〔一五三〕，陳。揚州南徐州主簿、西曹及祭酒議曹二從事，陳。皇弟皇子諸州主簿、陳。西曹〔一五四〕，不滿五千户縣令、相〔一五五〕，陳。皇弟皇子國常侍、侍郎，嗣王國郎中令，陳。大農、中尉，陳。嗣王國常侍，陳。蕃王國郎中令，陳。開國中關外侯〔一五六〕，陳。曠野、横野將軍，北魏、周。子、男國郎中令，北魏、北齊。太祝令，北魏、唐。中黄門〔一五七〕，北魏。諸署令六百石以上者，北魏、北齊〔一五八〕。公主家令，北魏、北齊。皇子典書令，北魏。四門小學博士、律博士，北魏、北齊、隋。校書郎，北魏、北齊、隋、唐。二大二公參軍督護，北魏、北齊。都水參軍，北魏、北齊、隋〔一五九〕。檢校御史，北魏。王、公國侍郎，北魏、北齊。侯、伯國中尉，北魏、北齊。謁者，北魏、北齊。太子三卿丞，北魏、北齊。五品正從將軍列曹行參軍〔一六〇〕，北魏。司空、皇子參軍督護，北魏。二品將軍、始蕃王長兼行參軍〔一六一〕，北魏。殿内司馬督，北魏、北齊、隋。從一品將軍、開府參軍督護〔一六二〕，北魏、北齊。太祝、導官、太史，北齊。太醫、黄藏、衛士、細作諸署令〔一六三〕，北齊。太子内坊令〔一六四〕，北齊。三等上州長兼行參軍，北齊。皇子防閤、典書令，北齊。七部尉、諸郡尉，北齊。太子食官、中盾、典倉令〔一六五〕，北齊、隋。太子備身，平準署丞，公車署丞，北齊。三等中州典籤，北齊。天官司會旅、宗正、右騎侍、右宗侍、右庶侍、右勳侍、主璽、食醫、外膳、典庖、典饎〔一六六〕、酒正、餚藏、掌醢〔一六七〕、司鼎俎、掌冰、主藥、正醫、瘍醫、内小臣奄、内司服奄、典婦功奄、巷伯等下士，周。地官黨正旅、每黨司封、掌鹽、掌堰〔一六八〕、典牧、典牛、土訓、誦訓、神倉、稷倉、稻倉〔一六九〕、豆倉、麥倉、米倉、鹽倉、典麴、典春、典磑、掌節、宮門、城門、司關、均工、平準、泉府、山虞、澤虞、林衡、川衡、掌禽、掌囿、掌圃、掌炭、掌薪、掌芻等下士，周。春官禮部旅、小守廟奄、司几筵、司罇彝、掌鬱、司鬯、司犧、司鷄、司郊、司社、掌次、御史、校書、典瑞、典服、司玄治禮、司謁、樂胥、司歌、司鐘磬、司鼓、司吹、司舞、籥章、掌散樂、典夷樂、典庸器、龜占、筮占、夢占、視祲、司巫、喪祝、甸祝、詛祝、神士、典路、司車、司常、小夏采、掌墓〔一七〇〕、職喪等下士，周。夏官軍司馬旅、土方、山師、川師、懷方、訓方、右虎賁倅長、右旅賁倅長、右射聲倅長、右驍騎倅長、右羽林倅長、右游擊倅長、武環倅長、武候倅長、司火、司辰、銜枚、右廐閑長、典駝、典羊、獸醫、司袍襖、司弓矢、司矟、司甲、司刀盾等下士，周。秋官司憲旅、小刑、掌囚、掌察、司約、司盟、職金、掌璧、司厲、修閭、掌墐、禁殺戮、禁游、司寤、小蕃司行、掌訝、司環、野廬、象謂、掌貨賄、司烜、伊耆氏、司調、司柞、司薙、掌犬、司迹、弋禽、捕獸、掌皮、弭妖、剪蠹、庶蠹、掌罪隸夷隸蠻隸戎隸狄隸、掌徒等下士，周。冬官工部旅、司量、司準、司度〔一七一〕、掌材、車工、角工、彝工、器工、弓工、箭工、盧工、復工、陶工、塗工、典卝、冶工、鑄工、鍛工、函工、雕工、典甕、掌津、舟工、典魚、典甈、瑻工、磬工、石工、裘工、屨工、鞄工、韗工、韋工、膠工、毳工、繢工、漆工、油工、弁工、織絲、織綵、織枲、織組、竹工、籍工、罟工、紙工等下士，周。子男之大夫，周。公之中士，侯、伯之上士，周。冠軍輔國將軍府、正六命州列曹參軍，周。殿中司馬，周。掃寇、掃難將軍，隋。太子典倉令、司藏令，隋。尚醫，軍主，隋。太史丞，隋。掖庭局、宮闈局丞，隋。上署丞，隋。太子左右監門率府諸曹參軍，隋。上州典籤，隋。下戍主，上關丞〔一七二〕，隋。太子典膳、藥藏丞，隋。中州及左右衛府、左右武衛府、左右武候府行參軍〔一七三〕，隋。中、下郡尉，隋。典客署掌客，隋、唐。司辰師，隋。殄寇、殄難將軍，隋。太學助教，隋。太子備身，隋。内史録事，隋。内謁者令，内侍伯，隋。中縣丞，隋。下關令，中津尉，隋。下州諸曹行參軍，上州行參軍〔一七四〕，隋。左右監門府鎧曹行參軍，隋。太子左右内率府鎧曹，左右領軍府行參軍〔一七五〕，隋。太子左右衛率府、左右宗衛率府、左右虞候府諸曹行參軍，隋。太子左右内率監門率府録事參軍、諸曹參軍，唐。中鎮諸曹參軍事、上鎮士曹行參軍〔一七六〕，隋。太子内坊典直，唐。中署丞，唐。親勳翊衛府羽林兵曹參軍，唐。嶽瀆令，諸津令，唐。下牧監丞，唐。諸州中、下縣丞，唐。中、下州博士，唐。武庫署監事，唐。儒林郎，唐。京兆河南太原府諸縣主簿、縣尉，唐。仁勇校尉、副尉，唐。正字，唐。太子校書，唐。奚官、内僕丞，唐。内府局丞，唐。下署丞〔一七七〕，唐。司庫，司廩，唐。尚食局食醫，尚藥局醫佐，尚輦局掌輦，尚乘局奉乘，唐。太史局司辰，唐。典廄署主乘，唐。太子三寺主簿，唐。詹事府録事，唐。下縣丞，上縣主簿，唐。太子親、勳、翊衛府兵曹參軍，唐。中州參軍，唐。上牧監主簿，唐。諸宮農圃監丞，唐。中關令，中府兵曹，唐。親王國尉，唐。上關丞，唐。諸衛左右執戟，唐。中鎮兵曹參軍，唐。下戍主，唐。諸折衝隊正，唐。登仕郎，唐。諸承事、承奉郎，宋。理親民資序者從八品〔一七八〕，承務郎准此。殿頭高品，宋。律學正，宋。郊社、籍田、大官令，宋。國子太學正、録，武學諭，宋。太醫局丞，宋。忠訓、忠翊、成忠、保義郎，宋。挈壺正，宋。京畿縣、三京赤縣簿尉，宋。諸州別駕、長史、司馬，宋。樞密院守闕書令史。宋。

從九品　一班　一命：

楊南徐州西曹祭酒從事、議曹從事，梁。皇弟皇子國侍郎〔一七九〕，梁。嗣王國常侍，梁。東宮通事舍人，梁。南臺侍御史，梁。大舟丞，梁。二衛殿中將軍，梁。太子二率殿中將軍，梁。皇弟皇子之庶子府、蕃王府行參軍〔一八〇〕，蕃王國中尉，梁。皇弟皇子湘豫司益廣青衡七州主簿〔一八一〕、荆雍郢南兖四州西曹祭酒議曹從事、皇弟皇子江州西曹從事、祭酒議曹祭酒部傳從事〔一八二〕，梁。嗣王庶姓越桂寧霍四州中從事、荆江雍郢南兖五州主簿，梁。庶姓持節府主簿，梁。汝陰巴陵二國郎中令，梁。偏、裨將軍，北魏、北齊、隋。太子牧長〔一八三〕，北魏、北齊。監淮海津都尉〔一八四〕，北魏、北齊。諸局都尉，北魏、北齊。皇子典祠、學官令、典衛令〔一八五〕，北魏。王公國上、中、下將軍，北魏、北齊。王、公國中大夫，北魏、北齊。諸署令不滿六百石者，北魏。二品將軍始蕃王參軍督護，北魏。詹事功曹，北魏〔一八六〕。從二品將軍二蕃王長史兼行參軍〔一八七〕，北魏。太常光禄衛尉領護五官〔一八八〕，治禮郎，北魏、北齊。子、男國大農，北魏、北齊。小黄門，北魏、北齊。員外司馬督，北魏、北齊、隋。掖庭局諸宫教博士〔一八九〕，北齊、隋、唐。三等上州參軍督護、中州長史兼行參軍，北魏〔一九〇〕。太子校書，北齊、隋。祕書省正字，北齊、隋。皇子典書、典祠、學官、典衛等令〔一九一〕，北齊。廪犧、太宰〔一九二〕，北齊。司儀、左校、中宫僕，北齊。諸縣丞〔一九三〕，北齊。奚官、肴藏、清漳、典寺、乘黄、車府、籍田、華林、甄官諸署令，北齊。小黄門，北齊。太學助教，北齊。諸幢主，北齊、隋。廷尉、中侍中省録事〔一九四〕，北齊。三等下州典籤，北齊。山林、淮海都尉，周。武威、武牙將軍，周。曠野、横野將軍，隋。鎮遠、建忠、中堅、寧朔〔一九五〕、寧遠、揚烈、伏波、輕車將軍府列曹參軍，周。太祝。隋。太子廄牧令，隋。下縣丞，隋。中、下署丞，隋。太子左右監門率府鎧曹行參軍，隋。下州行參軍，隋。中、下州典籤，隋。太子内坊丞直，隋。太子左右監門府、衛率府、虞候府、宗衛府行參軍，隋。中關丞〔一九六〕，上、中津丞，隋。下鎮諸曹參軍，中鎮士曹行參軍，隋。上、中縣尉，隋。四門助教，書、筭學博士，隋、唐。治禮郎〔一九七〕，隋。奚官、内僕局丞，隋。内謁者局丞〔一九八〕，隋。太子正字，隋、唐。太子監候，隋。太官監膳，隋。御府局丞，隋。左右校署、掖庭局監作，隋。太史曹司曆，隋、唐。諸樂師，隋。奉禮郎，唐。律學助教，唐。尚書、御史臺、祕書省、殿中省、内侍省、太子左右春坊主事，唐。弘文館校書，唐。太醫署醫助教，唐。京兆河南太原府、九寺、少府、將作監、國子監、親王府録事，唐。都督、都護府、上州録事市令，唐。宮苑總監、中下牧監主簿，唐。諸州中、下縣主簿，唐。諸州上、中、下縣尉，唐。下府兵曹〔一九九〕，唐。文林郎，唐。陪戎校尉、副尉，唐。門下典儀〔二〇〇〕，唐。太醫署按摩咒禁博士、針助教、醫正，唐。太卜署卜博士、卜正，唐。太史局監候，唐。親王國丞，唐。太子典倉署園丞、廄牧署典乘〔二〇一〕，唐。太子諸署丞，唐。諸監作諸監事計官，唐。太官署監膳，太樂、鼓吹署樂正，唐。親王府隊副，唐。大理寺獄丞，唐。下州參軍，唐。中、下州醫博士，唐。京縣録事，唐。下關令，中關丞，唐。諸衛羽林長上、公主邑司録事，唐。諸津丞，唐。下鎮兵曹參軍，唐。諸折衝府隊副，唐。諸率府左右執戟，唐。將仕郎，唐。承務郎，宋。高班，黄門内品，宋。承節、承信郎，宋。迪功郎，宋。中、下州諸司參軍，宋。城寨、馬監主簿〔二〇二〕，宋。諸州司士、文學助教，宋。翰林醫學。宋。

岳氏愧郯録曰：「淳熙官品令，自太師而下至翰林醫學，列爲九品，皆有正、從，蓋見行之制。故著令所載，凡蔭叙、儀制、罪贖，不以高下，概謂之品官。珂嘗溯源而求所始本〔二〇三〕。魏延康元年二月，尚書陳群以天朝選用不盡人才，始立九品官人之法。州郡皆置中正，以定其選擇，以州郡之賢有識鑒者爲之，區別人物，第其高下。則其初立品，似非品秩也，乃人品耳。而通典載魏官自黄鉞大將軍至諸州郡防門，明列品第，則是肇端自魏，已循而訛矣。是時魏未受禪，蓋亦漢法也。然珂嘗考之後趙，而得名之所以訛；考之梁，而得意之所以訛。後趙王勒二年，使張賓領選，初定五品，後更定九品，命公卿及州郡歲舉秀才至孝〔二〇四〕、廉清、賢良、直言、武勇之士各一人，初用五而後以九，則是更魏而晉，品數猶未定也。通典可疑矣。宋書，九品謂晉江右所定，則懷愍以前尚無之。通典乃若是其較且明，豈當時循陳群之法，謂某品人則可登某品，所謂品者，逆設以待其人而已，非謂官品也。益遠益訛，遂爲官秩之定論邪。此殆名訛之所以始也。梁定班法，與品互用，而著其説曰十八班皆有清、濁，自十二班以上並詔授，表啓不稱姓；從十一班至九班，禮數復爲一等；又流外有七班，寒微者爲之，從此班者，方得進登第一班。梁承齊後者也，品秩久定矣，而蔡法度之所定，決非肇始。而所以寓禮數者，不附於品，而列之以班，則班蓋梁之所自立，謂一代之制不可以虚耳。意自齊而上，班之未有，則禮數亦附於品，則品蓋爲禮文之節耳，此殆意之所以訛也。詳考梁班品法，天監初，武帝命尚書删定郎濟陽蔡法度定令爲九品〔二〇五〕。秩定，帝於品下注一品秩爲萬石，第二、第三爲中二千石，第四、第五爲二千石。隋百官志，梁天監七年革選；徐勉爲吏部尚書，定爲十八班，以班多者爲貴，同班者則以居下者爲劣。則品蓋非梁所專用，而易以爲班矣。謂班以選事而設，則丞相、太宰、太傅、太保、大司馬、大將軍、太尉、司徒、司空爲第十八班，初不關選法，通典謂品制不廢，疑若相須而成。將軍釐定百二十五號，爲二十四班，其不登二品應須軍號者，凡十四號，別爲八班。施於外國者，又有百九號，亦爲十品，二十四班。班制之多乃如此，則不假於品矣，而莫知其徒爲禮秩之别也。陳承梁後，乃定相國、丞相、太宰、太傅、太保、大司馬、大將軍、太尉、司徒、司空、開府儀同三司、巴陵汝陰二王後、尚書令品爲第一。自此以下，明列爲九，正合今制，而不分正、從。逆而求之晉、宋、南齊，亦莫不然，則皆承魏訛，其益可信也。此裂於齊〔二〇六〕，事遵元魏，而品從之名著焉。是官之有品自曹魏始，品之有從乃自元魏始。及考其初，不特正、從也，而每品正從復分上、中、下焉，蓋一品之間析而六矣，此高祖太和之制也。及二十三年，高祖復次職令，而世祖初班行之，三師、二大乃不入品，其四品以下正、從又分爲上、下階，猶析而四也，北齊蓋因之耳。至於魏之列品，顧猶曰第幾品，從幾品，而未目爲正、從，齊始別之。逮隋而曰正，曰從，截然而不可紊矣。還考梁制，品尚寡〔二〇七〕，故自九而一，乃極於丞相；班尚繁，故自一而十八，亦極於丞相。班多者品貴，品少者班尊，二者相爲用，而貴賤等差於此參見而互明。班正於梁，隋即廢矣。祖宗朝遷轉名曹，皆各有流品。元豐後來始以寄禄，無他名，遂爾相混。然禮數之異，亦係一時官守，元未嘗以品秩爲别。此則言官制者之未嘗講明也。然則陳群之始本非始，言人品者，故當設逆待之法，故循而見於魏官品之訛。曹魏之訛亦非訛，定禮秩者固當附設官之目，故參而見於梁班法之用。不考於群，無以知其名；不考於梁，無以知其意。在今日，名訛於魏，意訛於梁，而品不復爲輕重，蓋亦反其本哉。唐開元二十五年定制，自正四品至九品猶有上、下階，蓋隋煬暫廢之規至此復見，本朝乃盡合之也。又曰本朝雜壓之制，雜流伎術等官皆入品下，而寺、監之吏凡未出官而先給告者亦通謂之入品，但以所居官爲品之高下，不復有分别。珂按高峻小史劉昶傳，元魏高祖臨光極堂大選，高祖曰：『當今之世，仰祖質朴，清濁同流，混齊一等，君子小人名品無别，此殊爲不可。我今八族以上士人品第有九品，九品之外小人之官復有七等，若有人可起家三公，恐賢才難得，不可止爲一人渾我典制。』昶對曰：『陛下刊正九流，爲不朽之法，豈惟髣髴唐、虞，固以有光二代。』此雖爲門地而言，然九品之官不混他品，亦一時之制，與今士夫、皂隸、閹豎、伎術混爲一區爲不同也。」

按：愧郯録前段考訂，特爲詳密。然此所謂九品者，官品也，以别官之崇庳。陳群所謂九品者，人品也，以定人之優劣。二者皆出於曹魏之初，皆名以九品。然人品自爲人品，官品自爲官品，岳氏合而爲一，以爲官品者，逆設之以待某品之人。此説恐未然。劉毅、衛瓘論中正九品之敝，所謂上品無寒門，下品無世族。所謂其始造也，鄉邑清議，不拘爵位；褒貶所加，足爲勸勵，猶有鄉論餘風。中間漸染，遂計資定品，使天下觀望，唯以居位爲貴人，傷損風俗，其敝不細。岳氏專舉此段，以爲官品即人品之明證。然詳其所言，蓋如後世權貴之人挾勢取科第、干薦舉之類耳，非謂中正者逆設此官之品目，以待所品之人也。蓋官品之制，即周之所謂九命，漢之所謂禄石，皆所以辨高卑之等級。其法始於魏，而後世卒不能易。若中正所定之人品，則始於陳群，魏、晉間用之以舉人物，六朝因之，然其敝已見於立法之初。自隋、唐以來，一以科目爲仕進之塗，而中正九品之説久廢矣。想當時，必以人物之賢愚優劣分爲九等之目，如班固古今人表之類，但史所不載，無由知之。然決與此官制之九品不相干，固難因其同時同名而遂指此爲彼也。

校勘記

〔一〕護羌戎蠻夷越烏桓校尉長史司馬　按宋書卷四〇百官志下作「戎蠻府長史司馬」，通典卷三七職官一九所載亦同。

〔二〕諸軍諸大將軍正行參軍　通典卷三六職官一八載魏七品官中，上「軍」字作「公」。宋書卷四〇百官志下載劉宋七品官中作「諸府參軍」。

〔三〕中書佐著作　按隋書卷二六百官志上載梁六班官作「著作郎」，載陳七品官中作「祕書著作佐郎」。「中書」疑爲「祕書」之誤。

〔四〕北軍候丞　通典卷三七職官一九載晉七品官中「候」上有「中」字。

〔五〕監淮海津都尉　「監」原上屬「大農」後，據通典卷三六職官一八改。

〔六〕太中中散諫議三大夫　「太中」原作「太史」，據通典卷三六職官一八、卷三七職官一九改。

〔七〕公主及諸國丞萬户以上典書令及家令晉　按通典卷三七職官一九載晉七品官中無此官，而卷三六職官一八載魏七品官中有。

〔八〕通直散騎侍郎　魏書卷一一三官氏志載北魏七品官、隋書卷二六百官志上載陳七品官、卷二七百官志中載北齊七品官、卷二八百官志下載隋七品官中，皆作「員外散騎侍郎」。

〔九〕荆江雍郢南兖五州别駕　隋書卷二六百官志上、通典卷三七職官一九載梁六班官中「荆」上有「皇弟皇子」四字。

〔一〇〕領護軍長史司馬　「軍」字原脱，據隋書卷二六百官志上、通典卷三七職官一九補。

〔一一〕南臺治書侍御史陳　上文已有「南臺治書侍御史」，此處重出。

〔一二〕領護軍長史司馬陳　上文已有「領護軍長史司馬梁」，按通考體例，應於「梁」下補注「陳」字，而删原句。

〔一三〕旅賁中郎將　「旅」原作「虎」，據隋書卷二六百官志上改。

〔一四〕皇弟皇子府録事記室中兵等參軍版録事記室中兵等參軍　「版」原作「放」，據隋書卷二六百官志上、通典卷三八職官二〇改。

〔一五〕功曹史主簿　按隋書卷二六百官志上載此官與「皇弟皇子府録事記室中兵等參軍板録事記室中兵等參軍」相連，意謂皇弟皇子府之「功曹史主簿」。

〔一六〕庶姓非公不持節府將軍署長史　「署」，隋書卷二六百官志上、通典卷三八職官二〇作「置」。

〔一七〕及庶姓公府中録事中記室中直兵參軍　隋書卷二六百官志上其下有「及版中録事中記室中直兵參軍」。

〔一八〕湯沐食侯　「湯」字原脱，據隋書卷二六百官志上補。

〔一九〕威烈威虜威戎威武將軍北魏周　按魏書卷一一三官氏志「威虜」上有「威寇」將軍。周書卷二四盧辯傳有「威烈」

將軍，餘未見，北史卷三〇盧同傳亦同。

〔二〇〕二大二公開府祭酒　魏書卷一一三官氏志分列爲「二大二公祭酒」與「開府祭酒」。通典卷三八職官二〇無「開府」二字。

〔二一〕王公國郎中令北魏　「公」字原脱，「郎中」原作「中郎」，據魏書卷一一三官氏志補正。又按隋書卷二七百官志中載北齊七品亦有此官，則注文「北魏」下應補「北齊」二字。

〔二二〕武毅　原作「武敦」，據魏書卷一一三官氏志改。

〔二三〕討寇討虜討難討夷將軍　周書卷二四盧辯傳、北史卷三〇盧同傳僅載「討寇將軍」。

〔二四〕從三品將軍功曹户曹倉曹中兵參軍　「三」原作「二」，「倉曹」二字原脱，「兵」下原衍「曹」字，據魏書卷一一三官氏志改補删。

〔二五〕六卿丞　按魏書卷一一三官氏志載作「列卿丞」，隋書卷二七百官志中載北齊七品官中作「六寺丞」。

〔二六〕勳武前鋒正都督翊衛副都督　原作「勳武前鋒翊衛正都督」，據隋書卷二七百官志中、通典卷三八職官二〇補正。

〔二七〕三等上州主簿諸曹參軍事　「上」原作「中」，據隋書卷二七百官志中、通典卷三八職官二〇改。

〔二八〕掌式　原作「掌武」，據通典卷三九職官二一改。按通考下文八品有「掌式中士」，此處當爲「掌式」上士。

〔二九〕司内奄等上士　「司内」原作「内司」，據隋書卷二七百官志中、通典卷三九職官二一乙正。

〔三〇〕小司土小司金　兩「小」字皆脱，據通典卷三九職官二一補。

〔三一〕小司皮小司色小司織小司卉等上士　原「小」字皆脱，據通典卷三九職官二一補。

〔三二〕柱國大將軍參軍　周書卷二四盧辯傳作「柱國府參軍」，北史卷三〇盧同傳「參」上有「府」字。

〔三三〕齋帥　「帥」原作「師」，據隋書卷二八百官志下改。

〔三四〕詹事司直　「直」原作「馬」，據舊唐書卷四二職官志一改。

〔三五〕太子千牛　通典卷四〇職官二二同，舊唐書卷四二職官志一載此官與「親勳翊衛隊正副隊正」相連，意謂太子千牛衛隊正副隊正。

〔三六〕親勳翊衛隊正　通典卷四〇職官二二同。按舊唐書卷四二職官志一其下有「副隊正」三字。

〔三七〕内寺伯　「寺」原作「侍」，據舊唐書卷四二職官志一改。卷四四職官志三亦載「内寺伯二人正七品下」。

〔三八〕京兆河南太原府大都督大都護府諸曹參軍　上「府」字原作「封」，下「府」字原脱，據舊唐書卷四二職官志一改補。

〔三九〕樞密副承旨　原脱，據宋史卷一六八職官志八、慶元條法事類卷四官品令補。

〔四〇〕皇弟皇子湘豫司益廣青衡七州別駕　「豫」原作「荆河」，「司」原作「内」，據隋書卷二六百官志上删改。

〔四一〕皇弟皇子荆江雍郢南兗五州中從事　「中」字原脱，據隋書卷二六百官志上補。

〔四二〕三將　按隋書卷二六百官志上，「三將」上與「皇弟皇子國郎中令」相連，意謂三將屬皇弟皇子官。

〔四三〕皇弟皇子之庶子府蕃王府中録事中記室中直兵參軍　「中記室」原脱「中」字，據隋書卷二六百官志上補。

〔四四〕二大二公行參軍　「行」上原衍「大」字，據魏書卷一一三官氏志、通典卷三八職官二〇删。又隋書卷二七百官志中載北齊從七品官中「二大二公」作「三公府」。

〔四五〕從一品將軍開府行參軍　通典卷三八職官二〇同，魏書卷一一三官氏志「從」作「第」。

〔四六〕武騎常侍北魏北齊周　按魏書卷一一三官氏志未載此官。

〔四七〕從二品將軍二蕃王參軍事及諸曹行參軍事　上一「參軍事」上衍「行」字，據魏書卷一一三官氏志删。

〔四八〕從三品將軍主簿及諸曹參軍事　「參」上原衍「行」字，據魏書卷一一三官氏志删。

〔四九〕正從四品將軍録事功曹户曹倉曹中兵參軍事　「正」、「户曹」原脱，「録事」原作「録曹」，據魏書卷一一三官氏志、通典卷三八職官二〇補正。

〔五〇〕三等上州參軍事諸曹行參軍事　「諸」字前原衍注文「北齊」二字，按隋書卷二七百官志中載，「諸曹行參軍事」上與「三等上州參軍事」相連，故删。

〔五一〕將作丞　按隋書卷二七百官志中載北齊七品官中作「將作寺丞」。

〔五二〕蕩邊開域將軍　「域」原作「城」，據元本、隋書卷二七百官志中改。

〔五三〕左右備身五職　按隋書卷二八百官志下載此官於第七品中，通考亦曾列於第七品中，此處不當重出。又按上引隋書，「刀劍備身」爲「從七品」，疑「刀劍」誤作「左右」。

〔五四〕三等縣丞　「丞」原作「令」，據隋書卷二七百官志中改。

〔五五〕尚食尚藥丞　「尚食」二字原脱，據隋書卷二七百官志中補。

〔五六〕齋帥　原作「齋師」，據隋書卷二七百官志中改。

〔五七〕諸戍主軍主　按周書卷二四盧辯傳、北史卷三〇盧同傳、通典卷三九職官二一皆未載「軍主」。

〔五八〕二衛隊副　按隋書卷二七百官志中載，此官上與「太子直後」相連。

〔五九〕太子左右衛率府左右宗衛率府左右虞候府左右内率府長史　「左右宗衛率」其上原衍「左右衛府」、脱「率」字，據隋書卷二八百官志下删補。

〔六〇〕御府直長　「府」原作「前」，據隋書卷二八百官志下、通典卷三九職官二一改。

〔六一〕上開府長史司馬　隋書卷二八百官志下「長」上有「開府府」三字。

〔六二〕郡王　原脱，據隋書卷二八百官志下補。

〔六三〕鹽州牧監　「鹽州」原作「總」，據隋書卷二八百官志下改。

〔六四〕典衛　原作「典尉」，據隋書卷二八百官志下改。

〔六五〕御史臺少府主簿　「主簿」二字原脱，據舊唐書卷四四職官志三、新唐書卷四八百官志三補。

〔六六〕上州諸參軍　「參」上原衍「府」字，據舊唐書卷四四職官志三删。

〔六七〕親王府旅帥　「帥」原作「師」，據舊唐書卷四四職官志三、通典卷四〇職官二二改。

〔六八〕下府別駕長史　「府」原作「州」，據舊唐書卷四四職官志三、通典卷四〇職官二二改。「駕」字原脱，據上引舊唐書補。

〔六九〕直顯謨徽猷敷文閣　慶元條法事類卷四官品令「閣」上有「煥章華文」。

〔七〇〕崇政殿説書　「政」原作「正」，據宋史卷一六二職官志二、卷一六八職官志八、慶元條法事類卷四官品令改。

〔七一〕正侍至右武郎　「侍」原作「符」，據元本、馮本、宋史卷一六八職官志八、慶元條法事類卷四官品令改。

〔七二〕翰林醫劾醫痊　「痊」原作「愈」，據元本、慎本、馮本、宋史卷一六八職官志八、慶元條法事類卷四官品令改。

〔七三〕尚書中書祕書著作及主書主圖主譜史　按通典卷三七職官一九載晉八品官中作「散騎集書中書尚書祕書著作治書主書主圖主譜令史」。

〔七四〕郡國太守相内史中丞長史　通典卷三七職官一九載晉八品官中作「郡國相内史丞長史」。

〔七五〕諸雜號宣威將軍以下五品將軍長史司馬　「宣威」二字原脱，據通典卷三六職官一八補。

〔七六〕中書門下主事通事　隋書卷二六百官志上載陳八品官中作「中書通事舍人」，通典卷三八職官二〇亦同。

〔七七〕諸縣令　通典卷三七職官一九「令」下有「長相」二字。

〔七八〕諸縣署長　「長」原作「丞」，據宋書卷四〇百官志下改。

〔七九〕皇弟皇子北徐北兖梁交南梁五州别駕　原脱下「北」字，據隋書卷二六百官志上補。

〔八〇〕湘豫司益廣青衡七州别駕中從事　原作「湘荆河益廣」，據隋書卷二六百官志上補正。

〔八一〕嗣王庶姓湘豫司益廣青衡七州别駕　「湘豫司益廣青衡七州别駕」原脱作「荆河」，據隋書卷二六百官志上補正。

〔八二〕嗣王國郎中令　「令」字原脱，據隋書卷二六百官志上補。

〔八三〕皇弟皇子之庶子府蕃王府記室中兵參軍　「皇弟皇子之庶子府蕃王府」原脱，「參」字原作「將」，據隋書卷二六百官志上補正。

〔八四〕武騎常侍　「騎」原作「衛」，據隋書卷二六百官志上改。

〔八五〕皇弟皇子府正參軍版正參軍行參軍版行參軍　「版正參軍」與「版行參軍」中之「參」字原皆作「將」，據隋書卷二六百官志上、通典卷三八職官二〇改。

〔八六〕嗣王府皇弟皇子之庶子府録事記室中兵參軍功曹史主簿　按隋書卷二六百官志上、通典卷三八職官二〇「功曹史」上有「版録事記室中兵參軍」。

〔八七〕庶姓非公不持節諸將軍署主簿　隋書卷二六百官志上、通典卷三八職官二〇「署」作「置」。

〔八八〕蕃王府庶姓持節府中録事記室直兵參軍　按隋書卷二六百官志上載「蕃王府」及「庶姓持節府」其下皆有「板中録事記室直兵參軍」。

〔八九〕庶姓公府録事記室中兵參軍　按隋書卷二六百官志上、通典卷三八職官二〇載，其下有「板録事記室中兵參軍主簿」。

〔九〇〕太子太傅少傅五官功曹史　「少傅」原作「少府」，據隋書卷二六百官志上改。

〔九一〕安蠻戎越校尉中郎將等府長史司馬　按隋書卷二六百官志上、通典卷三八職官二〇載，其下有「蠻戎越校尉中郎將等府板長史」。

〔九二〕庶姓南徐荆江南兖郢湘雍等州别駕中從事　「南兖」原脱「南」字，「州」字亦脱，據隋書卷二六百官志上補。

〔九三〕二品將軍始蕃王行參軍事　「二」原作「三」，據魏書卷一一三官氏志改。

〔九四〕侯伯國郎中令　「國」字原脱，據魏書卷一一三官氏志、隋書卷二七百官志中補。

〔九五〕殿内將軍　魏書卷一一三官氏志、隋書卷二七百官志中載北齊八品官「内」皆作「中」，隋書卷二八百官志下避楊忠諱，改作「内」。

〔九六〕協律郎辨章郎北魏北齊隋唐　按據隋書卷二七百官志中、卷二八百官志下、舊唐書卷四二職官志一載，北齊、隋、唐無「辨章郎」，通典卷三八職官二〇、卷三九職官二一、卷四〇職官二二亦同。

〔九七〕從三品將軍二蕃王行參軍　按魏書卷一一三官氏志、通典卷三八職官二〇，尚有從二品將軍行參軍。

〔九八〕司州祭酒從事史　魏書卷一一三官氏志無「史」字。

〔九九〕下州諸曹行參軍北齊隋　隋書卷二七百官志中載北齊八品官中作「三等下州參軍事、列曹參軍事」。隋書卷二八百官志下載隋八品官中作「上上州諸曹行參軍事」、「中州諸曹參軍事」。

〔一〇〇〕主書　原作「主者」，據隋書卷二七百官志中、通典卷三八職官二〇改。

〔一〇一〕太子齋帥　「帥」原作「師」，據隋書卷二七百官志中、通典卷三八職官二〇改。

〔一〇二〕三等中州行參軍　按隋書卷二八百官志下作「中州諸曹參軍事」。

〔一〇三〕三等鎮鎧曹行參軍　「曹」原作「冑」，據隋書卷二七百官志中改。

〔一〇四〕右前侍右後侍　二「右」字原脱，據通典卷三九職官二一補。

〔一〇五〕充犧　原作「司犧」，據通典卷三九職官二一改。下第九品中「充犧」同。

〔一〇六〕土方　原作「上方」，據通典卷三九職官二一改。又周禮夏官有「土方」。

〔一〇七〕川師　原作「州師」，據通典卷三九職官二一改。

〔一〇八〕塗工　原作「塗官」，據通典卷三九職官二一改。

〔一〇九〕强弩積弩司馬　下「弩」字原作「射」，據北史卷三〇盧同傳、通典卷三九職官二一改。

〔一一〇〕太子左右監門率府長史司馬隋　「隋」原作「周」，按周書卷二四盧辯傳、北史卷三〇盧同傳正二命官中皆未見此官，而隋書卷二八百官志下載隋正八品官中有，通典卷三九職官二一亦同，故改。

〔一一一〕内尚食丞　「尚」原作「上」，據隋書卷二八百官志下、通典卷三九職官二一改。

〔一一二〕上牧監丞　「監」字原脱，據舊唐書卷四二職官志一補。

〔一一三〕親王府執仗執乘親事　「執乘」原作「報乘」，據舊唐書卷四二職官志一改。又舊唐書卷四四職官志三載親王府有「執仗親事十六人，執乘親事十六人」。

〔二一四〕奚官内僕内府局令　「令」原作「丞」，據舊唐書卷四二職官志一改。又舊唐書卷四四職官志三有奚官局令、内僕局令、内府局令作「正八品下階」，唐六典卷一二亦同。

〔二一五〕互市監丞　「互」原作「牙」，據舊唐書卷四二職官志一、通典卷四〇職官二二改。舊唐書卷四四職官志三亦載互市監「丞一人，正八品下」。

〔二一六〕尚藥局司醫　「局」上原衍「藏」，據舊唐書卷四二職官志一、卷四四職官志三、唐六典卷一一删。

〔二一七〕諸宫農圃監　「圃」原作「囿」，據舊唐書卷四二職官志一、通典卷四〇職官二二改。

〔二一八〕祕書郎宋　「宋」原作「唐」，按宋史卷一六八職官志八載正八品官中有此官，而舊唐書卷四二職官志一、卷四三職官志二、唐六典卷一〇載爲「從六品上」，故改。

〔二一九〕太常博士宋　「宋」原作「唐」，按舊唐書卷四二職官志一、卷四四職官志三載爲「從七品」，而宋史卷一六八職官志八、慶元條法事類卷四官品令正八品中載有此官，故改。

〔二二〇〕開封府諸曹參軍事軍巡使判官宋　小字注「宋」原在「諸曹參軍事」下，按宋史卷一六六職官志六載「開封府有左右軍巡使、判官各二人」；卷一六八職官志八亦將「軍巡使判官」與「開封府諸曹參軍事」相連，故移「宋」字於「判官」下。

〔二二一〕京畿縣令　「令」原作「丞」，據宋史卷一六八職官志八、慶元條法事類卷四官品令改。

〔二二二〕員外散騎侍郎　「侍郎」原作「常侍」，據隋書卷二六百官志上改。

〔二二三〕北徐北兗梁交南梁五州别駕　「北兗」原脱「北」字，「南梁」原作「南兗」，據隋書卷二六百官志上補正。

〔二四〕湘豫司益廣青衡七州中從事　「豫」原作「荆河」，據隋書卷二六百官志上改。下文一班中「皇弟皇子湘豫司益廣青衡七州主簿」同。

〔二五〕諸署令千石以上者北魏　「千石以上者」原在「北魏」後，據魏書卷一一三官氏志、通典卷三八職官二〇乙正。

〔二六〕二大二公長兼行下參軍北魏北齊　按魏書卷一一三官氏志無「下」字，且見於第八品。隋書卷二七百官志中載北齊從八品中未見此官。

〔二七〕厲武厲鋒虎牙虎奮將軍北魏北齊　按隋書卷二七百官志中載北齊從八品中有「虎牙武奮」，而無「虎牙虎奮」。上引隋書及通典卷三八職官二〇載北齊從八品官中，皆未見「厲武厲鋒」將軍。

〔二八〕守宮左右尚方左藏太官掖庭司染典農左右龍左右牝冶東西牛羊司諸署令　「守」、「牝」、「冶」原作「手」、「駝」、「治」，據隋書卷二七百官志中、通典卷三八職官二〇改。

〔二九〕諸開府長兼左右户行參軍及長兼行參軍　上「兼」前原衍「史」字，「兼行」原倒，據隋書卷二七百官志中删正。

〔三〇〕中下州諸曹行參軍　按隋書卷二八百官志下、通典卷三九職官二一載作「中州諸曹行參軍」、「下州諸曹參軍」。

〔三一〕左右衛府武衛府武候府左右領軍府諸曹參軍行參軍　「武候府左右領軍府」原舛作「左右府武候領軍府」，據隋書卷二八百官志下乙正。

〔三二〕太子左右衛率府左右宗衛率府録事參軍　下「率」字原脱，據隋書卷二八百官志下補。

〔三三〕親王府長兼行參軍事　「長」原作「長史」，據隋書卷二八百官志下删。

〔三四〕領左右府鎧曹行參軍　「領」原作「領軍」，據隋書卷二八百官志下删。

〔一三五〕太子左右虞候府内率府諸曹參軍　「參」上原衍「行」字，據隋書卷二八百官志下删。

〔一三六〕太子左右春坊録事　「録」字原脱，據舊唐書卷四二職官志一補。

〔一三七〕下州諸司參軍　通典卷四〇職官二二同。舊唐書卷四二職官志一脱書，而卷四四職官志三載下州有「司倉司户司法三曹參軍事各一人，從八品下」。

〔一三八〕下都督府上州參軍　「下」原作「上」，據舊唐書卷四二職官志一改。

〔一三九〕上府兵曹　通典卷四〇職官二二同，舊唐書卷四二職官志一載此與「上鎮倉曹兵曹參軍」相連，又卷四四職官三載上都護府「功曹倉曹户曹兵曹四參軍各一人，從七品上。參軍事三人，從八品上」。疑通考承通典誤。

〔一四〇〕太學武學律學博士　「太學」原脱「學」字，據宋史卷一六八職官志八、慶元條法事類卷四官品令補。

〔一四一〕太子諸率府副率　「副」字原脱，據宋史卷一六八職官志八補。

〔一四二〕軍巡判官　「軍」字原脱，據宋史卷一六八職官志八、慶元條法事類卷四官品令補。

〔一四三〕三省樞密院主事守闕主事　「闕」原作「關」，據元本、慎本、馮本、宋史卷一六八職官志八、慶元條法事類卷四官品令改。

〔一四四〕蘭臺殿中蘭臺謁者及都水使者書令史魏晉劉宋　按宋書卷四〇百官志下作「内臺書令史」。

〔一四五〕關谷塞尉　按通典卷三七職官一九載，晉代作「關谷塞護道尉」，而通考則析作「關谷塞尉」與「護道尉」（見下文）。

〔一四六〕主事候　通典卷三六職官一八無此官。通考下文又有「主事候郎」，上引通典亦同。此處存疑。

〔一四七〕都水黄河令史書令史　「河」，通典卷三七職官一九作「沙」。

〔一四八〕嗣王庶姓公府祭酒　「公」字原脱，據隋書卷二六百官志上補。

〔一四九〕皇弟皇子之庶子府正參軍　「皇弟」二字原脱，據隋書卷二六百官志上補。

〔一五〇〕嗣王府皇弟皇子之庶子府正參軍版正參軍行參軍版行參軍　「嗣王府」原脱「府」字，「行參軍」原脱，據隋書卷二六百官志上補。

〔一五一〕功曹史主簿　按隋書卷二六百官志上載此官與「蕃王府録事記室中兵等參軍板録事記室中兵等參軍」相連，且「主簿」下又有「正參軍板正參軍行參軍板行參軍」。

〔一五二〕庶姓持節府録事記室中兵等參軍功曹史主簿　按隋書卷二六百官志上載「功曹史」前有「板録事記室中兵等參軍」。

〔一五三〕庶姓豫益廣衡青冀北兖北徐梁秦司南徐等州別駕中從事史　「豫」原作「荆河」，「等」原作「梁」，據隋書卷二六百官志上改。

〔一五四〕西曹　按隋書卷二六百官志上載此官與「皇弟皇子諸州主簿」相連，應上移。

〔一五五〕不滿五千户縣令相　隋書卷二六百官志上、通典卷三八職官二〇「縣」上有「已下」二字。

〔一五六〕開國中關外侯　通典卷三八職官二〇同，隋書卷二六百官志上載作「關中關外侯第九品」。

〔一五七〕中黄門　「門」下原衍「令」字，據魏書卷一一三官氏志删。

〔一五八〕諸署令六百石以上者北魏北齊　按隋書卷二七百官志中載北齊第九品官中無此官，小字注文「北齊」存疑。

〔一五九〕都水參軍北魏北齊隋　魏書卷一一三官氏志無此官，而通典卷三八職官二〇載後魏第九品官中有此官。

〔一六〇〕五品正從將軍列曹行參軍　「列」原作「別」，據魏書卷一一三官氏志、通典卷三八職官二〇改。

〔一六一〕二品將軍始蕃王長兼行參軍　「二」原作「三」，據魏書卷一一三官氏志、通典卷三八職官二〇改。

〔一六二〕從一品將軍開府參軍督護　按隋書卷二七百官志中載北齊第九品官中無「從一品將軍」五字。

〔一六三〕太祝導官太史北齊太醫黄藏衛士細作諸署令　「導官太史」原作「御道禾官史」，據通典卷三八職官二〇改。「太醫」原脱「太」字，「諸署令」亦脱，據上引通典補。

〔一六四〕太子内坊令　「内」原作「中」，據隋書卷二七百官志中改。

〔一六五〕太子食官中盾典倉令　「倉」原作「食」，據隋書卷二七百官志中改。

〔一六六〕典饎　原作「典膳」，據元本、慎本、馮本、通典卷三九職官二一改。

〔一六七〕掌醢　通典卷三九職官二一作「掌醢」。

〔一六八〕掌堰　通典卷三九職官二一作「掌壇」。

〔一六九〕稻倉　通典卷三九職官二一其上有「黍倉」。

〔一七〇〕掌墓　通典卷三九職官二一作「掌幕」。

〔一七一〕司度　通典卷三九職官二一作「司皮」。

〔一七二〕上關丞　「丞」原作「令」，據隋書卷二八百官志下改。

〔一七三〕左右武候府行參軍　「左右」二字原脱，據隋書卷二八百官志下、通典卷三九職官二一補。

〔一七四〕上州行參軍　「參」原作「將」，據隋書卷二八百官志下、通典卷三九職官二一改。

〔一七五〕太子左右内率府鎧曹左右領軍府行參軍　上「府」字原脱，據隋書卷二八百官志下補。又按上引隋書，「左右領軍府」不屬太子。

〔一七六〕中鎮諸曹參軍事上鎮士曹行參軍　「參軍事」、「上鎮」原脱，據隋書卷二八百官志下補。

〔一七七〕下署丞　「丞」原作「令」，據舊唐書卷四二職官志一、通典卷四〇職官二二改。

〔一七八〕理親民資序者從八品　「民資」二字原脱，據宋史卷一六八職官志八、慶元條法事類卷四官品令補。

〔一七九〕皇弟皇子國侍郎　「皇弟」二字原脱，據隋書卷二六百官志上、通典卷三七職官一九補。

〔一八〇〕皇弟皇子之庶子府蕃王府行參軍　「行」上原衍「等」字，據隋書卷二六百官志上删。

〔一八一〕皇弟皇子湘豫司益廣青衡七州主簿　「豫」原作「荆河」，據隋書卷二六百官志上改。

〔一八二〕皇弟皇子江州西曹從事祭酒議曹祭酒部傳從事　「皇弟皇子」四字原脱，據隋書卷二六百官志上、通典卷三七職官一九補。「西曹從事」下小字「梁」按體例删。

〔一八三〕太子牧長　按魏書卷一一三官氏志作「太子廐長」，隋書卷二七百官志中載北齊作「太子廐牧令」。

〔一八四〕監淮海津都尉　「海」原作「河」，據魏書卷一一三官氏志改。

〔一八五〕皇子典祠學官令典衛令　「祠」原作「詞」，據魏書卷一一三官氏志改。

〔一八六〕詹事功曹北魏　按魏書卷一一三官氏志、通典卷三八職官二〇從九品中將其列於下文「太常光禄衛尉領護」後。

〔一八七〕從二品將軍二蕃王長史兼行參軍　魏書卷一一三官氏志無「史」字。

〔一八八〕太常光禄衛尉領護五官　「護」下原有注文「北魏北齊」，按隋書卷二七百官志中，領軍府護軍府屬官皆有「功曹五官主簿」，故按通考體例删正。

〔一八九〕掖庭局諸宮教博士　隋書卷二七百官志中載北齊從九品官中作「諸宮教博士」，通典卷三八職官二〇亦同。

「庭」原作「殿」，據隋書卷二八百官志下、舊唐書卷四二職官志一、通典卷三九職官二一、卷四〇職官二二改。

〔一九〇〕三等上州參軍督護中州長史兼行參軍北魏　按魏書卷一一三官氏志無此官，而隋書卷二七百官志中、通典卷三八職官二〇載北齊有「三等上州參軍督護中州長史兼行參軍」，疑通考注文「北齊」誤作「北魏」。

〔一九一〕皇子典書典祠學官典衛等令　「祠」、「等」原作「詞」、「士」，據隋書卷二七百官志中改。

〔一九二〕廪犧太宰　「犧」原作「犠」，據局本改。按隋書卷二七百官志中載，太常寺屬官有「廪犧太宰等署令丞」，疑通考「宰」下有脱文。

〔一九三〕諸縣丞　「丞」原作「令」，據隋書卷二七百官志中改。

〔一九四〕廷尉中侍中省録事　通典卷三八職官二〇同，隋書卷二七百官志中「廷尉」作「遥途尉」。

〔一九五〕寧朔　原脱，據周書卷二四盧辯傳補。

〔一九六〕中闢丞　「丞」原作「令」，據隋書卷二八百官志下、通典卷三九職官二一改。

〔一九七〕治禮郎　通典卷三九職官二一同，隋書卷二八百官志下「治」作「奉」。

〔一九八〕内謁者局丞　「謁」字原脱，據隋書卷二八百官志下補。

〔一九九〕下府兵曹　「曹」下原衍「監曹」二字，據舊唐書卷四二職官志一、通典卷四〇職官二二删。

〔二〇〇〕門下典儀　「儀」原作「籤」，據舊唐書卷四二職官志一改。舊唐書卷四三職官志二載門下省有「典儀二員從九品」，唐六典卷八亦同。

〔二〇一〕太子典倉署園丞廄牧署典乘　「乘」原作「丞」，據舊唐書卷四二職官志一改。

〔二〇二〕城寨馬監主簿　按宋史卷一六八職官志八、慶元條法事類卷四官品令，其上皆有「諸州上中下縣主簿尉」。

〔二〇三〕珂嘗溯源而求所始本　「溯」原作「沂」，據元本、慎本、馮本、局本、愧郯録卷七官品名意之訛改。

〔二〇四〕命公卿及州郡歲舉秀才至孝　「孝」原作「考」，據愧郯録卷七官品名意之訛改。

〔二〇五〕武帝命尚書删定郎濟陽蔡法度定令爲九品　「郎」原作「即」，據元本、慎本、馮本、隋書卷二六百官志上、愧郯録卷七官品名意之訛改。

〔二〇六〕此裂於齊　「此」原作「北」，據愧郯録卷七官品名意之訛改。

〔二〇七〕品尚寡　「品」字原脱，據愧郯録卷七官品名意之訛補。